바로가기
한자 2000

매일출판

◆ 책머리에

> 등용문(登龍門)의 지름길
> 한자 학습 능력을 길러 주는 지침서

　우리 조상들은 수천 년 전부터 한자(漢字)를 우리 문자로 받아들여 유구한 역사와 찬란한 문화를 꽃피워 왔을 뿐만 아니라 문화 선진국으로 발돋움해 왔습니다.
　그러나 한때 한글 전용으로 인하여 뜻깊은 사고력(思考力)을 지닌 언어(言語)가 배척 당했던 시기도 있었지만 오랫동안 우리의 문화가 깃 든 한자(漢字) 문화(文化)를 떨칠 수는 없었고 오늘날 밀레니엄 새 시대를 맞이하여 인터넷과 첨단 과학기술이 발전될수록 한자의 필요성은 더욱더 절실하게 되었습니다.
　특히 교육 현장에서뿐만 아니라 일상생활에서도 한자에 대한 인식이 날로 새로워지고 한자 교육에 대한 열기가 높아지고 있음이 오늘의 현실입니다.
　이 책은 교육부에서 '21세기 지식·정보화 사회에 기반한 동북아의 새로운 문화권 형성과 언어환경의 변화에 능동적으로 대처하고, 한자·한문 교육에 내실을 기하며, 새로운 교육적 전망을 확립하기 위하여 1972년에 제정·공포한 한문 교육용 기초한자 1,800자를 조정하여 2001학년부터 적용되는 한문 교육용 기초한자와 한자 구성의 기초가 되고 한자 교육의 기본인 부수자 214자를 그림과 함께 해설을 곁들여 수록했기에 시각적이고도 감각적인 흥미 유발로 쉽게 학습에 도움을 주고자 하였습니다.
　그러므로 초등학생부터 입시를 앞둔 중·고등학생, 그리고 취업·승진 시험을 대비하는 대학생과 일반 및 공무원들에게 한자 학습의 필요성을 일깨우고 일상에서의 활용 능력을 길러주는 지침서가 되도록 꾸몄습니다. 특히, 한자 부수 214자를 포함하여 8급(50자), 7급(150자), 6급(300자), 5급(500자), 4급(1000자), 3급(1807자)을 가나다순과 총획 순서에 따라 배열했기에 찾아보기 쉬울 뿐만 아니라 자신의 학습능력 여하에 따라 검정시험을 치를 수 있도록 하였습니다.
　내용은 한자의 뜻을 완전히 깨우칠 수 있도록 한자의 유래, 즉 자원(字源)과 자해(字解)를 옆에 두고 필순 익히기와 일상생활 및 학습에 도움이 되는 용례 풀이, 그리고 중국에서 이미 몇 차례의 문자혁명으로 실용화한 간체자(簡體字)를 충실히 다루었습니다.
　부록은 동자 이음(同字異音)·두음 법칙(頭音法則)·동음 이체자(同音異體字)를 수록하여 한층 더 등용문(登龍門)의 지름길 역할을 할 수 있을 것입니다.
　이 책이 한자를 배우려는 모든 학생·사회인뿐만 아니라 한자능력검정시험과 취업·승진 시험 및 입사(入社)를 준비하는 모든 분들께 좋은 길잡이가 될 수 있으리라 확신합니다.

2002년 5월 편저자 씀

차 례

책머리에	2
차례	3
한자에 대하여	4
부수자 설명	11
8급 배정한자	54
7급 배정한자	63
6급 배정한자	80
5급 배정한자	105
4급 배정한자	138
3급 배정한자	220

부록

동자 이음(同字異音)	354
두음 법칙(頭音法則)	356
동음 이체자(同音異體字)	357
찾아보기(색인)	370

한자(漢字)에 대하여

1 한자(漢字)의 특성(特性)

한자는 형(形)과 음(音)과 의(意)가 하나로 결합된 표의 문자(表意文字)이다. '형'이란 한자가 가진 뜻을 나타내어 어떤 형체(形體), 곧 모양을 말하고, '음'은 발음(發音), 곧 소리를 말함이며, '의'는 뜻, 즉 개념을 말한다. 한자는 각 글자마다 이 세 요소가 결합되어서 형성된 것입니다.

글자	모양〔形〕	소리〔音〕	뜻〔意〕
日	☀ → ⊙ → ⊟ → 日	일	해, 날

이와 같이 한자는 모양과 소리와 뜻의 3요소가 혼합되어서 구성되어 있는데, 이러한 한자의 일반적인 특징은 다음과 같은 것이 있다.

(1) **표의 문자(表意文字)** : 세계의 모든 문자는 소리를 단위로 만들어진 표음 문자(表音文字)와 뜻을 단위로 만들어진 표의 문자(表意文字)로 크게 나누어 볼 수 있다. 표음 문자는 한 글자가 곧 한 단위의 소리에 해당할 뿐이며, 그것만으로 뜻을 드러내지는 못한다. 그러나 표의 문자는 한 글자가 곧 한 단위의 뜻을 반드시 나타내고 있을 뿐만 아니라, 그 뜻에 해당하는 소리까지도 아울러 드러낸다.

(2) **단음절어(單音節語)** : 한자는 한 글자가 한 단어를 이루고 동시에 하나의 독립된 뜻을 가진 단음절어이다. 국어에서 '나라'는 2음절, '손바닥'은 3음절로 되어 있음에 비하여 한자는 '國(나라 국), 掌(손바닥 장)'처럼 한 음절로 되어 있다. 이렇게 한 음절로 한 단어를 구성하다 보니 발음의 방식에 제한이 오고 그 때문에 한자어에는 성조(聲調), 곧 사성(四聲)체계가 발달되어 있다.

(3) **고립어(孤立語)** : 우리 국어는 조사와 어미에 의해 문법 체계가 이루어지는 교착어(膠着語)이고, 서구의 언어는 수·인칭·시제에 의해 어미가 굴절하는 굴절어(屈折語)인데 반하여, 한자는 어떤 경우에도 어휘 자체에 일체의 변화를 일으키지 않는 고립어이다. 그러므로 어휘의 문법적 기능은 문장 내에서의 위치, 즉 어순(語順)에 의해서 결정되는 것이다. 예를 들면 다음과 같다.

예 문	해 석	역 할
我讀書	나는 책을 읽는다.	주 격
我 書	나의 책	소 유 격
他愛我	그는 나를 사랑한다.	목 적 격

이와 같이 '我'의 형태는 전혀 변화하지 않고 문장 내에서의 위치에 의하여 주격도 되고 목적격도 됨을 알 수 있다.

2 한자의 기원(起源)과 구조(構造)

한자가 언제부터 쓰여졌는지는 확실치 않으나, 지금으로부터 3,500여 년 전 중국 은나라 옛터에서 발견된 거북의 등껍질과 짐승의 뼈에 새겨진 갑골문자가 한자의 기원이 아닌가 생각되어진다. 이러한 한자는 고대 중국의 제왕인 황제(黃帝 : 일명 헌원씨, 軒轅氏)의 사관(史官)인 창힐(蒼詰)이

새의 발자국을 보고 그 모양을 본떠서 글자를 처음 만들었다고 전해지는데 이는 혼자 만들었다기보다는 그 당시 사용되던 문자를 최초로 정리했다고 보는 견해가 정확할 것이다.

이는 한낱 전설에 불과하지만, 한자의 기원이 아득한 옛날이라는 점과 최초의 글자는 사물의 모방에서 비롯되었다는 중요한 단서를 제시해 준다. 그 후 진(秦)나라의 시황제(始皇帝)가 중국을 통일하고 이사(李斯)를 시켜 문자를 체계화·집대성함으로써 더욱 발전하게 되었다.

이와 같은 예로써, 한자는 일시에 한 사람의 손에 의해 만들어진 것이 아니고 오랜 세월에 걸쳐 여러 사람에 의해 만들어지고 정리된 것이다. 그리하여 세월이 흐르는 동안 방대한 숫자의 한자가 성립된 것이다(중국 송나라 때에 편찬된 집운(集韻)이란 자전에 보면 모두 53,535자의 글자가 보인다).

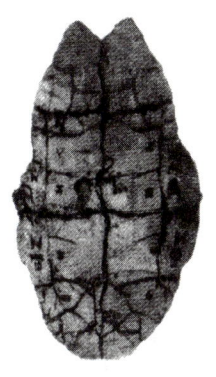

그런데 그렇게 많은 한자도 그 구성을 살펴보면 몇 가지의 유형으로 나누어짐을 알 수 있다. 한자의 구조, 즉 제자 방식(製字方式)에 대하여 최초로 연구한 사람은 후한(後漢)의 학자 허신(許愼)이다. 그는 서기 100년경에 '설문해자(說文解字)'를 지어 당시에 사용되고 있던 한자의 구조 원리에 대한 분석을 통하여 한 자 한 자 해설해 놓았는데, 그는 한자의 구조 원리를 육서(六書)로 분류하였다.

그의 학설은 지금까지도 타당한 것으로 받아들여지고 있는데, 상형(象形)·지사(指事)·회의(會意)·형성(形聲)은 구성 방식에 의한 분류이고, 전주(轉注)·가차(假借)는 운용 방식(運用方式), 즉 이미 만들어진 글자를 원래 의미와는 다르게 응용해서 쓰는 방법에 의한 분류이다.

■ 한자의 육서(六書)
(1) **상형(象形)** : 어떤 유형물(有形物)이나 자연 현상의 모습을 본떠서 한자를 만드는 원리로 중국 문자의 시원(始原)이며 일종의 회화 문자(繪畫文字 : 그림 문자)라 할 수 있다. 그러므로 한자는 바로 이 상형자에서부터 출발했다고 할 수 있다. 송(宋)나라의 학자인 정초(鄭樵)의 통계에 의하면 상형은 전체 한자의 약 2.5%를 차지한다.

예

☼ → ⊙ → 日   米 → 米 → 木
👁 → 👁 → 目   ☽ → ☽ → 月

(2) **지사(指事)** : 상형의 원리에 의하여 만든 한자를 바탕으로 여기에 위치와 수(數), 그리고 성질 등의 추상적인 내용을 문자화하여 한자를 만드는 원리.

> 예
>
> 一. 二. 三. (숫자대로 부호를 표시)
> ー→ ㅣ →上 (일정한 기준선 위를 표시)
> 米→米→本 (나무의 뿌리 → 사물의 근본을 나타냄)

(3) **회의(會意)** : 이미 만들어진 상형이나 지사의 원리에 의해 만들어진 둘, 또는 그 이상의 한자를 결합하여 다른 새로운 뜻을 가진 한자를 만드는 방법으로 회의(會意), 즉 '뜻을 모은다'는 의미이다. 여기에는 같은 글자를 결합한 동체 회의(同體會意)와 다른 글자를 결합한 이체 회의(異體會意)의 두 가지가 있다.

> 예
>
> 동체 회의 : 木 + 木 → 林 [나무 둘을 겹쳐 '숲(림)'을 나타냄]
> 　　　　　　火 + 火 → 炎 [불 둘을 합쳐 '불꽃' 혹은 '더위(염)'를 나타냄]
> 　　　　　　車 + 車 + 車 → 轟 [수레 셋을 합쳐 '시끄러운 소리(굉)'를 나타냄]
> 이체 회의 : 女 + 子 → 好 [여자와 남자가 만나면 좋아한다(호)는 뜻]
> 　　　　　　日 + 月 → 明 [해와 달을 합쳐 낮과 밤으로 밝음(명)을 표시]
> 　　　　　　人 + 木 → 休 [사람이 나무 그늘에서 쉴, 휴식(휴)하는 것]

(4) **형성(形聲)** : 회의처럼 이미 만들어진 한자 둘을 합쳐 새로운 한자를 만들지만 회의처럼 의미만 취하지 않고, 한쪽은 음을 나타내고〔聲部〕한쪽은 의미를 나타내게〔形部〕결합하여 만든다. 한자의 약 80%를 차지하며, 우리가 처음 본 글자라도 대략 음과 의미를 짐작할 수 있는 것은 이 형성에 인한 것이다. 형성의 결합 방식에는 다음의 여섯 가지가 있다.

> 예
>
> 좌형 우성(左形右聲) : 洞 枯 江　　　하형 상성(下形上聲) : 忘 想 裝
> 우형 좌성(右形左聲) : 頭 鳩 郡　　　외형 내성(外形內聲) : 閣 園 固
> 상형 하성(上形下聲) : 蓮 雲 究　　　내형 외성(內形外聲) : 問 輿 辯

(5) **전주(轉注)** : 이미 만들어진 한자를 운용(運用)하는 방식의 하나이다. '轉'이란 수레바퀴가 굴러간다는 말이고, '注'란 물이 흐르는 것을 뜻한다. 즉, 원래부터 있었던 자(字)의 의미가 확대되어 다른 새로운 뜻을 갖게 되었을 때, 이 새로운 의미를 가진 새 글자를 만들지 않고 본래 있던 글자를 그대로 사용하는 경우이다. 즉 본래의 의미를 돌려서 다른 뜻으로도 사용하는 방법을 말하는 것이다. 인간의 무한한 사상(思想)을 표현하는 무한대의 글자를 만들 수 없기 때문에 취해진 방식이다.

> 예
>
> ① 뜻이 바뀌면 음도 따라서 바뀌는 경우
> 　　樂(풍류 악) → 음악은 모든 사람을 즐겁게 하므로 → (즐거울 락)

> → 즐거운 것은 모든 사람이 좋아하므로(좋아할 요)
> 塞(변방 새) → 적군을 막는 곳이므로(막을 색)
>
> ② 뜻이 바뀌어도 음은 바뀌지 않는 경우
> 長(길 장) → 자라다·어른 장   道(길 도) → 말할 도

(6) **가차(假借)** : 이것도 역시 한자 운용 방식의 하나이다. 이미 만들어진 한자를 가지고 음이 같으면 전혀 뜻과는 무관하게 사용하는 경우가 있고, 말은 있으나 표기할 글자가 없을 때 그 말을 나타내기 위하여 뜻과는 상관없이 글자만 빌려쓰는 두 가지 경우가 있다. 주로 외국어의 표기에 사용되는 경우가 많다.

> 예
>
> ① 燕(제비 연) : 원래는 '제비'를 의미하는 말이었으나 宴(잔치 연)과 음이 같기 때문에 '燕樂'이라고 쓰면 '잔치'라는 의미를 갖게 된다.
> ② 외국어 : 佛蘭西(불란서), 佛陀(불타), 亞細亞(아시아), 引度(인디아)

③ 부수(部首)에 대하여

한자 자전(字典)에서 글자를 찾는 길잡이가 되는 글자의 한 부분을 부수(部首)라고 한다. 모든 한자는 반드시 어느 한 부수에 귀속(歸屬)되어 있는데, 이것은 글자의 뜻과 밀접한 관계를 맺고 있다. 예를 들면 '水'部에 속하는 글자는 모두 '물'과 관련이 있으며, '心'部에 속하는 글자는 '마음'과 관련이 깊고, '人'部에 속하는 글자는 사람의 일상 생활과 관련이 있다.

지금 사용하는 부수는 대체로 청(淸)나라 강희제(康熙帝) 때 나온 「강희자전(康熙字典 : 1716)」의 분류를 따르고 있다. 부수는 자전을 찾기 위해 꼭 알아야 하는 것이지만 글자의 의미와 깊은 관련을 가지고 있으므로 한자를 더욱 재미있게 학습하고 오래 기억하기 위한 하나의 방법도 될 수 있다.

부수는 위치에 따라 다음의 여덟 가지로 나눌 수 있다.

> (1) 변〔偏〕 ▨ : 鳴 親 場 語   (2) 방〔旁〕 ▨ : 鷗 部 動 形
> (3) 머리〔冠〕 ▨ : 草 安 京 究   (4) 발〔沓〕 ▨ : 然 孟 先 受
> (5) 엄〔垂〕 ▨ : 原 病 店 屈   (6) 몸〔構〕 ▨ : 固 間 圓 術
> (7) 받침〔繞〕 ▨ : 建 進 越 題   (8) 단독〔單獨〕 ▨ : 用 口 龍 文

④ 한자(漢字)의 필순(筆順)

1. 필순(筆順)·획순(劃順)의 뜻

하나의 한자를 쓸 때의 바른 순서를 필순이라 한다. 한자는 바른 순서에 따라 쓸 때 가장 쓰기 쉬울 뿐만 아니라 빨리 쓸 수 있고, 쓴 글자의 모양도 아름다워진다. 그래서 오랫동안 한자를 사용해

8 바로가기 한자(漢字) 2000

오면서 연구하고 발전시켜 필순의 원칙이 정립되었다. 필순은 원칙적으로 각 글자마다 일정한 순서가 정해져있지만, 그 중에는 두 가지 또는 세 가지의 필순을 가지는 글자도 있고, 또 예외적인 필순을 가지는 글자도 있다. 이 경우 서로 다른 필순의 경우 어느 쪽도 틀린 것이 아님을 알아야 한다.

2. 필순의 기본 원칙

❶ 위에서 아래로 쓴다
二 : 一 → 二
吉 : 一 → 十 → 士 → 吉 → 吉 → 吉

❷ 왼쪽에서 오른쪽으로 쓴다.
川 : ノ → 刂 → 川
加 : ㄱ → 力 → 加 → 加 → 加

❸ 가로획과 세로획이 겹칠 때에는 가로획을 먼저 쓴다
十 : 一 → 十
世 : 一 → 十 → 廾 → 廿 → 世

3. 필순의 응용

❹ 세로획을 먼저 쓴다.
田 : 丨 → 冂 → 冂 → 用 → 田
日 : 丨 → 冂 → 日 → 日

❺ 바깥 부분을 먼저 쓴다.
火 : 丶 → 丷 → 小 → 火
同 : 丨 → 冂 → 冂 → 冋 → 同 → 同

❻ 가운데를 먼저 쓴다.
山 : 丨 → 屮 → 山
小 : 丨 → 亅 → 小

❼ 꿰뚫는 세로획은 맨 나중에 쓴다.
中 : 丶 → 冂 → 口 → 中
事 : 一 → 二 → 亘 → 亘 → 亘 → 車 → 事 → 事

❽ 꿰뚫는 가로획은 맨 나중에 쓴다.
子 : ㄱ → 了 → 子
母 : ㄴ → 几 → 丹 → 母 → 母

❾ 삐침 먼저, 파임 나중의 순서로 쓴다.
又 : ㄱ → 又
母 : ㄴ → 几 → 丹 → 母 → 母

❿ 점은 맨 나중에 찍는다.
犬 : 一 → ナ → 大 → 犬
式 : 一 → 二 → 弌 → 弌 → 式 → 式

⓫ 받침은 맨 나중에 쓴다.
近 : ノ → 厂 → 斤 → 斤 → 沂 → 近 → 近
建 : ㄱ → 彐 → 彐 → 彐 → 聿 → 聿 → 津 → 建

⓬ 가로획이 위, 삐침이 아래인 것은 가로획을 먼저 쓴다.
虎 : → 丨 → 十 → 虍 → 虍 → 虎 → 虎 → 虎
原 : 一 → 厂 → 厂 → 厂 → 厈 → 原 → 原 → 原 → 原

⓭ 삐침이 위, 가로획이 아래인 것은 삐침을 먼저 쓴다.
戊 : ノ → 厂 → 亢 → 戊 → 戊
成 : ノ → 厂 → 厅 → 厈 → 成 → 成 → 成

⓮ 왼쪽 획이 아래 획과 연결되면 왼쪽 획을 나중에 쓴다.
也 : ㄱ → 乜 → 也
足 : 丶 → 冂 → 口 → 足 → 足 → 足 → 足

바로가기
한자(漢字) 2000

부수자(部首字) 설명
8급 배정한자(配定漢字)
7급 배정한자(配定漢字)
6급 배정한자(配定漢字)
5급 배정한자(配定漢字)
4급 배정한자(配定漢字)
3급 배정한자(配定漢字)

부수자(部首字) 설명   11

1획

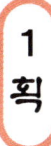

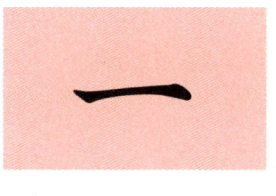
한 일

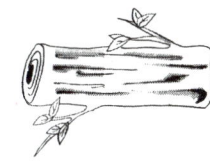
부수 이름은 한일부

가로의 한 획을 그어 '하나'의 뜻을 나타낸다. 수의 첫째인 '처음, 시작, 근본'의 뜻도 있다.

一擧兩得(일거양득) 一等(일등)
一致(일치) 一片丹心(일편단심)

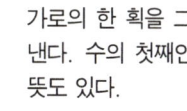
부수

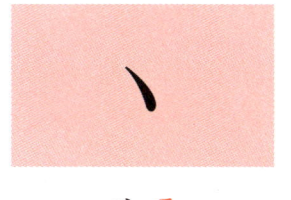
점 주

부수 이름은 점부

불타고 있는 불꽃 모양을 본뜬 글자. 불은 우리 일상 생활에서 아주 중요하게 쓰이므로 이 부수는 '불' 등 중요한 것을 표시할 때 쓰인다.

※ 문자 구성 요소로서는 작은 것을 나타내는 부호로 쓰인다.

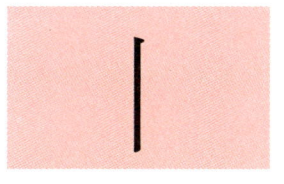
위아래통할 곤

부수 이름은 뚫을곤부

세로의 한 획으로 上下(상하)로 통하는 뜻을 보이는데 송곳 모양을 본떠 '송곳' 또는, '뚫는다'를 뜻한다.

※ 문자 정리상 부수로 정한다.

삐침 별

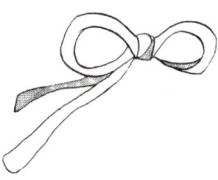
부수 이름은 삐침부

왼쪽에서 오른쪽으로 삐친 형상을 본뜬 글자. 右(우)에서 左(좌)로 굽혀 삐치는 모양이다.

▶ 書法(서법)에서 붓을 왼쪽으로 삐치는 것을 '撇(별)'이라고 함.

※ 부수로 세워지며, 독립된 문자로 쓰이는 예는 없다.

새 을

부수 이름은 새을부

물 위에 떠 있는 오리나 새의 모양을 본뜬 글자. 또는 이른 봄 초목의 싹이 트려고 할 때 추위 때문에 웅크리고 있는 모양.

乙覽(을람) 乙夜(을야) 甲乙(갑을)

부수

갈고리 궐

부수 이름은 갈고리궐부

갈고리 모양을 본뜬 글자.

※ 문자의 구성요소(構成要素)로는 쓰이지만 이 글자의 단독 용례는 없다.

2획

두 이

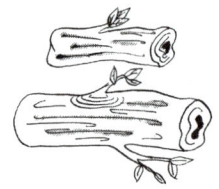
부수 이름은 두이부

두 손가락 또는 두 개의 가로줄을 본뜬 글자로 '둘, 거듭'을 뜻한다.

이모작(二毛作) 이율배반(二律背反)
신토불이(身土不二)

두

부수 이름은 돼지해머리부

음은 '두'로 읽으나 뜻은 없다.

※ 문자 정리(整理)의 필요에서 부수로 올려진 문자.

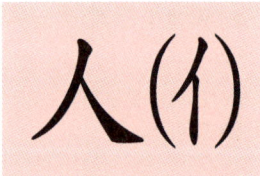
사람 인

부수 이름은 사람인부

사람이 허리를 펴고 서 있는 모양을 본뜬 글자.

人間(인간) 人格(인격) 人類(인류)

사람 인

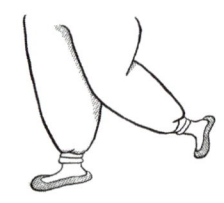
부수 이름 어진사람인발부

사람이 걸어가는 형상을 본뜬 글자. 사람의 모양이나 동작 등 행동거지를 나타내는 글자에 쓰인다.

※ 사람을 나타내는 글자로 많이 쓰이며, 문자 정리상 부수(部首)로 올려진다.

부수자(部首字) 설명

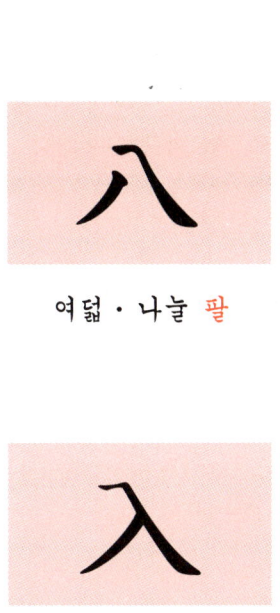
여덟·나눌 팔

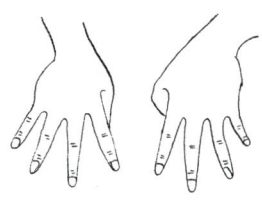
부수 이름 여덟팔부

두 손을 네 손가락씩 펴서 보이는 모양. '여덟'의 뜻. 또는 양쪽으로 잡아당기어 '나누다, 나누어지다'를 뜻한다.

八等身(팔등신) 八方(팔방)
八方美人(팔방미인)

부수

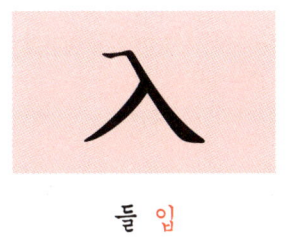
들 입

부수 이름 들입부

안팎을 구별하는 경계선에서 집안으로 허리를 구부리고 들어가는 모양을 본뜬 글자. 안으로 들어가는 '들어가다'를 뜻한다.

入閣(입각) 入山(입산) 入場(입장)

멀 경

부수 이름은 멀경몸부

세로의 두 줄에 가로 한 줄을 그어 성곽의 모양을 본뜬 글자. 멀리 떨어진 막다른 곳. 곧 '멀다'의 뜻을 나타낸다.

※ 문자 정리상 편의적으로 부수로 올려졌으나 '冂' 본래의 의미를 포함하는 문자로 정해진 것은 아니다.

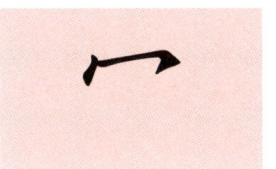
덮을 멱

부수 이름은 민갓머리부

덮개의 모양을 본떠, '덮다, 덮개'의 뜻을 나타낸다.

※ 부수 이름으로서, 갓머리(면)와 구별하여 '민갓머리'라 한다. '冖'을 의부(意符)로 하여, '덮다, 덮개' 등의 뜻을 포함하는 글자를 일컫는다.

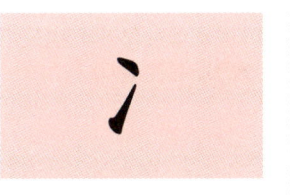
얼음 빙

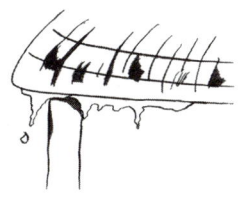
부수 이름은 이수변부

얼음의 결정(結晶)을 본뜬 글자. 이 부수가 붙는 글자는 '얼다, 춥다' 등의 뜻을 포함하는 글자를 이룬다.

※ '氵'를 삼수(三水)라 하는 데 대하여 '冫'이 2획이므로 이수(二水)라 한다.

부수

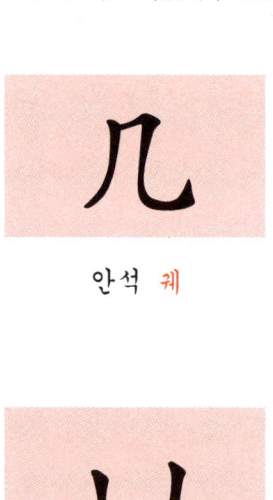

안석 궤

부수 이름은 안석궤부

다리가 뻗어 있고 안정돼 있는 책상의 상형으로, '책상'의 뜻을 나타낸다.
▶ 보통 안석궤라 하나 책상과 같은 의미를 가짐 ('안석'은 앉을 때에 몸을 기대는 제구).

几席(궤석) 几案(궤안) 几杖(궤장)

입벌릴 감

부수 이름은 위터진입구부

빈 그릇 또는 사람이 입을 벌리고 있는 모양을 본뜬 글자.

※ 'ㅂ'의 용례는 없으며, 부수로만 쓰인다.

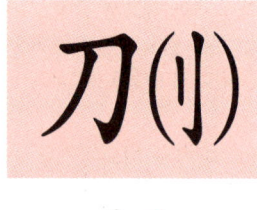

칼 도

부수 이름은 선칼도방부

날이 구부정하게 굽은 칼의 모양을 본뜬 글자. 오른쪽에 쓰이는 방(芳)으로는 'ㅣ'가 쓰이어 '날붙이, 베다'를 뜻한다.

刀劍(도검) 刀銘(도명) 銀粧刀(은장도)

힘 력

부수 이름은 힘력부

물건을 들어 올릴 때 생기는 근육의 모양을 본뜬 글자로 '힘쓰다'를 뜻한다.

力量(역량) 力士(역사) 力說(역설)

쌀 포

부수 이름은 쌀포부

사람이 몸을 굽혀 보따리 같은 것을 안고 있는 모양을 본뜬 글자.

※ 단독으로 쓰이는 일은 없고 부수(部首)로서 '안다, 싸다'의 뜻을 포함하는 문자가 이루어진다.

부수자(部首字) 설명 15

|  비수 비 | 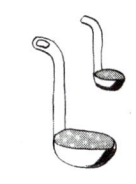 부수 이름은 비수비부 | 사람이 허리를 굽히거나 엎드려 있는 모양을 본뜬 것. 또는 숟가락, 비수(칼)의 모양을 그린 것이라는 설이 있다.

匕首(비수) 匕箸(비저) |

| 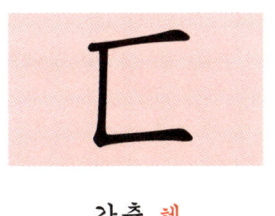 상자 방 | 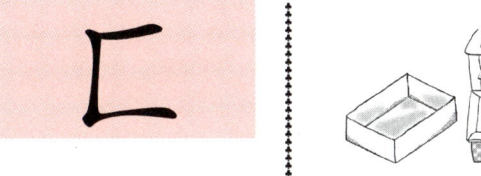 부수 이름은 터진입구부 | 네모난 상자. 또는 소 여물통 모양을 본뜬 글자.

※ 'ㄷ'부에 속하는 글자는 대부분 '그릇, 상자'의 뜻과 관계가 깊다. |

| 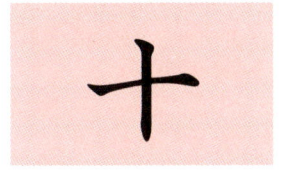 감출 혜 | 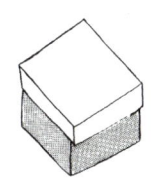 부수 이름은 감출혜몸부 | 'ㄴ'과 '一'을 합한 글자로 물건을 넣고(ㄴ), 뚜껑을 덮어 가리다(一)의 뜻을 나타낸다. 그리하여 속에 넣고 덮어 가리는 것을 뜻한다.

※ 부수로서는 '터진에운담'이라 일컫는다. |

| 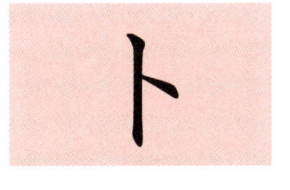 열 십 | 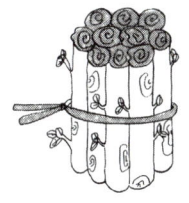 부수 이름은 열십부 | 아홉에 하나를 보탠 수. 즉 충족(充足)된 수라 하여, 완전하거나 부족함이 없다는 뜻으로 쓰임. 또는 많은 수를 일컫는다.
▶ 동서(一), 남북(丨), 사방 및 중앙을 모두 갖추었다는 뜻임.

십년지기(十年知己) 십시일반(十匙一飯) |

|  점 복 | 부수 이름은 점복부 | 거북의 등에 나타난 금을 본뜬 글자. 거북의 등딱지를 구워 거기에 나타난 금으로 길흉을 알아보는 '점'을 뜻한다.

卜吉(복길) 卜師(복사) 卜筮(복서) |

부수

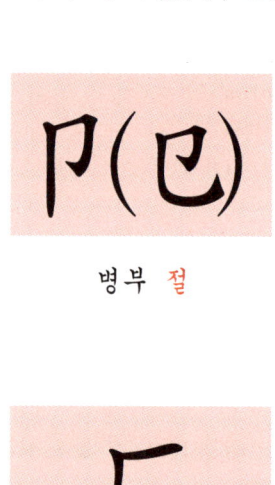
병부 절
부수 이름은 병부절부

사람이 무릎꿇은 모양을 본뜬 글자로 '무릎관절'의 뜻을 나타낸다.
▶ 글자의 아랫부분, 발이 될 때에는 '巳'이 됨.

※ 部首(부수)로서, 무릎 꿇는 일에 관계되는 문자나 신표(信標)의 뜻을 포함하는 문자를 이룬다.

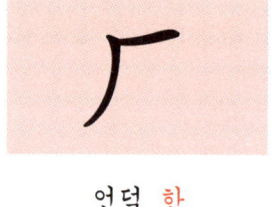
언덕 한
부수 이름은 민엄호밑부

바위의 윗부분이 튀어나와 그 밑에서 사람이 살 수 있는 곳을 본뜬 글자.
덮거나 가리어 엄호(掩護)한다는 것을 뜻한다.

※ 깎아지른 듯한 낭떠러지를 본뜬 글자.

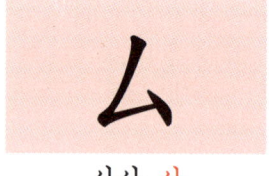
사사 사
아무 모
부수 이름은 마늘모부

팔꿈치를 구부려 자기를 가리키는 것으로 '나'. 또는, '사사롭다'를 뜻한다.

厶地(모지)

또 우
부수 이름은 또우부

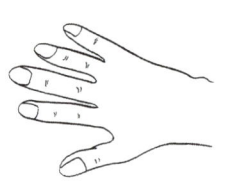

오른손을 본뜬 글자. 본래는 오른쪽(右)이란 뜻이었으나 오른손은 자주 쓰므로 '자주, 또'를 뜻한다.

又生一秦(우생일진)

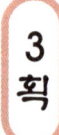
3획

입 구
부수 이름은 입구부

사람의 입 모양을 본떠 '입'의 뜻을 나타낸다.

口腔(구강) 口頭(구두)
口尚乳臭(구상유취) 口傳(구전)

부수자(部首字) 설명 17

부수

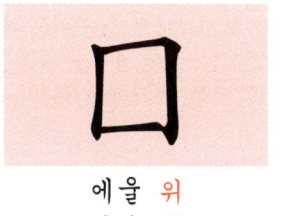
에울 위
나라 국

부수 이름은 에운담, 큰입구부

사방을 둘러싸고 있는 경계선이나 울타리 모양을 본뜬 글자. 둘레를 둘러싼 선에서 '에워싸다, 두르다'의 뜻을 나타낸다.

※ 부수로서 '둘러싸다, 둘레, 두르다'의 뜻을 포함하는 문자가 이루어짐. '口'보다 크다하여 '큰입구'로 일컫는다.

흙 토

부수 이름은 흙토부

초목의 새싹이 땅 위로 솟아오르며 자라는 모양을 본뜬 글자. 새싹을 자라게 하는 '흙'을 뜻한다.

土器(토기) 土砂(토사) 土産(토산)

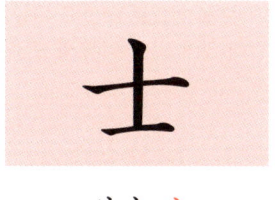
선비 사

부수 이름은 선비사부

열 십(十)과 한 일(一). 하나를 배우면 열을 깨우치는 사람. '선비'를 뜻한다.

사군자(士君子) 사농공상(士農工商) 사대부(士大夫)

뒤져올 치

부수 이름은 뒤져올치부

밑으로 처져서 발이 땅에 닿는 모양을 본뜬 글자로 '내려가다'의 뜻을 나타낸다.

※ 부수(部首)로서, 대체로 자형(字形)의 머리 부분에 온다.

천천히걸을 쇠

부수 이름은 천천히걸을쇠부

아래를 향한 발자국의 모양. 가파른 언덕길을 머뭇거리며 '천천히 내려가는' 것을 뜻한다.

※ 부수(部首)로서 대체로 자형(字形)의 발 부분에 온다.

부수

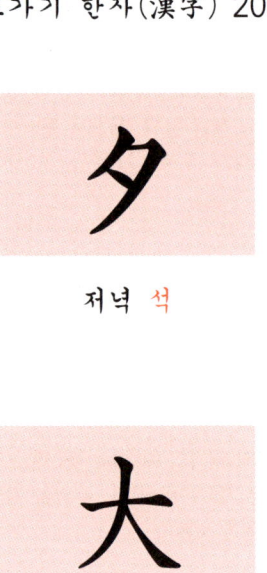
저녁 석

부수 이름은 저녁석부

초저녁 밤하늘에 뜬 초승달 모양을 본뜬 글자. 달 월(月)에 한 획을 줄여 달이 뜨려고 할 무렵, '초저녁'을 뜻한다.

夕刊(석간) 夕陽(석양) 夕霞(석하)

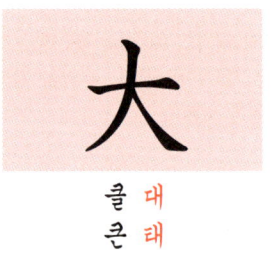
클 대
큰 태

부수 이름은 큰대부

사람이 팔과 다리를 크게 벌리고 서 있는 모양[大]을 본뜬 글자로 '크다, 많다'를 뜻한다.

大家(대가) 大器晚成(대기만성)
大義名分(대의명분) 大衆(대중)

계집 녀

부수 이름은 계집녀부

여자가 손을 앞으로 모으고 무릎을 꿇고 가지런히 앉아 있는 '여자'의 모양을 본뜬 글자.

女傑(여걸) 女流(여류) 女史(여사)

아들 자

부수 이름은 아들자부

갓난아이가 두 팔을 벌리고 있는 모양을 본뜬 글자.

子女(자녀) 子孫(자손) 子弟(자제)

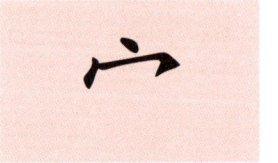
움집 면

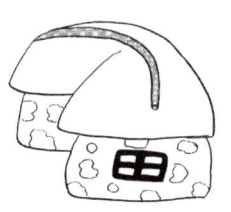

부수 이름은 갓머리부

맞배지붕을 본뜬 모양으로, '지붕, 집'의 뜻을 나타낸다.

※ '宀'을 의부(意符)로 하여 여러 가지 가옥(家屋)이나 그 부속물, 그리고 집 안의 상태 등에 관한 문자를 이룬다.

부수자(部首字) 설명   19

마디 촌

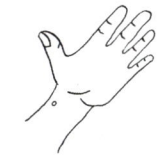
부수 이름은 마디촌부

손목의 맥을 짚어 보는 자리를 가리킴. '한 치'의 뜻. 길이를 헤아리는 '법도, 규칙'을 뜻한다.

寸隙(촌극) 寸劇(촌극) 寸數(촌수)

작을 소

부수 이름은 작을소부

땅 속에서 싹이 겨우 돋아 나온 모양을 본뜬 것으로 아직 작고 여린 것을 뜻한다.
▶ '小'를 기본으로 하여 '작다, 적다'의 뜻을 포함하는 글자가 만들어짐.

小生(소생) 小心(소심) 小作(소작)

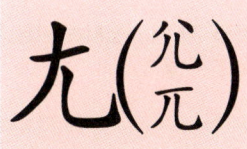
절름발이 왕

부수 이름 절름발이왕방부

큰 대(大)가 어른이 서 있는 모양인데 대하여, 정강이뼈가 구부러진 사람을 본뜬 글자. '절름발이'의 뜻을 나타낸다.

※ '兀·允'는 모두 '尢'의 이체자(異體字)로 변으로 쓰일 때에는 이 세 자체(字體)가 있다.

주검 시

부수 이름은 주검시엄부

죽어서 손발을 뻗은 사람을 본뜬 모양으로 '주검'을 뜻한다.
▶ 문자의 요소로서는 인체(人體)를 나타내고 있는 경우가 많음. 또, 가옥이나 신발에 관한 문자로 '尸'가 붙는 경우도 있음.

尸童(시동) 尸官(시관)
尸位素餐(시위소찬)

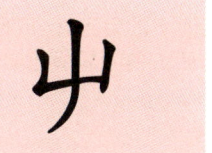
싹날 철
풀 초

부수 이름은 풀철부

초목의 싹이 튼 모양을 본뜬 글자. 'ㅣ'은 줄기, 'ㄴ'은 떡잎의 모양.

※ '屮'을 포개어 '艸·芔'와 같은 문자를 이룬다.

부수

山 메 산
부수 이름은 메산부
산이 연달아 솟아 있는 모양을 본뜬 글자.
山間(산간) 山林(산림) 山寺(산사) 山川草木(산천초목)

川(巛) 내 천
부수 이름은 개미허리부
양쪽 언덕 사이로 물이 흐르고 있는 모양. 둑과 둑 사이에 흐르는 물줄기를 본뜬 글자.
川芎(천궁) 川獵(천렵) 川邊(천변)

工 장인 공
부수 이름은 장인공부
목수 일을 할 때 사용하는 연장 중 '자'의 모양을 본뜬 글자.
工業(공업) 工藝(공예) 工場(공장)

己 몸 기
부수 이름은 몸기부
사람이 자기 몸을 굽히고 무릎을 꿇고 앉아 있는 모양을 본뜬 글자로 남에 대하여 '자기'를 뜻한다.
己物(기물) 知彼知己(지피지기)

巾 수건 건
부수 이름은 수건건부
헝겊에 끈을 달아 허리띠에 찔러 넣는 형상으로서, '헝겊'을 뜻한다.
巾帶(건대) 巾帽(건모) 巾布(건포)

부수자(部首字) 설명 21

방패 간

부수 이름은 방패간부

고대 중국에서 사용하던 방패 모양을 본 뜬 글자. 전쟁에서 쓰는 무기라는 데서 '범한다'는 뜻도 된다.

간과(干戈) 간무(干舞) 간성(干城)

작을 요

부수 이름은 작을요부

갓 태어난 아기의 모양을 본뜬 글자로 '작다'를 뜻한다.
▶ '幺' 또는 '요'를 둘 합친 絲를 의부(意符)로 하여, '작다, 희미하다'의 뜻을 지닌 문자가 이루어짐.

幺麼(요마) 幺蔑(요멸) 幺弱(요약)

집 엄

부수 이름은 엄호밑부

厂(굴바위 엄)에 점을 하나 더 찍어 언덕이나 바위를 지붕으로 삼아 지은 바위집 모양으로 '宀'은 작은 집, '广'은 주로 큰 집을 뜻한다.

※ 건축물을 나타내는 문자의 요소 문자가 된다.

길게걸을 인

부수 이름은 민책받침부

길게 뻗은 길을 다리를 끌며 간다는 뜻을 나타낸다.

※ 책받침 '辶(辵)'의 위쪽 점이 없다는 데서 민책받침으로 일컫는다. '廴'을 의부(意符)로 하여 '늘여지다'의 뜻을 포함하는 문자를 이룬다.

들 공

부수 이름은 밑스물입부

양 손으로 받드는 모양을 본뜬 글자로 '받들다'를 뜻한다.

※ 이 글자의 모양이 '廿'과 비슷하고, 대개 글자의 밑으로 쓰이므로, '밑스물입'으로 일컫는다.

부수

부수	그림	설명
弋 주살 익 부수 이름은 주살익부		주살(새를 잡는 데 쓰는 실을 단 화살)의 모양을 본뜬 글자. 작은 각지에 지주(支柱)를 받친 형태. 弋射(익사)
弓 활 궁 부수 이름은 활궁부		활의 모양을 본뜬 글자로, '활'의 뜻을 나타낸다. ▶ '弓' 意符(의부)로 하여 여러 종류의 활, 활에 딸린 것, 또 활에 관한 동작이나 상태를 나타내는 문자를 이룸. 弓術(궁술) 弓矢(궁시) 國弓(국궁)
크(彑彐) 돼지머리 계 부수 이름은 터진가로왈부		돼지의 머리를 본뜬 글자. 멧돼지의 상형(象形)인 '豕'의 머리 부분으로, 특히 그 엄니를 강조하여 멧돼지의 머리의 뜻을 나타낸다. ※ 자형(字形) 분류상 부수가 된다.
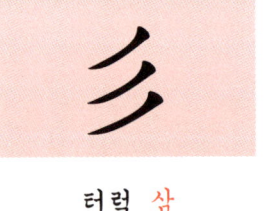 터럭 삼 부수 이름은 삐침석삼부		길게 흐르는 숱지고 윤기 나는 머리 형상을 본떠, 긴 머리, 무늬의 뜻을 나타냄. 이 글자는 독립해서 쓰이지는 않는다. ※ '彡'을 의부(意符)로 하여 '무늬, 빛깔, 머리, 꾸미다'의 뜻을 지니는 문자가 이루어진다.
 조금걸을 척 부수 이름은 두인변부		왼발을 내밀며 걸어가는 모양을 본뜬 글자. 일설에는 좌보(左步)를 '彳'이라 하고 우보(右步)를 '亍'이라 하여, 합하여 행(行)자가 된다. ※ '彳'을 의부(意符)로 하여 가는 일에 관한 문자가 이루어진다.

부수자(部首字) 설명 23

4획

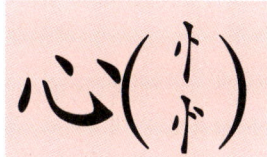
마음 심

부수 이름은 마음심부

심장의 모양을 본뜬 글자로 '마음'의 뜻을 나타낸다. 옛날 사람들은 정신이 가슴에 있다고 생각했기 때문에 '마음'을 뜻한다.

심복(心腹) 심신(心身) 심취(心醉)

창 과

부수 이름은 창과부

손잡이가 달린 자루 끝에 날이 달린 창의 모양을 본뜬 글자로, '창'을 뜻한다.

戈棘(과극) 戈矛(과모) 戈戚(과척)

지게 호

부수 이름은 지게호부

한쪽만 열리는 문짝의 모양을 본뜬 글자로 '문'을 뜻한다.

▶ '戶'의 의부(意符)로 하여 '문, 집' 집에 딸린 물건에 관한 문자를 이룸.

호구(戶口) 호별(戶別) 호수(戶數)

손 수

부수 이름은 손수부

다섯 손가락을 편 손의 모양을 본뜬 글자.

▶ 손의 각 부분의 명칭이나 손의 동작에 관한 문자를 이룸. 변이 될 때에는 '扌'의 꼴을 취함.

手巾(수건) 手工(수공) 手技(수기)

지탱할 지

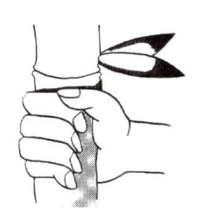
부수 이름은 지탱할지부

열 십(十)과 손 수(又·手). 대나무 가지를 손으로 받치고 있는 모양으로 '지탱하다'를 뜻한다.

支局(지국) 支援(지원) 支持(지지)

부수

부수

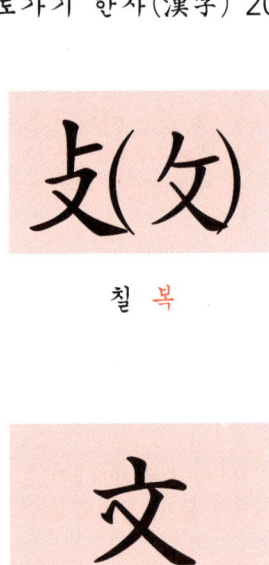
칠 복

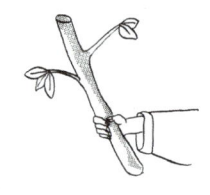
부수 이름은 등글월문부

나뭇가지(卜)를 손(又)에 잡고 손으로 소리나게 '치다, 두드리다'를 뜻한다.

※ 단독으로는 거의 쓰지 않음 '攵'과의 생김새의 대비에서 '등글월문'이라 일컬으며, 또한 몸, 곧 방(旁)이 될 때에는 생략된 변형체인 '攵'이 흔히 쓰인다.

글월 문

부수 이름은 글월문부

사람의 손에 의해 어떤 무늬를 그린 것이나 여러 선을 겹쳐 놓은 모습을 하거나 그 안에 무슨 무늬를 넣은 형태인 '글자, 글월'을 뜻한다.

文庫(문고) 文句(문구) 文盲(문맹)

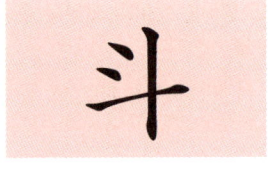
말 두

부수 이름 말두부

곡식을 담아서 수량을 헤아리는 말의 모양을 본뜬 글자.

斗斛(두곡) 斗屋(두옥) 斗酒(두주)

근 근

부수 이름은 날근부

날이 선 자루가 달린 도끼로 물건을 자르려는 형상을 본뜬 글자. 돌도끼를 저울추로 사용하여 '근, 도끼'를 뜻한다.

斤兩(근량) 斤數(근수) 斤重(근중)

모 방

부수 이름 모방부

뱃머리의 모양을 본뜬 글자로 뱃머리는 모가 났다 하여 '모, 사방'을 뜻한다.

方今(방금) 方面(방면) 方法(방법)

无(旡)
없을 무

부수 이름은 없을무, 이미기몸부

춤추는 사람의 모양을 본뜬 글자로 '춤추다'의 뜻을 나타냈으나 가차(假借)하여 '없다'를 뜻한다.

※ 舞·無의 갑골 문자.

日
날 일

부수 이름은 날일부

해의 모양을 본뜬 글자. 태양(日) 속에 산다는 불사조를 본뜬 글자.

日課(일과) 日記(일기) 日常(일상)

曰
가로되 왈

부수 이름은 가로왈부

입안의 혀의 모양을 본뜬 글자로 '가로되, 말하다'를 뜻한다.

▶ '日' 이외에 '曰'자 자형(字形)을 지닌 문자를 모으기 위해 편의적으로 부수로 설정함.

曰可曰否(왈가왈부)
曰是曰非(왈시왈비)

月
달 월

부수 이름은 달월부

달은 차츰 커져 만월이 되고 그 만월이 차츰 일그러져 그믐달이 되는 까닭에 이지러진 달을 본뜬 글자.

월간(月刊) 월계(月計) 월보(月報)

木
나무 목

부수 이름은 나무목부

나무(丨)의 가지(一)와 뿌리(木) 모양을 본떠서 만든 글자.

木根(목근) 木石(목석) 木星(목성)

부수

하품 흠

부수 이름은 하품흠부

사람이 입을 벌리고 하품하는 모양을 본뜬 글자로 '하품'을 뜻한다.

欠缺(흠결) 欠事(흠사) 欠伸(흠신)

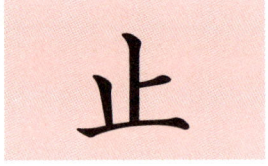
그칠 지

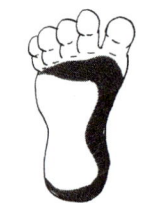
부수 이름은 그칠지부

사람의 발바닥의 모양을 본뜬 글자로 정지선(一)에 멈춰서 있는 발을 뜻한다.

止戈(지과) 止揚(지양) 止血(지혈)

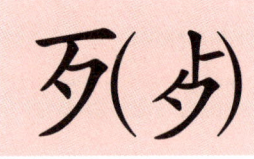
죽을 사

부수 이름 죽을사부

살이 깎여 없어진 사람의 백골(白骨), 시체의 형상으로 목숨이 다하여 뼈만 앙상한 것으로 '죽다, 주검'을 뜻한다.

※ 部首(부수)로서 '죽음'에 관한 문자를 이룬다.

창 수

부수 이름은 갖은등글월문부

손에 나무 몽둥이를 든 모양을 본뜬 글자로, '치다, 때리다'를 뜻한다.

※ '殳'를 의부(意符)로 하여, '치다, 때리다, 부수다' 등의 뜻을 갖는 문자를 이룬다.

말 무

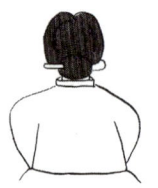
부수 이름은 말무부

쪽진 어머니의 뒷모습 또는 두 손을 모아 암전히 앉아 있는 여자의 모양을 본뜬 글자. '母'와 동형(同形)으로 어머니의 뜻을 나타냈지만 두 점(點)을 하나의 세로획으로 고쳐 '없다'의 뜻으로 쓰이기도 한다.

毋慮(무려) 毋論(무론) 毋害(무해)

부수자(部首字) 설명 27

부수

견줄 비

부수 이름은 견줄비부

두 사람이 나란히 앉아 있는 모양을 본뜬 글자로, 서로 '견주다, 비교하다'를 뜻한다.

比肩(비견) 比較(비교) 比率(비율)

털 모

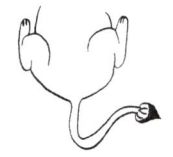

부수 이름은 터럭모부

짐승이나 사람의 털이 나 있는 모양을 본뜬 글자.

毛髮(모발) 毛織(모직) 毛皮(모피)

각시 씨

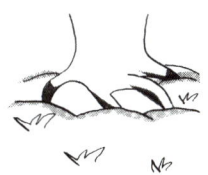

부수 이름은 각시씨부

땅 속에 내린 뿌리와 땅 위에 내린 줄기의 모양을 본뜬 글자로, 뿌리나 줄기가 뻗어 가듯 혈족으로 펴져 나가는 '성씨'를 뜻한다.

氏族(씨족) 某氏(모씨) 無名氏(무명씨)

기운 기

부수 이름 기운기부

뭉게뭉게 피어오르는 구름의 모양 또는 아지랑이가 피어오르는 모양을 본뜬 글자.

※ '气'를 의부(意符)로 하여 '氣(기)'와 기운에 관한 문자를 이룬다. '氣'와 동일어(同一語) 이체자(異體字).

물 수

부수 이름 물수부

물이 흐르는 모양을 본뜬 글자.

▶ 삼수변(氵), 클 태(泰))와 같이 발로 쓰일 때는 물수발(氺)이라 함.

水路(수로) 水脈(수맥)

부수

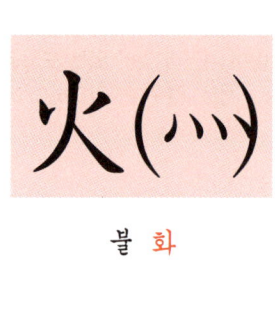
불 화

부수 이름은 불화부

화산이 불을 뿜는 모양. 또는 불길이 활활 타오르는 모양을 본뜬 글자.

火口(화구) 火力(화력) 火山(화산)

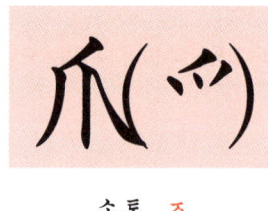
손톱 조

부수 이름은 손톱조부

손톱으로 긁거나 끌어당기는 모양을 본뜬 글자.
▶ '爪'를 의부(意符)로 하여, '손으로 잡다'의 뜻을 포함하는 문자를 이룸.

爪甲(조갑) 爪印(조인) 爪痕(조흔)

아비 부

부수 이름은 아비부

'父'의 변형. 손에 매를 든 모양으로 가장으로서 가족을 거느리고 인도하는 '아버지'를 뜻한다.

父系(부계) 父傳子傳(부전자전)

육효 효

부수 이름은 점괘효부

서로 교차하는 표(X)를 겹쳐 '사귐'을 뜻한다.
▶ "주역(周易)"의 두 괘(卦)를 나타낸 하나하나의 가로 그은 획.

爻辭(효사) 爻象(효상) 六爻(육효)

나뭇조각 장

부수 이름은 장수장변부

나무(木)을 둘로 나눈 것 중 왼쪽 부분을 본뜬 모양.
'牀'의 본자.

※ 항상 문자의 왼쪽 변(邊)에 오므로 부수(部首)로 세워진다.

부수자(部首字) 설명

片 조각 편

부수 이름은 조각편부

나무 목(木)자를 세로로 쪼개어 나눈 오른쪽 절반으로, 나뭇조각의 뜻과 납작하고 얇은 물체를 뜻한다.

片刻(편각) 片道(편도) 片鱗(편린)

牙 어금니 아

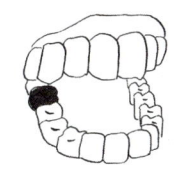

부수 이름은 어금니아부

어금니의 위아래가 맞물리는 모양을 본뜬 글자로 '어금니'를 뜻한다.

牙城(아성) 牙音(아음) 牙箏(아쟁)

牛(牜) 소 우

부수 이름은 소우부

정면에서 본 소의 머리 부분을 본뜬 글자. 소머리에 두 뿔이 솟아 있고 꼬리를 늘어뜨리고 있는 모양.

牛角(우각) 牛步(우보) 牛車(우차)

犬(犭) 개 견

부수 이름은 개견부

개가 옆으로 서 있는 모양을 본뜬 글자. 점(丶)은 옆에서 본 개의 귀를 본떴다.

犬馬之勞(견마지로) 犬羊(견양)
犬猿之間(견원지간)

5획

玄 검을 현

부수 이름은 검을현부

두(亠 : 덮다)와 작을 요(幺), 幺는 멀리 있어서 작게 보이고, 미세한 실이 그늘에 가려 '검고, 어둡게' 보이는 것을 뜻한다.

玄琴(현금) 玄米(현미) 玄黃(현황)

부수

玉(王) 구슬 옥

부수 이름은 구슬옥부

구슬 세 개를 끈으로 꿴 모양을 본뜬 글자. 임금(王)과 구별하기 위하여 점 주(丶)를 첨가하였다.

玉骨仙風(옥골선풍)　玉童子(옥동자)
玉璽(옥새)

瓜 오이 과

부수 이름은 오이과부

덩굴에 열린 오이의 모양을 본뜬 글자. 'ㄈ'는 오이의 덩굴, 'ㄥ'는 오이의 모양을 본떠서 '오이'를 뜻한다.

瓜果(과과)　瓜年(과년)
瓜田不納履(과전불납리)

瓦 기와 와

부수 이름은 기와와부

진흙을 구부려서 구운 질그릇의 상형으로, 기와가 포개진 모양을 본뜬 글자.

瓦家(와가)　瓦器(와기)　瓦當(와당)

甘 달 감

부수 이름은 달감부

입 구(口)와 일(一)을 합하여 입 안에 맛있는 것이 들어 있음을 나타낸다.

甘醴(감례)　甘露(감로)　甘受(감수)

生 날 생

부수 이름은 날생부

초목의 새싹이 땅 위로 솟아 나오는 모양을 본뜬 글자로 '나다, 자라다'를 뜻한다.

生家(생가)　生命(생명)　生涯(생애)

부수자(部首字) 설명

쓸 용

부수 이름은 쓸용부

거북의 등껍질을 본뜬 것으로 옛날에는 점[卜]을 칠 때는 거북의 등껍질을 사용하였다하여 '쓰다, 도구'를 뜻한다.

用件(용건) 用度(용도) 用武(용무)

밭 전

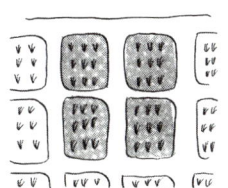

부수 이름은 밭전부

큰입 구(口)와 열 십(十). '口'는 땅의 경계이고 '十'은 사방으로 통하는 길을 본떠 농토를 나타낸다.

田畓(전답) 田園(전원) 田地(전지)

필 필
발 소

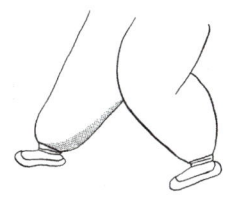

부수 이름은 필필·짝필부

사람 다리의 무릎, 발바닥의 모양을 본뜬 글자.

▶ '匹'과 通用 : 피륙을 세는 단위.

疋緞(필단) 疋練(필련) 疋帛(필백)

병들어누울 녁

부수 이름은 병질엄부

사람 인(人)과 나뭇조각 장(爿)으로 침대를 본뜬 글자. 사람이 병들어 침대에 누워있는 모양에서 '의지하다, 질병'을 뜻한다.

※ '疒'을 의부(意符)로 하여, 병이나 상해, 그에 수반하는 감각 등에 관한 문자를 이룬다.

걸을 발

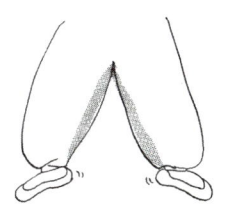

부수 이름은 필발머리부

두 발을 벌린 모양을 본뜬 글자. '걷다, 등지다'를 뜻한다.

▶ '癶'을 의부(意符)로 하여, 발의 동작에 관한 문자를 이룸.

癶癶(발발)

白 흰 백

부수 이름은 흰백부

날 일(日)과 삐침 별(丿 : 내리쬐는 햇살). 햇빛이 비치는 것으로 '밝다'를 뜻한다. 또는 밤의 알맹이 형상이라고도 하여 '희다'의 뜻을 나타낸다.

白果(백과) 白光(백광) 白金(백금)

皮 가죽 피

부수 이름은 가죽피부

손(又)으로 짐승의 가죽(丿 : 革의 반자)을 벗기고 있는 모양을 본뜬 글자. '가죽'을 뜻한다.

皮甲(피갑) 皮膜(피막) 皮膚(피부)

皿 그릇 명

부수 이름은 그릇명부

제사 음식을 담는 제기(祭器) 접시의 모양을 본뜬 글자로, '그릇'을 뜻한다.
▶ '皿'부에 속하는 글자는 그릇과 관계 있는 뜻이 많음.

金皿(금명) 器皿(기명)

目 눈 목

부수 이름은 눈목부

사람 눈의 모양을 본뜬 글자. 처음에는 가로로 썼으나 나중에 세로로 쓰게 되었다.

目見(목견) 目禮(목례) 目標(목표)

矛 창 모

부수 이름은 창모부

긴 창의 머리 부분에 날카로운 날을 단 무기, '창'을 본뜬 글자.

矛戈(모과) 矛戟(모극) 矛盾(모순)

화살 시

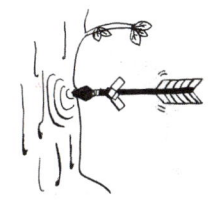
부수 이름은 화살시부

화살촉과 깃의 모양을 본뜬 글자.

矢石(시석) 矢言(시언) 弓矢(궁시)

돌 석

부수 이름은 돌석부

언덕(厂) 아래로 떨어진 돌멩이의 모양을 본뜬 글자로 '돌'을 뜻한다.

石器(석기) 石燈(석등) 石塔(석탑)

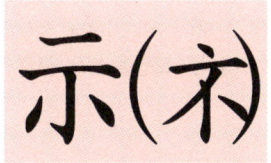
보일 시

부수 이름은 보일시부

무덤 앞에 놓여있는 제단 모양을 본뜬 글자. 제물 차린 제상을 신에게 보이는 것을 뜻한다.

示達(시달) 示範(시범) 示威(시위)

짐승발자국 유

부수 이름 짐승발자국유부

짐승의 발자국의 모양. 또는 벌레의 꾸불꾸불한 모양을 본뜬 글자.

※ 이 부수(部首)의 대부분은 동물에 관한 형상 문자로 '内'는 그 뒷발과 꼬리를 나타내고 있다.

벼 화

부수 이름은 벼화부

나무 목(木)은 줄기를 나타내고 있으며 이삭 끝이 줄기 끝에 늘어진 모양을 본뜬 글자. '벼'를 뜻한다.

禾竿(화간) 禾穀(화곡) 禾苗(화묘)

부수

穴
구멍 혈

부수 이름은 구멍혈부

움집 면(宀)과 여덟 팔(八). '八'은 두 손으로 땅을 파헤친다는 것으로 '구멍, 굴, 움' 등을 뜻한다.

穴居(혈거) 穴室(혈실) 穴深(혈심)

立
설 립

부수 이름은 설립부

사람이 땅을 딛고 서 있는 모양을 본뜬 글자. '서 있다'를 뜻한다.

立脚(입각) 立法(입법) 立地(입지)

6획

竹
대 죽

부수 이름은 대죽머리부

대나무 가지(丨)의 가운데 잎(八)이 아래로 드리워진 모양을 본뜬 글자.

竹竿(죽간) 竹林(죽림) 竹筍(죽순)

米
쌀 미

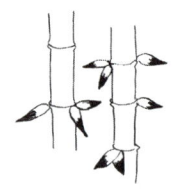
부수 이름은 쌀미부

벼[禾]의 이삭을 본뜬 글자. 네 개의 점은 낱알을, '十'은 낱알이 따로따로 매달려 있는 모양을 나타낸다.

米泔(미감) 米穀(미곡) 米粒(미립)

糸
실 사

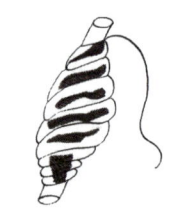
부수 이름은 실사부

실타래의 모양을 본뜬 글자.

※ 여러 가지 종류의 실이나 끈의 종류, 그 성질・상태, 그것을 사용하는 동작, 또는 실을 짜는 일 등에 관한 문자를 이룬다.

부수자(部首字) 설명　35

장군 부

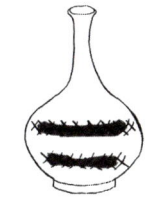
부수 이름은 장군부

술이나 장 따위를 담는 중배가 부른 뚜껑 달린 토기(土器)의 모양을 본뜬 글자.

※ '缶'를 의부(意符)로 하여 항아리에 관한 문자를 이룬다.

부수

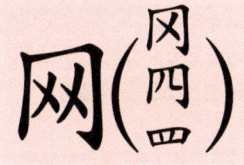
그물 망

부수 이름은 그물망부

그물의 모양을 본뜬 글자.
▶ '網'이 原字임.

※ 부수로 쓰일 때는 글자 모양이 '冈, 冂, 罒'으로 되기도 한다.

양 양

부수 이름은 양양부

정면에서 바라본 뿔이 난 양의 모양을 본뜬 글자.

羊頭狗肉(양두구육) 羊毛(양모)
羊腸(양장) 羊皮(양피)

깃 우

부수 이름은 깃우부

새의 깃 또는 양 날개를 본뜬 글자.

羽翼(우익) 羽化登仙(우화등선)

늙을 로

부수 이름은 늙을로엄부

허리를 구부리고 지팡이를 짚은 노인의 모양을 본뜬 글자.

老鍊(노련) 老母(노모) 老翁(노옹)

부수

而
말이을 이

부수 이름은 말이을이부

코 밑 또는 턱수염의 모양을 본뜬 글자. 문장을 연결하는 어조사로 쓰인다.

而今(이금) 而立(이립) 而後(이후)

耒
쟁기 뢰

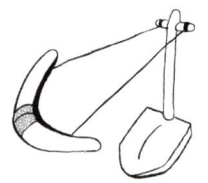

부수 이름은 쟁기뢰부

밭을 갈 때 쓰는 쟁기를 본뜬 모양.
▶ '耒'부에 속하는 글자는 대부분 농기구나 농사와 관계 있는 뜻이 많음.

耒耨(뇌누) 耒耜(뇌사)

耳
귀 이

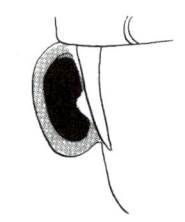

부수 이름은 귀이부

사람의 귀 모양을 본뜬 글자로, '귀'를 가리킨다.

耳目(이목) 耳順(이순) 耳環(이환)

聿
붓 률

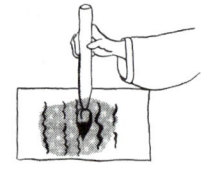

부수 이름은 붓율부

오른손으로 붓을 잡은 모양을 본뜬 글자.

聿來(율래) 聿修(율수) 聿懷(율회)

肉(月)
고기 육

부수 이름 고기육부

잘라 낸 한 점의 고깃덩이를 본뜬 글자.
▶ '月'은 변으로 쓰일 때 '月(달 월)'과 구별하기 위해 '육달월'이라 함.

肉類(육류) 肉食(육식) 肉筆(육필)

부수자(部首字) 설명

臣		임금 앞에 엎드려 공손히 있는 사람의 모양을 본뜬 글자.
신하 신	부수 이름은 신하신부	臣僚(신료) 臣妾(신첩) 臣下(신하)

自		사람의 코 모양을 본뜬 글자. '나'를 말할 때 자기 코를 가리켰기 때문에 '나, 자신, 스스로'를 뜻한다.
스스로 자	부수 이름은 스스로자부	自刻(자각) 自立(자립) 自然(자연)

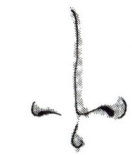

至	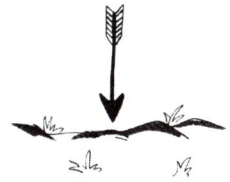	화살이 땅바닥에 꽂힌 모양에서 '이르다, 당도하다'의 뜻을 나타낸다.
이를 지	부수 이름은 이를지부	至當(지당) 至上(지상) 至善(지선)

臼		절구의 모양을 본뜬 글자로 '절구'의 뜻을 나타낸다.
절구 구	부수 이름 절구구부	臼磨(구마) 臼狀(구상) 臼齒(구치)

舌		방패 간(干)과 입 구(口). 말을 할 때나 음식을 먹을 때 입의 모양을 본뜬 글자.
혀 설	부수 이름 혀설부	舌戰(설전) 舌禍(설화) 口舌(구설)

부수

舛
이그러질 천

부수 이름은 어그러질천부

두 발[夂(치)와 ヰ(과)]이 서로 어긋나 있는 모양을 본뜬 글자. '어긋나다, 위배하다'를 뜻한다.

舛駁(천박) 舛訛(천와)

舟
배 주

부수 이름은 배주부

통나무의 모양, 또는 나룻배의 모양을 본뜬 글자. '배'를 뜻하며 술잔을 올려놓는 '잔대'의 뜻으로도 쓰인다.

舟橋(주교) 舟遊(주유) 舟行(주행)

艮
그칠 간

부수 이름은 머무를간부

사람의 눈을 강조한 모양을 형상화하여, 본디 눈을 뜻했으나. '艮'은 '한정하다, 머무르다'의 뜻으로 쓰이게 된다.

艮卦(간괘) 艮止(간지)

色
빛 색

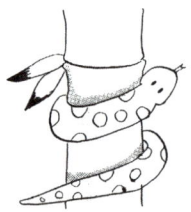
부수 이름 빛색부

사람 인(人)과 병부 절(色 : 卩의 변형). 사람의 심정이 얼굴빛에 나타나는 것을 뜻한다.

色感(색감) 色盲(색맹) 色素(색소)

艸(艹)
풀 초

부수 이름은 풀초부

가지런히 자란 풀의 모양을 본뜬 글자. '풀'을 뜻한다.

※ '艸'가 한자(漢字)의 머리가 될 때 '艹(초두)'의 꼴을 취한다. 풀에 관한 여러 가지 이름, 풀의 상태, 풀로 만드는 물건 등에 관한 문자를 일컫는다.

부수자(部首字) 설명   39

범의문채 호

부수 이름은 범호엄부

입을 크게 벌리고 서 있는 늙은 호랑이의 형상을 본뜬 글자.

※ '虍·虎'를 의부(意符)로 하여, 호랑이에 관한 문자를 이룬다.

벌레 충

부수 이름은 벌레충·벌레훼부

벌레의 모양을 본뜬 글자.

▶ '虫'은 '蟲'의 俗字

※ '虫'을 의부(意符)로 하여 곤충 등 작은 동물의 이름 외에 각종 동물의 이름이나 상태를 나타낸다.

피 혈

부수 이름은 피혈부

삐칠 별(丿)과 그릇 명(皿). 고사 지낼 때 희생된 제물을 칼(丿)로 베어 흘러나오는 피를 그릇에 담아 신에게 바치는 '피'를 뜻한다.

血管(혈관) 血氣(혈기) 血書(혈서)

다닐 행

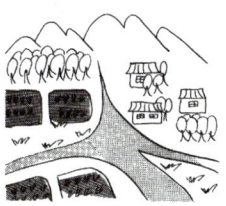

부수 이름은 다닐행부

지축거릴 척(彳)과 겨우 디딜 촉(亍). 사람이 많이 다니는 사거리의 길에서 '다니다'를 뜻한다.

行姦(행간) 行軍(행군) 行動(행동)

옷 의

부수 이름은 옷의부

몸에 걸친 의복의 깃 언저리의 모양을 본뜬 글자. '옷'을 뜻한다.

※ '衣·衤'를 의부(意符)로 하여 의류나 그 상태, 그에 관한 동작 등을 나타내는 문자를 이룬다.

부수

7획

덮을 아

부수 이름은 덮을아부

그릇의 뚜껑을 본뜬 글자. '덮다'의 뜻을 나타내며 이것을 독립적으로 사용하는 글자는 없고 부수로 쓰인다.

※ '襾'를 의부(意符)로 하여 '덮다'의 뜻을 지닌 문자를 이루는데 '예'는 적다.

볼 견
뵐 현

부수 이름은 볼견부

눈 목(目)과 사람 인(人)을 합한 글자. 이 눈으로 본다는 것으로 '보다, 알현'을 뜻한다.

見聞(견문) 見習(견습) 見糧(현량)

뿔 각

부수 이름은 뿔각부

속이 빈 딱딱한 짐승의 뿔 모양을 본뜬 글자. '뿔'은 모가 나고 뿔로 다투는 것을 뜻한다.

角塗(각도) 角逐(각축) 頭角(두각)

말씀 언

부수 이름은 말씀언부

머리카락(一)과 이마(二), 콧등의 주름(二)과 입(口). 사람이 말하는 모양을 본뜬 글자.

言及(언급) 言論(언론) 言語(언어)

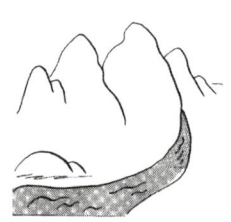
골 곡

부수 이름은 골곡부

물 수(氺 : 水의 변형)와 입 구(口)를 본뜬 글자. 구멍에서 샘물이 솟아나서 흐르는 '골짜기'를 뜻한다.

谷泉(곡천) 谷風(곡풍) 溪谷(계곡)

콩 두

부수 이름은 콩두부

콩꼬투리 모양을 본뜬 글자.

豆粕(두박) 豆腐(두부) 綠豆(녹두)

돼지시 부

부수 이름은 돼지시부

돼지의 머리와 네 다리, 꼬리 모양을 본뜬 글자.

豕突(시돌) 豕牢(시뢰)

벌레 치
해태 태

부수 이름은 갖은돼지시부

짐승이 상대방에게 덤비기 위해 잔뜩 웅크린 모양을 본뜬 글자.

獬豸(해치)

조개 패

부수 이름은 조개패부

조개의 모양을 본뜬 글자. 조개 껍질을 화폐로 사용하여 '돈, 재물'을 뜻한다.

貝殼(패각) 貝物(패물) 貝塚(패총)

붉을 적

부수 이름은 붉을적부

큰 대(土 : 大)와 불 화(灬 : 火). 크게 타는 불은 그 빛깔이 붉어 '붉다'를 뜻한다.

赤貧(적빈) 赤衣(적의) 赤化(적화)

부수

달릴 주

부수 이름은 달릴주부

일찍 죽을 요(夭)와 그칠 지(止). '夭'는 달리는 모양. '止'는 발자국을 나타내며 '달리다'를 뜻한다.

走狗(주구) 走力(주력) 走馬燈(주마등)

발 족

부수 이름은 발족부

허벅다리에서 발목까지의 모양을 본뜬 글자. '발'을 뜻한다.

足部(족부) 足炙(족적) 足下(족하)

몸 신

부수 이름 몸신부

아이를 밴 사람의 모양을 본뜬 글자. '임신하다'의 뜻을 나타내어 '몸, 아이 배다'를 뜻한다.

身名(신명) 身邊(신변) 身長(신장)

수레 거
수레 차

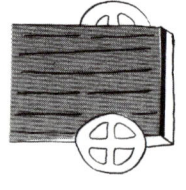

부수 이름은 수레거부

수레나 수레바퀴 모양을 본뜬 글자. '수레, 수레바퀴'를 뜻한다. '바퀴'의 뜻으로도 쓰인다.

車道(차도) 車輛(차량) 人力車(인력거)

매울 신

부수 이름은 매울신부

서서(立) 십자가(十) 같은 형틀에 묶여 있으니 죄인이며, 죄인은 고생한다 하여 '고생'을 뜻하며 고생은 '맵다'는 뜻을 갖는다.

辛苦(신고) 辛辣(신랄) 辛未(신미)

부수자(部首字) 설명 43

별 진

부수 이름은 별진부

조개껍데기가 살을 내밀고 있는 모양을 본뜬 글자. 지지의 다섯째인 '용'을 뜻한다.

辰方(진방) 辰時(진시) 佳辰(가진)

쉬엄쉬엄갈 착

부수 이름은 책받침부

조금 걸을 척(彳)과 그칠 지(止). '가는 것'을 뜻한다.
▶ 받침으로 쓰일 때는 '辶'으로 생략되고 또 '辶'으로도 생략됨.

※ '辵'을 의부(意符)로 하여 가는 일이나 원근 등에 관한 문자를 이룬다.

고을 읍

부수 이름은 고을읍 · 우부방부

둘러쌀 위(口·圍)와 병부 절(㔾·卩 : 사람). 일정한 경계 안에 사람이 모여 사는 '마을, 고을'을 뜻한다.

邑內(읍내) 邑俗(읍속) 都邑(도읍)

닭 유

부수 이름은 닭유부

술을 담그는 단지의 모양을 본뜬 글자. 술은 닭이 홰에 오르는 저녁때부터 마셔야 한다는 데서 '닭'을 뜻한다.

酉年(유년) 酉方(유방) 酉聖(유성)

나눌 변

부수 이름은 분별할변부

짐승의 발톱이 갈라져 있는 모양을 본뜬 글자. 손(丿) 바닥에 쌀(米)을 잡고 질을 분별한다하여 '분별하다, 나누다'를 뜻한다.

※ '釆'을 의부(意符)로 하여 '나누다'의 뜻을 포함하는 문자를 이룬다.

부수

마을 **리**

부수 이름은 마을리부

밭 전(田)과 흙 토(土). 밭도 있고 토지도 있어 사람이 살 만한 곳, '마을'을 뜻한다.

里民(이민) 里長(이장) 洞里(동리)

8획

쇠 **금**

부수 이름은 쇠금부

모을 집(亼 : 덮여 있음)과 흙 토(土). 반짝임을 나타내는 'ᄽ'을 합하여 흙 속에서 빛을 발하는 '금, 쇠'를 뜻한다.

金剛(금강) 金庫(금고) 金貨(금화)

길·어른 **장**

부수 이름은 길장부

머리가 길고 수염이 흰 노인이 지팡이를 짚고 있는 모양을 본뜬 글자. 긴 세월을 살았다 하여 '길다, 어른'을 뜻한다.

長久(장구) 長短(장단) 長蛇陳(장사진)

문 **문**

부수 이름은 문문부

두 개의 문짝이 있는 문의 모양을 본뜬 글자. '문, 집안'을 뜻한다.

門閥(문벌) 門前成市(문전성시)
門中(문중) 門下(문하)

언덕 **부**

부수 이름은 언덕부·좌부방부

층이 진 흙산의 모양을 본뜬 글자. '언덕'의 뜻을 나타내고 파생하여 '크다, 성하다, 많다'의 뜻을 나타낸다.

※ '阜'부를 의부(意符)로 하여 언덕이나 언덕 모양으로 봉긋한 것, 언덕에 관련된 지형·상태를 나타내는 문자를 이룬다.

隶
미칠 이

부수 이름은 미칠이부

꼬리를 잡으려는 손이, 뒤에서 미치는 모양에서, '미치다'의 뜻을 나타낸다.

※ '隶'를 의부(意符)로 하여, 붙잡아서 복종시키는 노예의 '隸' 따위의 글자를 이룬다.

隹
새 추

부수 이름은 새추부

'隹'는 꽁지가 짧은 새, '鳥'는 꽁지가 긴 새를 뜻한다.

※ '隹'를 의부(意符)로 하여, 새에 관한 문자를 이룬다.

雨
비 우

부수 이름은 비우부

하늘(一)의 구름(冂)에서 빗방울이 떨어지는 모양을 본뜬 글자로 '비'를 뜻한다.

雨氣(우기) 雨露(우로) 暴雨(폭우)

靑
푸를 청

부수 이름은 푸를청부

날 생(生)과 붉을 단(丹). 새싹이 붉은 빛으로 돋아났다가 푸른색으로 변하여 '푸르다'를 뜻한다.

靑果(청과) 靑年(청년) 靑鹿(청록)

非
아닐 비

부수 이름은 아닐비부

새의 두 날개가 각기 다른 방향으로 엇갈려 날아간다 하여 '어긋나다, 헤어지다'를 뜻하며 파생하여 부정(否定)의 조사로 쓰인다.

非難(비난) 非理(비리) 非凡(비범)

부수 9획

面 낯 면
부수 이름은 낯면부
이마(一) 밑에 눈(目)과 양 옆으로 볼([ ])이 있는 사람의 얼굴 모양을 본뜬 글자.
面鏡(면경) 面具(면구) 面對(면대)

革 가죽 혁 / 엄할 극
부수 이름은 가죽혁부
짐승의 머리에서 꼬리까지 벗긴 가죽의 모양을 본뜬 글자. '가죽'을 뜻한다.
革代(혁대) 革命(혁명) 革新(혁신)

韋 가죽 위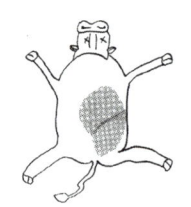
부수 이름은 다룸가죽위부
손으로 당기고 발로 밟아 무두질하여 부드럽게 만든 '가죽'을 뜻한다.
▶ '革'과 구별하여 '다룸가죽위'라 일컬음.
韋衣(위의) 依韋(의위)

韭 부추 구
부수 이름은 부추구부
땅 위에 나 있는 부추의 형상으로 '부추'의 뜻을 나타낸다.
韭菹(구저) 韭菜(구채)

音 소리 음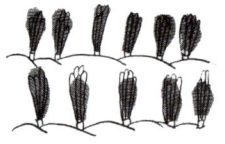
부수 이름은 소리음부
땅에 서서(立) 입(口)을 벌려 한 번(一)씩 노래하는 소리와 음악을 뜻한다.
音曲(음곡) 音聲(음성) 音樂(음악)

부수자(部首字) 설명 47

頁 머리 혈	 부수 이름은 머리혈부	'一'은 머리, '自'는 얼굴, '八'은 목 부분을 본뜬 글자. 사람의 목에서부터 머리의 끝, 즉 사람의 머리를 나타낸다. ※ '頁'을 의부(意符)로 하여 머리나 머리에 관계한 명칭, 상태 등을 나타내는 문자를 이룬다.	부수

風
바람 풍

부수 이름은 바람풍부

동굴(穴)에서 바람(丿)이 나오는 것이 마치 벌레(虫)들이 들고나는 것과 같음을 뜻한다.

風景(풍경) 風浪(풍랑) 風水(풍수)

飛
날 비

부수 이름은 날비부

새가 두 날개를 펴고 하늘 높이 날아오르는 모양을 본뜬 글자.

飛報(비보) 飛翔(비상) 飛躍(비약)

食(飠)
밥 식

부수 이름은 밥식부

모을 집(亼 : 集)과 고소할 흡(皀・皀). 밥을 그릇에 수북히 담은 모양을 본뜬 글자.

食單(식단) 食量(식량) 食飮(식음)

首
머리 수

부수 이름은 머리수부

머리에 머리카락이 두 개 났고 이마(一)와 코(自)를 본뜬 글자.

首肯(수긍) 首腦(수뇌) 首席(수석)

부수

향기 향

부수 이름은 향기향부

벼 화(禾)와 달 감(日·甘). 풍년이 들어 떡을 하고 술도 담가 제사를 지낼 때 술맛이 좋고 향기까지 나는 것을 뜻한다.

香氣(향기) 香料(향료) 香餌(향이)

10획

馬
말 마

부수 이름은 말마부

말의 머리와 갈기, 그리고 네 다리와 꼬리 등 말의 모양을 본뜬 글자.

馬具(마구) 馬房(마방) 競馬(경마)

뼈 골

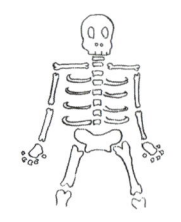
부수 이름은 뼈골부

살 발라낼 과(冎)와 고기 육(肉·月). 고기에서 살을 발라낸 것으로 '뼈'를 뜻한다.

骨格(골격) 骨彫(골조) 骨痛(골통)

높을 고

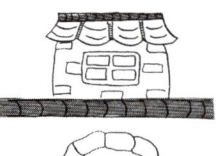
부수 이름은 높을고부

성 위에 높이 세워진 망루(누대)와 드나드는 문의 모양을 본뜬 글자

高潔(고결) 高官(고관) 高度(고도)

머리털늘어질 표

부수 이름은 터럭발부

長(장)은 긴 머리털의 형상으로 '길다'를 뜻하고 彡(삼)은 길게 흘러내리는 머리털의 형상으로 머리가 길게 늘어지는 모양을 나타낸다.

※ '髟'를 의부(意符)로 하여, 머리털이나 수염, 그 상태를 나타내는 문자를 이룬다.

부수자(部首字) 설명 49

싸울 투

부수 이름은 싸울투부

두 사람이 서로 마주 대하여 싸우고 있는 모양을 본뜬 글자. '싸우다'를 뜻한다.
▶ '鬪'의 原字

※ '鬥'를 의부(意符)로 하여 '싸우다, 다투다'의 뜻을 포함하는 문자를 이룬다.

부수

술이름 창

부수 이름은 술창부

그릇인 '凵'에 쌀을 넣고, 숟갈 '匕'를 곁들여서, 옻기장 등으로 빚은 술창의 뜻을 나타내기도 하고, 또는 옛날 활집통 모양을 본뜬 글자.

鬯茂(창무) 鬯人(창인) 鬯酒(창주)

솥 력
막을 격

부수 이름은 다리굽은솥력부

발이 굽고 다리가 세 개인 솥을 본뜬 글자. '솥'을 뜻한다.

鬲塞(격색) 鬲如(격여) 鬲閉(격폐)

귀신 귀

부수 이름은 귀신귀부

귀신머리 불(甶)과 어진사람 인(儿·人), 사사 사(厶 : 해침)로 이루어진 글자. 사람을 해치는 망령, 곧 '귀신'을 뜻한다.

鬼神(귀신) 鬼才(귀재) 鬼火(귀화)

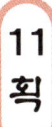
11획

고기 어

부수 이름은 고기어부

물고기의 머리·배·꼬리의 모양을 본뜬 글자로 '물고기'를 뜻한다.

魚卵(어란) 魚網(어망) 魚肉(어육)

부수

鳥 새 조

부수 이름은 새조부

새의 모양을 본뜬 글자. 새 추(隹)는 꼬리가 짧은 새, '鳥'는 꽁지가 긴 새의 총칭.

鳥獸(조수) 鳥足之血(조족지혈)

鹵 염밭 로

부수 이름은 소금밭로부

소금 가마니 모양을 본뜬 글자.

鹵掠(노략) 鹵田(노전) 鹵獲(노획)

鹿 사슴 록

부수 이름은 사슴록부

수사슴의 뿔·머리·네 발의 모양을 본뜬 글자로 '사슴'을 뜻한다.

鹿角(녹각) 鹿茸(녹용) 鹿血(녹혈)

麥 보리 맥

부수 이름은 보리맥부

올 래(來 : 까끄라기가 있는 곡식의 이삭)와 뒤져올 치(夂 : 늦다). 가을에 파종하여 여름에 거두어들이는 '보리'를 뜻한다.

麥穀(맥곡) 麥飯(맥반) 麥芽(맥아)

麻 삼 마

부수 이름은 삼마부

돌집 엄(广)과 㡀(줄기가 긴 풀). 삼의 껍질을 벗긴 모양을 본뜬 글자. 겉껍질을 벗기기 쉬운 '삼'을 뜻한다.

麻姑(마고) 麻袋(마대) 麻藥(마약)

부수자(部首字) 설명 51

부수

12획

黃 누를 **황**

부수 이름은 누를황부

빛 광(卝·光)과 밭 전(田). 밭의 빛깔이 황토색으로, 또는 누렇게 변하는 가을 들녘으로 '누르다'를 뜻한다.

黃狗(황구) 黃金(황금) 黃砂(황사)

黍 기장 **서**

부수 이름은 기장서부

벼 화(禾)와 물 수(水)를 합한 글자. 禾는 벼의 뜻이고 水는 물의 뜻으로 물은 액체인 술을 나타내며, 술의 재료로 알맞은 기장을 뜻한다.

黍稷(서직) 黍禾(서화)

黑 검을 **흑**

부수 이름은 검을흑부

구멍 창(冖·窓)과 흙 토(土), 불화 발(灬). 불을 지피면 그 연기로 흙벽과 창문이 검게 그을리는 것으로 '검다'를 뜻한다.

黑幕(흑막) 黑白(흑백) 黑子(흑자)

黹 바느질할 **치**

부수 이름은 바느질치부

헝겊에 무늬를 수놓은 모양을 본뜬 글자로 '자수'의 뜻을 나타낸다.

※ '黹'를 의부(意符)로 하여 자수를 나타내는 문자를 이룬다.

13획

黽 맹꽁이 **맹** / 힘쓸 **민**

부수 이름은 맹꽁이맹부

맹꽁이를 본떠 '맹꽁이'의 뜻을 나타낸다.
▶ 개구리나 거북 등 물가에 사는 동물을 나타낼 때 사용되는 문자.

黽勉(민면) 黽俛(민면)

부수

솥 정

부수 이름은 솥정부

발이 셋 달리고 귀가 둘 달린 쇠로 된 솥의 모양을 본뜬 글자.

鼎談(정담) 鼎位(정위) 鼎足(정족)

鼓

북 고

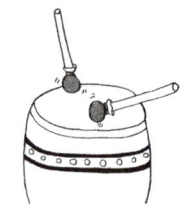

부수 이름은 북고부

북 고(壴)와 가지 지(支). 채를 들고 장식이 달린 악기를 친다는 것으로 '북'을 뜻한다.

鼓角(고각) 鼓動(고동) 鼓舞(고무)

鼠

쥐 서

부수 이름은 쥐서부

이를 드러내고 있고, 꼬리가 긴 쥐의 모양을 본뜬 글자로 '쥐'의 뜻을 나타낸다.

鼠盜(서도) 鼠思(서사)

14획

鼻

코 비

부수 이름은 코비부

자기(自) 밭(田)에서 나온 곡식을 들고 (廾) 코로 냄새를 맡음을 뜻한다.

鼻腔(비강) 鼻骨(비골) 鼻笑(비소)

齊

가지런할 제

부수 이름은 가지런할제부

보리나 벼 따위가 패서 그 이삭의 끝이 가지런한 모양을 본뜬 글자로 '가지런하다'를 뜻한다.

齊家(제가) 齊明(제명) 齊民(제민)

부수자(部首字) 설명 53

부수

15획

齒
이 치

부수 이름은 이치부

이가 가지런히 나 있는 모양을 본뜬 글자.

齒序(치서) 齒石(치석) 齒牙(치아)

16획

龍
용 룡

부수 이름은 용룡부

머리에 뿔이 있고 입을 벌리고 기다란 몸뚱이를 가진 상상의 동물 '용'의 모양을 본뜬 글자.

龍駕(용가) 龍馬(용마) 龍床(용상)

龜
거북 귀
이름 구
터질 균

부수 이름은 거북귀부

거북의 모양을 본뜬 글자.

龜鑑(귀감) 龜甲(귀갑) 龜裂(균열)

17획

龠
피리 약

부수 이름은 피리약부

대나무 관(冊)을 나란히 묶은 모양과 피리 구멍(品)의 모양을 본뜬 글자. '관악기, 피리'를 뜻한다.

龠合(약홉) 執龠(집약)

漢字能力檢定 8級 配定漢字

校	학교 교	木(나무목)부 6획 ⑩
敎	가르칠 교	攴(攵, 등글월문)부 7획 ⑪
九	아홉 구	乙(새을)부 1획 ③
國	나라 국	囗(큰입구몸)부 8획 ⑪
軍	군사 군	車(수레거)부 2획 ⑨
金	쇠 금, 성 김	金(쇠금)부 0획 ⑧
南	남녘 남	十(열십)부 7획 ⑨
女	계집 녀	女(계집녀)부 0획 ③
年	해 년	干(방패간)부 3획 ⑥
大	큰 대, 클 태	大(큰대)부 0획 ③
東	동녘 동	木(나무목)부 4획 ⑧
六	여섯 륙	八(여덟팔)부 2획 ④
萬	일만 만	艹(艸, 초두)부 9획 ⑬
母	어미 모	毋(말무)부 1획 ⑤
木	나무 목	木(나무목)부 0획 ④
門	문 문	門(문문)부 0획 ⑧
民	백성 민	氏(각시씨)부 1획 ⑤
白	흰 백	白(흰백)부 0획 ⑤
父	지아비 부	父(아비부)부 0획 ④
北	북녘 북, 달아날 배	匕(비수비)부 3획 ⑤
四	넉 사	囗(큰입구몸)부 2획 ⑤
山	뫼 산	山(뫼산)부 0획 ③
三	석 삼	一(한일)부 2획 ③
生	날 생	生(날생)부 0획 ⑤
西	서녘 서	襾(덮을아)부 0획 ⑥
先	먼저 선	儿(어진사람인발)부 4획 ⑥
小	작을 소	小(작을소)부 0획 ③
水	물 수	水(물수)부 0획 ④
室	집 실	宀(갓머리)부 6획 ⑨
十	열 십	十(열십)부 0획 ②
五	다섯 오	二(두이)부 2획 ④
王	임금 왕	王(玉, 구슬옥)부 0획 ④
外	바깥 외	夕(저녁석)부 2획 ⑤
月	달 월	月(달월)부 0획 ④
二	두 이	二(두이)부 0획 ②
人	사람 인	人(사람인)부 0획 ②
一	한 일	一(한일)부 0획 ①
日	날 일	日(날일)부 0획 ④
長	길 장	長(길장)부 0획 ⑧
弟	아우 제	弓(활궁)부 4획 ⑦
中	가운데 중	ㅣ(뚫을곤)부 3획 ④
靑	푸를 청	靑(푸를청)부 0획 ⑧
寸	마디 촌	寸(마디촌)부 0획 ③
七	일곱 칠	一(한일)부 1획 ②
土	흙 토	土(흙토)부 0획 ③
八	여덟 팔	八(여덟팔)부 0획 ②
學	배울 학	子(아들자)부 13획 ⑯
韓	나라이름 한	韋(가죽위)부 8획 ⑰
兄	맏 형	儿(어진사람인발)부 3획 ⑤
火	불 화	火(불화)부 0획 ④

8級 配定漢字 55

木 6 ⑩	**校** xiào school 학교. 가르치다. 본받다. 바로잡다. 장교. 十 木 朴 杧 栐 校	학교 교 장교 교 ◆ 나무(木)를 걸쳐서(交) 만든 형틀(형구)을 나타냄. 校歌〔교가〕 학교의 특징을 살려 부르는 노래. 校友〔교우〕 같은 학교에서 배우는 벗. 校則〔교칙〕 학교의 규칙. 校訓〔교훈〕 학교의 교육 이념을 간명하게 나타낸 표어. ▶ 將校(장교) 學校(학교) 休校(휴교)
攵 7 ⑪	**敎** 教 jiā teach 가르치다. 깨우치다. 학교. 종교. 교령. ⺇ ⺈ 夭 夭 孝 敎	가르칠 교 교령 교 ◆ 아이(子)를 본받도록(爻) 매로 치는(攵·夂) 것을 뜻함. 敎範〔교범〕 가르치는 법식. 교육 방법. 또는 그 형식. 敎示〔교시〕 가르쳐 보임. 또는 그 가르침. 敎育〔교육〕 가르쳐 기름. 지식을 가르치며 품성(品性)을 　　　　　길러 줌. 또는 그 일. ▶ 國敎(국교) 說敎(설교) 下敎(하교)
乙 1 ②	**九** jiǔ nine 아홉. 아홉 번. 모임. 수효의 끝. 丿 九	아홉 구 ◆ 수가 많거나 사물이 끝남을 뜻함. 九曲肝臟〔구곡간장〕 굽이굽이 사무치는 깊은 마음 속. 九死一生〔구사일생〕 여러 번 죽을 고비를 넘기고 살아남. 九牛一毛〔구우일모〕 많은 소의 털 가운데 한 개의 털이 　　　　　란 뜻으로, 매우 많은 가운데 극히 적은 것. ▶ 十中八九(십중팔구) 重九(중구)
囗 8 ⑪	**國** 国 guó country 나라. 도읍. 고향. 지방. 나라를 세우다. 冂 同 囯 國 國 國	나라 국 ◆ 병사가 무기(戈)를 들고 영토(囗)를 지키는 것을 뜻함. 國家〔국가〕 나라의 법적인 호칭. 나라. 일정한 영토 안의 　　　　　사회 집단. 國民〔국민〕 한 나라의 통치권 밑에 같은 국적을 가진 인민. 國籍〔국적〕 국가의 구성원이 되는 자격. ▶ 愛國(애국) 祖國(조국)
車 2 ⑨	 军 jūn military 군사. 전투. 군인. 병무. 진(陣)치다. 冖 冃 冃 宣 軍	군사 군 ◆ 전차(車)를 둘러싸고(冖) 있는 병사들의 모양. 軍納〔군납〕 군에 필요한 물자를 납품하는 일. 軍隊〔군대〕 일정한 규율 아래 조직 편제된 장병의 집단. 　　　　　장교와 병사의 총칭. 軍事〔군사〕 군대와 전쟁에 관한 일. 군무에 관한 일. ▶ 減軍(감군) 全軍(전군) 行軍(행군)
金 0 ⑧	**金** jīn metal 쇠. 금. 오행(五行). 통화의 단위. 성(姓). 人 仐 全 全 全 金	쇠 금 성 김 ◆ 흙(土) 속에서(ㅅ) 빛(丷)을 발하는 금을 뜻함. 金剛〔금강〕 금속 가운데 가장 단단한 금강석을 일컬음. 金科玉條〔금과옥조〕 금옥과 같이 귀중한 법칙이나 규정. 金融〔금융〕 돈의 융통. 경제에서 자금의 수요 공급의 관계. 金言〔금언〕 짧은 말속에 깊은 교훈을 담고 있는 귀중한 말. ▶ 募金(모금) 貯金(저금) 黃金(황금)
十 7 ⑨	**南** nán south 남녘. 남으로 향하다. 풍류 이름. 임금. 十 冂 冃 冄 南 南	남녘 남 ◆ 집(冂)의 양지바른 곳에 싹(半)이 자라는 모양. 南柯一夢〔남가일몽〕 꿈과 같이 헛된 한때의 부귀와 영화. 　　　　　부귀·득실의 무상(無常)을 비유하는 말. 南極〔남극〕 자침(磁針)이 가리키는 남쪽 끝. 南至〔남지〕 동지(冬至)의 다른 이름. ▶ 江南(강남) 東南風(동남풍) 嶺南(영남)

女 0 ③	女	계집 녀 nǔ　famale

◆ 여자가 손을 모으고 가지런히 앉아 있는 모양.
女傑〔여걸〕 남자같이 굳센 여자. 女丈夫(여장부).
女權〔여권〕 여자의 사회·정치·법률상의 권리.
女史〔여사〕 시집간 여자의 존칭. 여자로서 사회적으로 이름이 있는 사람의 성명 아래에 쓰는 말.
▶ 仙女(선녀) 窈窕淑女(요조숙녀)

계집. 여자. 딸. 시집보내다. 별 이름.
ㄑ ㄨ 女

干 3 ⑥	年	해 년 nián　year

◆ 벼(禾)가 익어 수확하면 해가 바뀐다는 뜻.
年金〔연금〕 국가나 단체가 어떤 개인에게 햇수 단위로 정한 금액을 정기적으로 급여하는 금액.
年例〔연례〕 해마다 내려오는 전례.
年輩〔연배〕 서로 비슷한 나이. 같은 또래. 年甲(연갑).
▶ 靑年(청년) 豐年(풍년)

해. 나이. 때. 시대. 익다. 성숙하다.

大 0 ③	大	큰 대 클 태 dà dǎi　big

◆ 사람(人)이 팔(一)과 다리를 벌리고 서 있는 모양.
大家〔대가〕 큰 집. 학문·예술·기술에 조예가 깊은 사람. 대대로 번창한 집안.
大望〔대망〕 큰 희망.
大衆〔대중〕 수효가 많은 여러 사람. 근로 계급.
▶ 巨大(거대) 尨大(방대) 偉大(위대)

크다. 많다. 훌륭하다. 대개. 초과하다.
一 ナ 大

木 4 ⑧	東	동녘 동　东 dōng　east

◆ 해(日)가 떠서 나뭇가지(木)에 걸려 있는 모양.
東問西答〔동문서답〕 어떤 물음에 대하여 당치 않은 엉뚱한 대답을 함.
東西古今〔동서고금〕 동양이나 서양이나, 예나 지금이나. '언제, 어디서나'의 뜻.
▶ 關東(관동) 極東(극동) 海東(해동)

동녘. 동쪽. 동쪽으로 가다.
一 𠃑 𠄌 車 東 東

八 2 ④	六	여섯 륙 liū　six

◆ 양손으로 세 손가락을 펼친 모양.
六書〔육서〕 한자의 구성과 활용에 대한 여섯 가지 방법. 곧, 象形(상형)·指事(지사)·會意(회의)·形聲(형성)의 제자(題字)원리에 轉注(전주)·假借(가차)의 활용을 합한 것.
▶ 望六(망륙) 雙六(쌍륙)

여섯. 여섯 번.
、 二 六 六

艸 9 ⑬	萬	일만 만　万 큰 만 wàn　ten thousand

◆ 열대 지방의 전갈 모양을 본뜬 글자.
萬古〔만고〕 아주 오랜 옛날. 영구(永久)히. 千秋(천추).
萬世〔만세〕 영원한 세대. 아주 오랜 세대. 萬代(만대).
萬壽無疆〔만수무강〕 끝없이 수를 누리라는 뜻으로, 장수를 축복하는 말.
▶ 巨萬(거만) 億萬(억만) 千萬(천만)

1만. 다수. 크다. 전갈. 반드시. 벌.
卝 芇 苗 萬 萬 萬

毋 1 ⑤	母	어미 모 mǔ　mother

◆ 여자(女)가 어린아이에게 젖을 먹이는 모양.
母系〔모계〕 어머니 쪽의 혈족 계통.
母性〔모성〕 어머니로서 가지는 정신적·육체적 특성.
母胎〔모태〕 어머니의 태 안. 사물의 발생·발전의 근거가 되는 토대.
▶ 繼母(계모) 庶母(서모) 乳母(유모)

어미. 근원. 암컷. 땅. 소생(所生)의 근원.
𠃌 𠄌 母 母 母

木 0 ④	木	나무 목 mù　　tree	☞ 나무(丨)의 가지(一)와 뿌리(木). 木石難傅〔목석난부〕 나무에도 돌에도 붙을 데가 없다는 　　　　　　　뜻으로, 가난하고 외로워 의지할 곳이 없음을 일컬음. 木材〔목재〕 나무로 된 재료. 材木(재목). 山川草木〔산천초목〕 산과 물과 풀과 나무. 곧, 자연. ▶ 緣木求魚(연목구어) 草根木皮(초근목피)
	나무. 목재. 오행의 첫째. 가구. 질박하다. 一 十 才 木		
門 0 ⑧	門	문 문 집안 문　门 mén　　door	☞ 문 문(門)과 귀 이(耳). 門中〔문중〕 동성동본(同姓同本)의 가까운 친척. 문의 안. 門下生〔문하생〕 제자. 門生(문생). 門人(문인). 門弟(문제). 大道無門〔대도무문〕 사람이 마땅히 해야 할 바른 길이나 　　　　　　　정도에는 거칠 것이 없다는 뜻. ▶ 門外漢(문외한) 凱旋門(개선문)
	문. 문간. 집안. 가문. 문벌. 배움터. 丨 冂 冂 冂 門 門		
氏 1 ⑤	民	백성 민 mín　　people	☞ 집 멱(冖)과 성 씨(氏)로 집안 가득한 사람을 뜻함. 民生〔민생〕 백성의 생활. 백성의 생계. 생명. 사람이 본래 　　　　　부터 지니고 있는 본성. 天性(천성). 民性(민성). 民俗〔민속〕 백성의 풍속. 민간의 풍습. 民族〔민족〕 언어・혈통・역사를 같이 하는 사람의 집단. ▶ 民主主義(민주주의) 民衆(민중)
	백성. 평민. 어둡다. 어리석음. フ 尸 尸 民		
白 0 ⑤	白	흰 백 bái　　white	☞ 날 일(日)과 삐침 별(丿 : 내리쬐는 햇살). 白眉〔백미〕 흰 눈썹이라는 뜻으로, 여럿 중에서 가장 뛰어 　　　　나거나 그러한 사람의 비유. 白眼視〔백안시〕 시쁘게 여기거나 냉대하여 봄. 푸대접함. 白衣〔백의〕 흰옷. 벼슬이 없는 선비. 일반 평민. ▶ 白髮(백발) 白書(백서) 白衣從軍(백의종군)
	희다. 밝다. 아뢰다. 비다. 아무것도 없다. 丿 亻 白 白 白		
父 0 ④	父	아비 부 fǔ　　father	☞ 오른손(父・又)에 도끼를 든 모양 父系〔부계〕 아버지 쪽의 혈연으로 내려오는 계통. 父老〔부노〕 늙으신네. 동네에서 나이가 많은 어른. 父子有親〔부자유친〕 아버지와 아들의 도리는 친애함에 　　　　　　　있음. 오륜(五倫)의 하나. ▶ 父業(부업) 父傳子傳(부전자전)
	아비. 아버지. 늙으신네. 남자 미칭. 丿 ハ グ 父		
匕 3 ⑤	北	북녘 북 달아날 배 bě bèi　　north	☞ 서로 등 돌리고 서 있는 옆모양을 본뜬 글자 北極〔북극〕 지축의 북쪽 끝. 임금의 자리. 北極星(북극성). 北邙山〔북망산〕 중국 낙양(洛陽)의 북쪽에 있는 산. 사람 　　　　　　이 죽어서 간다는 곳. 北邙山川(북망산천). 敗北〔패배〕 싸움에 짐. 패하여 달아남. 敗走(패주). ▶ 北斗七星(북두칠성) 越北(월북)
	북녘. 북쪽. 달아나다. 저버리다. 패배하다. 丨 丨 爿 爿 北		
囗 2 ⑤	四	넉 사 sì　　four	☞ 큰 입 구(囗)는 사방 네 귀퉁이의 모양. 四季〔사계〕 춘(春)・하(夏)・추(秋)・동(冬). 四時(사 　　　　시). 四節(사절). 월계화(月季花). 사계화(四季花). 四分五裂〔사분오열〕 여러 갈래로 어지럽게 분열됨. 四通八達〔사통팔달〕 길이 사방 여러 갈래로 통함. ▶ 四君子(사군자) 四面楚歌(사면초가)
	넷. 네 번. 사방. 		

山 0 ③	**山**	메 산 shān mountain	☞ 산이 연달아 솟아 있는 모양. 山間〔산간〕 산골짜기. 산 속. 山高水長〔산고수장〕 산이 높고 강이 길게 흐른다는 뜻으로, 어진 사람의 덕행이 산 같고 물 같다는 뜻의 비유. 山寺〔산사〕 산 속에 있는 절. ▶ 山戰水戰(산전수전) 山海珍味(산해진미)
	메. 산. 산신. 무덤. 능. 절. 사찰. 丨 山 山		
一 2 ③	**三**	석 삼 자주 삼 sān	☞ 세 개의 가로줄 모양. 三不惑〔삼불혹〕 미혹하여 빠지지 말아야 할 세 가지. 곧, 술·계집·재물. 三益友〔삼익우〕 사귀어서 도움이 되는 세 가지 벗. 정직한 벗, 성실한 벗, 박식한 벗. ▶ 三綱(삼강) 三不孝(삼불효) 歲寒三友(세한삼우)
	석. 세. 셋. 세 번. 자주. 거듭. 여러 번. 一 二 三		
生 0 ⑤	**生**	날 생 shēng born	☞ 초목의 새싹이 땅 위로 솟아 나오는 모양. 生老病死〔생로병사〕 인생의 네 가지 큰 고통. 나고 늙고 병듦과 죽음. 生涯〔생애〕 살아 있는 동안. 한평생. 生存〔생존〕 살아 있음. 끝까지 살아서 남음. ▶ 生命(생명) 生色(생색) 白面書生(백면서생)
	나다. 낳다. 살다. 살리다. 삶. 백성. 생업. 丿 ㅏ 뇨 牛 生		
西 0 ⑥	**西**	서녘 서 xī west	☞ 둥지 위에 새가 쉬고 있는 모양. 西歐〔서구〕 서부 유럽. 유럽과 미국을 통틀어 일컬음. 西海〔서해〕 서쪽의 바다. 지금의 지중해. 黃海(황해). 聲東擊西〔성동격서〕 동쪽을 친다는 소문을 퍼뜨리고 실제로는 서쪽을 침. ▶ 西曆(서력) 東奔西走(동분서주)
	서녘. 서쪽. 깃들다. 서양. 구미 각 국 一 丆 丏 丙 西 西		
儿 4 ⑦	**先**	먼저 선 xiān first	☞ 갈 지(之 : 之의 변형)과 사람 인(儿). 先見之明〔선견지명〕 앞 일을 꿰뚫어 보는 눈. 先驅者〔선구자〕 다른 사람보다 앞서서 어떤 일을 행하는 사람. 先鋒〔선봉〕 본대(本隊)에 앞서서 가는 부대. 先祖〔선조〕 조상(祖上) 또는 시조(始祖). ▶ 先烈(선열) 先進(선진) 先進(선진) 于先(우선)
	먼저. 우선. 앞서서. 앞. 조상. 인도하다. 丿 ㅏ 뇨 生 步 先		
小 0 ③	**小**	작을 소 xiǎo small	☞ 큰 물체에서 떨어져 나간 작은 점 세 개. 小康〔소강〕 소란하던 세상이 조금 안정됨. 小生〔소생〕 후배. 자기를 낮추어 일컫는 말. 小作〔소작〕 남의 땅을 빌어서 농사를 지음. 矮小〔왜소〕 키가 작고 몸집이 작음. ▶ 小貪大失(소탐대실) 窄小(착소)
	작다. 적다. 낮다. 조금. 어리다. 亅 小 小		
水 0 ④	**水**	물 수 shuǐ water	☞ 물이 흐르는 모양. 水路〔수로〕 물이 흐르는 길. 뱃길·물길·항로 등. 水脈〔수맥〕 땅 속으로 흐르는 물의 줄기. 뱃길. 航路(항로). 我田引水〔아전인수〕 자기 논에 물을 댄다는 뜻으로, 자기에게 이로운 대로만 함을 일컬음. ▶ 水資源(수자원) 樂山樂水(요산요수)
	물. 강. 하천. 별자리. 고르다. 亅 丁 水 水		

宀 6 ⑨ 室 집. 방. 거처. 아내. 가족. 宀宀宀宁宰室	室 집 실 shì house	☞ 사람이 일과를 마치고 가는(至) 곳(宀)이 바로 '집'. 室內〔실내〕 방안. 남의 아내를 일컬음. 室宿〔실수〕 별 이름. 음력 시월경 정남방(正南方)에 보임. 芝蘭之室〔지란지실〕 향초(香草)가 있어 좋은 향기가 나는 방. 선인(善人)에 비유함. ▶ 室家之樂(실가지락) 室人(실인) 居室(거실)
十 0 ② 열(번째). 완전하다. 전부. 모두. 一 十	十 열 십 shí ten	☞ 동서(一)와 남북(丨). 十年知己〔십년지기〕 오랫동안 사귀어 자기를 잘 아는 친구. 十人十色〔십인십색〕 사람이 저마다 달라 가지각색임. 聞一以知十〔문일이지십〕 한 대목을 듣고 나머지 열 대목을 깨달아 앎. 극히 총명함을 일컬음. ▶ 十匙一飯(십시일반) 十人十色(십인십색)
二 2 ④ 다섯. 다섯 번. 一 丆 五 五	 다섯 오 wǔ five	☞ 두 이(二)와 乂를 합한 글자. 五穀百果〔오곡백과〕 온갖 곡식과 여러 가지 과실. 五感〔오감〕 오관(五官)의 감각. 시각·청각·후각·미각·촉각을 일컬음. 五十步百步〔오십보백보〕 본질적으로 매일반이라는 뜻. ▶ 五福(오복) 五里霧中(오리무중)
玉 0 ④ 임금. 우두머리. 으뜸. 크다. 一 T 干 王	 임금 왕 wáng king	☞ '三'은 天地人, '丨'은 이 세 가지 꿰뚫는 것을 나타냄. 王道〔왕도〕 왕이 마땅히 지켜야 할 길. 王政〔왕정〕 임금의 친정. 王佐之材〔왕좌지재〕 제왕을 도울 만한 재목. 王侯將相〔왕후장상〕 제왕·제후·장수·재상의 총칭. ▶ 王都(왕도) 王業(왕업)
夕 2 ⑤ 바깥. 타향. 멀리하다. 외가. 외국. 처가. ノ ク 夕 列 外	外 바깥 외 wài outside	☞ 저녁 석(夕)과 점 복(卜). 外家〔외가〕 어머니의 친정. 외갓집. 外界〔외계〕 바깥 세계. 내 몸 이외의 모든 세계. 外資〔외자〕 외국인의 자본. 疏外感〔소외감〕 남에게 따돌림을 당한 것 같은 느낌. ▶ 外面(외면) 外貧內富(외빈내부)
月 0 ④ 달. 달빛. 세월. 달마다. 월경. ノ 几 月 月	月 달 월 yuèn moon	☞ 초승달의 모양을 본뜬 글자. 月刊〔월간〕 매달 한 번씩 간행함. 또, 그 간행물. 月桂〔월계〕 월계수. 달빛. 滿月〔만월〕 보름달. 가장 완전하게 둥글 달. 盈月(영월). 歲月〔세월〕 흘러가는 시간. 光陰(광음). ▶ 月桂冠(월계관) 花鳥風月(화조풍월)
二 0 ② 두. 둘. 둘째. 둘로 나누다. 두 가지 마음. 一 二	 두 이 èr two	☞ 두 손가락 또는 두 개의 가로줄을 본뜬 글자. 二更〔이경〕 하룻밤을 오경으로 나눈 둘째. 오후 9~11시까지. 二律背反〔이율배반〕 서로 모순되는 두 개의 명제. 身土不二〔신토불이〕 몸과 태어난 땅은 하나라는 뜻으로, 제 땅의 작물이 체질에 잘 맞는다는 뜻. ▶ 二毛作(이모작) 唯一無二(유일무이)

인	人 사람 인 rén human 사람. 타인. 인격. 인품. 백성. ノ 人	☞ 사람이 허리를 펴고 서있는 모양을 본뜬 글자. 人間〔인간〕 사람. 인류. 사람이 사는 곳. 세상. 人格〔인격〕 사람의 인품. 도덕적 행위의 주체로서의 개인. 人面獸心〔인면수심〕 사람의 얼굴을 하고 있지만 마음은 짐승과 같음. 곧, 마음·행동이 몹시 흉악함. ▶ 人類(인류) 人事(인사) 人之常情(인지상정)
일	 한 일 yī one 한. 하나. 첫째. 단독. 온통. 오로지. 같다. 一	☞ 손가락 하나 또는 선 하나를 그어 '하나'를 뜻함. 一擧兩得〔일거양득〕 한 가지 일로 두 가지의 이득을 얻음. 一等〔일등〕 첫째. 첫째 등급. 一片丹心〔일편단심〕 한 조각 붉은 마음. 한결같은 정성. 〔非一非再 비일비재〕 한두 번이 아님. 여러 번. ▶ 一刀兩斷(일도양단) 始終如一(시종여일)
일	日 날 일 rì day sun 날. 해. 낮. 때. 햇볕. 날수. 丨 冂 日 日	☞ 해의 모양을 본뜬 글자. 日常〔일상〕 날마다. 늘. 항상. 日月星辰〔일월성신〕 해와 달과 별의 천체. 日就月將〔일취월장〕 학문이 날로 달로 자라고 발전함. 靑天白日〔청천백일〕 맑게 갠 날. 죄가 판명되어 무죄가 됨. ▶ 日課(일과) 日增月加(일증월가)
장	 길 장 어른 장 长 chàng long 길다. 오래다. 멀다. 어른. 뛰어나다. 丨 丆 丅 乄 長 長	☞ 머리가 길고 수염이 흰 노인이 지팡이를 짚고 있는 모양. 長久〔장구〕 오램. 영구히 변치 아니함. 長短〔장단〕 길고 짧음. 장점과 단점. 잘함과 못함. 長生不死〔장생불사〕 오래 살고 죽지 아니함. 長者〔장자〕 어른. 윗사람. 덕망이나 신분이 높은 사람. ▶ 長蛇陣(장사진) 山高水長(산고수장)
제	弟 아우 제 dì younger brother 아우. 제자. 순하다. 공경하다. 차례. 丶 ン 当 弟 弟 弟	☞ 가닥 아(丫)와 활 궁(弓), 삐침 별(丿). 弟妹〔제매〕 남동생과 여동생. 弟嫂〔제수〕 아우의 아내. 季嫂(계수). 弟婦(제부). 弟兄〔제형〕 아우와 형. 형제. 義弟〔의제〕 의리로 맺는 아우. ▶ 弟子(제자) 師弟(사제) 賢弟(현제)
중	 가운데 중 zhōng midst middle 가운데. 안. 속. 동아리. 무리. 마음. 丨 口 口 中	☞ 사물(口)의 한가운데를 꿰뚫는(丨: 뚫을 곤) 모양. 中間〔중간〕 한가운데. 사이. 중도. 소개. 中堅〔중견〕 조직·분야에서 중심 되는 위치에 있는 사람. 中途〔중도〕 길가는 동안. 일이 되어 가는 과정. 또는 동안. 中庸〔중용〕 치우침이 없는 바른 도 보통의 재능. ▶ 中興(중흥) 命中(명중)
청	 푸를 청 青 qīng blue 푸르다. 푸른 빛. 청색. 봄. 동쪽. 무성하다. 一 十 キ 青 青 青	☞ 날 생(主·生)과 붉을 단(丹). 靑果〔청과〕 신선한 과일. 과일과 채소 감람(橄欖)의 속칭. 靑年〔청년〕 젊은 사람. 젊은이. 靑藍〔청람〕 제자가 스승보다 나음. 出藍(출람). 靑史〔청사〕 역사(歷史). 史書(사서). 기록. ▶ 靑綠(청록) 靑寫眞(청사진)

寸 0 ③	寸	마디 촌 cùn　inch

마디. 치(길이의 단위). 조금. 촌수.

一 寸 寸

☞ 팔목에서 맥을 짚는 자리까지의 거리. 곧 '한치'를 뜻함.
寸隙〔촌극〕 얼마 안 되는 겨를. 寸暇(촌가).
寸劇〔촌극〕 아주 짧은 단편적인 연극. 토막극.
寸數〔촌수〕 친족간의 원근 관계를 나타내는 수.
寸陰〔촌음〕 얼마 안 되는 시간. 썩 짧은 시간. 寸刻(촌각).
▶ 寸斷(촌단) 寸志(촌지) 寸鐵殺人(촌철살인)

一 1 ②	七	일곱 칠 qī　seven

일곱. 일곱 번. 문체 이름.

一 七

☞ 열 십(十)자에 내려긋는 획을 오른쪽으로 구부려 놓은 글자.
七竅〔칠규〕 사람의 얼굴에 있는 일곱의 구멍. 귀·눈·코의 각각 두 구멍과 입의 한 구멍.
七顚八起〔칠전팔기〕 일곱 번 넘어지고 여덟 번째 일어남. 곧, 수많은 실패를 무릅쓰고 해냄.
▶ 七竅(칠규) 七顚八起(칠전팔기)

土 0 ③	土	흙 토 뿌리 두 tǔ　soil

흙. 토양. 땅. 평지. 밭. 지방. 고향. 뿌리.

一 十 土

☞ 초목의 새싹이 땅 위로 솟아오르며 자라는 모양.
土窟〔토굴〕 흙을 파 낸 큰 구덩이. 땅 속으로 뚫린 큰 굴.
土器〔토기〕 질그릇. 토제(土製). 그릇의 유물.
土産〔토산〕 그 지방의 산물. 土産物(토산물).
土着〔토착〕 여러 세대 동안 그 지방에서 살고 있음.
▶ 土豪(토호) 國土(국토) 泥土(이토)

八 0 ②	八	여덟 팔 bā　eight

여덟. 여덟째. 여덟 번. 나누다.

丿 八

☞ 두 손을 네 손가락씩 펴서 보이는 모양.
八面不知〔팔면부지〕 전혀 알지 못하는 사람.
八方〔팔방〕 사방과 사우(四隅). 모든 방면. 이곳 저곳.
八不出〔팔불출〕 몹시 어리석은 사람. 八不用(팔불용).
八耋〔팔질〕 여든 살. 八帙(팔질).
▶ 八方美人(팔방미인) 望八(망팔)

子 13 ⑯	學	배울 학　学 xué　learn

배우다. 학문. 학생. 학자. 학교. 가르침.

☞ 보자기를 뒤집어 쓴(臼) 무지한 아이(子).
學校〔학교〕 교사가 계속적으로 교육을 실시하는 기관.
學歷〔학력〕 수학(修學) 및 연구한 경력.
學閥〔학벌〕 출신학교나 학파(學派)에 따른 파벌.
碩學〔석학〕 큰 학자. 학식이 높은 사람.
▶ 學界(학계) 勉學(면학) 留學(유학)

韋 8 ⑰	韓	나라이름 한　韩 hán

나라 이름. 삼한. 대한민국. 우물귀틀.

☞ 해 돋을 간(倝)과 성(城)의 둘레인 울타리 위(韋).
韓國〔한국〕 우리 나라. 大韓民國(대한민국).
韓服〔한복〕 한국 고유의 의복. 조선옷.
三韓〔삼한〕 우리 나라 남부의 세 나라. 곧, 마한(馬韓)·진한(辰韓)·변한(弁韓).
▶ 韓紙(한지) 韓人(한인)

儿 3 ⑤	兄	맏 형 하물며 황 xiōng　huàng

맏이. 형. 언니. 벗의 높임말. 하물며.

丨 口 口 尸 兄

☞ 말(口)과 행동(儿)으로 솔선 수범하는 사람, 어른을 뜻함.
兄事之〔형사지〕 나이가 좀 많은 사람을 형처럼 섬김.
兄友弟恭〔형우제공〕 형은 우애하고 아우는 형을 공경함. 형제가 서로 우애를 다함.
兄弟〔형제〕 형과 아우. 同氣(동기).
▶ 兄嫂(형수) 兄弟之誼(형제지의) 難兄難弟(난형난제)

火 0 ④  불 화　**huǒ**　fire
불. 오행의 하나. 태양. 급하다. 별 이름.

丶 丷 少 火

☞ 불이 활활 타오르는 모양.
火急〔화급〕 몹시 급함. 매우 바쁨.
火氣〔화기〕 불의 뜨거운 기운. 가슴이 답답해지는 기운.
火星〔화성〕 태양계의 넷째 번 행성.
火災〔화재〕 불이 나는 재앙(災殃).
▶ 火傷(화상) 火傷(화상) 火焰(화염)

漢字能力檢定 7級 配定漢字

家	집 가	宀(갓머리)부 7획 ⑩
歌	노래 가	欠(하품흠)부 10획 ⑭
間	사이 간	門(문문)부 4획 ⑫
江	강 강	氵(水, 삼수변)부 3획 ⑥
車	수레 거, 차	車(수레거)부 0획 ⑦
工	장인 공	工(장인공)부 0획 ③
空	빌 공	穴(구멍혈)부 3획 ⑧
口	입구 구	口(입구)부 0획 ③
氣	기운 기	气(기운기엄)부 6획 ⑩
記	기록할 기	言(말씀언)부 3획 ⑩
旗	기 기	方(모방)부 10획 ⑭
男	사내 남	田(밭전)부 2획 ⑦
內	안 내	入(들입)부 2획 ④
農	농사 농	辰(별진)부 6획 ⑬
答	대답할 답	竹(대죽)부 6획 ⑫
道	길 도	辶(辵, 책받침)부 9획 ⑬
冬	겨울 동	冫(이수변)부 3획 ⑤
同	한가지 동	口(입구)부 3획 ⑥
洞	골 동, 꿰뚫을 통	氵(水, 삼수변)부 6획 ⑨
動	움직일 동	力(힘력)부 9획 ⑪
登	오를 등	癶(필발머리)부 7획 ⑫
來	올 래	人(사람인)부 6획 ⑧
力	힘 력	力(힘력)부 0획 ②
老	늙을 로	耂(老, 늙을로엄)부 2획 ⑥
里	마을 리	里(마을리)부 0획 ⑦
林	수풀 림	木(나무목)부 4획 ⑧
立	설 립	立(설립)부 0획 ⑤
每	매양 매	毋(말무)부 3획 ⑦
面	낯 면	面(낯면)부 0획 ⑨
名	이름 명	口(입구)부 3획 ⑥
命	목숨 명	口(입구)부 5획 ⑧
文	글월 문	文(글월문)부 0획 ④
問	물을 문	口(입구)부 8획 ⑪
物	만물 물	牛(소우)부 4획 ⑧
方	모 방	方(모방)부 0획 ④
百	일백 백	白(흰백)부 1획 ⑥
夫	지아비 부	大(클대)부 1획 ④
不	아닐 부	一(한일)부 3획 ④
事	일 사	亅(갈고리궐)부 7획 ⑧
算	셈할 산	竹(대죽)부 8획 ⑭
上	위 상	一(한일)부 2획 ③
色	빛 색	色(빛색)부 0획 ⑥
夕	저녁 석	夕(저녁석)부 0획 ③
姓	성 성	女(계집녀)부 5획 ⑧
世	인간 세	一(한일)부 4획 ⑤
少	젊을 소	小(작을소)부 1획 ④
所	바 소	戶(지게호)부 4획 ⑧
手	손 수	手(손수)부 0획 ④
數	셀 수, 자주 수	攴(攵, 등글월문)부 11획 ⑮
市	저자 시	巾(수건건)부 2획 ⑤

7급

64 바로가기 한자(漢字) 2000

7급

時	때 시	日(날일)부 6획 ⑩
食	밥 식, 먹일 사	食(飠, 밥식)부 0획 ⑨
植	심을 식, 둘 치	木(나무목)부 8획 ⑫
心	마음 심	心(마음심)부 0획 ④
安	편안할 안	宀(갓머리)부 3획 ⑥
語	말씀 어	言(말씀언)부 7획 ⑭
然	그러할 연	灬(火, 연화발)부 8획 ⑫
午	낮 오	十(열십)부 2획 ④
右	오른쪽 우	口(입구)부 2획 ⑤
有	있을 유	月(달월)부 2획 ⑥
育	기를 육	月(肉, 육달월)부 4획 ⑧
邑	고을 읍	邑(고을읍)부 0획 ⑦
入	들 입	入(들입)부 0획 ②
子	아들 자	子(아들자)부 0획 ③
字	글자 자	子(아들자)부 3획 ⑥
自	스스로 자	自(스스로자)부 0획 ⑥
場	마당 장, 곳 량	土(흙토)부 9획 ⑫
全	온전, 모두 전	入(들입)부 4획 ⑥
前	앞 전	刂(刀, 선칼도방)부 7획 ⑨
電	번개 전	雨(비우)부 5획 ⑬
正	바를 정	止(그칠지)부 1획 ⑤
祖	할아버지 조	示(보일시)부 5획 ⑩
足	발, 지나칠 족	足(발족)부 0획 ⑦
左	왼쪽 좌	工(장인공)부 2획 ⑤
主	주인, 임금 주	丶(점주)부 4획 ⑤

住	살 주	亻(人, 사람인변)부 5획 ⑦
重	무거울, 거듭할 중	里(마을리)부 2획 ⑨
地	땅 지	土(흙토)부 3획 ⑥
紙	종이 지	糸(실사)부 4획 ⑩
直	곧을 직, 값 치	目(눈목)부 3획 ⑧
千	일천 천	十(열십)부 1획 ③
川	내 천	巛(川, 개미허리)부 0획 ③
天	하늘 천	大(큰대)부 1획 ④
草	풀 초	艹(艸, 초두)부 6획 ⑩
村	마을 촌	木(나무목)부 3획 ⑦
秋	가을 추	禾(벼화)부 4획 ⑨
春	봄 춘, 움직일 준	日(날일)부 5획 ⑨
出	날 출	凵(입벌릴감, 위터진입구)부 3획 ⑤
便	편할 편, 오줌 변	亻(人, 사람인변)부 7획 ⑨
平	평평할 평	干(방패간)부 2획 ⑤
下	아래 하	一(한일)부 2획 ③
夏	여름 하	夊(천천히걸을쇠)부 7획 ⑩
漢	한수 한	氵(水, 삼수변)부 11획 ⑭
海	바다 해	氵(水, 삼수변)부 7획 ⑩
花	꽃 화	艹(艸, 초두)부 4획 ⑧
話	말할 화	言(말씀언)부 6획 ⑬
活	살 활, 물흐를 괄	氵(水, 삼수변)부 6획 ⑨
孝	효도 효	子(아들자)부 4획 ⑦
後	뒤 후	彳(두인변)부 6획 ⑨
休	쉴 휴	亻(人, 사람인변)부 4획 ⑥

7級 配定漢字

宀 7 ⑩	**家** 집 가 jiā house 집. 가정. 남편. 아내. 일족. 마나님. 宀 宀 宀 宑 家 家	☞ 움집 면(宀)과 돼지 시(豕). 家道〔가도〕 가정 도덕. 집안에서 행해야 할 도덕. 家庭〔가정〕 한 가족을 단위로 하는 집안. 가족(家族). 家親〔가친〕 남에 대해 자기 아버지를 일컫는 말. 一家〔일가〕 성(姓)과 본(本)이 같은 겨레붙이. 한집안. ▶ 家風(가풍) 家訓(가훈) 專門家(전문가)
欠 10 ⑭	**歌** 노래 가 gē song 노래. 노래하다. 울다. 지저귀다. 可 可 哥 哥 歌 歌	☞ 하품(欠)하듯이 입을 벌리고 여럿이 소리를 내는 모양. 歌曲〔가곡〕 노래. 곡조. 우리 나라 재래 음악의 한 가지. 歌舞〔가무〕 노래와 춤. 노래하고 춤춤. 놀고 즐기는 일. 歌謠〔가요〕 노래. 또, 노래함. 민요·동요·유행가의 속칭. 牧歌〔목가〕 목동이 부르는 노래. 전원시(田園詩)의 하나. ▶ 歌妓(가기) 歌唱(가창) 鄕歌(향가)
門 4 ⑫	**間** 사이 간 틈 간 间 jiān gap 사이. 틈. 때. 간격. 줄이다. 이간하다. 冂 冂 門 門 間 間	☞ 문 문(門)과 날 일(日). 間隔〔간격〕 떨어짐. 또 서로 떨어져 있는 거리. 둘 사이. 間接〔간접〕 중간에 매개(媒介)를 두어 연락하는 관계. 間諜〔간첩〕 적의 내정(內情)을 몰래 살피는 사람. 염탐꾼. 巷間〔항간〕 보통 민중들 사이. 촌간(村間). ▶ 間斷(간단) 間道(간도) 間路(간로) 間服(간복)
水 3 ⑥	**江** 강 강 큰내 강 jiāng river 강. 큰 내. 물 이름. 별 이름. 丶 丶 氵 氵 江 江	☞ 물 수(氵·水)와 장인 공(工). 江山一變〔강산일변〕 강산이 한 번 변했다는 뜻으로, 세월 이 많이 흘렀음의 비유. 江山風月〔강산풍월〕 강산과 풍월. 자연의 아름다운 풍경. 江湖〔강호〕 강과 호수. 서울에서 멀리 떨어진 곳. ▶ 江口(강구) 江南(강남) 江心(강심)
車 0 ⑦	 수레 거 수레 차 车 chē jū 수레. 수레의 바퀴. 도르래. 잇몸. 一 冂 冃 冒 車 車	☞ 수레나 수레바퀴 모양을 본뜬 글자. 車駕〔거가〕 임금이 타는 수레. 임금의 거둥. 車馬費〔거마비〕 교통비(交通費). 차비. 車道〔차도〕 주로 차가 통행하도록 규정한 도로 찻길. 駐車〔주차〕 차를 세워 둠. ▶ 車馬(거마) 人力車(인력거) 拍車(박차)
工 0 ③	**工** 장인 공 gōng artisan 장인. 일. 베 짜는 사람. 점쟁이. 공적. 一 丅 工	☞ 일을 할 때 사용하는 연장, '자'의 모양. 工業〔공업〕 원료를 가공하여 물품을 만드는 생산업. 工藝〔공예〕 미술적 조형미를 갖추는 일. 工匠〔공장〕 물품을 만드는 것으로 업을 삼는 사람. 工程〔공정〕 작업의 되어 가는 정도. 일의 분량. ▶ 工務(공무) 工場(공장) 加工(가공)
穴 3 ⑧	 빌 공 kōng empty 비다. 하늘. 공중. 크다. 성실한 모양. 丶 宀 宂 空 空 空	☞ 구멍 혈(穴)과 만들 공(工). 空間〔공간〕 건물의 비워 둔 곳. 상하·사방으로 빈 곳. 空理空論〔공리공론〕 헛된 이론. 또는 근거 없는 이론. 色卽是空〔색즉시공〕 만물은 인연으로 생긴 것이어서, 본 래 실재하는 것이 아니므로 공무(空無)한 것임. ▶ 空明(공명) 空手來空手去(공수래공수거)

口 0 ③	口	입 구 kǒu　　mouth	☞ 사람의 입 모양을 본뜬 글자. 口腔〔구강〕 입 속. 입 안. 口頭〔구두〕 직접 입으로 하는 말. 口頭禪〔구두선〕 실행이 따르지 않는 빈 말. 口蜜腹劍〔구밀복검〕 말은 달콤하나 마음 속은 악랄함. ▶ 口尙乳臭(구상유취) 口實(구실)
	입. 말하다. 인구. 칼 따위를 세는 단위. ｜ 口 口		
气 6 ⑩	氣	기운 기　气 qì　　vapor ether	☞ 기운 기(气)와 쌀 미(米). 氣槪〔기개〕 씩씩한 기상과 꿋꿋한 절개. 氣節(기절). 氣象〔기상〕 대기 중에서 일어나는 물리적 현상. 기질. 氣風〔기풍〕 기상과 풍도. 景氣〔경기〕 기업을 중심으로 여러 가지 경제 현상의 상태. ▶ 氣候(기후) 氣絶(기절) 士氣(사기)
	기운. 숨기. 호흡. 날씨. 용기. 현상. 절기. 丿 仁 气 气 氛 氣 氣		
言 3 ⑩	記	기록할 기　记 jì　　record	☞ 말씀 언(言)과 몸 기(己). 記錄〔기록〕 사실을 적음. 또는 그 글. 記事〔기사〕 사실을 그대로 적음. 또는 그 글. 登記〔등기〕 장부에 기재함. 簿記〔부기〕 장부에 적음. 회계를 기록하는 방식. ▶ 記號(기호) 筆記(필기)
	기록하다. 기억함. 문서. 교서. 도장. 丶 亠 言 言 言 記		
方 10 ⑭	旗	기 기 qí　　flag	☞ 깃발 언(㫃)과 그 기(其 : 네모가 난 기). 旗鼓〔기고〕 군기(軍旗)와 북. 旗手〔기수〕 기를 드는 사람. 군기(軍旗)를 받드는 사람. 旗幟〔기치〕 어떤 목적을 위하여 나타내는 태도나 주장. 弔旗〔조기〕 남의 죽음을 슬퍼하는 뜻으로 다는 깃발. ▶ 旗幅(기폭) 國旗(국기) 優勝旗(우승기)
	기. 대장기. 기의 총칭. 표. 덮다. 가림. 亠 方 ㇻ 斿 旌 旗		
田 2 ⑦	男	사내 남 nán　　man	☞ 밭 전(田)과 힘 력(力). 男尊女卑〔남존여비〕 사회 관습상 남자는 높고 여자는 낮음. 男負女戴〔남부여대〕 남자는 지고 여자는 이고 감. 곧, 가 　난한 사람이 떠돌아다니며 사는 것을 일컫는 말. 男裝〔남장〕 여자가 남자처럼 차림. ▶ 男女老少(남녀노소) 男便(남편)
	사내. 남자. 정부(情夫). 젊은이. 남작. 丨 口 田 田 男 男		
入 2 ④	內	안 내 들일 납 nèi　　inside	☞ 빌 경(冂)과 들 입(入). 어떤 영토의 '안, 속'을 뜻함. 內閣〔내각〕 국가의 행정권을 담당하는 최고 기관 內簡〔내간〕 여자들끼리 주고받는 편지. 안편지. 內幕〔내막〕 겉으로 드러나지 아니한 사실. 入內〔입납〕 삼가 편지를 드림(봉투에 쓰는 말). 入納(입납). ▶ 內亂(내란) 內外戚(내외척) 內容(내용)
	안. 속. 나라. 대궐. 아내. 부녀자. 들이다. 丨 冂 内 內		
辰 6 ⑬	農	농사 농　农 nóng　　farming	☞ 밭(田・曲)일을 별(辰)이 있는 새벽부터 함을 뜻함. 農耕〔농경〕 논밭을 갈아 농사를 지음. 農奴〔농노〕 봉건사회에서 영주(領主)에게 매인 농민. 農民〔농민〕 농사를 짓는 백성. 農夫(농부). 農村〔농촌〕 농업을 생업으로 삼는 지역이나 마을. ▶ 勸農(권농) 農繁期(농번기) 農産物(농산물)
	농사. 농사짓다. 힘쓰다. 농토. 경작하다. 口 曲 芦 農 農 農		

竹 6 ⑫	**答** 대답할 답 dá　answer 대답하다. 갚다. 응답하다. 방해하다. 𠂉 𥫗 㗊 㗊 答 答	☞ 대나무 죽(竹)과 합할 합(合). 答禮〔답례〕 남에게 받은 예(禮)를 갚는 일. 答辯〔답변〕 물음에 대답하여 말함. 또, 그 대답. 答辭〔답사〕 식장에서 식사·축사 등에 답하는 말. 解答〔해답〕 질문이나 문제에 대하여 답함. 또, 그 답. ▶ 答訪(답방) 答案(답안) 報答(보답) 筆答(필답)
辵 9 ⑬	**道** 길 도 dào　road 길. 도로. 이치. 도리. 인도하다. 가르치다. 丷 丷 首 首 道 道	☞ 쉬엄쉬엄 갈 착(辶·辵)과 머리 수(首 : 사람). 道敎〔도교〕 황제와 노자·장자 등을 교조로 받드는 종교 道德〔도덕〕 사람이 행해야 할 바른 길. 도리. 道義〔도의〕 사람이 응당 행해야 할 도덕상의 의리. 道學〔도학〕 도의와 학문. 도덕에 관한 학문. ▶ 道界(도계) 道通(도통)
冫 3 ⑤	**冬** 겨울 동 dōng　winter 겨울. 동절기. 겨울을 지내다. 丿 夂 夂 冬 冬	☞ 얼 빙(冫)은 얼음에 금이 간 모양. 冬眠〔동면〕 동물이 겨울 동안 수면 상태에 있는 현상. 冬至〔동지〕 24절기의 하나. 밤이 가장 긺. 12월 22, 23일경. 嚴冬〔엄동〕 매우 추운 겨울. 立冬〔입동〕 24절기의 열아홉째(양력 11월 7, 8일경). ▶ 冬季(동계) 孟冬(맹동) 越冬(월동)
口 3 ⑥	**同** 한가지 동 tóng　same 한가지. 같이 하다. 화하다. 함께. 같이. 丨 冂 冂 冋 同 同	☞ 여러 모(冂 : 凡의 변형)와 입 구(口). 同甲〔동갑〕 같은 나이. 또, 그 사람. 同苦同樂〔동고동락〕 같이 고생하고 같이 즐김. 同僚〔동료〕 같은 직장에서 지위가 비슷한 사람. 친구. 協同〔협동〕 마음을 같이하고 힘을 합침. ▶ 同價紅裳(동가홍상) 同氣(동기) 同盟(동맹)
水 6 ⑨	**洞** 골 동 꿰뚫을 통 dòng　pierce 골. 구멍. 굴. 깊다.. 의심하다. 꿰뚫다. 氵 氵 汋 汋 洞 洞	☞ 물 수(氵·水)와 한가지 동(同). 洞口〔동구〕 동네 어귀. 동굴의 어귀. 洞民〔동민〕 한 동네에 사는 사람. 洞察〔통찰〕 온통 밝혀서 살핌. 전체를 환하게 내다봄. 洞燭〔통촉〕 아랫사람의 사정 등을 깊이 헤아려 살핌. ▶ 洞窟(동굴) 洞里(동리) 洞民(동민)
力 9 ⑪	**動** 움직일 동　动 dòng　move 움직이다. 일하다. 놀라다. 변하다. 二 盲 重 重 動 動	☞ 무거울 중(重)에 힘 력(力). 動機〔동기〕 행동의 원인이나 계기. 일의 실마리. 動亂〔동란〕 세상이 소란함. 戰亂(전란). 動産〔동산〕 가구·금전 따위처럼 이동할 수 있는 재산. 胎動〔태동〕 태아의 움직임. 일이 생기려는 기운. ▶ 動力(동력) 動脈(동맥) 稼動(가동)
癶 7 ⑫	 오를 등 얻을 득 dēng　climb 오르다. 기재하다. 더하다. 얻다. 되다 ㇇ 癶 癶 癶 登 登 登	☞ 걸을 발(癶)과 제기 이름 두(豆). 登科〔등과〕 과거에 급제함. 登第(등제). 登校〔등교〕 학생이 학교에 감. 출석함. 登龍門〔등용문〕 용문에 오른다는 뜻으로, 입신 출세에 이 　　　　　 르는 직접적인 과정·고비를 일컬음. ▶ 登載(등재) 登程(등정) 登廳(등청)

部首·획수	한자	훈음 / 拼音 / 뜻	설명 및 용례
人 ⑥ ⑧	來 (来)	올 래 / 위로할 래 / lái / come 오다. 앞으로의 일. 보리. 위로하다. 一 厂 厂 厂 夾 夾 來 來	☞ 익은 보리 이삭이 매달려 처져 있는 모양. 來簡〔내간〕 보내 온 편지. 來世〔내세〕 다음 세대. 後世(후세). 來生(내생). 來歷〔내력〕 겪어 지내 온 자취. 由來(유래). 未來〔미래〕 아직 오지 않은 때. 將來(장래). ↔ 過去(과거). ▶ 來客(내객) 來歷(내력) 來訪(내방)
力 ⓪ ②	力	힘 력 / lì / strength 힘. 힘쓰다. 군사. 심하다. 하인. 일꾼. フ 力	☞ 물건을 들어올릴 때 생기는 근육의 모양. 力量〔역량〕 어떤 일을 해낼 수 있는 힘. 힘의 정도. 力說〔역설〕 힘써 주장함. 다짐을 주어 말함. 力行〔역행〕 힘써 행함. 노력함. 強力〔강력〕 힘이나 작용이 셈. 또 그 힘. ▶ 力作(역작) 力走(역주) 不可抗力(불가항력)
耂 ② ⑥	老	늙을 로 / lǎo / old 늙다. 지치다. 쉬다. 어른. 어버이. 선인. 一 + 土 耂 老 老	☞ 허리가 굽은 노인이 지팡이를 짚고 서 있는 모양. 老練〔노련〕 오랫동안 경험을 쌓아 익숙하고 능란함. 老少〔노소〕 늙은이와 어린이. 노인과 소년. 月下老人〔월하노인〕 부부의 인연을 맺어 주는 신. 중매인을 일컫는 말. 月下氷人(월하빙인). ▶ 老母(노모) 老翁(노옹) 老將(노장) 敬老(경로)
里 ⓪ ⑦	里	마을 리 / lǐ / village 마을. 이. 이수. 거리. 상점. 이웃. 근심하다. 丨 口 日 甲 里 里	☞ 밭 전(田)과 흙 토(土). 밭과 토지가 있어 사람이 사는 곳. 里民〔이민〕 동리 사람. 里數〔이수〕 거리를 이(里)의 단위로 측정한 수. 마을의 수효. 里程標〔이정표〕 이정(里程 : 길의 이수)을 적어 세운 푯말. 田里〔전리〕 시골. 촌. 고향을 뜻함. ▶ 里巷(이항) 洞里(동리) 下里(하리)
木 ④ ⑧	林	수풀 림 / lín / forest 수풀. 숲. 빽빽하다. 동아리. 들. 많다. 一 十 木 村 材 林	☞ 나무(木)와 나무(木)를 짝지어 놓은 글자. 林産〔임산〕 산림 생산에 관한 사업의 한 분야. 林野〔임야〕 삼림과 들. 산. 산림 지대. 桂林〔계림〕 숲. 계수나무의 숲. 아름다운 문인들의 사회. 森林〔삼림〕 나무가 많이 우거진 수풀. ▶ 林業(임업) 山林(산림) 樹林(수림)
立 ⓪ ⑤	立	설 립 / lì / stand 서다. 세우다. 곧. 단위(ℓ, 리터의 약호). 丶 亠 ㅗ 立 立	☞ 사람이 땅 위에 서서 두 팔을 벌리고 있는 모습. 立脚〔입각〕 근거를 두어 그 입장에 섬. 立法〔입법〕 법률 또는 법규를 제정함. 立證〔입증〕 증거를 내세워 증명함. 論證(논증). 立憲〔입헌〕 헌법을 제정하여 정치를 행함. ▶ 立件(입건) 立身揚名(입신양명) 立案(입안)
母 ③ ⑦	每	매양 매 / měi / every 매양. 늘. 항상. 탐내다. 풀이 우거지다. 丿 亠 仁 与 每 每	☞ 싹 날 철(屮 : 屮의 변형)과 어미 모(母). 每年〔매년〕 해마다. 매해. 每番〔매번〕 번번이. 여러 번 다. 每事〔매사〕 일마다. 모든 일. 일이 있을 때마다. 每樣〔매양〕 항상 그 모양으로. ▶ 每事(매사) 每常(매상) 每週(매주)

7級 配定漢字 69

面 ⑨	**面** 낯 면 miàn face 낯. 얼굴. 앞. 겉. 표면. 쪽. 눈앞. 탈. 一 ア ア 而 面 面	☞ 이마(一) 밑 눈(目)과 볼(冂)이 있는 사람의 얼굴 모양. 面鏡〔면경〕 얼굴이나 볼 정도의 작은 거울. 面灸〔면구〕 부끄러움. 面愧(면괴). 面談〔면담〕 서로 만나서 이야기함. 面目〔면목〕 얼굴의 생김새, 체면, 명예, 태도나 모양. ▶ 面相(면상) 面積(면적) 面接(면접)
口 3 ⑥	**名** 이름 명 míng name 이름. 외형. 명분. 평판. 이름 붙임. 丿 ク タ 夕 名 名	☞ 저녁 석(夕)과 입 구(口). 名曲〔명곡〕 이름난 악곡. 뛰어나게 잘된 악곡. 名單〔명단〕 일에 관계된 사람의 이름을 적은 표. 명부. 名譽〔명예〕 세상에서 훌륭하다고 일컬어지는 이름. 立身揚名〔입신양명〕 출세하여 세상에 이름을 들날림. ▶ 名所(명소) 汚名(오명) 著名(저명)
口 5 ⑧	**命** 목숨 명 mìng life 목숨. 수명. 운수. 명령하다. 이름짓다. 人 人 合 合 命 命	☞ 명령 령(令)과 입 구(口). 命令〔명령〕 윗사람이 아랫사람에게 내리는 분부. 命脈〔명맥〕 생명의 근본이 되는 목숨과 맥. 致命〔치명〕 죽을 지경에 이름. 革命〔혁명〕 어떤 상태가 급격하게 발전 변동하는 일. ▶ 命名(명명) 命在頃刻(명재경각) 考終命(고종명)
文 0 ④	 글월 문 꾸밀 문 wén letter 글월. 문장. 글자. 서적. 책. 산문. 꾸미다. 、 一 ナ 文	☞ 사람의 몸에 그린 무늬(문신)을 본뜬 글자. 文句〔문구〕 글의 구절. 글귀. 文答〔문답〕 글로써 회답함. 文盲〔문맹〕 글을 볼 줄도 쓸 줄도 모름. 또, 그런 사람. 文房四友〔문방사우〕 종이·붓·먹·벼루. ▶ 文庫(문고) 文武百官(문무백관) 文脈(문맥)
口 8 ⑪	**問** 물을 문 问 wèn ask 묻다. 안부를 묻다. 알아보다. 소식. 冂 冂 門 門 問 問	☞ 문 문(門)과 입 구(口). 問答〔문답〕 물음과 대답. 問病〔문병〕 앓는 사람을 찾아보고 위로(慰勞)함. 問題〔문제〕 대답을 얻기 위한 물음. 諮問〔자문〕 윗사람이 아랫사람에게 의문을 물음. ▶ 問招(문초) 訪問(방문) 質問(질문)
牛 4 ⑧	**物** 만물 물 물건 물 wù thing 만물. 일. 물건. 무리. 사물. 재물. 권세. ㄥ 仁 牛 牜 物 物	☞ 소 우(牛)와 말 물(勿 : 부정을 씻음). 物價〔물가〕 물건 값. 시세. 物件〔물건〕 물품. 법률에서 권리의 목적물. 物物交換〔물물교환〕 화폐를 쓰지 않고 물건을 맞바꿈. 物慾〔물욕〕 금전·주색 물질에 대한 욕심. ▶ 見物生心(견물생심) 貨物(화물)
方 0 ④	**方** 모 방 fāng square 모. 각. 네모. 사방. 방위. 방향. 처방. 、 一 方 方	☞ 배를 언덕에 묶어 놓은 모양. 方今〔방금〕 바로 이제. 조금 전. 方面〔방면〕 네모 반듯한 얼굴. 어떤 방향의 지방. 方案〔방안〕 일을 처리할 방법이나 계획. 方向〔방향〕 향하는 쪽. 方位(방위). 뜻이 향하는 곳. ▶ 百方(백방) 藥房文(약방문) 處方(처방)

白 1 ⑥	**百** bǎi　　hundred	일백 **백** 힘쓸 **맥**
일백. 100. 많다. 모든. 여러. 힘쓰다. 一 ァ ァ 百 百 百		

☞ 오로지 일(一)과 흰 백(白).
百科〔백과〕 많은 과목. 각종 학과나 과목.
百年偕老〔백년해로〕 부부가 화락하게 함께 늙음.
百折不屈〔백절불굴〕 수없이 꺾어도 굽히지 않음.
凡百〔범백〕 여러 가지의 사물. 상규에 벗어나지 않는 언행.
▶ 百人百色(백인백색) 百態(백태)

大 1 ④	**夫** fū　　husband	지아비 **부**
지아비(남편). 사내. 일꾼. 병사. 一 二 ナ 夫		

☞ 사람(大) 머리 위에 모자(一)를 쓴 성인 남자. 지아비.
夫君〔부군〕 남편의 높임말.
夫婦有別〔부부유별〕 오륜(五倫)의 하나. 부부 사이에는 침범치 못할 인륜의 구별이 있음.
凡夫〔범부〕 보통 사람. 평범한 사람.
▶ 夫婦(부부) 夫人(부인) 夫妻(부처)

一 3 ④	**不** bù bú　　not	아닐 **불** 아닐 **부**
아니다. 못하다. 없다(부정). 아랫등급. 一 ァ 不 不		

☞ 새가 하늘 높이 날아오르는 것을 본뜬 글자.
不屈〔불굴〕 어려움이 닥쳐도 굽히지 않음.
不能〔불능〕 능력이나 재능이 없음. 힘에 겨움.
不事二君〔불사이군〕 한 사람이 두 임금을 섬기지 아니함.
不安〔불안〕 마음이 편안하지 아니함. 세상이 떠들썩함.
▶ 不利(불리) 不意(불의) 不義(불의)

ㅣ 7 ⑧	**事** shì　　work	일 **사**
일하다. 직분. 임무. 직업. 정치. 사건. 一 ニ ョ 亘 亘 写 事		

☞ 깃발 달린 깃대를 세운 모양을 본뜬 글자.
事件〔사건〕 일이나 일거리. 뜻밖에 일어난 변고
事物〔사물〕 유형 무형의 모든 일과 물건.
事典〔사전〕 여러 가지 사물·사항들에 대해 해석을 붙인 책.
慶事〔경사〕 경축할 만한 일. 기쁜 일.
▶ 事變(사변) 事情(사정) 事項(사항)

竹 8 ⑭	**算** suàn　　count	셈할 **산** 산가지 **산**
셈하다. 수. 산가지. 대그릇. 산술(算術). 		

☞ 대 죽(竹 : 산가지)과 갖출 구(舁 : 두 손을 움직이는 모양).
算數〔산수〕 셈함. 또, 그 방법. 數學(수학).
算術〔산술〕 계산의 방법.
算筒〔산통〕 장님이 점칠 때 쓰는 산가지를 넣어 두는 통.
決算〔결산〕 일정 기간 동안의 수지와 지출의 총 계산.
▶ 算定(산정) 算出(산출) 珠算(주산)

一 2 ③	**上** shàng　　upper	위 **상** 오를 **상**
위. 위쪽. 꼭대기. 오르다. 높은 데. 가하다. ㅣ ト 上		

☞ 땅(一)에 물건이 놓이는 형태에서 위쪽임을 표시.
上監〔상감〕 임금의 존칭.
上級〔상급〕 위 등급. 높은 등급.
最上〔최상〕 맨 위. 가장 우수함. 頂上(정상). ↔ 最下(최하).
向上〔향상〕 위로 오름. 승천(昇天)함. 차차 나아짐.
▶ 上濁下不淨(상탁하부정) 頂上(정상)

色 0 ⑥	**色** sè　　color	빛 **색**
빛. 빛깔. 얼굴빛. 광택. 형상. 색정(色情). ノ ク 夕 夕 多 色		

☞ 사람 인(勹 : 人의 변형)과 병부 절(色 : 卩의 변형).
色感〔색감〕 색채의 감각. 빛깔에서 받는 느낌.
色盲〔색맹〕 빛깔을 가려낼 능력을 잃은 상태. 또는 그 사람.
色彩〔색채〕 빛깔. 빛깔과 무늬.
姿色〔자색〕 자태(姿態)와 용모
▶ 色魔(색마) 色素(색소) 色卽是空(색즉시공)

7級 配定漢字 71

夕 0 ③ 저녁. 밤. 밤일. 쏠리다. 기울다. 끝. ノ ク 夕	**夕** 저녁 석 xī　evening	☞ 초저녁 밤하늘에 뜬 초승달. 夕刊〔석간〕 석간 신문. 석간지. ↔ 朝刊(조간). 夕陽〔석양〕 저녁 해. 저녁나절. 산의 서쪽. 늘그막. 황혼. 朝聞夕改〔조문석개〕 아침에 잘못한 일을 들으면 저녁에 　　고친다는 뜻으로, 자기의 과실을 바로 고침을 일컬음. ▶ 朝聞夕死(조문석사) 朝飯石粥(조반석죽)
女 5 ⑧ 성. 성씨. 씨족. 인민. 겨레. 아들. 夕 女 女 女 姓 姓 姓	**姓** 성 성 xìng　family name	☞ 계집 녀(女)와 날 생(生). 姓銜〔성함〕 성씨(姓氏)와 함자(銜字). 곧, 성명(姓名). 姓鄕〔성향〕 성씨 시조의 고향. 貫鄕(관향). 百姓〔백성〕 많은 관리. 예전에 유덕한 사람에게 벼슬을 주 　　고 성(姓)을 내렸기 때문에 일컫는 말. 서민. ▶ 姓名(성명)
一 4 ⑤ 대. 세대. 세상. 인간. 평생. 백년. 많이. 一 十 卅 卋 世	**世** 대 세 shì　generation	☞ 열 십(十)을 세 번 합쳐 놓은 글자로 30년을 뜻함. 世界〔세계〕 지구의 모든 나라. 世襲〔세습〕 한 집안의 재산·작위·업무 등을 물려받음. 世波〔세파〕 모질고 거센 세상의 풍파. 後世〔후세〕 다음에 오는 세상. 또는 다음 세계의 사람들. ▶ 世孫(세손)
小 1 ④ 적다. 잠시. 젊다. 어리다. 버금. 丿 小 小 少	**少** 적을 소 　　젊을 소 shào　few	☞ 작을 소(小)와 삐침 별(丿). 少量〔소량〕 적은 분량. 少壯〔소장〕 나이가 젊고 혈기가 왕성함. 또는 그 사람. 僅少〔근소〕 아주 적어서 얼마 되지 않음. 些少〔사소〕 매우 적음. 하찮음. ▶ 少年少女(소년소녀) 少時(소시) 少額(소액)
戶 4 ⑧ 바. 것. 곳. 장소. 경우. 도리. 丶 亠 冫 戶 所 所 所	**所** 바 소 suǒ　place	☞ 지게 호(戶)와 도끼 근(斤). 所感〔소감〕 마음에 느낀 바. 所見〔소견〕 눈으로 본 바. 사물을 살피어 가지는 생각. 所願〔소원〕 원함. 그 원하는 바. 適材適所〔적재적소〕 적당한 인재를 적당한 자리에 씀. ▶ 所得(소득) 所望(소망) 所用(소용)
手 0 ④ 손. 손가락. 팔. 손바닥. 一 二 三 手	**手** 손 수 shǒu　hand	☞ 다섯 손가락을 편 손의 모양. 手記〔수기〕 체험을 손수 적음. 또는 그 기록. 手段〔수단〕 묘안(妙案)을 만들어 내는 솜씨와 꾀. 手腕〔수완〕 일을 꾸미거나 치러 나가는 재간(才幹). 手足〔수족〕 손과 발. 손발처럼 마음대로 부리는 사람. ▶ 手續(수속) 空手來空手去(공수래공수거).
攴 11 ⑮ 셈. 셈하다. 몇. 운수. 자주. 촘촘하다. 日 昌 婁 婁 婁 數	**數**　数 셀 수 자주 삭 shù shuò	☞ 여럿 루(婁 : 여자들이 늘어 선 모양)와 칠 복(攵·攴). 數理〔수리〕 수학의 이론이나 이치. 계산의 이치. 셈. 數次〔수차〕 자주. 두서너 차례. 數數〔삭삭〕 자주 여러 번. 바쁜 모양. 口舌數〔구설수〕 남에게 구설(비방)을 들을 운수. ▶ 數量(수량) 數値(수치)

巾 2 ⑤ 市	저자 시 shì　market 저자. 장. 시가. 행정 구역. 、一丁市市	☞ 갈 지(亠:之의 획 줄임)와 수건 건(巾). 市街〔시가〕 도시의 큰 길거리. 저잣거리. 市價〔시가〕 상품이 매매되는 시장의 가격. 市勢(시세). 市場〔시장〕 상인이 모여서 상품을 매매하는 장소 都市〔도시〕 사람이 많이 모여 사는 번잡한 곳. 도회지. ▶ 市民(시민) 市井雜輩(시정잡배) 市況(시황)
日 6 ⑩ 時	때 시　时 shí　time 때. 시간. 때때로. 철. 좋다. 日 旷 旷 旷 時 時	☞ 날 일(日)과 갈 지(土·之:움직임)와 규칙 촌(寸). 時間〔시간〕 어느 시각과 어느 시각과의 사이. 時代〔시대〕 시간을 역사적으로 구분한 오랜 기간. 時節〔시절〕 철. 계절. 일생의 한동안. 常時〔상시〕 임시가 아니고 관례대로의 보통 때. 항시. ▶ 時刻(시각) 時局(시국) 時急(시급)
食 0 ⑨ 食	밥 식 먹일 사 shí sì eat. meal 밥. 음식. 먹다. 녹. 양식. 먹이다. 기르다. 人 入 今 今 食 食	☞ 모을 집(人·集)과 고소할 흡(皀·皂). 食客〔식객〕 남의 집에서 기식하며 문객 노릇을 하는 사람. 食單〔식단〕 음식 이름과 값을 적은 쪽지. 차림표. 메뉴. 食祿〔식록〕 벼슬아치에게 주는 봉급. 祿俸(녹봉). 食慾〔식욕〕 먹고 싶어하는 욕망. ▶ 食糧(식량) 食言(식언)
木 8 ⑫ 植	심을 식 둘 치　植 zhí　plant 심다. 식물. 초목. 재목. 세우다. 두다. 木 朮 朸 枯 植 植	☞ 나무 목(木)과 곧을 직(直). 植木〔식목〕 나무를 심음. 또는 심은 나무. 植樹(식수). 植物〔식물〕 초목(草木)의 총칭. 동물에 대해 생물계의 한 부문. 蕃植〔번식〕 붇고 늘어서 많이 퍼짐. 繁殖(번식). 移植〔이식〕 식물 따위를 옮겨 심음. 移種(이종). ▶ 植民(식민) 植字(식자)
心 0 ④ 心	마음 심 xīn　heart mind 마음. 생각. 가슴. 중심. 알맹이. 근본. 丶 心 心 心	☞ 사람 심장의 모습을 본뜬 글자. 心身〔심신〕 마음과 몸. 정신과 육체. 心情〔심정〕 마음 속에 품은 생각과 감정. 心醉〔심취〕 어떤 일에 마음이 쏠리어 열중함. 心血〔심혈〕 심장의 피. 지성과 정력. 가지고 있는 최대의 힘. ▶ 心腹(심복) 以心傳心(이심전심)
宀 3 ⑥ 安	편안할 안 ān　peaceful 편안하다. 즐기다. 안으로. 이에. 곧. 丶 宀 宀 灾 安 安	☞ 움집 면(宀)과 계집 녀(女). 安堵〔안도〕 자기 거처에서 평안히 지냄. 마음을 놓음. 安樂〔안락〕 편안하고 즐거움. 극락정토(極樂淨土). 安否〔안부〕 편안한 지의 여부. 편안 여부를 묻는 인사. 問安〔문안〕 웃어른에게 안부를 여쭘. ▶ 安寧秩序(안녕질서)
言 7 ⑭ 語	말씀 어　语 yǔ　words 말씀. 말. 이야기. 어구. 속담. 논란하다. 一 言 訂 語 語 語	☞ 말씀 언(言)과 나 오(吾). 語句〔어구〕 언어. 文句(문구). 또, 숙어와 말. 句(구). 語訥〔어눌〕 말을 더듬어 부드럽지 못함. 語法〔어법〕 말의 일정한 법칙. 말법. 文法(문법). 街談巷語〔가담항어〕 길거리나 항간에 떠도는 소리. ▶ 語感(어감) 隱語(은어) 言語(언어)

7級 配定漢字

火 8 ⑫	**然** 그러할 연 rán so, but 그러하다. 대답하는 말. 그렇다고 여기다. 이. ク タ 外 外 然 然	☞ 개고기 연(狀)과 불화 발(灬·火). 然故〔연고〕 그러한 까닭. 當然〔당연〕 이치로 보아 마땅히. 그럴 것임. 浩然之氣〔호연지기〕 사물에서 해방되어 자유롭게 유쾌한 마음. 호기(浩氣). 호연(浩然). ▶ 然否(연부) 然後(연후) 突然(돌연)
十 2 ④	**午** 낮 오 wǔ noon 낮. 일곱째 지지. 붐비다. 엇갈리다. 丿 一 二 午	☞ 절구질 할 때 들어올린 절굿공이의 모양. 午睡〔오수〕 낮잠. 午寢(오침). 午餐〔오찬〕 손을 대접하는 점심 식사. 端午〔단오〕 음력 오월 초닷샛날의 명절. 天中節(천중절). 正午〔정오〕 오정 때. 낮 12시. ▶ 午前(오전) 子午線(자오선)
口 2 ⑤	**右** 오른쪽 우 yòu right 오른쪽. 숭상하다. 편리하다. 돕다 一 ナ 才 右 右	☞ 또 우(ナ·右)와 입 구(口). 右記〔우기〕 본문의 오른쪽에 씀. 또, 그 글. 右往左往〔우왕좌왕〕 '우로 갔다 좌로 갔다'한다는 뜻으로 이랬다저랬다 갈팡질팡함을 일컬음. 左之右之〔좌지우지〕 마음대로 처리함. 남을 마음대로 지휘함. ▶ 右文(우문) 右文左武(우문좌무)
月 2 ⑥	 있을 유 또 우 yǒu yòu be, exist 있다. 많다. 알다. 보유하다. 혹. 어떤. 또. 一 ナ 才 冇 有 有	☞ 또 우(ナ·又)와 고기 육(月·肉). 有口無言〔유구무언〕 입은 있으나 할말이 없다는 뜻으로, 변명이나 항변할 말이 없음. 有能〔유능〕 재능이 있음. 능력이 뛰어남. 有效〔유효〕 효력이 있음. 보람이 있음. ▶ 有名無實(유명무실) 有耶無耶(유야무야)
肉 4 ⑧	**育** 기를 육 yù bring up 기르다. 키우다. 자라다. 낳다. 丶 亠 ㄊ 产 育 育	☞ 아이 돌아 나올 돌(𠫓)과 몸 육(月·肉). 育成〔육성〕 길러 냄. 길러서 키움. 育兒〔육아〕 어린애를 기름. 敎育〔교육〕 가르치어 기름. 가르치어 지식을 줌. 發育〔발육〕 발달하여 크게 자람. ▶ 育苗(육묘) 育英(육영) 育嬰(육영)
邑 0 ⑦	**邑** 고을 읍 yì town 고을. 마을. 서울. 식읍. 행정 구역의 단위. 口 口 丮 吊 邑 邑	☞ 둘러쌀 위(口·囗)와 병부 절(㔾·卩 : 사람). 邑民〔읍민〕 읍의 주민. 읍에 사는 사람. 都邑〔도읍〕 서울. 首都(수도). 食邑〔식읍〕 국가에서 공신에게 내리는 조세를 개인이 받아 쓰게 하던 고을. 食封(식봉). ▶ 邑內(읍내) 邑屬(읍속) 邑豪(읍호)
入 0 ②	 들 입 rù enter 들다. 들이다. 들어오다. 들어가다. 丿 入	☞ 뿌리가 갈라져 땅 속으로 뻗어 들어가는 모양. 入閣〔입각〕 내각의 일원이 됨. 국무위원이 됨. 入選〔입선〕 응모 출품한 것 등이 심사에 뽑힘. 單刀直入 단도직입〕 요건을 바로 풀이하여 들어감. 漸入佳境〔점입가경〕 갈수록 경치가 점점 좋아짐. ▶ 入庫(입고) 入納(입납) 出入(출입)

子 0 ③ **子** 아들. 자식. 새끼. 알. 열매. 남자. 당신. `一 了 子`	아들 자 zǐ son	☞ 갓난아이가 두 팔을 벌리고 있는 모양. 子宮〔자궁〕 여자 생식기의 하나. 아기집. 胞宮(포궁). 子孫〔자손〕 아들과 손자. 후손. 嫡子〔적자〕 정실 아내가 낳은 아들. 적남. ↔ 庶子(서자). 種子〔종자〕 씨. 씨앗. 동식물, 또는 사물의 근본. ▶ 子規(자규) 子婦(자부) 子時(자시) 子爵(자작)
子 3 ⑥ **字** 글자. 아이를 배다. 양육하다. 사랑하다. `丶 宀 宁 宇 字`	글자 자 zì letter	☞ 움집 면(宀)과 아들 자(子). 字音〔자음〕 글자의 음. 한자의 음. 字典〔자전〕 한자(漢字)를 모아 일정한 순서로 배열하고 그 음과 뜻 등을 풀이한 책. 文字〔문자〕 말의 음과 뜻을 표시하는 시각적 기호. 곧, 글자. ▶ 字解(자해) 活字(활자)
自 0 ⑥ **自** 스스로. 몸소. 자기. 출처. 저절로. 쓰다. `丿 亻 冂 自 自 自`	스스로 자 zì self	☞ 사람의 코 모양을 본뜬 글자. 自家撞着〔자가당착〕 언행이 앞뒤가 서로 맞지 아니함. 自覺〔자각〕 자기 스스로 반성하여 깨달음. 스스로도 앎. 自給自足〔자급자족〕 자기의 수요를 자기가 생산하여 충당함. 自然〔자연〕 사람의 손이 미치지 않은 천연 그대로의 상태. ▶ 自家(자가) 自信(자신) 自初至終(자초지종)
土 9 ⑫ **場** 마당. 곳. 제터. 때. 장터. `土 圵 坫 坮 場 場`	마당 장 곳 량 cháng ground	☞ 흙 토(土)와 빛날 양(昜). 場內〔장내〕 어떠한 처소의 안. 회장의 내부. 場面〔장면〕 드러난 면이나 광경. 연극・영화의 한 정경. 場所〔장소〕 곳. 처소. 좌석. 退場〔퇴장〕 회의를 마치기 전에 먼저 물러남. ▶ 道場(도량) 登場(등장)
入 4 ⑥ **全** 全 온전하다. 온전히 하다. 모두. 온통. 전체. `丿 入 仌 仝 全 全`	온전 전 모두 전 quán	☞ 들 입(入)과 구슬 옥(王:玉). 全權〔전권〕 모든 권리. 全人〔전인〕 지덕(智德)이 원만하여 결점이 없는 사람. 保全〔보전〕 보호하여 안전하게 함. 完全〔완전〕 부족한 점이나 흠이 없음. ▶ 全面(전면) 全般(전반) 全知全能(전지전능)
刀 7 ⑨ **前** 앞. 나아가다. 앞서다. 남보다 먼저. `丷 䒑 亣 前 前 前`	앞 전 qián front	☞ 칼(刀)로 배(舟)의 밧줄을 끊으면 배가 앞으로 나감을 뜻함. 前代未聞〔전대미문〕 지금까지 들은 적이 없음. 前途遼遠〔전도요원〕 앞으로 갈 길이 아득히 멂. 前後〔전후〕 먼저와 나중. 일의 순서. 대강 그 정도. 生前〔생전〕 살아 있는 동안. 죽기 전. ▶ 前科(전과) 前文(전문)
雨 5 ⑬ **電** 번개. 빠름의 비유. 번쩍이다. 전기. `一 雨 雫 電 電 電`	번개 전 电 diàn lightning	☞ 비 우(雨)와 펼 신(电・申). 電光石火〔전광석화〕 번갯불과 돌이 서로 부딪쳐 나는 불빛이란 뜻으로 아주 짧은 시간의 비유. 發電〔발전〕 전기를 일으킴. 전보를 발송함. 送電〔송전〕 전류를 보내는 일. ▶ 電氣(전기) 電流(전류) 電子(전자)

7級 配定漢字

止 1 ⑤	**正** zhèng straight	바를 정	☞ 한 일(一)과 발 지(止). 正攻〔정공〕 정면(正面)에서 공격함. 正氣〔정기〕 만물의 근원이 되는 기(氣). 正確〔정확〕 바르고 확실함. 改正〔개정〕 고치어 바르게 함. ▶ 正常(정상) 正義(정의)
	바르다. 바로잡다. 정하다. 질정. 순수. 一 丅 下 正 正		
示 5 ⑩	**祖** zǔ grand father	할아버지 조	☞ 보일 시(示)와 도마 조(且). 祖國〔조국〕 조상적부터 살아온 나라. 자기가 태어난 나라. 祖上〔조상〕 한 혈통을 이어온, 대대의 어른. 先祖〔선조〕 먼 대의 조상. 한 집안의 조상. 始祖〔시조〕 한 겨레의 맨 처음 되는 조상. ▶ 祖廟(조묘) 祖宗(조종)
	할아버지. 조상. 선조. 시초. 근본. 시조. 二 亍 禾 衤 衵 祖 祖		
足 0 ⑦	**足** zú foot exeed	발 족 지나칠 주	☞ 허벅다리에서 발목까지의 모양. 足部〔족부〕 발에서 발목까지의 언저리. 手足〔수족〕 손발. 손발과 같이 마음대로 부리는 사람. 滿足〔만족〕 족함. 충분함. 흐뭇함. 自足〔자족〕 스스로 만족을 느낌. 스스로 필요한 것을 충족함. ▶ 足下(족하) 足恭(족공) 猶爲不足(유위부족)
	발. 뿌리. 산기슭. 족하다. 지나치다. 丨 口 口 ロ 尸 足 足		
工 2 ⑤	**左** zuǒ left	왼쪽 좌	☞ 왼손 좌(ナ·左)와 장인 공(工). 左傾〔좌경〕 왼쪽으로 기움. 좌익 사상을 가짐. 左右〔좌우〕 왼쪽과 오른쪽. 곁. 옆. 신변. 동료. 左遷〔좌천〕 낮은 지위로 떨어짐. 중앙에서 지방으로 전근 됨. 證左〔증좌〕 참고될 만한 증거. ▶ 左思右考(좌사우고) 左翼(좌익)
	왼쪽. 왼손. 아래. 하위. 증거. 가까이. 부근. 一 ナ 左 左 左		
丶 4 ⑤	**主** zhǔ host	주인 주 임금 주	☞ 촛대의 불꽃 심지가 타는 모양을 본뜬 글자. 主客〔주객〕 주인과 손. 주체와 객체. 중요한 일과 사소한 일. 主觀〔주관〕 대상을 인식·사고하는 주체. ↔ 객관(客觀). 主義〔주의〕 어떤 사물에 대하여 가지는 일정한 방침. 主掌〔주장〕 주체가 되어 맡아 함. ▶ 主幹(주간) 主君(주군) 主動(주동)
	주인. 가장. 소유자. 섬기는 사람. 임금. 丶 亠 亍 主 主		
人 5 ⑦	**住** zhù live	살 주	☞ 사람 인(亻·人)과 주인 주(主). 住居〔주거〕 사람이 사는 집. 住止(주지). 住宅(주택). 住民〔주민〕 일정한 지역에 머물러 사는 백성. 居住地〔거주지〕 머물러 사는 곳. 常住〔상주〕 항상 거주함. 늘 있음. ▶ 住所(주소) 住宅(주택) 移住(이주)
	살다. 생활. 살아가는 일. 주거(住居). 亻 亻 亻 亻 住 住		
里 2 ⑨	**重** zhóng heavy	무거울 중 거듭할 중	☞ 클 임(壬:서 있는 모습)과 동녘 동(東:짐을 진 모습). 重力〔중력〕 지구가 그 표면의 물체를 잡아당기는 힘. 重複〔중복〕 거듭함. 거듭됨. 겹침. 輕重〔경중〕 가벼움과 무거움. 신분의 고하. 尊重〔존중〕 높이고 중히 여김. ▶ 重大(중대) 重量(중량) 重言復言(중언부언)
	무겁다. 크다. 귀중함. 엄숙하다. 거듭하다. 一 亠 亍 盲 重 重 重		

土 3 ⑥	地	땅 지 dì　earth	☞ 흙 토(土)와 있을 야(也 : 꿈틀대는 전갈 모양). 地境〔지경〕 토지의 경계. 地界(지계). 처지. 형편. 地理〔지리〕 지구상의 지형·기후·생물·인구 등의 상태. 地域〔지역〕 땅의 구역. 행정. 생활권 등으로 나누어진 구역. 地方〔지방〕 어떤 방면의 땅. 시골. 수도(首都) 이외의 곳. ▶ 地籍(지적) 驚天動地(경천동지) 大地(대지)
	땅. 국토. 장소. 신분. 토지의 신(神). 一 十 土 ᆠ 圠 地 地		
糸 4 ⑩	紙	종이 지　紙 zhǐ　paper	☞ 실 사(糸)와 각시 씨(氏). 紙上〔지상〕 신문·잡지의 기사가 실려 있는 면. 紙筆墨〔지필묵〕 종이와 붓과 먹. 片紙·便紙〔편지〕 종이 조각. 書信(서신). 書簡(서간). 韓紙〔한지〕 창호지 등 우리 나라 고유의 제법으로 뜬 종이. ▶ 紙價(지가) 紙匣(지갑) 紙幣(지폐)
	종이. 종이를 세는 단위. 장. 幺 糸 糽 紅 紆 紙		
目 3 ⑧	直	곧을 직　直 값 치 zhí　straight	☞ 열(十)의 눈(目)은 숨길 수 없으니 곧게 살아야 함. 直線〔직선〕 곧은 줄. 시종 동일 방향을 이루는 선. 直說〔직설〕 사실대로 말함. 직접적인 표현으로 서술함. 直言〔직언〕 자기가 믿는 바를 기탄 없이 말함. 直接〔직접〕 거침이 없이 곧바로 ↔ 間接(간접). ▶ 直角(직각) 直觀(직관) 直通(직통) 曲直(곡직)
	곧다. 바른 길. 바른 행실. 바로잡다. 값. 一 十 古 肯 直 直		
十 1 ③	千	일천 천 qiān　thousand	☞ 사람 인(丿·人)과 열 십(十). 千古〔천고〕 썩 먼 옛적. 영구한 세월. 千里眼〔천리안〕 사물을 꿰뚫어 보는 능력을 일컬음. 千載一遇〔천재일우〕 좀처럼 만나기 어려운 좋은 기회. 千篇一律〔천편일률〕 대동소이하여 변화가 없음. ▶ 千客萬來(천객만래) 千慮一得(천려일득)
	일천. 천 번. 많다. 반드시. 꼭. 밭두둑. 丿 二 千		
巛 0 ③	川	내 천 chuān　stream	☞ 양쪽 언덕 사이로 물이 흐르고 있는 모양. 川獵〔천렵〕 냇물에서 고기잡이하는 일. 川邊〔천변〕 냇가. 내 부근. 山川〔산천〕 산과 내. '자연'을 일컫는 말. 河川〔하천〕 강(江). 시내. ▶ 川芎(천궁) 川魚(천어) 川澤(천택)
	내. 물 흐름의 총칭. 물귀신. 내의 신. 굴. 丿 刂 川		
大 1 ④	天	하늘 천 tiān　heaven	☞ 큰 대(大)와 한 일(一). 天高馬肥〔천고마비〕 가을이 썩 좋은 철임을 일컬음. 天國〔천국〕 하늘 나라. 天堂(천당). 天機漏洩〔천기누설〕 하늘의 비밀이 샌다는 뜻으로 중대 　　　　　　　한 기밀이 새어 나감. ▶ 天堂(천당) 天命(천명) 天方地軸(천방지축)
	하늘. 하느님. 조화(造化)의 주재자. 임금. 一 二 チ 天		
艸 6 ⑩	草	풀 초 cǎo　grass	☞ 풀 초(艹·艸)와 일찍 조(早). 草家〔초가〕 이엉으로 지붕을 인 집. 초가집. 草芥〔초개〕 지푸라기. 아무 소용이 없거나 하찮은 것의 비유. 草案〔초안〕 초를 잡은 글. 기초한 의안. 起案(기안). 牧草〔목초〕 소·말·양 등을 먹이는 풀. ▶ 草根木皮(초근목피) 草野(초야)
	풀. 풀숲. 잡초. 거칠다. 엉성하다. 초잡다. 艹 艿 芍 苩 苩 草		

7級 配定漢字 77

木 3 ⑦ 마을. 시골. 촌스럽다. 一 十 才 木 村 村 村	**村** 마을 촌 cūn　village	☞ 나무 목(木)과 법도 촌(寸). 村落〔촌락〕 시골의 부락. 村里(촌리). 村老〔촌로〕 시골에 사는 늙은이. 村翁(촌옹). 僻村〔벽촌〕 도시에서 멀리 떨어진 궁벽한 마을. 漁村〔어촌〕 어부들이 사는 마을. ▶ 村間(촌간) 村居(촌거) 村巷(촌항) 江村(강촌)
禾 4 ⑨ 가을. 결실. 성숙한 때. 세월. 근심하다. 二 千 禾 禾 秒 秋	**秋** 가을 추 qiū　autumn	☞ 벼 화(禾)와 불 화(火). 秋霜〔추상〕 가을의 찬 서리. 두려운 위엄이나 엄한 형벌. 秋夕〔추석〕 음력 8월 보름. 한가위. 仲秋節(중추절). 秋收〔추수〕 가을에 익은 곡식을 거두어들이는 일. 千秋〔천추〕 썩 오랜 세월. 먼 미래. 千年(천년). ▶ 秋季(추계) 秋思(추사) 秋色(추색) 晚秋(만추)
日 5 ⑨ 봄. 청춘. 남녀의 연정. 정욕. 움직이다. 二 三 夫 春 春 春	**春** 봄 춘 움직일 준 chūn　spring	☞ 풀 초(艸)와 떼지어 모일 준(屯)과 날 일(日). 春困〔춘곤〕 봄철에 느끼는 나른하고 졸리는 기운. 春秋〔춘추〕 봄과 가을. 어른의 나이. 세월. 賞春〔상춘〕 봄 경치를 구경하며 즐김. 靑春〔청춘〕 새싹이 돋는 봄철. 젊은 나이. ▶ 春耕(춘경) 回春(회춘)
凵 3 ⑤ 나다. 태어나다. 나타나다. 발생하다. 乚 乚 屮 出 出	**出** 날 출 chū　come out	☞ 초목의 싹이 차츰 위로 나오며 자라는 모양. 出家〔출가〕 집을 떠나감. 속가(俗家)를 떠나 불문에 듦. 出嫁〔출가〕 처녀가 시집을 감. 出現〔출현〕 나타남. 나타나서 보임. 特出〔특출〕 남보다 특별히 뛰어남. ▶ 出勤(출근) 出納(출납) 出馬(출마)
亻 7 ⑨ 편하다. 편리하다. 익히다. 숙달함. 오줌. 亻 亻 㐅 伂 佰 伊 便	**便** 편할 편 오줌 변 biàn　pián	☞ 사람 인(亻·人)과 고칠 경(更). 便利〔편리〕 편하고 손쉬움. 便法〔편법〕 편리한 방법. 便安〔편안〕 무사하고 심신이 편함. 簡便〔간편〕 간단하고 편리함. ▶ 便辟(편벽) 便乘(편승) 便殿(편전) 便紙(편지)
干 2 ⑤ 평평하다. 바르게 하다. 나누다. 一 二 丆 亓 平	**平** 평평할 평 나눌 변 píng　pián	☞ 물에 뜬 부평초의 모양을 본뜬 글자. 平均〔평균〕 많고 적음이 없이 균일함. 平面〔평면〕 평평한 표면. 平凡〔평범〕 뛰어난 데 없이 보통임. 平平(평평). 平和〔평화〕 싸움이 없이 세상이 잘 다스려짐. ▶ 平常時(평상시) 平野(평야) 平地風波(평지풍파)
一 2 ③ 아래. 낮은 곳. 아랫사람. 뒷부분. 내리다. 	**下** 아래 하 내릴 하 xià　lower part	☞ 일정한 위치를 의미하는 일(一)과 아래(丨)임을 나타내 냄. 下降〔하강〕 아래로 내려가거나 옴. 下剋上〔하극상〕 아랫사람이 윗사람을 꺾어 누름. 下落〔하락〕 정도나 등급이 떨어짐. ↔ 上昇(상승). 下行〔하행〕 아래쪽으로 내려감. ↔ 上行(상행). ▶ 下級(하급) 下達(하달) 上天下地(상천하지)

夊 7 ⑩	**夏** 一 ァ 百 百 夏 夏 夏	여름 하 중국 하 xià　summer 여름. 여름의 좌선(坐禪). 중국. 나라 이름.	☞ 머리 혈(百·頁)과 천천히 걸을 쇠발(夊). 夏期[하기] 여름 때. 여름철. 夏季(하계). 夏節(하절). 夏服[하복] 여름철에 입는 옷. 孟夏[맹하] 음력 4월의 이칭. 초여름. 盛夏[성하] 한여름. 더위가 한창인 여름. ▶ 夏穀(하곡) 夏蠶(하잠)
水 11 ⑭	**漢**　汉 氵 氵 氵 汁 汁 渾 漢 漢	한수 한 hàn 한수(漢水). 은하수. 지명. 태세 이름.	☞ 물 수(氵·水)와 어려울 난(堇·難). 漢文[한문] 한대(漢代)의 중국의 문장. 한자로 쓴 글. 漢方[한방] 중국에서 들어온 의술. 또, 그 처방. 漢字[한자] 한인(漢人)의 글자. 중국 고유의 글자. 惡漢[악한] 나쁜 짓을 일삼는 몹시 악독한 사람. ▶ 漢江投石(한강투석) 漢詩(한시) 漢陽(한양)
水 7 ⑩	**海** 氵 氵 汁 海 海 海	바다 해 hǎi　sea 바다. 바닷물. 넓다. 크다. 광대하다.	☞ 물 수(氵·水)와 매양 매(每). 海狗[해구] 물개. 海圖[해도] 항해용의 해상 지도. 海東[해동] 발해(渤海)의 동쪽에 있는 나라. 우리 나라. 山海珍味[산해진미] 썩 잘 차려진 음식. ▶ 海難(해난) 海邊(해변) 海岸(해안)
艸 4 ⑧	**花** 十 艹 艹 艹 芢 花 花	꽃 화 huā　flower 꽃. 꽃피다. 아름답다. 흐리다. 무늬.	☞ 풀 초(卄·艸)와 변화할 화(化). 花郞[화랑] 신라 때, 청소년의 민간 수양 단체. 花柳[화류] 붉은 꽃과 푸른 버들. 기생. 花無十日紅[화무십일홍] 열흘 붉은 꽃이 없음. 곧, 영화 　는 오래 가지 못함의 비유. ▶ 花綾(화릉) 花草(화초) 花卉(화훼)
言 6 ⑬	**話**　话 二 亠 言 言 訐 訐 話	말할 화 huà　talk 말하다. 이야기. 말씀. 좋은 말. 다스리다.	☞ 말씀 언(言)과 혀 설(舌). 話頭[화두] 이야기의 첫머리. 말의 서두. 話法[화법] 문장이나 담화에서 남의 말을 재현하는 방법. 話術[화술] 말재주. 이야기하는 기교(技巧). 話題[화제] 이야깃거리. 이야기의 제목. ▶ 話說(화설) 話素(화소) 野話(야화) 逸話(일화)
水 6 ⑨	**活** 氵 氵 汁 汗 活 活	살 활 물흐를 괄 huó guō　flow 살다. 생존하다. 생동하다. 물 흐르다.	☞ 물 수(氵·水)와 입막을 괄(舌). 活氣[활기] 싱싱한 생기. 활발한 기개나 기운. 活動[활동] 신체나 정신이 변화하고 있는 상태. 活用[활용] 이리저리 잘 응용하거나 변통하여 씀. 生活[생활] 살아서 활동함. ▶ 活字(활자) 活活(활활) 快活(쾌활)
子 4 ⑦	**孝** 十 土 耂 耂 孝 孝	효도 효 xiào　filial piety 효도. 부모 잘 섬기다. 상복. 효자. 보모.	☞ 늙을 노(耂·老)와 아들 자(子). 孝敬[효경] 부모를 잘 섬기고 공경함. 孝女[효녀] 효도하는 딸. 孝道[효도] 효행의 도. 부모를 잘 섬기는 도리. 追孝[추효] 죽은 부모의 영혼을 잘 섬김. ▶ 孝服(효복) 孝心(효심) 大孝(대효)

彳 6 ⑨ 後	뒤 후 hòu back 后	☞ 조금 걸을 척(彳)과 작을 요(幺), 뒤쳐져올 치(夂). 後見〔후견〕 일정한 능력·역량이 아직 모자라는 사람. 後繼〔후계〕 뒤를 이음. 後記〔후기〕 뒷날의 기록. 본문 뒤에 기록함. 後進〔후진〕 나이나 사회적 지위가 뒤짐. ▶ 後覺(후각) 後尾(후미) 後發(후발)
뒤. 나중. 장래. 늦다. 뒤로하다. 미루다. ノ 彳 彳 彳 彳 後 後		
人 4 ⑥ 休	쉴 휴 따스히할 후 xiū xǔ	☞ 사람(亻·人)이 나무(木)에 기대어 쉼. 休暇〔휴가〕 근무 따위를 일정 기간 쉬는 일. 休講〔휴강〕 강의를 한때 쉼. 休息〔휴식〕 잠깐 쉼. 쉬어서 그침. 休止(휴지). 連休〔연휴〕 휴일이 겹쳐 연달아 쉼. ▶ 休刊(휴간) 休憩(휴게) 休養(휴양)
쉬다. 아름답다. 기뻐하다. 따스히 하다 ノ 亻 仁 什 什 休		

漢字能力檢定 6級 配定漢字

各	각각	각	口(입구)부 0획 ⑥		級	등급	급	糸(실사)부 4획 ⑩
角	뿔	각	角(뿔각)부 0획 ⑦		多	많을	다	夕(저녁석)부 3획 ⑥
感	느낄, 한할	감	心(마음심)부 9획 ⑬		短	짧을	단	矢(화살시)부 7획 ⑫
強	굳셀	강	弓(활궁)부 8획 ⑪		堂	집	당	土(흙토)부 8획 ⑪
開	열	개	門(문문)부 4획 ⑫		代	대신할	대	亻(人, 사람인변)부 3획 ⑤
京	서울	경	亠(돼지해머리)부 6획 ⑧		待	기다릴	대	彳(두인변)부 6획 ⑨
界	지경	계	田(밭전)부 4획 ⑨		對	대할할	대	寸(마디촌)부 11획 ⑭
計	셀	계	言(말씀언)부 2획 ⑨		度	법도 도, 헤아릴	탁	广(엄호)부 6획 ⑨
古	옛	고	口(입구)부 2획 ⑤		圖	그림	도	囗(큰입구몸)부 11획 ⑭
苦	쓸	고	艹(艸, 초두)부 5획 ⑨		讀	읽을 독, 구두점	두	言(말씀언)부 15획 ㉒
高	높을	고	高(높을고)부 0획 ⑩		童	아이	동	立(설립)부 7획 ⑫
公	공변될	공	八(여덟팔)부 2획 ④		頭	머리	두	頁(머리혈)부 7획 ⑯
功	공로	공	力(힘력)부 3획 ⑤		等	무리	등	竹(대죽)부 6획 ⑫
共	함께	공	八(여덟팔)부 4획 ⑥		例	본보기	례	亻(人, 사람인변)부 6획 ⑧
果	과실	과	木(나무목)부 4획 ⑧		禮	예도	례	示(보일시)부 13획 ⑱
科	과목	과	禾(벼화)부 4획 ⑨		路	길	로	足(발족)부 6획 ⑬
光	빛	광	儿(어진사람인발)부 4획 ⑥		綠	푸를	록	糸(실사)부 8획 ⑭
交	사귈	교	亠(돼지해머리)부 4획 ⑥		利	이로울	리	刂(刀, 선칼도방)부 5획 ⑦
區	구역	구	匸(감출혜)부 9획 ⑪		李	오얏	리	木(나무목)부 3획 ⑦
球	구슬	구	王(玉, 구슬옥)부 7획 ⑪		理	다스릴	리	王(玉, 구슬옥)부 7획 ⑪
郡	고을	군	阝(邑, 우방부)부 7획 ⑩		明	밝을	명	日(날일)부 4획 ⑧
近	가까울	근	辶(辵, 책받침)부 4획 ⑧		目	눈	목	目(눈목)부 0획 ⑤
根	뿌리	근	木(나무목)부 6획 ⑩		聞	들을	문	耳(귀이)부 8획 ⑭
今	이제	금	人(사람인변)부 2획 ④		米	쌀	미	米(쌀미)부 0획 ⑥
急	급할	급	心(마음심)부 5획 ⑨		美	아름다울	미	羊(양양)부 3획 ⑨

6급

朴	순박할 박		木(나무목)부 2획 ⑥	孫	손자 손		子(아들자)부 7획 ⑩
反	돌이킬 반, 뒤칠 번		又(또우)부 2획 ④	樹	나무 수		목(나무목)부 12획 ⑯
半	반 반		十(열십)부 3획 ⑤	術	재주 술		行(다닐행)부 5획 ⑪
班	나눌 반		王(玉, 구슬옥)부 6획 ⑩	習	익힐 습		羽(깃우)부 5획 ⑪
發	필 발		癶(필발머리)부 7획 ⑫	勝	이길 승		力(힘력)부 10획 ⑫
放	막을 방		攴(攵, 등글월문)부 4획 ⑧	始	비로소 시		女(계집녀)부 5획 ⑧
番	차례 번, 땅이름 반, 날랠 파		田(밭전)부 7획 ⑫	式	법 식		弋(주살익)부 3획 ⑥
別	다를 별		刂(刀, 선칼도방)부 5획 ⑦	身	몸 신		身(몸신)부 0획 ⑦
病	병 병		疒(병질엄)부 5획 ⑩	信	믿을 신		亻(人, 사람인변)부 7획 ⑨
服	옷 복		肉(月, 육달월)부 4획 ⑧	神	귀신 신		示(보일시변)부 5획 ⑩
本	근본 본		木(나무목)부 1획 ⑤	新	새 신		斤(날근)부 9획 ⑬
部	떼 부		阝(邑, 우방부)부 8획 ⑪	失	잃을 실		大(큰대)부 2획 ⑤
分	나눌 분		刀(칼도)부 2획 ④	樂	풍류 악, 즐길 락, 좋아할 요		木(나무목)부 11획 ⑮
死	죽을 사		歹(죽을사변)부 2획 ⑥	愛	사랑 애		心(마음심)부 9획 ⑬
使	부릴 사		亻(人, 사람인변)부 6획 ⑧	夜	밤 야		夕(저녁석)부 5획 ⑧
社	토지신, 단체 사		示(보일시)부 3획 ⑧	野	들 야		里(마을리)부 4획 ⑪
書	글 서		曰(가로왈)부 6획 ⑩	弱	약할 약		弓(활궁)부 7획 ⑩
石	돌 석		石(돌석)부 0획 ⑤	藥	약 약		⺿(艸, 초두)부 15획 ⑲
席	자리 석		巾(수건건)부 7획 ⑩	洋	바다 양		氵(水, 삼수변)부 6획 ⑨
線	줄 선		糸(실사)부 9획 ⑮	陽	볕 양, 나 장		阝(阜, 좌부방)부 9획 ⑫
雪	눈 설		雨(비우)부 3획 ⑪	言	말씀 언		言(말씀언)부 0획 ⑦
成	이룰 성		戈(창과)부 3획 ⑦	業	업 업		木(나무목)부 9획 ⑬
省	살필 성, 덜 생		目(눈목)부 4획 ⑨	永	길 영		水(물수)부 1획 ⑤
消	사라질 소		氵(水, 삼수변)부 7획 ⑩	英	꽃부리 영		⺿(艸, 초두)부 5획 ⑨
速	빠를 속		辶(辵, 책받침)부 7획 ⑪	溫	따뜻할 온		氵(水, 삼수변)부 10획 ⑬

6급

用	쓸 용	用(쓸용)부 0획 ⑤		族	겨레 족	方(모방)부 7획 ⑪
勇	날랠 용	力(힘력)부 7획 ⑨		注	물댈 주	氵(水, 삼수변)부 5획 ⑧
運	돌 운	辶(辵, 책받침)부 9획 ⑬		晝	낮 주	日(날일)부 7획 ⑪
園	동산 원	囗(큰입구몸)부 10획 ⑬		集	모일 집	隹(새추)부 4획 ⑫
遠	멀 원	辶(辵, 책받침)부 10획 ⑭		窓	창 창	穴(구멍혈)부 6획 ⑪
由	말미암을 유	田(밭전)부 0획 ⑤		淸	맑을 청	氵(水, 삼수변)부 8획 ⑪
油	기름 유	氵(水, 삼수변)부 5획 ⑧		體	몸 체	骨(뼈골)부 13획 ㉓
銀	은 은	金(쇠금)부 6획 ⑭		親	친할 친	見(볼견)부 9획 ⑯
音	소리 음	音(소리음)부 0획 ⑨		太	클, 콩 태	大(큰대)부 1획 ④
飮	마실 음	食(仴, 밥식)부 4획 ⑬		通	통할 통	辶(辵, 책받침)부 7획 ⑪
衣	옷 의	衣(옷의)부 0획 ⑥		特	유다를 특	牛(소우)부 6획 ⑩
意	뜻 의	心(마음심)부 9획 ⑬		表	겉 표	衣(옷의)부 3획 ⑧
醫	의원 의	酉(닭유)부 11획 ⑱		風	바람, 풍자할 풍	風(바람풍)부 0획 ⑨
者	놈 자	耂(老, 늙을로엄)부 5획 ⑨		合	합할 합, 홉 홉	口(입구)부 3획 ⑥
作	지을 작	亻(人, 사람인변)부 5획 ⑦		行	다닐 행, 항렬 항	行(다닐행)부 0획 ⑥
昨	어제 작	日(날일)부 5획 ⑨		幸	다행 행	干(방패간)부 5획 ⑧
章	글 장	立(설립)부 6획 ⑪		向	향할 향	口(입구)부 3획 ⑥
才	재주 재	扌(手, 재방변)부 0획 ③		現	나타날 현	玉(王, 구슬옥)부 7획 ⑪
在	있을 재	土(흙토)부 3획 ⑥		形	형상 형	彡(터럭삼, 삐친석삼)부 4획 ⑦
戰	싸움 전	戈(창과)부 12획 ⑯		號	부르짖을 호	虍(범호엄)부 7획 ⑬
定	정할 정	宀(갓머리)부 5획 ⑧		和	고를 화	口(입구)부 5획 ⑧
庭	뜰 정	广(엄호엄)부 7획 ⑩		畫	그림 화, 그을 획	田(밭전)부 7획 ⑫
第	차례 제	竹(대죽)부 5획 ⑪		黃	누를 황	黃(누를황)부 0획 ⑫
題	제목, 이마 제	頁(머리혈)부 9획 ⑱		會	모을 회	曰(가로왈)부 9획 ⑬
朝	아침 조	月(달월)부 8획 ⑫		訓	가르칠 훈	言(말씀언)부 3획 ⑩

6級 配定漢字 83

口 3 ⑥	各	각각 각 gè each 각각. 제각기. 따로따로. 여러. 丿 ク 夂 冬 各 各	☞ 뒤쳐져올 치(夂)와 입 구(口 : 사람을 뜻함). 各個〔각개〕 낱낱. 하나하나. 各樣各色〔각양각색〕 여러 가지 모양과 빛깔. 各人各色〔각인각색〕 모두 다름. 各人各樣(각인각양). 各種〔각종〕 여러 가지. 각가지. ▶ 各界各層(각계각층) 各別(각별) 各派(각파)
角 0 ⑦	角	뿔 각 꿩우는 곡 角 jiǎo jué 뿔. 모. 촉각. 술잔. 총각. 꿩 우는 소리. 丿 ク 力 角 角 角	☞ 속이 빈 딱딱한 짐승의 뿔 모양을 본뜬 글자. 角度〔각도〕 각의 크기. 사물을 보는 관점. 角逐〔각축〕 서로 이기려고 다툼. 서로 재능을 겨룸. 角戲〔각희〕 승부를 겨루는 모든 유희. 씨름. 角抵(각저). 頭角〔두각〕 머리나 머리끝. 뛰어난 학식·재능·기예. ▶ 角弓(각궁) 角立對坐(각립대좌) 角笛(각적)
心 9 ⑬	感	느낄 감 한할 감 gǎn feel 느끼다. 깨닫다. 생각하다. 한(恨)하다. 厂 后 咸 咸 咸 感	☞ 다 함(咸)과 마음 심(心). 感覺〔감각〕 느끼어 깨달음. 感慨〔감개〕 깊이 느끼어 탄식함. 마음 속 깊이 사무치게 느낌. 感激〔감격〕 감동하여 분발함. 몹시 고맙게 느낌. 共感〔공감〕 남의 의견·주장에 공명함. ▶ 感慨無量(감개무량) 感服(감복) 感謝(감사)
弓 8 ⑪	強	굳셀 강 단단할 강 qiáng strong 굳세다. 나머지. 포대기. 힘쓰다. 단단하다. 弓 弘 弘 強 強 強	☞ 클 홍(弘)과 벌레 충(虫). 強硬〔강경〕 타협이나 굽힘 없이 주장이나 뜻을 고집함. 強力〔강력〕 힘이 셈. 세력이 강함. 또는 그 힘. 強壓〔강압〕 강제로 억누름. 권력으로 억누름. 列強〔열강〕 여러 강대한 나라들. ▶ 強健(강건) 強迫觀念(강박관념) 強辯(강변)
門 4 ⑫	開	열 개 开 kāi open 열다. 벌임. 시작함. 펴다. 깨우치다. 개간함. 丨 冂 冂 門 門 開	☞ 문 문(門)과 평평할 견(开 : 빗장을 의미함). 開講〔개강〕 강의를 시작함. ↔ 終講(종강). 開發〔개발〕 개척하여 발전시킴. 널리 폄. 開放〔개방〕 활짝 열어 놓음. 속박·경계를 풀어 자유롭게 함. 開店〔개점〕 처음으로 가게를 엶. ↔ 閉店(폐점). ▶ 開設(개설) 開始(개시) 開催(개최) 打開(타개)
亠 6 ⑧	京	서울 경 jīng capital 서울. 언덕. 수도(首都). 크고 높다. 亠 亠 古 宁 京 京	☞ 높은 언덕 위에 서 있는 집 모양을 본뜬 글자. 京畿〔경기〕 수도 및 그 곳을 중심으로 한 지역. 경기도. 京城〔경성〕 궁성. 대궐. 서울. 京鄕〔경향〕 서울과 시골. 在京〔재경〕 서울에 머물러 있음. ▶ 歸京(귀경) 上京(상경)
田 4 ⑨	界	지경 계 jiè boundary 지경(地境). 범위. 한계. 장소. 경계를 삼다. 丨 冂 四 田 界 界	☞ 밭 전(田)과 끼일 개(介). 界標〔계표〕 토지 또는 수면 등의 경계에 세우는 표지. 界限〔계한〕 땅의 경계. 한계. 冥界〔명계〕 사람이 죽은 후 간다는 암흑의 세계. 學界〔학계〕 학문의 세계. 학자의 사회. 학술계. ▶ 界面調(계면조) 出版界(출판계)

言 2 ⑨ 計	셀 계 꾀 계 jì count	☞ 말씀 언(言)과 열 십(十). 計巧〔계교〕 요리조리 생각해 낸 꾀. 計量〔계량〕 분량을 잼. 양을 계산함. 計算〔계산〕 셈을 헤아림. 累計〔누계〕 소계(小計)를 계속해서 덧붙여 계산함. ▶ 家計(가계) 奸計(간계) 推計(추계)
세다. 수. 헤아리다. 꾀하다. 꾀. 丶 二 言 言 言 計		
口 2 ⑤ 古	예 고 gǔ old	☞ 입 구(口)와 열 십(十). 古家〔고가〕 지은 지 퍽 오래 된 집. 古稀〔고희〕 나이 일흔 살의 일컬음. 萬古〔만고〕 아주 먼 옛날. 한없는 세월. 太古〔태고〕 아주 오랜 옛날. ▶ 古今東西(고금동서) 古名(고명) 古典(고전)
예. 예전. 선조. 오래되다. 옛일. 一 十 十 古 古		
艸 5 ⑨ 苦	쓸 고 kǔ bitter	☞ 풀 초(艹·艸)와 오랠 고(古). 苦生〔고생〕 괴로운 생활. 괴롭게 수고함. 刻苦〔각고〕 고생을 이겨내면서 무척 애씀. 同苦同樂〔동고동락〕 괴로움과 즐거움을 함께 함. 哀苦之情〔애고지정〕 슬프고 괴로운 마음. ▶ 苦難(고난) 苦盡甘來(고진감래)
쓰다. 쓴맛. 괴롭다. 씀바귀. 괴로워하다. 十 艹 艹 苎 芋 苦		
高 0 ⑩ 高	높을 고 gāo high	☞ 성 위에 세워진 망루(누대)와 문의 모양을 본뜬 글자. 高潔〔고결〕 고상하고 깨끗함. 高官〔고관〕 지위가 높은 관직. 또는 그 벼슬아치. 高尙〔고상〕 품위가 있고 격이 높음. 뜻이 높고 거룩함. 最高〔최고〕 가장 높음. 제일임. ▶ 高談峻論(고담준론) 高度(고도)
높다. 위. 고상하다. 높이다. 존중하다. 丶 亠 古 亨 高 高		
八 2 ④ 公	공변될 공 gōng public	☞ 둘로 나뉘어진 팔(八) 아래에 사사로울 사(厶·私의 본자). 公告〔공고〕 널리 세상에 알림. 公用〔공용〕 공적으로 사용함. 관청이나 공공 단체의 용무. 公衆〔공중〕 사회의 여러 사람. 일반 사람들. 民衆(민중). 尊公〔존공〕 손윗사람의 아버지에의 존칭. ▶ 公明正大(공명정대) 公人(공인) 貴公(귀공)
공변되다. 공공(公共). 관청. 드러내다. 丿 八 公 公		
力 3 ⑤ 功	공로 공 gōng merits	☞ 장인 공(工)과 힘 력(力). 功勞〔공로〕 힘쓴 공덕. 功業(공업). 功臣〔공신〕 나라에 공로가 있는 신하. 功致辭〔공치사〕 자기의 공로를 남 앞에서 스스로 자랑함. 成功〔성공〕 목적(目的)을 이룸. 뜻을 이룸. ▶ 功德(공덕) 功績(공적) 無功(무공) 武功(무공)
공로. 일. 명예. 직무. 삼베로 만든 상복. 一 丁 工 功 功		
八 4 ⑥ 共	함께 공 gòng together	☞ 스물 입(廿)과 맞잡을 공(六). 共感〔공감〕 남의 의견이나 주장에 대해 공명(共鳴)함. 共通〔공통〕 다같이 통함. 公共〔공공〕 사회 일반(社會一般). 공중(公衆). 공동의 이 　　　　　익을 위해 힘을 함께 함. ▶ 共同(공동) 共鳴(공명)
함께. 모두. 한가지. 공손하다. 베풀다. 一 十 卄 共 共 共		

木 4 ⑧	**果** 과실 **과** guǒ fruit 과실. 해내다. 이룸. 굳세다. 마침내. 丶 冂 曰 旦 甲 果 果	☞ 나무(木) 위에 둥근 열매(田). '과실'을 본뜬 글자. 果敢〔과감〕 결단성 있고 용감함. 果實〔과실〕 과수(果樹)에 열리는 열매. 果然〔과연〕 참으로 그러함. 結果〔결과〕 원인에 대하여 이루어진 결말. ↔ 原因(원인). ▶ 果樹(과수) 因果(인과)
禾 4 ⑨	**科** 과목 **과** kē article 과목. 과정. 품등. 조목. 규정. 과거. 죄. 二 千 禾 禾 科 科	☞ 벼 화(禾)와 말 두(斗). 科擧〔과거〕 옛날 문무관(文武官) 등용에 시행하던 시험. 科目〔과목〕 학문의 구분. 분류한 조목. 교과목. 科學〔과학〕 보편적인 진리나 법칙의 발견을 목적으로 한 지식. 登科〔등과〕 과거에 급제함. ▶ 科題(과제) 甲科(갑과)
儿 4 ⑥	**光** 빛 **광** guāng light 빛. 재능·명성이 빛나다. 빛냄. 윤기. 丨 ⺌ ⺌ 屮 光 光	☞ 불 화(火)와 우뚝 선 사람(儿). 光景〔광경〕 경치. 상태. 덕이나 위엄이 있는 모양의 비유. 光陰〔광음〕 세월. 시간. 光宅〔광택〕 천하(天下)를 밝게 다스림을 일컫는 말. 榮光〔영광〕 빛나는 명예. ▶ 光力(광력) 光明(광명) 光明正大(광명정대)
亠 4 ⑥	**交** 사귈 **교** jiāo company 사귀다. 엇갈리다. 오가다. 섞이다. 丶 一 亠 六 亣 交	☞ 사람이 정강이를 엇걸어 꼬는 모양을 본뜬 글자. 交感〔교감〕 서로 맞대어 느낌. 交流〔교류〕 다른 관할 계통끼리 서로 교체됨. 管鮑之交〔관포지교〕 두터운 우정을 나누는 사귐을 이름. 修交〔수교〕 나라와 나라 사이에 서로 교제를 맺음. ▶ 交代(교대) 交尾(교미) 交際(교제) 交換(교환)
匸 9 ⑪	 구역 **구** 区 qū ōu 구역. 갈피. 지경. 나누다. 거처. 숨기다. 一 丆 冂 㠪 品 區	☞ 감출 혜(匸) 속에 입 구(口). 區間〔구간〕 일정한 구역의 안. 區內〔구내〕 천하. 領內(영내). 어떤 지역의 안. 區別〔구별〕 종류에 따라 갈라놓음. 차별함. 區域〔구역〕 갈라놓은 지역. ▶ 區分(구분) 地區(지구)
玉 7 ⑪	**球** 구슬 **구** qiú round gem 구슬. 아름다운 옥. 공. 경석(磬石). 王 王 玗 玝 球 球	☞ 구슬 옥(王·玉)과 구할 구(求). 球技〔구기〕 공으로 승부를 겨루는 경기의 총칭. 球形〔구형〕 공처럼 둥근 모양. 球狀(구상). 電球〔전구〕 전기를 통하여 밝게 하는 기구. 直球〔직구〕 야구에서, 투수가 타자에게 던지는, 똑바른 공. ▶ 球莖(구경) 直球(직구)
邑 7 ⑩	**郡** 고을 **군** jùn district 고을. 행정 구역의 하나. 관서의 하나. フ 丑 尹 君 君阝 郡	☞ 임금 군(君)과 고을 읍(阝·邑). 郡民〔군민〕 군의 주민. 郡守〔군수〕 한 군의 우두머리. 一郡〔일군〕 한 군(郡). 온 고을. 州郡〔주군〕 주와 군. 지방(地方). ▶ 郡界(군계) 郡廳(군청)

부수/획	한자	훈음	병음/뜻	설명	용례
辵 4 ⑧	近	가까울 근	jìn / near	가깝다. 친하다. 속되다. 닮다. 근처. 丆 斤 斤 沂 沂 近 近	☞ 쉬엄쉬엄 갈 착(辶·辵)과 무게 근(斤 : 칼의 뜻). 近刊〔근간〕 가까운 시일 내에 간행함. 최근에 간행된 책. 近隣〔근린〕 가까운 이웃. 近視〔근시〕 먼 데 있는 물상을 잘 보지 못하는 눈. 接近〔접근〕 가까이 함. 서로 바싹 다가붙음. ▶ 近墨者黑(근묵자흑) 側近(측근)
木 6 ⑩	根	뿌리 근	gēn / root	뿌리. 사물의 밑부분. 뿌리박다. 기인하다. † †' †⁷ 柘 柜 根 根	☞ 나무 목(木)과 그칠 간(艮). 根幹〔근간〕 뿌리와 줄기. 근본. ↔ 枝葉(지엽). 根據〔근거〕 사물의 토대. 의견이나 이론 등의 출처. 根本〔근본〕 사물의 바탕이나 중심 되는 부분. 根源(근원). 禍根〔화근〕 재앙의 근원. ▶ 根性(근성) 根源(근원) 球根(구근)
人 2 ④	今	이제 금	jīn / now	이제. 지금. 곧. 오늘. 이에. 丿 人 ㅅ 今	☞ 사람이 모여서 때를 맞추어 나가서 이르는 것. 今明間〔금명간〕 오늘이나 내일 사이. 昨今〔작금〕 어제와 오늘. 요즈음. 只今〔지금〕 이제. 現今〔현금〕 지금. 이제. ▶ 今方(금방) 今昔之感(금석지감) 今時(금시)
心 5 ⑨	急	급할 급	jí / hurried	급하다. 서두르다. 위태하다. 성급하다. ' ' ' 乌 兔 急 急	☞ 미칠 급(刍·及)과 마음 심(心). 急減〔급감〕 급히 줆. 갑자기 삭감함. 急激〔급격〕 변화·행동 등이 급하고도 격렬함. 急死〔급사〕 갑자기 죽음. 火急〔화급〕 몹시 바쁨. ▶ 急降下(급강하) 緊急(긴급) 性急(성급)
糸 4 ⑩	級	등급 급	jí / class	등급. 차례. 층계. 계단. 수급(首級). 모가지. 幺 乡 糸 糿 紉 級	☞ 실 사(糸)와 미칠 급(及). 級友〔급우〕 같은 학급에서 배우는 벗. 等級〔등급〕 높고 낮음의 차례를 분별한 층수. 進級〔진급〕 등급·계급·학급 따위가 오름. 學級〔학급〕 학교에서, 일정한 수의 학생들로 조직한 단위. ▶ 級數(급수) 階級(계급)
夕 3 ⑥	多	많을 다	duō / many	많다. 많아지다. 뛰어남. 때마침. 丿 ク 夕 夕 多 多	☞ 저녁 석(夕)과 저녁 석(夕). 多寡〔다과〕 많고 적음. 多少(다소). 多端〔다단〕 할 일이 많음. 가닥이 많음. 일이 바쁨. 多忙〔다망〕 일이 많아 바쁨. 許多〔허다〕 몹시 많음. 수두룩함. ▶ 多多益善(다다익선) 多事多端(다사다단)
矢 7 ⑫	短	짧을 단	duǎn / short	짧다. 작다. 부족함. 짧게 하다. 모자라다. 丿 ㅗ 矢 矢 知 短 短	☞ 화살 시(矢)와 콩 두(豆). 短命〔단명〕 짧은 수명. 短點〔단점〕 낮고 모자라는 점. 缺點(결점). 短縮〔단축〕 짧게 줄임. 짧게 줄어짐. ↔ 延長(연장). 短篇〔단편〕 짧은 시문(詩文). 단편 소설. ↔ 長篇(장편). ▶ 短見(단견) 短音(단음) 一長一短(일장일단)

6級 配定漢字 87

土 8 ⑪	**堂** 집 당 táng　house 집. 마루. 당당하다. 번듯하다. 문지방. ⼟ ⼟ 兴 兴 堂 堂	☞ 높일 상(尙)과 흙 토(土). 堂山〔당산〕 토지나 부락의 수호신이 있는 곳. 堂上〔당상〕 대청 위. 정삼품 이상의 벼슬아치. 祠堂〔사당〕 신주를 모셔 놓은 집. 家廟(가묘). 祠宇(사우). 椿堂〔춘당〕 남의 아버지를 높여 일컫는 말. ▶ 堂叔(당숙) 堂姪(당질)
人 3 ⑤	**代** 대신할 대 dài　substitute 대신하다. 세대. 시대. 사람의 일생. 丿 亻 仁 代 代	☞ 사람 인(亻·人)과 주살 익(弋). 代價〔대가〕 물건 값. 대금. 노력이나 일에 대한 보수. 代理〔대리〕 남을 대신하여 일을 처리함. 代替〔대체〕 다른 것으로 바꿈. 時代〔시대〕 기간을 역사적으로 구분한 기간. 세상. ▶ 代金(대금) 代辯(대변) 代行(대행)
彳 6 ⑨	**待** 기다릴 대 dāi　wait 기다리다. 대하다. 대접하다. 용서하다. 彳 彳 彳 彳 待 待	☞ 조금 걸을 척(彳)과 관청 시(寺). 待機〔대기〕 준비를 마치고 명령을 기다림. 待望〔대망〕 바라고 기다림. 待罪〔대죄〕 죄인이 처벌을 기다림. 待避〔대피〕 위험이나 난을 피하여 기다리는 일. ▶ 待令(대령) 席藁待罪(석고대죄)
寸 11 ⑭	**對** 대답할 대　対 duì　reply 대답하다. 대하다. 마주보다. 보답하다. 刂 业 业 业 對 對	☞ 초목이 무성한 모양(丵)과 입 구(口). 법도 촌(寸). 對價〔대가〕 재산이나 노력 등을 주고 얻는 재산상의 이익. 對談〔대담〕 마주 대해 말함. 對立〔대립〕 서로 대하여 맞섬. 相對〔상대〕 서로 마주 봄. 마주 겨룸. ▶ 對決(대결) 對應(대응) 對抗(대항)
广 6 ⑨	**度** 법도 도 　　헤아릴 탁 dù duó　law 법도. 도수. 자. 횟수. 헤아리다. 꾀하다. 广 广 庐 庐 度 度	☞ 무리 서(庶·庶)와 오른손 우(又). 度數〔도수〕 얼마의 횟수. 각도·광도·온도 등의 도수. 度外視〔도외시〕 문제로 삼지 않고 가외 것으로 보아 넘김. 度支部〔탁지부〕 대한 제국 때 정부의 재무를 총괄하던 관아. 忖度〔촌탁〕 남의 마음을 미루어 헤아림. ▶ 度量(도량, 탁량) 度量衡(도량형)
口 11 ⑭	**圖** 그림 도　图 tú　picture 그림. 그리다. 꾀하다. 다스리다. 헤아리다. 冂 冂 周 周 圖 圖	☞ 에울 위(囗) 안에 마을 비(啚·鄙). 圖鑑〔도감〕 그림이나 사진을 실어 이해하기 쉽게 한 책. 圖謀〔도모〕 어떤 일을 이루려고 수단과 방법을 꾀함. 圖案〔도안〕 의장(意匠)·고안 (考案)을 설계, 표현한 그림. 企圖〔기도〕 일을 꾸며내려고 꾀함. ▶ 圖面(도면) 圖章(도장) 試圖(시도)
言 15 ㉒	**讀** 읽을 독　读 　　구두점 두 dòu dú　read 읽다. 세다. 계산하다. 잇다. 구두점. 言 言 訁 讀 讀 讀	☞ 말씀 언(言)과 팔 매(賣). 讀經〔독경〕 소리내어 경서(經書)를 읽음. 讀書〔독서〕 책을 읽음. 讀者〔독자〕 책·신문 등 출판물을 읽는 사람. 朗讀〔낭독〕 소리내어 읽음. ▶ 讀本(독본) 句讀點(구두점) 吏讀(이두)

부수	한자	훈음	설명
立 7 ⑫	童	아이 동 tóng child 아이. 어리석다. 민둥산. 눈동자. ` ㆍ 立 亩 音 音 童 童`	☞ 설 립(立)과 마을 리(里). 童心〔동심〕 어린이의 마음. 또, 어린이처럼 순진한 마음. 童謠〔동요〕 어린이의 정서를 표현한 노래. 神童〔신동〕 재주와 지혜가 특별히 뛰어난 아이. 兒童〔아동〕 3~12세의 어린아이. ▶ 童顔(동안) 童話(동화)
頁 7 ⑯	頭	머리 두 头 tóu head 머리. 우두머리. 꼭대기. 정상. 처음. 첫머리. 豆 豆 頭 頭 頭 頭	☞ 콩 두(豆)와 머리 혈(頁). 頭角〔두각〕 머리. 우뚝 뛰어남. 또는 뛰어난 재능. 頭腦〔두뇌〕 머릿골. 사물의 이치를 슬기롭게 판단하는 힘. 竿頭〔간두〕 百尺竿頭(백척간두)의 준말. 대단히 위태롭고 어려운 지경에 빠짐. ▶ 頭上(두상) 頭緖(두서) 沒頭(몰두) 念頭(염두)
竹 6 ⑫	等	무리 등 děng equals 무리. 동아리. 가지런하다. 같다. 등급. ` ` 等 笁 笁 等 等 等	☞ 대 죽(竹)과 관청 시(寺). 等級〔등급〕 계급. 우열이나 고하 등의 차례. 等分〔등분〕 똑같이 나눔. 또, 그 분량. 균일한 분배. 等閑視〔등한시〕 대수롭지 않게 여김. 소홀히 대함. 平等〔평등〕 치우침이 없이 고르고 한결같음. ▶ 對等(대등) 等等(등등) 等外(등외) 均等(균등)
人 6 ⑧	例	본보기 례 lì example 본보기. 법식. 전례. 대강. 조목. 보기. 亻 亻 亻 㑒 例 例	☞ 사람 인(人)과 벌릴 렬(列). 例年〔예년〕 보통으로 지나온 해. 매년. 해마다. 例示〔예시〕 예를 들어 보임. 例外〔예외〕 일반적인 규칙이나 통례를 벗어나는 일. 前例〔전례〕 이전부터 있는 사례. ▶ 例文(예문) 例事(예사) 例題(예제)
示 13 ⑱	禮	예도 례 礼 lǐ courtesy 예도. 예절. 절. 인사. 예물. 음식 대접. 礻 禮 禮 禮 禮 禮	☞ 보일 시(示)와 풍년 풍(豐). 禮物〔예물〕 사례의 뜻으로 주는 물건. 禮法〔예법〕 예의로 지켜야 할 법칙. 예절. 禮式〔예식〕 예법에 따라 행하는 식. 家禮〔가례〕 주로 관혼 상제의 사례에 관한 예제. ▶ 禮拜(예배) 禮儀(예의) 禮節(예절) 嘉禮(가례)
足 6 ⑬	路	길 로 lù road 길. 크다. 중요하다. 겪는 일. 고달프다. ` ` 𧾷 𧾷 跂 路	☞ 발 족(足)과 이을 락(各：絡의 획 줄임). 路毒〔노독〕 여로에 시달려 생긴 병. 旅毒(여독). 路線〔노선〕 한 지점에서 다른 지점에 이르는 교통선. 路資〔노자〕 여행하는데 드는 돈. 路費(노비), 旅費(여비). 旅路〔여로〕 나그네의 길. 여행하는 노정(路程). ▶ 路面(노면) 路程(노정) 岐路(기로) 行路(행로)
糸 8 ⑭	綠	푸를 록 绿 lǜ green 푸르다. 초록빛. 초록빛 비단. 조개풀. 糸 糸 紀 紀 綠 綠	☞ 실 사(糸)와 나무 깎을 록(彔). 綠茶〔녹차〕 푸른빛이 그대로 나도록 말린 차. 綠色〔녹색〕 청색과 황색의 중간색. 綠陰芳草〔녹음방초〕 푸른 나뭇잎 그늘과 향기로운 풀. 新綠〔신록〕 늦은 봄이나 초여름의 초목의 새잎의 푸른 빛. ▶ 綠末(녹말) 綠水(녹수) 綠衣紅裳(녹의홍상)

6級 配定漢字 89

刀 5 ⑦	**利** 이로울 리 lì profit 이롭다. 이익. 날카롭다. 편리하다. 一 二 千 禾 利 利	☞ 벼 화(禾)와 칼 도(刂·刀). 利權〔이권〕 이익을 얻는 권리. 이익을 전유하는 권리. 利己〔이기〕 자기 한 몸의 이익만을 꾀함. 利器〔이기〕 썩 잘 드는 연모. 쓸모 있는 재능. 便利〔편리〕 편하고 이로움. ▶ 利益(이익) 公利(공리) 勝利(승리)
木 3 ⑦	**李** 오얏 리 lǐ plum 오얏. 벼슬아치. 행장(行裝). 마을. 一 十 木 本 李 李	☞ 나무 목(木)과 아들 자(子). 李杜〔이두〕 당나라 시인. 이백(李白)과 두보(杜甫). 張三李四〔장삼이사〕 장씨의 3남과 이씨의 4남이라는 뜻 　　　 으로, 평범한 사람들을 일컬음. 行李〔행리〕 여행할 때 쓰는 제구. 行裝(행장). ▶ 李下不正(整)冠(이하부정관) 桃李(도리)
玉 7 ⑪	**理** 다스릴 리 lǐ regulate 다스리다. 바루다. 통하다. 손질하다. 王 玥 玾 理 理 理	☞ 구슬 옥(王·玉)과 마을 리(里). 理念〔이념〕 이성의 판단으로 얻은 최고의 개념. 생각. 理論〔이론〕 사물의 이치·조리(條理). ↔ 實踐(실천). 理智〔이지〕 사물을 분변(分辨)하고 이해하는 슬기. 道理〔도리〕 사람이 마땅히 행하여야 할 바른 길. ▶ 理想(이상) 理性(이성) 理致(이치) 理解(이해)
日 4 ⑧	**明** 밝을 명 míng light 밝다. 밝히다. 맑다. 나타나다. 깨끗하다. ｜ 冂 日 明 明 明	☞ 날 일(日)과 달 월(月). 明鏡止水〔명경지수〕 밝은 거울과 잠잠한 물. 마음의 본 　　　 체가 허명(虛名)함의 비유. 明晳〔명석〕 사고·판단이 분명하고 똑똑함. 明確〔명확〕 명백하고 확실함. 뚜렷함. ▶ 明堂(명당) 明明白白(명명백백) 聲明(성명)
目 0 ⑤	**目** 눈 목 mù eye 눈. 안구(眼球). 눈동자. 보다. 눈여겨보다. ｜ 冂 月 月 目	☞ 사람 눈의 모양을 본뜬 글자. 目擊〔목격〕 눈으로 직접 봄. 目見(목견). 언뜻 봄. 目不忍見〔목불인견〕 몹시 참혹하여 눈뜨고 볼 수 없음. 目的〔목적〕 실현하거나 도달하려는 목표. 條目〔조목〕 낱낱이 들어 벌인 일의 가닥. ▶ 目禮(목례) 目不識丁(목불식정) 題目(제목)
耳 8 ⑭	**聞** 들을 문　闻 wèn hear 듣다. 냄새 맡다. 방문함. 받다. 들리다. 𠃍 門 門 門 聞 聞	☞ 문 문(門)과 귀 이(耳). 聞見〔문견〕 듣고 보아 얻은 지식. 聞達〔문달〕 명성이 높고 현달(顯達)함. 입신 출세함. 聞道〔문도〕 도리(道理)를 들어 앎. 듣는 바에 의하면. 新聞〔신문〕 새로 들음. 소식·언론을 보도하는 정기 간행물. ▶ 聞知(문지) 聽聞(청문) 聽而不聞(청이불문)
米 0 ⑥	**米** 쌀 미 mǐ rice 쌀. 열매. 수의 무늬. 단위. 丶 丷 ⺍ 半 米 米	☞ 벼(禾)의 이삭을 본뜬 글자. 米穀〔미곡〕 쌀. 곡식. 米粒〔미립〕 쌀의 낱알. 쌀알. 米壽〔미수〕 여든여덟 살. 米는 八十八임. 未年(미년). 玄米〔현미〕 겉껍만 벗기고 쓿지 않은 쌀. ▶ 米泔(미감) 米麥(미맥) 祿米(녹미)

羊 3 ⑨	**美** 아름다울 **미** měi　beautiful 아름답다. 맛나다. 기리다. 경사스럽다. 丷 丷 䒑 푬 美 美	☞ 양 양(羊)과 큰 대(大). 美觀〔미관〕 훌륭한 경치. 아름다운 조망. 또, 아름다운 외관. 美談〔미담〕 아름다운 이야기. 갸륵한 이야기. 美風良俗〔미풍양속〕 아름답고 좋은 풍속. 아름다운 풍속. 盡善盡美〔진선진미〕 더할 나위없이 잘 됨. ▶ 美德(미덕) 美麗(미려) 美人計(미인계)
木 2 ⑥	**朴** 순박할 **박** pǔ　simple 순박하다. 꾸밈이 없음. 나무 껍질. 一 十 才 木 朴 朴	☞ 나무 목(木)과 점칠 복(卜). 朴陋〔박루〕 세련되지 못하고 촌스러움. 樸陋(박루). 朴厚〔박후〕 인품이 후하고 소박함. 樸厚(박후). 素朴〔소박〕 꾸밈이나 거짓이 없고 수수함. 質朴〔질박〕 꾸민 데가 없이 수수함. ▶ 簡朴(간박) 淳朴(순박) 厚朴(후박)
又 2 ④	**反** 돌이킬 **반** 뒤칠 **번** fǎn　return 돌이키다. 되풀이하다. 거듭하다. 뒤치다. 丿 厂 反 反	☞ 바위 엄(厂)과 손 우(又). 反擊〔반격〕 쳐들어오는 적을 되받아 공격함. 反亂〔반란〕 반역하여 난리를 꾸밈. 또, 그 난리. 反逆〔반역〕 나라와 겨레를 배반함. 叛逆(반역). 反抗〔반항〕 순종하지 않고 저항함. ▶ 反省(반성) 反耕(번경) 反沓(번답)
十 3 ⑤	**半** 반 **반**　**半** bàn　half 반. 한 가운데. 중앙. 가운데쯤. 도중. 丶 丷 䒑 半 半	☞ 나눌 팔(八)과 소 우(牛). 半減〔반감〕 절반을 덞. 절반으로 줆. 半分〔반분〕 절반의 분량. 절반으로 나눔. 半切〔반절〕 절반으로 자름. 전지를 세로로 이등분한 것. 過半〔과반〕 반이 더 됨. 절반을 넘음. ▶ 半島(반도) 半切(반절) 前半(전반)
玉 6 ⑩	**班** 나눌 **반** bān　divide 나누다. 구역. 헤어지다. 차례. 돌리다. 一 T F 王 珏 珇 班	☞ 쌍옥 각(珏)과 칼 도(刂·刀). 班家〔반가〕 양반의 집안. 班常〔반상〕 양반과 상사람. 班田〔반전〕 옛날, 나라에서 백성에게 나누어주던 밭. 班婚〔반혼〕 상사람이 양반의 집안과 혼인을 맺음. ▶ 班給(반급) 班常會(반상회) 班列(반열)
癶 7 ⑫	**發** 필 **발**　**发** fā　bloom 피다. 일어나다. 펴다. 쏘다. 떠나다. 癶 癶 癶 癶 癶 發	☞ 짓밟을 발(癶)과 활 궁(弓). 發覺〔발각〕 숨겼던 일이 드러남. 또는 드러냄. 發達〔발달〕 성장하여 완전한 형태에 가까워짐. 發祥〔발상〕 천명(天命)을 받아 천자가 될 길조를 나타냄. 奮發〔분발〕 마음을 단단히 먹고 기운을 냄. ▶ 發刊(발간) 發起(발기) 發福(발복)
攴 4 ⑧	**放** 놓을 **방** fàng　release 놓다. 풀어주다. 내쫓다. 내걸다. 본뜨다. 丶 方 方 方 放 放	☞ 방위 방(方)과 칠 복(攴·攵). 放課〔방과〕 그 날 학과를 끝냄. 放談〔방담〕 생각대로 거리낌없이 말함. 되는 대로 지껄임. 放浪〔방랑〕 정처 없이 떠돌아다님. 放心〔방심〕 마음을 다잡지 않고 놓아 버림. ▶ 開放(개방) 追放(추방) 解放(해방)

6級 配定漢字 91

부수/획	한자	훈음 / 병음·영문	설명	용례
田 7 ⑫	番	차례 번 땅이름 반 날랠 파 fān number 차례. 번. 번갈다. 땅 이름. 성씨. 날래다. 一 爫 采 乘 番 番 番	☞ 농부가 밭에 곡식의 씨앗을 뿌리고 지나간 발자국 모양.	番犬〔번견〕 도둑을 지키거나 망을 보는 개. 番號〔번호〕 차례를 나타내는 호수. 番番〔파파〕 날래고 용맹한 모양. 當番〔당번〕 번 도는 차례에 당함. 또, 그 사람. ▶ 番地(번지) 不寢番(불침번) 順番(순번)
刀 5 ⑦	別	다를 별 bié different 다르다. 나누다. 구분. 분별하다. 헤어지다. 口 口 另 另 別 別	☞ 뼈 골(骨·另)과 칼 도(刂·刀).	別居〔별거〕 따로 떨어져 삶. 부부가 한집에 같이 살지 않음. 別味〔별미〕 특별히 좋은 맛. 또는 그 음식. 특별한 맛. 別種〔별종〕 다른 종자. 특별한 종류. 특별히 선사하는 물건. 區別〔구별〕 종류에 따라 갈라놓음. 차별함. ▶ 別途(별도) 別般(별반) 送別(송별)
疒 5 ⑩	病	병 병 bìng illness 병. 질병. 병들다. 앓다. 괴로워하다. 广 疒 疒 病 病 病	☞ 병 녁(疒)과 밝을 병(丙).	病苦〔병고〕 병으로 인한 고통. 病院〔병원〕 환자를 진찰하고 치료하기 위한 건물. 病害〔병해〕 병으로 말미암은 농작물의 피해. 看病〔간병〕 병자를 옆에서 돌보고 병구완하여 줌. ▶ 病菌(병균) 病室(병실) 同病相憐(동병상련)
肉 4 ⑧	服	옷 복 fú clothes 옷. 의복. 옷 입다. 일하다. 쫓다. 잡다. 月 月 月' 丹 服 服	☞ 배 주(月·舟)와 다스릴 복(殳: 수습함).	服務〔복무〕 직무를 맡아 봄. 服色〔복색〕 신분·직업 등에 맞추어 입은 옷의 꾸밈새. 服從〔복종〕 남의 의사나 명령에 따름. 克服〔극복〕 적을 이겨 굴복시킴. 곤란을 이기어 냄. ▶ 服飾(복식) 心服(심복) 着服(착복)
木 1 ⑤	本	근본 본 běn orgin 근본. 근원. 밑. 뿌리. 농사. 바탕. 마음. 一 十 十 木 本	☞ 나무 목(木)과 한 일(一).	本家〔본가〕 본집. 宗家(종가). 親庭(친정). 원(原)채. 本格〔본격〕 근본·본래의 격식. 올바른 법식. 本能〔본능〕 날 때부터 타고난 성능(性能). 根本〔근본〕 초목의 뿌리. 사물이 발생하는 근원. ▶ 本來(본래) 本末(본말) 本質(본질)
邑 8 ⑪	部	떼 부 bù group 떼. 무리. 나누다. 분류. 구분. 부문. 亠 立 咅 咅 咅` 部	☞ 가를 부(音)와 고을 읍(阝·邑).	部隊〔부대〕 한 단위의 군대. 같은 목적으로 행동하는 단체. 部落〔부락〕 동네. 마을. 한 민족이 모여 사는 곳. 本部〔본부〕 한 기관의 중심이 되는 조직. 患部〔환부〕 병 또는 상처가 난 곳. ▶ 部署(부서) 部長(부장) 幹部(간부) 全部(전부)
刀 2 ④	分	나눌 분 fēn divide 나누다. 나누이다. 분명하다. 구별. 	☞ 나눌 팔(八)과 칼 도(刀).	分斷〔분단〕 여러 개로 나누어 끊음. 끊어서 동강을 냄. 分別〔분별〕 가름. 區別(구별). 경계를 세워서 나눔. 分解〔분해〕 따로따로 나누어 헤침. 또는 헤어짐. 本分〔본분〕 사람이 저마다 갖는 본디의 신분. ▶ 分明(분명) 配分(배분) 身分(신분)

부수/획	한자	훈음	병음/뜻	설명
歹 2 ⑥	死	죽을 사	sǐ die, kill	☞ 뼈 앙상할 알(歹)과 사람 인(匕·人). 死境[사경] 아주 위험한 곳. 또는 그 경우. 죽을 지경. 死地[사지] 죽을 곳. 죽는 곳. 살아 나오기 어려운 처지. 死活[사활] 죽음과 삶. 죽느냐 사느냐의 갈림. 死生(사생). 不老不死[불노불사] 늙지도 죽지도 아니함. ▶ 死傷(사상)
		죽다. 죽음. 죽은 이. 사자(死者). 죽이다. 一 ㄱ ㄕ 歹 死 死		
人 6 ⑧	使	부릴 사 사신 사	shì manage	☞ 사람 인(亻·人)과 아전 리(吏). 使命[사명] 당연히 해야 할, 주어진 임무. 使用[사용] 어떤 목적을 위하여 물건을 씀. 使嗾[사주] 남을 부추기어 나쁜 일을 하게 함. 天使[천사] 천자의 사자(使者). 착하고 순진한 사람. ▶ 使臣(사신) 使役(사역) 使節(사절)
		부리다. ~에게 ~시키다. 사신. 심부름꾼. 亻 仁 仨 俥 使 使		
示 3 ⑧	社	토지신 사 단체 사	shè society	☞ 보일 시(示)와 흙 토(土). 社交[사교] 사회 생활에서의 교제. 社說[사설] 신문·잡지 등에서 주장으로 게재하는 논설. 社宅[사택] 회사에서 사원을 위하여 마련한 주택. 會社[회사] 영리를 목적으로 설립된 사단법인. ▶ 社廟(사묘) 社稷(사직) 社會(사회)
		토지의 신. 단체. 자치 단체. 제사 이름. 一 丁 示 示 計 社		
曰 6 ⑩	書	글 서 书	shū writing	☞ 붓 율(聿)과 말할 왈(曰). 書庫[서고] 책을 간수하는 곳집. 文庫(문고). 書堂[서당] 글방. 書式[서식] 증서·원서 등을 쓰는 일정한 양식. 書翰[서한] 편지. 書簡(서간). ▶ 書架(서가) 書記(서기) 書籍(서적)
		글. 책. 문장. 기록. 편지. 글자. 문자. ᄀ 肀 聿 書 書 書		
石 0 ⑤	石	돌 석	shí stone	☞ 언덕(厂) 아래로 굴러 떨어진 돌멩이의 모양. 石器[석기] 돌로 만든 그릇. 石像[석상] 돌을 조각하여 만든 상(像). 石造[석조] 돌로 어떠한 물건을 만듦. 또, 그 물건. 石塔[석탑] 돌로 쌓은 탑. 돌탑. ▶ 石刻(석각) 石橋(석교) 他山之石(타산지석)
		돌. 돌로 만든 악기. 돌침. 약. 운석. 一 ㄒ 丆 石 石		
巾 7 ⑩	席	자리 석	xī seat	☞ 무리 서(严·庶)와 돗자리를 뜻하는 수건 건(巾). 席藁待罪[석고대죄] 거적을 깔고 엎드려 죄의 처분을 기다림. 席卷[석권] 자리를 말듯이 손쉽게 닥치는 대로 차지하는 일. 坐不安席[좌불안석] 안절부절못하고 몹시 불안함. 坐席[좌석] 깔고 앉는 자리의 총칭. 座席(좌석). ▶ 席上揮毫(석상휘호) 宴席(연석)
		자리. 차지하고 있는 곳. 직위. 지위. 广 广 庐 庐 席 席		
糸 9 ⑮	線	줄 선 线	xiàn line	☞ 실 사(糸)와 샘 천(泉). 線路[선로] 좁은 길. 기차 따위의 길. 細路(세로). 궤도. 線形[선형] 선처럼 가늘고 긴 모양. 船狀(선상). 曲線[곡선] 굽은 상태로 이어진 선. ↔ 直線(직선). 戰線[전선] 적과 대치하고 있는 진지(陣地). ▶ 曲線美(곡선미) 電線(전선)
		줄. 금. 실. 糹 糿 絈 絈 線 線		

6級 配定漢字 93

부수	漢字	訓音	설명
雨 3 ⑪	雪	눈 설 xuě　snow 눈. 눈이 오다. 씻다. 희다. 흰 것의 비유. 一 一 示 雨 雪 雪 雪	☞ 비 우(雨)와 비로 쓸 혜(彐). 雪景〔설경〕 눈이 내리거나 눈이 쌓인 경치. 雪上加霜〔설상가상〕 눈 위에 서리가 더한다는 뜻으로, 　　　　　　　　불행한 일이 거듭해서 일어남의 비유 雪辱〔설욕〕 치욕을 씻음. 雪恥(설치). ▶ 雪膚花容(설부화용) 雪風(설풍)
戈 3 ⑦	成	이룰 성 chéng　accomplish 이루다. 이루어지다. 다스리다. 평정함. 厂 厂 厈 戌 成 成	☞ 무성할 무(戊)와 장정 정(丁). 成果〔성과〕 일을 이룬 솜씨. 또, 일의 좋은 결과. 成熟〔성숙〕 다 자람. 사물이 완성 단계에 들어섬. 成就〔성취〕 일을 완성함. 목적한 바를 이룸. 成功(성공). 成敗〔성패〕 일의 됨과 아니 됨. 성공과 실패. 成否(성부). ▶ 成功(성공) 自手成家(자수성가)
目 4 ⑨	省	살필 성 덜 생 shěng　deliberate 살피다. 깨닫다. 마을. 관청. 궁중. 덜다. 丨 小 少 省 省 省	☞ 작을 소(少)와 눈 목(目). 省墓〔성묘〕 조상의 산소를 찾아 살핌. 省察〔성찰〕 깊이 생각함. 또, 반성하여 자기를 살핌. 反省〔반성〕 자기가 한 일을 스스로 돌이켜 살핌. 人事不省〔인사불성〕 의식을 잃은 상태를 일컬음. ▶ 省略(생략) 歸省(귀성)
水 7 ⑩	消	사라질 소 xiāo　extinguish 사라지다. 사라지게 하다. 불끄다. 氵 氵 氵 氵 消 消	☞ 물 수(氵·水)와 밝을 소(肖). 消却〔소각〕 지워 버림. 사라지게 함. 써서 덜어 버림. 消毒〔소독〕 병균을 죽여 전염병을 예방함. 消滅〔소멸〕 사라져 없어짐. 抹消〔말소〕 있는 사실을 지워 없애 버림. ▶ 消耗(소모) 消費(소비) 消風(소풍) 消火(소화)
辶 7 ⑪	速	빠를 속　速 sù　fast 빠르다. 빨리. 부르다. 一 一 申 束 涑 速	☞ 쉬엄쉬엄 갈 착(辶·辵)과 묶을 속(束). 速斷〔속단〕 지레짐작으로 그릇 판단하거나 결정함. 速成〔속성〕 빨리 이룸. 빨리 됨. 過速〔과속〕 일정한 표준에서 벗어나, 더 빠른 속도. 拙速〔졸속〕 지나치게 서둘러서 그 결과가 바람직하지 못함. ▶ 速記(속기) 速達(속달) 速戰速決(속전속결)
子 7 ⑩	孫	손자 손　孙 sūn　grandson 손자. 자손. 움. 싹. 순종. 겸손하다. 孑 孑 孖 孫 孫 孫	☞ 아들 자(子)와 이을 계(系). 孫女〔손녀〕 아들의 딸. 孫壻〔손서〕 손녀의 남편. 손주 사위. 孫枝〔손지〕 늙은 가지에서 새로 돋은 가지. 後孫〔후손〕 몇 대가 지난 뒤의 자손. ▶ 孫婦(손부) 外孫(외손) 子孫(자손)
木 12 ⑯	樹	나무 수　树 shù　tree 나무. 초목. 심다. 세우다. 杧 桔 桔 樹 樹 樹	☞ 나무 목(木)과 세울 주(尌). 樹齡〔수령〕 나무의 나이. 樹木〔수목〕 살아 있는 나무. 목본 식물의 총칭. 樹液〔수액〕 땅 속에서 빨아올리는 나무의 양분이 되는 액. 常綠樹〔상록수〕 나뭇잎이 사시에 언제나 푸른 나무. ▶ 樹根(수근) 樹陰(수음) 街路樹(가로수)

行 5 ⑪	術	재주 술 术 shù artifice	☞ 다닐 행(行)과 삽주 뿌리 출(朮). 術策〔술책〕 무슨 일을 도모하려는 꾀나 방법. 技術〔기술〕 일을 효과적으로 할 수 있는 방법이나 능력. 妖術〔요술〕 사람의 눈을 어리게 하는 술법. 醫術〔의술〕 병을 고치는 기술. ▶ 術法(술법) 權謀術數(권모술수)
	재주. 기술. 꾀. 도(道). 彳 彴 秫 秫 術 術		
羽 5 ⑪	習	익힐 습 习 xí study	☞ 날개 우(羽)와 흰 백(白). 習慣〔습관〕 버릇. 익혀 온 행습. 習性〔습성〕 습관과 성질. 버릇이 되어 버린 성질. 버릇. 習作〔습작〕 익히기 위하여 지은 작품. 또, 그 작품을 만듦. 慣習〔관습〕 익은 습관.
	익히다. 익숙하다. 버릇. ⁊ ⁊ 习 羽 翌 習		▶ 習得(습득) 習字(습자)
力 10 ⑫	勝	이길 승 胜 shèng win	☞ 나 짐(朕)과 힘 력(力). 勝利〔승리〕 싸움이나 경기 등에서 겨루어 이김. 勝負〔승부〕 이김과 짐. 勝敗(승패). 勝地〔승지〕 경치 좋은 이름난 곳. 百戰百勝〔백전백승〕 싸울 때마다 모조리 다 이김.
	이기다. 성하다. 훌륭하다. 경치 좋다. 月 月 肝 胖 胼 勝		▶ 勝機(승기) 勝訴(승소)
女 5 ⑧	始	비로소 시 shǐ begin	☞ 계집 녀(女)와 기를 이(台). 始動〔시동〕 처음으로 움직임. 움직이기 시작함. 始作〔시작〕 처음으로 함. 쉬었다가 다시 비롯함. 始祖〔시조〕 한 겨레의 맨 처음 되는 조상. 原始〔원시〕 시초. 본디 대로여서 진화 또는 발전하지 않음.
	비로소. 비롯하다. 시작하다. 비롯되다. 女 奴 奴 奴 始 始		▶ 始末(시말) 始終一貫(시종일관)
弋 3 ⑥	式	법 식 shì rule	☞ 주살 익(弋)과 장인 공(工). 式順〔식순〕 의식의 차례. 式場〔식장〕 의식을 올리는 장소. 樣式〔양식〕 예술 작품·건축물 등을 특정 짓는 표현 형태. 儀式〔의식〕 예식을 갖추는 법. 儀典(의전). 式典(식전).
	법. 제도. 예식. 의식. 형식. 본. 본받다. 一 二 亍 式 式 式		▶ 公式(공식) 方式(방식) 形式(형식)
身 0 ⑦	身	몸 신 shēn body	☞ 사람이 아이를 밴 모양을 본뜬 글자. 身分〔신분〕 개인의 사회적인 지위와 계급. 身長〔신장〕 몸의 길이. 키. 身體髮膚〔신체발부〕 몸과 머리털과 살갗. 곧, 몸의 전체. 殺身成仁〔살신성인〕 절개를 지켜 목숨을 버림.
	몸. 아이 배다. 몸소. 연령. ʼ ʼ 亻 自 身 身		▶ 身命(신명) 身邊(신변)
亻 7 ⑨	信	믿을 신 xìn believe	☞ 사람 인(亻·人)과 말씀 언(言). 信念〔신념〕 옳다고 굳게 믿고 있는 마음. 信徒〔신도〕 종교를 믿는 사람들의 무리. 信望〔신망〕 믿고 바람. 믿음과 덕망. 通信〔통신〕 우편·전신·전화 등으로 소식을 전하는 일.
	믿다. 믿음. 신표. 편지. 소식. 맡기다. 丿 亻 亻 信 信 信		▶ 信賴(신뢰) 信賞必罰(신상필벌) 背信(배신)

6級 配定漢字 95

部首/획	한자	훈음 / 병음 / 뜻	해설
示 5 ⑩	神	귀신 신　神 shén　god 귀신. 신. 하늘의 신. 상제(上帝). 신령. 禾 示 示 示 示 神	☞ 보일 시(示)와 펼 신(申). 神技〔신기〕 신묘한 기술. 神童〔신동〕 재주와 지혜가 특출한 아이. 神秘〔신비〕 인지(人智)로는 알 수 없는 신묘한 일. 神通〔신통〕 영묘하여 변화 무궁함. 또, 그것. ▶ 神經(신경) 神靈(신령) 神仙(신선) 精神(정신)
斤 9 ⑬	新	새 신 xīn　new 새롭다. 새로. 새로워지다. 立 亲 亲 新 新 新	☞ 설 립(立)과 나무 목(木), 도끼 근(斤). 新綠〔신록〕 늦은 봄. 또는 초여름에 새로 나온 잎의 푸른 빛. 新設〔신설〕 새로 마련함. 新婚〔신혼〕 갓 결혼함. 溫故知新〔온고지신〕 옛것을 익히고 새것을 앎. ▶ 新規(신규) 新聞(신문) 新婦(신부)
大 2 ⑤	失	잃을 실 shī　lose 잃다. 잘못. 졸렬. 그르치다. 丿 丶 二 失 失	☞ 손 수(手)와 굽을 을(乙). 失脚〔실각〕 발을 헛디딤. 失足(실족). 권력이나 지위를 잃음. 失格〔실격〕 자격을 잃음. 격식에 맞지 않음. 紛失〔분실〕 잃어 버림. 損失〔손실〕 덜리어 잃거나 축이 나서 손해를 봄. ▶ 失望(실망) 失敗(실패) 智者一失(지자일실)
木 11 ⑮	樂	풍류 악 즐길 락 좋아할 요　乐 yuè　lè　yào 풍류. 음악. 연주하다. 즐기다. 좋아하다. 自 伯 綯 樂 樂 樂	☞ 나무(木) 위에 크고 작은 북(鼗)이 걸려 있는 모양. 樂曲〔악곡〕 음악의 곡조(曲調). 곡조를 나타낸 부호. 樂園〔낙원〕 안락한 곳. 인간 세상을 떠난 안락한 곳. 樂山樂水〔요산요수〕 산을 좋아하고 물을 좋아함. 娛樂〔오락〕 즐겁게 노는 놀이. 또, 즐겁게 놂. ▶ 樂器(악기) 樂觀(낙관)
心 9 ⑬	愛	사랑 애　爱 ài　love 사랑. 인정. 자애. 사랑하다. 즐기다. 좋아함. 爫 爫 旡 受 愛 愛	☞ 물 받을 수(受)와 마음 심(心), 천천히 걸을 쇠(夂). 愛國〔애국〕 나라를 위하여 힘을 다함. 愛情〔애정〕 이성간에 연모하는 마음. 戀情(연정). 愛之重之〔애지중지〕 몹시 사랑하여 소중히 여김. 博愛〔박애〕 모든 사람을 널리 사랑함. ▶ 愛撫(애무) 愛情(애정) 慈愛(자애) 寵愛(총애)
夕 5 ⑧	夜	밤 야 yè　night 밤. 새벽. 그늘. 어둠. 亠 广 产 夜 夜 夜	☞ 또 역(亦)과 저녁 석(夕). 夜景〔야경〕 밤 경치(景致). 夜色(야색). 夜光明月〔야광명월〕 밤의 밝은 달. 夜學〔야학〕 야간에 수업하는 학교. 밤에 공부함. 晝耕夜讀〔주경야독〕 낮에는 농사짓고 밤에는 공부함. ▶ 夙夜(숙야) 錦衣夜行(금의야행)
里 4 ⑪	野	들 야 yě　field 들. 교외. 논밭. 민간. 마을. 시골. 변두리. 日 甲 里 里 野 野	☞ 마을 리(里)와 줄 여(予). 野談〔야담〕 민간에서 전해 오는 역사 이야기. 野望〔야망〕 큰 포부. 분을 넘는 욕망. 야심을 품은 욕망. 草野〔초야〕 초원. 촌스러움. 벼슬하지 않고 묻혀 있는 곳. 下野〔하야〕 관에서 물러남. 야인(野人)으로 돌아감. ▶ 野薄(야박) 山野(산야) 在野(재야)

弓 7 ⑩	**弱** 약할 약 ruò feeble 약하다. 약한 자. 약한 것. 쇠약해지다. ⁻ ⁻ 弓 弖 弱 弱	☞ 새끼 새의 두 날개가 나란히 펼쳐진 모양. 弱骨〔약골〕 골격이 약함. 또, 그 골격. 몸이 쇠약한 사람. 弱冠〔약관〕 남자의 20세 전후 때. 또, 그 나이. 弱點〔약점〕 허물어지거나 깨지기 쉬운 곳. 결점. 薄弱〔박약〕 굳세지 못하고 여림. 얇고도 약함. ▶ 弱勢(약세) 弱小(약소) 弱肉强食(약육강식)
艹 15 ⑲	**藥** 약 약 药 yào medicine 약. 화약. 독(毒). 치료하다. 고침. 艹 茻 茻 藥 藥 藥	☞ 풀 초(卄·艹)와 즐거울 락(樂). 藥果〔약과〕 과줄. 감당하기 어렵지 않은 일. 藥房〔약방〕 약을 짓는 방. 조제법. 약방문. 靈藥〔영약〕 신령스러운 약. 丸藥〔환약〕 둥근 모양으로 만든 약. ▶ 藥局(약국) 藥方文(약방문) 藥效(약효)
水 6 ⑨	**洋** 바다 양 yáng ocean 바다. 큰 바다. 외해(外海). 큰 파도. 氵 氵 氵 氵 洋 洋	☞ 물 수(氵·水)와 양 양(羊). 洋服〔양복〕 서양식 의복의 통칭. 洋洋〔양양〕 광대한 모양. 끝없는 모양. 득의한 모양. 大洋〔대양〕 큰 바다. 海洋〔해양〕 크고 넓은 바다. ▶ 洋弓(양궁) 洋食(양식) 望洋之歎(망양지탄)
阜 9 ⑫	**陽** 볕 양 나 장 阳 yáng sunshine 볕. 해. 양지. 밝다. 열다. 바깥. 앞. 나. 阝 阝 阻 陽 陽 陽	☞ 언덕 부(阝·阜)와 빛날 양(昜). 陽刻〔양각〕 철형(凸形)으로 새김. 돋을새김. 陽氣〔양기〕 양의 기운. 봄기운. 맑고 환한 기운. 補陽〔보양〕 양기(陽氣)를 돋움. 정력(精力)을 돋움. 陰陽〔음양〕 천지 만물이 서로 상대되는 두 가지의 성질. ▶ 陽曆(양력) 陽地(양지)
言 0 ⑦	**言** 말씀 언 yán talk 말씀. 언어. 말하다. 타이르다. 설명하다. 丶 亠 言 言 言 言	☞ 머리카락(一)과 이마(二), 콧등의 주름(二)과 입(口). 言及〔언급〕 하는 말이 그 일에 미침. 言辯〔언변〕 말재주. 입담. 口辯(구변). 言中有骨〔언중유골〕 말속에 뼈가 있음. 言行一致〔언행일치〕 말과 행동이 같음. ▶ 言論(언론) 巧言令色(교언영색)
木 9 ⑬	**業** 업 업 业 yè business 업. 일. 사업. 학문. 기예. 직업. 생계. 业 业 业 学 業 業	☞ 악기(작은 북)를 매단 받침틀의 모양. 業務〔업무〕 직업으로, 또는 맡아서 하는 일. 業績〔업적〕 일의 성과. 사업의 성적. 功績(공적). 修業〔수업〕 학업이나 기예를 익혀서 닦음. 職業〔직업〕 생계를 위하여 하는 일. 生業(생업). ▶ 業報(업보) 本業(본업) 罷業(파업)
水 1 ⑤	**永** 길 영 yǒng eternal 길다. 오래다. 깊다. 멀다. 丶 丆 亣 永 永	☞ 강물이 여러 갈래로 갈라지면서 흘러가는 모양. 永劫〔영겁〕 매우 긴 시간. 영원한 세월. 永久長川〔영구장천〕 한없이. 연달아. 늘. 언제나. 永眠〔영면〕 영원히 잠을 잔다는 뜻으로, 죽음을 일컬음. 悠永〔유영〕 멀고 멂. ▶ 永世(영세) 隆永(융영)

艸 5 ⑨ **英** 꽃부리 영 yīng corolla 꽃부리. 꽃 장식. 재주가 뛰어나다. 一 艹 苎 莁 荚 英	☞ 풀 초(艹·艸)와 가운데 앙(央). 英斷〔영단〕 슬기롭고 용기 있는 결단. 英雄〔영웅〕 재능과 지혜가 뛰어나 세상을 경륜할 만한 사람. 英才〔영재〕 뛰어난 재능. 또는 그 재능을 지닌 사람. 俊英〔준영〕 뛰어나고 빼어남. 또는 그런 사람. ▶ 英傑(영걸) 英華(영화)	
水 10 ⑬ **溫** 따뜻할 온 温 wēn warm 따뜻하다. 온화하다. 부드럽다. 온천. 쌀. 氵 汀 泗 汨 渭 溫	☞ 물 수(氵·水)와 죄수 수(囚), 그릇 명(皿). 溫暖〔온난〕 날씨가 따뜻함. 溫度〔온도〕 덥고 찬 정도. 온도계가 나타내는 도수. 溫順〔온순〕 성질·마음씨가 온화하고 양순함. 溫厚〔온후〕 태도가 부드럽고 착실함. 온화하고 차분함. ▶ 溫冷(온냉) 溫床(온상) 三寒四溫(삼한사온)	
用 0 ⑤ **用** 쓸 용 yòng use 쓰다. 쓰이다. 작용. 용도. 능력. 丿 冂 月 月 用	☞ 점 복(卜)과 맞힐 중(中). 用器〔용기〕 기구를 씀. 또, 그 기구. 用度〔용도〕 씀씀이. 드는 비용. 公用〔공용〕 공적인 용무나 사무. 無用之物〔무용지물〕 아무러한 쓸데없는 물건. ▶ 用件(용건) 用務(용무) 用役(용역)	
力 7 ⑨ **勇** 날랠 용 yǒng brave 날래다. 날쌔다. 용맹하다. 용감하다. マ 乛 甬 甬 勇 勇	☞ 물 솟아오름 용(甬)과 힘 력(力). 勇敢〔용감〕 씩씩하고 기운차 과단성이 있음. 勇氣〔용기〕 씩씩하고 굳센 기운. 蠻勇〔만용〕 사리를 분별하지 못하고 날뛰는 용기. 武勇〔무용〕 무예와 용맹. ▶ 勇敢無雙(용감무쌍) 勇猛(용맹)	
辵 9 ⑬ **運** 돌 운 运 yùn transport 돌다. 움직이다. 운전하다. 돌리다. 옮기다. 冖 宀 軍 軍 運 運	☞ 군사 군(軍)과 쉬엄쉬엄 갈 착(辶·辵). 運動〔운동〕 여러 가지 경기. 목적을 이루기 위해 전력함. 運搬〔운반〕 사람이나 화물을 옮겨 나르는 일. 運營〔운영〕 조직 기구 등을 운용하여 경영함. 幸運〔행운〕 행복한 운수. ▶ 運用(운용) 運轉(운전) 運行(운행)	
囗 10 ⑬ **園** 동산 원 yuán garden 동산. 정원. 뜰. 밭. 별장. 무덤. 門 周 周 園 園 園	☞ 에울 위(囗) 안에 옷 치렁거릴 원(袁). 園頭〔원두〕 밭의 수박·호박·참외 등의 총칭. 公園〔공원〕 공중의 위락 시설이 있는 동산. 園丁〔원정〕 정원을 손질하는 일꾼. 樂園〔낙원〕 안락하게 살 수 있는 즐거운 곳. ▶ 園藝(원예) 桃園結義(도원결의)	
辵 10 ⑭ **遠** 멀 원 远 yuǎn distant 멀다. 선조. 멀리하다. 심오하다. 깊다. 十 土 吉 幸 袁 遠	☞ 옷자락 길 원(袁)과 쉬엄쉬엄 갈 착(辶·辵). 遠近〔원근〕 먼 곳과 가까운 곳. 이곳 저곳. 여기저기. 遠視〔원시〕 멀리 봄. 먼 곳까지 보임. 원시안. 遠征〔원정〕 정벌하러 감. 먼 데로 경기 따위를 하러 감. 疎遠〔소원〕 관계가 멀어짐. ▶ 遠景(원경) 遠大(원대) 望遠鏡(망원경)	

田 0 ⑤	由	말미암을 유 yóu　cause	☞ 바닥이 깊은 술단지의 모양을 본뜬 글자. 由來〔유래〕 사물의 연유하여 온 바. 내력. 본디. 원래. 事由〔사유〕 일의 까닭. 곡절. 緣由〔연유〕 사유. 무슨 일이 거기에서 비롯됨. 유래. 理由〔이유〕 까닭. 事由(사유).
	말미암다. 쓰다. 까닭. ~로부터. 丨 冂 冂 由 由		▶ 由緖(유서) 經由(경유)
水 5 ⑧	油	기름 유 yóu　oil	☞ 물 수(氵·水)와 말미암을 유(由). 油然〔유연〕 저절로 일어나 형세가 왕성함. 油田〔유전〕 석유가 나는 지역. 油畵〔유화〕 기름에 갠 물감으로 그린 서양식의 그림. 豆油〔두유〕 콩에서 짜낸 기름. 콩기름.
	기름. 유지. 윤기. 광택. 사물의 모양. 氵 氵 氵 汩 油 油		▶ 油印物(유인물) 油槽(유조) 燈油(등유)
金 6 ⑭	銀	은 은 yín　silver	☞ 쇠 금(金)과 한정할 간(艮). 銀幕〔은막〕 영화의 영사막. 영화계. 銀盤〔은반〕 맑고 깨끗한 얼음판. 맑은 밤하늘의 둥근 달. 銀粧刀〔은장도〕 여성의 정조를 지켜 주는 칼. 水銀〔수은〕 상온에서 은백색인 액체 금속.
	은. 은빛. 돈. 지경. 날카롭다. 		▶ 銀塊(은괴) 銀髮(은발) 銀河(은하)
音 0 ⑨	音	소리 음 yīn　sound	☞ 땅(一)에 서서(立) 말하는 입(曰)의 모양. 音讀〔음독〕 소리내어 읽음. 한자를 음으로 읽음. 音聲〔음성〕 목소리. 말소리. 音樂〔음악〕 음향의 형식을 통하여 미감을 일으키는 예술. 和音〔화음〕 높낮이가 다른 소리가 한데 어울리는 소리.
	소리. 음악. 가락. 소식. 말. 그늘. 丶 亠 立 产 音 音		▶ 音韻(음운) 音癡(음치) 低音(저음)
食 4 ⑬	飮	마실 음 饮 yǐn　drink	☞ 밥 식(食·飠)과 하품할 흠(欠). 飮毒〔음독〕 독약을 먹음. 飮料〔음료〕 물·술 등 마시는 것의 총칭. 飮食〔음식〕 먹고 마시는 물건. 음식물. 마시고 먹음. 過飮〔과음〕 술을 지나치게 마심. 너무 많이 마심.
	마시다. 마실 것. 주연. 음료. 물 먹이다. 今 今 食 食 飮 飮		▶ 飮酒(음주) 簞食瓢飮(단사표음) 暴飮(폭음)
衣 0 ⑥	衣	옷 의 yī　clothing	☞ 사람이 웃저고리를 입고 깃을 여민 모양. 衣冠〔의관〕 의복과 갓. 옷차림. 예의 바른 풍속. 衣食住〔의식주〕 옷·음식·집. 곧 인간 생활의 3대 요소. 錦衣還鄕〔금의환향〕 출세를 하여 고향에 돌아옴. 白衣〔백의〕 흰 옷. 벼슬이 없는 선비. 布衣(포의).
	옷. 의복. 옷. 입다. 웃옷. 상의. 싸는 것. 丶 亠 广 才 衣 衣		▶ 衣類(의류) 衣裳(의상) 綠衣紅裳(녹의홍상)
心 9 ⑬	意	뜻 의 yì　intention	☞ 소리 음(音)과 마음 심(心). 意見〔의견〕 마음에 느낀 바 생각. 意味〔의미〕 말·문장·행위 등이 지니고 있는 내용. 意識〔의식〕 깨어 있을 때의 사물을 지각하는 상태. 意向〔의향〕 마음의 향하는 바. 곧, 무엇을 하려는 생각.
	뜻. 생각. 의미. 의외. 의심. 도리어. 立 产 音 意 意 意		▶ 意氣(의기) 意義(의의) 得意揚揚(득의양양)

6級 配定漢字

醫 (의원 의) 医
- 酉 11 / ⑱
- yī — doctor
- 의원. 의사. 치료하다. 병. 고치다. 의술.
- 필순: 医 医 殴 殹 醫 醫

☞ 소리 마주칠 예(殹)와 닭 유(酉).
- 醫療[의료] 의술로 병을 고침.
- 醫師[의사] 의술과 약으로 병을 고치는 일을 하는 사람.
- 名醫[명의] 이름이 널리 알려진 의원.
- 獸醫[수의] 가축(家畜)의 병을 고치는 의사.
- ▶ 醫術(의술) 醫藥(의약) 醫學(의학)

者 (놈 자)
- 老 5 / ⑨
- zhě — person
- 놈. 사람. 것. 곳. 어조사.
- 필순: 土 耂 耂 者 者 者

☞ 늙을 로(耂·老)와 스스로 자(白·自).
- 聖者[성자] 기독교에서 거룩한 신도나 순교자를 일컬음.
- 仁者[인자] 마음이 어진 사람.
- 筆者[필자] 글 또는 글씨를 쓴 사람.
- 賢者[현자] 어질고 총명하여 성인 다음가는 사람.
- ▶ 近者(근자) 論者(논자) 前者(전자)

作 (지을 작)
- 人 5 / ⑦
- zuò — make
- 짓다. 만들다. 일어나다. 일하다. 드러내다.
- 필순: 丿 亻 亻 乍 作 作

☞ 사람 인(亻·人)과 잠깐 사(乍).
- 作家[작가] 시가·소설·회화 등 예술품의 제작자.
- 作業[작업] 일정한 계획과 목표로 일을 함.
- 作用[작용] 동작하는 힘. 힘이 미쳐 영향을 줌.
- 製作[제작] 영화·방송 등을 여러 사람이 협력해 만듦.
- ▶ 作況(작황) 傑作(걸작) 耕作(경작) 豊作(풍작)

昨 (어제 작)
- 日 5 / ⑨
- zuó — yesterday
- 어제. 앞서. 옛날. 과거.
- 필순: 日 日 旷 旷 昨 昨

☞ 날 일(日)과 잠깐 사(乍).
- 昨今[작금] 어제오늘. 요즈음. 근래. 근일.
- 昨年[작년] 지난해. 지난 연도.
- 再昨年[재작년] 그러께. 지난해의 전 해.
- 再昨日[재작일] 그저께.
- ▶ 昨夕(작석) 昨月(작월) 昨醉未醒(작취미성)

章 (글 장)
- 立 6 / ⑪
- zhāng — sentence
- 글. 문채. 문장. 조목. 규정. 표징.
- 필순: 立 音 音 音 章 章

☞ 소리 음(音)과 열 십(十).
- 章句[장구] 문장의 단락을 나누어 음미하는 일.
- 章理[장리] 명백한 이치.
- 章程[장정] 여러 조목으로 정한 규정.
- 文章[문장] 생각이나 느낌을 글자로 기록하여 나타낸 것.
- ▶ 圖章(도장) 憲章(헌장) 勳章(훈장)

才 (재주 재)
- 手 0 / ③
- cái — talent
- 재주. 지혜. 재능 있는 사람. 기본. 바탕.
- 필순: 一 十 才

☞ 새싹이 땅에서 돋아 나오는 모양을 본뜬 글자.
- 才能[재능] 재주와 능력.
- 才色[재색] 여자의 뛰어난 재주와 빼어난 용모.
- 才致[재치] 눈치 빠른 재주. 또는 능란한 솜씨.
- 秀才[수재] 재능이나 학문이 뛰어남.
- ▶ 才德(재덕) 才質(재질) 天才(천재)

在 (있을 재)
- 土 3 / ⑥
- zài — exiet
- 있다. 살다. 살피다. 찾다.
- 필순: 一 ナ 才 存 在 在

☞ 초목의 싹이 튼다는 재주 재(才)와 흙 토(土).
- 在京[재경] 서울에 머물러 있음.
- 在庫[재고] 창고에 있음. 재고품(在庫品).
- 在野[재야] 초야(草野)에 있음.
- 人命在天[인명재천] 사람의 살고 죽음은 하늘에 달려 있음.
- ▶ 在來(재래) 所在地(소재지)

戈 12 ⑯	**戰** 싸움 전 战 zhàn war 싸움. 전쟁. 두려워하다. 흔들리다. 曱 昌 單 戰 戰 戰	☞ 넓고 클 선(單)과 창 과(戈). 戰亂〔전란〕 전쟁으로 말미암은 난리. 兵亂(병란). 戰術〔전술〕 싸움에 이기기 위한 술책. 戰法(전법). 對戰〔대전〕 서로 맞서 싸움. 경기 따위에서 맞서 겨룸. 血戰〔혈전〕 생사를 헤아리지 않고 피투성이가 되어 싸움. ▶ 戰爭(전쟁) 戰戰兢兢(전전긍긍) 善戰(선전)
宀 5 ⑧	**定** 정할 정 dìng settle 정하다. 바로잡다. 정해지다. 반드시. 宀 宀 宁 宇 宕 定	☞ 움집 면(宀)과 바를 정(疋·正). 定價〔정가〕 정해진 값. 값을 매김. 매겨 놓은 값. 값. 定規〔정규〕 정해진 규약이나 규칙. 認定〔인정〕 옳다고 믿고 정하는 일. 限定〔한정〕 제한하여 정함. 또, 그 한도. ▶ 定刻(정각) 定員(정원) 定義(정의) 確定(확정)
广 7 ⑩	**庭** 뜰 정 tíng garden 뜰. 집안. 조정. 곳. 장소. 관아. 곧다. 广 广 庁 庄 庭 庭	☞ 집 엄(广)과 조정 정(廷). 庭園〔정원〕 집 안의 뜰과 꽃밭. 家庭〔가정〕 한 가족이 살림하고 있는 집안. 집의 울안. 宮庭〔궁정〕 궁궐 안의 마당. 親庭〔친정〕 시집간 여자의 본집. ▶ 庭戶(정호) 庭訓(정훈)
竹 5 ⑪	**第** 차례 제 dì order 차례. 계급. 집. 과거. 다만. 竺 竺 竺 笃 第 第	☞ 대 죽(竹)과 순서를 나타내는 아우 제(弟·弟). 第一〔제일〕 첫째. 으뜸. 가장. 及第〔급제〕 과거에 합격됨. 登第(등제). 落第〔낙제〕 상급 학교에 진학 또는 진급을 하지 못하는 일. 私第〔사제〕 개인 소유의 집. ▶ 第三者(제삼자) 本第入納(본제입납)
頁 9 ⑱	**題** 제목 제 题 이마 제 tí subject 제목. 글제. 표제. 맨 앞머리. 이마. 旦 是 是 題 題 題	☞ 이 시(是)와 머리 혈(頁). 題目〔제목〕 책이나 시문 등의 표제. 品評(품평). 시험 문제. 題材〔제재〕 문예 작품의 주제가 되는 재료. 작품의 제목과 재료. 題品〔제품〕 사물의 가치나 우열 따위를 평하는 일. 話題〔화제〕 이야기의 제목. 이야깃거리. ▶ 題字(제자) 命題(명제) 問題(문제)
月 8 ⑫	**朝** 아침 조 zhāo morning 아침. 처음. 조정. 왕조. 때. 마을. 관청. 十 古 直 卓 朝 朝	☞ 해돋을 간(倝)과 배 주(月·舟). 朝刊〔조간〕 아침에 발간하는 일간신문. 朝三暮四〔조삼모사〕 간사한 꾀로 남을 희롱하여 속이는 일. 朝生〔조생〕 무궁화의 이칭. 아침에만 꽃이 피는 데서 일컬음. 朝野〔조야〕 조정과 백성. 관리와 민간인. ▶ 朝令暮改(조령모개) 朝飯石粥(조반석죽)
方 7 ⑪	**族** 겨레 족 zú people 겨레. 인척. 일가. 동포. 가계. 무리. 亠 方 方 扩 族 族	☞ 깃발 언(㫃)과 화살 시(矢). 族譜〔족보〕 일족의 계보. 族屬〔족속〕 같은 문중의 겨레붙이. 같은 동아리. 同族相殘〔동족상잔〕 동족끼리 서로 싸우고 죽임. 民族〔민족〕 언어·혈통·문화·역사 등이 같은 사람의 집단 ▶ 族黨(족당) 族長(족장) 親族(친족)

6級 配定漢字

水 5 ⑧	**注** 물댈 주 zhù pour into 물을 대다. 흐르다. 붓다. 따름. 뜻 두다. 氵 氵 氿 汢 注 注	☞ 물 수(氵·水)와 주인 주(主). 注目〔주목〕 일을 조심하고 경계하여 봄. 자세히 살펴봄. 注意〔주의〕 마음에 새겨 두어 조심함. 留意(유의). 注入〔주입〕 기억·암송 등을 주로 하여 가르쳐 줌. 傾注〔경주〕 물을 기울여 쏟음. 한 가지 일에 마음을 기울임. ▶ 注視(주시) 注解(주해)
日 7 ⑪	**晝** 낮 주 昼 zhòu daytime 낮. 대낮. 한낮. フ ヲ 聿 聿 書 晝 晝	☞ 그을 획(聿: 畫의 획 줄임)과 날 일(日). 晝間〔주간〕 낮. 낮 동안. ↔ 夜間(야간). 晝耕夜讀〔주경야독〕 낮에는 농사짓고 밤에는 공부함. 晝夜兼行〔주야겸행〕 밤낮으로 쉬지 않고 감. 白晝〔백주〕 대낮. ▶ 晝思夜度(주사야도)
隹 4 ⑫	**集** 모일 집 jí assemble 모이다. 이르다. 머무르다. 화살이 맞다. 亻 广 什 隹 隼 集	☞ 새 추(隹)와 나무 목(木). 集結〔집결〕 한데 모임. 또는 모음. 集大成〔집대성〕 여럿을 모아 크게 하나로 완성함. 集合〔집합〕 한 군데로 모임. 또는 한 군데로 모음. 召集〔소집〕 예비역 등 군인을 필요시에 불러모음. ▶ 集計(집계) 集散(집산) 雲集(운집)
穴 6 ⑪	**窓** 창 창 窗 chuāng window 창. 창문. 굴뚝. 바라지. 宀 穴 宏 宓 窓 窓	☞ 구멍 혈(穴)과 밝을 총(忩·悤). 窓月〔창월〕 창문을 통해 들어오는 달 그림자. 窓戶紙〔창호지〕 문을 바르는 종이. 재래식 종이의 하나. 同窓〔동창〕 같은 학교나 같은 스승의 문하에서 배우는 일. 學窓〔학창〕 공부하는 교실이나 학교의 일컬음. 학교. ▶ 窓門(창문) 窓戶(창호)
水 8 ⑪	**淸** 맑을 청 清 qīng clear 맑다. 깊다. 다스려지다. 서늘하다. 氵 氵 汁 泩 清 清	☞ 물 수(氵·水)와 푸를 청(靑). 淸潔〔청결〕 맑고 깨끗함. 淸淨潔白(청정결백). 淸白吏〔청백리〕 청렴하고 결백한 관리. 淸貧〔청빈〕 청렴하며 가난함. 肅淸〔숙청〕 다잡아서 부정(不正)을 없애는 일. ▶ 淸廉(청렴) 淸貧(청빈) 百年河淸(백년하청)
骨 13 ㉓	**體** 몸 체 体 tǐ body 몸. 신체. 사지(四肢). 팔다리. 수족. 몸소 骨 骨 骨 骲 體 體	☞ 뼈 골(骨)과 풍성할 풍(豊). 體格〔체격〕 인체의 골격. 시문(詩文)의 체재. 體面〔체면〕 남을 대하는 낯. 면목. 체재. 體驗〔체험〕 자신이 실제로 경험함. 또, 그 경험. 形體〔형체〕 물건의 생김새와 그 바탕 되는 몸. ▶ 體系(체계) 體軀(체구) 君師父一體(군사부일체)
見 9 ⑯	**親** 친할 친 亲 qīn intimate 친하다. 사랑하다. 사이좋게 지내다. 立 辛 亲 亲 新 親 親	☞ 설 립(立)과 나무 목(木), 볼 견(見). 親舊〔친구〕 오랫동안 가깝게 사귀어 온 벗. 故友(고우). 親鞫〔친국〕 임금이 죄인을 직접 신문하던 일. 親密〔친밀〕 지내는 사이가 아주 가깝고 친함. 切親〔절친〕 아주 친근함. 매우 친함. ▶ 親近(친근) 親戚(친척) 燈火可親(등화가친)

大 1 ④	**太** 클 태 콩 태 tài　great 크다. 심하다. 최초. 통하다. 콩. 一 ナ 大 太	☞ 큰 대(大)와 불똥 주(丶). 太古〔태고〕 아주 오랜 옛날. 아득한 옛날. 太半〔태반〕 3분의 2. 절반이 넘음. 나아가 대부분. 과반. 太初〔태초〕 천지가 개벽하기 전. 기(氣)의 시초. 太平〔태평〕 세상이 평안함. 나라가 잘 다스려짐. 풍년. ▶ 太極扇(태극선) 太子(태자)
辶 7 ⑪	**通** 통할 통 tōng　go through 통하다. 꿰뚫다. 이르다. 닿음. 두루 미치다. マ 甬 甬 甬 涌 通	☞ 골목길 용(甬)과 쉬엄쉬엄 갈 착(辶·辵). 通告〔통고〕 서면이나 말로 통지하여 알림. 通過〔통과〕 들르지 않고 지나감. 시험이나 검사에 합격함. 通達〔통달〕 꿰뚫어 통함. 사물의 이치를 환히 앎. 共通〔공통〕 다 같이 통함. 두루 통용됨. ▶ 通勤(통근) 通用(통용) 四通八達(사통팔달)
牛 6 ⑩	**特** 유다를 특 tè　special 유다르다. 뛰어난 사람. 특히. 다만. 수소. ㅗ 牛 牛 牛 特 特	☞ 소 우(牛)와 관청 시(寺). 特權〔특권〕 일부의 사람만 특별히 가지는 특별한 권능. 特別〔특별〕 보통이 아님. 일반과 다름. 特異〔특이〕 보통과 아주 다름. 표나게 다름. 獨特〔독특〕 비교할 수 없을 만큼 훨씬 뛰어남. ▶ 特技(특기) 特性(특성) 英特(영특)
衣 3 ⑧	**表** 겉 표 biǎo　surface 겉. 바깥. 나타내다. 밝히다. 표하다. 十 主 丰 丰 表 表	☞ 흙 토(土)와 옷 의(衣). 表決〔표결〕 의안에 대한 가부(可否)의 의사를 결정함. 表記〔표기〕 표시하여 기록함. 또, 그 기록. 表面〔표면〕 겉으로 드러난 쪽. 거죽. 外面(외면). 發表〔발표〕 세상에 널리 드러내어 알림. 公布(공포). ▶ 表具(표구) 表裏(표리) 表現(표현) 師表(사표)
風 0 ⑨	**風** 바람 풍 풍자할 풍　风 fēng　wind 바람. 움직이다. 흩어짐. 관습. 풍자하다. 几 凡 凨 凨 風 風	☞ 동굴(凢)에서 바람(丿)이 벌레(虫)가 들고나는 것과 같음. 風景〔풍경〕 경치. 자연의 경치를 그린 그림. 風磬〔풍경〕 처마 끝에 달아 바람에 울리게 하는 경쇠. 風霜〔풍상〕 바람과 서리. 세월. 많이 겪은 세상의 고난. 風樂〔풍악〕 옛 음악. 주로 기악(器樂)을 일컬음. ▶ 風紀(풍기) 風浪(풍랑) 風物(풍물)
口 3 ⑥	**合** 합할 합 홉 홉 hé gě　joins 합하다. 들어맞다. 일치함. 모이다. 홉. 丿 人 个 合 合 合	☞ 모을 집(人·集)과 입 구(口). 合格〔합격〕 규격이나 격식에 맞음. 시험에 통과함. 合邦〔합방〕 두 개 이상의 나라를 합병하는 일. 結合〔결합〕 서로 합하여 하나가 됨. 意氣投合〔의기투합〕 마음이 서로 맞음. ▶ 合計(합계) 合同(합동) 合勢(합세) 統合(통합)
行 0 ⑥	**行** 다닐 행 항렬 항 xíng hàng 다니다. 걷다. 행하다. 항렬. 줄. 丿 亍 彳 彳 行 行	☞ 지축거릴 척(彳)과 겨우 디딜 촉(亍). 行間〔행간〕 글의 줄과 줄 사이. 행과 행 사이. 行囊〔행낭〕 우체국에서 우편물을 넣어 보내는 주머니. 行政〔행정〕 정치를 행함. 법률에의 3권의 하나. 行伍〔항오〕 군대를 편성한 행렬. ▶ 行軍(행군) 行動(행동)

6級 配定漢字 103

干 5 ⑧	**幸**	다행 **행** xìng　　fortunate
다행. 요행. 혜택. 즐기다. 바라다. 一 十 土 亠 亠 亖 幸 幸		

☞ 쇠고랑을 찬 사람의 모습을 본뜬 글자.
幸福〔행복〕 심신의 욕구가 충족되어 부족함이 없는 상태.
幸運〔행운〕 행복한 좋은 운수. 好運(호운).
多幸〔다행〕 운수가 좋음. 일이 잘 풀려 좋음.
僥幸〔요행〕 행복을 바람. 뜻밖에 얻은 행복.
▶ 幸位(행위) 不幸(불행) 倭幸(영행)

口 3 ⑥	**向**	향할 **향** xiàng　　face
향하다. 나아감. 북창(北窓). 丿 丶 冂 向 向 向		

☞ 집 밖을 향해 나 있는 창문을 본뜬 글자.
向路〔향로〕 향하여 나아가는 길. 갈 길.
向上〔향상〕 오름. 승천(昇天). 차차 나아짐. 점점 진보함.
向日〔향일〕 지난날. 지난번. 접때. 전일. 향일(嚮日).
動向〔동향〕 마음의 움직임. 행동 등의 방향.
▶ 向時(향시) 向學(향학) 向後(향후)

玉 7 ⑪	**現**	나타날 **현**　現 xiàn　　appear
나타나다. 나타냄. 현재. 이승. 一 丅 王 玡 珇 現		

☞ 구슬 옥(王·玉)과 나타날 현(見).
現金〔현금〕 현재 가지고 있는 돈. 현재 통용되고 있는 돈.
現象〔현상〕 현재의 상태. 지금의 형편.
現實〔현실〕 상태. ↔ 이상(理想).
再現〔재현〕 거듭하여 나타남.
▶ 現今(현금) 現像(현상)

彡 4 ⑦	**形**	형상 **형** xíng　　shape
형상. 모양. 용모. 몸. 꼴. 형세. 一 二 ㄐ 开 形 形		

☞ 평평할 견(开·幵)과 터럭 삼(彡).
形局〔형국〕 어떤 일의 형편이나 판국.
形狀〔형상〕 물건의 형체와 생긴 모양.
形勢〔형세〕 살림살이의 경제적 형편.
造形〔조형〕 어떤 형상을 만듦. 형체를 만들어 냄.
▶ 形像(형상) 形式(형식) 形形色色(형형색색)

虍 7 ⑬	**號**	부르짖을 **호**　号 háo　　shout
부르짖다. 울부짖다. 울다. 口 号 号 号 號 號		

☞ 이름 호(号)와 범 호(虎).
號哭〔호곡〕 목놓아 소리내어 슬피 욺.
號外〔호외〕 정한 호수 외에 임시로 발간하는 신문이나 잡지.
符號〔부호〕 어떤 뜻을 나타내는 기호.
商號〔상호〕 영업상으로 자기를 나타내는데 쓰는 칭호.
▶ 號令(호령) 符號(부호) 別號(별호)

口 5 ⑧	**和**	고를 **화** hé　　even
고르다. 조화됨. 알맞음. 화목하다. 一 二 千 禾 和 和		

☞ 벼 화(禾)와 입 구(口).
和氣〔화기〕 평온한 기분. 누그러진 마음.
和談〔화담〕 화목하게 주고받는 말. 정답게 오가는 말.
和樂〔화락〕 함께 모여서 사이 좋게 즐김.
和親〔화친〕 서로 의좋게 지냄. 또는 그러한 관계.
▶ 和色(화색) 和音(화음) 和解(화해) 宥和(유화)

田 7 ⑫	**畫**	그림 **화** 그을 **획**　画 huà　　draw
그림. 그리다. 채색. 긋다. 구획. フ 크 聿 書 畫 畫		

☞ 붓 률(聿)과 밭 전(田), 한 일(一).
畫家〔화가〕 그림 그리는 일을 전문으로 하는 사람.
畫廊〔화랑〕 그림 등 미술품을 전시하는 곳. 갤러리.
畫順〔획순〕 글씨를 쓸 때의 자획의 차례.
壁畫〔벽화〕 벽에 그린 그림.
▶ 畫壇(화단) 畫數(획수) 畫一(획일)

黃 0 ⑫	黃　　누를 황 huáng　yellow 누르다. 누른빛. 어린아이. 늙은이. 황금. 艹 艹 芌 芇 苗 黃 黃	☞ 빛 광(艹·光)과 밭 전(田). 黃狗〔황구〕 누렁개. 黃砂〔황사〕 누른 모래. 사막. 누런 모래 바람. 黃泉〔황천〕 죽어서 가는 곳. 黃昏〔황혼〕 해가 지고 어둑어둑할 무렵. ▶ 黃口(황구) 黃耉(황구) 黃土(황토) 熟地黃(숙지황)
曰 9 ⑬	會　　모을 회　会 huì　meet 모으다. 모이다. 모임. 기회. 깨닫다. 맞다. 人 今 命 侖 會 會	☞ 모을 집(人·集)과 더할 증(曾·增). 會計〔회계〕 따져서 셈함. 한데 몰아서 셈함. 會談〔회담〕 한 자리에 모여 이야기함. 또, 그 일. 會食〔회식〕 여럿이 모여 함께 음식을 먹는 일. 會合〔회합〕 여럿이 모임. ▶ 會同(회동) 會費(회비) 會社(회사)
言 3 ⑩	訓　　가르칠 훈　训 xùn　teach 가르치다. 훈계함. 인도하다. 경계하다. 亠 言 言 訓 訓 訓	☞ 말씀 언(言)과 내 천(川). 訓戒〔훈계〕 타일러 경계함. 訓鍊〔훈련〕 가르쳐서 어떤 일에 익힘. 校訓〔교훈〕 학교의 교육 이념을 간결히 표현한 표어. 敎訓〔교훈〕 가르치고 이끌어 줌. ▶ 訓民(훈민) 訓育(훈육) 音訓(음훈) 庭訓(정훈)

漢字能力檢定 5級 配定漢字

加 더할 가	力(힘력)부 3획 ⑤
可 옳을 가	口(입구)부 2획 ⑤
價 값 가	亻(人, 사람인변)부 13획 ⑮
改 고칠 개	攵(支, 등글월문방)부 3획 ⑦
客 손 객	宀(갓머리)부 6획 ⑨
去 갈 거	厶(마늘모)부 3획 ⑤
擧 들 거	手(손수)부 14획 ⑱
件 일 건	亻(人, 사람인변)부 4획 ⑥
建 세울 건	廴(민책받침)부 6획 ⑨
健 튼튼할 건	亻(人, 사람인변)부 9획 ⑪
格 이를 격, 그칠 각	木(나무목)부 6획 ⑩
見 볼 견, 뵐 현	見(볼견)부 0획 ⑦
決 결단할, 정할 결	氵(水, 삼수변)부 4획 ⑦
結 맺을 결	糸(실사)부 6획 ⑫
景 빛, 볕 경, 그림자 영	日(날일)부 8획 ⑫
敬 공경할 경	攵(支, 등글월문방)부 9획 ⑬
輕 가벼울 경	車(수레거)부 7획 ⑭
競 다툴 경	立(설립)부 15획 ⑳
考 상고할 고	耂(老, 늙을로엄)부 2획 ⑥
告 알릴 고, 청할 곡	口(입구)부 4획 ⑦
固 굳을 고	囗(큰입구몸)부 5획 ⑧
曲 굽을 곡	曰(가로왈)부 2획 ⑥
過 지날 과	辶(辵, 책받침)부 9획 ⑬
課 과할 과	言(말씀언)부 8획 ⑮
關 빗장 관	門(문문)부 11획 ⑲
觀 볼 관	見(볼견)부 18획 ㉕
廣 넓을 광	广(엄호엄)부 12획 ⑮
橋 다리 교	木(나무목)부 12획 ⑯
具 갖출 구	八(여덟팔)부 6획 ⑧
救 구원할 구	攵(支, 등글월문방)부 7획 ⑪
舊 예 구	臼(절구구)부 12획 ⑱
局 판 국	尸(주검시엄)부 4획 ⑦
貴 귀할 귀	貝(조개패)부 5획 ⑫
規 법 규	見(볼견)부 4획 ⑪
給 줄 급	糸(실사)부 6획 ⑫
己 몸 기	己(몸기)부 0획 ③
技 재주 기	扌(手, 재방변)부 4획 ⑦
汽 김 기	氵(水, 삼수변)부 4획 ⑦
基 터 기	土(흙토)부 8획 ⑪
期 만날 기	月(달월)부 8획 ⑫
吉 길할 길	口(입구)부 3획 ⑥
念 생각 념	心(마음심)부 4획 ⑧
能 능할 능	月(肉, 육달월)부 6획 ⑩
團 둥글 단	囗(큰입구몸)부 11획 ⑭
壇 제터 단	土(흙토)부 13획 ⑯
談 말씀 담	言(말씀언)부 8획 ⑮
當 마땅할 당	田(밭전)부 8획 ⑬
德 큰 덕	彳(두인변)부 12획 ⑮
到 이를 도	刂(刀, 선칼도방)부 6획 ⑧
島 섬 도	山(뫼산)부 7획 ⑩

5급

都	도읍 도	阝(邑, 우부방)부 9획 ⑫		法	법 법	氵(水, 삼수변)부 5획 ⑧
獨	홀로 독	犭(犬, 개사슴록변)부 13획 ⑯		變	변할 변	言(말씀언)부 16획 ㉓
落	떨어질 락	艹(艸, 초두)부 9획 ⑬		兵	군사 병	八(여덟팔)부 5획 ⑦
朗	밝을 랑	月(달월)부 7획 ⑪		福	복 복	示(보일시변)부 9획 ⑭
冷	찰 랭	冫(이수변)부 5획 ⑦		奉	받들 봉	大(큰대)부 5획 ⑧
良	어질 량	艮(머무를간)부 1획 ⑦		比	견줄 비	比(견줄비)부 0획 ④
量	양, 헤아릴 량	里(마을리)부 5획 ⑫		費	쓸 비	貝(조개패)부 5획 ⑫
旅	나그네 려	方(모방)부 6획 ⑩		鼻	코 비	鼻(코비)부 0획 ⑭
歷	지낼 력	止(그칠지)부 12획 ⑯		氷	얼음 빙	水(물수)부 1획 ⑤
練	익힐 련	糸(실사)부 9획 ⑮		士	선비 사	士(선비사)부 0획 ③
令	명령할 령	人(사람인)부 3획 ⑤		仕	벼슬 사	亻(人, 사람인변)부 3획 ⑤
領	옷깃 령	頁(머리혈)부 5획 ⑭		史	사기 사	口(입구)부 2획 ⑤
勞	수고로울 로	力(힘력)부 10획 ⑫		思	생각할 사	心(마음심)부 5획 ⑨
料	헤아릴 료	斗(말두)부 6획 ⑩		查	조사할 사	木(나무목)부 5획 ⑨
流	흐를 류	氵(水, 삼수변)부 7획 ⑩		寫	베낄 사	宀(갓머리)부 12획 ⑮
類	무리 류	頁(머리혈)부 10획 ⑲		産	낳을 산	生(날생)부 6획 ⑪
陸	뭍 륙	阝(阜, 좌부방)부 8획 ⑪		相	서로 상	目(눈목)부 4획 ⑨
馬	말 마	馬(말마)부 0획 ⑩		商	장사, 헤아릴 상	口(입구)부 8획 ⑪
末	끝 말	木(나무목)부 1획 ⑤		賞	상줄 상	貝(조개패)부 8획 ⑮
亡	망할 망, 없을 무	亠(돼지해머리)부 1획 ③		序	차례 서	广(엄호엄)부 4획 ⑦
望	바랄 망	月(달월)부 7획 ⑪		仙	신선 선	亻(人, 사람인변)부 3획 ⑤
買	살 매	貝(조개패)부 5획 ⑫		船	배 선	舟(배주)부 5획 ⑪
賣	팔 매	貝(조개패)부 8획 ⑮		善	착할 선	口(입구)부 9획 ⑫
無	없을 무	灬(火, 연화발)부 8획 ⑫		選	가릴 선	辶(辵, 책받침)부 12획 ⑯
倍	곱 배	亻(人, 사람인변)부 8획 ⑩		鮮	고울 선	魚(물고기어)부 6획 ⑰

5급

5級 配定漢字

| 說 | 말씀 설, 기쁠 열, 달랠 세 | 言(말씀언)부 7획 ⑭
| 性 | 성품 성 | 忄(心, 심방변)부 5획 ⑧
| 洗 | 씻을 세 | 氵(水, 삼수변)부 6획 ⑨
| 歲 | 해 세 | 止(그칠지)부 9획 ⑬
| 束 | 묶을 속 | 木(나무목)부 3획 ⑦
| 首 | 머리 수 | 首(머리수)부 0획 ⑨
| 宿 | 잘 숙, 별자리 수 | 宀(갓머리)부 8획 ⑪
| 順 | 순할 순 | 頁(머리혈)부 3획 ⑫
| 示 | 보일 시 | 示(보일시)부 0획 ⑤
| 識 | 알 식, 적을 지, 깃발 치 | 言(말씀언)부 12획 ⑲
| 臣 | 신하 신 | 臣(신하신)부 0획 ⑥
| 實 | 열매 실 | 宀(갓머리)부 11획 ⑭
| 兒 | 아이 아 | 儿(어진사람인발)부 6획 ⑧
| 惡 | 악할 악, 미워할 오 | 心(마음심)부 8획 ⑫
| 案 | 책상 안 | 木(나무목)부 6획 ⑩
| 約 | 대략 약, 부절 요 | 糸(실사)부 3획 ⑨
| 養 | 기를 양 | 食(밥식)부 6획 ⑮
| 魚 | 고기 어 | 魚(물고기어)부 0획 ⑪
| 漁 | 고기잡을 어 | 氵(水, 삼수변)부 11획 ⑭
| 億 | 억 억 | 亻(人, 사람인변)부 13획 ⑮
| 熱 | 더울 열 | 灬(火, 연화발)부 11획 ⑮
| 葉 | 잎 엽, 성 섭 | 艹(艸, 초두)부 9획 ⑬
| 屋 | 집 옥 | 尸(주검시엄)부 6획 ⑨
| 完 | 완전할 완 | 宀(갓머리)부 4획 ⑦
| 要 | 중요로울 요 | 襾(덮을아)부 3획 ⑨
| 曜 | 빛날 요 | 日(날일)부 14획 ⑱
| 浴 | 목욕할 욕 | 氵(水, 삼수변)부 7획 ⑩
| 友 | 벗 우 | 又(또우)부 2획 ④
| 牛 | 소 우 | 牛(소우)부 0획 ④
| 雨 | 비 우 | 雨(비우)부 0획 ⑧
| 雲 | 구름 운 | 雨(비우)부 4획 ⑫
| 雄 | 수컷 웅 | 隹(새추)부 4획 ⑫
| 元 | 으뜸 원 | 儿(어진사람인발)부 2획 ④
| 原 | 근원 원 | 厂(민엄호엄)부 8획 ⑩
| 院 | 집 원 | 阝(阜, 좌부방)부 7획 ⑩
| 願 | 원할 원 | 頁(머리혈)부 10획 ⑲
| 位 | 자리 위 | 亻(人, 사람인변)부 5획 ⑦
| 偉 | 위대할 위 | 亻(人, 사람인변)부 9획 ⑪
| 以 | 써 이 | 人(사람인)부 3획 ⑤
| 耳 | 귀 이 | 耳(귀이)부 0획 ⑥
| 因 | 인할 인 | 囗(큰입구몸)부 3획 ⑥
| 任 | 맡길 임 | 亻(人, 사람인변)부 4획 ⑥
| 再 | 두 재 | 冂(멀경몸)부 4획 ⑥
| 材 | 재목 재 | 木(나무목)부 3획 ⑦
| 災 | 재앙 재 | 火(불화)부 3획 ⑦
| 財 | 재물 재 | 貝(조개패)부 3획 ⑩
| 爭 | 다툴 쟁 | 爪(손톱머리)부 4획 ⑧
| 貯 | 쌓을 저 | 貝(조개패)부 5획 ⑫
| 赤 | 붉을 적 | 赤(붉을적)부 0획 ⑦
| 的 | 과녁, 적실할 적 | 白(흰백)부 3획 ⑧

典	법 전	八(여덟팔)부 6획 ⑧	
展	펼 전	尸(주검시엄)부 7획 ⑩	
傳	전할 전	亻(人, 사람인변)부 11획 ⑬	
切	끊을 절, 모두 체	刀(칼도)부 2획 ④	
節	마디 절	竹(대죽)부 9획 ⑮	
店	가게 점	广(엄호엄)부 5획 ⑧	
停	머무를 정	亻(人, 사람인변)부 9획 ⑪	
情	뜻 정	忄(心, 심방변)부 8획 ⑪	
調	고를 조, 아침 주	言(말씀언)부 8획 ⑮	
操	잡을 조	扌(手, 재방변)부 13획 ⑯	
卒	군사, 마칠 졸	十(열십)부 6획 ⑧	
終	끝날 종	糸(실사)부 5획 ⑪	
種	씨 종	禾(벼화)부 9획 ⑭	
罪	허물 죄	罒(网, 그물망머리)부 8획 ⑬	
州	고을 주	川(巛, 개미허리)부 3획 ⑥	
週	돌 주	辶(辵, 책받침)부 8획 ⑫	
則	곧 즉, 법칙 칙	刂(刀, 선칼도방)부 7획 ⑨	
止	그칠 지	止(그칠지)부 0획 ④	
知	알 지	矢(화살시)부 3획 ⑧	
質	바탕, 볼모 질	貝(조개패)부 8획 ⑮	
着	붙을 착	目(눈목)부 7획 ⑫	
參	참여할 참, 빽빽할 삼	厶(마늘모)부 9획 ⑪	
唱	노래 창	口(입구)부 8획 ⑪	
責	꾸짖을 책, 빚 채	貝(조개패)부 4획 ⑪	
鐵	쇠 철	金(쇠금)부 13획 ㉑	
初	처음 초	刀(칼도)부 5획 ⑦	
最	가장 최	曰(가로왈)부 8획 ⑫	
祝	빌 축	示(보일시)부 5획 ⑩	
充	가득할 충	儿(어진사람인발)부 4획 ⑥	
致	이를 치	至(이를지)부 4획 ⑩	
他	다를, 겹칠 타	亻(人, 사람인변)부 3획 ⑤	
打	칠 타	扌(手, 재방변)부 2획 ⑤	
卓	높을 탁	十(열십)부 6획 ⑧	
炭	숯 탄	火(불화)부 5획 ⑨	
宅	집 택, 댁 댁	宀(갓머리)부 3획 ⑥	
板	널빤지 판	木(나무목)부 4획 ⑧	
敗	패할 패	攵(攴, 등글월문방)부 7획 ⑪	
品	물건 품	口(입구)부 6획 ⑨	
必	반드시 필	心(마음심)부 1획 ⑤	
筆	붓 필	竹(대죽)부 6획 ⑫	
河	강이름 하	氵(水, 삼수변)부 5획 ⑧	
寒	찰 한	宀(갓머리)부 9획 ⑫	
害	해칠 해, 어찌 할	宀(갓머리)부 7획 ⑩	
許	허락할 허, 이영차 호	言(말씀언)부 4획 ⑪	
湖	호수 호	氵(水, 삼수변)부 9획 ⑫	
化	화할 화	匕(비수비)부 2획 ④	
患	근심 환	心(마음심)부 7획 ⑪	
效	본받을 효	攵(攴, 등글월문방)부 6획 ⑩	
凶	흉할 흉	凵(입벌릴감·위튼입구)부 2획 ④	
黑	검을 흑	黑(검을흑)부 0획 ⑫	

5급

5級 配定漢字 109

力 3 ⑤ **加** 더할 가 jiā add 더하다. 뽐내다. 살다. 베풀다. 입다. フカ加加加	☞ 힘 력(力)과 입 구(口). 加擔[가담] 거들어 도와 줌. 한 편이 되어 일을 함께 함. 加入[가입] 단체에 그 성원이 되기 위하여 들어감. 加重[가중] 더 무거워짐. 더 무겁게 됨. 增加[증가] 수량이 더 늘어 많아짐. 수량을 늘림. ▶ 加減乘除(가감승제) 加工(가공) 追加(추가)
口 2 ⑤ **可** 옳을 가 kě right 옳다. 인정하다. 정도. 쯤. 가히. 一 丆 丆 可 可	☞ 입 구(口)와 어여쁠 교(丁). 可決[가결] 의안(議案)을 결정함. ↔ 否決(부결). 可能[가능] 될 수 있거나, 할 수 있음. 認可[인가] 인정하여 허가함. 認許(인허). 許可[허가] 윗사람이 아랫사람의 소원을 들어 줌. ▶ 可驚(가경) 可望(가망) 不可(불가)
人 13 ⑮ **價** 값 가 価 jià price 값. 시세. 가격. 값어치. 亻 伊 俨 價 價 價	☞ 사람 인(亻·人)과 장사 고(賈). 價格[가격] 화폐로써 나타낸 상품의 교환 가치. 價値[가치] 사물의 유용성(有用性)이나 중요성의 정도 代價[대가] 물건을 산 대신의 값. 代金(대금). 값. 終價[종가] 거래소의 입회에서 오전·오후의 최종 시세. ▶ 減價(감가) 市價(시가) 定價(정가)
攴 3 ⑦ **改** 고칠 개 gǎi improve 고치다. 바로잡다. 바꾸다. 따로. 다시. 丨 丆 丆 改 改 改	☞ 몸 기(己)와 칠 복(攵·攴). 改良[개량] 좋도록 고침. 改善[개선] 나쁜 점을 고쳐 좋게 함. ↔ 改惡(개악). 改造[개조] 다시 고쳐 만듦. 改作(개작). 다시 고름. 改革[개혁] 새롭게 뜯어고침. 바꿈. ▶ 改閣(개각) 改過遷善(개과천선) 改名(개명)
宀 6 ⑨ **客** 손 객 kè guest 손. 손님. 나그네. 여행. 객지. 사람. 宀 宀 宁 安 客 客	☞ 움집 면(宀)과 각각 각(各). 客觀[객관] 의식의 대상이 되는 일체의 현상. ↔ 主觀(주관). 客氣[객기] 객쩍게 부리는 혈기. 용기·겸손·겸양. 客席[객석] 손님이 앉는 자리. 觀客[관객] 구경하는 사람. 관람객. 구경꾼. ▶ 客氣(객기) 客體(객체) 賀客(하객)
厶 3 ⑤ **去** 갈 거 qù go away 가다. 떠나다. 떨어지다. 피하다. 一 十 土 去 去	☞ 밥그릇 모양과 그 뚜껑을 본뜬 글자. 去來[거래] 往來(왕래). 상인간의 영리를 위한 매매 행위. 去勢[거세] 세력을 제거함. 권력이나 위력을 버림. 去就[거취] 물러남과 관도(官途)에 나섬. 일신(一身)의 진퇴. 過去[과거] 지나가 버림. 지나간 때. ↔ 未來(미래). ▶ 去處(거처) 逝去(서거) 除去(제거) 退去(퇴거)
手 14 ⑱ **擧** 들 거 举 jǔ hold 들다. 일으키다. 날다. 키우다. 빼앗다. 趀 趀 舁 與 與 擧	☞ 무리 여(與)와 손 수(手). 擧動[거동] 행동의 짓이나 태도. 몸가짐. 擧事[거사] 큰 일을 일으킴. 選擧[선거] 많은 사람 가운데서 합당한 사람을 가려 뽑음. 列擧[열거] 하나씩 여러 가지 예를 듦. ▶ 擧國(거국) 擧手(거수)

人 4 ⑥	**件** 일 건 jiàn thing 일. 물건. 것. 사건. 조건. 나누다. 구분함. ノ イ 亻 仁 伫 件	☞ 사람 인(亻·人)과 소 우(牛). 別件〔별건〕 보통 것보다 매우 다른 물건. 보통과 다름. 事件〔사건〕 뜻밖에 일어난 변고 事故(사고). 用件〔용건〕 볼일. 用務(용무). 條件〔조건〕 정한 약속 사항. 규약의 조항. ▶ 案件(안건) 要件(요건)
廴 6 ⑨	**建** 세울 건 jiàn build 세우다. 길다. 월건(月建). 별 이름. 𠃍 ㄱ 肀 聿 津 建 建	☞ 붓 율(聿)과 길게 걸을 인(廴). 建國〔건국〕 국도(國都)를 건설함. 나라를 세움. 建立〔건립〕 창건함. 설립함. 樹立(수립). 建物〔건물〕 가옥·창고 등의 건축물. 創建〔창건〕 처음으로 세움. 創立(창립). ▶ 建設(건설) 建業(건업) 建築(건축)
人 9 ⑪	**健** 튼튼할 건 jiàn healthy 튼튼하다. 굳세다. 건장하다. 꿋꿋하다. ノ イ 亻 仔 律 健 健	☞ 사람 인(亻·人)과 세울 건(建). 健脚〔건각〕 튼튼한 다리. 잘 걷거나 잘 달리는 사람. 健康〔건강〕 몸의 상태가 순조로움. 병이 없음. 튼튼함. 健忘〔건망〕 듣거나 본 것을 잘 잊어 버림. 잊기 쉬움. 健全〔건전〕 튼튼하고 온전함. 건강하고 병이 없음. ▶ 健勝(건승) 健實(건실) 強健(강건)
木 6 ⑩	**格** 이를 격 그칠 각 各 gé reach 이르다. 다다름. 오다. 겨루다. 그치다. 十 木 朮 朽 柊 格	☞ 나무 목(木)과 각각 각(各). 格式〔격식〕 격에 어울리는 법식. 規格〔규격〕 규칙과 격식. 일정한 표준. 人格〔인격〕 사람의 품격. 고상한 인물. 資格〔자격〕 신분. 지위. 어떤 필요한 조건. ▶ 格物致知(격물치지) 格言(격언) 合格(합격)
見 0 ⑦	**見** 볼 견 뵐 현 見 jiàn xiàn see 보다. 보이다. 의견. 생각. 당하다. 뵙다. 丨 冂 曰 目 貝 見	☞ 눈 목(目)과 사람 인(儿·人). 見聞〔견문〕 보고 들음. 또는 그 지식. 見習〔견습〕 남이 하는 것을 보고 배움. 謁見〔알현〕 지체가 높은 사람을 만나 뵙는 일. 意見〔의견〕 마음 속에 느낀 바의 생각. ▶ 見物生心(견물생심) 見解(견해) 偏見(편견)
水 4 ⑦	**決** 결단할 결 정할 결 決 jué break 결단하다. 나누다. 정하다. 터지다. 丶 氵 汁 江 決 決	☞ 물 수(氵·水)와 터놓을 쾌(夬). 決裂〔결렬〕 쪼개어 나눔. 헐다. 쪽쪽이 분열함. 決勝〔결승〕 최후의 승부를 결정하는 일. 또는 그 경기. 自決〔자결〕 스스로 결단함. 스스로 목숨을 끊음. 자살. 判決〔판결〕 소송 사건의 시비·곡직을 가려 판정하는 것. ▶ 決算(결산) 決定(결정) 速決(속결)
糸 6 ⑫	**結** 맺을 결 結 jié tie 맺다. 묶다. 끝내다. 사귀다. 모음. 잇다. 幺 糹 糸 糾 紡 結	☞ 실 사(糸)와 길할 길(吉). 結果〔결과〕 結實(결실). 원인에 의하여 이루어진 결말. 結局〔결국〕 마침내. 필경. 장기나 바둑의 끝판. 連結〔연결〕 서로 이어 맺음. 또는 서로 맺어서 이음. 妥結〔타결〕 서로가 좋도록 결말을 지음. ▶ 結末(결말) 結成(결성) 凍結(동결)

日 8 ⑫	景 빛·볕 경 그림자 영 jǐng yǐng 빛. 볕. 해. 태양. 밝다. 크다. 그림자. 日 旦 昌 景 景 景	☞ 날 일(日)과 높을 경(京). 景觀〔경관〕 특색이 있는 풍경을 가진 일정한 지역. 景氣〔경기〕 모양. 상황. 경치. 경제의 상태. 景色〔경색〕 경치. 풍치. 景狀(경상). 風景〔풍경〕 경치. 風光(풍광). 경관. 사람의 외모. ▶ 景勝(경승) 景致(경치)
攴 9 ⑬	敬 공경할 경 jìng respect 공경하다. 공경. 훈계하다. 삼가다. 예(禮). 艹 艻 苟 苟 敬 敬	☞ 진실할 구(苟)와 칠 복(攵·攴). 敬虔〔경건〕 공경하는 마음으로 깊이 삼가고 조심함. 敬意〔경의〕 존경하는 마음. 敬天愛人〔경천애인〕 하늘을 존경하고 사람을 사랑함. 恭敬〔공경〕 삼가 예를 차려 높임. ▶ 敬老(경로) 敬語(경어) 不敬(불경)
車 7 ⑭	輕 가벼울 경 轻 qīng light 가볍다. 적다. 모자라다. 경박하다. 日 車 車 車 輕 輕	☞ 수레 거(車)와 물줄기 경(巠). 輕薄〔경박〕 침착하지 못함. 경솔하고 천박함. 가볍게 여김. 輕率〔경솔〕 언행이 신중하지 못하고 가벼움. 輕視〔경시〕 가볍게 봄. 넘봄. 깔봄. ↔ 重視(중시). 輕重〔경중〕 가벼움과 무거움. 가벼이 할 일과 신중히 할 일. ▶ 輕擧妄動(경거망동) 輕裘肥馬(경구비마)
立 15 ⑳	競 다툴 경 竞 jìng quarrel 다투다. 말다툼으로 겨룸. 쫓다. 굳세다. 音 竟 竞 竞 竸 競	☞ 다투어 말할 경(誩 : 語의 변형)과 사람 인(儿·人). 競技〔경기〕 기술이나 능력을 서로 겨룸. 운동 경기의 준말. 競爭〔경쟁〕 서로 우위에 서려고 다툼. 競走〔경주〕 빨리 달리기를 겨루는 육상 경기. 競進〔경진〕 서로 다투어 앞으로 나아감. ▶ 競買(경매) 競演(경연) 競合(경합)
老 2 ⑥	考 상고할 고 kǎo think 상고하다. 생각하다. 치다. 두드리다. 一 十 土 耂 耂 考	☞ 늙을 로(耂·老)와 교묘할 교(丂·巧). 考慮〔고려〕 생각하여 헤아림. 先考〔선고〕 돌아간 아버지. 先君(선군). 先親(선친). 熟考〔숙고〕 곰곰이 잘 생각함. 깊이 고려함. 參考〔참고〕 살펴서 생각함. 참조하여 고증함. ▶ 考査(고사) 考察(고찰)
口 4 ⑦	告 알릴 고 청할 곡 gào tell 알리다. 찾다. 묻다. 타이르다. 청하다. 一 生 牛 牛 告 告	☞ 소 우(牛)와 입 구(口). 상. 告白〔고백〕 숨김없이 사실대로 솔직하게 말함. 告變〔고변〕 변을 알림. 반역을 고발함. 警告〔경고〕 주의하라고 경계하여 알림. 布告〔포고〕 국가의 결정적 의사 표시를 발표하는 일. ▶ 告發(고발) 報告(보고) 社告(사고)
囗 5 ⑧	固 굳을 고 gù hard 굳다. 완고함. 굳히다. 단단하다. 본디. 冂 冂 冋 同 固 固	☞ 에울 위(囗) 안에 예 고(古). 固陋〔고루〕 완고하고 견식이 없음. 말귀가 어둡고 고집이 셈. 固守〔고수〕 굳게 지킴. 固有〔고유〕 본디부터 가지고 있음. 그에만 있음. 險固〔험고〕 지형이 험하고 수비가 견고함. ▶ 固定(고정) 堅固(견고) 確固不動(확고부동)

日 2 ⑥	**曲** 굽을 곡 qū　　bent 굽다. 굽히다. 휘다. 자세하다. 간절하다. 丶 冂 曱 曲 曲 曲	☞ 속이 둥글게 되어 있는 바구니의 굽은 모양. 曲線〔곡선〕 부드럽게 구부러진 선. 직선만으로는 이루어지지 아니하는 선. ↔ 直線(직선) 曲調〔곡조〕 가사·음악 등의 가락. 曲解〔곡해〕 사실과 어긋나게 잘못 이해함. ▶ 曲學阿世(곡학아세) 懇曲(간곡)
辶 9 ⑬	**過** 지날 과　过 guō　pass by excess 지나다. 거치다. 들르다. 허물. 잘못하다. 冂 冂 冎 咼 過 過	☞ 입이 삐뚤어진 괘(咼)에 쉬엄쉬엄 갈 착(辶·辵). 過客〔과객〕 길손. 나그네. 旅客(여객). 過去〔과거〕 지나감. 지나간 때. ↔ 未來(미래). 過誤〔과오〕 잘못. 허물. 過失(과실). 看過〔간과〕 대충 보아 넘김. ▶ 過猶不及(과유불급) 過程(과정) 超過(초과)
言 8 ⑮	**課** 과할 과　课 kè　　impose 과하다. 매기다. 과목. 조세. 시험하다. 言 訁 訁 諢 諢 課	☞ 말씀 언(言)과 열매·결과 과(果). 課目〔과목〕 과정(課程)을 세분한 항목(項目). 課稅〔과세〕 세금을 매김. 또는 그 세금. 課程〔과정〕 할당된 일이나 학과의 정도. 賦課〔부과〕 세금을 매김. 조세를 할당함. ▶ 課業(과업) 課外(과외) 課題(과제)
門 11 ⑲	**關** 빗장 관　关 guān　bolt 빗장. 닫다. 잠그다. 관계하다. 거리를 둠.	☞ 문 문(門)과 북에 실 꿸 관(絣). 關係〔관계〕 둘 이상이 서로 걸림. 남녀 사이의 성적 교섭. 關聯〔관련〕 서로 걸리어 얽힘. 서로 관계됨. 聯關(연관). 關稅〔관세〕 세관에서 수출입품에 부과하는 세금. 通關〔통관〕 관문을 열어 교통을 편하게 하는 일. ▶ 關鍵(관건) 關門(관문) 關心(관심)
見 18 ㉕	**觀** 볼 관　观 guān　ook observe 보다. 자세히 봄. 보이다. 드러내다. 艹 쑈 쑬 藿 藿 觀 觀	☞ 황새 관(雚)과 볼 견(見). 觀客〔관객〕 구경하는 사람. 관람객. 구경꾼. 觀光〔관광〕 다른 나라의 문물 제도를 봄. 觀覽〔관람〕 연극·영화 따위를 구경함. 可觀〔가관〕 볼 만함. 언행이 꼴답지 않아 비웃는 말. ▶ 觀念(관념) 觀望(관망) 壯觀(장관)
广 12 ⑮	**廣** 넓을 광　广 guǎng　broad 넓다. 퍼지다. 넓이. 가로. 너비. 폭. 广 疒 庐 庠 庠 廣 廣	☞ 집 엄(广)과 누를 황(黃: 누른빛의 땅). 廣告〔광고〕 세상에 널리 알림. 廣範圍〔광범위〕 넓은 범위. 범위가 넓음. 廣野〔광야〕 너른 들. 너른 들판. 廣闊〔광활〕 막힌 데 없이 넓음. ▶ 廣大(광대) 廣大無邊(광대무변) 廣義(광의)
木 12 ⑯	**橋** 다리 교　桥 qiáo　bridge 다리. 교량. 시렁. 가름대. 나무 이름. 木 杧 柠 桥 橋 橋	☞ 나무 목(木)과 높을 교(喬). 橋脚〔교각〕 다리를 받치는 기둥. 橋梁〔교량〕 다리. 架橋〔가교〕 다리를 놓음. 또는 놓은 다리. 陸橋〔육교〕 도로나 철로를 가로질러 놓은 구름다리. ▶ 橋頭堡(교두보)

5級 配定漢字 113

八 6 ⑧	**具** 갖출 구 jù possess 갖추다. 차림. 그릇. 기구. 함께. 모두. 丨 冂 冃 目 且 具 具	☞ 조개 패(貝 : 두 손에 돈)을 쥐고 있는 두 손(八) 모양. 具格〔구격〕 격식을 갖춤. 具備〔구비〕 빠짐없이 갖춤. 모두 갖춤. 具象〔구상〕 형체를 갖춤. ↔ 抽象(추상). 器具〔기구〕 세간·그릇 등을 통틀어 일컫는 말. ▶ 具色(구색) 具眼(구안) 具現(구현)
攵 7 ⑪	**救** 구원할 구 jiù relieve 구원하다. 돕다. 도움. 건지다. 고치다. 求 求 求 求 救 救	☞ 구할 구(求)와 칠 복(攵·攴). 救國〔구국〕 나라를 위기에서 건짐. 救援〔구원〕 곤란을 면하도록 줌. 救濟〔구제〕 어려운 지경에 빠진 사람을 도와 줌. 救護〔구호〕 구조하여 보호함. ▶ 救急(구급) 救難(구난) 匡救(광구)
臼 12 ⑱	**舊** 예 구 旧 jiù old 예. 옛날. 묵다. 오래다. 오래도록. 낡다. 扩 萨 萑 萑 舊 舊	☞ 갈대 환(萑)과 절구 구(臼). 舊面〔구면〕 전부터 안면이 있는 사람. 舊習〔구습〕 옛 풍속. 옛 습관. 舊態依然〔구태의연〕 옛 모습 그대로임. 復舊〔복구〕 전 모양으로 되돌림. ▶ 舊本(구본) 守舊(수구) 新舊(신구)
尸 4 ⑦	**局** 판 국 jú situation 판. 방. 추세. 작게 나눈 구획. 관청. ⼀ ⼅ 尸 尸 局 局 局	☞ 자 척(尺 : 길이를 재는 팔꿈치)과 구절 구(句). 局面〔국면〕 바둑·장기 등의 승패를 다루는 판의 형세. 局限〔국한〕 어떤 한 부분에만 한정함. 結局〔결국〕 일의 끝장. 일의 귀결되는 마당. 時局〔시국〕 지금 일어나고 있는 대세. ▶ 局地(국지) 破局(파국)
貝 5 ⑫	**貴** 귀할 귀 贵 guì honorable 귀하다. 비싸다. 소중하다. 중요함. 中 虫 虫 虫 貴 貴	☞ 잠깐 유(虫·臾)와 조개 패(貝 : 재물). 貴賓〔귀빈〕 귀한 손님. 존귀한 손. 貴客(귀객). 貴賤〔귀천〕 귀함과 천함. 또는 귀인과 천인. 貴下〔귀하〕 상대를 높이어 일컫는 말. 富貴〔부귀〕 재산이 많고 지위가 높음. ▶ 貴人(귀인) 貴重(귀중) 貴體(귀체)
見 4 ⑪	**規** 법 규 规 guī rule 법. 법칙. 모범. 걸음쇠. 컴퍼스. 동그라미. ⼆ 夫 却 却 規 規	☞ 지아비 부(夫)와 볼 견(見). 規格〔규격〕 본. 표준. 규정한 격식. 規範〔규범〕 본보기. 規模(규모). 規則〔규칙〕 지키고 따를 준칙. 例規〔예규〕 관례로 되어 있는 규칙. 관례와 규칙. ▶ 規律(규율) 規定(규정) 法規(법규)
糸 6 ⑫	**給** 줄 급 给 gěi give 주다. 넉넉하다. 더하다. 보탬. 대다. 幺 糸 糸 紵 給 給	☞ 실 사(糸)와 합할 합(合). 給料〔급료〕 노력에 대한 보수. 給食〔급식〕 음식물을 공급함. 식사를 제공함. 供給〔공급〕 수요에 응하여 물품을 대어 줌. 支給〔지급〕 물건이나 돈을 치러 줌. ▶ 給付(급부) 給水(급수) 配給(배급)

己 己 몸 기 jǐ body self 몸. 자기. 제 자신. 천간의 여섯째. ㄱ ㄱ 己	☞ 사람이 자기 몸을 굽히고 있는 모양을 본뜬 글자. 己未〔기미〕 육십 갑자(甲子)의 쉰여섯째. 己身〔기신〕 제 몸. 자기. 自身(자신). 利己〔이기〕 자기의 이익을 차림. 知彼知己〔지피지기〕 적의 내정과 나의 내정을 잘 앎. ▶ 己物(기물) 克己(극기) 自己(자기)
手 技 재주 기 jì skill 재주. 재능. 바르지 않다. 구부러짐. 扌 扌 扌 扩 抃 技	☞ 손 수(扌·手)와 헤아릴 지(支). 技巧〔기교〕 손으로 하는 세밀한 기술. 技能〔기능〕 기술상의 재능. 技術〔기술〕 예능 따위의 재주. 特技〔특기〕 특수한 기능. ▶ 技藝(기예) 競技(경기) 實技(실기) 演技(연기)
水 汽 김 기 qì steam 김. 증기. 거의. 거반. 마르다. 그. 丶 丶 氵 汽 汽 汽	☞ 물 수(氵·水)와 기운 기(气). 汽罐〔기관〕 물을 끓여 증기로 바꾸는 장치. 보일러. 汽船〔기선〕 증기기관의 작용으로 다니는 배. 汽笛〔기적〕 기차·기선 등의 증기 힘으로 내는 고동. 汽車〔기차〕 증기 기관의 작용으로 궤도 위를 다니는 열차. ▶ 汽管(기관) 汽動車(기동차)
土 基 터 기 jī base 터. 토대. 기초. 비롯하다. 시초. 근본. 艹 其 其 其 基 基	☞ 그 기(其)와 흙 토(土). 基盤〔기반〕 기본이 되는 지반. 터전. 基本〔기본〕 사물의 가장 중요한 밑바탕. 사물의 근본. 基礎〔기초〕 주춧돌. 基地(기지). 사물의 밑바닥. 토대. 國基〔국기〕 나라의 기초. 나라를 유지하는 기틀. ▶ 基調(기조) 基準(기준) 開基(개기)
月 期 만날 기 qī expect meet 만나다. 기약하다. 약속하다. 기한. 一 艹 甘 其 期 期	☞ 그 기(其)와 달 월(月). 期待〔기대〕 믿고 기다림. 期約〔기약〕 때를 정하여 약속함. 期必〔기필〕 확정하여 틀림이 없음. 반드시 되기를 기약함. 期限〔기한〕 미리 정한 시기. ▶ 期間(기간)
口 吉 길할 길 jí lucky 길하다. 상서로움. 착함. 음력 초하루. 一 十 士 吉 吉 吉	☞ 선비 사(士)와 입 구(口). 吉年〔길년〕 민속에서 혼인하기에 좋다고 하는 해. 吉相〔길상〕 복을 받을 좋은 상격(相格). 吉凶〔길흉〕 길함과 흉함. 행복과 재앙. 禍福(화복). 大吉〔대길〕 매우 길함. ▶ 吉慶(길경) 吉夢(길몽) 不吉(불길)
心 念 생각 념 niàn think 생각. 생각하다. 외다. 잠깐. 스물. 人 今 今 念 念 念	☞ 이제 금(今)과 마음 심(心). 念頭〔염두〕 생각. 마음 속. 心中(심중). 念慮〔염려〕 헤아려 걱정함. 또 그런 생각. 念日〔염일〕 한 달의 20일째 되는 날. 通念〔통념〕 일반 사회에 널리 통하는 개념. ▶ 念願(염원) 念日(염일) 紀念(기념)

5級配定漢字 115

肉 6 ⑩	能	능할 능 néng　　able	☞ '곰'의 모양. 곰의 재주가 여러 가지임. 能動〔능동〕 제 마음에 내켜서 함. 能爛〔능란〕 익숙하고 매우 솜씨가 있음. 能力〔능력〕 일을 감당해 내는 힘. 可能〔가능〕 될 수 있거나 할 수 있음. 참음. ▶ 能事(능사) 能手(능수) 能通(능통) 本能(본능)

능하다. 잘하다. 미치다. 능히. 잘.
厶 台 台 自 能 能

| 口
11
⑭ | 團 | 둥글 단　团
tuán　round | ☞ 에울 위(口) 안에 모일 단(專)을 넣은 글자.
團結〔단결〕 많은 사람이 한데 뭉침. 團合(단합).
團員〔단원〕 어떤 단체의 회원.
團地〔단지〕 주택·공장 등이 집단을 이루고 있는 일정 구역.
團體〔단체〕 같은 목적을 위해 모인 맺은 집단.
▶ 團欒(단란) 團束(단속) 集團(집단) |

둥글다. 모이다. 모으다. 엉겨 굳어지다.
同 周 團 團 團 團

| 土
13
⑯ | 壇 | 제터 단　坛
tǎn　altar | ☞ 흙 토(土)와 도타울 단(亶).
壇上〔단상〕 교단·강단 등의 단위. ↔ 壇下(단하).
文壇〔문단〕 문인들의 사회. 文林(문림).
演壇〔연단〕 강연·연설을 하는 사람이 올라서는 단.
祭壇〔제단〕 제사를 지내게 만들어 놓은 단.
▶ 壇垣(단원) |

제터. 제단. 단. 뜰. 봉토(封土).
圹 圹 圹 壇 壇 壇

| 言
8
⑮ | 談 | 말씀 담　谈
tán　speak | ☞ 말씀 언(言)과 불꽃 염(炎).
談笑〔담소〕 웃으면서 이야기함.
談判〔담판〕 쌍방이 서로 의논하여 옳고 그른 것을 판단함.
面談〔면담〕 서로 만나 이야기함.
會談〔회담〕 한 자리에 모여 얘기함. 또 그 일.
▶ 談話(담화) 懇談(간담) |

말씀. 이야기하다. 설화. 농담하다.
言 言 言 談 談 談

| 田
8
⑬ | 當 | 마땅할 당　当
dāng　suitable | ☞ 짝지을 상(尙)과 밭 전(田).
當局〔당국〕 어떤 일을 담당함. 또는 그 곳.
當到〔당도〕 어떤 곳이나 일에 닿아서 이름.
當選〔당선〕 선거에 뽑힘. 入選(입선).
堪當〔감당〕 일을 능히 해냄. 勘當(감당).
▶ 當年(당년) 當面(당면) 抵當(저당) |

마땅하다. 당하다. 맡다. 주관하다.
当 当 当 常 常 當

| 彳
12
⑮ | 德 | 큰 덕
dé　virtue | ☞ 조금 걸을 척(彳)과 큰 덕(悳 : 悳의 변형).
德分〔덕분〕 남에게 어질고 고마운 행동을 하는 일.
德澤〔덕택〕 남에게 끼치는 은덕의 혜택.
功德〔공덕〕 여러 사람을 위하여 착한 일을 많이 쌓은 일.
道德〔도덕〕 사람으로서 마땅히 지켜야 할 도리.
▶ 德行(덕행) 不德(부덕) |

크다. 덕. 복. 은혜. 혜택. 덕 베풀다.
彳 彳 彳 德 德 德

| 刀
6
⑧ | 到 | 이를 도
dào　reach | ☞ 이를 지(至)와 칼 도(刂·刀).
到達〔도달〕 정한 곳에 이름.
到來〔도래〕 그 곳에 이름. 와 닿음. 닥쳐옴.
到處〔도처〕 이르는 곳. 방방곡곡. 가는 곳마다.
殺到〔쇄도〕 세차게 몰려듦.
▶ 到底(도저) 到着(도착) 周到(주도) |

이르다. 닿음. 도달함. 빈틈없이.
一 ㄱ ㅈ 至 至 到

山 7 ⑩ 섬. **島** ㅓ ㅓ ㅓ 自 鳥 島	섬 도 岛 dǎo island	☞ 새 조(鳥)와 뫼 산(山). 島民〔도민〕 섬에서 사는 사람. 島配〔도배〕 섬으로 귀양보냄. 島嶼〔도서〕 크고 작은 섬들. 落島〔낙도〕 외따로 떨어져 있는 섬. 孤島(고도). ▶ 半島(반도) 列島(열도) 諸島(제도)
邑 9 ⑫ 도읍. 서울. 도회지. 모두. 우두머리. **都** 土 耂 耂 者 都 都	도읍 도 dū capital	☞ 놈 자(者)와 고을 읍(阝·邑). 都心〔도심〕 도시의 중심이 되는 곳. 首都〔수도〕 서울. 定都〔정도〕 나라의 서울을 정함. 遷都〔천도〕 나라의 수도를 옮김. ▶ 都合(도합)
犬 13 ⑯ 홀로. 혼자. 독특함. 단독. 다만. 오로지. **獨** 犭 犭 犸 獨 獨 獨	홀로 독 独 dú alone	☞ 개 견(犭·犬)과 큰 닭 촉(蜀). 獨斷〔독단〕 제멋대로 정함. 주관적 편견으로 판단하는 일. 獨立〔독립〕 남에게 의지하지 않고 따로 섬. 獨白〔독백〕 혼자서 중얼거림. 孤獨〔고독〕 외로움. 부모 없는 어린아이와 자식 없는 늙은이. ▶ 獨樂(독락) 獨舞臺(독무대) 獨步(독보)
艹 9 ⑬ 떨어지다. 낙하하다. 흩어지다. 빠지다. **落** 艹 艹 艹 茖 茖 落	떨어질 락 luò fall	☞ 풀 초(艹·艸)와 낙수 락(洛). 落膽〔낙담〕 실망하여 맥이 풀림. 몹시 놀람. 또, 두려워함. 落淚〔낙루〕 눈물을 흘림. 또, 흐르는 눈물. 零淚(영루). 落望〔낙망〕 희망을 잃음. 沒落〔몰락〕 다 떨어짐. 멸망하여 없어짐. ▶ 落島(낙도) 落榜(낙방) 落伍(낙오) 村落(촌락)
月 7 ⑪ 밝다. 맑게 환하다. 유쾌하고 활달하다. **朗** ㇀ ㇁ 阝 良 朗 朗	밝을 랑 lǎng bright	☞ 어질 량(良)과 달 월(月). 朗讀〔낭독〕 소리를 높여 읽음. 朗誦(낭송). 朗朗〔낭랑〕 소리가 맑은 모양. 밝은 모양. 朗報〔낭보〕 반가운 소식. 明朗〔명랑〕 밝고 쾌활함. ▶ 朗吟(낭음)
冫 5 ⑦ 차다. 식히다. 맑다. 쌀쌀하다. 업신여기다. **冷** ㇀ ㇁ 冫 冫 冷 冷	찰 랭 冷 lěng cool	☞ 얼음 빙(冫)과 명령할 령(令). 冷却〔냉각〕 식혀 차게 함. 冷氣〔냉기〕 찬 기운. 감기. 한랭한 기후. 冷凍〔냉동〕 인공적으로 냉각시켜서 얼림. 冷冷〔냉랭〕 맑고 시원한 모양. 음정이 냉랭한 모양. ▶ 冷待(냉대) 冷溫(냉온) 寒冷(한랭)
艮 1 ⑦ 어질다. 좋다. 착하다. 잘. 진실로. 온순하다. **良** ㇀ ㇁ 阝 良 良	어질 량 liáng good	☞ 체나 키로 쳐서 곡식을 가려내는 모양을 본뜬 글자. 良家〔양가〕 양민의 집. 좋은 집안. 신분이 있는 집안. 良識〔양식〕 건전한 식견. 좋은 견식(見識). 良心〔양심〕 도덕적인 가치를 판단하여 행하려는 의식. 選良〔선량〕 뛰어난 인물을 선출함. 또, 그 인재. ▶ 良久(양구) 良民(양민) 良好(양호) 善良(선량)

里 5 ⑫	量	양　량 헤아릴 량 liáng　measure 양. 분량. 용량. 헤아리다. 되. 기량. 日 旦 昌 昌 量 量	☞ 가로 왈(曰)과 무거울 중(重·重). 量感〔양감〕 회화(繪畫)에서의 볼륨. 크고 풍만한 느낌. 量器〔양기〕 물건의 양을 되는데 쓰는 기구(되·말 등). 度量〔도량〕 너그러운 마음과 깊은 생각. 雅量〔아량〕 깊고 너그러운 마음씨. 度量(도량). ▶ 量決(양결) 量入計出(양입계출) 計量(계량)
方 6 ⑩	旅	나그네 려 lǚ　travel 나그네. 여행하다. 무리. 군사. 군대. 많다. 方 方 方 方 旅 旅	☞ 깃발 언(㫃)과 따를 종(從). 혹은 사람 인(从). 旅客〔여객〕 나그네. 길손. 여행하는 사람. 旅券〔여권〕 외국 여행하는 사람에게 주는 여행 허가증. 旅毒〔여독〕 여행에 의한 해독이나 피로. 行旅〔행려〕 나그네가 되어 다님. 또, 그 나그네. ▶ 旅館(여관) 旅路(여로) 旅行(여행)
止 12 ⑯	歷	지낼 력　历 lì　pass through 지내다. 겪다. 두루. 차례차례. 책력. 厂 厃 厇 厤 歷 歷	☞ 세월 력(曆·厤)과 이를 지(止). 歷代〔역대〕 여러 대를 이음. 지내 내려 온 여러 대(代). 歷歷〔역력〕 또렷함. 분명함. 歷史〔역사〕 인류 사회에 있어서의 변천·흥망의 사실 기록. 遍歷〔편력〕 이곳 저곳을 돌아다님. 여러 가지의 경험을 함. ▶ 歷訪(역방) 歷任(역임) 經歷(경력)
糸 9 ⑮	練	익힐 련　练 liàn　practice 익히다. 단련하다. 숙달되다. 익다. 상복. 糸 紉 紳 紳 練 練	☞ 실 사(糸)와 분별할 간(柬). 練磨〔연마〕 학문이나 기술을 거듭 노력하여 익힘. 練服〔연복〕 소상 뒤부터 담제(禫祭) 전까지 입는 상제의 옷. 練習〔연습〕 학술·기예 등을 되풀이하여 익힘. 熟練〔숙련〕 연습을 많이 하여 숙달하게 익힘. ▶ 練絲(연사) 練祥(연상)
人 3 ⑤	令	명령할 령 lìng　order 명령하다. 명령. 법령. 규칙. 장관. ノ 人 亼 今 令	☞ 모을 집(亼·集)과 병부 절(卩). 令監〔영감〕 정삼품과 종이품의 관원을 일컫던 말. 令息〔영식〕 남의 아들에 대한 경칭. 슈郎(영랑). 令狀〔영장〕 명령을 적은 문서. 구속이나 수색 문서. 命令〔명령〕 윗사람이 내리는 분부. ▶ 令名(영명) 令夫人(영부인) 令愛(영애)
頁 5 ⑭	領	옷깃 령　领 lǐng　collar 옷깃. 거느리다. 요소. 목. 우두머리. 𠆢 𠆢 令 領 領 領	☞ 명령 령(令)과 머리 혈(頁). 領空〔영공〕 한 나라의 주권이 미치는 공간의 범위. 領收〔영수〕 돈이나 물품 따위를 받아들임. 領域〔영역〕 영유하는 구역. 영지 범위. 領土〔영토〕 한 나라의 통치권이 미치는 지역. 領地(영지). ▶ 領導(영도) 領袖(영수) 綱領(강령) 占領(점령)
力 10 ⑫	勞	수고로울 로　劳 láo　toil 수고롭다. 애쓰다. 위로하다. 일하다. ⺍ ⺍ 炏 炏 勞 勞	☞ 밝을 형(熒·煢)과 힘 력(力). 勞苦〔노고〕 힘들여 애쓰고 고생함. 수고를 위로함. 勞動〔노동〕 마음과 몸을 움직여 일을 함. 勞使〔노사〕 노동자와 사용자. 마구 부려먹음. 慰勞〔위로〕 수고를 치사하여 마음을 즐겁게 해 줌. ▶ 勞困(노곤) 勞務(노무) 勤勞(근로)

斗 6 ⑩	**料** 헤아릴 료 liào　measure 헤아리다. 세다. 되질하다. 거리. 감. 재료. 丶 丷 半 米 米 料	☞ 쌀 미(米)와 말 두(斗). 料金〔요금〕 사물을 사용·관람했을 때 그 대가로 내는 돈. 料量〔요량〕 앞일에 대해 잘 생각하여 헤아림. 給料〔급료〕 근로에 대해 고용주가 지급하는 보수. 材料〔재료〕 물건을 만드는데 드는 원료. 거리. 감. ▶ 料理(요리) 料亭(요정)
水 7 ⑩	**流** 흐를 류 liú　flow 흐르다. 흘리다. 떠돌다. 귀양 보내다. 氵 氵 㳇 浐 流 流	☞ 물 수(氵·水)와 깃발 류(㐬). 流動〔유동〕 액체 같은 것이 흘러 움직임. 流浪〔유랑〕 정처 없이 떠돌아다님. 이리저리 방랑함. 流配〔유배〕 죄인을 귀양보냄. 流血〔유혈〕 피를 흘림. 또, 피가 흐름. 흘러나오는 피. ▶ 流離(유리) 流産(유산) 流失(유실)
頁 10 ⑲	**類** 무리 류　类 lèi　class 무리. 종류. 닮다. 비슷하다. 같다. 착하다. 米 类 类 類 類 類	☞ 쌀 미(米)와 개 견(犬), 머리 혈(頁:수효를 의미함). 類例〔유례〕 같거나 비슷한 예. 유사한 예증. 類別〔유별〕 종류에 따라 나누어 구별함. 種別(종별). 類型〔유형〕 비슷한 것 가운데 공통되는 특징의 본보기. 種類〔종류〕 사물의 부문을 나누는 갈래. 종속. ▶ 類似(유사) 類類相從(유유상종) 類推(유추)
阜 8 ⑪	**陸** 뭍 륙　陆 lù　land 뭍. 육지. 언덕. 길. 날뛰다. 들쭉날쭉하다. 阝 阝 陆 陸 陸 陸	☞ 언덕 부(阝·阜)와 언덕 륙(坴). 陸橋〔육교〕 도로나 철로 위를 가로질러 놓은 구름다리. 陸地〔육지〕 뭍. 대지(大地). 물에 덮이지 않은 지구의 표면. 上陸〔상륙〕 배에서 육지로 오름. 離陸〔이륙〕 비행기가 날려고 육지에서 떠오름. ▶ 陸軍(육군) 陸續(육속)
馬 0 ⑩	**馬** 말 마　马 mǎ　horse 말. 수효를 세는 물건. 야생마. 크다. 丨 厂 厂 盯 馬 馬	☞ 말의 머리와 갈기, 다리와 꼬리, 말의 모양. 馬具〔마구〕 말에 딸리는 기구. 안장·재갈·고삐 등. 馬上才〔마상재〕 달리는 말 위에서 부리는 재주. 馬耳東風〔마이동풍〕 말귀에 봄바람이란 뜻. 남의 말을 귀담아 듣지 아니함. 牛耳讀經(우이독경). ▶ 馬房(마방) 耕馬(경마) 競馬(경마)
木 1 ⑤	**末** 끝 말 mò　end 끝. 지엽(枝葉). 신하. 난세(亂世). 자손. 一 二 丰 才 末	☞ 나무 목(木)에 한 일(一)을 더한 글자. 末期〔말기〕 일생의 끝 무렵. 끝나는 시기. 末世(말세). 末端〔말단〕 맨 끄트머리. 맨 아래. 끝. 端末〔단말〕 발단과 결말. 처음과 끝. 전선 따위의 끝. 始末〔시말〕 처음과 끝. 일의 전말. ▶ 末職(말직) 末梢(말초)
亠 1 ③	**亡** 망할 망 없을 무 wáng　wú　ruin 망하다. 잃다. 죽다. 달아나다. 없다. 丶 亠 亡	☞ 사람 인(亠·人)이 건물 안(乚)에 숨은 모양. 亡國〔망국〕 망하여 없어진 나라. 나라를 망침. 亡身〔망신〕 자기의 지위·명예·체면 따위를 망침. 滅亡〔멸망〕 망하여 없어짐. 死亡〔사망〕 죽는 일. ▶ 亡命(망명) 亡羊之歎(망양지탄) 逃亡(도망)

月 7 ⑪	**望** 바랄 망 wàng　hope 바라다. 기다리다. 원망하다. 우러러보다. 亠 亡 걷 걷 望 望	☞ 도망 망(亡)과 달 월(月), 우뚝 설 임(壬). 望間〔망간〕 보름께. 望雲之情〔망운지정〕 객지에서 부모를 생각하는 마음. 望祭〔망제〕 음력 보름날에 종묘에서 지내던 제사. 希望〔희망〕 어떤 일을 이루고자, 또 그걸 얻고자 바람. ▶ 望臺(망대) 望洋之歎(망양지탄) 怨望(원망)
貝 5 ⑫	**買** 살 매 mǎi　buy 사다. 구매하다. 고용함. 불러오다. 丶 冂 罒 罒 胃 買 買	☞ 그물 망(罒·网: 망태기)과 조개 패(貝). 買官〔매관〕 돈을 내고 벼슬을 함. 買收〔매수〕 사들임. 남의 마음을 사서 자기편으로 삼음. 買食〔매식〕 음식을 사서 먹음. 또는 그 음식. 買怨〔매원〕 어떤 일로 인하여 남의 원한을 삼. ▶ 買占賣惜(매점매석)
貝 8 ⑮	**賣** 팔 매　卖 mài　sell 팔다. 넓히다. 널리 퍼뜨림. 속이다. 士 吉 吉 青 青 賣	☞ 날 출(士·出)과 살 매(買). 賣官賣職〔매관매직〕 돈을 받고 벼슬을 시킴. 賣盡〔매진〕 물건이 전부 팔림. 競賣〔경매〕 값을 제일 많이 부르는 사람에게 파는 일. 販賣〔판매〕 상품을 파는 일. ▶ 賣買(매매) 放賣(방매)
火 8 ⑫	**無** 없을 무 wú　not exist 없다. 아니다. 허무의 도. 무엇. 말다. 丿 亠 仁 無 無 無	☞ 큰 대(大·亣)와 수풀을 뜻하는 卌에 불 화(灬·火). 無故〔무고〕 까닭이 없음. 또는 까닭 없이. 탈 없음. 무사함. 無所不爲〔무소불위〕 하지 못할 일이 없음. 莫無可奈〔막무가내〕 어찌할 수 없음. 虛無〔허무〕 마음이 비어 아무 생각이 없음. 덧없음. ▶ 無窮(무궁) 無念無想(무념무상)
人 8 ⑩	**倍** 곱 배 bèi　double 곱. 곱하다. 갑절. 더하다. 등지다. 亻 亻 伫 伫 倍 倍	☞ 사람 인(亻·人)과 가를 부(咅). 倍加〔배가〕 갑절을 더함. 수량이 갑절로 늘어남. 倍達民族〔배달민족〕 우리 민족을 일컬음. 배달겨레. 倍償〔배상〕 배로 하여 갚음. 배로 변상함. 倍數〔배수〕 갑절이 되는 수. ▶ 倍約(배약) 倍額(배액) 萬倍(만배)
水 5 ⑧	**法** 법 법 fǎ　law 법. 방법. 모형. 본받다. 곧. 불교의 진리. 氵 氵 汁 汁 法 法	☞ 물 수(氵·水)와 버릴 거(去). 法律〔법률〕 사회 생활을 유지하기 위한 국가적인 규범. 法案〔법안〕 법률의 안건. 법률의 초안(草案). 方法〔방법〕 목적을 달성하기 위한 수단. 憲法〔헌법〕 국가 존립의 기본적 조건을 규정하는 근본법. ▶ 法規(법규) 法廷(법정) 便法(편법)
言 16 ㉓	**變** 변할 변　变 biàn　change 변하다. 바뀌다. 변경됨. 변해 가다. 言 結 絲 戀 變 變	☞ 말 이를 련(䜌)과 칠 복(攵·攴). 變更〔변경〕 바꾸어서 고침. 變改(변개). 變德〔변덕〕 이랬다저랬다 하여 변하기 쉬운 마음이나 태도. 變亂〔변란〕 사변이 일어나 세상이 어지러움. 또, 그 소란. 變則〔변칙〕 원칙·규정에서 벗어난 법칙. ▶ 變故(변고) 變動(변동) 變死(변사)

八 5 ⑦	兵	군사 병 bīng　soldier 군사. 병사. 병졸. 병기. 무기. 전쟁. 치다. ノ ド ド ヶ 丘 兵	☞ 도끼 근(斤)에 맞잡을 공(廾·丌). 兵戈〔병과〕 칼과 창. 무기. 전쟁. 兵器〔병기〕 전쟁에 쓰이는 기구. 兵法〔병법〕 군사에 대한 모든 법칙. 步兵〔보병〕 소총을 소지하고 도보로 전투하는 병사. ▶ 兵家常事(병가상사) 兵馬(병마) 兵事(병사)
示 9 ⑭	福	복 복　福 fú　blessing 복. 행복. 상서롭다. 음복하다. 禾 示 祀 祠 福 福	☞ 보일 시(示)와 찰 복(畐). 福券〔복권〕 제비를 뽑아 당첨되면 상금 등을 받는 표찰. 福祿〔복록〕 행복과 녹봉(祿俸). 福祉〔복지〕 행복과 이익. 福利(복리). 祝福〔축복〕 앞날의 행복을 빔. ▶ 福德(복덕) 壽福(수복) 幸福(행복)
大 5 ⑧	奉	받들 봉 fèng　honor 받들다. 바치다. 기르다. 돕다. 一 三 丰 夫 去 奉	☞ 무성할 봉(丰)과 들 공(廾), 그리고 손 수(手). 奉讀〔봉독〕 남의 글을 받들어 읽음. 奉仕〔봉사〕 국가나 사회를 위해 헌신적으로 일함. 奉養〔봉양〕 부모 등 웃어른을 받들어 모시고 섬김. 奉獻〔봉헌〕 경건한 마음으로 물건을 바침. ▶ 奉送(봉송) 奉祝(봉축) 信奉(신봉)
比 0 ④	比	견줄 비 bǐ　compare 견주다. 비교하다. 비례하다. 비율. 一 匕 乩 比	☞ 두 사람이 나란히 서 있는 모양을 본뜬 글자. 比肩〔비견〕 어깨를 나란히 함. 比較〔비교〕 서로 견주어 봄. 比例〔비례〕 예를 들어 비교함. 두 양의 비가 같은 일. 比率〔비율〕 어떤 수나 양의 다른 수나 양에 대한 비. ▶ 比等(비등) 比喩(비유)
貝 5 ⑫	費	쓸 비　費 fèi　spend 쓰다. 소비하다. 비용. 용도. 빛나다. 一 一 弓 弗 費 費	☞ 버릴 불(弗)과 조개 패(貝:돈) 費用〔비용〕 물건을 사거나 어떤 일을 하는데 드는 돈. 浪費〔낭비〕 재물이나 시간 따위를 헛되이 씀. 消費〔소비〕 돈·물건·시간·노력 등을 써서 없앰. 歲費〔세비〕 일 년 동안의 경비. 일 년 동안의 보수. ▶ 費目(비목) 所費(소비) 學費(학비)
鼻 0 ⑭	鼻	코 비 bí　nose 코. 처음. 시초. 비롯하다. 구멍. 손잡이. 自 臭 臭 畠 鼻 鼻	☞ 스스로 자(自)와 줄 비(畀). 鼻骨〔비골〕 코를 형성하는 연골. 鼻孔〔비공〕 콧구멍. 鼻笑〔비소〕 코웃음. 冷笑(냉소). 耳目口鼻〔이목구비〕 귀·눈·입·코 인물. 용모. ▶ 鼻祖(비조)
水 1 ⑤	氷	얼음 빙　冰 bīng　ice 얼음. 얼다. 차고 맑다. 亅 氵 冫 氷 氷	☞ 본자(本字)인 '冰'은 얼음 빙(冫)과 물 수(水). 氷庫〔빙고〕 얼음을 넣어 두는 창고. 氷壁〔빙벽〕 얼음이나 눈에 덮인 낭떠러지. 氷點〔빙점〕 물이 어는 점. 곧, 0°C. 結氷〔결빙〕 물이 얼어붙음. ▶ 氷菓(빙과) 氷河(빙하) 製氷(제빙)

5級 配定漢字

士 0 ③ 선비. 사내. 남자. 무사. 병사. 일. 一 十 士	**士** 선비 사 shì scholar	☞ 열 십(十)과 한 일(一). 士君子〔사군자〕학식이 있고 덕행이 높은 사람. 士氣〔사기〕선비의 기개. 병사의 기세. 士大夫〔사대부〕문무(文武) 양반의 일반적인 총칭. 士兵〔사병〕하사관(下士官) 이하의 군인. ↔ 將校(장교). ▶ 士農工商(사농공상) 士林(사림) 壯士(장사)
人 3 ⑤ 벼슬. 벼슬살이. 벼슬하다. 섬기다. ノ 亻 亻 什 仕	**仕** 벼슬 사 shì serve	☞ 사람 인(亻·人)과 선비 사(士). 仕官〔사관〕벼슬살이. 仕宦(사환). 仕路〔사로〕선비로서 가야 할 길. 宦路(환로). 仕宦家〔사환가〕대대(代代)로 내로 오는 벼슬 집안. 奉仕〔봉사〕남을 위하여 공손히 시중듦. ▶ 仕途(사도)
口 2 ⑤ 사기. 역사. 사관(史官). 문필 종사자. 丶 口 口 史 史	**史** 사기 사 shǐ history	☞ 가운데 중(中:올바름)과 또 우(又:손). 史觀〔사관〕역사를 발전의 법칙에 대하여 가지는 관점. 史記〔사기〕역사상의 사실을 기록한 책. 野史〔야사〕풍속·전설 따위를 기록한 민간의 사기. 歷史〔역사〕인류 사회가 변천, 발전하여 온 사실의 기록. ▶ 史蹟(사적)
心 5 ⑨ 생각하다. 생각. 바라다. 원함. 사모하다. 丶 口 田 田 思 思	**思** 생각할 사 sì think	☞ 정수리 신(田·囟)과 마음 심(心). 思考〔사고〕생각하고 궁리함. 思慕〔사모〕그리워함. 우러러 받들고 마음으로 따름. 思想〔사상〕사회 및 인생에 대한 일정한 견해. 생각. 思潮〔사조〕그 시대 사람들의 사상의 일반적인 경향. ▶ 思索(사색)
木 5 ⑨ 조사하다. 사실함. 떼. 뗏목. 풀명자나무. 一 十 木 杳 杳 査	 조사할 사 chá seek out	☞ 나무 목(木)과 또 차(且). 査頓〔사돈〕혼인한 두 집의 부모끼리 부르는 말. 査定〔사정〕조사하여 결정함. 檢査〔검사〕실상을 조사하여 우열·시비 등을 판정함. 踏査〔답사〕현장에 가서 살핌. ▶ 査問(사문) 査閱(사열) 搜査(수사)
宀 12 ⑮ 베끼다. 그리다. 본뜨다. 배우다. 부리다. 宀 宀 宀 寫 寫 寫	**寫** 베낄 사 写 xiě copy	☞ 움집 면(宀)과 까치 작(舃:鵲). 寫本〔사본〕문서나 책을 베낌. 베낀 문서나 책. 寫生〔사생〕자연 풍물 등을 보고 그대로 그림. 寫眞〔사진〕물체의 모양을 그려냄. 사진기로 촬영함. 謄寫〔등사〕베껴 씀. 사본(寫本)을 씀. ▶ 寫實(사실) 寫影(사영) 筆寫(필사)
生 6 ⑪ 낳다. 나다. 일어나다. 산업. 산물. 출신. 亠 立 产 产 产 産	 낳을 산 产 chǎn bear	☞ 선비 언(彥·产)과 날 생(生). 産苦〔산고〕아이를 낳는 괴로움. 産物〔산물〕그 지방에서 생산되어 나오는 물건. 農産物〔농산물〕농업에 의하여 생산된 물건. 資産〔자산〕경제적 가치가 있는 것의 총체. ▶ 産卵(산란) 産業(산업)

目 4 ⑨ 相	서로 상	xiāng mutually	☞ 나무 목(木)과 눈 목(目). 相見〔상견〕 서로 봄. 만남. 相對〔상대〕 서로 마주 대함. 서로 겨룸. 겨룰 만한 대상. 相通〔상통〕 서로 통함. 서로 길이 트임. 樣相〔양상〕 생김새. 모양. 모습. ▶ 相扶相助(상부상조) 相異(상이) 相互(상호)
서로. 바탕. 따르다. 보다. 점치다. 一 十 木 朩 机 相			
口 8 ⑪ 商	장사 상 헤아릴 상	shāng trade	☞ 밝힐 장(立·章)과 빛날 경(冏). 商街〔상가〕 가게가 늘어선 거리. 商店〔상점〕 상품을 파는 가게. 褓負商〔보부상〕 봇짐 장수와 등짐 장수. 行商〔행상〕 돌아다니며 물건을 팖. 또, 그 사람. ▶ 商圈(상권) 商業(상업)
장사하다. 장사. 장사하는 사람. 헤아리다. 亠 宀 产 产 商 商			
貝 8 ⑮ 賞	상줄 상 賞	shǎng prize	☞ 오히려 가상할 상(尙)과 조개 패(貝). 賞杯〔상배〕 상으로 주는 잔. 우승컵. 賞狀〔상장〕 상으로 주는 증서. 賞春〔상춘〕 봄 경치를 구경하여 즐김. 賞牌〔상패〕 상으로 주는 패. ▶ 賞罰(상벌) 賞與金(상여금)
상 주다. 상. 기리다. 찬양함. 즐기다. 尚 尚 當 當 賞 賞			
广 4 ⑦ 序	차례 서	xù order	☞ 집 엄(广)과 취할 여(予). 序曲〔서곡〕 가극 등의 개막 전에 연주하는 악곡. 序論〔서론〕 본론에 앞서, 간략하게 논하는 글. 序幕〔서막〕 연극 따위에서 처음 여는 막. 일의 시작. 秩序〔질서〕 사물의 바른 순서. 차례. 秩次(질차). ▶ 序文(서문) 序列(서열)
차례. 차례를 매기다. 담. 亠 广 广 庌 序 序			
人 5 ⑤ 仙	신선 선	xiān hermit	☞ 사람 인(亻·人)과 뫼 산(山). 仙境〔선경〕 신선이 사는 곳. 仙界(선계). 仙道〔선도〕 신선의 도. 仙風道骨〔선풍도골〕 신선 같은 풍채(風采)와 도인과 같은 골격이란 뜻으로 뛰어나게 고상한 풍채를 일컬음. ▶ 仙界(선계) 仙道(선도) 神仙(신선)
신선. 선교(仙敎). 도교의 별칭. 丿 亻 亻 仙 仙			
舟 5 ⑪ 船	배 선	chuán ship	☞ 배 주(舟)와 산 속 늪 연(㕣). 船路〔선로〕 뱃길. 航路(항로). 船舶〔선박〕 배. 배의 총칭. 船員〔선원〕 배에서 일하는 사람의 총칭. 商船〔상선〕 장삿배. 상업용 선박. 여객선·화물선 등. ▶ 船室(선실) 船積(선적)
배. 의령(衣領). 月 月 舟 舢 船 船			
口 9 ⑫ 善	착할 선 	shàn good	☞ 양 양(羊)과 풀 초(艹), 입 구(口) 善導〔선도〕 바른 길로 이끎. 善良〔선량〕 착하고 어짊. 또, 그 사람. 善意〔선의〕 착한 마음. 남을 위하는 마음. 好意(호의). 善行〔선행〕 착한 행실. ↔ 惡行(악행). ▶ 善防(선방) 善處(선처) 多多益善(다다익선)
착하다. 좋다. 높다. 후하다. 잘. 丷 䒑 丯 羊 羊 善			

辵 12 ⑯	**選** 가릴 선 选 xuán　select 가리다. 보내다. 파견함. 당기다. 좋다. コ 己 毘 巽 巽 選 選	☞ 쉬엄쉬엄 갈 착(辶·辵)과 겸손할 손(巽). 選擧〔선거〕 많은 사람 중 합당한 사람을 가려 뽑음. 選任〔선임〕 뽑아서 직무를 맡김. 選集〔선집〕 많은 글 가운데서 가려 뽑은 글을 엮은 책. 選出〔선출〕 가려 냄. 가려 뽑음. ▶ 選手(선수) 選擇(선택)
魚 6 ⑰	**鮮** 고울 선 鲜 xiǎn　fine 곱다. 선명하다. 아름답다. 산뜻하다. 적다. ク 各 鱼 魚 鮮 鮮 鮮	☞ 고기 어(魚)와 양 양(羊). 鮮度〔선도〕 고기나 채소 따위의 싱싱한 정도. 鮮明〔선명〕 산뜻하고 분명함. 鮮毛〔선모〕 고운 털. 아름다운 모피(毛皮). 鮮血〔선혈〕 신선한 피. 선지피. ▶ 生鮮(생선) 新鮮(신선)
言 7 ⑭	**說** 말씀 설 기쁠 열 달랠 세 说 shuì shuō word 말씀. 언론. 가르침. 생각. 기쁘다. 달래다. 言 言 計 詋 詋 說	☞ 말씀 언(言)과 바꿀 태(兌). 說敎〔설교〕 종교의 교의(敎義)를 강설(講說)하는 일. 說得〔설득〕 여러 모로 알아듣도록 깨우쳐 말함. 說明〔설명〕 풀이하여 밝힘. 또, 그 말. 遊說〔유세〕 사방으로 돌아다니며 자기 의견을 설명하는 일. ▶ 說往說來(설왕설래) 說樂(열락)
心 5 ⑧	**性** 성품 성 xìng　nature 성품. 천성. 성질. 본질. 생명. 살다. 忄 忄 忄 忄 性 性	☞ 마음 심(忄·心)과 날 생(生). 性格〔성격〕 각 사람이 가진 특유한 성질. 品性(품성). 性別〔성별〕 남녀의 구별. 암수의 구별. 性質〔성질〕 타고난 기질. 그것만이 가지고 있는 바탕. 性品〔성품〕 성질과 품격. 성질과 됨됨이. ▶ 性能(성능) 性情(성정) 天性(천성)
水 6 ⑨	**洗** 씻을 세 xǐ　wash 씻다. 깨끗이 씻다. 깨끗하다. 氵 氵 汁 沣 洗 洗	☞ 물 수(氵·水)와 먼저 선(先 : 발). 洗禮〔세례〕 죄악을 씻는 표시로 행하는 의식. 洗心〔세심〕 마음을 깨끗이 씻음. 洗濯〔세탁〕 빨래. 洗滌(세척). 梳洗〔소세〕 머리를 빗고 낯을 씻는 일. ▶ 洗腦(세뇌) 洗足(세족) 筆洗(필세)
止 9 ⑬	**歲** 해 세 岁 suì　year 해. 새해. 나이. 세월. 止 止 产 岁 歲 歲	☞ 개 술(戌)과 걸음 보(步). 歲晚〔세만〕 세밑. 세말(歲末). 歲拜〔세배〕 섣달그믐이나 정초에 웃어른에게 하는 인사. 歲月〔세월〕 흘러가는 시간. 물과 같이 빨리 흘러감. 萬歲〔만세〕 萬年(만년). 영원히 삶. 길이 번영함. ▶ 歲旦(세단) 歲時(세시) 歲入(세입)
木 3 ⑦	**束** 묶을 속 shù　bind 묶다. 묶음. 다발. 띠 매다. 약속하다. 一 一 一 一 申 束	☞ 나무 목(木)과 입 구(口). 束縛〔속박〕 얽어매어 자유를 구속함. 束手無策〔속수무책〕 손을 묶은 듯이 방책이 없다는 뜻으로, 어쩔 도리가 없어 꼼짝 못함을 일컬음. 約束〔약속〕 장래에 관해 상대방과 서로 언약하여 정함. ▶ 束帛(속백) 拘束(구속)

首 0 ⑨	**首** 머리 수 shǒu head 머리. 첫머리. 우두머리. 요청. 자백하다. ` ´ ᅭ 产 首 首	☞ 머리카락이 두 개(〃) 났고 이마(一)와 코(自)를 본뜬 모양. 首肯〔수긍〕 그러하다고 머리를 끄덕임. 옳음을 인정함. 首腦〔수뇌〕 중요한 자리에 있는 사람. 우두머리. 首席〔수석〕 맨 윗자리. 성적 따위의 제1위. 梟首〔효수〕 목을 베어 나무 같은데 매닮. ▶ 首邱初心(수구초심) 首都(수도) 魁首(괴수)
宀 8 ⑪	**宿** 잘 숙 별자리 수 xiù lodge 자다. 머무는 집. 본디. 별자리〔星座〕. 宀 宀 宀 宿 宿 宿	☞ 움집 면(宀)과 백 사람(佰). 宿命〔숙명〕 불교에서, 과거의 인연에 의한 운명. 宿泊〔숙박〕 여관이나 주막에 들어 잠을 자고 머무름. 宿敵〔숙적〕 오래 전부터의 원수. 星宿〔성수〕 모든 성좌의 별들. ▶ 宿所(숙소) 投宿(투숙) 風餐露宿(풍찬노숙)
頁 3 ⑫	**順** 순할 순 顺 shùn docile 순하다. 온순하다. 좇다. 잇다. 차례. 川 厂 順 順 順 順	☞ 내 천(川)과 머리 혈(頁). 順理〔순리〕 도리(道理)에 순종함. 순조로운 이치. 順序〔순서〕 정해 놓은 차례. 次第(차제). 順調〔순조〕 어떤 일이 아무 탈없이 예정대로 잘 되어감. 歸順〔귀순〕 반항심을 버리고 순종함. ▶ 順番(순번) 順應(순응) 逆順(역순)
示 0 ⑤	**示** 보일 시 shì exhibit 보이다. 가르치다. 알리다. 지시하다. 一 二 亍 示 示	☞ 제물을 차려놓은 제상의 모양을 본뜬 글자. 示範〔시범〕 모범을 보임. 示唆〔시사〕 미리 암시하여 일러 줌. 示威〔시위〕 위력이나 기세를 드러내어 보임. 提示〔제시〕 어떠한 뜻을 글이나 말로 나타내어 보임. ▶ 啓示(계시) 告示(고시) 指示(지시)
言 12 ⑲	**識** 알 식 적을 지 깃발 치 识 shí recognize 알다. 깨닫다. 지식. 적다. 깃발. 표지. 言 訁 誇 識 識 識	☞ 말씀 언(言)과 찰진 흙 시(戠). 識見〔식견〕 사물을 식별하고 관찰하는 능력. 識別〔식별〕 분별하여 잘 앎. 識者〔식자〕 아는 것이 많은 사람. 常識〔상식〕 일반 사람으로서 가져야 할 지식. ▶ 識達(식달) 博學多識(박학다식)
臣 0 ⑥	**臣** 신하 신 chén minister 신하. 섬기다. 백성. 종. 一 丆 丆 玉 臣 臣	☞ 임금 앞에 공손히 엎드려 있는 사람의 모양. 臣僚〔신료〕 벼슬아치. 官吏(관리). 臣妾〔신첩〕 여자가 임금에게 하는 스스로의 호칭. 臣下〔신하〕 임금을 섬기어 벼슬하는 사람. 臣子(신자). 忠臣〔충신〕 나라와 임금을 위하여 충절을 다하는 신하. ▶ 臣民(신민) 奸臣(간신)
宀 11 ⑭	**實** 열매 실 实 shí fruit 열매. 결실하다. 실하다. 실제. 사실. 宀 宀 宙 审 實 實	☞ 움집 면(宀)과 꿸 관(貫). 實感〔실감〕 실제로 체험하는 듯한 느낌. 實利〔실리〕 실지로 얻은 이익. 實存〔실존〕 실제로 있음. 현실적으로 존재함. 有名無實〔유명무실〕 이름만 있고 그 실상은 없음. ▶ 實果(실과) 實事求是(실사구시) 眞實(진실)

5級 配定漢字 125

兒 아이 아 / 儿 / ér / child
부수: 儿 / 획수: 6 / ⑧
아이. 유아. 사내아이. 아들. 젊은이.
필순: 丨 臼 臼 臼 兒 兒

☞ 갓난아기 머리의 정수리(臼)와 사람(儿).
- 兒女子〔아녀자〕 사내아이와 계집아이. 여자를 얕잡아 일컬음.
- 兒孩〔아해〕 아이.
- 健兒〔건아〕 건장한 남아.
- 麒麟兒〔기린아〕 재주와 지혜가 뛰어난 젊은 사람.
▶ 兒童(아동) 兒名(아명)

惡 악할 악 / 미워할 오 / 恶 / è wū wù / wicked
부수: 心 / 획수: 8 / ⑫
악하다. 모질다. 나쁘다. 미워하다.
필순: 一 亞 亞 亞 亞 惡

☞ 추할 아(亞)와 마음 심(心).
- 惡女〔악녀〕 성질이 모질고 나쁜 여자. ↔ 善女(선녀).
- 惡談〔악담〕 남의 일을 나쁘게 말하는 일. ↔ 德談(덕담).
- 惡意〔악의〕 나쁜 생각. 나쁜 마음씨. ↔ 好意(호의).
- 憎惡〔증오〕 몹시 미워함.
▶ 惡名(악명) 惡夢(악몽) 勸善懲惡(권선징악)

案 책상 안 / àn / desk
부수: 木 / 획수: 6 / ⑩
책상. 방석. 소반. 밥상. 주발. 생각하다.
필순: 宀 宀 安 安 案 案

☞ 편안할 안(安)과 나무 목(木).
- 案件〔안건〕 사건. 조사하거나 논의할 사항.
- 案內〔안내〕 인도하여 내용을 알려 주는 일.
- 考案〔고안〕 머리를 짜서 새로운 안을 생각해 냄.
- 草案〔초안〕 초잡은 글. 기초한 의안·법안 따위.
▶ 案几(안궤) 案出(안출) 懸案(현안)

約 대략 약 / 부절 요 / 约 / yuē / bind
부수: 糸 / 획수: 3 / ⑨
대략. 대강. 약속하다. 계약. 신표(信票). 부절.
필순: 幺 幺 糸 糸 約 約

☞ 실 사(糸)와 작을 자(勺).
- 約款〔약관〕 약속한 조목. 법령·조약·계약 등에 정한 조항.
- 約束〔약속〕 묶음. 다발 지음. 언약함. 맹세함.
- 儉約〔검약〕 절약하여 낭비하지 않음. 儉省(검생).
- 要約〔요약〕 중요한 대목을 추려 냄. 약속을 함.
▶ 約分(약분) 約定(약정) 密約(밀약)

養 기를 양 / 养 / yǎng / nourish
부수: 食 / 획수: 6 / ⑮
기르다. 성장시키다. 사육하다. 가르치다.
필순: 丷 羊 养 养 養 養

☞ 양 양(羊)과 밥 식(食).
- 養老〔양로〕 노인을 돌보아 편안히 지내게 함.
- 養成〔양성〕 능력을 길러 냄. 양육함.
- 敎養〔교양〕 가르쳐 기름. 학식을 바탕으로 하여 닦는 수양.
- 休養〔휴양〕 쉬어서 심신을 기름.
▶ 養兵(양병) 養育(양육) 扶養(부양)

魚 고기 어 / 鱼 / yú / fish
부수: 魚 / 획수: 0 / ⑪
고기. 물고기. 고기잡이하다. 어대(魚袋).
필순: 丿 勹 夅 魚 魚 魚

☞ 물고기의 머리·배·꼬리의 모양을 본뜬 글자.
- 魚卵〔어란〕 소금을 쳐서 말린 생선의 알.
- 魚網〔어망〕 물고기 잡는 그물.
- 魚肉〔어육〕 생선과 짐승 고기.
- 緣木求魚〔연목구어〕 나무에 올라 물고기를 구한다는 뜻.
▶ 魚頭肉尾(어두육미) 淡水魚(담수어)

漁 고기잡을 어 / 渔 / yú / fishing
부수: 水 / 획수: 11 / ⑭
고기를 잡다. 고기잡이. 어부.
필순: 氵 氵 汢 淯 漁 漁

☞ 물 수(氵·水)와 물고기 어(魚).
- 漁場〔어장〕 고기잡이하는 곳.
- 漁翁〔어옹〕 고기잡이하는 늙은이. 낚시질하는 늙은이.
- 佃漁〔전어〕 사냥하고 고기잡음. 사냥과 고기잡이.
- 樵漁〔초어〕 나무를 하는 일과 고기를 잡는 일.
▶ 漁父之利(어부지리)

人 13 ⑮	**億** 억 억 亿 yì 억. 수의 단위. 많은 수. 편안하다. 亻 亻 伫 倍 億 億	☞ 사람 인(亻·人)과 생각할 의(意). 億劫〔억겁〕 무한히 긴 시간. 億代〔억대〕 아주 오랜 세대. 億兆蒼生〔억조창생〕 수많은 백성. 億兆(억조). 億測〔억측〕 미루어 헤아림. 臆度(억탁). 億劫(억겁). ▶ 億丈(억장) 億千萬劫(억천만겁)
火 11 ⑮	**熱** 더울 열 热 rè hot 덥다. 더워지다. 더위. 뜨겁다. 쏠리다. 土 圥 幸 執 執 熱	☞ 형세 세(埶:勢의 획 줄임)와 불 화(灬). 熱氣〔열기〕 뜨거운 기운. 더위. 높은 체온. 분발한 기세. 熱烈〔열렬〕 과실이나 느끼는 정도가 더할 나위 없이 강함. 熱中〔열중〕 정신을 한 곳으로 쏟아 골몰함. 加熱〔가열〕 열을 가함. ▶ 熱辯(열변) 熱愛(열애) 以熱治熱(이열치열)
艸 9 ⑬	**葉** 잎 엽 성 섭 叶 yè leaf 잎. 뽕. 대. 끝. 책. 장. 고을 이름. 성 艹 芊 芊 苺 華 葉	☞ 풀 초(艹·艸)와 모진나무 엽(枼). 葉綠素〔엽록소〕 잎의 엽록체 중에 함유된 녹색 색소 金枝玉葉〔금지옥엽〕 임금의 집안과 자손. 귀여운 자손. 一葉片舟〔일엽편주〕 하나의 작은 조각배. 일엽주. 紅葉〔홍엽〕 붉은 나뭇잎. 단풍이 든 나뭇잎. ▶ 葉書(엽서) 葉錢(엽전)
尸 6 ⑨	**屋** 집 옥 wū house 집. 지붕. 지붕 모양의 덮개. 尸 尸 戽 居 屋 屋	☞ 주검 시(尸)와 이를 지(至). 屋舍〔옥사〕 집 건물. 사옥. 家屋〔가옥〕 사람이 사는 집. 陋屋〔누옥〕 초라하고 더러운 집. 자기의 집을 낮추어 하는 말. 茅屋〔모옥〕 이엉이나 띠로 이은 집. 초가. ▶ 屋角(옥각) 屋下私談(옥하사담)
宀 4 ⑦	**完** 완전할 완 wán perfect 완전하다. 완전하게 하다. 끝나다. 丶 宀 宀 宀 宇 完	☞ 움집 면(宀)과 으뜸 원(元). 完璧〔완벽〕 흠이 없는 구슬. 결점이 없이 훌륭함. 完全無缺〔완전무결〕 부족함이나 조금의 결점도 없음. 完快〔완쾌〕 병이 완전히 나음. 未完成〔미완성〕 완성되지 못함. ▶ 完結(완결) 完備(완비) 補完(보완)
襾 3 ⑨	**要** 종요로울 요 要 yāo seek 종요롭다. 요긴하다. 중요하다. 근본. 一 ㄲ 襾 襾 要 要	☞ 덮을아 머리(襾:서녘 서)와 계집 녀(女). 要綱〔요강〕 중요한 강령(綱領). 要求〔요구〕 강력히 청하여 구함. 要塞〔요새〕 국경 등에 있는 요해의 성채. 摘要〔적요〕 요점을 뽑아 적음. ▶ 要緊(요긴) 要領(요령) 要望(요망) 重要(중요)
日 14 ⑱	**曜** 빛날 요 yào light 빛나다. 비치다. 빛. 광휘. 일월성신. 丨 冂 日 日ʳ 日ʳʳ 曜	☞ 날 일(日)과 빛날 요(翟). 曜靈〔요령〕 태양(太陽)의 별칭. 曜魄〔요백〕 북두성의 별칭. 曜日〔요일〕 양요(兩曜:일,월)와 오성(五星:화,수,목,금,토) 을 더한 칠요(七曜)의 각 날을 일컫는 말. ▶ 曜曜(요요) 光曜(광요) 眩曜(현요)

5級 配定漢字 127

水 7 ⑩	浴	목욕할 욕 yù　　bathe	☞ 물 수(氵·水)와 골짜기 곡(谷). 浴佛日〔욕불일〕 석가 탄일. 음력 4월 초파일. 浴室〔욕실〕 목욕하는 설비가 되어 있는 방. 沐浴〔목욕〕 온몸을 씻는 일. 日光浴〔일광욕〕 몸에 햇빛을 쬐어 건강을 증진하는 일. ▶ 浴槽(욕조) 海水浴(해수욕)
목욕하다. 목욕. 멱감다. 입다. 氵 氵 氵 氵 氵 浴 浴			

又 2 ④	友	벗 우 yǒu　　friend	☞ 왼손 좌(ナ)와 또 우(又 : 오른손). 友邦〔우방〕 서로 친밀한 관계를 맺은 좋은 나라. 友愛〔우애〕 형제간의 사랑. 벗 사이의 정분. 友情〔우정〕 친우 사이의 정. 友誼(우의). 文房四友〔문방사우〕 종이·붓·먹·벼루를 일컬음. ▶ 友好(우호) 竹馬故友(죽마고우)
벗. 동무. 벗하다. 사귀다. 우애. 一 ナ 方 友			

牛 0 ④	牛	소 우 niú　　ox, cow	☞ 정면에서 본 소의 머리 부분을 본뜬 글자. 牛角〔우각〕 쇠뿔. 호각(互角). 牛耳讀經〔우이독경〕 쇠귀에 경 읽기라는 뜻으로, 아무리 　　　　　　　　　 가르치고 일러 주어도 알아듣지 못함을 일컬음. 牽牛〔견우〕 28수(宿)의 하나. 독수리자리에서 가장 밝은 별. ▶ 牛步(우보) 牛黃(우황) 九牛一毛(구우일모)
소. 무릅쓰다. 별 이름. 희생. ′ ⺊ 二 牛			

雨 0 ⑧	雨	비 우 yǔ　　rain	☞ 하늘(一)의 구름(冂)에서 빗방울(雨)이 떨어지는 모양. 雨期〔우기〕 일년 중 비가 가장 많이 오는 시기. 雨露〔우로〕 비와 이슬. 임금이나 부모의 은혜를 일컬음. 雨後竹筍〔우후죽순〕 비 온 뒤 죽순이 여기저기 돋아나듯이, 　　　　　　　　 여기저기에서 동시에 많이 발생함을 비유함. ▶ 雨露之恩(우로지은) 暴雨(폭우)
비. 비가 오다. 떨어지다. 一 ⺁ 冂 币 雨 雨			

雨 4 ⑫	雲	구름 운　云 yún　　cloud	☞ 비 우(雨)와 이를 운(云·雲). 雲客〔운객〕 신선(神仙). 은자. 雲集〔운집〕 사람들이 사방에서 구름같이 많이 모여듦. 祥雲〔상운〕 상서로운 구름. 戰雲〔전운〕 전쟁이 벌어지려는 험악한 기세. ▶ 雲泥之差(운니지차) 雲雨(운우) 雲海(운해)
구름. 습기. 높음. 많음. 			

隹 4 ⑫	雄	수컷 웅 xióng　　male	☞ 팔꿈치 굉(厷 : 넓다)과 새 추(隹). 雄大〔웅대〕 웅장하고 규모가 큼. 雄辯〔웅변〕 화술이 뛰어나며 설득력이 있는 말솜씨. 英雄〔영웅〕 재지(才智)와 담력과 무용이 뛰어난 인물. 雌雄〔자웅〕 암컷과 수컷. ▶ 雄壯(웅장) 奸雄(간웅) 群雄(군웅)
수컷. 수. 굳세다. 웅장하다. 씩씩하다. ナ 広 太 太 太 雄			

儿 2 ④	元	으뜸 원 yuán　　principal	☞ 위 상(二·上)과 우뚝한 사람 인(儿). 元氣〔원기〕 만물의 근본이 되는 기운. 元年〔원년〕 첫 해. 임금이 즉위한 첫 해. 元旦〔원단〕 정월 초하룻날 아침. 설날. 또는 설날 아침. 元素〔원소〕 물건을 만들어 내는 근본이 되는 것. ▶ 元金(원금) 元老(원로) 元首(원수)
으뜸. 우두머리. 처음. 시초. 근원. 머리. 			

厂 8 ⑩	**原**	근원 **원** yúan　orgin	☞ 언덕 엄(厂)과 샘 천(泉). 原告〔원고〕 소송을 제기해 재판을 청구한 당사자. 原料〔원료〕 생산에 쓰이는 재료. 原理〔원리〕 사물의 근본이 되는 이치. 原始〔원시〕 본디 대로여서 진화 또는 발전하지 않음. 시초. ▶ 原稿(원고) 原則(원칙) 原形(원형)
근원. 근본. 언덕. 본디. 둔덕. 벌판. 一 厂 厂 厈 原 原			
阜 7 ⑩	**院**	집 **원** yuàn　building	☞ 언덕 부(阝·阜)와 튼튼할 완(完). 院內〔원내〕 '院'자가 붙은 각종 기관의 내부. 학원·병원 등. 法院〔법원〕 국가의 사법권을 행사하는 기관. 재판소. 禪院〔선원〕 선도(禪道)를 닦는 집. 養老院〔양노원〕 노인들이 안락하게 지낼 수 있는 곳. ▶ 院長(원장) 病院(병원)
집. 담. 내전. 뜰. 관청. 학교. 阝 阝 阡 阡 阮 院			
頁 10 ⑲	**願** 愿	원할 **원** yuàn　desire	☞ 근원 원(原)과 머리 혈(頁). 願望〔원망〕 원하고 바람. 願書〔원서〕 허가를 얻기 위하여 내는 서류. 입학 원서 등. 所願〔소원〕 원함. 또는 그 원하는 바. 念願〔염원〕 늘 생각하고 간절히 바람. ▶ 祈願(기원) 宿願(숙원) 請願(청원)
원하다. 바라다. 소원. 원컨대. 厈 厚 原 原 願 願			
人 5 ⑦	**位**	자리 **위** wèi　seat	☞ 사람 인(亻·人)과 설 립(立). 位階〔위계〕 벼슬의 품계(品階). 계급·지위의 등급. 位置〔위치〕 사람이나 물건이 있는 장소. 자리. 지위. 方位〔방위〕 어떠한 방향의 위치. 品位〔품위〕 사람이 갖추고 있는 기품이나 위엄. ▶ 位望(위망) 位土(위토) 學位(학위)
자리. 자릿수. 자리잡다. 계급. 지위. 丿 亻 亻 亻 位 位			
人 9 ⑪	**偉** 伟	위대할 **위** wěi　great	☞ 사람 인(亻·人)와 어길 위(韋). 偉大〔위대〕 업적이 크게 뛰어나고 훌륭함. 偉力〔위력〕 위대한 힘. 뛰어난 힘. 偉容〔위용〕 훌륭하고 뛰어난 모습. 偉人〔위인〕 위대한 사람. 뛰어난 인물. ▶ 偉擧(위거) 偉業(위업) 魁偉(괴위)
위대하다. 훌륭하다. 거룩하다. 뛰어나다. 亻 亻 俨 俨 偉 偉			
人 3 ⑤	**以**	써 **이** yǐ　with	☞ 쟁기 모양(㠯)과 사람 인(人). 以南〔이남〕 어떤 한계로부터 남쪽. 以實直告〔이실직고〕 사실 그대로 고함. 以實告之(이실고지). 以心傳心〔이심전심〕 마음에서 마음으로 전달됨. 以爲〔이위〕 생각하건대. ▶ 以熱治熱(이열치열) 以後(이후) 所以(소이)
써(~로써). 이(是). 하나. 부터. 丨 丶 丶 以 以			
耳 0 ⑥	**耳**	귀 **이** ěr　ear	☞ 사람의 귀 모양을 본뜬 글자로 '귀'를 가리킴. 耳聾〔이롱〕 귀가 먹어 들리지 아니함. 耳目〔이목〕 눈과 귀. 남들의 주의. 봄과 들음. 耳環〔이환〕 귀고리. 馬耳東風〔마이동풍〕 남의 말을 귀담아 듣지 않음의 비유. ▶ 耳目口鼻(이목구비) 牛耳讀經(우이독경)
귀. 뿐. 따름(한정·결정의 뜻). 귀에 익다. 一 丆 厂 F 耳 耳			

囗 ③ ⑥	**因** 인할 인 yīn　cause 인하다. 이어받다. 말미암다. 의지하다. 丨 冂 冃 因 因 因	☞ 에워쌀 위(囗)와 큰 대(大). 因果〔인과〕 불교에서, 전생의 악업에 대한 불운의 응보. 因習〔인습〕 이전부터 전하여 내려오는 풍습. 因緣〔인연〕 어느 사물에 관계되는 연줄. 유래. 敗因〔패인〕 싸움에 지거나 일에 실패한 원인. ▶ 因果律(인과율) 善因善果(선인선과)	
人 ④ ⑥	**任** 맡길 임 rèn　entrust 맡기다. 주다. 맡은 일. 마음대로 하다. 丿 亻 仁 仁 任 任	☞ 사람 인(亻·人)과 짊어질 임(壬). 任官〔임관〕 관직에 임명됨. 任期〔임기〕 일정한 책임을 맡아보는 기간. 重任〔중임〕 먼저 일하던 자리에 거듭 임용함. 責任〔책임〕 맡아서 해야 할 일. ▶ 任用(임용) 放任(방임) 委任(위임)	
冂 ④ ⑥	**再** 두 재 zài　twice 두. 둘. 두 번. 거듭하다. 반복. 一 厂 ｢ 币 再 再	☞ 한 일(一)과 쌓을 구(冉·冓). 再建〔재건〕 다시 일으켜 세움. 再考〔재고〕 다시 생각함. 고쳐 생각함. 再演〔재연〕 한 번 있었던 일을 다시 되풀이함. 再會〔재회〕 다시 만남. 두 번째 모임. ▶ 再開(재개) 再檢討(재검토) 再修(재수)	
木 ③ ⑦	**材** 재목 재 cái　timber 재목. 원료. 감. 재료. 자질. 재능. 一 十 才 木 村 材	☞ 나무 목(木)과 바탕 재(才). 材幹〔재간〕 솜씨. 手腕(수완). 材木(재목). 材料〔재료〕 물건을 만드는 감. 일을 할 거리. 人材〔인재〕 학식이나 능력이 뛰어난 사람. 인물. 資材〔자재〕 어떤 물건을 만드는데 필요한 재료. ▶ 材器(재기) 材種(재종)	
火 ③ ⑦	**災** 재앙 재　災 zāi　calamity 재앙. 천재. 응징하다. 丶 丷 巛 巛 巛 災	☞ 내 천(巛·川)과 불 화(火). 災難〔재난〕 뜻밖에 일어나는 변고 災殃〔재앙〕 재해. 재난. 災厄〔재액〕 재앙. 재난. 액운. 天災地變〔천재지변〕 자연의 변화로 일어나는 재해. ▶ 災變(재변)	
貝 ③ ⑩	**財** 재물 재　財 cái　wealth 재물. 재화. 녹(祿). 마르다. 재능. 冂 目 貝 貝 財 財	☞ 조개 패(貝)와 바탕 재(才). 財界〔재계〕 재화(財貨)의 생산·교환이 행해지는 사회. 財物〔재물〕 돈이나 재산이 되는 물건. 財産〔재산〕 개인이나 단체가 소유한 재물. 橫財〔횡재〕 뜻밖에 재물을 공짜로 얻음. 또 그 재물. ▶ 財團(재단) 財閥(재벌) 蓄財(축재)	
爪 ④ ⑧	 다툴 쟁 zhēng　quarrel 다투다. 소송하다. 다툼. 논의. 간(諫)하다. 丿 ⺈ 亇 ⺈ 争 争	☞ 손톱 조(爪)와 또 우(又:오른손), 갈고리 궐(亅). 爭訟〔쟁송〕 서로 송사를 하여 다툼. 爭點〔쟁점〕 쟁송의 중심이 되는 부분. 爭取〔쟁취〕 싸워 빼앗아 가짐. 競爭〔경쟁〕 같은 목적에 관하여 서로 겨루어 다툼. ▶ 爭奪(쟁탈) 論爭(논쟁) 戰爭(전쟁)	

貝 5 ⑫	**貯** 쌓을 저 贮 zhù　　save 쌓다. 저축하다. 두다. 멈추다. 행복. 目 貝 貝 貝` 貯 貯 貯	☞ 조개 패(貝)와 멈출 저(宁). 貯金〔저금〕 돈을 금융기관 같은데 맡겨 저축함. 貯水〔저수〕 물을 저장함. 상수도·관용으로 물을 모아 둠. 貯藏〔저장〕 쌓아서 간직하여 둠. 貯蓄〔저축〕 절약하여 모아 둠. ▶ 貯米(저미) 積貯(적저)
赤 0 ⑦	**赤** 붉을 적 chì　　red 붉다. 붉은빛. 벌거숭이. 비다. 가뭄. 一 十 土 キ 方 赤	☞ 큰 대(土·大)와 불 화(小·火). 赤貧〔적빈〕 몹시 가난하여 아무것도 없음. 赤誠〔적성〕 참된 정성. 赤心(적심). 赤衣〔적의〕 죄인이 입는 붉은 옷. 또는 그 옷을 입은 죄인. 赤化〔적화〕 붉어짐. 공산주의에 물듦. ▶ 赤裸裸(적나라) 赤子之心(적자지심)
白 3 ⑧	**的** 과녁 적 적실할 적 dì　　target 과녁. 표준. 어조사. 요점. 밝다. 적실하다. 亻 白 白 白′ 的 的	☞ 흰 백(白)과 조금 작(勺). 的當〔적당〕 틀림없이 꼭 맞음. 的中〔적중〕 꼭 들어맞음. 화살이 과녁에 맞음. 公的〔공적〕 공공(公共)에 관한 것. ↔ 사적(私的). 靜的〔정적〕 정지한 것. 조용한 것. ↔ 動的(동적). ▶ 的確(적확) 端的(단적)
八 6 ⑧	**典** 법 전 diǎn　　law 법. 규정. 책. 가르침. 의식. 주관하다. 冂 曲 曲 曲 典 典	☞ 맞잡을 공(廾 : 책상) 위에 책(曲·册). 典證〔전증〕 어떤 것을 근거로 하여 시행함. 典當〔전당〕 물건을 담보로 하여 돈을 빎. 典型〔전형〕 같은 특징을 잘 나타내고 있는 형(型). 본. 事典〔사전〕 여러 가지 사물·사항 등을 상세히 설명한 책. ▶ 典禮(전례) 古典(고전) 辭典(사전)
尸 7 ⑩	**展** 펼 전 zhǎn　　spread 펴다. 열다. 늘이다. 살피다. 중히 여기다. 尸 尸 屖 屉 屓 展	☞ 주검 시(尸 : 몸통)와 화려한 의복 전(衰). 展開〔전개〕 눈앞에 벌어짐. 늘여 폄. 展覽〔전람〕 펴서 봄. 여러 가지 물건을 진열해 놓고 봄. 發展〔발전〕 널리 퍼짐. 번영함. 더 높은 단계로 옴. 進展〔진전〕 일이 진행되어 발전함. ▶ 展望(전망) 展示(전시)
人 11 ⑬	**傳** 전할 전 传 chuán　　convey 전하다. 전하여지다. 전기. 펴다. 亻 亻 但 俥 傳 傳	☞ 사람 인(亻·人)과 오로지 전(專). 傳記〔전기〕 개인 일생의 사적의 기록. 傳達〔전달〕 전하여 이르게 함. 傳染〔전염〕 물들임. 또는 물듦. 병균 따위가 남에게 옮음. 宣傳〔선전〕 말하여 전함. 널리 전함. ▶ 傳來(전래) 傳統(전통) 口傳(구전)
刀 2 ④	**切** 끊을 절 모두 체 qiē　　cut, all 끊다. 자름. 갈다. 절실하다. 모두. 一 七 七刀 切	☞ 일곱 칠(七)과 칼 도(刀). 切感〔절감〕 절실하게 느낌. 切斷〔절단〕 끊음. 잘라 냄. 切迫〔절박〕 시기나 기한이 가까이 닥침. 여유가 없고 급함. 哀切〔애절〕 몹시 애처롭고 슬픔. ▶ 切開(절개) 切望(절망) 切齒腐心(절치부심)

5級 配定漢字 131

부수/획	漢字	훈음	음/영	설명
竹 9 ⑮	節 (节)	마디 절	jié / joint	☞ 대 죽(竹)과 곧 즉(卽). 節減[절감] 절약하여 줄임. 節約[절약] 아끼어 씀. 아끼어 군비용이 나지 않게 함. 佳節[가절] 좋은 시절. 좋은 명절. 禮節[예절] 예의와 범절. ▶ 節氣(절기) 節制(절제) 殉節(순절)

마디. 절개. 규칙. 등급. 때. 시기.
⺮ 笞 笞 笞 笞 節

| 广 5 ⑧ | 店 | 가게 점 | diàn / shop | ☞ 집 엄(广)과 차지할 점(占).
店員[점원] 상점에서 일하는 종업원.
店鋪[점포] 상점. 가게를 벌인 집.
商店[상점] 물건을 파는 가게.
書店[서점] 책을 판매하는 가게. 書林(서림). 책방.
▶ 店主(점주) 露店(노점) 本店(본점) |

가게. 전방. 상점. 주막.
广 广 广 店 店 店

| 人 9 ⑪ | 停 | 머무를 정 | tíng / stay | ☞ 사람 인(亻·人)과 정자 정(亭).
停車[정거] 수레가 머무름. 수레를 머무르게 함.
停年[정년] 연령 제한에 따라 공직에서 물러나게 되는 나이.
停止[정지] 하던 일을 중도에서 그침.
停學[정학] 학교에서 학생에게 등교함을 정지시킴. 또, 그 벌.
▶ 停頓(정돈) 停泊(정박) |

머무르다. 멈추다. 그만두다.
亻 亻 亻 仃 停 停

| 心 8 ⑪ | 情 | 뜻 정 | qíng / affection | ☞ 마음 심(忄·心)과 푸를 청(靑).
情景[정경] 정취와 경색. 가엾은 경지에 놓인 딱한 모양.
情談[정담] 다정한 이야기. 애정을 속삭이는 이야기.
情表[정표] 간곡한 정의 표시로 물품을 줌. 또, 그 물품.
愛情[애정] 사랑하는 마음. 戀情(연정).
▶ 情交(정교) 情分(정분) 情緖(정서) |

뜻. 욕심. 심기. 본성. 정성. 실정.
忄 忄 忄 情 情 情

| 言 8 ⑮ | 調 (调) | 고를 조
아침 주 | diào / even adjust | ☞ 말씀 언(言)과 두루 주(周).
調達[조달] 조화되어 통달함. 자금이나 물자 등을 대어 줌.
調理[조리] 조화되게 다스림. 치료함. 양생(養生)함. 훈련함.
調書[조서] 조사한 사항을 기록한 문서.
協調[협조] 힘을 합해 서로 조화를 이룸.
▶ 調練(조련) 調査(조사) 低調(저조) |

고르다. 길들이다. 지키다. 수호함. 아침.
言 訁 訂 訶 訶 調 調

| 手 13 ⑯ | 操 | 잡을 조 | cāo / take manage | ☞ 손 수(扌·手)와 떼지어 울 소(喿).
操心[조심] 실수가 없도록 마음을 삼가서 경계함.
操業[조업] 절개와 업적. 기계를 움직여 작업을 함.
節操[절조] 절개와 지조. 굳게 지키는 지조.
貞操[정조] 여자의 깨끗한 절조. 성적 순결을 보존하는 일.
▶ 操鍊(조련) 操縱(조종) |

잡다. 다가서다. 닥쳐 옴. 군사 훈련.
扌 扩 护 挕 操 操

| 十 6 ⑧ | 卒 | 군사 졸
마칠 졸 | zú / servant | ☞ 옷 의(衣 : 衣의 변형)와 열 십(十).
卒倒[졸도] 갑자기 정신을 잃고 쓰러짐. 또, 그런 일.
卒業[졸업] 학교에서 전과목을 수료함. 일정한 일을 마침.
卒然[졸연] 갑자기. 느닷없이.
驛卒[역졸] 역에 딸려 심부름하던 사람.
▶ 卒年(졸년) 卒逝(졸서) 將卒(장졸) |

군사. 병졸. 하인. 심부름꾼. 마치다.
亠 亠 广 灰 卒 卒

糸 5 ⑪	**終** 끝날 종 zhōng finish 终 끝나다. 다하다. 그치다. 마치다. 걸치다. 糸 糺 紏 終 終 終	☞ 실 사(糸)와 겨울 동(冬). 終講〔종강〕 강의를 끝마침. 또, 그 강의. 終結〔종결〕 끝마침. 終局(종국). 終末(종말). 終了〔종료〕 일을 끝냄. 또는 끝. 始終〔시종〕 처음과 끝. 처음부터 끝까지. ▶ 終決(종결) 終局(종국) 終着(종착)
禾 9 ⑭	**種** 씨 종 zhǒng seed 种 씨. 근본. 원인. 갖가지 종류. 곡식의 씨. 禾 秆 秆 稙 種 種	☞ 벼 화(禾)와 무거울 중(重). 種豚〔종돈〕 씨받이 돼지. 씨돼지. 種類〔종류〕 사물의 부문(部門)을 나누는 갈래. 種族〔종족〕 사람의 종류. 인류(人類). 滅種〔멸종〕 종자가 망하여 없어짐. 씨가 마름. ▶ 種苗(종묘) 種別(종별) 播種(파종)
网 8 ⑬	**罪** 허물 죄 zuì crime 허물. 죄. 범죄. 과오. 실수. 재앙. 罒 罒 罒 罪 罪 罪	☞ 그물 망(罒・网)과 그를 비(非). 罪過〔죄과〕 죄와 과실. 또는 죄 될 만한 과실. 罪囚〔죄수〕 옥에 갇힌 죄인. 原罪〔원죄〕 기독교에서, 아담과 이브가 금단의 열매를 따 먹어 인류에게 끼친 죄. ▶ 罪名(죄명) 罪目(죄목) 罪人(죄인)
巛 3 ⑥	**州** 고을 주 zhōu province 고을. 행정 구역의 명칭. 작은 섬. 삼각주. 丶 丿 丬 州 州 州	☞ 내 천(川)의 사이사이에 점(丶)을 하나씩 찍은 글자. 州境〔주경〕 주(州)의 경계. 州旗〔주기〕 주(州)를 대표하는 기. 州都〔주도〕 주(州)의 관청이 있는 도시. 州閭〔주려〕 마을. 州巷(주항). 鄕里(향리). ▶ 州郡(주군)
辵 8 ⑫	**週** 돌 주 zhōu turn 周 돌다. 회전함. 주일. 요일. 丿 用 周 周 调 週	☞ 쉬엄쉬엄 갈 착(辶・辵)과 두루 주(周 : 두루미침). 週間〔주간〕 한 주일 동안. 7일간. 週期〔주기〕 천체가 같은 위치로 복귀하는데 소요되는 시간. 週日〔주일〕 월요일에서 일요일까지의 7일간. 每週〔매주〕 각 주. 주마다. ▶ 週番(주번) 週報(주보)
刀 7 ⑨	**則** 곧 즉 법칙 칙 zè then 则 곧. 결국. 다만. 법칙. 규칙. 법률. 제도. 丨 冂 目 貝 則 則	☞ 조개 패(貝)와 칼 도(刂・刀). 然則〔연즉〕 '그러면・그런즉'의 뜻의 접속 부사. 規則〔규칙〕 여러 사람이 다같이 지키기로 작정한 법칙. 法則〔법칙〕 꼭 지켜야 하는 규범. 언제 어디서나 성립하는 관계. 然則〔연칙〕 '그러면'이나 '그런즉'의 뜻의 접속 부사. ▶ 則效(칙효)
止 0 ④	 그칠 지 zhǐ stop 그치다. 거동. 발. 머무르다. 그만두다. 丨 卜 ㅑ 止	☞ 사람의 발목 아래 모양을 본뜬 글자. 止揚〔지양〕 어떤 것을 그 자체로는 부정하면서 한층 더 높은 단계에서 이것을 긍정하여 나아가는 일. 止血〔지혈〕 피가 나오다가 그침. 또는 나오는 피를 그치게 함. 禁止〔금지〕 말려서 하지 못하게 함. ▶ 止於止處(지어지처) 沮止(저지) 廢止(폐지)

矢 3 ⑧	知	알 지 슬기 지 zhī　know	☞ 화살 시(矢)와 입 구(口). 知覺〔지각〕 앎. 깨달음. 능력. 知能〔지능〕 두뇌의 작용. 슬기와 능력. 智能(지능). 知命〔지명〕 천명(天命)을 앎. 50세를 일컫는 말. 知彼知己〔지피지기〕 그를 알고 나를 앎. ▶ 知己(지기) 知識(지식) 格物致知(격물치지)
알다. 깨닫다. 터득함. 슬기. ㅗ ㅜ 矢 矢 知 知 知			
貝 8 ⑮	質	바탕 질 볼모 질 zhí　质 disposition	☞ 모탕 은(斦)과 조개 패(貝). 質量〔질량〕 물체 속에 포함되어 있는 물질의 분량. 質問〔질문〕 모르거나 의심나는 점을 물음. 氣質〔기질〕 마음이 질박하고 순진함. 기품. 性質〔성질〕 타고난 기질. 그것만이 가지고 있는 바탕. ▶ 質朴(질박) 質的(질적) 體質(체질)
바탕. 진실. 사실. 성질. 맹세. 볼모. 斤 斦 斦 斦 質 質			
目 7 ⑫	着	붙을 착 zháo　attach	☞ 양 양(羊)과 눈 목(目). 着陸〔착륙〕 비행기가 육지에 내림. 着服〔착복〕 옷을 입음. 남의 금품을 부당하게 자기 것으로 함. 到着〔도착〕 목적지에 다다름. 愛着〔애착〕 사랑하고 아껴서 단념할 수가 없음. ▶ 着工(착공) 着想(착상) 沈着(침착)
붙다. 붙이다. 입다. 신다. 쓰다. 손대다. ㅗ ㅜ 羊 羊 着 着			
厶 9 ⑪	參	참여할 참 빽빽할 삼 cān　shēn　参	☞ 옥비녀 세 개인 삼태성(三台星)을 본뜬 글자. 參加〔참가〕 어떤 모임이나 일에 참여함. 參見〔참견〕 남의 일에 간섭함. 參觀(참관). 參考〔참고〕 이것저것 대조하여 생각함. 持參〔지참〕 돈이나 물건을 가지고 가서 참가함. ▶ 參禮(참례) 古參(고참) 參參五五(삼삼오오)
참여하다. 간여함. 보다. 빽빽하다. 인삼(人蔘). ㅅ ㅅ 厽 奀 參 參			
口 8 ⑪	唱	노래 창 chàng　sing	☞ 입 구(口)와 창성할 창(昌). 唱歌〔창가〕 곡조에 맞추어 노래 부름. 또 그 노래. 唱曲〔창곡〕 노래하기 위한 곡조. 곡조에 의하여 노래를 부름. 先唱〔선창〕 맨 먼저 주장함. 맨 먼저 부름. 主唱〔주창〕 주의나 주장을 앞장서서 부르짖음. ▶ 唱劇(창극) 唱法(창법)
노래. 노래 부르다. 인도하다. 먼저 부르다. 口 吅 吅 吅 唱 唱			
貝 4 ⑪	責	꾸짖을 책 빚 채 zé　scold　责	☞ 가시 자(主·束)와 조개 패(貝). 責望〔책망〕 구하여 바람. 요구함. 責務〔책무〕 맡은 바 일. 직책과 임무. 책임진 임무. 問責〔문책〕 잘못을 캐묻고 추궁함. 책임을 물음. 重責〔중책〕 중대한 책임. 엄중하게 책망함. ▶ 責任(책임) 引責(인책) 叱責(질책)
꾸짖다. 요구하다. 강요함. 꾸지람하다. 빚. 一 十 主 青 靑 責			
金 13 ㉑	鐵	쇠 철 tiě　iron　铁	☞ 쇠 금(金)과 날카로울 철(𢧜). 鐵甲〔철갑〕 쇠로 만든 갑옷. 鐵道〔철도〕 철제 궤도를 깐 길. 기차·전차의 선로(線路). 鐵面皮〔철면피〕 부끄러워할 줄 모르는 사람을 일컫는 말. 鐵則〔철칙〕 엄격한 규칙. 절대적인 원칙. ▶ 鐵馬(철마) 鐵壁(철벽) 寸鐵殺人(촌철살인)
쇠. 검다. 검은 빛. 단단하다. 굳다. 鋅 鋅 鐽 鐵 鐵 鐵			

刀 5 ⑦	**初**	처음 초 chū　beginning	☞ 옷 의(衤·衣)와 칼 도(刀).
		처음. 시작. 첫. 처음의. 비로소. 처음으로. ゝ ラ ネ ネ 初 初	初級〔초급〕 맨 첫째의 등급. 맨 아래 등급. 初等(초등). 初面〔초면〕 처음으로 대하여 봄. 처음 대하는 처지. 初行〔초행〕 처음으로 감. 또, 그 길. 太初〔태초〕 우주의 맨 처음. 천지가 개벽한 맨 처음. ▶ 初更(초경) 初夜(초야) 當初(당초)

日 8 ⑫	**最**	가장 최 zuì　most	☞ 무릅쓸 모(日·冒)와 취할 취(取).
		가장. 제일. 으뜸. 중요한 일. 우두머리. 日 旦 早 旱 昜 最 最	最高〔최고〕 가장 높음. 제일임. 最善〔최선〕 가장 좋음. 全力(전력). 尤最〔우최〕 가장 훌륭함. 最上(최상). 殿最〔전최〕 선봉과 후군. 열등과 우등. ▶ 最古(최고) 最近(최근) 最初(최초) 最後(최후)

示 5 ⑩	**祝**	빌 축 zhù　pray	☞ 보일 시(示)와 입 구(口), 사람 인(儿·人).
		빌다. 축하하다. 기원하다. 축문. 고하다. 二 亍 亓 礻 初 祀 祝	祝杯〔축배〕 축하하는 뜻으로 드는 술잔. 祝福〔축복〕 앞길의 행복을 빎. 慶祝〔경축〕 기쁜 일을 축하함. 奉祝〔봉축〕 공경하는 마음으로 축하함. ▶ 祝文(축문) 祝辭(축사)

儿 4 ⑥	**充**	가득할 충 chōng　full	☞ 기를 육(𠫓·育)과 사람 인(儿·人).
		가득하다. 차다. 채우다. 막다. 덮다. 살찌다. ` 亠 亡 云 产 充	充當〔충당〕 모자라는 것을 채워서 메움. 充員〔충원〕 부족한 인원을 채움. 充足〔충족〕 일정한 분량에 차거나 채움. 補充〔보충〕 모자라거나 부족한 것을 보태어 채움. ▶ 充滿(충만) 充實(충실) 充血(충혈) 擴充(확충)

至 4 ⑩	**致**	이룰 치 zhì　accomplish	☞ 이를 지(至)와 칠 복(攵·攴).
		이루다. 이룩하다. 이르다. 다다르다. 주다. 一 工 至 至 致 致	致命〔치명〕 죽을 지경에 이름. 하느님을 위해 목숨을 희생함. 致富〔치부〕 부를 이룸. 재물을 모아 부유하게 됨. 景致〔경치〕 산수 등 자연계의 아름다운 현상. 極致〔극치〕 더 이상 갈 수 없는 데까지 이름. ▶ 致誠(치성) 拉致(납치) 送致(송치) 一致(일치)

人 3 ⑤	**他**	다를 타 겹칠 타 tā　different	☞ 사람 인(亻·人)과 뱀 사(也·蛇).
		다르다. 딴. 남. 혈육 이외의 사람. 겹치다. ノ 亻 仁 什 他	他界〔타계〕 다른 세계. 다른 세계로 감. 타인의 세계. 他人〔타인〕 남. 다른 사람. 排他〔배타〕 남을 배척함. 自他〔자타〕 자신과 남. 모든 이. ▶ 他國(타국) 他山之石(타산지석) 他鄉(타향)

手 2 ⑤	**打**	칠 타 dà　strike	☞ 손 수(扌·手)와 못 정(丁).
		치다. 공격하다. ~부터. 접두어. 一 十 扌 扌 打	打倒〔타도〕 쳐서 넘어뜨림. 때리어 거꾸러뜨림. 打電〔타전〕 무전이나 전보를 침. 打作〔타작〕 곡식의 이삭을 두드려 알을 거둠. 마당질. 亂打〔난타〕 함부로 마구 때림. ▶ 打開(타개) 打鐘(타종) 半打作(반타작)

5級 配定漢字

十 6 ⑧ **卓** 높을 탁 zhuō high 높다. 뛰어나다. 우월함. 높고 먼 모양. ⺊ ⺊ 占 卢 卓 卓	☞ 위 상(⺊·上)과 일찍 조(早). 卓見〔탁견〕 뛰어난 식견(識見). 卓識(탁식). 卓論〔탁론〕 뛰어난 의론(議論). 卓說(탁설). 卓越〔탁월〕 월등하게 뛰어남. 食卓〔식탁〕 식사하기 위하여 음식을 놓는 탁자. ▶ 卓上空論(탁상공론) 卓子(탁자)
火 5 ⑨ **炭** 숯 탄 tàn charcoal 숯. 목탄. 석탄. 숯불. 불타고 남은 것. ⼭ ⼭ 户 岸 炭 炭	☞ 언덕 안(⺁·岸)과 불 화(火). 炭坑〔탄갱〕 석탄을 캐내는 굴. 炭鑛〔탄광〕 석탄이 나는 광산. 炭素〔탄소〕 생물체를 구성하는 원소. 원소기호 C. 石炭〔석탄〕 땅속에 묻히어 생긴 탄소물질의 화석(化石) 연료. ▶ 炭庫(탄고) 炭田(탄전) 木炭(목탄)
宀 3 ⑥ **宅** 집 택 댁 댁 zhái dāi home 집. 대지(垈地). 거주하다. 댁. 	☞ 움집 면(宀)과 맡길 탁(乇). 宅配〔택배〕 짐이나 서류 따위를 각 호별(戶別)로 배달함. 宅地〔택지〕 가옥의 대지. 집터. 垈地(대지). 家宅〔가택〕 살림하는 집. 사람이 살고 있는 집. 住宅〔주택〕 사람이 사는 집. ▶ 宅號(택호) 宅內(댁내) 邸宅(저택)
木 4 ⑧ **板** 널빤지 판 bǎn board 널빤지. 널조각. 판목(板木). 딱딱이. 글. 十 木 杧 杧 板 板	☞ 나무 목(木)과 뒤집을 반(反). 板本〔판본〕 목판으로 인쇄한 책. 版本(판본). 板書〔판서〕 칠판에 분필로 글씨를 씀. 板紙〔판지〕 두껍고 단단하게 널조각처럼 만든 종이. 甲板〔갑판〕 배 위의 철판·나무 따위로 깐 평평한 바닥. ▶ 板面(판면) 板子(판자) 黑板(흑판)
⽁ 7 ⑪ **敗** 패할 패 敗 bài defeated 패하다. 지다. 실패하다. 망하다. 썩다. 目 貝 貝 貯 貯 敗	☞ 조개 패(貝)와 칠 복(攵·⽁). 敗家亡身〔패가망신〕 가산을 탕진하고 몸을 망침. 敗北〔패배〕 싸움에 짐. 싸움에 져 도망함. 敗走(패주). 敗退〔패퇴〕 싸움에 져서 물러섬. 失敗〔실패〕 일을 잘못하여 그르침. ▶ 敗訴(패소) 敗走(패주) 腐敗(부패)
口 6 ⑨ **品** 물건 품 pǐn goods 물건. 물품. 품수. 등급. 평가함. 	☞ 입 구(口) 셋을 합한 글자. 品格〔품격〕 사람된 바탕과 타고난 성질. 품성과 인격. 品貴〔품귀〕 물건이 귀함. 品性〔품성〕 사람의 됨됨이. 품격과 성질. 人品(인품). 物品〔물품〕 일정하게 쓰일 가치가 있는 물건. ▶ 品階(품계) 品目(품목) 品質(품질) 珍品(진품)
心 1 ⑤ **必** 반드시 필 bì surely 반드시. 오로지. 꼭. 기필코. 	☞ 주살 익(弋)과 여덟 팔(八). 必讀〔필독〕 꼭 읽음. 반드시 읽어야 함. 必罰〔필벌〕 죄 있는 자는 반드시 벌을 줌. 반드시 처벌함. 必需〔필수〕 반드시 없으면 안 됨. 반드시 쓰임. 期必〔기필〕 꼭 되기를 약속함. ▶ 必得(필득) 必勝(필승) 必要(필요) 何必(하필)

부수/획	한자	훈음 / 병음·영문	설명
竹 6 ⑫	筆 (笔)	붓 필 bǐ 붓. 글. 쓰다. 필적. 글씨. ⺮ ⺮ ⺮ 笁 筆 筆	☞ 대 죽(竹)과 붓 률(聿). 筆談〔필담〕 글로 써서 담함. 筆力〔필력〕 글씨의 획에 드러난 힘. 문필의 힘. 筆舌〔필설〕 붓과 혀. 곧, 글과 말. 執筆〔집필〕 붓을 잡고 시가·작품 등의 글을 씀. ▶ 筆名(필명) 筆寫本(필사본) 達筆(달필)
水 5 ⑧	河	강이름 하 hé river 강 이름. 황하(黃河). 내. 강. 운하(運荷). 氵 氵 氵 河 河 河	☞ 물 수(氵·水)와 옳을 가(可). 河口〔하구〕 강물이 바다를 흘러 드는 어귀. 강어귀. 河岸〔하안〕 하천 양쪽의 둔덕. 河川〔하천〕 강과 내. 시내. 강. 山河〔산하〕 산과 내. 국토. 세상. ▶ 河流(하류) 河海(하해) 運河(운하)
宀 9 ⑫	寒	찰 한 hán cold 차다. 추움. 오싹하다. 가난하다. 곤궁함. 宀 宀 帘 寒 寒 寒	☞ 터질 하(寒)와 얼음 빙(冫). 寒氣〔한기〕 추운 기운. 추위. 오싹하여 몸이 떨리는 기운. 寒冷〔한랭〕 춥고 참. 행동거지가 침착하고 여유가 있음. 寒食〔한식〕 동지로부터 105일째 되는 날. 조상 묘에 사초함. 惡寒〔오한〕 병으로 열이 심할 때 느끼는 추위. ▶ 寒心(한심) 寒波(한파) 脣亡齒寒(순망치한)
宀 7 ⑩	害	해칠 해 어찌 할 hài hé 해치다. 손해. 훼방하다. 요해. 어찌. 宀 宀 宀 宊 害 害	☞ 움집 면(宀)과 어지러울 개(丯), 입 구(口). 害毒〔해독〕 어떤 일을 망치거나 손해를 끼치는 요소 害蟲〔해충〕 인류 생활에 해를 끼치는 벌레. 猜害〔시해〕 시기하며 해코지함. 旱害〔한해〕 가뭄으로 인한 피해. ▶ 害惡(해악) 妨害(방해)
言 4 ⑪	許 (许)	허락할 허 이영차 호 xǔ permit 허락하다. 나아가다. 가량. 매우. 이영차. 亠 亠 言 許 許 許	☞ 말씀 언(言)과 공이 저(午·杵). 許可〔허가〕 법령으로 금지하는 일을 허락해 주는 행정 행위. 許多〔허다〕 많음. 수두룩함. 許諾〔허락〕 청하는 일을 들어 줌. 승낙. 特許〔특허〕 특별히 허락함. ▶ 許久(허구) 許容(허용) 許婚(허혼)
水 9 ⑫	湖	호수 호 hú lake 호수. 큰 못. 氵 氵 汁 浩 湖 湖	☞ 물 수(氵·水)와 멀 호(胡). 湖南〔호남〕 호수의 남쪽. 전라남북도의 별칭. 湖畔〔호반〕 호숫가. 湖上(호상). 湖岸(호안). 江湖〔강호〕 강과 호수. 자연. 속세를 떠난 선비가 사는 곳. 淡水湖〔담수호〕 물에 염분이 없는 호수. ▶ 湖水(호수) 江湖之樂(강호지락)
匕 2 ④	化	화할 화 huà change 화하다. 변함. 가르치다. 태어나다. 죽다. 丿 亻 化 化	☞ 바로 선 사람(亻·人)과 거꾸로 선 사람(匕). 化石〔화석〕 지층에 묻혀 돌이 된 동식물의 유체. 化粧〔화장〕 바르고 매만져 얼굴을 곱게 꾸밈. 國有化〔국유화〕 토지 등을 국가의 소유로 함. 變化〔변화〕 사물의 성질·모양 등이 바뀌어 다르게 됨. ▶ 化育(화육) 化學(화학) 化合(화합)

心 7 ⑪	患	근심 환 huàn　anxiety	☞ 꼬챙이 곶(串)과 마음 심(心). 患苦〔환고〕 근심 때문에 생기는 고통. 患難〔환난〕 근심 걱정과 재난. 患亂〔환란〕 재앙. 兵亂(병란). 患憂〔환우〕 근심과 걱정.
	근심. 고통. 재난. 근심하다. 질병. 앓다. 丨 口 吕 串 串 患 患		▶ 患者(환자) 內憂外患(내우외환) 宿患(숙환)
攴 6 ⑩	效	본받을 효 xiào　follow	☞ 사귈 교(交)와 칠 복(攵·攴). 效果〔효과〕 보람이 있는 좋은 결과. 效力〔효력〕 한 일에 대하여 나타나는 좋은 결과. 效率〔효율〕 들인 노력과 얻은 결과와의 비율. 일의 능률. 失效〔실효〕 효력을 잃음.
	본받다. 힘쓰다. 주다. 드리다. 나타내다. 亠 亥 亥 亥 效 效		▶ 效能(효능) 效用(효용) 無效(무효)
凵 2 ④	凶	흉할 흉 xiōng　evil	☞ 움푹 패여 있는 땅(凵:함정)과 갈라진 곳(㐅). 凶計〔흉계〕 음흉한 꾀. 凶器〔흉기〕 사람을 살상하는데 쓰는 연장. 凶年〔흉년〕 농작물이 잘 되지 않은 해. 凶荒(흉황). 奸凶〔간흉〕 간교하고 흉악함.
	흉하다. 재앙. 흉년. 언짢다. 해치다. 丿 ㄨ 凶 凶		▶ 凶事(흉사) 凶惡(흉악) 凶作(흉작) 吉凶(길흉)
黑 0 ⑫	黑	검을 흑 hēi　black	☞ 구멍 창(囧·窓)과 흙 토(土)와 불화 발(灬·火). 黑幕〔흑막〕 검은 장막. 겉으로 드러나지 않은 음흉한 내막. 黑白〔흑백〕 검은 빛과 흰 빛. 잘 잘못. 옳은 것과 그른 것. 暗黑〔암흑〕 어둡고 캄캄함. 漆黑〔칠흑〕 옻칠과 같이 검음.
	검다. 검은빛. 어둡다. 양. 돼지. 口 血 囧 甲 里 黑		▶ 黑心(흑심) 黑字(흑자) 黑鳥(흑조)

漢字能力檢定 4級 配定漢字

假 거짓 가　　亻(人, 사람인변)부 9획 ⑪
街 거리 가　　行(다닐행)부 6획 ⑫
暇 겨를 가　　日(날일)부 9획 ⑬
刻 새길 각　　刂(刀, 선칼도방)부 6획 ⑧
覺 깨달을 각, 깰 교　見(볼견)부 13획 ⑳
干 방패 간　　干(방패간)부 0획 ③
看 볼 간　　　目(눈목)부 4획 ⑨
簡 편지 간　　竹(대죽)부 12획 ⑱
甘 달 감　　　甘(달감)부 0획 ⑤
敢 감히, 굳셀 감　攵(攴, 등글월문방)부 8획 ⑫
減 덜 감　　　氵(水, 삼수변)부 9획 ⑫
監 살필, 볼 감　皿(그릇명)부 9획 ⑭
甲 갑옷 갑　　田(밭전)부 0획 ⑤
降 내릴 강, 항복할 항　阝(阜, 좌부변)부 6획 ⑨
康 편안할 강　广(엄호엄)부 8획 ⑪
講 익힐 강, 화해할 구　言(말씀언)부 10획 ⑰
個 낱 개　　　亻(人, 사람인변)부 8획 ⑩
更 다시 갱, 고칠 경　曰(가로왈)부 3획 ⑦
巨 클 거　　　工(장인공)부 2획 ⑤
居 살 거　　　尸(주검시엄)부 5획 ⑧
拒 막을 거　　扌(手, 재방변)부 5획 ⑧
據 의거할 거　扌(手, 재방변)부 13획 ⑯
傑 뛰어날 걸　亻(人, 사람인변)부 10획 ⑫
儉 검소할 검　亻(人, 사람인변)부 13획 ⑮
檢 조사할 검　木(나무목)부 13획 ⑰

激 과격할 격　氵(水, 삼수변)부 13획 ⑯
擊 칠 격　　　手(손수)부 13획 ⑰
犬 개 견　　　犬(개견)부 0획 ④
堅 굳을 견　　土(흙토)부 8획 ⑪
缺 이지러질 결　缶(장군부)부 4획 ⑩
潔 깨끗할 결　氵(水, 삼수변)부 12획 ⑮
傾 기울 경　　亻(人, 사람인변)부 11획 ⑬
經 날, 경서 경　糸(실사)부 7획 ⑬
境 지경 경　　土(흙토)부 11획 ⑭
慶 경사 경　　心(마음심)부 11획 ⑮
鏡 거울 경　　金(쇠금)부 11획 ⑲
警 경계할 경　言(말씀언)부 13획 ⑳
驚 놀랄 경　　馬(말마)부 13획 ㉓
戒 경계할 계　戈(창과)부 3획 ⑦
系 이을 계　　糸(실사)부 1획 ⑦
季 끝 계　　　子(아들자)부 5획 ⑧
係 맬 계　　　亻(人, 사람인변)부 7획 ⑨
階 섬돌 계　　阝(阜, 좌부변)부 9획 ⑫
繼 이을 계　　糸(실사)부 14획 ⑳
鷄 닭 계　　　鳥(새조)부 10획 ㉑
孤 외로울 고　子(아들자)부 5획 ⑧
故 예 고　　　攵(攴, 등글월문방)부 5획 ⑨
庫 곳집 고　　广(엄호엄)부 7획 ⑩
穀 곡식 곡　　禾(벼화)부 10획 ⑮
困 곤할 곤　　囗(큰입구몸)부 4획 ⑦

4급

4級 配定漢字

骨	뼈 골	骨(뼈골)부 0획 ⑩
孔	구멍 공	子(아들자)부 1획 ④
攻	칠 공	攵(攴, 등글월문방)부 3획 ⑦
官	벼슬 관	宀(갓머리)부 5획 ⑧
管	대롱 관	竹(대죽머리)부 8획 ⑭
鑛	쇳돌 광	金(쇠금)부 15획 ㉓
句	글귀 구	口(입구)부 2획 ⑤
求	구할 구	氺(水, 물수)부 2획 ⑥
究	궁구할 구	穴(구멍혈)부 2획 ⑦
構	얽을 구	木(나무목)부 10획 ⑭
君	임금 군	口(입구)부 4획 ⑦
群	무리 군	羊(양양)부 7획 ⑬
屈	굽을 굴	尸(주검시엄)부 5획 ⑧
宮	집 궁	宀(갓머리)부 7획 ⑩
窮	다할 궁	穴(구멍혈)부 10획 ⑮
券	문서 권	刀(칼도)부 6획 ⑧
卷	책 권	卩(㔾, 병부절)부 6획 ⑧
勸	권할 권	力(힘력)부 18획 ⑳
權	권세 권	木(나무목)부 18획 ㉒
歸	돌아갈 귀	止(그칠지)부 14획 ⑱
均	고를 균, 따를 연	土(흙토)부 4획 ⑦
極	지극할 극	木(나무목)부 9획 ⑬
劇	심할 극	刂(刀, 선칼도방)부 13획 ⑮
筋	힘줄 근	竹(대죽머리)부 6획 ⑫
勤	부지런할 근	力(힘력)부 11획 ⑬
禁	금할 금	示(보일시)부 8획 ⑬
奇	기이할 기	大(큰대)부 5획 ⑧
紀	벼리 기	糸(실사)부 3획 ⑨
起	일 기	走(달릴주)부 3획 ⑩
寄	부칠 기	宀(갓머리)부 8획 ⑪
器	그릇 기	口(입구)부 13획 ⑯
機	틀 기	木(나무목)부 12획 ⑯
暖	따뜻할 난	日(날일)부 9획 ⑬
難	어려울 난	隹(새추)부 11획 ⑲
納	들일 납	糸(실사)부 4획 ⑩
努	힘쓸 노	力(힘력)부 5획 ⑦
怒	성낼 노	心(마음심)부 5획 ⑨
段	층계 단	殳(갓은등글월문방)부 5획 ⑨
單	홑 단	口(입구)부 9획 ⑫
端	끝 단	立(설립)부 9획 ⑭
檀	박달나무 단	木(나무목)부 13획 ⑰
斷	끊을 단	斤(날근)부 14획 ⑱
達	통달할 달	辶(辵, 책받침)부 9획 ⑬
擔	멜 담	扌(手, 재방변)부 13획 ⑯
黨	무리 당	黑(검을흑)부 8획 ⑳
帶	띠 대	巾(수건건)부 8획 ⑪
隊	무리 대	阝(阜, 좌부변)부 9획 ⑫
徒	무리 도	彳(두인변)부 7획 ⑩
逃	달아날 도	辶(辵, 책받침)부 6획 ⑩
盜	도둑 도	皿(그릇명)부 7획 ⑫

4급

4급

導	이끌 도	寸(마디촌)부 13획 ⑯
毒	독할 독	毋(말무)부 4획 ⑧
督	살펴볼 독	目(눈목)부 8획 ⑬
銅	구리 동	金(쇠금)부 6획 ⑭
斗	말 두	斗(말두)부 0획 ④
豆	콩 두	豆(콩두)부 0획 ⑦
得	얻을 득	彳(두인변)부 8획 ⑪
燈	등잔 등	火(불화변)부 12획 ⑯
羅	벌일 라	罒(网, 그물망머리)부 14획 ⑲
卵	알 란	卩(㔾, 병부절)부 5획 ⑦
亂	어지러울 란	乙(새을)부 12획 ⑬
覽	볼 람	見(볼견)부 14획 ㉑
略	간략할 략	田(밭전)부 6획 ⑪
兩	두 량, 양 냥	入(들입)부 6획 ⑧
糧	양식 량	米(쌀미)부 12획 ⑱
慮	생각할 려	心(마음심)부 11획 ⑮
麗	고울 려, 붙을 리	鹿(사슴록)부 8획 ⑲
連	잇닿을 련	辶(辵, 책받침)부 7획 ⑪
列	벌일 렬	刂(刀, 선칼도방)부 4획 ⑥
烈	세찰 렬	灬(火, 불화발)부 6획 ⑩
錄	기록할 록, 사실할 려	金(쇠금)부 8획 ⑯
論	논의할 론	言(말씀언)부 8획 ⑮
龍	용 룡, 언덕 롱	龍(용룡)부 0획 ⑯
柳	버들 류	木(나무목)부 5획 ⑨
留	머무를 류	田(밭전)부 5획 ⑩
輪	바퀴 륜	車(수레거)부 8획 ⑮
律	법 률	彳(두인변)부 6획 ⑨
離	떠날 리	隹(새추)부 11획 ⑲
滿	찰 만	氵(水, 삼수변)부 11획 ⑭
妹	손아래누이 매	女(계집녀)부 5획 ⑧
脈	맥 맥	月(肉, 육달월)부 6획 ⑩
勉	힘쓸 면	力(힘력)부 7획 ⑨
鳴	울, 부를 명	鳥(새조)부 3획 ⑭
毛	털 모, 없을 무	毛(털모)부 0획 ④
模	법 모	木(나무목)부 11획 ⑮
牧	칠 목	牛(소우)부 4획 ⑧
妙	묘할 묘	女(계집녀)부 4획 ⑦
墓	무덤 묘	土(흙토)부 11획 ⑭
武	호반 무	止(그칠지)부 4획 ⑧
務	힘쓸 무	力(힘력)부 9획 ⑪
舞	춤출 무	舛(어그러질천)부 8획 ⑭
未	아닐 미	木(나무목)부 1획 ⑤
味	맛 미	口(입구)부 5획 ⑧
密	빽빽할 밀	宀(갓머리)부 8획 ⑪
拍	칠 박	扌(手, 재방변)부 5획 ⑧
博	넓을 박	十(열십)부 10획 ⑫
髮	머리털 발	髟(터럭발밑)부 4획 ⑮
妨	방해할 방	女(계집녀)부 4획 ⑦
防	막을 방	阝(阜, 좌부변)부 4획 ⑦
房	방 방	戶(지게호)부 4획 ⑧

4級配定漢字 141

訪	찾을 방	言(말씀언)부 4획 ⑪
拜	절 배	手(손수)부 5획 ⑨
背	등 배	月(肉, 육달월)부 5획 ⑨
配	짝 배	酉(닭유)부 3획 ⑩
伐	칠 벌	亻(人, 사람인변)부 4획 ⑥
罰	벌줄 벌	罒(网, 그물망머리)부 9획 ⑭
犯	범할 범	犭(犬, 개사슴록변)부 2획 ⑤
範	법 범	竹(대죽)부 9획 ⑮
壁	바람벽 벽	土(흙토)부 13획 ⑯
邊	가 변	辶(辵, 책받침)부 15획 ⑲
辯	말잘할 변	辛(매울신)부 14획 ㉑
步	걸음 보	止(그칠지)부 3획 ⑦
保	보호할 보	亻(人, 사람인변)부 7획 ⑨
報	갚을 보	土(흙토)부 9획 ⑫
普	넓을 보	日(날일)부 8획 ⑫
寶	보배 보	宀(갓머리)부 17획 ⑳
伏	엎드릴 복	亻(人, 사람인변)부 4획 ⑥
復	회복할 복, 다시 부	彳(두인변)부 9획 ⑫
複	겹칠 복	衤(옷의변)부 9획 ⑭
否	아닐 부, 막힐 비	口(입구)부 4획 ⑦
府	마을 부	广(엄호엄)부 5획 ⑧
負	짐질 부	貝(조개패)부 2획 ⑨
副	버금 부	刂(刀, 선칼도방)부 9획 ⑪
婦	며느리 부	女(계집녀)부 8획 ⑪
富	가멸 부	宀(갓머리)부 9획 ⑫
粉	가루 분	米(쌀미)부 4획 ⑩
憤	분할 분	忄(心, 심방변)부 14획 ⑯
佛	부처 불	亻(人, 사람인변)부 5획 ⑦
批	비평할 비	扌(手, 재방변)부 4획 ⑦
非	아닐 비	非(아닐비)부 0획 ⑧
飛	날 비	飛(날비)부 0획 ⑨
祕	숨길 비	示(보일시변)부 5획 ⑩
備	갖출 비	亻(人, 사람인변)부 10획 ⑫
悲	슬플 비	心(마음심)부 8획 ⑫
碑	비석 비	石(돌석)부 8획 ⑬
貧	가난할 빈	貝(조개패)부 4획 ⑪
寺	절 사, 내시 시	寸(마디촌)부 3획 ⑥
私	사사 사	禾(벼화)부 2획 ⑦
舍	집 사	舌(혀설)부 2획 ⑧
射	쏠 사, 맞힐 석, 벼슬이름 야, 싫어할 역	寸(마디촌)부 7획 ⑩
師	스승 사	巾(수건건)부 7획 ⑩
絲	실 사	糸(실사)부 6획 ⑫
謝	사례할 사	言(말씀언)부 10획 ⑰
辭	말 사	辛(매울신)부 12획 ⑲
散	흩을 산	攵(攴, 등글월문방)부 8획 ⑫
殺	죽일 살, 감할 쇄	殳(갖은등글월문방)부 7획 ⑪
床	상 상	广(엄호엄)부 4획 ⑦
狀	형상 상, 문서 장	犬(개견)부 4획 ⑧
常	항상 상	巾(수건건)부 8획 ⑪

4급

象	코끼리 상	豕(돼지시)부 5획 ⑫		守	지킬 수	宀(갓머리)부 3획 ⑥
傷	다칠 상	亻(人, 사람인변)부 11획 ⑬		收	거둘 수	攵(攴, 등글월문방)부 2획 ⑥
想	생각할 상	心(마음심)부 9획 ⑬		秀	빼어날 수	禾(벼화)부 2획 ⑦
宣	베풀 선	宀(갓머리)부 6획 ⑨		受	받을 수	又(또우)부 6획 ⑧
舌	혀 설	舌(혀설)부 0획 ⑥		修	닦을 수	亻(人, 사람인변)부 8획 ⑩
設	베풀 설	言(말씀언)부 4획 ⑪		授	줄 수	扌(手, 재방변)부 8획 ⑪
星	별 성	日(날일)부 5획 ⑨		叔	아재비 숙	又(또우)부 6획 ⑧
城	성 성	土(흙토)부 7획 ⑩		肅	엄숙할 숙	聿(붓율)부 7획 ⑫
盛	성할 성	皿(그릇명)부 7획 ⑫		純	순수할 순	糸(실사)부 4획 ⑩
聖	성인 성	耳(귀이)부 7획 ⑬		崇	높을 숭	山(뫼산)부 8획 ⑪
誠	정성 성	言(말씀언)부 7획 ⑭		承	이을 승	手(손수)부 4획 ⑧
聲	소리 성	耳(귀이)부 11획 ⑰		施	베풀 시, 옮길 이	方(모방변)부 5획 ⑨
細	가늘 세	糸(실사)부 5획 ⑪		是	이 시	日(날일)부 5획 ⑨
稅	구실 세, 풀 탈	禾(벼화)부 7획 ⑫		視	볼 시	見(볼견)부 5획 ⑫
勢	기세 세	力(힘력)부 11획 ⑬		試	시험할 시	言(말씀언)부 6획 ⑬
笑	웃을 소	竹(대죽머리)부 4획 ⑩		詩	시 시	言(말씀언)부 6획 ⑬
素	흴 소	糸(실사)부 4획 ⑩		息	숨쉴 식	心(마음심)부 6획 ⑩
掃	쓸 소	扌(手, 재방변)부 8획 ⑪		申	납, 펼 신	田(밭전)부 0획 ⑤
俗	풍속 속	亻(人, 사람인변)부 7획 ⑨		深	깊을 심	氵(水, 삼수변)부 8획 ⑪
屬	붙을 속, 부탁할 촉	尸(주검시엄)부 18획 ㉑		氏	씨 씨	氏(각시씨)부 0획 ④
續	이을 속	糸(실사)부 15획 ㉑		眼	눈 안	目(눈목)부 6획 ⑪
損	덜 손	扌(手, 재방변)부 10획 ⑬		暗	어두울 암	日(날일)부 9획 ⑬
松	소나무 송	木(나무목)부 4획 ⑧		壓	누를 압	土(흙토)부 14획 ⑰
送	보낼 송	辶(辵, 책받침)부 6획 ⑩		液	진 액, 담글 석	氵(水, 삼수변)부 8획 ⑪
頌	기릴 송	頁(머리혈)부 4획 ⑬		額	이마 액	頁(머리혈)부 9획 ⑱

4급

羊	양 양	羊(양양)부 0획 ⑥		謠	노래 요	言(말씀언)부 10획 ⑰
樣	모양 양	木(나무목)부 11획 ⑮		容	얼굴 용	宀(갓머리)부 7획 ⑩
嚴	엄할 엄	口(입구)부 17획 ⑳		郵	우편 우	阝(邑, 우부방)부 8획 ⑪
如	같을 여	女(계집녀)부 3획 ⑥		遇	만날 우	辶(辵, 책받침)부 9획 ⑬
與	줄, 참여할 여	臼(절구구)부 7획 ⑭		優	넉넉할 우	亻(人, 사람인변)부 15획 ⑰
餘	남을 여	食(飠, 밥식)부 7획 ⑯		怨	원망할 원	心(마음심)부 5획 ⑨
易	바꿀 역, 쉬울 이	日(날일)부 4획 ⑧		員	인원 원	口(입구)부 7획 ⑩
逆	거스를 역	辶(辵, 책받침)부 6획 ⑩		援	도울 원	扌(手, 재방변)부 9획 ⑫
域	지경 역	土(흙토)부 8획 ⑪		圓	둥글 원	囗(큰입구몸)부 10획 ⑬
延	끌 연	廴(민책받침)부 4획 ⑦		源	근원 원	氵(水, 삼수변)부 10획 ⑬
硏	갈, 벼루 연	石(돌석)부 6획 ⑪		危	위태할 위	卩(㔾, 병부절)부 4획 ⑥
煙	연기 연, 제사지낼 인	火(불화변)부 9획 ⑬		委	맡길 위	女(계집녀)부 5획 ⑧
鉛	납 연	金(쇠금)부 5획 ⑬		威	위엄 위	女(계집녀)부 6획 ⑨
演	펼 연	氵(水, 삼수변)부 11획 ⑭		圍	둘레 위	囗(큰입구몸)부 9획 ⑫
緣	인연 연	糸(실사)부 9획 ⑮		爲	하, 위할 위	爪(손톱머리)부 8획 ⑫
燃	불사를 연	灬(火, 불화발)부 12획 ⑯		慰	위로할 위	心(마음심)부 11획 ⑮
迎	맞을 영	辶(辵, 책받침)부 4획 ⑧		衛	지킬 위	行(다닐행)부 10획 ⑯
映	비칠 영	日(날일)부 5획 ⑨		乳	젖 유	乙(새을)부 7획 ⑧
榮	영화 영	木(나무목)부 10획 ⑭		遊	놀 유	辶(辵, 책받침)부 9획 ⑬
營	경영할 영	火(불화)부 13획 ⑰		儒	선비 유	亻(人, 사람인변)부 14획 ⑯
豫	미리 예	豕(돼지시) 9획 ⑯		遺	남길 유	辶(辵, 책받침)부 12획 ⑯
藝	재주 예	艹(艸, 초두)부 15획 ⑲		肉	고기 육	肉(고기육)부 0획 ⑥
誤	그르칠 오	言(말씀언)부 7획 ⑭		恩	은혜 은	心(마음심)부 6획 ⑩
玉	구슬 옥	玉(王, 구슬옥)부 0획 ⑤		隱	숨을 은	阝(阜, 좌부변)부 14획 ⑰
往	갈 왕	彳(두인변)부 5획 ⑧		陰	그늘 음	阝(阜, 좌부변)부 8획 ⑪

4급

應	응할 응	心(마음심)부 13획 ⑰		障	막을 장	阝(阜, 좌부변)부 11획 ⑭
依	의지할 의	亻(人, 사람인변)부 6획 ⑧		低	낮을 저	亻(人, 사람인변)부 5획 ⑦
義	옳을 의	羊(양양)부 7획 ⑬		底	밑 저	广(엄호엄)부 5획 ⑧
疑	의심할 의	疋(필필)부 9획 ⑭		賊	도둑 적	貝(조개패)부 6획 ⑬
儀	거동 의	亻(人, 사람인변)부 13획 ⑮		敵	원수 적	攵(攴, 등글월문방)부 11획 ⑮
議	의논할 의	言(말씀언)부 13획 ⑳		適	맞을 적	辶(辵, 책받침)부 11획 ⑮
異	다를 이	田(밭전)부 6획 ⑪		積	쌓을 적, 저축 자	禾(벼화)부 11획 ⑯
移	옮길 이	禾(벼화)부 6획 ⑪		績	자을 적	糸(실사)부 11획 ⑰
益	더할 익	皿(그릇명)부 5획 ⑩		籍	문서 적, 온화할 자	竹(대죽)부 14획 ⑳
仁	어질 인	亻(人, 사람인변)부 2획 ④		田	밭 전	田(밭전)부 0획 ⑤
引	끌 인	弓(활궁)부 1획 ④		專	오로지 전	寸(마디촌)부 8획 ⑪
印	도장 인	卩(㔾, 병부절)부 4획 ⑥		錢	돈 전	金(쇠금)부 8획 ⑯
認	알 인	言(말씀언)부 7획 ⑭		轉	구를 전	車(수레거)부 11획 ⑱
姊	손위누이 자	女(계집녀)부 5획 ⑧		折	꺾을 절	扌(手, 재방변)부 4획 ⑦
姿	맵시 자	女(계집녀)부 6획 ⑨		絶	끊을 절	糸(실사)부 6획 ⑫
資	재물 자	貝(조개패)부 6획 ⑬		占	점칠 점	卜(점복)부 3획 ⑤
殘	남을 잔	歹(죽을사변)부 8획 ⑫		點	점 점	黑(검을흑)부 5획 ⑰
雜	섞일 잡	隹(새추)부 10획 ⑱		接	닿을 접	扌(手, 재방변)부 8획 ⑪
壯	씩씩할 장	士(선비사)부 4획 ⑦		丁	넷째천간 정	一(한일)부 1획 ②
將	상수 장	寸(마디촌)부 8획 ⑪		政	정사, 구실 정	攵(攴, 등글월문방)부 5획 ⑨
帳	휘장 장	巾(수건건)부 8획 ⑪		程	법도 정	禾(벼화)부 7획 ⑫
張	베풀 장	弓(활궁)부 8획 ⑪		精	정미할 정	米(쌀미)부 8획 ⑭
腸	창자 장	月(肉, 육달월)부 9획 ⑬		整	가지런할 정	攵(攴, 등글월문방)부 12획 ⑯
裝	꾸밀 장	衣(옷의)부 7획 ⑬		靜	고요할 정	靑(푸를청)부 8획 ⑯
奬	권면할 장	大(큰대)부 11획 ⑭		制	마를 제	刂(刀, 선칼도방)부 6획 ⑧

4급

帝	임금 제	巾(수건건)부 6획 ⑨	竹	대 죽	竹(대죽)부 0획 ⑥
除	덜 제, 4월 여	阝(阜, 좌부변)부 7획 ⑩	準	법, 콧마루 준	氵(水, 삼수변)부 10획 ⑬
祭	제사 제	示(보일시)부 6획 ⑪	衆	무리 중	血(피혈)부 6획 ⑫
提	끌 제, 보리수 리, 날 시	扌(手, 재방변)부 9획 ⑫	增	더할 증	土(흙토)부 12획 ⑮
製	지을 제	衣(옷의)부 8획 ⑭	證	증거 증	言(말씀언)부 12획 ⑲
際	사이 제	阝(阜, 좌부변)부 11획 ⑭	支	가지 지	支(지탱할지)부 0획 ④
濟	건널 제	氵(水, 삼수변)부 14획 ⑰	至	이를 지	至(이를지)부 0획 ⑥
早	일찍 조	日(날일)부 2획 ⑥	志	뜻 지	心(마음심)부 3획 ⑦
助	도울 조	力(힘력)부 5획 ⑦	指	손가락 지	扌(手, 재방변)부 6획 ⑨
條	가지 조	木(나무목)부 7획 ⑪	持	가질 지	扌(手, 재방변)부 6획 ⑨
組	짤 조	糸(실사)부 5획 ⑪	智	슬기 지	日(날일)부 8획 ⑫
造	지을 조	辶(辵, 책받침)부 7획 ⑪	誌	기록할 지	言(말씀언)부 7획 ⑭
鳥	새 조	鳥(새조)부 0획 ⑪	織	짤 직, 무늬 치	糸(실사)부 12획 ⑱
潮	조수 조	氵(水, 삼수변)부 12획 ⑮	職	벼슬 직	耳(귀이)부 12획 ⑱
存	있을 존	子(아들자)부 3획 ⑥	珍	보배 진	王(玉, 구슬옥)부 5획 ⑨
尊	높을 존, 술통 준	寸(마디촌)부 9획 ⑫	陣	진칠 진	阝(阜, 좌부변)부 7획 ⑩
宗	마루 종	宀(갓머리)부 5획 ⑧	眞	참 진	目(눈목)부 5획 ⑩
從	좇을 종	彳(두인변)부 8획 ⑪	進	나아갈 진	辶(辵, 책받침)부 8획 ⑫
鐘	종 종	金(쇠금)부 12획 ⑳	盡	다할 진	皿(그릇명)부 9획 ⑭
座	자리 좌	广(엄호엄)부 7획 ⑩	次	버금 차	欠(하품흠)부 2획 ⑥
朱	붉을 주	木(나무목)부 2획 ⑥	差	다를 차, 층질 치	工(장인공)부 7획 ⑩
走	달릴 주	走(달릴주)부 0획 ⑦	讚	기릴 찬	言(말씀언)부 19획 ㉖
周	두루 주	口(입구)부 5획 ⑧	察	살필 찰	宀(갓머리)부 11획 ⑭
酒	술 주	酉(닭유)부 3획 ⑩	創	곳집 창	刂(刀, 선칼도방)부 10획 ⑫
			採	캘 채	扌(手, 재방변)부 8획 ⑪

4급

冊	책 책	冂(멀경몸)부 3획 ⑤	寢	잠잘 침	宀(갓머리)부 11획 ⑭
處	곳 처	虍(범호엄)부 5획 ⑪	稱	일컬을 칭	禾(벼화)부 9획 ⑭
泉	샘 천	水(물수)부 5획 ⑨	快	쾌할 쾌	忄(心, 심방변)부 4획 ⑦
請	청할 청	言(말씀언)부 8획 ⑮	彈	탄환 탄	弓(활궁)부 12획 ⑮
聽	들을 청	耳(귀이)부 16획 ㉒	歎	탄식할 탄	欠(하품흠) 11획 ⑮
廳	관청 청	广(엄호엄)부 22획 ㉕	脫	벗을 탈, 기뻐할 태	月(肉, 육달월)부 7획 ⑪
招	부를 초	扌(手, 재방변)부 5획 ⑧	探	찾을 탐	扌(手, 재방변)부 8획 ⑪
銃	총 총	金(쇠금)부 6획 ⑭	態	모양 태	心(마음심)부 10획 ⑭
總	거느릴 총	糸(실사)부 11획 ⑰	擇	가릴 택	扌(手, 재방변)부 13획 ⑯
推	옮을 추, 밀 퇴	扌(手, 재방변)부 8획 ⑪	討	칠 토	言(말씀언)부 3획 ⑩
蓄	쌓을 축	艹(艸, 초두)부 10획 ⑭	痛	아플 통	疒(병질엄)부 7획 ⑫
築	쌓을 축	竹(대죽머리)부 10획 ⑯	統	거느릴 통	糸(실사)부 6획 ⑫
縮	줄어들 축	糸(실사)부 11획 ⑰	退	물러날 퇴	辶(辵, 책받침)부 6획 ⑩
忠	충성 충	心(마음심)부 4획 ⑧	投	던질 투	扌(手, 재방변)부 4획 ⑦
蟲	벌레 충	虫(벌레충·훼)부 12획 ⑱	鬪	싸움 투	鬥(싸울투)부 10획 ⑳
取	취할 취	又(또우)부 6획 ⑧	波	물결 파, 방죽 피	氵(水, 삼수변)부 5획 ⑧
就	이룰 취	尢(절름발이방)부 9획 ⑫	派	물갈래 파	氵(水, 삼수변)부 6획 ⑨
趣	달릴 취, 재촉할 촉	走(달아날주)부 8획 ⑮	破	깨뜨릴 파	石(돌석)부 5획 ⑩
測	잴 측	氵(水, 삼수변)부 9획 ⑫	判	뼈갤 판	刂(刀, 선칼도방)부 5획 ⑦
層	층 층	尸(주검시엄)부 12획 ⑮	篇	책 편	竹(대죽머리)부 9획 ⑮
治	다스릴 치	氵(水, 삼수변)부 5획 ⑧	評	끊을 평	言(말씀언)부 5획 ⑫
置	둘 치	罒(网, 그물망머리)부 8획 ⑬	閉	닫을 폐	門(문문)부 3획 ⑪
齒	이 치	齒(이치)부 0획 ⑮	包	쌀 포	勹(쌀포)부 3획 ⑤
侵	침노할 침	亻(人, 사람인변)부 7획 ⑨	布	베 포	巾(수건건)부 2획 ⑤
針	바늘 침	金(쇠금)부 2획 ⑩	胞	태보 포	月(肉, 육달월)부 5획 ⑨

4급

砲	대포	포	石(돌석)부 5획 ⑩	協	화할	협	十(열십)부 6획 ⑧
暴	사나울	폭	日(날일)부 11획 ⑮	刑	형벌	형	刂(刀, 선칼도방)부 4획 ⑥
爆	터질	폭	火(불화)부 15획 ⑲	惠	은혜	혜	心(마음심)부 8획 ⑫
票	쪽지	표	示(보일시)부 6획 ⑪	戶	지게	호	戶(지게호)부 0획 ④
標	표시	표	木(나무목)부 11획 ⑮	好	좋을	호	女(계집녀)부 3획 ⑥
豊	풍성할	풍	豆(콩두)부 11획 ⑱	呼	부를	호	口(입구)부 5획 ⑧
疲	피곤할	피	疒(병질엄)부 5획 ⑩	護	보호할	호	言(말씀언)부 14획 ㉑
避	피할	피	辶(辵, 책받침)부 13획 ⑰	或	혹	혹	戈(창과)부 4획 ⑧
恨	한할	한	忄(心, 심방변)부 6획 ⑨	婚	혼인할	혼	女(계집녀)부 8획 ⑪
限	한정	한	阝(阜, 좌부변)부 6획 ⑨	混	섞을	혼	氵(水, 삼수변)부 8획 ⑪
閑	한가할	한	門(문문)부 4획 ⑫	紅	붉을	홍	糸(실사)부 3획 ⑨
抗	막을	항	扌(手, 재방변)부 4획 ⑦	貨	재화	화	貝(조개패)부 4획 ⑪
航	건널	항	舟(배주)부 4획 ⑩	華	빛날	화	艹(艸, 초두)부 8획 ⑫
港	항구	항	氵(水, 삼수변)부 9획 ⑫	確	확실할	확	石(돌석)부 10획 ⑮
解	풀	해	角(뿔각)부 6획 ⑬	環	고리	환	王(玉, 구슬옥)부 13획 ⑰
核	씨	핵	木(나무목)부 6획 ⑩	歡	기뻐할	환	欠(하품흠)부 18획 ㉒
香	향기	향	香(향기향)부 0획 ⑨	況	하물며	황	氵(水, 삼수변)부 5획 ⑧
鄕	시골	향	阝(邑, 우부방)부 10획 ⑬	回	돌아올	회	囗(큰입구몸)부 3획 ⑥
虛	빌	허	虍(범호엄)부 6획 ⑫	灰	재	회	火(불화)부 2획 ⑥
憲	법	헌	心(마음심)부 12획 ⑯	厚	두터울	후	厂(민엄호밑)부 7획 ⑨
險	험할	험	阝(阜, 좌부변)부 13획 ⑯	候	철	후	亻(人, 사람인변)부 8획 ⑩
驗	시험할	험	馬(말마)부 13획 ㉓	揮	휘두를	휘	扌(手, 재방변)부 9획 ⑫
革	가죽	혁	革(가죽혁)부 0획 ⑨	吸	숨들이쉴	흡	口(입구)부 4획 ⑦
賢	어질	현	貝(조개패)부 8획 ⑮	興	일어날	흥	臼(절구구)부 9획 ⑯
顯	나타날	현	頁(머리혈)부 14획 ㉓	希	바랄	희	巾(수건건)부 4획 ⑦
血	피	혈	血(피혈)부 0획 ⑥	喜	기쁠	희	口(입구)부 9획 ⑫

人 9 ⑪	假	거짓　가 jiǎ　　pretend	☞ 사람 인(亻·人)과 허물 가(叚). 假橋〔가교〕 임시로 놓은 다리. 假令〔가령〕 예를 들면. 이를테면. 가정하여. 假使(가사). 假想〔가상〕 가정하여 생각함. 假定〔가정〕 임시로 조정함. 추측하여 임시로 인정함. ▶ 假設(가설) 假作(가작) 假裝(가장)
거짓. 임시적. 빌다. 빌리다. 너그럽다. 亻 亻' 亻仨 亻'佟 亻'段 假			
行 6 ⑫	街	거리　가 jiē　　street	☞ 다닐 행(行)과 홀 규(圭). 街談巷說〔가담항설〕 시중의 하찮은 소문. 세간의 뜬소문. 街頭〔가두〕 시가지의 길거리. 街說〔가설〕 거리에서 논의되는 말. 巷談(항담). 御街〔어가〕 대궐로 통한 길. 대궐 안의 길. ▶ 街道(가도) 街路(가로) 街巷(가항)
거리. 시가. 한길. 네거리 길. 彳 彳十 彳圭 衽 街 街			
日 9 ⑬	暇	겨를　가 xiá　　leisure	☞ 날 일(日)과 빌릴 가(叚). 暇隙〔가극〕 틈. 겨를. 여가. 暇日〔가일〕 한가한 날. 틈이 있는 날. 暇景(가경). 休暇〔휴가〕 학교·직장 등에서 일정한 기간을 쉬는 겨를. 閑暇〔한가〕 조용하고 시간적 여유가 있음. 틈. 짬. 여가. ▶ 餘暇(여가) 寸暇(촌가)
겨를. 한가하다. 틈. 느긋하게 지냄. 日 日T 日Г 日F 日F' 暇			
刀 6 ⑧	刻	새길　각 kè　　carve	☞ 알맹이 핵(亥·核)과 칼 도(刂·刀). 刻苦〔각고〕 고생을 견디며 무척 애씀. 刻本〔각본〕 판(版)에 새겨 찍은 책. 인쇄하여 출판한 책. 刻印〔각인〕 도장을 새김. 寸刻〔촌각〕 얼마 안 되는 시간. 썩 짧은 시간. 寸陰(촌음). ▶ 刻骨難忘(각골난망) 刻舟求劍(각주구검)
새기다. 새김. 깎다. 심하다. 모질다. 亠 亠 亥 亥 亥 刻			
見 13 ⑳	覺	깨달을　각 깰　　교　覚 jué　　awake	☞ 배울 학(與·學)과 볼 견(見). 覺書〔각서〕 약속을 잊지 않게 하기 위해 기록함. 覺醒〔각성〕 잠에서 깸. 잘못을 깨달음. 覺悟〔각오〕 깨달음. 잘못을 깨달아 앎. 마음의 준비. 결심함. 感覺〔감각〕 외계(外界)의 자극에 의해 일어나는 의식 현상. ▶ 先覺(선각) 知覺(지각)
깨닫다. 깨우치다. 드러남. 나타나다. 깨다. F 臼 臼¹ 與 臼¹ 覺			
于 0 ③	干	방패　간 gān　　shield	☞ 끝이 두 갈래로 갈라진 창 모양을 본뜬 글자. 干戈〔간과〕 창과 방패. 나아가 병기. 전쟁. 干滿〔간만〕 간조와 만조. 썰물과 밀물. 干涉〔간섭〕 남의 일에 나서서 참견함. 若干〔약간〕 얼마 되지 아니함. 또, 그 정도 얼마쯤. ▶ 干潟地(간석지) 干拓(간척) 欄干(난간)
방패. 범하다. 막다. 구하다. 간여하다. 一 二 干			
目 4 ⑨	看	볼　간 kàn　　see	☞ 손 수(手)와 눈 목(目). 看過〔간과〕 훑어 봄. 대충 봄. 못 보고 빠뜨림. 못 본 체함. 看病〔간병〕 환자의 시중을 듦. 看護(간호). 看守〔간수〕 지킴. 또는 지키는 사람. 矯導官(교도관). 看破〔간파〕 속마음을 알아차림. 사물의 진상을 알아차림. ▶ 看做(간주) 走馬看山(주마간산)
보다. 바라봄. 방문하다. 지키다. 터득하다. 二 手 矛 看 看 看			

竹 12 ⑱	 편지 간 簡 jiǎn letter 편지. 글. 문서. 대쪽. 서책. 수판(手板). ⺮ ⺮ ⺮ 簡 簡 簡	☞ 대 죽(竹)과 사이 간(間).	簡潔〔간결〕 간략하고 요령 있음. 簡略〔간략〕 번거롭지 않음. 생략하여 간단함. 簡易〔간이〕 간단하고 쉬움. 簡便〔간편〕 간단하고 편리함. ▶ 簡古(간고) 簡牘(간독) 簡明(간명) 內簡(내간)
甘 0 ⑤	甘 달 감 gān sweet 달다. 맛 좋다. 즐기다. 느릿하다. 一 十 卄 廿 甘	☞ 입 구(口)와 한 일(一). 甘露〔감로〕 단 이슬. 천하가 태평하면 내린다고 함. 甘受〔감수〕 달게 받음. 즐거운 마음으로 쾌히 받음. 甘雨〔감우〕 알맞은 때 내리는 비. 가뭄 끝에 오는 비. 甘呑苦吐〔감탄고토〕 달면 삼키고 쓰면 뱉음. ▶ 甘橘(감귤) 甘言利說(감언이설) 甘泉(감천)
攴 8 ⑫	 감히 감 굳셀 감 gǎn venture 감히. 함부로. 감당하다. 굳세다. 工 干 王 耳 耳' 敢	☞ 칠 공(攵・攴)과 귀 이(耳). 敢當〔감당〕 과감히 대적함. 과감히 떠맡음. 敢然〔감연〕 과단성 있게 하는 모양. 決然(결연). 果敢〔과감〕 결단성이 있고 용감함. 勇敢〔용감〕 용기가 있어 사물에 임하여 과감함. ▶ 敢言(감언) 焉敢生心(언감생심)
水 9 ⑫	減 덜 감 jiǎn subtract 덜다. 다하다. 줄다. 빼다. 손상하다. 氵 氵 沍 減 減 減	☞ 물 수(氵・水)와 다 함(咸). 減價〔감가〕 값을 내림. 명성이 떨어짐. 減算〔감산〕 뺄셈. 빼기. ↔ 加算(가산). 조세를 감함. 減員〔감원〕 인원을 줄임. ↔ 增員(증원). 削減〔삭감〕 깎아서 줄임. ↔ 添加(첨가). ▶ 減稅(감세) 加減(가감) 增減(증감)
皿 9 ⑭	監 볼 감 살필 감 jiān look 보다. 경계하다. 감옥. 살피다. 거울. 厂 臣 臣' 臤 監 監	☞ 누울 와(臥)와 삐칠 별(丿), 그릇 명(皿). 監督〔감독〕 감시하여 단속함. 또는 그 일을 하는 사람. 監事〔감사〕 기관이나 단체 등에서 사무를 맡아보는 사람. 監視〔감시〕 잘못되는 일이 없도록 늘 살핌. 舍監〔사감〕 기숙사의 감독자. ▶ 監房(감방) 監修(감수) 監獄(감옥)
田 0 ⑤	 갑옷 갑 jiǎ armor 갑옷. 첫째 천간. 껍질. 우두머리. 비롯하다. 丨 冂 冂 日 甲	☞ 거북의 등딱지 모양을 본뜬 글자. 甲科〔갑과〕 과거에서 성적으로 나눈 등급의 하나. 甲論乙駁〔갑론을박〕 서로 자기 주장을 논란하고 반박함. 甲冑〔갑주〕 갑옷과 투구. 龜甲〔귀갑〕 거북의 등껍데기. ▶ 甲男乙女(갑남을녀) 甲板(갑판) 回甲(회갑)
阜 6 ⑨	 내릴 강 항복할 항 xiáng jiàng 내리다. 항복하다. 크다. 떨어지다. 阝 阝' 阽 降 降 降	☞ 언덕 부(阝・阜)와 내릴 강(夅). 降臨〔강림〕 신(神)이 하늘에서 내려옴. 降福〔강복〕 하늘이 행복을 내려줌. 降伏〔항복〕 적의 힘에 눌려 굴복함. 降服(항복). 降書〔항서〕 항복하는 뜻을 써서 보내는 글. ▶ 降等(강등) 降將(항장) 昇降機(승강기)

广 8 ⑪	康	편안할 강 kāng　safety	☞ 고칠 경(庚)과 쌀 미(米). 康寧〔강녕〕 평안함. 우환이 없음. 康福〔강복〕 건강하고 행복함. 健康〔건강〕 몸이 튼튼하여 병이 없음. 小康〔소강〕 소란하던 세상이 조금 안정됨. 잠시 무사함. ▶ 康衢煙月(강구연월) 康樂(강락) 康保(강보)
	편안하다. 화목하다. 즐기다. 들다. 广 户 庐 庚 康 康		
言 10 ⑰	講 讲	익힐 강 화해할 구 jiǎng　preach	☞ 말씀 언(言)과 재목 어긋매겨 쌓을 구(冓). 講究〔강구〕 조사하여 구명함. 講論〔강론〕 학술을 강의하고 토론함. 講習〔강습〕 학문이나 예술을 연구·학습하는 일. 開講〔개강〕 강의를 시작함. ↔ 終講(종강). ▶ 講師(강사)
	익히다. 강론하다. 꾀하다. 화해하다. 言 訁 訁 訁 講 講		
人 8 ⑩	個 个	낱 개 gè　piece	☞ 사람 인(亻·人)과 낱 개(箇). 個當〔개당〕 낱낱마다. 하나에. 個別〔개별〕 하나하나. 낱낱이 따로 나눔. 個體〔개체〕 낱낱의 물체. 別個〔별개〕 서로 구별이 되어 다른 것. 관련성이 없는 것. ▶ 個人(개인) 個人主義(개인주의)
	낱. 하나하나. 단위. 한쪽. 亻 们 們 們 個 個		
日 3 ⑦	更	다시 갱 고칠 경 gèng　gēng	☞ 밝을 병(丙)과 칠 복(攴). 更生〔갱생〕 다시 살아남. 蘇生(소생). 回生(회생). 更紙〔갱지〕 좀 거친 양지(洋紙)의 한 가지. 更新〔경신〕 옛것을 고치어 새롭게 함. 更迭〔경질〕 사람을 갈고, 딴 사람을 그 자리에 임용함. ▶ 更張(경장) 變更(변경)
	다시. 재차. 또. 고치다. 바꾸다. 지나다. 一 亓 百 亘 更 更		
工 2 ⑤	巨	클 거 jù　great	☞ 목수가 일할 때 쓰는 자(工)를 손(⊐)에 들고 있는 모양. 巨頭〔거두〕 중요한 인물. 우두머리. 領袖(영수). 巨物〔거물〕 큰 인물. 중요한 위치에 있는 사람. 巨星〔거성〕 큰 별. 위대한 인물. 巨匠〔거장〕 위대한 예술가나 기술자 또는 학자. 大家(대가). ▶ 巨步(거보) 巨流(거류) 巨視的(거시적)
	크다. 거대하다. 많다. 거칠다. 어찌. 一 厂 厂 巨 巨		
尸 5 ⑧	居	살 거 어조사 기 jū　live	☞ 주검 시(尸)와 고정시킬 고(古). 居間〔거간〕 흥정을 붙임. 또는 그런 일을 하는 사람. 居留〔거류〕 남의 나라 영토에 머물러 삶. 居住〔거주〕 머물러 삶. 또는 그 집. 寓居〔우거〕 남의 집이나 타향에 임시로 머물러 삶. ▶ 居半(거반) 居處(거처)
	살다. 있다. 앉다. 쌓다. 어조사. 尸 尸 尸 居 居 居		
手 5 ⑧	拒 巨	막을 거 방진 구 jù　obstruct	☞ 손 수(扌·手)와 클 거(巨). 拒否〔거부〕 승낙하지 않고 물리침. 拒逆〔거역〕 사람의 뜻이나 명령을 거스름. 拒絶〔거절〕 거부하고 끊어 버림. 拒否(거부). 抗拒〔항거〕 대항함. 버팀. ▶ 拒門木(거문목) 拒戰(거전)
	막다. 맞서다. 어긋나다. 방진(方陣). 扌 扩 扩 扩 拒 拒		

4級 配定漢字 151

手 13 ⑯	**據** 의거할 거 据 jù dependent 의거하다. 의지하다. 웅거하다. 근거로 삼다. 扌 扩 扩 扩 據 據 據	☞ 손 수(扌·手)와 큰 돼지 거(豦). 據有〔거유〕 웅거(雄據)하여 자기의 것으로 만듦. 據竊〔거절〕 근거지를 정해 놓고 도둑질함. 根據〔근거〕 의견이나 이론의 출처 또는 의미가 되는 사실. 占據〔점거〕 일정한 곳을 차지하여 자리잡음. ▶ 據守(거수) 群雄割據(군웅할거)
人 10 ⑫	**傑** 뛰어날 걸 杰 jié eminent 뛰어나다. 출중(出衆)함. 뛰어난 사람. 仁 仁 俨 俨 傑 傑	☞ 사람 인(亻·人)에 빼어날 걸(桀). 傑句〔걸구〕 뛰어나게 잘 지은 시구(詩句). 傑物〔걸물〕 남보다 훨씬 뛰어난 사람. 傑作〔걸작〕 썩 훌륭하게 잘된 작품. 俊傑〔준걸〕 재주나 역량이 뛰어난 사람. 俊英(준영). ▶ 傑出(걸출) 女傑(여걸) 豪傑(호걸)
人 13 ⑮	**儉** 검소할 검 俭 jiǎn frugality 검소하다. 절약하다. 넉넉하지 않다. 亻 仌 俭 俭 儉 儉	☞ 사람 인(亻·人)과 여러 사람 첨(僉). 儉素〔검소〕 사치하지 않고 수수함. 儉約〔검약〕 절약하여 낭비하지 않음. 勤儉〔근검〕 부지런하게 일하고, 검소하게 지내며 절약함. 節儉〔절검〕 절약하고 검소하게 함. 儉節(검절). ▶ 儉朴(검박) 廉儉(염검) 淸儉(청검)
木 13 ⑰	**檢** 조사할 검 检 jiǎn inspect 조사하다. 헤아리다. 생각하다. 봉함. 문갑. 木 朴 朴 椧 檢 檢	☞ 나무 목(木)과 여러 첨(僉). 檢擧〔검거〕 용의자를 관서로 연행하는 일. 檢問〔검문〕 조사하여 물어 봄. 檢閱〔검열〕 검사하여 열람함. 點檢〔점검〕 일일이 검사함. 또는 그 검사. ▶ 檢査(검사) 檢定(검정) 檢討(검토)
水 13 ⑯	**激** 과격할 격 jī overflow 과격하다. 부딪쳐 흐르다. 분발하다. 氵 氵 汸 漖 潡 激	☞ 물 수(氵·水)와 노래할 교(敫). 激減〔격감〕 갑자기 많이 줆. 激動〔격동〕 급격하게 움직임. 몹시 감동함. 激昂〔격앙〕 감정이 고조됨. 신경이 흥분함. 激增〔격증〕 급격한 증가. ↔ 激減(격감). ▶ 激勵(격려) 激流(격류) 激務(격무) 憤激(분격)
手 13 ⑰	**擊** 칠 격 击 jī hit 치다. 두드리다. 때리다. 움직이다. 亘 車 軎 軗 擊 擊	☞ 부딪칠 격(毃)과 손 수(手). 擊墜〔격추〕 비행기 따위를 쏘아 떨어뜨림. 擊退〔격퇴〕 쳐서 물리침. 攻擊〔공격〕 적을 침. 시비를 가려 논란함. 몹시 꾸짖음. 目擊〔목격〕 눈으로 직접 봄. 目見(목견). 언뜻 봄. ▶ 擊鼓(격고) 擊破(격파)
犬 0 ④	**犬** 개 견 quǎn dog 개. 하찮은 것의 비유. 이민족. 一 ナ 大 犬	☞ 개가 옆으로 서 있는 모양을 본뜬 글자. 犬馬之齒〔견마지치〕 자기 나이의 겸칭. 犬羊〔견양〕 개와 양. 악한 사람과 착한 사람. 忠犬〔충견〕 주인에게 충실한 개. 鬪犬〔투견〕 개를 싸움 붙임. 또는 거기에 쓰이는 개. 싸움개. ▶ 犬馬之勞(견마지로) 犬猿之間(견원지간)

土 8 ⑪	**堅** 굳을 견 堅 jiān　hard 굳다. 단단함. 강하다. 굳셈. 좋다. 낫다. ｜ ｢ ｢ 臣 臤 堅	☞ 굳을 간(臤)과 흙 토(土). 堅強之辯〔견강지변〕 억지로 이치를 끌어대는 변명. 堅固〔견고〕 굳고 단단함. 堅果〔견과〕 껍질이 단단한 나무의 실과. 열매. 실과. 中堅〔중견〕 중심이 되는 위치에 있는 사람. ▶ 堅甲利兵(견갑이병) 堅忍不拔(견인불발)
缶 4 ⑩	**缺** 이지러질 결 夬 quē　deficient 이지러지다. 깨지다. 빠지다. 떠나다. 午 缶 缶 缺 缺 缺	☞ 장군 부(缶)와 나누어질 쾌(夬). 缺席〔결석〕 출석하지 아니함. 缺損〔결손〕 일부분이 축나거나 망가짐. 손실이 생김. 缺員〔결원〕 정원에서 일부가 모자라는 인원수. 補缺〔보결〕 빈자리를 채움. 결점을 보충함. 補闕(보궐). ▶ 缺勤(결근) 缺食(결식) 缺陷(결함)
水 12 ⑮	**潔** 깨끗할 결 洁 jié　clean 깨끗하다. 깨끗이 하다. 몸을 닦음. 氵 氵 汫 汫 潔 潔	☞ 물 수(氵·水)와 조촐할 결(絜). 潔白〔결백〕 맑고 흼. 마음이 깨끗하여 켕기는 데가 없음. 簡潔〔간결〕 검소하고 청결함. 간략하고 요령이 있음. 純潔〔순결〕 마음에 더러움이 없이 깨끗함. 淸潔〔청결〕 맑고 깨끗함. ▶ 廉潔(염결) 貞潔(정결)
人 11 ⑬	**傾** 기울 경 倾 qīng　incline 기울다. 기울이다. 위태롭게 하다. 다하다. 亻 亻 化 化 傾 傾	☞ 사람 인(亻·人)과 머리 기울 경(頃：夏는 머리). 傾倒〔경도〕 기울어 쓰러짐. 또는 기울여 쓰러뜨림. 傾斜〔경사〕 비스듬히 기울어짐. 또는 그러한 상태. 기울기. 傾注〔경주〕 물을 기울여 쏟듯이 비가 세차게 쏟아짐. 傾聽〔경청〕 귀를 기울이고 들음. 주의 깊게 들음. ▶ 傾國之色(경국지색) 傾向(경향) 左傾(좌경)
糸 7 ⑬	**經** 날 경 경서 경 经 jīng　warp 날. 날실. 의리. 겪다. 세로. 상하. 경서. 幺 糸 糸 紅 經 經	☞ 실 사(糸)와 물줄기 경(巠). 經過〔경과〕 지남. 일의 경과. 시일이 지나감. 살아가는 형편. 經書〔경서〕 사서오경(四書五經). 십삼경(十三經)의 총칭. 經營〔경영〕 사업이나 기업을 경리하고 운영함. 經濟〔경제〕 재화를 획득하고 사용하는 일체의 활동. ▶ 經國濟世(경국제세) 經典(경전) 經驗(경험)
土 11 ⑭	**境** 지경 경 jìng　boundary 지경. 경계. 경우. 형편. 곳. 장소. 土 土 圹 圹 境 境	☞ 흙 토(土)와 끝 경(竟). 境界〔경계〕 지경. 장소 경지. 자기 힘이 미치는 범위. 境遇〔경우〕 처지. 형편. 현재의 신분. 境涯(경애). 境地〔경지〕 경계가 되는 땅. 환경과 처지. 곳. 장소. 環境〔환경〕 주위의 사물이나 사정. 주위의 외계 형편. ▶ 境內(경내) 國境(국경) 逆境(역경)
心 11 ⑮	**慶** 경사 경 庆 qìng　happy event 경사. 경사스럽다. 축하함. 선행. 복(福). 户 产 严 慶 慶 慶	☞ 사슴 록(户·鹿)과 마음 심(心), 천천히 걸을 쇠(夂). 慶福〔경복〕 경사스럽고 복됨. 慶事〔경사〕 경축할 만한 일. 기쁜 일. 慶筵〔경연〕 경사스러운 잔치를 벌인 자리. 慶賀〔경하〕 경사스러운 일을 치하함. ▶ 慶常(경상) 慶弔相問(경조상문)

4級 配定漢字

金 11 ⑲	**鏡** 镜 거울 경 jìng　mirror 거울. 안경. 거울삼다. 본보기. 비추다. 亠 수 金 鈩 鎬 鏡	☞ 쇠 금(金)과 다할 경(竟). 鏡鑑〔경감〕 거울. 본보기. 鏡影〔경영〕 거울에 비치는 형상. 明鏡止水〔명경지수〕 밝은 거울과 조용한 물. 破鏡〔파경〕 깨어진 거울. 부부의 생이별. 이지러진 달. ▶ 鏡中美人(경중미인) 銅鏡(동경)
言 13 ⑳	**警** 경계할 경 jǐng　caution 경계하다. 타이르다. 깨닫다. 芍 苟 苟' 敬 敬 警	☞ 삼갈 경(敬)과 말씀 언(言). 警戒〔경계〕 타일러 주의하게 함. 긴장하여 조심함. 警告〔경고〕 주의시킴. 경계하도록 알림. 警報〔경보〕 위험한 일이 발생하였을 때, 경계하도록 알림. 警察〔경찰〕 안녕 질서를 유지함을 임무로 하는 행정 기관. ▶ 警句(경구) 警備(경비) 巡警(순경) 夜警(야경)
馬 13 ㉓	**驚** 惊 놀랄 경 jīng　surprise 놀라다. 놀래다. 경기. 경풍(驚風). 苟 敬 敬 鵞 驚 驚	☞ 공경할 경(敬)과 말 마(馬). 驚倒〔경도〕 놀라 넘어짐. 몹시 놀람. 驚愕〔경악〕 몹시 놀람. 驚歎〔경탄〕 놀라 탄식함. 매우 감탄함. 驚風〔경풍〕 어린이가 놀라서 경련을 일으키는 병. ▶ 驚異(경이) 驚天動地(경천동지)
戈 3 ⑦	**戒** 경계할 계 jiè　warn 경계하다. 삼가다. 조심함. 훈계. 알리다. 一 二 チ 开 戒 戒	☞ 손 맞잡을 공(廾)과 창 과(戈). 戒告〔계고〕 행정상 의무 이행을 독촉하는 행정 주체의 통지. 戒懼〔계구〕 삼가고 두려워함. 戒律〔계율〕 계와 율. 중이 지켜야 할 규범. 破戒〔파계〕 계율을 깨뜨리고 지키지 않음. ▶ 戒愼(계신) 戒心(계심)
糸 1 ⑦	**系** 이을 계 xì　join connect 잇다. 뒤를 이음. 실마리. 단서. 핏줄. 一 ┌ 互 乏 系 系	☞ 실이 이어져 있는 모양을 본뜬 글자로 실 마디의 뜻. 系譜〔계보〕 조상 때부터의 혈통과 역사를 적은 책. 系孫〔계손〕 촌수가 먼 자손. 遠孫(원손). 系列〔계열〕 계통의 서열. 系統〔계통〕 일정한 원리나 법칙에 따라 벌려 놓은 것. ▶ 家系(가계) 母系(모계) 銀河系(은하계)
子 5 ⑧	**季** 끝 계 jì　end 끝. 막내. 철. 시절. 말세(末世). 어리다. 二 千 禾 李 季 季	☞ 벼 화(禾)와 아들 자(子). 季刊〔계간〕 일 년에 네 번 발간함. 또는 그 간행물. 季嫂〔계수〕 아우의 아내. 季氏〔계씨〕 성년한 남의 사내 아우를 존대하여 일컫는 말. 季指〔계지〕 새끼손가락, 새끼발가락. ▶ 季子(계자) 伯仲叔季(백중숙계)
人 7 ⑨	**係** 맬 계 xì　fasten 매다. 잡아매다. 연결함. 묶다. 결박함. 亻 亻 仁 乍 俘 係	☞ 사람 인(亻·人)과 이을 계(系). 係戀〔계련〕 몹시 연연해하여 잊지 못함. 係累〔계루〕 얽매임. 사물에 얽매이어 누(累)가 됨. 係蹄〔계제〕 짐승의 발을 옭는 올가미. 係着〔계착〕 마음에 걸려 있음. ▶ 係長(계장) 關係(관계)

阜 9 ⑫ 階	섬돌 계 阶 jiē stairs 섬돌. 층계. 계단. 사닥다리. 품계. 등위. 阝 阝 阝 阝 阶 階	☞ 언덕 부(阝·阜)와 다 개(皆). 階級〔계급〕 사물의 순서. 직위·관직 등의 순위. 階層〔계층〕 층계. 사회를 형성하는 여러 층. 歷階〔역계〕 층계를 한 계단에 한 발씩 디디고 올라감. 玉階〔옥계〕 대궐 안의 섬돌. ▶ 階前萬里(계전만리) 土階(토계)
糸 14 ⑳ 繼	이을 계 继 jì connect 잇다. 계승하다. 이어받다. 매다. 후계. 糹 糹 糹 繼 繼 繼	☞ 실 사(糸)와 이을 계(𢇘). 繼母〔계모〕 아버지 후취(後娶). 의붓어머니. 繼襲〔계습〕 조상이나 선인의 뜻과 사업을 받아 이음. 繼續〔계속〕 뒤를 이음. 끊이지 않게 함. 承繼〔승계〕 남이 가지고 있는 권리나 의무를 이어받는 일. ▶ 繼蹟(계적) 傳繼(전계) 後繼(후계)
鳥 10 ㉑ 鷄	닭 계 鸡 jī chicken 닭. 丞 奚 彏 鄹 鷄 鷄	☞ 어찌 해(奚)와 새 조(鳥). 鷄犬相聞〔계견상문〕 인가나 촌락이 잇대어 있음을 일컬음. 鷄頭〔계두〕 닭의 볏. 맨드라미. 鷄肋〔계륵〕 닭의 갈비. 가치는 없으나 버리기가 아까운 사물. 群鷄〔군계〕 닭의 무리. 많은 닭. ▶ 鷄頭(계두) 鷄鳴(계명) 軟鷄(연계)
子 5 ⑧ 孤	외로울 고 gū lonely 외롭다. 고아. 홀로. 왕후의 겸칭. 멀다. 了 子 孑 孤 孤 孤	☞ 아들 자(子)와 오이 과(瓜). 孤高〔고고〕 홀로 높음. 혼자 초연(超然)한 모양. 孤寡〔고과〕 고아와 과부. 왕후가 자신을 일컫는 겸칭. 孤立〔고립〕 외롭게 섬. 의지할 데 없이 외톨이가 됨. 孤子單身〔고혈단신〕 혈육이 없는 외톨이 몸. ▶ 孤軍奮鬪(고군분투) 孤獨(고독) 遺孤(유고)
攴 5 ⑨ 故	예 고 gù ancient 예. 옛 벗. 연고. 예로부터. 사건. 일. 	☞ 예 고(古)와 칠 복(攵·攴). 故事〔고사〕 옛날의 일. 옛적부터 내려오는 유서 깊은 일. 故國〔고국〕 역사가 긴 나라. 전에 살던 나라. 고향. 故意〔고의〕 일부러 하는 일. 의도적으로 꾸미는 일. 옛 생각. 無故〔무고〕 연고가 없음. 사고 없이 평안함. ↔ 有故(유고). ▶ 故鄕(고향) 物故(물고) 事故(사고)
广 7 ⑩ 庫	곳집 고 库 kù warehouse 곳집. 곳간. 창고. 무기고. 广 广 庐 庐 庫 庫	☞ 집 엄(广)과 수레 거(車). 庫房〔고방〕 살림살이를 넣어 두는 방. 私庫〔사고〕 개인의 창고. 書庫〔서고〕 책을 넣어 두는 곳집. 文庫(문고). 倉庫〔창고〕 곳간으로 지은 집. 물건을 간직해 두는 곳. ▶ 國庫(국고) 金庫(금고)
禾 10 ⑮ 穀	곡식 곡 谷 gǔ grain 곡식. 곡물. 양식. 착하다. 녹. 행복. 	☞ 벼 화(禾)와 껍질 각(殻 : 殼). 穀殼〔곡각〕 낟알의 껍질. 穀類〔곡류〕 쌀·보리·밀 따위의 총칭. 곡식의 종류. 穀倉〔곡창〕 곡물의 창고. 곡식이 많이 나는 고장. 糧穀〔양곡〕 양식이 되는 곡물. ▶ 穀鄕(곡향) 五穀(오곡) 脫穀(탈곡)

4級 配定漢字

部首	漢字	訓音	뜻풀이
囗 4 ⑦	困 kùn distress	곤할 곤	☞ 에울 위(囗) 안에 나무 목(木). 困苛〔곤가〕 곤란하여 괴로워함. 고생함. 困境〔곤경〕 곤란한 처지. 몹시, 힘든 지경. 困窮〔곤궁〕 몹시 곤란함. 몹시 가난함. 生活苦(생활고). 困惑〔곤혹〕 곤란한 일을 당하여 어찌할 바를 모름. ▶ 困竭(곤갈) 困乏(곤핍) 貧困(빈곤)

곤하다. 괴로움. 난처하다. 곤궁하다.
丨 冂 凡 冈 困 困

| 骨 0 ⑩ | 骨 gǔ bone | 뼈 골 骨 | ☞ 살 발라낼 과(咼)와 고기 육(月·肉).
骨格〔골격〕 뼈의 조직. 뼈대.
骨氣〔골기〕 뼈대와 기질. 뼈대에 나타난 사람의 됨됨이.
骨山〔골산〕 나무 하나 없이 돌만으로 이루어진 산.
骨彫〔골조〕 상아나 뼈에 조각하는 일. 또는 그 작품.
▶ 骨痛(골통) 頸骨(경골) 納骨(납골) |

뼈. 뼈대. 핵심. 몸. 옛 그릇. 낡은 그릇.
凸 冎 冎 骨 骨 骨

| 子 1 ④ | 孔 kǒng hole | 구멍 공 | ☞ 아들 자(子)와 제비 을(乚·乙).
孔道〔공도〕 공자(孔子)가 가르친 도(道).
孔門〔공문〕 공자의 문하(門下).
孔子〔공자〕 중국 춘추 시대의 대철학자.
毛孔〔모공〕 털구멍.
▶ 孔性(공성) 瞳孔(동공) 方孔(방공) |

구멍. 매우. 심히. 헛되다. 공자(孔子).
⺂ 了 子 孔

| 攴 3 ⑦ | 攻 gōng attack | 칠 공 | ☞ 장인 공(工)과 칠 복(攵·攴).
攻擊〔공격〕 적을 침. 시비를 가리어 논란함. 몹시 꾸짖음.
攻略〔공략〕 남의 땅을 쳐서 빼앗음.
攻勢〔공세〕 공격하는 태세 또는 그 세력.
專攻〔전공〕 전문적으로 연구함.
▶ 攻伐(공벌) 攻守(공수) 戰攻(전공) 火攻(화공) |

치다. 공격하다. 다스리다. 닦다. 굳다.
一 T 工 工丁 攻 攻

| 宀 5 ⑧ | 官 guān official | 벼슬 관 | ☞ 움집 면(宀)과 많을 부(𠂤·𨸏).
官界〔관계〕 국가의 각 기관. 또는 그 관리의 사회.
官報〔관보〕 정부에서 발행하는 문서. 公報(공보).
官認〔관인〕 관청에서 인정함.
仕官〔사관〕 관리가 되어 종사함.
▶ 官舍(관사) 官有地(관유지) 史官(사관) |

벼슬. 벼슬아치. 관청. 마을. 기관.
宀 宀 宀 宀 官 官

| 竹 8 ⑭ | 管 guǎn tube pipe | 대롱 관 | ☞ 대 죽(竹)과 부릴 관(官).
管理〔관리〕 재산의 보존·이용·개량을 꾀하는 일.
管掌〔관장〕 맡아서 주관함.
管制〔관제〕 관리하고 통제함.
主管〔주관〕 어떤 일을 주장하여 관할·관리함.
▶ 筆管(필관) |

대롱. 피리. 붓대. 열쇠. 주관하다.
⺮ 笁 笁 竺 管 管

| 金 15 ㉓ | 鑛 kuàng ore | 쇳돌 광 矿 | ☞ 쇠 금(金)과 넓을 광(廣).
鑛區〔광구〕 정부에서 광물의 채굴을 허가한 구역.
鑛量〔광량〕 땅 속에 매장되어 있는 광물의 양.
鑛脈〔광맥〕 광물의 맥. 광물이 매장된 줄기. 쇳줄.
鑛泉〔광천〕 광물질이 들어 있는 샘.
▶ 鑛物(광물) 鑛石(광석) 鑛業(광업) |

쇳돌. 광석(鑛石). 조광(粗鑛).
鉐 鈩 鑛 鑛 鑛 鑛

口 2 ⑤	**句** 글귀 구 jù　phrase 글귀. 구절. 굽다. 거리끼다. 땅 이름. ノ 勹 勹 句 句	☞ 쌀 포(勹)와 입 구(口). 句讀〔구두〕 글의 뜻을 위해 쉼표·마침표를 찍는 일. 句節〔구절〕 구와 절. 한 토막의 말이나 글. 金句〔금구〕 아름다운 구절. 훌륭한 격언. 語句〔어구〕 말. 언어. 문구(文句). 숙어(熟語)와 구(句). ▶ 句讀點(구두점) 句點(구점) 名句(명구)
水 2 ⑦	**求** 구할 구 qiú　obtain 구하다. 찾다. 묻다. 부르다. 빌다. 一 十 寸 才 求 求	☞ 가죽으로 만든 덧옷의 모양을 본뜬 글자. 求乞〔구걸〕 남에게 돈·곡식 등을 거저 달라고 청함. 求道〔구도〕 길을 찾음. 불도를 구함. 求職〔구직〕 직업을 구함. 探求〔탐구〕 더듬어 구함. ▶ 求愛(구애) 求學(구학) 追求(추구)
穴 2 ⑦	 궁구할 구 jiū　study 궁구하다. 연구하다. 끝. 다하다. 헤아리다. 丶 宀 宀 穴 究 究	☞ 구멍 혈(穴)과 아홉 구(九). 究極〔구극〕 궁구함. 극에 달함. 또는 종국. 마지막. 究明〔구명〕 파고들어서 밝힘. 究察〔구찰〕 충분히 살펴서 분명히 함. 硏究〔연구〕 사물에 대하여 생각하여 진리를 알아냄. ▶ 究詰(구힐) 村學究(촌학구) 探究(탐구)
木 10 ⑭	**構** 얽을 구 构 gòu 얽다. 맺다. 일으키다. 집. 꾀하다. 일. 木 杧 栐 構 構 構	☞ 나무 목(木)과 쌓을 구(冓). 構圖〔구도〕 전체적으로 조화되게 배치하는 도면 구성. 構成〔구성〕 얽어서 만듦. 사물이 이루어지게 함. 構造〔구조〕 꾸미어 만듦. 싸서 맞춤. 構築〔구축〕 구조물을 쌓아 만듦. ▶ 結構(결구) 虛構(허구)
口 4 ⑦	**君** 임금 군 jūn　king 임금. 한 영지(領地)의 소유자. 남편. 一 コ ヨ 尹 君 君	☞ 다스릴 윤(尹)과 입 구(口). 君國〔군국〕 임금과 나라. 군주(君主). 국가. 君臨〔군림〕 군주로서 나라를 다스림. 세력을 떨침. 君主〔군주〕 임금. 나라님. 君王(군왕). 君長(군장). 郞君〔낭군〕 자기의 남편을 일컫는 말. ▶ 君子(군자) 聖君(성군) 暴君(폭군)
羊 7 ⑬	**群** 무리 군 qún　crowd 무리. 떼. 벗. 동료. 부류. 많음. 모으다. 尹 君 君' 君" 群 群	☞ 임금 군(君)과 양 양(羊). 群黨〔군당〕 무리. 떼. 여러 당파. 群島〔군도〕 일정한 해역 안의 작고 큰 여러 섬. 群衆〔군중〕 많이 모인 여러 사람. 拔群〔발군〕 여럿 가운데 특별히 뛰어남. 傑出(걸출). ▶ 群鷄一鶴(군계일학) 群雄割據(군웅할거)
尸 5 ⑧	**屈** 굽을 굴 qū　stooped 굽다. 움츠리다. 굽히다. 굳세다. 다하다. 尸 尸 屈 屈 屈 屈	☞ 주검 시(尸)와 나갈 출(出). 屈巾〔굴건〕 상주가 두건 위에 덧쓰는 건(巾). 屈巾祭服〔굴건제복〕 굴건과 제복을 입음. 상주의 옷차림. 屈曲〔굴곡〕 인생에서 성쇠가 번갈아 오는 일. 屈伏〔굴복〕 꿇어 엎드림. 힘이 미치지 못하여 복종함. ▶ 屈伸(굴신) 屈指(굴지) 卑屈(비굴)

4級 配定漢字 157

宀 7 ⑩	**宮** gōng palace 집. 궁궐. 종묘. 후궁. 절. 널. 관. 궁형. 宀宀宀宮宮宮	☞ 움집 면(宀)과 법칙 려(呂). 宮闕〔궁궐〕 임금이 거처하는 집. 대궐. 궁성. 宮殿(궁전). 宮刑〔궁형〕 생식기를 없애는 형벌. 迷宮〔미궁〕 한 번 들어가면 빠져나올 수 없는 곳. 龍宮〔용궁〕 바다 속에 있다고 하는 용왕의 궁전. ▶ 宮女(궁녀) 宮合(궁합) 東宮(동궁)
穴 10 ⑮	**窮** qióng finish 다하다. 끝나다. 멈추다. 막히다. 곤란하다. 穴穴穸穸穹窮	☞ 구멍 혈(穴)과 몸 궁(躬). 窮境〔궁경〕 곤궁한 처지. 窮地(궁지). 困境(곤경). 窮極〔궁극〕 끝. 다함. 극도로 가난함. 窮理〔궁리〕 사물의 이치를 연구함. 窮乏〔궁핍〕 빈궁함. 몹시 가난함. 또, 그 사람. ▶ 困窮(곤궁) 無窮(무궁) 貧窮(빈궁)
刀 6 ⑧	**券** quàn bond 문서. 증서. 증표. 계약서. 어음 쪽. 丷䒑䒑夹券券	☞ 약속한 내용을 새겨 하나씩 가져 증거로 삼음. 券書〔권서〕 사실을 증명하는 문서. 차용증서 따위. 旅券〔여권〕 외국 여행하는 사람에게 정부가 주는 여행 허가증. 株券〔주권〕 회사의 주식을 소유하고 있음을 증명하는 유가 증권. 證券〔증권〕 재산에 관한 권리나 의무로 나타나는 문서. ▶ 券帖(권첩) 債券(채권)
卩 6 ⑧	**卷** juǎn volume 책. 권. 두루마리. 말다. 말리다. 접다. 丷䒑䒑夹券卷	☞ 구부릴 권(关)과 몸기 절(卩). 卷頭〔권두〕 책이나 두루마리 같은 것의 첫머리. 卷末〔권말〕 책의 맨 끝이나 마지막 권. 卷帙〔권질〕 책. 또는 편수와 부수. 권과 질. 席卷〔석권〕 자리를 말듯이 손쉽게 모조리 차지하는 일. ▶ 壓卷(압권)
力 18 ⑳	**勸** quàn advise 권하다. 힘쓰다. 가르치다. 인도하다. 苩苩苩蒦勸勸	☞ 작은 참새 관(蒦)과 힘 력(力). 勸告〔권고〕 권면하고 충고함. 勸勉〔권면〕 노력하도록 권함. 격려함. 勸善〔권선〕 선한 일을 권장함. 신자에게 보시(布施)를 청함. 勸誘〔권유〕 권하고 이끎. ▶ 勸善懲惡(권선징악) 強勸(강권)
木 18 ㉒	**權** quàn power 권세. 권력. 권도. 방편. 저울추. 저울. 木栌栌栌権權	☞ 나무 목(木)과 황새 관(蒦 : 당김, 달다). 權力〔권력〕 강제로 남을 눌러 복종시키는 힘. 權利〔권리〕 사회 생활상의 이익을 누릴 수 있는 법률상의 힘. 權不十年〔권불십년〕 권세는 10년을 갖지 못함. 實權〔실권〕 실제로 행사할 수 있는 권력. ▶ 權能(권능) 權謀術數(권모술수) 權限(권한)
止 14 ⑱	**歸** guī go back 돌아가다. 돌아오다. 시집가다. 편들다. 𠂤𠂤𠂤歸歸歸	☞ 쫓을 추(𠂤·追)와 비 추(帚). 歸家〔귀가〕 집으로 돌아감. 歸結〔귀결〕 논의나 추리(推理)의 도달되는 결과. 歸着(귀착). 歸順〔귀순〕 대적하던 마음을 버리고 복종함. 歸化〔귀화〕 다른 나라의 국적을 얻어 그 국민이 되는 일. ▶ 歸納(귀납) 歸農(귀농)

土 4 ⑦ 고르다. 가꾸다. 운(韻). 따르다. 十 土 圴 均 均 均	均 고를 균 따를 연 jūn even	☞ 흙 토(土)와 가지런할 균(勻). 均等〔균등〕 차별이나 차이가 없이 고름. 등급이 같음. 均衡〔균형〕 치우침이 없이 고름. 成均館〔성균관〕 유교의 교육을 맡아보던 곳. 平均〔평균〕 많고 적음이 없이 균일함. 평균수의 준말. ▶ 均霑(균점) 均分(균분)
木 9 ⑬ 지극하다. 최고. 다하다. 극진하다. 끝. 朽 朽 柯 極 極 極	極 지극할 극 极 jí extreme	☞ 나무 목(木)과 빠를 극(亟). 極端〔극단〕 맨 끝. 중용을 벗어나 한쪽으로 심히 치우침. 極度〔극도〕 궁극의 한도. 더할 나위 없이 극심한 정도. 極樂〔극락〕 아미타불에 있다는 서방정토(西方淨土). 窮極〔궁극〕 극도에 달함. 마지막. ▶ 極難(극난) 極盡(극진) 極致(극치)
刀 13 ⑮ 심하다. 혹독하다. 성함. 어렵다. 번거롭다. 广 卢 虍 虗 豦 劇	劇 심할 극 剧 jù violent	☞ 범 호(虍·虎)와 돼지 시(豕), 칼 도(刂·刀). 劇壇〔극단〕 연극하는 무대. 연극인들의 사회. 劇本〔극본〕 연극이나 방송국 등의 대본(臺本). 시나리오. 劇甚〔극심〕 아주 심함. 極甚(극심). 演劇〔연극〕 희곡을 무대 위에 연출하는 종합 예술. ▶ 劇烈(극렬) 劇藥(극약) 歌劇(가극) 寸劇(촌극)
竹 6 ⑫ 힘줄. 힘. 체력. ⺮ ⺮ 筋 筋	筋 힘줄 근 jīn muscle	☞ 대 죽(竹)과 갈빗대 륵(肋). 筋骨〔근골〕 근육과 뼈. 근육과 골격. 체력. 글씨 쓰는 법. 筋力〔근력〕 근육의 힘. 체력(體力)·기력(氣力)을 일컬음. 筋肉〔근육〕 몸의 운동 관능을 맡은 힘살. 鐵筋〔철근〕 콘크리트 속에 박아서 뼈대로 삼은 철제. ▶ 筋骸(근해) 細筋(세근)
力 11 ⑬ 부지런하다. 힘쓰다. 일. 직무. 근심하다. 艹 苩 革 堇 勤 勤	勤 부지런할 근 qín diligent	☞ 맥질할 근(堇)과 힘 력(力). 勤勞〔근로〕 부지런히 일함. 勤務〔근무〕 일을 맡아 봄. 직장에 적을 두고 일함. 勤續〔근속〕 여러 해 계속하여 근무함. 皆勤〔개근〕 휴일 외에는 하루도 빠짐없이 출석·출근함. ▶ 勤勉(근면) 勤怠(근태) 常勤(상근)
示 8 ⑬ 금하다. 꺼림. 규칙. 계율. 삼가다. 견디다. 十 木 林 埜 埜 禁	禁 금할 금 jìn forbid	☞ 수풀 림(林)과 보일 시(示). 禁忌〔금기〕 불길하여 꺼리고 금하는 일. 터부. 禁斷〔금단〕 금하여 못하게 함. 禁煙〔금연〕 아편이나 담배 피우는 일을 금함. 담배를 끊음. 解禁〔해금〕 금령(禁領)을 풂. ▶ 通禁(통금)
大 5 ⑧ 기이하다. 기특하다. 뛰어나다. 거짓. 속임. 丆 大 夳 夲 奇 奇	奇 기이할 기 qí strange	☞ 큰 대(大)와 옳을 가(可). 奇骨〔기골〕 특이한 골상이나 토지의 용모. 奇怪〔기괴〕 기이하고 괴상함. 奇妙〔기묘〕 진기하고 이상함. 남다르게 뛰어남. 奇想天外〔기상천외〕 극히 기발한 생각. ▶ 奇怪罔測(기괴망측) 奇異(기이) 奇蹟(기적)

4級 配定漢字 159

糸 3 ⑨	紀	벼리 기 纪 jǐ discipline 벼리. 기강. 규칙. 법. 기록함. 기율. 인륜. 幺 糸 糸 紀 紀 紀	☞ 실 사(糸)와 몸 기(己). 紀綱〔기강〕 국가의 제도와 기율. 다스림. 단속함. 紀念〔기념〕 후일의 추억으로 남겨 두는 사물. 記念(기념). 紀元〔기원〕 건국의 첫 해. 연대를 세는 기본이 되는 해. 紀行〔기행〕 여행 중에 보고 듣고 느낀 것을 적은 글. ▶ 紀功碑(기공비) 官紀(관기) 西紀(서기)
走 3 ⑩	起	일 기 qǐ rise 일다. 일어서다. 일어나다. 일으키다. 土 キ 走 起 起 起	☞ 달릴 주(走)와 몸 기(己). 起工〔기공〕 토목·건축 등 공사를 시작함. 起伏〔기복〕 일어섬과 엎드림. 높음과 낮음. 성함과 쇠함. 起訴〔기소〕 소송을 법원에 제기함. 검사가 공소를 제기함. 蹶起〔궐기〕 많은 사람이 어떤 뜻을 품고 분기함. ▶ 起死回生(기사회생) 起案(기안)
宀 8 ⑪	寄	부칠 기 jì send depend 부치다. 보냄. 맡기다. 기대다. 의지함. 丶 宀 宀 宓 宓 寄	☞ 움집 면(宀)과 이상할 기(奇). 寄居〔기거〕 임시로 거처함. 또는 그 거처. 寓居(우거). 寄稿〔기고〕 글이나 원고를 신문사나 잡지사 같은 데에 보냄. 寄附〔기부〕 공공 사업 등을 위해 금품을 무상으로 제공함. 寄宿〔기숙〕 남의 집에 침식을 위탁함. ▶ 寄生(기생) 寄航(기항)
口 13 ⑯	器	그릇 기 qì vessel 그릇. 재능이나 도량. 기관(器官). 도구. 吅 吅 哭 哭 器 器	☞ 뭇 입 습(吅)과 개 견(犬). 器官〔기관〕 생명 유지에 필요한 작용을 하는 몸의 각 부분. 器具〔기구〕 세간·그릇·연장 등의 총칭. 道具(도구). 器物〔기물〕 그릇·세간 따위의 물건. 器皿(기명). 汁器〔집기〕 살림살이에 쓰는 온갖 그릇. 汁物(집물). ▶ 器機(기기) 器量(기량) 器材(기재)
木 12 ⑯	機	틀 기 机 jī loom machine 틀. 베틀. 기계. 재치. 거짓. 기교. 올가미. 木 松 柊 椣 樾 機	☞ 나무 목(木)과 작을 기(幾). 機能〔기능〕 어떠한 기관의 활동 능력. 機動〔기동〕 시기에 맞추어 제때에 바르게 행동함. 機敏〔기민〕 날쌔고 재빠름. 사물의 미묘한 징후. 낌새. 機密〔기밀〕 중요하고 비밀인 일. 아주 높은 직위. ▶ 機智(기지) 機會(기회) 天機(천기) 好機(호기)
日 9 ⑬	暖	따뜻할 난 nuǎn warm 따뜻하다. 따뜻해지다. 온순하다. 日 昨 昖 暖 暖 暖	☞ 날 일(日)과 느즈러질 원(爰). 暖帶〔난대〕 열대와 온대의 중간지대. 暖房〔난방〕 방을 따뜻하게 함. 또, 따뜻한 방. 暖地〔난지〕 따뜻한 곳. 따뜻한 지방. 暖飽〔난포〕 옷을 따뜻하게 입고 밥을 배불리 먹음. ▶ 暖流(난류) 溫暖(온난) 寒暖(한란)
隹 11 ⑲		어려울 난 难 nán difficult 어렵다. 재앙. 난리. 근심하다. 우거지다. 茻 莫 蘣 蘄 蘄 難	☞ 진흙 근(菫·堇)과 새 추(隹). 難關〔난관〕 지나가기가 어려운 목(관문). 難局〔난국〕 어려운 판국. 難産〔난산〕 해산(解産)이 순조롭지 못하여 고생함. 難題〔난제〕 어려운 문제. 어려운 일. ▶ 難攻不落(난공불락)

糸 4 ⑩	**納** 들일 납　纳 nà　receive 들이다. 받아들이다. 끌어들이다. 바치다. 幺 乡 糸 糽 紛 納	☞ 실 사(糸)와 들일 납(內). 納期〔납기〕 세금·공과금 등을 납입할 기한. 納得〔납득〕 남의 말이나 행동을 잘 알아 이해함. 納涼〔납량〕 더운 여름에 서늘함을 맛봄. 納稅〔납세〕 나라에 세금을 바침. ▶ 納本(납본) 納入(납입) 出納(출납)
力 5 ⑦	**努** 힘쓸 노 nǔ　endeavor 힘쓰다. 힘들이다. 부지런히 일하다. 刀 女 奴 奴 努 努	☞ 종 노(奴)와 힘 력(力). 努力〔노력〕 힘을 들이고 애를 씀. 또, 그 들인 힘. 힘을 다함. 努目〔노목〕 성을 내어 눈을 부라림. 努肉〔노육〕 궂은살.
心 5 ⑨	**怒** 성낼 노 nù　grow angry 성내다. 성. 화. 힘쓰다. 떨쳐 일어남. 刀 女 奴 奴 怒 怒	☞ 종 노(奴)와 마음 심(心). 怒氣〔노기〕 노여운 기색. 怒發大發〔노발대발〕 몹시 성냄. 怒潮〔노조〕 힘차게 밀어닥치는 조류. 怒號〔노호〕 성내어 부르짖음. 바람·물결 따위의 세찬 소리. ▶ 怒氣騰騰(노기등등) 怒氣冲天(노기충천)
殳 5 ⑨	**段** 층계 단 duàn　stairs 층계. 층. 차례. 등급. 덩어리. 조각. 종류. 厂 斤 手 臼 段 段	☞ 끝 단(手·岩)과 칠 수(殳). 段階〔단계〕 일의 나아가는 과정. 순서. 차례. 등급. 段落〔단락〕 긴 글에서 내용상으로 일단 끊어지는 구획. 段數〔단수〕 단의 수. 술수를 쓰는 재간의 정도. 手段〔수단〕 일을 처리해 나가는 묘안을 꾸며내는 솜씨와 꾀. ▶ 段丘(단구) 階段(계단) 分段(분단)
口 9 ⑫	**單** 홑 단　单 dān 홑. 홑겹. 하나. 오직. 다만. 혼자. 외로움. 口 吅 吅 留 畀 單	☞ 끝이 두 갈래로 갈라진 무기. 또는 부채를 본뜬 글자. 單價〔단가〕 일정한 단위의 값. 낱개의 값. 單純〔단순〕 단일하고 잡것이 섞이어 있지 아니함. 單一〔단일〕 복잡하지 않음. 다른 것이 섞이지 않음. 名單〔명단〕 어떤 일에 관계된 사람의 이름을 적은 표. ▶ 單刀直入(단도직입) 單子(단자)
立 9 ⑭	**端** 끝 단 duān　end 끝. 가. 실마리. 단정하다. 바르다. 근본. 立 立 竝 端 端 端	☞ 설 립(立)과 끝 단(岩). 端末〔단말〕 끄트머리. 끝. 처음과 끝. 端緖〔단서〕 일의 처음. 일의 실마리. 端言〔단언〕 바른 말을 함. 또는 그 말. 端午〔단오〕 음력 오월 초닷샛날의 명절. ▶ 端良(단량) 端役(단역) 極端(극단) 先端(선단)
木 13 ⑰	**檀** 박달나무 단 tán　kind of birch 박달나무. 향나무. 베풀다. 시주하다. 木 朾 柃 栢 檀 檀	☞ 나무 목(木)과 클 단(亶). 檀君〔단군〕 우리 민족의 시조. 檀紀〔단기〕 단군 기원. 단군이 즉위한 기원 전 2333년을 　　　　원년으로 하는 우리 나라의 기원. 檀木〔단목〕 박달나무. ▶ 檀國(단국) 紫檀(자단)

斤 14 ⑱	斷 끊을 단 断 duàn cut off 끊다. 끊어지다. 쪼개다. 결단하다. 𢇍 𢇍 𢇍 斷 斷 斷	☞ 이을 계(𢇍)와 도끼 근(斤). 斷交〔단교〕 교제를 끊음. 외교 관계를 끊음. 斷念〔단념〕 생각을 끊음. 미련 없이 잊어버림. 체념. 斷然〔단연〕 반대를 무릅쓰고 과감히 행하는 모양. 斷章〔단장〕 토막을 지어 몇 줄씩의 산문체로 적은 글. ▶ 斷機之戒(단기지계) 斷案(단안) 切斷(절단)
辵 9 ⑬	達 통달할 달 达 dá versed 통달하다. 통하다. 이르다. 다다름. 미치다. 土 耂 耂 幸 幸 達	☞ 큰 대(土・大)와 양 양(羊), 쉬엄쉬엄 갈 착(辶・辵). 達觀〔달관〕 사물에 통달한 관찰. 達辯〔달변〕 말을 잘함. 능란한 말. 達成〔달성〕 목적한 바를 이룸. 到達〔도달〕 정한 곳에 다다름. 목적한 데에 미침. ▶ 達筆(달필) 配達(배달) 通達(통달)
手 13 ⑯	擔 멜 담 担 dān bear 메다. 짊어지다. 맡다. 책임지다. 들다. 扌 扌 扩 护 护 擔	☞ 손 수(扌・手)와 이를 첨(詹). 擔當〔담당〕 일을 맡아 함. 어떤 일을 맡음. 擔任〔담임〕 책임을 지고 맡아 봄. 또 그 사람. 加擔〔가담〕 거들어 도와 줌. 한편이 되어 일을 같이 함. 負擔〔부담〕 어떠한 일을 맡아서 의무나 책임을 짐. ▶ 擔架(담가) 擔保(담보)
黑 8 ⑳	黨 무리 당 党 dǎng company 무리. 동아리. 치우치다. 마을. 일가. 친척. 常 常 當 當 黨 黨	☞ 높을 상(尙)과 검을 흑(黑). 黨論〔당론〕 당의 의견이나 의논. 붕당의 논의. 黨爭〔당쟁〕 당파의 싸움. 黨派〔당파〕 어떤 목적으로 뭉쳐진 무리. 徒黨〔도당〕 떼를 지은 무리. ▶ 黨規(당규) 朋黨(붕당) 殘黨(잔당)
巾 8 ⑪	帶 띠 대 带 dài belt 띠. 띠다. 차다. 두르다. 허리에 차다. 卅 卅 卅 帶 帶 帶	☞ 허리 띠 장식 모양(卅)과 수건 건(巾). 帶劍〔대검〕 칼을 참. 또 몸에 차는 칼. 帶電〔대전〕 물체가 전기를 띠는 현상. 連帶〔연대〕 서로 연결함. 두 사람 이상이 서로 책임을 짐. 携帶〔휴대〕 손에 들거나 몸에 지님. ▶ 帶同(대동)
阜 9 ⑫	隊 무리 대 队 duì band 무리. 대오. 군대. 늘어선 줄. 떨어지다. 阝 阝 阝 阝 隊 隊	☞ 언덕 부(阝・阜)와 다할 수(㒸). 隊列〔대열〕 대를 지어 늘어선 행렬. 隊伍〔대오〕 군대 행렬의 줄. 군대의 항오(行伍)・대열. 隊員〔대원〕 한 대(隊)를 이루고 있는 사람. 軍隊〔군대〕 일정한 조직을 가진 군인 집단. 군의 별칭. ▶ 隊商(대상) 部隊(부대) 樂隊(악대)
彳 7 ⑩	徒 무리 도 tú crowd 무리. 동아리. 여럿. 걸어다니다. 맨손. 彳 彳 彳 彳 徒 徒	☞ 조금 걸을 척(彳)에 흙 토(土)와 발 소(疋). 徒黨〔도당〕 떼를 지은 무리. 徒步〔도보〕 걸어서 다니는 사람. 필부(匹夫)를 뜻함. 徒食〔도식〕 놀고 먹음. 일은 하지 않고 먹고 놀기만 함. 暴徒〔폭도〕 난폭하게 치안을 어지럽히는 무리. ▶ 徒刑(도형) 生徒(생도) 逆徒(역도)

辶 6 ⑩	逃 táo escape	달아날 도 逃 달아나다. 도망하다. 피하다. 숨기다. ノ ㄎ 扎 兆 兆 逃	☞ 조짐 조(兆)와 쉬엄쉬엄 갈 착(辶·辵). 逃匿[도닉] 도망하여 숨음. 逃亡[도망] 몰래 피해 달아남. 쫓겨 달아남. 도주. 줄행랑. 逃走[도주] 달아남. 도망함. 逃避[도피] 달아나서 몸을 피함. 도망하여 피함. ▶ 逃遁(도둔) 逋逃(포도)
皿 7 ⑫	盜 dào thief	도둑 도 도둑. 훔치다. 도둑질하다. 소인(小人). 氵 汀 次 次 盜 盜	☞ 침 연(次)과 그릇 명(皿). 盜難[도난] 물건을 도둑 맞는 재난. 盜伐[도벌] 벌채 허가 없이 나무를 벰. 盜癖[도벽] 남의 물건을 훔치는 버릇. 盜聽[도청] 엿듣는 장치를 하여 남의 비밀을 캠. ▶ 盜汗(도한) 強盜(강도) 竊盜(절도)
寸 13 ⑯	導 dǎo guide	이끌 도 导 이끌다. 인도하다. 길잡이. 가르치다. 首 首 道 道 導 導	☞ 길 도(道)와 마디 촌(寸). 導入[도입] 학습 의욕을 돋우기 위한 단원 전개의 단계. 導火線[도화선] 사건 발생의 직접적인 원인이나 계기. 誘導[유도] 꾀어서 이끎. 引導[인도] 가르쳐 이끎. 길을 안내함. ▶ 導因(도인) 指導(지도)
毋 4 ⑧	毒 dú poison	독할 독 독하다. 독. 해치다. 독초. 미워하다. 十 キ 主 圭 毒 毒	☞ 풀 초(屮)와 음란할 매(毐). 毒氣[독기] 독이 있는 기운. 사납고 모진 기운. 毒物[독물] 독기 있는 물질. 악독한 사람이나 짐승. 毒殺[독살] 독약을 먹여서 죽임. 악독한 마음을 품은 살기. 中毒[중독] 약물의 독성에 의해 기능 장애를 일으키는 일. ▶ 毒婦(독부) 毒蛇(독사) 毒針(독침) 消毒(소독)
目 8 ⑬	督 dū supervise	살펴볼 독 살펴보다. 조사하다. 생각하다. 통솔하다. 上 十 未 叔 叔 督	☞ 어릴 숙(叔)과 눈 목(目). 督勵[독려] 감독하고 격려함. 督促[독촉] 독려하여 재촉함. 監督[감독] 보살피어 잘못이 없도록 시킴. 또는 그 사람. 提督[제독] 함대의 사령관. ▶ 督納(독납) 總督(총독)
金 6 ⑭	銅 tóng copper	구리 동 铜 구리. 동화. 돈. 도장. 구리그릇. ㅅ 仝 全 金 釗 銅	☞ 쇠 금(金)과 같을 동(同). 銅鏡[동경] 구리로 만든 거울. 石鏡(석경). 銅鼓[동고] 꽹과리. 銅鑛[동광] 구리를 캐는 광산. 銅店(동점). 銅版[동판] 구리판에 그림이나 글자를 새긴 인쇄용 원판. ▶ 銅鑼(동라) 銅像(동상) 銅錢(동전) 白銅(백동)
斗 0 ④	 dǒu measure	말 두 말(용량의 단위). 1두(斗)는 10승(升). 丶 ㆍ 二 斗	☞ 곡식을 담아서 수량을 헤아리는 말[斗]의 모양. 斗覺[두각] 갑자기 깨달음. 斗斛[두곡] 斗는 10되[升], 斛은 10말[斗]. 적은 분량. 斗栱[두공] 들보 위에 세우는 짧은 기둥. 동자기둥. 北斗[북두] 북두성. 북두칠성. 숭상받는 사람의 비유. ▶ 斗穀(두곡) 斗量(두량) 斗宇(두우)

4級 配定漢字

부수	한자	훈음	약자	설명

豆 콩 두 / dòu / bean
豆 0 / ⑦
콩. 팥. 제기 이름. 제수. 제물. 잔대.
一 T 戸 戸 豆 豆

☞ 굽이 높은 제기의 모양을 본뜬 글자.
豆粕〔두박〕 콩깻묵.
豆腐〔두부〕 콩으로 만든 식품의 한 가지.
豆乳〔두유〕 진하게 만든 콩국. 우유·모유의 대용으로 씀.
綠豆〔녹두〕 콩과의 한해살이풀.
▶ 豆肥(두비) 豆肉(두육) 俎豆(조두)

得 얻을 득 / dé / get
彳 8 / ⑪
얻다. 깨닫다. 탐하다. 만족하다. 알맞다.
彳 彳 昂 昂 得 得

☞ 조금 걸을 척(彳)과 조개 패(旦·貝), 마디 촌(寸).
得道〔득도〕 도를 깨침. 오묘한 뜻을 깨침.
得勢〔득세〕 세력을 얻음. 시세가 좋게 됨.
得失〔득실〕 이익과 손해. 성공과 실패. 장점과 단점.
納得〔납득〕 남의 말이나 행동을 잘 알아 이해함.
▶ 得音(득음) 得票(득표) 利得(이득)

燈 등잔 등 / 灯 / dēng / lamp
火 12 / ⑯
등잔. 등. 등불. 초. 불도(佛道).
㸃 火 灼 烃 烃 燈 燈

☞ 불 화(火)와 오를 등(登).
燈架〔등가〕 등잔걸이.
燈盞〔등잔〕 기름이나 석유를 담아서 불을 켜는데 쓰는 그릇.
燈火可親〔등화가친〕 등불은 친할 만하다는 뜻으로, 가을 밤은 등불을 가까이 하여 글읽기에 좋음을 일컫는 말.
▶ 燈下不明(등하불명) 走馬燈(주마등)

羅 벌일 라 / 罗 / luó / arrange
网 14 / ⑲
벌이다. 늘어서다. 그물질하다. 비단.
罒 罕 罘 羅 羅 羅

☞ 그물 망(罒·网)과 맬 유(維).
羅拜〔나배〕 여럿이 늘어서서 함께 절함.
羅衫〔나삼〕 혼례 때 신부가 활옷을 벗고 있는 예복.
羅城〔나성〕 外城(외성). '로스앤젤레스'의 음역.
羅列〔나열〕 죽 벌여 놓음. 죽 줄을 지음.
▶ 羅紗(나사) 綾羅(능라) 網羅(망라)

卵 알 란 / luǎn / egg
卩 5 / ⑦
알. 새. 물고기. 벌레 따위의 알. 크다.
丶 匚 丆 卵 卵 卵

☞ 개구리나 물고기의 알 모양을 본뜬 글자.
卵殼〔난각〕 알껍데기.
卵生〔난생〕 알이 부화되어 새끼가 나옴. ↔ 胎生(태생).
卵巢〔난소〕 난자(卵子)를 만들어 내는 여자의 생식기.
鷄卵〔계란〕 닭의 알. 달걀.
▶ 卵子(난자) 卵形(난형) 卵黃(난황) 産卵(산란)

亂 어지러울 란 / 乱 / luàn / confuse
乙 12 / ⑬
어지럽다. 난리. 얽히다. 반역. 배반하다.
亠 爫 爭 肏 肏 亂

☞ 다스릴 란(亂)과 얽힐 을(乚).
亂局〔난국〕 어지러운 판국.
亂動〔난동〕 문란하게 행동함. 또, 그런 행동.
亂民〔난민〕 나라의 안녕·질서를 어지럽히는 백성.
亂刺〔난자〕 아무데나 마구 찌름.
▶ 亂離(난리) 亂世(난세) 狂亂(광란)

覽 볼 람 / 览 / lǎn / view
見 14 / ㉑
보다. 전망. 경관. 받다. 받아들이다.
臣 臣 臨 臨 覽 覽

☞ 볼 감(監)과 볼 견(見).
觀覽〔관람〕 연극·영화·경기 등을 구경함.
博覽〔박람〕 책을 많이 읽음. 사물을 널리 봄.
閱覽〔열람〕 책 따위를 훑어보거나 조사하여 봄.
遊覽〔유람〕 놀면서 봄. 두루 돌아다니며 구경함.
▶ 展覽(전람)

田 6 ⑪	略 간략할 략 lüè　brief 간략하다. 생략하다. 꾀. 슬기. 노략질하다. 田 町 吵 畋 略 略	☞ 밭 전(田)과 각각 각(各). 略圖〔약도〕 간략하게 요점만을 추려서 그린 도면. 略歷〔약력〕 간단히 적은 이력. 略式〔약식〕 정식 절차를 생략한 의식. 또, 그 양식. 侵略〔침략〕 남의 나라를 침노하여 땅을 빼앗음. ▶ 略記(약기) 略字(약자) 計略(계략)
入 6 ⑧	兩　两 두 량 양 냥 liǎng　both 두. 둘. 짝. 필. 양. 냥(무게·돈의 단위). 一 丆 丙 雨 兩 兩	☞ 저울추의 두 쪽을 본뜬 글자. 兩家〔양가〕 양편의 집. 양쪽의 집. 兩斷〔양단〕 하나를 둘로 끊음. 兩面〔양면〕 앞면과 뒷면. 兩班〔양반〕 신분이 높은 상류계급의 사람. 문관과 무관. ▶ 兩立(양립) 兩親(양친)
米 12 ⑱	糧　粮 양식 량 liáng　food 양식. 먹이. 급여. 구실. 조세. 米 籵 粍 糎 糧 糧	☞ 쌀 미(米)와 헤아릴 량(量). 糧穀〔양곡〕 양식으로 쓰는 곡식. 糧米〔양미〕 군량미. 양식으로 쓰는 쌀. 糧食〔양식〕 식용인 곡식. 식량. 軍糧〔군량〕 군대의 양식. ▶ 糧道(양도) 糧草(양초)
心 11 ⑮	慮 생각할 려 虑 lǜ　consider 생각하다. 염려하다. 근심하다. 의심하다. 广 卢 虍 虑 慮 慮	☞ 술집 로(盧)와 마음 심(心). 慮外〔여외〕 뜻밖에. 의외. 생각 밖. 慮後〔여후〕 장래에 대하여 염려함. 苦慮〔고려〕 애써 생각함. 苦心(고심). 念慮〔염려〕 마음을 놓지 못함. 헤아려 걱정함. ▶ 考慮(고려) 配慮(배려) 憂慮(우려)
鹿 8 ⑲	麗　丽 고을 려 붙을 리 lì　beautiful 곱다. 빛나다. 걸리다. 붙다. 맑다. 严 严 严 麗 麗 麗	☞ 붙을 려(丽)와 사슴 록(鹿). 麗句〔여구〕 아름다운 글귀. 麗色〔여색〕 아름다운 빛. 아름다운 얼굴 빛. 麗日〔여일〕 화창한 날. 날씨가 좋은 날. 美麗〔미려〕 아름답고 고움. 佳麗(가려). ▶ 麗史(여사) 麗容(여용) 華麗(화려)
辶 7 ⑪	連　连 잇닿을 련 lián　connect 잇닿다. 잇다. 연하다. 끌리다. 연합하다. 曰 車 車 連 連	☞ 수레 거(車)와 쉬엄쉬엄 갈 착(辶·辵). 連結〔연결〕 서로 이어 맺음. 또, 서로 맺어서 이음. 連繫〔연계〕 서로 매임. 다른 사람의 죄에 연루됨. 連關〔연관〕 서로 의존하거나 제약하는 관계. 連帶〔연대〕 서로 연결함. 공동으로 책임을 짐. ▶ 連發(연발) 連戰連勝(연전연승) 連休(연휴)
刀 4 ⑥	列 벌일 렬 liè　display 벌이다. 늘어놓음. 나란히 함. 줄. 행렬. 一 ア 歹 夕 列 列	☞ 뼈 앙상할 알(歹)과 칼 도(刂·刀). 列強〔열강〕 여러 강대한 나라들. 列擧〔열거〕 여러 가지 예를 듦. 列聖朝〔열성조〕 역대 임금의 시대. 列朝(열조). 列傳〔열전〕 많은 사람들의 전기를 배열한 책. ▶ 同列(동렬) 序列(서열) 陳列(진열)

4級 配定漢字

部首	漢字	訓音 / 簡体 / 拼音 / 英어	설명
火 6 ⑩	烈	세찰 렬 / liè / foerce 세차다. 굳세다. 사납다. 심하다. 맵다. 一 ア 万 歹 列 烈	☞ 벌릴 렬(列)과 불화 받침(灬·火). 烈女〔열녀〕 남편에 대한 정성과 절개를 지킨 여자. 烈烈〔열렬〕 주의·주장·애정 등이 매우 맹렬함. 烈士〔열사〕 조국과 민족을 위하여 장렬하게 싸운 사람. 先烈〔선열〕 정의를 위해 싸우다 죽은 열사. ▶ 烈火(열화) 強烈(강렬) 貞烈(정렬)
金 8 ⑯	錄	기록할 록 사실할 려 / 录 / lù / record 기록하다. 문서. 차례. 나타내다. 사실하다. 釒 釤 釤 鈩 錚 錄	☞ 쇠 금(金)과 나무 깎을 록(彔). 錄音〔녹음〕 필름이나 레코드 등의 기계에 기록해 넣는 일. 錄畫〔녹화〕 비디오 테이프에 텔레비전의 영상을 기록함. 記錄〔기록〕 후일까지 남길 필요가 있는 사항을 적는 일. 實錄〔실록〕 한 임금 일대의 사실을 적은 역사. ▶ 錄名(녹명) 錄紙(녹지) 目錄(목록)
言 8 ⑮	論	논의할 론 / 论 / lùn / discuss 논의하다. 평론하다. 변론하다. 헤아리다. 言 訡 訡 論 論 論	☞ 말씀 언(言)과 조리세울 륜(侖). 論考〔논고〕 문헌을 고증하여 논술함. 論告〔논고〕 자기의 믿는 바를 논술하여 알림. 論理〔논리〕 이치를 생각하며 분별하는 이론. 論爭〔논쟁〕 말이나 글로 서로 논하여 다툼. 또, 그 논의. ▶ 論功行賞(논공행상) 論說(논설) 言論(언론)
龍 0 ⑯	龍	용 룡 언덕 롱 / 龙 / lóng / dragon 용. 임금. 뛰어난 인물. 화하다. 언덕. 育 育 竜 竜 龍 龍	☞ 머리에 뿔이 있고 긴 몸뚱이를 가진 상상의 동물 '용'. 龍駕〔용가〕 임금이 타는 수레. 龍車(용거). 龍頭蛇尾〔용두사미〕 처음은 좋으나 끝이 나쁨을 일컬음. 龍上〔용상〕 임금이 앉는 자리. 龍平床(용평상). 龍顏〔용안〕 임금의 얼굴. 天顏(천안). ▶ 龍虎相搏(용호상박) 土龍(토룡)
木 5 ⑨	柳	버들 류 / liǔ / willow 버들. 버드나무. 모이다. 수레 이름. 木 朩 札 柏 柳 柳	☞ 나무 목(木)과 머무를 유(卯·留). 柳器〔유기〕 고리나 대오리로 엮어 상자같이 만든 물건. 柳絮〔유서〕 버들개지. 봄날에 날리는 버들솜. 柳腰〔유요〕 버들가지처럼 가늘고 부드러운 미인의 허리. 花柳〔화류〕 꽃과 버들. 노는 계집. ▶ 柳陰(유음) 細柳(세류)
田 5 ⑩	留	머무를 류 / liú / stay 머무르다. 체류하다. 정지함. 지체하다. ⺈ 卬 留 留 留 留	☞ 무성할 묘(卯·卯)와 밭 전(田). 留級〔유급〕 진급하지 못하고 그대로 남음. 낙제. 留念〔유념〕 마음에 새겨 둠. 기억해 두고 생각함. 留置〔유치〕 맡아 둠. 피의자를 일정한 곳에 잡아 가둠. 抑留〔억류〕 자유를 구속하여 억지로 붙잡아 둠. ▶ 留保(유보) 留宿(유숙) 居留(거류)
車 8 ⑮	輪	바퀴 륜 / 轮 / lún / wheel 바퀴. 둘레. 돌다. 수레. 탈 것. 둥근 것. 亘 車 軩 軩 輪 輪	☞ 수레 거(車)와 질서 륜(侖). 輪廓〔윤곽〕 사물의 대강의 테두리. 겉모양. 얼굴의 모양. 輪番〔윤번〕 돌려가며 차례로 번듦. 輪轉〔윤전〕 바퀴가 돎. 바퀴 모양으로 회전함. 輪廻〔윤회〕 불교에서, 중생이 끊임없이 생사를 반복함. ▶ 徑輪(경륜) 車輪(차륜) 競輪(경륜)

彳 6 ⑨	律	법 률 lǜ law	☞ 조금 걸을 척(彳)과 붓 률(聿).
			律科〔율과〕 법. 형률(刑律)에 밝은 사람을 뽑던 과거. 律動〔율동〕 규칙적으로 되풀이되는 운동. 律法〔율법〕 법률. 생활에 대해 신이 내린 법규. 戒律〔계율〕 계와 율. 중이 지켜야 할 율법. ▶ 律詩(율시) 規律(규율) 音律(음률)

법. 법칙. 자리. 음률. 가락. 절제하다.
彳 彳 彳 彳 律 律

隹 11 ⑲	離 离	떠날 리 lí leave	☞ 헤아릴 리(离)와 새 추(隹).
			離農〔이농〕 농사일을 버리고 농촌을 떠남. 離別〔이별〕 서로 갈라짐. 헤어짐. 離散〔이산〕 떨어져 흩어짐. 뿔뿔이 헤어짐. 離職〔이직〕 직장이나 직업을 떠남. ▶ 離乳(이유) 離任(이임) 離婚(이혼) 乖離(괴리)

떠나다. 이별하다. 흩어지다. 가르다. 밝다.
离 离 离 离 離 離

水 11 ⑭	滿 满	찰 만 mǎn full	☞ 물 수(氵·水)와 평평할 만(滿).
			滿期〔만기〕 정해 놓은 기한이 다 참. 또는 그 기한. 滿發〔만발〕 많은 꽃이 한꺼번에 활짝 핌. 滿開(만개). 滿場〔만장〕 회장에 가득 모임. 또. 그러한 회장. 圓滿〔원만〕 모난 데 없이 원만함. 서로 의가 좋음. ▶ 滿面愁色(만면수색) 充滿(충만)

차다. 넉넉하다. 교만하다. 번민하다.
氵 氵 氵 滿 滿 滿

女 5 ⑧	妹	손아래누이 매 mèi younger sister	☞ 계집 녀(女)와 아닐 미(未).
			妹夫〔매부〕 누이의 남편. 妹弟〔매제〕 손아래누이의 남편. 妹兄〔매형〕 손위누이의 남편. 姊兄(자형). 男妹〔남매〕 오라비와 누이. 오누이. ▶ 妹壻(매서)

손아래누이. 누이. 소녀. 영락한 계집.
女 女 女 妹 妹 妹

肉 6 ⑩	脈	맥 맥 mài pulse	☞ 몸 육(月·肉)과 물 갈래 파(厎·脈).
			脈搏〔맥박〕 맥관(脈管)의 박동(博動). 動脈〔동맥〕 심장에서 혈액을 몸의 각 부분에 보내는 혈관. 山脈〔산맥〕 산악이 연하여 길게 뻗치어 줄기를 이룬 지대. 一脈相通〔일맥상통〕 생각이나 성질 등이 서로 통함. ▶ 脈度(맥도) 脈石(맥석)

맥. 물길. 줄기. 맥박. 혈관. 진맥하다.
月 厎 厎 脈 脈 脈

力 7 ⑨	勉	힘쓸 면 miǎn exert	☞ 면할 면(免 : 출산하는 모양)과 힘 력(力)
			勉強〔면강〕 힘을 다하여 노력함. 勉勵〔면려〕 힘써 함. 또는 남을 힘내도록 격려함. 勉勉〔면면〕 부지런히 힘쓰는 모양. 汲汲(급급). 勤勉〔근면〕 듣도록 타일러 힘쓰게 함. ▶ 勉學(면학) 勤勉(근면)

힘쓰다. 권하다. 격려함. 장려하다.
ㄱ 彐 争 免 免 勉

鳥 3 ⑭	鳴 鸣	울 명 부를 명 míng chirp	☞ 입 구(口)와 새 조(鳥).
			鳴琴〔명금〕 거문고를 탐. 폭포 소리 따위의 형용. 鳴絲〔명사〕 거문고. 鳴笛〔명적〕 피리를 붊. 피리. 悲鳴〔비명〕 몹시 공포를 느낄 때 지르는 외마디 소리. ▶ 百家爭鳴(백가쟁명) 耳鳴(이명)

울다. 새·짐승 울음. 울리다. 부르다.
口 口 口 鳴 鳴 鳴

毛 0 ④ 털. 머리털. 모피. 단위. 약간. 짐승. 없다. 一 二 三 毛	털 모 없을 무 máo　hair	☞ 사람의 머리털이나 짐승의 털이 나 있는 모양. 毛骨〔모골〕 터럭과 뼈. 사람의 얼굴 모양. 毛孔〔모공〕 털구멍. 살갗에서 털이 나는 구멍. 毛根〔모근〕 털의 모공(毛孔) 속에 박힌 부분. 毛織〔모직〕 털 섬유로 짠 피륙. ▶ 毛髮(모발) 毛皮(모피) 九牛一毛(구우일모)
木 11 ⑮ 법. 모범. 본. 본보기. 무늬. 문체. 본받다. 十 木 木 栉 档 模	법 모 mó　form	☞ 나무 목(木)과 해질 모(莫·暮). 模倣〔모방〕 본받고 흉내냄. 본뜨기. 模範〔모범〕 본보기. 본받을 만함. 模樣〔모양〕 겉에 나타나는 형태. 형상. 생김새. 체면. 模型〔모형〕 모델. 실물과 같게 만든 물건. ▶ 模寫(모사) 模擬(모의) 模造(모조) 規模(규모)
牛 4 ⑧ 치다. 기르다. 마소치는 사람. 다스리다. ノ 上 牛 牜 牧 牧	칠 목 mù　cultivate	☞ 소 우(牛)와 칠 복(攵·支). 牧歌〔목가〕 목동이 부르는 노래. 전원시(田園詩)의 하나. 牧童〔목동〕 양·마소를 먹이는 아이. 목장에서 일하는 아이. 牧者〔목자〕 양을 치는 사람. 신자를 보호하고 지도하는 성직자. 遊牧〔유목〕 물과 풀밭을 따라 옮아가며 가축을 기르는 일. ▶ 牧草(목초) 牧畜(목축) 放牧(방목)
女 4 ⑦ 묘하다. 뛰어나다. 아름답다. 젊다. ㄴ 女 女 妒 妙 妙	묘할 묘 miào　strange	☞ 계집 녀(女)와 젊을 소(少). 妙境〔묘경〕 심오하고 신비로운 경지. 절묘한 풍경. 또 그 곳. 妙技〔묘기〕 뛰어난 재주. 교묘한 기술. 妙齡〔묘령〕 여자의 스물 안팎의 나이. 芳年(방년). 妙手〔묘수〕 교묘한 수법. 뛰어난 솜씨. 또 그 사람. ▶ 妙藥(묘약) 微妙(미묘) 淨妙(정묘)
土 11 ⑭ 무덤. 묘지. 묘역.	무덤 묘 mù　grave	☞ 저물 모(莫)와 흙 토(土). 墓碣〔묘갈〕 묘 앞에 세우는 위쪽이 둥그스름한 묘비. 墓奴〔묘노〕 묘지기. 墓幕〔묘막〕 묘를 지키기 위해 그 가까이에 지은 작은 집. 墓碑〔묘비〕 무덤 앞에 세우는 비석. 墓石(묘석). ▶ 墓地(묘지) 省墓(성묘)
止 4 ⑧ 호반(虎班). 굳세다. 자랑하다. 전술. 二 丁 千 正 武 武	호반 무 wǔ　military officer	☞ 창 과(戈)와 막을 지(止). 武功〔무공〕 전쟁에서 세운 공. 武勳(무훈). 武器〔무기〕 전쟁에 쓰이는 도구. 武具(무구). 武術〔무술〕 무도에 관한 기술. 武藝(무예). 武技(무기). 武勇〔무용〕 날래고 용맹함. 또 그 사람. ▶ 武力(무력) 文武(문무) 威武(위무)
力 9 ⑪ 힘쓰다. 일. 직분. 향하다. 矛 矛 矛 敄 務 務	힘쓸 무　务 wù　exert	☞ 힘쓸 무(敄)와 힘 력(力). 務實力行〔무실역행〕 참되고 실속 있도록 힘쓰고 행함. 務望〔무망〕 꼭 이루어지기를 바람. 公務〔공무〕 국가나 공공단체의 사무. 여러 사람에 관한 일. 勤務〔근무〕 일을 맡아 봄. 또 그 일. ▶ 事務(사무)

舛 8 ⑭	**舞** 춤출 무 wǔ　dance 춤추다. 무용하다. 춤. 고무(鼓舞)하다. ㄣ 無 無 舞 舞 舞	☞ 없을 무(無·無)와 어그러질 천(舛). 舞曲〔무곡〕 춤출 때 부르는 노래. 舞臺〔무대〕 무용이나 연극 등을 연기하는 단. 舞蹈〔무도〕 춤춤. 무용. 댄스 亂舞〔난무〕 질서 없이 날뛰거나 어지럽게 뒤섞여 춤을 춤. ▶ 舞姬(무희) 僧舞(승무)
木 1 ⑤	**未** 아닐 미 wèi　not 아니다. 못하다. 미래. 여덟째 지지. 一 二 十 才 未	☞ 나무 목(木)과 한 일(一 : 가지). 未開〔미개〕 아직 개통하지 못함. 꽃 따위가 아직 피지 않음. 未決〔미결〕 아직 결정하지 않음. 未決囚(미결수). 未完〔미완〕 아직 완결되지 않음. 未完成(미완성). 未洽〔미흡〕 흡족하지 못함. ▶ 未滿(미만) 未曾有(미증유) 前代未聞(전대미문)
口 5 ⑧	**味** 맛 미 wèi　taste 맛. 풍미(風味). 맛보다. 육진(六塵)의 하나. 口 口 叮 吁 咪 味	☞ 입 구(口)와 아닐 미(未 : 가는 나뭇가지 끝). 味覺〔미각〕 맛을 아는 감각. 味感(미감). 味盲〔미맹〕 미각의 감수성이 병든 상태. 또, 그런 사람. 味神經〔미신경〕 혀의 점막에 있어 미각을 맡은 신경. 吟味〔음미〕 시가를 읊조리며 그 정취를 맛봄. ▶ 味讀(미독) 甘味料(감미료)
宀 8 ⑪	 빽빽할 밀 mì　thick scret 빽빽하다. 자세하다. 은밀하다. 조용하다. 丶 宀 宀 密 密 密	☞ 빽빽할 밀(宓)과 뫼 산(山). 密談〔밀담〕 몰래 나누는 이야기. 密林〔밀림〕 나무가 빽빽이 들어선 숲. 密封〔밀봉〕 단단히 봉함. 密約〔밀약〕 내밀히 약속함. 비밀 약속. ▶ 密計(밀계) 密獵(밀렵) 密使(밀사) 隱密(은밀)
手 5 ⑧	**拍** 칠 박 pāi　strike 치다. 손뼉치다. 박자(拍子). 악기. 어깨뼈. 扌 扌 扌 拍 拍 拍	☞ 손 수(扌·手)와 말할 백(白). 拍動〔박동〕 장기(臟器)의 율동적인 수축 운동. 拍子〔박자〕 곡조의 진행 시간을 헤아리는 단위. 拍掌大笑〔박장대소〕 손뼉을 치며 크게 웃음. 拍車〔박차〕 부딪쳐서 성벽 따위를 깨뜨리는데 쓰는 수레. ▶ 拍賣(박매) 節拍(절박)
十 10 ⑫	**博** 넓을 박 bó　extensive 넓다. 크다. 통하다. 학문이 넓다. 많다. 十 恒 博 博 博 博	☞ 열 십(十)에 펼 부(尃). 博物〔박물〕 널리 사물을 알고 있는 일. 百科(백과). 博愛〔박애〕 모든 사람을 널리 사랑함. 博學〔박학〕 널리 배움. 널리 여러 학문에 통함. 該博〔해박〕 여러 방면으로 학식이 넓음. ▶ 博識(박식) 賭博(도박)
髟 5 ⑮	 머리털 발　发 fà　hair 머리털(머리). 터럭. 초목. 镸 髟 髟 髣 髮 髮	☞ 머리 늘릴 발(髟)과 개 달아날 발(犮). 髮膚〔발부〕 머리털과 피부. 몸. 신체. 身體髮膚(신체발부). 髮妻〔발처〕 시집 와서 같이 늙은 아내. 間髮〔간발〕 머리카락 한 올 사이. 순간적이거나 아주 적음. 危機一髮〔위기일발〕 거의 여유가 없는 위급한 순간. ▶ 綠髮(녹발) 洗髮(세발) 理髮(이발)

4級 配定漢字

부수/획	漢字	훈음	병음/뜻	설명
女 4 ⑦	妨	방해할 방 fáng obstruct	방해하다. 손상하다. 거리끼다. 장애. く 女 女 女ﾞ 妨 妨	☞ 계집 녀(女)와 모 방(方). 妨礙〔방애〕 막아 거리끼게 함. 妨止〔방지〕 막아 정지시킴. 헤살 놓아 못하게 함. 妨害〔방해〕 남의 일에 헤살을 놓아 못하게 함. 無妨〔무방〕 거리낄 것이 없음. 지장이 없음. 해롭지 않음. ▶ 妨沮(방저) 病妨(병방)
阜 4 ⑦	防	막을 방 fáng block	막다. 둑. 제방. 대비하다. 덮다. 수비. ' ㄱ ㅌ 阝ﾞ 防 防	☞ 언덕 부(阝·阜)와 모 방(方). 防腐〔방부〕 썩지 않도록 함. 防備〔방비〕 미리 적을 막아서 지킴. 또, 그 설비나 수단. 防水〔방수〕 물이 흘러 들어오는 것을 막음. 防止〔방지〕 막아서 그치게 함. ▶ 防禦(방어) 防寒(방한) 攻防(공방) 消防(소방)
戶 4 ⑧	房	방 방 fáng room	방. 곁방. 집. 아내. 별 이름. ㄱ ㄲ ㅌ 戶 房 房	☞ 지게 호(戶)와 모 방(方). 房門〔방문〕 방으로 출입하는 문. 房事〔방사〕 남녀가 교합(交合)하는 일. 性交(성교). 監房〔감방〕 죄수를 수용하는 방. 書房〔서방〕 남편. 아랫사람 호칭. ▶ 煖房(난방) 廚房(주방)
言 4 ⑪	訪	찾을 방 访 fǎng visit	찾다. 뵙다. 꾀하다. 널리 묻다. 문의하다. ' 亠 言 訁 訪 訪	☞ 말씀 언(言)과 모 방(方). 訪客〔방객〕 찾아온 손님. 訪問客(방문객). 訪問〔방문〕 남을 찾아봄. 來訪〔내방〕 찾아옴. 巡訪〔순방〕 차례로 방문함. ▶ 尋訪(심방) 探訪(탐방)
手 5 ⑨	拜	절 배 bài bow	절. 절하다. 공경하다. 벼슬. ㅡ 手 手ﾞ 手ﾞ 拜 拜	☞ 손 수(手)와 손 수(手), 아래 하(下). 拜啓〔배계〕 절하고 아뢴다는 뜻으로, 편지 첫머리에 쓰는 말. 拜金〔배금〕 돈을 매우 귀중히 여김. 돈을 소중히 함. 拜謁〔배알〕 높은 어른께 공경하여 뵘. 崇拜〔숭배〕 높이어 우러러 공경함. ▶ 拜禮(배례) 拜伏(배복) 禮拜(예배) 參拜(참배)
肉 5 ⑨	背	등 배 bèi back	등. 뒤. 등지다. 죽다. 어기다. 배반하다. ' ㅗ ㅕ 北 背 背	☞ 배반할 배(北:반대)와 몸 육(月·肉). 背景〔배경〕 무대 뒷벽에 꾸민 경치. 背囊〔배낭〕 물건을 넣어 등에 지는 주머니. 背反〔배반〕 논리적으로 양립할 수 없음. 背恩忘德〔배은망덕〕 은혜를 배반하고 덕을 저버림. ▶ 背水陣(배수진) 背信(배신) 背任(배임)
酉 3 ⑩	配	짝 배 pèi couple	짝. 짝하다. 짝짓다. 상대. 나누다. 西 西 酉 酉ﾞ 配 配	☞ 닭 유(酉:술)와 몸 기(己). 配給〔배급〕 물자를 일정한 비례에 맞춰서 나누어 줌. 配達〔배달〕 우편물이나 상품 따위를 날라다 줌. 配置〔배치〕 갈라서 따로따로 둠. 分配〔분배〕 몫몫이 고르게 나누어 줌. 配分(배분). ▶ 配管(배관) 配慮(배려) 配合(배합)

人 4 ⑥	伐	칠 벌 fá attack	☞ 사람 인(亻·人)과 창 과(戈). 伐木〔벌목〕 나무를 벰. 伐採〔벌채〕 산판의 나무를 베거나 섶을 깎아 냄. 伐草〔벌초〕 무덤의 잡풀을 벰. 또, 그 일. 濫伐〔남벌〕 함부로 나무를 벰. ▶ 盜伐(도벌) 征伐(정벌) 討伐(토벌)
치다(징벌하다). 베다. 잘라 내다. 공적. ノ 亻 亻 代 伐 伐			
网 9 ⑭	罰	벌줄 벌 罚 fá punish	☞ 꾸짖을 리(詈)와 칼 도(刂·刀). 罰金〔벌금〕 범죄의 처벌로서 부과하는 돈. 罰則〔벌칙〕 위반 행위에 대한 처벌을 정해 놓은 규칙. 信賞必罰〔신상필벌〕 상벌을 엄정히 함. 刑罰〔형벌〕 국가가 범죄를 저지른 자에게 가하는 제재. ▶ 賞罰(상벌) 嚴罰(엄벌) 懲罰(징벌)
벌 주다. 벌. 죄. 罒 罒 罒 罯 罰 罰			
犬 2 ⑤	犯	범할 범 fàn violate	☞ 개 견(犭·犬)과 마디 절(㔾·節 : 몸). 犯法〔범법〕 법에 어긋나는 짓을 함. 犯科(범과). 犯人〔범인〕 죄를 범한 사람. 犯罪〔범죄〕 법률상 일정한 형벌을 가하게 되는 행위. 侵犯〔침범〕 남의 영토 따위를 침노하여 범함. ▶ 犯則(범칙) 犯行(범행) 共犯(공범)
범하다. 어기다. 거스르다. 죄. 죄인. ノ 犭 犭 犭 犯			
竹 9 ⑮	範	법 범 范 fàn rule	☞ 본보기 범(范)과 수레 거(車). 範例〔범례〕 본보기. 예시(例示)하여 모범으로 삼는 것. 範圍〔범위〕 어떤 힘이 미치는 한계. 테두리. 範疇〔범주〕 같은 성질의 것이 속해야 할 부류. 分流(분류). 模範〔모범〕 본받아 배울 만한 본보기. ▶ 範式(범식) 規範(규범) 垂範(수범)
법. 틀. 본보기. 항상. 한계. 만나다. 竹 竹 笁 笸 範 範			
土 13 ⑯	壁	바람벽 벽 bì wall	☞ 물리칠 벽(辟)과 흙 토(土). 壁報〔벽보〕 벽에 붙여 여러 사람에게 알리는 글. 壁紙〔벽지〕 벽에 바르는 종이. 壁畵〔벽화〕 장식으로 벽에 그린 그림. 벽에 건 그림. 絶壁〔절벽〕 낭떠러지. 귀가 먹었거나 사리에 어두운 사람. ▶ 壁壘(벽루) 壁土(벽토) 氷壁(빙벽) 絶壁(절벽)
바람벽. 벽. 진터. 낭떠러지. 성루의 외곽. 尸 启 启 辟 壁 壁			
辵 15 ⑲	邊	가 변 边 biān border	☞ 조금 걸을 착(辶·辵)과 보이지 않을 면(臱). 邊境〔변경〕 나라와 나라의 경계가 되는 변두리. 땅. 邊民〔변민〕 변경에 사는 백성. 邊方〔변방〕 가장자리가 되는 방면(쪽). 변경. 周邊〔주변〕 둘레의 가장자리. ▶ 邊利(변리) 邊邑(변읍) 邊土(변토) 身邊(신변)
가. 가장자리. 곁. 국경. 끝. 변방. 두메. 白 臰 臰 臱 臱 邊			
辛 14 ㉑	辯	말잘할 변 辩 biàn eloquent	☞ 죄인이 서로 송사할 변(辡)과 말씀 언(言). 辯難〔변난〕 트집을 잡아서 비난함. 辯論〔변론〕 사리를 밝혀 옳고 그름을 말함. 辯士〔변사〕 말솜씨가 좋은 사람. 연설하는 사람. 辯說〔변설〕 사리를 분별하여 설명함. ▶ 辯舌(변설) 辯護(변호) 訥辯(눌변) 達辯(달변)
말 잘하다. 판별하다. 논란하다. 다투다. 亠 立 立 辛 辛 辯			

4級 配定漢字 171

止 3 ⑦	**步** 걸음 보 bù walk 걸음. 걷다. 보(여섯 자. 거리의 단위). ㅏ ㅏ ㅏ ㅏ 步 步	☞ 발 지(止 : 오른쪽 발)와 왼쪽 발을 의미하는 '少'. 步道〔보도〕 사람이 걸어다니는 길. 人道(인도). 步武〔보무〕 활발하고 걷는 걸음. 사소한 간격. 걸음걸이. 步調〔보조〕 여러 사람의 행동의 맞고 안 맞음. 驅步〔구보〕 달음박질. 뛰어감. ▶ 步武堂堂(보무당당) 步哨(보초) 徒步(도보)
人 7 ⑨	**保** 보호할 보 bǎo keep 보호하다. 지키다. 맡다. 책임지다. 亻 亻 亻 亻 保 保	☞ 사람 인(亻·人)과 보전할 보(呆). 保守〔보수〕 재래의 풍속·습관과 전통을 중요시하여 지킴. 保安〔보안〕 사회의 안녕·질서를 보전함. 保育〔보육〕 어린애를 돌봐 기름. 保證〔보증〕 어떤 사물에 대하여 틀림없음을 책임짐. ▶ 保養(보양) 擔保(담보) 留保(유보) 確保(확보)
土 9 ⑫	**報** 갚을 보 报 bào repay 갚다. 보답. 보복. 알리다. 고함. 보고. 耂 耂 亲 剝 報 報	☞ 놀랄 집(幸 : 쇠고랑)과 다스릴 복(攴). 報告〔보고〕 알림. 通報(통보). 보고서. 報答〔보답〕 회답(回答). 은혜를 갚음. 報道〔보도〕 알림. 사회의 새 소식을 널리 알림. 報償〔보상〕 손해를 배상함. 보복함. ▶ 報國(보국) 報復(보복) 朗報(낭보) 電報(전보)
日 8 ⑫	**普** 넓을 보 pǔ wide 넓다. 두루. 침침하다. 보통. 丷 ソ 並 並 並 普	☞ 나란히 할 병(並 : 널리 퍼짐)과 날 일(日). 普告〔보고〕 널리 알림. 布告(포고). 普及〔보급〕 널리 미침. 세상에 널리 퍼지게 함. 普恩〔보은〕 두루 은혜를 베풂. 普通〔보통〕 예사로움. 특별하지 않고 널리 일반에 통함. ▶ 普施(보시) 普遍(보편)
宀 17 ⑳	**寶** 보배 보 宝 bǎo treasure 보배. 보배롭다. 돈. 재보. 옥새. 귀하다. 宀 宀 宀 宀 寶 寶	☞ 움집 면(宀·宀), 구슬 옥(王·玉), 장군 부(缶), 조개 패(貝). 寶鑑〔보감〕 모범이 될 만한 책. 훌륭한 거울. 寶庫〔보고〕 재화(財貨)를 쌓아 두는 창고 寶物〔보물〕 보배로운 물건. 寶財(보재). 寶貨(보화). 國寶〔국보〕 국가의 보배로 지정한 물건(것). 玉璽(옥새). ▶ 寶座(보좌) 家寶(가보) 通寶(통보)
人 4 ⑥	**伏** 엎드릴 복 fú prostrate 엎드리다. 엎어짐. 굴복하다. 복종함. 丿 亻 仁 什 伏 伏	☞ 사람 인(亻·人)과 개 견(犬). 伏乞〔복걸〕 엎드려 빎. 애걸. 伏龍〔복룡〕 세상에 나가지 않고 숨어 있는 큰 인물. 伏兵〔복병〕 뜻밖에 나타난 경쟁 상대나 장애. 伏線〔복선〕 소설 등에서 뒤에 일어날 일을 미리 암시하는 일. ▶ 伏魔殿(복마전) 伏地不動(복지부동) 屈伏(굴복)
彳 9 ⑫	**復** 회복할 복 다시 부 复 fù restore 회복하다. 돌이키다. 고하다. 아뢰다. 다시. 彳 彳 行 伊 復 復	☞ 조금 걸을 척(彳)과 돌아갈 복(复). 復古〔복고〕 옛날대로 회복함. 과거의 체제로 복귀시킴. 復舊〔복구〕 그 전의 상태로 돌아감. 손실을 회복함. 復歸〔복귀〕 본디의 자리 또는 상태로 돌아감. 反復〔반복〕 같은 일을 되풀이함. ▶ 復權(복권) 復讐(복수) 復習(복습) 往復(왕복)

衣 9 ⑭	**複** 겹칠 **복** 复 fù double 겹치다. 겹쳐지다. 거듭. 겹옷. 속옷. 핫옷. ネ ネ゙ ネ䄂 ネ䄂 褚 複	☞ 옷 의(ネ・衣)와 거듭 복(复). 複利〔복리〕 이자에 대하여 다시 이자를 붙이는 셈. 複數〔복수〕 둘 이상의 수. 複式〔복식〕 두 항 이상으로 된 산식(算式) ↔ 單式(단식). 複合〔복합〕 두 가지 이상을 겹치어 합함. 또, 합쳐짐. ▶ 複道(복도) 複寫(복사) 重複(중복)
口 4 ⑦	**否** 아닐 **부** 막힐 **비** fǒu pí not deny 아니. 아니다. 틀리다. 막히다. 나쁘다. フ ァ 不 不 否 否	☞ 아니 불(不)과 입 구(口). 否決〔부결〕 제출된 의안을 성립시키지 않기로 결정함. 否定〔부정〕 그렇지 않다고 단정함. 否運〔비운〕 막힌 운수. 불행한 운명. 拒否〔거부〕 승낙하지 않고 물리침. 아니라고 물리쳐 버림. ▶ 否認(부인) 否塞(비색) 安否(안부)
广 5 ⑧	**府** 마을 **부** fǔ village 마을. 관청. 곳집. 창고. 고을. 도읍. 망부. 一 广 广 庐 府 府	☞ 집 엄(广)과 줄 부(付). 府庫〔부고〕 궁정의 문서나 재물을 넣어 두는 곳집. 府君〔부군〕 죽은 아버지. 대대의 조상을 높여 일컫는 말. 幕府〔막부〕 일본의 쇼군(將軍)이 정무를 맡아보던 곳. 政府〔정부〕 국가의 통치권을 행사하는 국가 기관. ▶ 府夫人(부부인) 府署(부서) 官府(관부)
貝 2 ⑨	 짐질 **부** 负 fù bear 짐지다. 책임을 지다. 빚을 지다. ノ 冖 ク 乌 負 負	☞ 사람 인(ク・人)과 조개 패(貝: 재물). 負笈〔부급〕 책고리를 진다는 뜻으로, 유학하는 일. 負擔〔부담〕 어떤 일을 맡음. 책임짐. 負傷〔부상〕 상처를 입음. 또 그 상처. 抱負〔포부〕 마음 속에 품고 있는 생각. ▶ 負袋(부대) 負債(부채) 勝負(승부)
刀 9 ⑪	 버금 **부** fù second 버금. 다음. 둘째. 쪼개다. 머리 장식품. 一 宀 畐 畐 副 副	☞ 찰 복(畐: 술항아리)과 칼 도(刂・刀). 副啓〔부계〕 편지에서 덧붙이는 말의 첫머리에 쓰이는 말. 副賞〔부상〕 정식 상 이외에 덧붙여 주는 상금이나 상품. 副食〔부식〕 주식에 딸려 먹게 되는 음식물. 반찬 따위. 副作用〔부작용〕 어떤 일에 부차적으로 일어나는 작용. ▶ 副官(부관) 副題(부제)
女 8 ⑪	**婦** 며느리 **부** 妇 fù doughter in low 며느리. 아내. 지어미. 시집간 여자. 女 女 ゛女 ゛婦 婦 婦	☞ 계집 녀(女)와 비 추(帚). 婦女子〔부녀자〕 부인. 부인과 여자. 婦女(부녀). 婦德〔부덕〕 부녀가 지켜야 할 덕행. 姑婦〔고부〕 시어머니와 며느리. 夫婦〔부부〕 남편과 아내. 결혼한 한 쌍의 남녀. 내외. ▶ 婦功(부공) 婦人三從(부인삼종) 寡婦(과부)
宀 9 ⑫	 가멸 **부** fù rich 가멸(재산이 많다). 넉넉하다. 부유하다. 宀 宫 宫 㝗 富 富	☞ 움집 면(宀)과 찰 복(畐). 富强〔부강〕 나라의 재정이 부유하고 군사력이 강함. 富民〔부민〕 살림이 넉넉한 백성. 백성을 넉넉히 살게 함. 富益富〔부익부〕 부자일수록 더욱 부자가 됨. 致富〔치부〕 재물을 모아 부자가 됨. ▶ 富貴(부귀) 年富力强(연부역강) 豊富(풍부)

米 4 ⑩	**粉** fěn	가루 분 powder	☞ 쌀 미(米)와 나눌 분(分). 粉末[분말] 가루. 粉碎[분쇄] 가루처럼 잘게 부스러뜨림. 粉食[분식] 가루 음식을 먹음. 또는 그 음식. 花粉[화분] 꽃가루. ▶ 粉骨碎身(분골쇄신) 粉塵(분진) 澱粉(전분)
가루. 분. 분 바르다. 희다. 丶 丷 半 米 籵 粁 粉 粉			

心 13 ⑯	**憤** fèn	분할 분 indignant	☞ 마음 심(忄·心)과 클 분(賁). 憤慨[분개] 매우 분하게 여김. 憤怒[분노] 분하여 성냄. 또 그 노여움. 憤痛[분통] 몹시 분하여 마음이 쓰리고 아픔. 激憤[격분] 벌컥 치미는 분. ▶ 憤氣沖天(분기충천) 憤敗(분패)
분하다. 성내다. 분기하다. 떨쳐 일어나다. 忄 忄 忄 忄 忄 忄 憤 憤			

人 5 ⑦	**佛** fó	부처 불 Buddha	☞ 사람 인(亻·人)에 아닐 불(弗). 佛家[불가] 불교를 믿는 사람. 또는 그 사회. 佛門(불문). 佛經[불경] 불교의 교리를 적은 경전(經典). 불전. 내전. 佛堂[불당] 부처를 모신 대청. 법당. 佛殿(불전). 成佛[성불] 모든 번뇌를 해탈하여 불과(佛果)를 얻음. ▶ 佛供(불공) 佛道(불도) 念佛(염불)
부처. 깨닫다. 비슷하다. 프랑스의 약칭. 亻 亻 亻 伊 佛 佛			

手 4 ⑦	**批** pī	비평할 비 criticize	☞ 손 수(扌·手)와 견줄 비(比). 批答[비답] 상소에 대한 임금의 하답(下答). 批准[비준] 조약 체결에 대한 당사국의 확인·동의의 절차. 批判[비판] 비평하고 판단함. 批評[비평] 사물의 선악·시비·우열을 평가하여 논하는 일. ▶ 批點(비점)
비평하다. 후려치다. 손으로 치다. 점찍다. 扌 扌 扌 批 批 批			

非 0 ⑧	**非** fēi	아닐 비 not	☞ 새의 두 날개가 움직이는 모양을 본뜬 글자. 非公開[비공개] 널리 알리지 않음. ↔ 公開(공개). 非難[비난] 남의 잘못이나 흠 따위를 책잡아서 나쁘게 말함. 非但[비단] '다만'의 뜻. 부정의 경우에 씀. 非凡[비범] 평범하지 않음. 뛰어남. ↔ 平凡(평범). ▶ 非禮(비례) 非理(비리) 非情(비정) 非行(비행)
아니다. 거짓. 나쁘다. 사악(邪惡). 허물. 丿 丬 ヺ ョ ョ ョ 非 非			

飛 0 ⑨	**飛** fēi	날 비 飞 fly	☞ 새가 날개를 펴고 하늘 높이 날아오르는 모양. 飛檄[비격] 격문을 급히 돌림. 또는 급히 돌리는 격문. 飛翔[비상] 하늘을 날아다님. 飛躍[비약] 높이 뛰어오름. 급속히 진보함. 飛虎[비호] 동작이 몹시 날래고 용맹스러움'의 비유. ▶ 飛報(비보) 飛翔(비상) 飛行(비행)
날다. 날리다. 높다. 빠르다. 떠돌다. 飞 飞 飞 飞 飛 飛			

示 5 ⑩	**祕** bì	숨길 비 秘 hide	☞ 보일 시(示)와 반드시 필(必). 祕訣[비결] 숨겨두고 혼자만 쓰는 좋은 방법. 祕密[비밀] 숨기어 남에게 공개하지 않는 일. 祕報[비보] 비밀히 보고함. 또, 그 보고. 祕史[비사] 세상에 알려지지 않은 이면사(裏面史). ▶ 祕記(비기) 祕方(비방) 極祕(극비) 神祕(신비)
숨기다. 비밀. 신비롭다. 신(神). 示 示 祁 祕 祕 祕			

人 10 ⑫	備 갖출 비 备 bèi prepare 갖추다. 준비하다. 마련하다. 다하다. 모두. 亻 伊 伊 俌 備 備	☞ 사람 인(亻·人)에 갖출 비(甫). 備考〔비고〕덧붙여 본문의 부족을 보충함. 또, 그 기사. 備蓄〔비축〕만일의 경우를 위해 저축해 둠. 備品〔비품〕비치하여 두는 물품. 準備〔준비〕미리 필요한 것을 마련하여 갖춤. ▶ 備禮(비례) 具備(구비) 完備(완비)
心 8 ⑫	悲 슬플 비 bēi sad 슬프다. 슬퍼하다. 마음 아파함. 슬픔. 비애. 丿 ㅋ 爿 非 非 悲	☞ 아닐 비(非)와 마음 심(心). 悲歌〔비가〕슬픈 노래. 슬프게 노래함. 엘레지. 悲觀〔비관〕세사(世事)나 인생을 부정적으로 보는 일. 悲憤〔비분〕슬퍼하고 분개함. 悲歎〔비탄〕슬퍼 탄식함. 슬픈 탄식. ▶ 悲劇(비극) 悲鳴(비명) 慈悲(자비) 喜悲(희비)
石 8 ⑬	碑 비석 비 bēi tomb stone 비석. 돌기둥. 문체 이름. 길이 전하다. 石 石' 砀 砣 碑 碑	☞ 돌 석(石)과 하여금 비(卑). 碑銘〔비명〕비(碑)에 새긴 글. 碑文(비문). 口碑〔구비〕대대로 전하여 내려오는 말을 일컬음. 墓碑〔묘비〕무덤 앞에 세우는 비석. 詩碑〔시비〕시(詩)를 새긴 비석. ▶ 碑石(비석) 碑帖(비첩) 碑身(비신)
貝 4 ⑪	貧 가난할 빈 pín poor 가난하다. 모자라다. 곤궁. 가난한 사람. 分 分 芬 宭 貧 貧	☞ 나눌 분(分)과 조개 패(貝). 貧家〔빈가〕살림이 구차한 집. 貧困〔빈곤〕가난하여 살기 어려운 고생. 貧血〔빈혈〕혈액 중의 적혈구나 혈색소가 감소하는 현상. 淸貧〔청빈〕청렴하고 결백하여 가난함. ▶ 貧富(빈부) 貧弱(빈약) 極貧(극빈)
寸 3 ⑥	寺 절 사 내시 시 sì temple 절. 불도를 수행하는 곳. 내시. 환관. 관청. 一 十 土 寺 寺 寺	☞ 갈 지(土·之)와 법도 촌(寸). 寺院〔사원〕절. 寺刹(사찰). 寺田〔사전〕절에 딸린 밭. 寺刹〔사찰〕절. 寺院(사원). 寺塔〔사탑〕절의 탑(塔). ▶ 寺人(사인) 寺址(사지) 司僕寺(사복시)
禾 2 ⑦	私 사사 사 sī private 사사(私事). 개인. 사사로움. 은밀하다. 丿 二 千 禾 私 私	☞ 벼 화(禾)와 사사 사(厶). 私憾〔사감〕개인적인 원한. 私利〔사리〕사사로운 이득. 私服〔사복〕제복·관복이 아닌 보통 옷. 사복형사의 준말. 公平無私〔공평무사〕공평하여 사사로움이 없음. ▶ 私兵(사병) 私心(사심) 私財(사재)
舌 2 ⑧	 집 사 shé house 집. 가옥. 거처. 관청. 창고. 방. 두다. 人 人 今 全 舍 舍	☞ 나 여(亼·余)와 입 구(口). 舍廊〔사랑〕바깥주인이 거처하며 손을 응접하는 곳. 舍利〔사리〕석가나 고승의 유골. 舍兄〔사형〕문장에서, 자기의 형을 남에게 대하여 일컫는 말. 客舍〔객사〕객지의 숙소. 旅館(여관). 旅舍(여사). ▶ 舍監(사감) 寄宿舍(기숙사)

4級 配定漢字 175

寸 7 ⑩ **射** 쏠 사 벼슬이름 야 맞힐 석 싫어할 역 shè yè yì shoot 쏘다. 맞히다. 벼슬 이름. 싫어하다. 丿 亻 亻 身 身 射 射	☞ 몸 신(身)과 화살 시(矢·寸). 射擊〔사격〕 총(銃)이나 포·활 등으로 쏨. 射殺〔사살〕 활이나 총포로 쏘아 죽임. 射倖〔사행〕 우연한 이익을 얻고자 함. 요행을 노림. 僕射〔복야〕 진(秦)나라 때 활 쏘는 일을 맡은 벼슬 이름. ▶ 射距離(사거리) 射中(석중) 無射(무사)	
巾 7 ⑩ **師** 스승 사 师 shī teacher 스승. 선생. 전문적인 기예를 닦은 사람. 丿 亻 亻 亻 師 師	☞ 쌓일 퇴(𠂤·堆 : 집단)와 둘릴 잡(帀). 師徒〔사도〕 군대. 스승과 제자. 師父〔사부〕 스승의 존칭. 승려·도사의 존칭. 스승과 아버지. 師弟〔사제〕 스승과 제자. 동문의 후배. ↔ 師兄(사형). 師兄〔사형〕 나이·학덕이 자기보다 나은 사람. ↔ 師弟(사제). ▶ 師團(사단) 出師表(출사표)	
糸 6 ⑫ **絲** 실 사 丝 sī thread 실. 명주실. 명주. 실을 잣다. 악기 이름. 丿 幺 乡 糸 絲 絲	☞ 실 사(糸)와 실 사(糸). 絲桐〔사동〕 거문고의 이칭. 絲笠〔사립〕 명주실로 싸개를 하여 만든 갓. 絲雨〔사우〕 가랑비. 보슬비. 絹絲〔견사〕 명주실. 비단실. ▶ 絲竹(사죽) 繭絲(견사)	
言 10 ⑰ **謝** 사례할 사 谢 xiè thank 사례하다. 사과하다. 말하다. 진술하다. 訁 訁 訃 訮 謝 謝	☞ 말씀 언(言)과 쏠 사(射). 謝過〔사과〕 잘못에 대하여 용서(容恕)를 빎. 謝禮〔사례〕 고마운 뜻을 나타내는 말이나 금품. 謝表〔사표〕 임금의 은혜에 사의를 표해 올리는 글. 陳謝〔진사〕 까닭을 말하고 사죄함. 사례함. ▶ 謝罪(사죄)	
辛 12 ⑲ **辭** 말 사 辞 cí speech 말씀. 언어. 하소연하다. 말하다. 알리다. ⺁ 冎 冎 冎 辭 辭	☞ 다스릴 란(𤔔·亂)과 매울 신(辛). 辭謝〔사사〕 사양함. 사퇴함. 辭說〔사설〕 말함. 설명함. 길게 늘어 놓는 잔소리나 푸념. 辭典〔사전〕 낱말을 모아 주석·설명 등을 달아 놓은 책. 辭退〔사퇴〕 어떤 일을 그만 두고 물러남. ▶ 辭讓(사양) 辭意(사의) 歌辭(가사) 頌辭(송사)	
攵 8 ⑫ **散** 흩을 산 sǎn scatter 흩다. 흩어지다. 떨어지다. 놓아 놓다. 一 艹 丬 肯 肯 散	☞ 수풀 림(屮·林)과 달 월(夕·月), 등글월 문(攵·攴). 散亂〔산란〕 흩어져 어지러움. 정신이 어수선함. 散文〔산문〕 글자 수나 운율 등의 제한 없이 자유롭게 쓰는 글. 分散〔분산〕 이리저리 흩어짐. 離散〔이산〕 서로 갈라짐. 헤어짐. 떨어져 흩어짐. ▶ 散漫(산만) 散之四方(산지사방) 散策(산책)	
殳 7 ⑪ **殺** 죽일 살 杀 감할 쇄 shā zài shài 죽이다. 베다. 제거하다. 부수다. 감하다. メ 兲 杀 杀 殺 殺	☞ 풀벨 예(柔·乂)와 나무 목(木), 칠 수(殳). 殺菌〔살균〕 병균을 죽임. 殺氣〔살기〕 소름이 끼치도록 무시무시한 기운. 殺伐〔살벌〕 거칠고 무시무시함. 殺生〔살생〕 죽임과 살림. 生殺(생살). 생물을 죽임. ▶ 殺氣騰騰(살기등등) 殺身(살신) 暗殺(암살)	

广 4 ⑦	床	상 **상** chuáng　bed 상(밥상·책상·평상 따위). 소반. 잠자리. 一 广 广 广 床 床	☞ 집 엄(广)과 나무 목(木). 床褓〔상보〕 상을 덮는 보자기. 床石〔상석〕 무덤 앞에 설치한 상돌. 起床〔기상〕 잠자리에서 일어남. 起床(기상). 平床〔평상〕 판자를 깐 침상의 하나. 平牀(평상). ▶ 床飯(상반)
犬 4 ⑧	狀	형상 **상**　状 문서 **장** zhuàng　letter 형상. 문서. 편지. 모양. 형용하다. 丨 丬 丬 丬 狀 狀	☞ 조각 장(爿)과 개 견(犬). 狀況〔상황〕 일이 되어 가는 형편이나 모양. 賞狀〔상장〕 상을 주는 뜻을 적어 주는 증서. 狀紙〔장지〕 일정한 양식에 의거하여 인쇄한 용지. 狀態〔상태〕 사물이나 현상이 처해 있는 형편이나 모양. ▶ 訴狀(소장)
巾 8 ⑩	常	항상 **상** cháng　always 항상. 늘. 언제나. 어느 때. 평일. 떳떳하다. ⺌ 严 严 常 常 常	☞ 높을 상(尙·裳)과 수건 건(巾). 常客〔상객〕 손님. 늘 오는 손님. 常例〔상례〕 두루 있는 보통의 사례(事例). 常識〔상식〕 일반적으로 알아야 할 지식이나, 알려져 있는 지식. 常套〔상투〕 예사로 늘 하는 버릇. ▶ 常綠(상록) 常備藥(상비약) 人生無常(인생무상)
豕 5 ⑫	象	코끼리 **상** xiàng　elephant 코끼리. 상아(象牙) 모양. 생김새. 형상. ⺈ 各 各 多 象 象	☞ 큰 코와 귀의 특성을 살려 '코끼리'의 모양을 본뜬 글자. 象牙〔상아〕 코끼리의 어금니. 象形〔상형〕 형상을 본뜸. 물건의 형상을 본뜬 글자. 印象〔인상〕 사물을 보거나 들을 때, 마음에 와 닿는 느낌. 現象〔현상〕 눈에 보이는 모습. 관찰할 수 있는 사물의 형상. ▶ 象嵌(상감) 象牙塔(상아탑) 象徵(상징) 形象(형상)
人 11 ⑬	傷	다칠 **상**　伤 shāng　injure 다치다. 몸을 다침. 상처. 해치다. 근심하다. 亻 伫 佰 倬 傷 傷	☞ 사람 인(人·亻)과 상처 입을 상(昜). 傷心〔상심〕 마음을 상함. 애태움. 傷處〔상처〕 부상을 입은 자리. 傷害〔상해〕 남의 몸에 상처를 입혀 해함. 感傷〔감상〕 슬프게 느끼어 마음 아파함. ▶ 傷痕(상흔) 負傷(부상) 損傷(손상)
心 9 ⑬	想	생각할 **상** xiǎng　imagine 생각하다. 상상하다. 바라다. 원함. 十 木 机 相 想 想	☞ 서로 상(相)과 마음 심(心). 想起〔상기〕 지난 일을 도로 생각해 냄. 想念〔상념〕 생각. 의식에 인상(印象)되는 일체의 심적 현상. 想像〔상상〕 짐작으로 생각함. 空想(공상). 感想〔감상〕 마음 속에 느끼어 일어나는 생각. 느낌. 생각. ▶ 想望(상망) 豫想(예상) 幻想(환상)
宀 6 ⑨	宣	베풀 **선** xuān　give 베풀다. 펴다. 밝히다. 명확히 함. 쓰다. 宀 宁 宁 宣 宣 宣	☞ 움집 면(宀)과 펼 선(亘). 宣告〔선고〕 널리 알림. 재판관이 법정에서 판결을 공포 하는 일. 宣明〔선명〕 분명하게 선언함. 宣誓〔선서〕 공적으로 맹세함. 宣布〔선포〕 널리 펴 알림. 公布(공포). ▶ 宣敎(선교) 宣言(선언) 宣傳(선전) 宣化(선화)

舌 0 ⑥	舌 혀 설 shé tongue 혀. 말. 언어(言語). 혀 모양. 一 二 千 千 舌 舌	☞ 방패 간(千·干)과 입 구(口). 舌鋒〔설봉〕 날카로운 변설을 창날에 비유하는 말. 舌戰〔설전〕 말다툼. 論爭(논쟁). 舌禍〔설화〕 자기가 한 말이 화근이 되는 재앙. ↔ 筆禍(필화) 口舌〔구설〕 입과 혀. 또는 말. 남의 입에 오르내리는 말. ▶ 毒舌(독설) 雀舌(작설) 筆舌(필설) 喉舌(후설)
言 4 ⑪	設 베풀 설 设 shè establish 베풀다. 늘어놓다. 진열함. 설치함. 言 言 言 訳 設 設	☞ 말씀 언(言)과 칠 수(殳 : 망치질). 設計〔설계〕 계획을 세움. 또는 그 계획. 設立〔설립〕 공적(公的)인 기관·업체 등을 새로 만듦. 設問〔설문〕 문제를 내어 물어 봄. 또, 그 문제. 創設〔창설〕 처음으로 세움. 創建(창건). 創立(창립). ▶ 設令(설령) 設定(설정) 設置(설치) 假設(가설)
日 5 ⑨	星 별 성 xīng star 별. 오성. 또는 칠성. 성수(星宿). 세월. 日 尸 旦 早 星 星	☞ 날 일(日)과 날 생(生). 星霜〔성상〕 별과 서리. 세월. 星座〔성좌〕 별자리. 星火〔성화〕 빠르게 흐르는 유성(流星)의 빛에서, 일이 급 박함의 비유. 매우 작은 불꽃. 소인의 비유. ▶ 北斗七星(북두칠성) 占星術(점성술)
土 7 ⑩	 성 성 chéng castle 성. 재. 성벽. 나라 국도. 도읍. 나라. 圠 圹 坊 城 城 城	☞ 흙 토(土)와 이룰 성(成). 城郭〔성곽〕 내성(內城)과 외성(外城). 성의 둘레. 城樓〔성루〕 성문 위에 세운 누각. 城池〔성지〕 성벽과 이를 에워 싼 해자(垓字). 長城〔장성〕 길게 둘러쌓은 성. 萬里長城(만리장성). ▶ 城壘(성루) 城砦(성채) 城柵(성책) 不夜城(불야성)
皿 7 ⑫	盛 성할 성 shèng prosperous 성하다. 넘치다. 무성하다. 성함. 절정. 厂 厈 成 成 盛 盛	☞ 이룰 성(成)과 그릇 명(皿). 盛年〔성년〕 원기가 왕성한 젊은 나이. 壯年(장년). 盛世〔성세〕 번성하고 태평한 세상. 국운이 융성한 세상. 盛裝〔성장〕 옷을 화려하게 차려 입음. 또 화려한 복장. 盛況〔성황〕 성대한 상황. ▶ 盛大(성대) 盛衰(성쇠) 旺盛(왕성) 隆盛(융성)
耳 7 ⑬	聖 성인 성 圣 shèng saint 성인(聖人). 거룩한 사람. 성스럽다. 耳 耵 耶 聖 聖 聖	☞ 귀 이(耳)와 드러날 정(呈). 聖經〔성경〕 성인이 지은 책. 종교상 신앙의 최고 법전. 聖代〔성대〕 덕 있는 임금이 다스리는 세상. 聖世(성세). 聖誕〔성탄〕 그리스도의 탄일. 성탄절. 크리스마스 聖賢〔성현〕 성인과 현인 청주는 성인 탁주는 현인에 비유됨. ▶ 聖歌(성가) 聖上(성상) 聖人(성인) 詩聖(시성)
言 7 ⑭	 정성 성 诚 chéng sincerity 정성. 진심. 참된 마음. 사실. 실정. 言 訂 訪 誠 誠 誠	☞ 말씀 언(言)과 이룰 성(成). 誠金〔성금〕 정성으로 내는 돈. 誠心〔성심〕 참된 마음. 誠意(성의). 마음을 정성스럽게 함. 精誠〔정성〕 순수한 참된 마음. 精心誠意(정심성의). 至誠〔지성〕 지극한 정성. ▶ 誠力(성력) 誠意(성의)

耳 11 ⑰	**聲** 소리 성 声 shēng　voice 소리. 음향. 말. 언어. 음악. 명예. 声 声 殸 殸 聲 聲	☞ 경쇠 경(殸·磬)과 귀 이(耳). 聲帶〔성대〕 목구멍 가운데 있는 발성 기관. 聲望〔성망〕 명성과 인망(人望). 명망과 인기. 좋은 평판. 聲明〔성명〕 발설함. 말하여 밝힘. 名聲〔명성〕 세상에 널리 떨친 이름. ▶ 聲量(성량) 聲樂(성악) 聲援(성원) 四聲(사성)
糸 5 ⑪	**細** 가늘 세 细 xì　thin 가늘다. 잘다. 작다. 자세하다. 세밀하다. 幺 糸 紅 細 細 細	☞ 실 사(糸)와 숫구멍 신(囟 : 田의 변형). 細慮〔세려〕 꼼꼼하게 생각함. 細流〔세류〕 작은 시내. 細心〔세심〕 작은 일에도 꼼꼼하게 주의하여 빈틈이 없음. 微細〔미세〕 가늘고 작음. ▶ 細密(세밀) 細胞(세포) 纖細(섬세)
禾 7 ⑫	**稅** 구실 세 税 풀 탈 shuì　tax 구실. 징수(세납). 풀다. 놓다. 二 千 禾 秒 秒 稅	☞ 벼 화(禾)와 기쁠 태(兌). 稅關〔세관〕 수출입세의 징수에 관한 사무를 맡아보는 곳. 稅金〔세금〕 조세로 바치는 돈. 稅務〔세무〕 세금의 부과 징수에 관한 행정 사무. 免稅〔면세〕 세금을 면제함. ▶ 稅制(세제) 納稅(납세) 租稅(조세)
力 11 ⑬	**勢** 기세 세 势 shì　force 기세. 권세. 형세. 무리. 불안. 𠃑 坴 刲 執 執 勢	☞ 심을 예(埶)와 힘 력(力). 勢道〔세도〕 정치상의 권세를 잡음. 勢力〔세력〕 남을 복종시키는 기세와 힘. 勢利〔세리〕 세력과 권리. 권세와 이욕. 勢不兩立〔세불양립〕 한 집에 주인이 둘 있을 수 없다는 말. ▶ 勢望(세망) 去勢(거세)
竹 4 ⑩	**笑** 웃을 소 xiào　laugh 웃다. 웃음. 꽃이 피다. 𠂉 𠂊 𠂊 竺 竺 笑	☞ 대 죽(竹)과 굽을 요(夭). 笑劇〔소극〕 익살과 웃음거리로 관객을 웃게 하는 연극. 笑談〔소담〕 우스운 이야기. 笑花〔소화〕 활짝 핀 꽃. 微笑〔미소〕 소리를 내지 아니하고 가볍게 웃음. ▶ 談笑(담소)
糸 4 ⑩	**素** 흴 소 sù　white 희다. 생초(生草). 흰 깁. 질박하다. 본디. 𠂉 𠂉 丰 表 素 素	☞ 드리울 수(主·垂)와 실 사(糸). 素劇〔소극〕 직업 배우가 아닌, 연극 애호가가 하는 극. 素量〔소량〕 구체적인 어떤 종류의 양의 최소 단위. 素朴〔소박〕 꾸밈없이 그대로임. 素材〔소재〕 예술 작품에서 재료가 되는 모든 대상. ▶ 素服(소복) 素養(소양) 素月(소월) 素質(소질)
手 8 ⑪	**掃** 쓸 소 扫 sǎo　sweep 쓸다. 없애다. 제거하다. 토벌하다. 扌 扌 扩 护 掃 掃	☞ 손 수(扌·手)와 비 추(帚). 掃去〔소거〕 쓸어서 없앰. 掃滅〔소멸〕 싹 쓸어 없앰. 掃除〔소제〕 깨끗하게 쓸고 닦아서 먼지 따위를 없게 함. 掃蕩〔소탕〕 휩쓸어 죄다 없애 버림. ▶ 一掃(일소) 揮掃(휘소)

4級配定漢字 179

人 7 ⑨	俗	풍속 속 sú　custom	☞ 사람 인(亻·人)과 골짜기 곡(谷). 俗界〔속계〕 속인의 세계. 세속 일에 얽매어 지내는 곳. 俗談〔속담〕 옛부터 내려오는 민간의 격언. 속된 이야기. 俗語〔속어〕 통속적으로 쓰이는 저속한 말. 風俗〔풍속〕 민간에서 행하여 온 그 시대의 유행과 풍습. ▶ 俗人(속인) 俗稱(속칭) 民俗(민속)

풍속. 풍습. 속되다. 속인. 인간 세상.
丿 亻 伙 伀 俗 俗

尸 18 ㉑	屬	붙을 속 부탁할 촉　属 zhǔ　group	☞ 꼬리 미(尸·尾)와 벌레 촉(蜀). 屬國〔속국〕 정치적으로 다른 나라에 매여 있는 나라. 屬吏〔속리〕 하급 관리. 屬望〔촉망〕 잘 되기를 바라고 기대함. 囑託〔촉탁〕 어떤 일을 남에게 부탁하여 맡김. ▶ 屬地(속지) 屬性(속성) 附屬(부속) 尊屬(존속)

붙다. 잇다. 무리. 벼슬아치. 살붙이. 부탁하다.
尸 屬 屬 屬 屬 屬

이을 속　续
xù　continue

☞ 실 사(糸)와 팔 매(賣).
續刊〔속간〕 정지되었던 신문이나 잡지를 다시 간행함.
續出〔속출〕 계속하여 나옴.
續行〔속행〕 잇달아서 실행함.
相續〔상속〕 다음 차례에 이어 주거나 이어 받음.
▶ 續短(속단) 繼續(계속) 接續(접속)

잇다. 뒤를 잇다. 공적.
糸 紀 綉 續 續 續

手 10 ⑬	損	덜 손　损 sǔn　reduce	☞ 손 수(扌·手)와 둥글 원(員). 損金〔손금〕 손해 본 돈. 또는 그 액수. 損傷〔손상〕 떨어지고 상함. 또는 상하게 함. 損失〔손실〕 덜리어 잃거나 축이 나서 손해를 봄. 破損〔파손〕 깨어져 못 쓰게 됨. 깨어 못 쓰게 만듦. ▶ 損益(손익) 損害(손해) 毀損(훼손)

덜다. 감하다. 잃다. 상하다.
扌 扌 押 捐 捐 損

소나무 송
sōng　pine

☞ 나무 목(木)과 공변될 공(公).
松柏〔송백〕 소나무와 잣나무.
松栮〔송이〕 송이과에 속하는 버섯. 송이버섯.
松津〔송진〕 소나무에서 분비되는 끈끈한 액체.
落葉松〔낙엽송〕 전나무과의 낙엽 침엽 교목.
▶ 松竹梅(송죽매)

소나무. 솔.
十 木 木 松 松 松

보낼 송　送
sòng　send

☞ 불씨 선(癶)과 쉬엄쉬엄 갈 착(辶·辵).
送稿〔송고〕 원고를 편집 담당자에게 보냄.
送舊迎新〔송구영신〕 묵은해를 보내고 새해를 맞음.
送達〔송달〕 편지·서류 또는 물품을 보냄.
運送〔운송〕 물건을 운송하여 보냄.
▶ 送別(송별) 放送(방송) 託送(탁송)

보내다. 전송하다. 선물.
八 丷 关 关 送 送

기릴 송　颂
sòng　praise

☞ 마을 공(公)과 머리 혈(頁).
頌歌〔송가〕 기리는 노래.
頌德〔송덕〕 공덕을 칭송함.
頌詩〔송시〕 공덕을 기리는 내용의 시.
稱頌〔칭송〕 공덕을 일컬어 기림. 칭찬하여 일컬음.
▶ 頌述(송술) 頌祝(송축) 詠頌(영송)

기리다. 칭송하다. 얼굴.
八 公 公 頌 頌 頌

宀 3 ⑥	 지킬 수 shǒu　　keep 지키다. 막다. 보살피다. 임무. 丶 宀 宀 宀 守 守	☞ 움집 면(宀)과 법도 촌(寸). 守舊〔수구〕 옛 제도나 관습을 그대로 지키고 따름. 守備〔수비〕 적의 침해로부터 지키어 방비함. 또, 그 시설. 守節〔수절〕 절의(節義)와 정절(貞節)을 지킴. 守則〔수칙〕 지켜야 할 사항을 정한 규칙. ▶ 守門將(수문장) 守錢奴(수전노) 保守(보수)
攵 2 ⑥	收 거둘 수 shōu　　gather 거두다. 받아들이다. 떠맡다. 잡다. 쉬다. 丨 丩 丩 収 収 収	☞ 얽힐 구(丩)와 칠 복(攵·攴). 收監〔수감〕 옥에 가두어 감금함. 收買〔수매〕 거두어 사들임. 收拾〔수습〕 흩어진 물건을 주워 모음. 산란한 마음을 가라앉힘. 收穫〔수확〕 농작물을 거두어들임. 일을 하고 얻은 성과. ▶ 收益(수익) 押收(압수) 接收(접수)
禾 2 ⑦	秀 빼어날 수 xiù　　surpass 빼어나다. 꽃. 꽃이 피다. 一 二 千 禾 秀 秀	☞ 벼 화(禾)와 아이밸 잉(乃). 秀麗〔수려〕 산수의 경치가 뛰어나고 아름다움. 秀拔〔수발〕 여럿 가운데 뛰어나게 훌륭함. 秀才〔수재〕 뛰어난 재주. 미혼 남자에 대한 존칭. 閨秀〔규수〕 처녀. 학예(學藝)에 뛰어난 여자. ▶ 優秀(우수) 俊秀(준수)
又 6 ⑧	 받을 수 shòu　　receive 받다. 받아들이다. 당하다. 爫 爫 爫 受 受 受	☞ 손톱 조(爪)와 배 주(冖·舟), 손 우(又). 受講〔수강〕 강습이나 강의를 받음. 受難〔수난〕 어려운 처지에 처함. 기독교에서, 예수가 당한 고난. 受賂〔수뢰〕 뇌물(賂物)을 받음. 受胎〔수태〕 아이를 뱀. 懷妊(회임). ▶ 受諾(수락) 受信(수신) 引受(인수) 傳受(전수)
人 8 ⑩	 닦을 수 xiū　　cultivate 닦다. 익히다. 다스리다. 亻 亻 攸 攸 修 修	☞ 바 유(攸)와 터럭그릴 삼(彡). 修交〔수교〕 나라 사이에 교제를 맺음. 修練〔수련〕 수양하고 단련함. 修辭〔수사〕 말이나 문장을 꾸며서 아름답게 하는 일. 修身齊家〔수신제가〕 몸을 닦고 집안을 정제(整齊)함. ▶ 修繕(수선) 修飾(수식) 修養(수양) 改修(개수)
手 8 ⑪	 줄 수 shòu　　give 주다. 가르치다. 임명하다. 扌 扌 扩 抴 抴 授	☞ 손 수(扌·手)와 받을 수(受). 授戒〔수계〕 불문(佛門)에 들어간 사람에게 계율을 수여함. 授業〔수업〕 학문이나 기술을 가르침. 授與〔수여〕 증서·상품·상장 또는 훈장 따위를 줌. 傳授〔전수〕 전하여 줌. ▶ 授受(수수) 授爵(수작) 敎授(교수)
又 6 ⑧	 아재비 숙 shū　　uncle 아재비. 숙부. 삼촌. 어리다. 上 十 疒 未 叔 叔	☞ 콩 숙(未)과 또 우(又). 叔季〔숙계〕 끝 동생. 막내아우. 叔妹〔숙매〕 시누이. 남편의 누이동생. 叔父〔숙부〕 아버지의 동생. 작은아버지 叔伯〔숙백〕 아우와 형. 형제. ▶ 叔姪(숙질) 堂叔(당숙) 伯仲叔季(백중숙계)

4級 配定漢字 181

聿 7 ⑬	肅	엄숙할 숙　肃 sù　solem 엄숙하다. 공경하다. 삼가다. 깨끗하다. 亠 圭 圭 肀 肃 肅 肅	☞ 붓 율(聿·肀)과 못 연(片·淵). 肅拜〔숙배〕 손이 땅에 닿도록 머리 숙여 공손히 절함. 肅然〔숙연〕 조용한 모양. 두려워하여 삼가는 모양. 肅淸〔숙청〕 엄격하게 다스려 잘못이나 그릇된 일을 없앰. 嚴肅〔엄숙〕 장엄하고 정숙함. ▶ 自肅(자숙) 靜肅(정숙)
糸 4 ⑩	純	순수할 순　纯 chún　pure 순수하다. 순진하다. 천진하다. 맑다. 幺 幺 糸 糸 糽 純	☞ 실 사(糸)와 모을 둔(屯). 純潔〔순결〕 아주 깨끗함. 마음과 몸이 깨끗함. 純毛〔순모〕 순전한 털. 한 빛깔의 털. 또는 그 털빛. 純朴〔순박〕 성질이 순진하고 꾸밈이 없음. 單純〔단순〕 복잡하지 않고 간단함. 조건이나 제한이 없음. ▶ 純潔無垢(순결무구) 純粹(순수) 不純(불순)
山 8 ⑪	崇	높을 숭 chóng　high respect 높이다. 높다. 존중하다. 모으다. 山 屵 屵 峃 峃 崇	☞ 뫼 산(山)과 마루 종(宗). 崇高〔숭고〕 존귀하고 고상함. 崇德〔숭덕〕 유덕자(有德者)를 존경함. 덕을 높이 쌓음. 崇禮門〔숭례문〕 서울 남쪽에 있는 문. 南大門(남대문). 崇拜〔숭배〕 높이 우러러 존경함. ▶ 崇尙(숭상) 崇仰(숭앙) 崇嚴(숭엄) 欽崇(흠숭)
手 4 ⑧	承	이을 승 chéng　support 잇다. 받들다. 받아들이다. 건지다. 了 了 手 孑 承 承	☞ 줄 승(丞)과 손 수(手). 承諾〔승낙〕 청하는 바를 들어줌. 承服〔승복〕 납득함. 죄를 고백함. 承認〔승인〕 옳다고 인정하여 허락함. 들어줌. 繼承〔계승〕 조상이나 선임자의 뒤를 이어받음. ▶ 承命(승명) 承統(승통) 傳承(전승)
方 5 ⑨	施	베풀 시 옮길 이 shī　give 베풀다. 주다. 쓰다. 옮기다. 亠 方 方 旃 施 施	☞ 깃발 언(㫃)과 이끼 야(也 : 뱀). 施工〔시공〕 공사를 시행함. 施賞〔시상〕 상품이나 상금을 줌. 施設〔시설〕 어떤 목적을 위해 건물 따위의 설비를 하는 일. 施主〔시주〕 중이나 절에 물건을 베풀어주는 사람. ▶ 施行(시행) 施從(이종) 普施(보시)
日 5 ⑨	是	이 시 shí　this 이. 이것. 여기. 옳다. 日 旦 早 昰 昰 是	☞ 날 일(日)과 바를 정(疋·正). 是非曲直〔시비곡직〕 옳고 그르고 굽고 곧음. 是是非非〔시시비비〕 옳은 것은 옳다 하고 그른 것을 그르다 함. 是認〔시인〕 옳다고 인정함. 實事求是〔실사구시〕 사실에 근거하여 진리를 탐구하는 일. ▶ 是耶非耶(시야비야) 是正(시정) 如是(여시)
見 5 ⑫	視	볼 시　视 shì　look at 보다. 살피다. 돌보다. 본받다. 견주다. 二 亍 禾 礽 視 視	☞ 보일 시(示)와 볼 견(見). 視覺〔시각〕 물체의 현상이 눈 속 망막에 비치어 일어나는 감각. 視野〔시야〕 눈의 보는 힘이 미치는 범위. 視察〔시찰〕 돌아다니며 실지 사정을 살핌. 凝視〔응시〕 한참 동안 뚫어지게 자세히 봄. ▶ 視力(시력) 視線(시선) 視聽(시청)

試 시험할 시 shì examine
言 6 ⑬
☞ 말씀 언(言)과 법 식(式).
시험하다. 해보다. 맛보다. 다듬다. 찾다.
言 言 訂 試 試 試

試圖〔시도〕 시험삼아 꾀하여 봄.
試鍊〔시련〕 겪기 어려운 단련이나 고난. 試鍊(시련).
試案〔시안〕 시험적으로 만들어 본 계획.
試驗〔시험〕 재능・실력・신앙 등을 실지로 경험하여 봄.
▶ 試金石(시금석) 試合(시합) 入試(입시)

詩 시 시 shī poetry
言 6 ⑬
☞ 말씀 언(言)과 관청 시(寺).
시. 시경(詩經). 귀글.
言 言 訂 訃 詩 詩

詩歌〔시가〕 시와 노래. 가사(歌辭)를 포함한 시문학의 총칭.
詩經〔시경〕 상고(上古)의 시를 모은 책 이름. 오경의 하나.
詩論〔시론〕 시 일반의 본질이나 양식에 관한 이론. 시학.
散文詩〔산문시〕 자유롭게 산문의 형식을 취하여 쓴 시.
▶ 詩劇(시극) 詩選(시선) 詩聖(시성) 漢詩(한시)

息 숨쉴 식 xī breathe
心 6 ⑩
☞ 코 비(自・鼻)와 마음 심(心).
숨쉬다. 쉬다. 그치다. 살다. 이자. 자식.
亻 亻 白 自 息 息

息影〔식영〕 활동을 멈추고 쉼.
不息之工〔불식지공〕 쉬지 않고 천천히 꾸준하게 하는 일.
棲息〔서식〕 동물이 깃들어 삶.
消息〔소식〕 안부나 어떤 사실에 대한 기별.
▶ 息止(식지) 休息(휴식)

申 납 신 / 펼 신 shēn tell
田 0 ⑤
☞ 공중에서 떨어지는 번개의 모양을 본뜬 글자.
납. 아홉째 지지. 거듭하다. 펴다. 알리다.
丨 口 曰 日 申

申告〔신고〕 국민이 법률상의 의무로서 행정 관청에 일정한 사실의 진술을 하는 일.
申聞鼓〔신문고〕 백성이 원통한 일을 호소할 때 치던 북.
申申付託〔신신부탁〕 되풀이하여 간절히 하는 부탁.
▶ 申請(신청) 內申(내신)

深 깊을 심 shēn deep
水 8 ⑪
☞ 물 수(氵・水)와 깊을 심(罙).
깊다. 깊게 하다. 깊이. 심히. 짙다.
氵 氵 氵 氵 沪 深

深刻〔심각〕 깊이 새김. 아주 깊고 절실함.
深慮〔심려〕 깊은 생각함. 깊은 사려. 걱정.
深思〔심사〕 깊이 생각함. 또, 그 생각.
深奧〔심오〕 이론이나 견해 등의 깊이가 깊고 오묘함.
▶ 深思熟考(심사숙고) 深山幽谷(심산유곡) 深遠(심원)

氏 각시 씨 shì clan family
氏 0 ④
☞ 끝이 예리한 숟가락을 본뜬 글자.
각시. 씨. 뿌리. 성. 나라 이름.
丶 亠 厂 氏

氏名〔씨명〕 성씨와 이름. 姓名(성명).
氏族〔씨족〕 원시 사회에서 공동의 조상을 가진 혈족 단체.
母氏〔모씨〕 흔히 아랫사람의 어머니를 일컬음.
無名氏〔무명씨〕 이름을 드러내지 않은 사람.
▶ 氏譜(씨보) 某氏(모씨) 姓氏(성씨) 宗氏(종씨)

眼 눈 안 yǎn eye
目 6 ⑪
☞ 눈 목(目)과 그칠 간(艮).
눈. 눈알. 눈매. 보다. 눈이 불거진 모양.
目 目 目 眼 眼 眼

眼鏡〔안경〕 눈을 보호하거나 시력을 돕기 위해 쓰는 기구.
眼目〔안목〕 눈매. 주안점. 사물을 분별하는 견식.
近視眼〔근시안〕 먼 데 것을 잘 보지 못하는 눈.
千里眼〔천리안〕 사물을 꿰뚫어 보는 능력을 일컬음.
▶ 眼界(안계) 眼中(안중) 眼下無人(안하무인)

부수/획	한자	훈음 / 간체 / 병음 / 영문	뜻풀이 / 용례
日 9 ⑬	暗	어두울 암 / àn / dark 어둡다. 어리석다. 밤. 어둠. 몰래. 흐리다. 日 旷 旷 胪 暗 暗	☞ 날 일(日)과 소리 음(音). 暗記〔암기〕 머릿속에 기억하여 잊지 아니함. 諳記(암기). 暗澹〔암담〕 어두컴컴하고 쓸쓸함. 희망이 없이 막막함. 暗行〔암행〕 남모르게 다님. 暗黑〔암흑〕 캄캄함. 정신상, 생활상 불안하고 비참한 상태. ▶ 暗算(암산) 暗中摸索(암중모색) 明暗(명암)
土 14 ⑰	壓	누를 압 / 压 / yā / press 누르다. 제지하다. 윽박지르다. 항복 받다. 厂 厈 厈 厭 厭 壓	☞ 누를 엽(厭)과 흙 토(土). 壓卷〔압권〕 여럿 가운데서 으뜸가는 시문. 가장 뛰어난 것. 壓倒〔압도〕 눌러서 넘어뜨림. 굴복시킴. 남을 크게 능가함. 壓力〔압력〕 누르는 힘. 억압하는 힘. 制壓〔제압〕 위력이나 위엄으로 남을 눌러서 통제함. ▶ 壓迫(압박) 壓死(압사) 壓縮(압축) 鎭壓(진압)
水 8 ⑪	液	진 액 담글 석 / yè / fluid 진. 즙. 진액. 즙액(汁液). 곁. 담그다. 氵 冫 汁 泸 泠 液	☞ 물 수(氵·水)와 밤 야(夜). 液狀〔액상〕 액체 상태. 액체로 되어 있는 상태. 液汁〔액즙〕 즙(汁). 국물. 물. 液體〔액체〕 물이나 기름처럼 유동(流動)하는 물체. 樹液〔수액〕 나무의 조직 속에 있는 액체. ▶ 液化(액화) 唾液(타액) 血液(혈액)
頁 9 ⑱	額	이마 액 / 额 / é / forehead 이마. 머릿수. 편액. 액자. 현판. 머릿수. 宀 安 客 客 額 額	☞ 나그네 객(客)과 머리 혈(頁). 額面〔액면〕 유가증권 등에 적힌 금액. 額數〔액수〕 돈 따위의 머릿수. 定額(정액). 定數(정수). 額子〔액자〕 그림·글·사진 따위를 걸기 위한 틀. 金額〔금액〕 돈의 액수. ▶ 額字(액자) 點額(점액) 總額(총액)
羊 0 ⑥	羊	양 양 / yáng / sheep 양. 성질이 순하며 털이 희고 부드러움. 丶 丷 ソ 兰 羊	☞ 뿔이 난 양의 모양을 본뜬 글자. 羊腸〔양장〕 양의 창자. 꼬불꼬불한 길의 비유. 羊皮〔양피〕 양의 가죽. 羔羊〔고양〕 희생의 하나로 어린양을 뜻함. 九折羊腸〔구절양장〕 꼬불꼬불하고 험한 모양. ▶ 羊頭狗肉(양두구육) 羊毛(양모)
木 11 ⑮	樣	모양 양 / 样 / yàng / style 모양. 형태. 상태. 법식. 양식. 본보기. 朾 栏 样 様 様 樣	☞ 나무 목(木)과 물근원길 양(羕). 樣式〔양식〕 일정한 방식. 모양. 예술에서의 형식·스타일. 樣態〔양태〕 모양과 태도. 貌樣〔모양〕 겉에 나타나는 생김새나 형상. 多樣〔다양〕 여러 가지. 갖가지의 모양. 種種(종종). ▶ 樣相(양상) 樣子(양자) 文樣(문양)
口 17 ⑳	嚴	엄할 엄 / 严 / yán / strict 엄하다. 엄정하다. 엄중하다. 의연함. 严 严 嚴 嚴 嚴 嚴	☞ 부르짖을 훤(吅). 산 험할 엄(厂)과 용감할 감(敢). 嚴格〔엄격〕 언행이 흐트러짐이 없이 바름. 嚴禁〔엄금〕 엄중하게 금지함. 또, 그런 금령(禁令). 嚴罰〔엄벌〕 엄중한 처벌을 함. 또, 그 벌. 嚴重〔엄중〕 몹시 엄격함. 엄격하고 정중함. ▶ 嚴冬雪寒(엄동설한) 嚴重(엄중) 謹嚴(근엄)

女 3 ⑥	如 같을 여 rú same 같다. 따르다. 좇음. 음력 2월의 다른 이름. く 夕 女 如 如 如	☞ 계집 녀(女)와 입 구(口). 如是〔여시〕 이와 같이. 이처럼. 지당함. 바로 그러함. 如實〔여실〕 사실 그대로임. 본래 그대로의 모습. 如此如此〔여차여차〕 이러이러함. 如何間〔여하간〕 어떻든간에. 어찌하여. 하여튼. ▶ 如反掌(여반장) 如前(여전) 缺如(결여)
臼 7 ⑭	與 줄 여 참여할 여 与 yǔ give 주다. 동아리. 무리. 함께 하다. 허락하다. 	☞ 마주 들 여(舁 : 양손의 모양)와 줄 여(與·予). 與黨〔여당〕 정부 편에 서는 정당. 정부당. ↔ 野黨(야당). 與否〔여부〕 그러함과 그러하지 않음. 與信〔여신〕 금융 기관에서 고객에게 신용을 부여하는 일. 授與〔수여〕 내려 줌. 상장이나 훈장 따위를 줌. ▶ 與民同樂(여민동락) 給與(급여) 參與(참여)
食 7 ⑯	餘 남을 여 余 yú remain 남다. 넉넉함. 나머지. 여분. 잉여. 여가. 弁 食 飮 飮 餘 餘	☞ 밥 식(皀·食)과 나머지 여(余). 餘暇〔여가〕 겨를. 틈. 餘念〔여념〕 딴 생각. 정신을 쓰고 남은 생각. 他念(타념). 餘談〔여담〕 용건 이외의 이야기. 剩餘〔잉여〕 나머지. 쓰고 난 나머지. 잔여. ▶ 餘白(여백) 餘裕(여유) 窮餘之策(궁여지책)
日 4 ⑧	易 바꿀 역 쉬울 이 yì exchange easy 바꾸다. 어기다. 점(占). 도마뱀. 쉽다. 	☞ 도마뱀의 머리와 네 발을 본뜬 글자. 易經〔역경〕 오경(五經)의 하나. 周易(주역). 易書〔역서〕 점에 관한 책. 易學〔역학〕 주역(周易)을 연구하는 학문. 容易〔용이〕 쉬움. 매우 쉬움. ▶ 易地思之(역지사지) 簡易(간이)
辶 6 ⑩	逆 거스를 역 nì disobey 거스르다. 넘보다. 배반하다. 어지럽히다. 丷 亠 屰 屰 弟 逆	☞ 거스를 역(屰)과 쉬엄쉬엄 갈 착(辶·辵). 逆境〔역경〕 뜻대로 되지 않는 불운한 처지. ↔ 順境(순경). 逆理〔역리〕 도리에 어긋남. ↔ 順理(순리). 逆說〔역설〕 반대되는 의론. 異說(이설). 패러독스(paradox). 逆心〔역심〕 반역을 꾀하는 마음. 모반하는 마음. ▶ 逆徒(역도) 逆流(역류) 逆行(역행) 反逆(반역)
土 8 ⑪	域 지경 역 yù boundary 지경. 나라. 경계짓다. 묘지. 유지하다. 土 圵 域 域 域 域	☞ 흙 토(土)와 창 과(戈), 에울 위(囗)와 한 일(一). 域內〔역내〕 일정한 장소의 안. 區域(구역). 區域〔구역〕 일정한 기준에 따라 갈라 놓은 지역. 領域〔영역〕 영토의 범위. 한나라의 주권이 미치는 범위. 地域〔지역〕 땅의 구역. 행정·생활권 등으로 나누어진 구역. ▶ 域外(역외) 聖域(성역)
廴 4 ⑦	延 끌 연 yán delay 끌다. 끌어들이다. 늘이다. 늘어서다. 	☞ 삐칠 변(丿)에 그칠 지(止)와 끌 인(廴). 延期〔연기〕 정한 기한을 물림. 延命〔연명〕 오래 삶. 목숨을 이어감. 延燒〔연소〕 불길이 번져 나감. 또, 그 화재. 延長〔연장〕 길이·시간 등을 늘여 길게 함. ▶ 蔓延(만연) 順延(순연) 遲延(지연)

4級 配定漢字 185

石 6 ⑪	研	갈 연 벼루 연 研 yán　whet	☞ 돌 석(石)과 평평할 견(幵). 研究〔연구〕 사물의 어떤 이치나 사실을 밝혀 내는 일. 研磨〔연마〕 갈고 닦음. 먹을 갊. 학문·기술을 익히고 닦음. 研鑽〔연찬〕 사물의 도리를 깊이 연구함. 精研〔정연〕 정밀하게 연구함. 깊이 연구함. ▶ 研修(연수)
	갈다. 궁구하다. 자세히 밝히다. 벼루. 石 石 矽 矽 矽 研		
火 9 ⑬	煙	연기 연 제사지낼 인 yān　smoke	☞ 불 화(火)와 막을 연(垔: 원래는 피어오름). 煙氣〔연기〕 무엇이 탈 때 나는 흐릿한 기체. 煙幕〔연막〕 적이 눈을 가리기 위하여 피우는 연기. 煙霧〔연무〕 연기와 안개. 아지랑이. 봄 안개. 禁煙〔금연〕 아편이나 담배 피우는 일을 금함. ▶ 煙霞(연하) 煙滅(연멸) 吸煙(흡연)
	연기. 그을음. 안개. 담배. 제사 지내다. 丶 火 炉 炳 炳 煙		
金 5 ⑬	鉛	납 연 铅 qiān　lead	☞ 쇠 금(金)과 산속늪 연(㕣)을 합한 글자 鉛鑛〔연광〕 납을 캐는 광산. 鉛粉〔연분〕 여자의 얼굴을 화장하는 데 바르는 흰 가루. 鉛筆〔연필〕 흑연으로 된 심을 나무막대에 박아 만든 필기구. 亞鉛〔아연〕 청백색의 빛을 띤 쇠붙이. 원소 기호 Zn. ▶ 鉛鐵(연철) 黑鉛(흑연)
	납. 백분. 따르다. 亼 乍 金 金 釕 鉛		
水 11 ⑭	演	펼 연 yǎn　extend	☞ 물 수(氵·水)와 동방 인(寅). 演技〔연기〕 배우가 무대 위에서 연출해 보이는 말이나 동작. 演說〔연설〕 여러 사람 앞에서 자기의 주장이나 의견을 진술함. 演習〔연습〕 배운 것을 되풀이하여 익힘. 主演〔주연〕 연극·영화 중에서의 주인공. ▶ 演劇(연극) 演繹(연역) 公演(공연) 出演(출연)
	펴다. 행하다. 연역하다. 넓히다. 흐르다. 氵 氵 汽 渖 演 演		
糸 9 ⑮	緣	인연 연 yuàn　karma	☞ 실 사(糸)와 끊을 단(彖). 緣故〔연고〕 까닭. 이유. 사유(事由). 맺어진 관계. 緣分〔연분〕 인간관계에서의 필연적인 인연. 緣坐〔연좌〕 집안의 범죄로 인하여 죄 없이 처벌당함. 絕緣〔절연〕 인연을 아주 끊음. ▶ 緣木求魚(연목구어) 緣由(연유) 宿緣(숙연)
	인연. 가선. 가장자리. 인하다. 연줄. 糸 糸 絆 絆 緣 緣		
火 12 ⑯	燃	불사를 연 rán　burn	☞ 불 화(火)와 태울 연(然). 燃料〔연료〕 열을 얻기 위해 태우는 재료. 燃燒〔연소〕 주로 물질이 산소와 화합할 때, 다량의 열을 　　　　　 내며 동시에 빛을 발하는 현상. 燃油〔연유〕 연료로 쓰는 기름. ▶ 燃燈節(연등절) 內燃(내연)
	불사르다. 불타다. 불태우다. 丶 火 炒 燃 燃 燃		
辵 4 ⑧	迎	맞을 영 yíng　welcome	☞ 높을 앙(卬)과 쉬엄쉬엄 갈 착(辶·辵). 迎賓〔영빈〕 손님을 맞음. 손님을 영접함. 迎送〔영송〕 맞이하는 일과 보내는 일. 출영과 전송. 迎新〔영신〕 새해를 맞음. 새로운 것을 맞음. 出迎〔출영〕 마중 나감. 나가서 맞음. ▶ 送舊迎新(송구영신) 歡迎(환영)
	맞다. 맞이하다. 마중함. 亠 卬 卬 卬 迎 迎		

日 5 ⑨	**映** 비칠 영 yìng　reflect 비치다. 빛나다. 햇빛. 미시(오후 2시). 日 日 日 旷 映 映	☞ 날 일(日)과 가운데 앙(央). 映像[영상] 광선의 굴절이나 반사에 따라 비치는 물체의 모습. 映窓[영창] 방을 환하게 하기 위해 낸 창문. 反映[반영] 어떤 일에 반사적으로 일어나는 영향을 드러냄. 投映[투영] 슬라이드 따위를 비쳐냄. ▶ 映射(영사) 映畫(영화)
木 10 ⑭	**榮** 영화 영　荣 róng　glory 영화. 영화롭다. 꽃. 성하다. 즐기다. ⺾ ⺾ ⺾ 𣎵 榮 榮	☞ 빛날 형(炏·熒)과 나무 목(木). 榮枯盛衰[영고성쇠] 성하고 쇠함이 서로 뒤바뀌는 일. 榮光[영광] 영예로운 현상. 빛나는 명예. 瑞氣(서기). 榮達[영달] 지위가 높고 귀하게 됨. 尊貴(존귀). 繁榮[번영] 일이 성하게 되어 영화로움. ▶ 榮譽(영예) 榮華(영화)
火 13 ⑰	**營** 경영할 영　营 yíng　manage 경영하다. 경영. 짓다. 진영. 변명하다. ⺁ ⺀ ⺾ 𣎵 營 營	☞ 빛날 형(炏·熒)과 집 궁(呂·宮). 營利[영리] 이득을 꾀함. 營業[영업] 영리를 목적으로 하여 사업을 경영함. 營養[영양] 생물이 양분을 섭취하여 생명을 유지하는 일. 經營[경영] 계획하고 연구하여 일을 다스림. ▶ 營繕(영선) 兵營(병영) 野營(야영) 自營(자영)
豕 9 ⑯	 미리 예 yù　beforehand 미리. 기뻐하다. 즐기다. 즐거움. 予 彑 豫 豫 豫 豫	☞ 취할 여(予)와 코끼리 상(象). 豫感[예감] 어떤 일을 사전에 느낌. 豫防[예방] 탈이 나기 전에 미리 방비함. 豫備[예비] 미리 준비함. 일이 있기 전에 미리 갖춤. 豫言[예언] 미래의 일을 미리 말함. 또, 그 말. ▶ 豫習(예습) 豫測(예측) 豫約(예약) 猶豫(유예)
艸 15 ⑲	 재주 예　艺 yì　art 재주. 기예. 학문. 글. ⺾ ⺾ 埶 𫇷 藝 藝	☞ 풀 초(⺾·艸)와 심을 예(埶). 藝能[예능] 연극·가요·음악·무용·영화 등의 총칭. 藝題[예제] 상연하는 연예물의 제목. 工藝[공예] 공작의 예술. 공업과 예술. 제조의 기예. 技藝[기예] 기술상의 재주와 솜씨. ▶ 藝術(예술) 武藝(무예) 文藝(문예)
言 7 ⑭	 그르칠 오　误 wù　mistake 그르치다. 잘못. 잘못하다. 틀리다. 言 訁 訬 誤 誤 誤	☞ 말씀 언(言)과 큰소리칠 오(吳). 誤記[오기] 잘못 적음. 또는 그 기록. 잘못 씀. 誤謬[오류] 그릇되어 이치에 어긋남. 잘못됨. 過誤[과오] 잘못. 과실. 실책. 錯誤[착오] 착각에 의한 잘못. ▶ 誤算(오산) 誤審(오심)
玉 0 ⑤	**玉** 구슬 옥 yù　jade 구슬. 아름다운 돌. 아름답다. 훌륭하다. 一 丁 王 玉 玉	☞ 구슬 세 개를 끈으로 꿴 모양을 본뜬 글자. 玉童子[옥동자] 옥같이 예쁜 어린 아들. 소중한 아들. 玉璽[옥새] 임금의 도장. 國璽(국새). 玉篇[옥편] 많은 한자를 모아 낱낱이 그 뜻을 풀어놓은 책. 珠玉[주옥] 구슬과 옥. 잘된 글. ▶ 玉骨仙風(옥골선풍) 金科玉條(금과옥조)

4級 配定漢字 187

彳5 ⑧	**往** wǎng go	갈 왕	☞ 조금 걸을 척(彳)과 임금 왕(主·王 : 임금의 영이 널리 퍼짐).
	가다. 옛적. 보내다. 향하다. 이따금.		往年〔왕년〕 지나간 해. 옛날. 往來〔왕래〕 가고 오고 함. 來往(내왕). 往復〔왕복〕 갔다가 돌아옴. 문서·편지의 왕래. 古往今來〔고왕금래〕 옛날부터 지금까지. 古今(고금). ▶ 往生極樂(왕생극락) 往診(왕진) 旣往(기왕)
	彳 彳 彳 彳 往 往		

言10 ⑰	**謠** yáo song	노래 요 谣	☞ 말씀 언(言)과 질그릇 요(䍃).
	노래하다. 소문. 노래. 헐뜯다.		謠言〔요언〕 뜬소문. 流言(유언). 謠諑〔요탁〕 비방함. 헐뜯음. 험담을 함. 歌謠〔가요〕 민요·동요·속요·유행가 등의 속칭. 民謠〔민요〕 민간의 감정·풍속 등을 반영하여 전해 오는 노래. ▶ 童謠(동요) 民謠(민요)
	言 訡 訡 謠 謠 謠		

宀7 ⑩	**容** róng face	얼굴 용	☞ 움집 면(宀)과 골 곡(谷).
	얼굴. 모양. 모습. 몸가짐. 꾸미다(화장).		容共〔용공〕 공산주의 또는 그 정책을 용인하는 일. 容器〔용기〕 물건을 담는 그릇. 容量〔용량〕 용기 안에 들어갈 수 있는 분량. 寬容〔관용〕 너그럽게 용서하거나 받아들임 ▶ 容納(용납) 容貌(용모) 容恕(용서)
	宀 宀 宀 容 容		

邑8 ⑪	**郵** yóu post	우편 우 邮	☞ 변방 수(垂·郵)와 고을 읍(阝·邑).
	우편. 역. 역말. 지나다. 오두막집.		郵送〔우송〕 물건이나 편지를 우편으로 보냄. 郵政〔우정〕 우편물에 관한 행정. 郵便〔우편〕 서신(書信)이나 물품 등을 송달하는 통신 제도. 郵票〔우표〕 우편물에 붙이는 증표. ▶ 郵書(우서)
	亠 乒 垂 垂 垂阝 郵		

辶9 ⑬	**遇** yù meet	만날 우	☞ 짐승 우(禺)와 쉬엄쉬엄 갈 착(辶·辵).
	만나다. 알현. 당하다. 대접하다. 대우.		遇害〔우해〕 해(害)를 당함. 살해를 당함. 奇遇〔기우〕 뜻하지 않게 만남. 기이한 인연으로 만남. 待遇〔대우〕 직장에서의 근무자에 대한 처우. 禮遇〔예우〕 예의를 다하여 정중히 대우함. 禮待(예대). ▶ 不遇(불우) 遭遇(조우) 知遇(지우)
	昌 禺 禺 禺 遇 遇		

人15 ⑰	**優** yōu enough	넉넉할 우 优	☞ 사람 인(人)에 생각할 우(憂).
	넉넉하다. 후하다. 도탑다. 우아하다.		優待〔우대〕 특별히 잘 대우함. 優等〔우등〕 성적이 우수함. 높은 등급. 優秀〔우수〕 뛰어나고 빼어남. 俳優〔배우〕 연극·영화 등에서 그 내용을 실연하는 사람. ▶ 優良(우량) 優柔不斷(우유부단) 倡優(창우)
	亻 侲 侲 偈 優 優		

心5 ⑨	**怨** yuàn grudge	원망할 원	☞ 누워 뒹굴 원(夗)과 마음 심(心).
	원망하다. 미워하다. 힐책하다. 원수.		怨骨〔원골〕 원한을 품고 죽은 사람. 怨望〔원망〕 남이 한 일을 억울하게 또는 못마땅히 여겨 탓함. 怨恨〔원한〕 원통하고 한되는 생각. 仇怨〔구원〕 원수. ▶ 怨溝(원구) 怨讎(원수) 宿怨(숙원)
	夕 夘 夗 夗 怨 怨		

口 7 ⑩ 員	인원 **원** 员 yuán　official 인원. 관원. 둥글다. 수효. 둘레. 동그라미. 口 口 目 月 員 員	☞ 입 구(口)와 조개 패(貝). 員石〔원석〕 둥근 돌. 圓石(원석). 員外〔원외〕 정한 인원(人員). 또는 수효 밖. 이외. 隊員〔대원〕 대(隊)를 이루고 있는 사람. 要員〔요원〕 중요한 지위에 있는 임원. 필요한 인원. ▶ 員數(원수) 公務員(공무원)
手 9 ⑫ 援	도울 **원** yuán　rescue 돕다. 구원하다. 끌다. 잡아당기다. 扌 扩 护 押 援 援	☞ 손 수(扌·手)와 당길 원(爰). 援兵〔원병〕 원군의 병사. 援助〔원조〕 도와 줌. 孤立無援〔고립무원〕 고립되어 구원받을 데가 없음. 聲援〔성원〕 멀리서 격려·고무하여 형세를 도와 줌. ▶ 援用(원용) 應援(응원) 支援(지원)
口 10 ⑬ 圓	둥글 **원** 圆 yuán　round 둥글다. 동그라미. 둘레. 온전하다. 門 同 同 周 圓 圓	☞ 에울 위(口) 안에 둥글 원(員)을 넣은 글자. 圓覺〔원각〕 원만하고 흠이 없는 우주의 신령스러운 깨침. 圓滿〔원만〕 일이 잘 되어가 순조로움. 圓熟〔원숙〕 인격이나 지식 따위가 깊고 원만함. 빈틈이 없음. 一圓〔일원〕 어떤 지역의 전부. 一帶(일대). ▶ 圓舞(원무) 圓盤(원반) 大團圓(대단원)
水 10 ⑬ 源	근원 **원** yuán　source 근원. 샘. 물 흐르는 모양. 근본. 氵 氵 沪 沪 源 源	☞ 물 수(氵·水)와 근원 원(原). 源流〔원류〕 물 흐름의 근원. 사물의 근원. 源泉〔원천〕 물이 흘러나오는 근원. 어떤 사물이 생기는 근원. 起源〔기원〕 사물이 생긴 근원. 發源〔발원〕 물의 근원. 사물의 근원. ▶ 根源(근원) 語源(어원)
卩 4 ⑥ 危	위태할 **위** wēi　danger 위태하다. 험하다. 바르다. 丿 ㄏ ㄠ 产 产 危	☞ 언덕(厂:벼랑) 위에 사람이(㔾) 웅크리고 있는 모양. 危懼〔위구〕 두려움. 두려워함. 危急〔위급〕 위태롭고 급함. 危機〔위기〕 위험한 고비. 위험한 경우. 危殆〔위태〕 위험함. 형세가 매우 어려움. 마음을 놓을 수 없음. ▶ 危機一髮(위기일발) 危險(위험) 安危(안위)
女 5 ⑧ 委	맡길 **위** wěi　entrust 맡기다. 버리다. 자세하다. 시들다. 二 千 禾 秂 委 委	☞ 벼 화(禾)와 계집 녀(女). 委棄〔위기〕 버리고 돌보지 않음. 委員〔위원〕 일정한 직무를 위촉받은 사람. 委任〔위임〕 어떤 일을 책임 지워서 맡김. 委囑〔위촉〕 사무 처리 따위를 남에게 맡김. 부탁하여 맡김. ▶ 委細(위세) 委託(위탁) 信委(신위)
女 6 ⑨ 威	위엄 **위** wēi　dignity 위엄. 세력. 두려움. 해치다. 厂 厈 反 威 威 威	☞ 개 술(戌:창)과 계집 녀(女). 威德〔위덕〕 위엄이 있어 범하기 어려운 덕. 威力〔위력〕 남을 위압하는 세력. 강대한 힘. 威嚴〔위엄〕 위광이 있어 엄숙함. 威脅〔위협〕 위력으로 협박함. ▶ 威光(위광) 威勢(위세) 權威(권위) 示威(시위)

口 9 ⑫ 圍	둘레 위 围 wéi　fence 둘레. 둘러싸다. 두르다. 에워싸다. 경계. 冂 冎 冎 冎 圍 圍	☞ 에울 위(囗) 안에 군복 위(韋). 圍碁〔위기〕 바둑. 또, 바둑을 둠. 圍立〔위립〕 뺑 둘러싸고 섬. 範圍〔범위〕 한정된 둘레의 언저리. 어떤 힘이 미치는 한계. 周圍〔주위〕 어떤 지점의 바깥 둘레. 또는 환경. ▶ 圍籬安置(위리안치) 包圍(포위)
爪 8 ⑫ 爲	할 위 위할 위　为 wéi　for 하다. 행하다. ~라고 하다. 행위. 위하다. ノ 爫 爫 爫 爲 爲	☞ 원숭이의 손톱(爪)과 머리·눈·다리를 형상화한 글자. 爲國忠節〔위국충절〕 나라를 위한 충성스러운 절개. 爲民〔위민〕 백성을 구함. 爲先〔위선〕 다른 것에 앞서. 우선. 조상을 받들어 위하는 일. 爲業〔위업〕 생업(生業)을 삼음. 사업을 경영함. ▶ 爲福(위복) 爲始(위시) 爲主(위주)
心 11 ⑮ 慰	위로할 위 wèi　comfort 위로하다. 달래다. 우울해지다. 尸 尸 尽 慰 慰 慰	☞ 편안하게 할 위(尉)와 마음 심(心). 慰勞〔위로〕 고달픔을 풀도록 따뜻이 대해 줌. 慰安〔위안〕 위로함. 위로해 마음을 편안케 함. 慰問〔위문〕 위로하기 위해 문안(問安)함. 慰藉〔위자〕 위로하고 도와 줌. ▶ 慰撫(위무) 招慰(초위)
行 10 ⑯ 衛	지킬 위　卫 wèi　guard 지키다. 호위하다. 막다. 경영하다. 彳 伊 徨 徨 律 衛	☞ 다닐 행(行)과 군복 위(韋). 衛兵〔위병〕 호위하는 병정. 경비·단속을 위해 배치된 병사. 衛生〔위생〕 신체 건강과 질병 예방에 힘쓰는 일. 衛星〔위성〕 행성의 주위를 운행하는 별. 衛戍〔위수〕 군대가 오랫동안 그 지방에 주둔하여 지킴. ▶ 近衛(근위) 防衛(방위) 守衛(수위)
乙 7 ⑧ 乳	젖 유 rǔ　milk 젖. 젖 먹이다. 기르다. ノ 爫 爫 乎 孚 乳	☞ 기를 부(孚)와 새 을(乚·乙). 乳菓〔유과〕 우유를 넣고 만든 과자. 乳母〔유모〕 젖어미. 어머니 대신 길러 주는 여자. 乳兒〔유아〕 젖먹이. 嬰兒(영아). 乳液〔유액〕 식물에서 분비되는 젖 같은 흰 액체. ▶ 乳房(유방) 乳臭(유취) 母乳(모유) 牛乳(우유)
辵 9 ⑬ 遊	놀 유　游 yóu　play 놀다. 놀이. 즐기다. 헤엄치다. 여행하다. 方 方 矿 斿 游 遊	☞ 깃발 유(斿)와 쉬엄쉬엄 갈 착(辶·辵). 遊覽〔유람〕 돌아다니며 구경함. 遊離〔유리〕 다른 것과 떨어져 존재함. 遊學〔유학〕 고향을 떠나 다른 고장 또는 외국에 가서 공부함. 遊戲〔유희〕 장난으로 놂. 즐겁게 놂. ▶ 遊牧(유목) 遊泳(유영) 交遊(교유) 野遊會(야유회)
人 14 ⑯ 儒	선비 유 rú　scholar 선비. 유교. 대접하다. 伫 伫 俨 儒 儒 儒	☞ 사람 인(亻·人)과 소용될 수(需). 儒敎〔유교〕 중국의 성인 공자(孔子)의 유학을 받드는 교. 儒林〔유림〕 유교의 도(道)를 닦는 학자들. 儒佛仙〔유불선〕 유교·불교·선교의 총칭. 儒生〔유생〕 유학을 배우거나 유교를 닦는 선비. 儒家(유가). ▶ 儒道(유도) 儒臣(유신) 焚書坑儒(분서갱유)

辵 12 ⑯	遺	남길 유 遺 yí bequeath 남기다. 끼치다. 보내다. 잊다. 따르다 虫 冉 冉 貴 遺 遺 遺	☞ 귀할 귀(貴)와 쉬엄쉬엄 갈 착(辶·辵). 遺稿〔유고〕 죽은 사람이 남긴 시문(詩文)의 원고 遺棄〔유기〕 보호할 사람이 보호받을 사람을 돌보지 아니함. 遺産〔유산〕 고인이 남긴 재산. 遺言〔유언〕 죽음에 임해서 남기는 말. 遺音(유음). ▶ 遺德(유덕) 遺物(유물) 遺書(유서) 遺傳(유전)
肉 0 ⑥	肉	고기 육 ròu meat 고기. 살. 몸. 혈연. 둘레. 丿 冂 冂 内 肉 肉	☞ 잘라 낸 한 점의 고깃덩이를 본뜬 글자. 肉類〔육류〕 식용할 수 있는 짐승의 고기 따위. 肉味〔육미〕 육류로 만든 음식. 고기의 맛. 肉體〔육체〕 물질적인 신체. 사람의 몸. 血肉〔혈육〕 자기 소생의 자녀. 부모·자식·형제·자매들. ▶ 肉食(육식) 肉眼(육안) 弱肉强食(약육강식)
心 6 ⑩	恩	은혜 은 ēn favor 은혜. 사랑하다. 인정. 동정심. 冂 円 円 因 恩 恩	☞ 의지할 인(因)과 마음 심(心). 恩德〔은덕〕 은혜를 베푸는 덕. 은혜로 입은 신세. 恩師〔은사〕 은혜가 깊은 스승. 恩惠〔은혜〕 베풀어주는 혜택. 고마움. 背恩忘德〔배은망덕〕 남에게 받은 은덕을 잊고 배반함. ▶ 恩愛(은애) 謝恩肅拜(사은숙배)
阜 14 ⑰	隱	숨을 은 隐 yǐn hide 숨다. 숨기다. 세상을 멀리하다. 은퇴. 阝 阝 阡 阡 隱 隱 隱	☞ 언덕 부(阝·阜:벽)와 아낄 은(㥯). 隱居〔은거〕 세상을 피하여 삶. 隱匿〔은닉〕 숨기어 감춤. 또, 숨어 있는 사람. 隱遁〔은둔〕 세상을 피해 숨음. 모습을 감춤. 隱密〔은밀〕 숨어 있어서 행적이 나타나지 않음. ▶ 隱士(은사) 隱退(은퇴) 惻隱(측은)
阜 8 ⑪	陰	그늘 음 阴 yīn shadow 그늘. 음기. 음지. 세월. 흐리다. 그림자. 阝 阝 阡 阡 陰 陰 陰	☞ 언덕 부(阝·阜)와 그늘 음(侌). 陰莖〔음경〕 남자의 외부 생식기. 자지. 陰氣〔음기〕 음침한 기운. 소극적인 기운. 陰德〔음덕〕 남이 모르는 덕행. 숨은 덕행. 陰陽〔음양〕 천지 만물이 서로 상대되는 두 가지의 성질 음과 양. ▶ 陰謀(음모) 陰部(음부) 陰散(음산)
心 13 ⑰	應	응할 응 应 yīng reply 응하다. 승낙하다. 대답하다. 응당. 广 广 府 雁 應 應	☞ 매 응(雁·鷹)과 마음 심(心). 應急〔응급〕 급한 대로 우선 처리함. 應諾〔응낙〕 응하여 승낙함. 應答〔응답〕 물음에 응하여 답함. 應募〔응모〕 모집에 응함. 凝集(응집). ▶ 應分(응분) 應用(응용) 感應(감응) 反應(반응)
人 6 ⑥	依	의지할 의 yī depend 의지하다. 기대다. 의탁하다. 좇다. 亻 亻 伫 依 依 依	☞ 사람 인(亻·人)과 옷 의(衣). 依據〔의거〕 증거대로 함. 산수(山水)에 의지하여 웅거함. 依舊〔의구〕 옛 모양과 다름이 없음. 옛날과 같음. 依賴〔의뢰〕 의지하거나 부탁함. 依託〔의탁〕 남에게 의존함. 남에게 의뢰하여 부탁함. ▶ 依例(의례) 依存(의존) 依他心(의타심)

羊 7 ⑬	義 义	옳을 의 yì　righteous 옳다. 바르다. 의리. 정의. 뜻. 맺다. 羊 差 羔 義 義 義	☞ 양 양(羊)과 나 아(我). 義擧〔의거〕 정의를 위해 일으키는 일. 의(義)로운 거사. 義理〔의리〕 바른 길. 사람으로서 지켜야 할 올바른 도리. 義務〔의무〕 맡은 직분. 법률로 규정하여 강제하는 행위. 正義〔정의〕 바른 뜻. 바른 의리. ▶ 義憤(의분) 義士(의사) 義勇(의용) 大義名分(대의명분)
疋 9 ⑭	疑	의심할 의 yí　doubt 의심하다. 의심. 두려워하다. 정하다. ヒ 矣 矣 矣 疑 疑	☞ 말 그칠 의(矣)와 아들 자(子). 疑懼〔의구〕 의심하고 두려워함. 疑問〔의문〕 의심스러운 점을 물음. 의심스러운 문제나 점. 疑心〔의심〕 믿지 못해 이상히 여기는 마음이나 생각. 懷疑〔회의〕 인식의 확실성을 부인하고 진리의 절대성을 의심함. ▶ 疑惑(의혹) 半信半疑(반신반의) 容疑者(용의자)
人 13 ⑮	儀 仪	거동 의 yí　manner 거동. 법도. 예식. 모형. 본. 법. 본받다. 亻 俨 俨 儀 儀 儀	☞ 사람 인(亻・人)과 옳을 의(義). 儀範〔의범〕 예의의 규범. 또는 모범이 될만한 예의 범절. 儀式〔의식〕 예식 때의 범절(凡節). 예식을 갖추는 법. 賻儀〔부의〕 초상집에 부조로 보내는 돈이나 물건. 地球儀〔지구의〕 지구의 모형. 지구본. ▶ 儀表(의표) 典儀(전의) 風儀(풍의)
言 13 ⑳	議 议	의논할 의 yì　discuss 의논하다. 문의하다. 논쟁하다. 따지다. 의견. 訐 訁 詳 諳 議 議	☞ 말씀 언(言)과 옳을 의(義). 議決〔의결〕 의논하여 결정함. 議案〔의안〕 회의에서 심의할 안건. 議定書〔의정서〕 협의하여 결정된 문서. 講議〔강의〕 글이나 학설의 뜻을 풀이하여 가르침. ▶ 議事(의사) 議題(의제) 議會(의회) 會議(회의)
田 6 ⑪	異 异	다를 이 yì　different 다르다. 달리하다. 이상히 여기다. 의심하다. 口 田 巴 里 畀 異	☞ 사람이 두 손을 들어 귀신 가면을 둘러쓴 모양. 異國〔이국〕 인정이나 풍속이 전혀 다른 나라. 외국. 타국. 異端〔이단〕 시류에 어긋나는 사상 및 학설. 異腹〔이복〕 아버지는 같은데 어머니가 다름. 異性〔이성〕 성질이 다름. 남녀・암수의 성이 다름. ▶ 異口同聲(이구동성) 異常(이상) 異議(이의)
禾 6 ⑪	移	옮길 이 yí　remove 옮기다. 보내다. 전하다. 모내다. 丿 二 千 禾 移 移	☞ 벼 화(禾)와 많을 다(多). 移動〔이동〕 옮겨 움직임. 자리 변동을 함. 移民〔이민〕 자기 나라를 떠나 다른 나라에 이주하는 일. 移轉〔이전〕 장소・주소 등을 옮김. 권리 따위를 넘김. 移行〔이행〕 옮아 감. 변해 감. ▶ 移徙(이사) 移住(이주)
皿 5 ⑩		더할 익 yì　increase 더하다. 보태다. 이익. 유익하다. 보람. 八 公 分 谷 益 益	☞ 물 수(氺・水)와 그릇 명(皿). 益金〔익금〕 이익금. 益友〔익우〕 사귀어서 도움이 되는 벗. 유익한 벗. 益鳥〔익조〕 사람에게 직접 간접으로 유익한 새. 多多益善〔다다익선〕 많을수록 더욱 좋음. ▶ 益甚(익심) 益者(익자)

부수	한자	훈음	병음·뜻	설명
人 2 ④	仁	어질 인	rén	☞ 사람 인(亻·人)에 두 이(二). 仁德〔인덕〕 어진 덕. 仁術〔인술〕 사람을 살리는 어진 기술. 의술(醫術)을 뜻함. 仁義〔인의〕 어진 것과 의로운 것. 杏仁〔행인〕 살구씨. ▶ 仁勇(인용) 仁者(인자) 殺身成仁(살신성인)
	어질다. 어진 이. 사람. 동정. ノ 亻 仁 仁			
弓 1 ④	引	끌 인	yǐn pull	☞ 활 궁(弓)과 위아래 통할 곤(丨). 引見〔인견〕 임금이 아랫사람을 불러들여 만나 봄. 引繼〔인계〕 하던 일을 넘겨 줌. 또, 이어받음. 引導〔인도〕 가르쳐 이끎. 길을 안내함. 引受〔인수〕 물건·권리를 넘겨받음. ▶ 引上(인상) 引用(인용) 誘引(유인) 吸引(흡인)
	끌다. 당기다. 이끌다. 인도하다. 물러나다. 그 弓 引			
卩 4 ⑥	印	도장 인	yìn seal	☞ 손톱 조(爫·爪)와 병부 절(卩: 임금이 내리는 符節(부절)). 印鑑〔인감〕 대조용으로 관공서에 미리 신고하여 둔 도장. 印象〔인상〕 사물을 보거나 들을 때, 마음에 와 닿는 느낌. 刻印〔각인〕 도장을 새김. 捺印〔날인〕 도장을 찍음. ▶ 印刷(인쇄) 印章(인장) 拇印(무인)
	도장. 찍다. 찍히다. 묻다. ´ ㄏ ㅌ ㅌ 印 印			
言 7 ⑭	認	알 인 认	rèn recognize	☞ 말씀 언(言)과 참을 인(忍). 認可〔인가〕 인정하여 허락함. 認容〔인용〕 인정해 받아들임. 認定〔인정〕 옳다고 믿고 정하는 일. 認證〔인증〕 인정하여 증명함. ▶ 認識(인식) 公認(공인) 默認(묵인) 自認(자인)
	알다. 인식. 인정하다. 허가하다. 적다. 言 訂 訒 認 認 認			
女 5 ⑧	姉	손위누이 자	xǐ elder sister	☞ 계집 녀(女)와 그칠 자(朿: 앞으로 나아감). 姉妹〔자매〕 손위누이와 손아래의 누이. 姉氏〔자씨〕 남의 손위누이. 姉姉〔자자〕 乳母(유모). 어머니. 姉兄〔자형〕 손위누이의 남편. 姉壻(자서). ↔ 妹兄(매형). ▶ 姉弟(자제)
	손위누이. 여자의 경칭. ㄑ 幺 女 女 姉 姉			
女 6 ⑨	姿	맵시 자	zī figure	☞ 차례 차(次)와 계집 녀(女). 姿貌〔자모〕 얼굴 모양. 얼굴 모습. 姿質〔자질〕 타고난 성품과 소질. 姿態〔자태〕 몸가짐과 맵시. 모습 또는 모양. 芳姿〔방자〕 아름다운 자태. ▶ 姿勢(자세) 容姿(용자) 雄姿(웅자)
	맵시. 태도. 모습. 풍취(風趣). 소질. ㄙ ㄔ 次 姿 姿 姿			
貝 6 ⑬	資	재물 자 资	zī property	☞ 버금 차(次)와 조개 패(貝). 資格〔자격〕 신분이나 지위, 그 사물에 필요한 조건을 일컬음. 資金〔자금〕 사업을 경영하는 데 쓰이는 돈. 밑천. 자본금. 資本〔자본〕 사업의 기본이 되는 돈이나 물자. 밑천. 자본금. 資質〔자질〕 타고난 성품과 바탕. 天性(천성). ▶ 資料(자료) 物資(물자) 投資(투자)
	재물. 밑천. 자본. 비용. 장사. 상품. 쌓다. ㄙ 冫 次 咨 資 資			

4級 配定漢字

殘 (歹 8, ⑫) 남을 잔 / cán / remain
남다. 잔인하다. 미워하다. 해치다. 죽이다.
歹 歹 殘 殘 殘 殘

☞ 뼈 앙상할 알(歹)과 상할 잔(戔).
殘金〔잔금〕 쓰고 남은 돈.
殘黨〔잔당〕 남은 무리. 餘黨(여당).
殘餘〔잔여〕 남아 있는 것. 처져 있는 나머지.
衰殘〔쇠잔〕 쇠퇴하여 약해짐.
▶ 殘留(잔류) 殘忍(잔인) 殘滓(잔재) 敗殘(패잔)

雜 (隹 10, ⑱) 섞일 잡 / zá / mixed
섞이다. 섞다. 어수선함. 번거롭다.
亠 杂 杂 新 新 雜

☞ 본래는 '襍'자로 옷 의(衣·衤)와 모을 집(集).
雜念〔잡념〕 쓸데없는 여러 가지 생각. 부질없는 생각.
雜談〔잡담〕 쓸데없이 지껄이는 말.
雜音〔잡음〕 뒤섞인 여러 가지의 소리.
雜貨〔잡화〕 여러 가지 상품.
▶ 雜費(잡비) 雜誌(잡지) 亂雜(난잡) 複雜(복잡)

壯 (士 4, ⑦) 씩씩할 장 / zhuàng / brave
씩씩하다. 젊다. 장하다. 웅장하다.
丨 丬 丬 爿 壯 壯

☞ 조각 장(爿)과 선비 사(士).
壯擧〔장거〕 장한 일. 크나큰 계획.
壯觀〔장관〕 굉장하고 볼 만한 광경. 경치. 훌륭한 일.
壯年〔장년〕 한창 기운이 왕성한 나이. 30, 40대.
壯元〔장원〕 과거(科擧)에서, 갑과(甲科)에 첫째로 급제함.
▶ 壯健(장건) 壯談(장담) 壯烈(장렬) 壯夫(장부)

將 (寸 8, ⑪) 장수 장 / jiàng / general
장수. 장차. 거느리다. 나아가다. 기르다.
丨 丬 爿 爿 將 將

☞ 조각 장(爿)과 고기 육(夕:肉의 변형), 법도 촌(寸).
將軍〔장군〕 일군(一軍)을 통솔·지휘하는 우두머리.
將來〔장래〕 앞날. 앞으로. 미래. 장차 돌아올 때 가지고 옴.
將帥〔장수〕 전군(全軍)을 거느리는 사람. 군대의 우두머리.
日就月將〔일취월장〕 날로 달로 자라거나 발전해 나아감.
▶ 將計就計(장계취계) 將養(장양) 主將(주장)

帳 (巾 8, ⑪) 휘장 장 / zhāng / curtain
휘장. 장막. 천막. 공책. 장부. 치부책.
巾 帊 帐 帐 帳 帳

☞ 수건 건(巾)과 길 장(長).
帳幕〔장막〕 볕 또는 비를 가리고 사람이 들어앉게 둘러치는 막.
帳簿〔장부〕 금품의 수입 지출을 기록하는 책.
帳下〔장하〕 대장군(大將軍)이 있는 곳. 幕下(막하).
記帳〔기장〕 장부에 적어 놓음.
▶ 房帳(방장) 日記帳(일기장) 揮帳(휘장)

張 (弓 8, ⑪) 베풀 장 / zhāng / give
베풀다. 당기다. 벌리다. 과장하다. 뽐내다.
ユ 弓 引 弫 張 張

☞ 활 궁(弓)과 길 장(長).
張大〔장대〕 벌려 크게 함. 확대함. 확장함.
張力〔장력〕 물질이 서로 당기거나 당기어지는 힘.
張本人〔장본인〕 어떠한 일을 빚어낸 바로 그 사람.
誇張〔과장〕 사실보다 지나치게 떠벌림.
▶ 張三李四(장삼이사) 伸張(신장) 主張(주장)

腸 (肉 9, ⑬) 창자 장 / cháng / bowels
창자. 마음. 기질.
月 月 肝 胆 腭 腸

☞ 몸 육(月·肉)과 빛날 양(昜:발돋움하다).
腸骨〔장골〕 엉덩이뼈 뒤쪽 위에 있는 뼈.
腸腎〔장신〕 창자와 콩팥. 마음.
斷腸〔단장〕 창자가 끊어질 듯한 슬픔이나 괴로움을 일컬음.
羊腸〔양장〕 양의 창자. 양의 창자처럼 꼬불꼬불한 길.
▶ 腸胃(장위) 腸痔(장치)

衣 7 ⑬	**裝** 꾸밀 장 裝 zhuāng　decorate 꾸미다. 차리다. 장식품. 묶다. 행장. 爿 壯 妝 裝 裝 裝	☞ 장정 장(壯)과 옷 의(衣). 裝甲〔장갑〕 투구와 갑옷을 갖추어 차림. 裝備〔장비〕 일정한 장치와 설비를 갖추어 차림. 裝飾〔장식〕 치장으로 꾸밈. 또 그 꾸밈. 裝置〔장치〕 차리어 꾸밈. 또는 그 차리어 꾸민 것. ▶ 裝塡(장전) 假裝(가장) 男裝(남장) 鋪裝(포장)
大 11 ⑭	**獎** 권면할 장 jiǎng　exhort 권면하다. 장려하다. 돕다. 칭찬하다. 爿 妝 將 將 獎 獎	☞ 장차 장(將)과 큰 대(大). 獎勸〔장권〕 권면함. 장려함. 勸獎(권장). 獎導〔장도〕 권장하여 인도함. 獎勵〔장려〕 권하여 힘쓰게 함. 권하여 북돋아 줌. 恩獎〔은장〕 은혜를 베풀어 장려함. ▶ 抽獎(추장) 褒獎(포장)
阜 11 ⑭	**障** 막을 장 zhàng　obstruct 막다. 막히다. 가리다. 덮다. 꼭대기. 阝 阝 陌 陪 陪 障	☞ 언덕 부(阝·阜)와 글 장(章). 障惱〔장뇌〕 고민. 괴로워하고 번뇌함. 障壁〔장벽〕 칸막이 벽. 고개. 둘러싼 벽. 堡壘(보루). 요새. 障害〔장해〕 거리껴서 해가 됨. 故障〔고장〕 사고나 장애로 생기는 탈. ▶ 障碍(장애) 保障(보장)
人 5 ⑦	**低** 낮을 저 dī　low 낮다. 숙이다. 머무르다. 亻 亻 仁 仟 低 低	☞ 사람 인(亻·人)과 낮을 저(氐). 低價〔저가〕 헐값. 싼값. 廉價(염가). 低率〔저율〕 비율이 낮음. 低調〔저조〕 사물의 진전 상태가 활발하지 않음. 高低〔고저〕 높낮이. 높고 낮음. ▶ 低廉(저렴) 低姿勢(저자세) 低下(저하) 最低(최저)
广 5 ⑧	**底** 밑 저 底 밑. 바닥. 멈추다. 막히다. 초고(草稿). 广 广 庀 庀 底 底	☞ 돌집 엄(广)과 낮을 저(氐). 底力〔저력〕 속에 지닌 끈기 있는 힘. 底邊〔저변〕 밑변. 사물의 밑바닥을 이루는 부분. 底意〔저의〕 속마음. 진정한 의사. 徹底〔철저〕 속 깊이 밑바닥까지 투철함. ▶ 底流(저류) 基底(기저) 海底(해저)
貝 6 ⑬	**賊** 도둑 적 賊 zéi　thief 도둑. 죽이다. 훔치다. 해치다. 헐뜯다. 貝 貝 則 賊 賊 賊	☞ 조개 패(貝)와 병장기 융(戎). 賊徒〔적도〕 도둑의 무리. 賊反荷杖〔적반하장〕 도둑이 도리어 매를 든다는 뜻으로, 잘못한 사람이 도리어 잘한 사람을 나무람. 國賊〔국적〕 나라를 어지럽히는 놈. 매국노. ▶ 賊匪(적비) 逆賊(역적)
攴 11 ⑮	**敵** 원수 적 dí　enemy 원수. 적. 대적하다. 상대. 대등하다. 亠 产 商 商 啇 敵	☞ 뿌리 적(啇)과 칠 복(攵·攴). 敵愾〔적개〕 적과 싸우려는 의기를 일컬음. 敵國〔적국〕 원수의 나라. 적대 관계에 있는 나라. 敵手〔적수〕 재주나 힘이 맞서는 사람. 利敵〔이적〕 적을 이롭게 함. ▶ 敵對(적대) 敵意(적의) 敵地(적지) 政敵(정적)

辵 11 ⑮	**適** 맞을 적 适 shì 맞다. 알맞다. 만나다. 가다. 시집가다. 亠 产 商 商 滴 適	☞ 쉬엄쉬엄 갈 착(辶·辵)과 실과 꼭지 적(啇). 適格〔적격〕 알맞게 자격이 갖추어져 있음. 適當〔적당〕 알맞음. 마땅함. 適法〔적법〕 법규의 정하는 바에 맞음. 適任〔적임〕 임무에 알맞음. 알맞은 임무. ▶ 適者生存(적자생존) 適材適所(적재적소) 快適(쾌적)
禾 11 ⑯	**積** 쌓을 적 저축 자 jī pile up 쌓다. 모으다. 쌓임. 오래되다. 저축. 禾 秆 秆 秸 秸 積	☞ 벼 화(禾)와 맡을 책(責). 積極〔적극〕 능동·진취·철저 등의 뜻을 나타내는 말. 積立〔적립〕 모아서 쌓아 둠. 積善〔적선〕 착한 일을 많이 함. 積載〔적재〕 물건을 배·수레 등에 물건을 쌓아서 실음. ▶ 積土成山(적토성산) 露積(노적) 累積(누적)
糸 11 ⑰	**績** 자을 적 绩 jī spin thread 잣다. 잇다. 길쌈. 일. 공적. 이루다. 쌓다. 糸 糸' 絣 絣 績 績	☞ 실 사(糸)와 맡을 책(責). 績女〔적녀〕 실을 잣는 여자. 功績〔공적〕 쌓은 공로. 수고한 실적. 紡績〔방적〕 동물·식물 섬유를 가공해 실 만드는 일. 길쌈. 治績〔치적〕 정치상의 공적(功績). ▶ 成績(성적) 集積(집적)
竹 14 ⑳	**籍** 문서 적 온화할 자 jí document 문서. 서적. 호적. 명부. 기록함. 온화하다. ⺮ 笁 筆 筻 籍 籍	☞ 대 죽(竹)과 깔개 적(耤). 籍沒〔적몰〕 중죄인의 재물을 관에서 몰수함. 國籍〔국적〕 국민으로서의 자격과 신분. 本籍〔본적〕 호적이 있는 처소. 戶籍〔호적〕 호수와 식구별로 기록한 장부. ▶ 籍記(적기) 籍田(적전)
田 0 ⑤	**田** 밭 전 tián field 밭. 경지 구획 이름. 심다. 밭 갈다. 丨 冂 田 田 田	☞ 큰 입 구(口)와 열 십(十). 田畓〔전답〕 논과 밭. 農土(농토). 田獵〔전렵〕 사냥. 또는 사냥함. 田園〔전원〕 논밭. 시골. 郊外(교외). 田地〔전지〕 경작하는 토지. 논밭. 처지. 형편. ▶ 田里(전리) 田租(전조) 耕田(경전) 油田(유전)
寸 8 ⑪	 **專** 오로지 전 zhuān exclusively 오로지. 마음대로. 홀로. 독차지하다. 〒 車 車 車 專 專	☞ 물레 전(叀)과 규칙 촌(寸). 專決〔전결〕 혼자서 제 마음대로 결정함. 專裁(전재). 專攻〔전공〕 한 가지 일을 전문적으로 배우고 익힘. 專念〔전념〕 오로지 그 일에만 마음을 씀. 專心(전심). 專用〔전용〕 혼자서만 씀. 오로지 그것만을 씀. ▶ 專擔(전담) 專制(전제)
金 8 ⑯	**錢** 돈 전 钱 qián money 돈. 안주. 가래. 무게 단위. 조세(租稅). 金 金 釒 錢 錢 錢	☞ 쇠 금(金)과 해칠 잔(戔). 錢穀〔전곡〕 돈과 곡식. 재물의 총칭. 錢主〔전주〕 채권자. 자본주. 밑천을 대어 주는 사람. 銅錢〔동전〕 구리로 만든 돈. 매우 작은 돈의 일컬음. 用錢〔용전〕 용돈. ▶ 錢癖(전벽) 錢布(전포) 金錢(금전)

車 11 ⑱	**轉** 구를 전　转　zhuán　roll 구르다. 굴러. 옮기다. 도리어. 반대로. 車 軒 軡 軡 轉 轉	☞ 수레 거(車)와 둥글 단(專). 轉嫁[전가] 자기 허물이나 책임 등을 남에게 덮어씌움. 轉交[전교] 다른 사람의 손을 거쳐서 전달함. 轉勤[전근] 근무하는 직장을 옮김. 急轉[급전] 갑자기 형세가 바뀜. ▶ 轉落(전락) 轉禍爲福(전화위복)
手 4 ⑦	**折** 꺾을 절　zhé　break 꺾다. 굽다. 에누리하다. 편안한 모양. 一 扌 扌 扩 折 折	☞ 손 수(手·扌)와 도끼날 근(斤). 折價[절가] 지폐를 현금으로 바꿈. 값을 깎음. 에누리함. 折半[절반] 하나를 둘로 똑같이 나눔. 折衷[절충] 치우치지 아니하고 알맞은 것을 취하는 일. 屈折[굴절] 휘어서 꺾임. ▶ 折傷(절상) 夭折(요절) 挫折(좌절)
糸 6 ⑫	**絕** 끊을 절　绝　jué　cut 끊다. 막다. 끊어지다. 멀다. 지나가다. 糸 紀 紀 紹 紹 絕	☞ 실 사(糸)와 칼 도(刀). 마디 절(巴·㔾). 絕交[절교] 교제를 끊음. 斷交(단교). 絕對[절대] 견줄 만한 상대가 없음. ↔ 相對(상대). 絕望[절망] 소망이 끊어짐. 희망이 없음. 絕色[절색] 비할 데 없이 아름다운 여자. 절세(絕世)의 미인. ▶ 絕句(절구) 絕緣(절연) 拒絕(거절)
卜 3 ⑤	**占** 점칠 점　zhàn　divine 점치다. 점. 차지하다. 지키다. 보다. 丨 卜 占 占 占	☞ 점 복(卜)과 입 구(口). 占據[점거] 차지하여 자리를 잡음. 占卦[점괘] 점쳤을 때 나타나는 괘. 占星[점성] 별의 모양을 보고 길흉을 점치는 일. 占術[점술] 점을 치는 술법(術法). ▶ 占卜(점복) 先占(선점) 易占(역점)
黑 5 ⑰	**點** 점 점　点　diǎn　dot 점. 흠. 잎. 물방울. 점찍다. 조사하다. 四 甲 里 黑 黙 點	☞ 검을 흑(黑)과 차지할 점(占). 點檢[점검] 일일이 검사함. 點字[점자] 맹인용(盲人用)의 기호 문자. 點火[점화] 불을 붙임. 등불을 켬. 焦點[초점] 관심·흥미가 집중되는 가장 중요한 곳. ▶ 點燈(점등) 點滅(점멸) 定點(정점)
手 8 ⑪	**接** 닿을 접　jiē　associate 닿다. 엇갈리다. 대접하다. 잇다. 받다. 扌 扩 扩 护 接 接	☞ 손 수(扌·手)와 첩 첩(妾). 接客[접객] 손을 대접함. 接待[접대] 손에게 음식을 차려서 대우함. 待接(대접). 接觸[접촉] 두 물체가 맞닿음. 面接[면접] 서로 대면하여 만나 봄. 對面(대면). ▶ 接受(접수) 接點(접점) 直接(직접)
一 1 ②	**丁** 넷째천간 정　ding　fourth 넷째 천간. 장정. 일꾼. 소리. 一 丁	☞ 고무래 모양. 또는 못(釘 : 압정)의 모양을 본뜬 글자. 丁艱[정간] 부모의 상(喪)을 당함. 丁年[정년] 천간이 '丁'인 해. 남자의 만 20세. 丁巳[정사] 60갑자의 54번째. 丁時[정시] 24시의 14째 시. ▶ 丁夜(정야) 壯丁(장정) 園丁(원정)

攴 5 ⑨	**政** 정사 정 구실 정 zhèng administruction 정사. 바루다. 법규. 도덕. 구실. 下 下 正 正 政 政 政	☞ 바를 정(正)과 칠 복(攵·支). 政綱〔정강〕 정치의 강령(綱領). 政客〔정객〕 정계에서 활동하는 사람. 政權〔정권〕 국가의 정치적 주권. 정치를 행하는 권력. 政府〔정부〕 국가의 정무(政務)를 행사하는 기관. 행정부. ▶ 政見(정견) 政道(정도) 政治(정치) 國政(국정)
禾 7 ⑫	**程** 법도 정 chéng law, road 법도. 길이 단위. 한도. 길. 본받다. 禾 和 和 稈 稈 程	☞ 벼 화(禾)와 드러낼 정(呈). 程度〔정도〕 알맞은 한도. 얼마 가량의 분량. 程式〔정식〕 일정한 法式(법식). 규정. 격식. 過程〔과정〕 사물의 진행. 발전하는 경로. 경과한 길. 規程〔규정〕 사무 집행 및 사람의 행동 준칙. ▶ 程限(정한) 課程(과정) 射程(사정)
米 8 ⑭	**精** 정미할 정 精 jìng minute 정미하다. 찧다. 세밀하다. 자세하다. 米 籵 精 精 精 精	☞ 쌀 미(米)와 푸를 청(靑: 맑다). 精巧〔정교〕 자세하고 교묘함. 精勤〔정근〕 쉬지 않고 부지런히 힘씀. 精力〔정력〕 심신의 활동력. 끈기. 부지런히 애씀. 에너지. 精神〔정신〕 마음이나 생각. 의식. ↔ 肉體(육체). ▶ 精密(정밀) 精確(정확)
攴 12 ⑯	**整** 가지런할 정 zhěng arrange 가지런하다. 정돈함. 금액의 마감. 日 東 敕 敕 敕 整	☞ 묶을 속(束)과 칠 복(攵·支), 바를 정(正). 整列〔정렬〕 가지런히 줄섬. 整理〔정리〕 가지런히 바로잡아 다스림. 端整〔단정〕 깨끗이 정돈되어 있음. 調整〔조정〕 골라서 알맞게 정돈함. ▶ 整頓(정돈) 整備(정비) 整肅(정숙)
靑 8 ⑯	**靜** 고요할 정 静 jìng quiet 고요하다. 맑다. 정밀하다. 온화하다. 主 靑 靑 靖 靜 靜	☞ 푸를 청(靑)과 다툴 쟁(爭). 靜脈〔정맥〕 노폐한 피를 심장으로 돌려보내는 핏줄. 靜物〔정물〕 정지(靜止)하여 움직이지 않는 물건. 靜謐〔정밀〕 고요하고 평온함. 세상이 편안함. 太平(태평). 靜寂〔정적〕 고요하고 괴괴함. ▶ 靜淑(정숙) 靜中動(정중동) 動靜(동정)
刀 6 ⑧	**制** 마를 제 zhì restrain 마르다. 짓다. 만들다. 억제하다. 법도. ⺈ 仁 仨 拒 制 制	☞ 아닐 미(耒·未)와 칼 도(刂·刀). 制度〔제도〕 제정된 법규. 나라의 법칙. 법제. 制壓〔제압〕 위력이나 위엄으로 남을 꽉 눌러서 통제함. 制御〔제어〕 자기 마음대로 부림. 지배함. 制定〔제정〕 제도 따위를 만들어 정함. ▶ 制約(제약) 制限(제한) 自制(자제)
巾 6 ⑨	**帝** 임금 제 dì emperor 임금. 천자. 하느님. 크다. 亠 产 产 帝 帝 帝	☞ 신을 모시는 대(臺)의 모양을 본뜬 글자. 帝國〔제국〕 제왕이 다스리는 나라. 帝業〔제업〕 제왕의 사업. 천자가 천하를 다스리는 일. 炎帝〔염제〕 여름의 신(神). 태양. 皇帝〔황제〕 제국의 군주의 존칭. ▶ 帝國主義(제국주의) 帝政(제정)

阜 7 ⑩	除	덜 제 4월 여 chú yú subtract 덜다. 섬돌. 층계. 뜰. 다스리다. 4월. 가다. 阝 阝ᄉ 阹 阹 除 除	☞ 언덕 부(阝·阜)와 남을 여(余·舍). 除去〔제거〕 없앰. 치움. 除隊〔제대〕 현역병의 복무 해제로 예비역에 편입됨. 除外〔제외〕 범위 밖에 두어 빼어 놓음. 免除〔면제〕 책임이나 의무를 지우지 아니함 ▶ 除禮(제례) 除名(제명) 解除(해제)
示 6 ⑪	祭	제사 제 jì sacrifice 제사. 제사 지내다. 夕 夕ᄀ 夘 夘 㕮 祭	☞ 고기 육(夕·肉)과 손 우(又·手), 보일 시(示). 祭官〔제관〕 제사를 맡은 관리. 祭文〔제문〕 죽은 이를 조상하는 글. 祭祀〔제사〕 신령에게 음식을 바쳐 표하는 예절. 祭典〔제전〕 제사의 의식. 制禮(제례). ▶ 祭壇(제단) 祭物(제물) 祝祭(축제)
手 9 ⑫	提	끌 제 보리수 리 날 시 tí draw 끌다. 이끌다. 들다. 날다. 보리수. 扌 扌 扌 扌 捍 捏 提	☞ 손 수(扌·手)와 바를 시(是). 提供〔제공〕 내주어 이바지함. 提起〔제기〕 어떤 문제나 의견을 내어 놓음. 提示〔제시〕 문제의 내용·방향 등을 드러내 가리킴. 提案〔제안〕 의안을 창출함. 또 그 의안. ▶ 提燈(제등) 提唱(제창) 提出(제출) 菩提樹(보리수)
衣 8 ⑭	製	지을 제 制 zhì make 짓다. 만들다. 모습. 모양. 비옷(우의). ⺹ 牜 制 制 製 製	☞ 지을 제(制)와 옷 의(衣). 製具〔제구〕 물건을 만드는 연장. 製鍊〔제련〕 광석에서 금속을 정제하여 냄. 製本〔제본〕 책을 매는 일. 또 그 책. 製作〔제작〕 재료를 가지고 물건을 만듦. 製造(제조). ▶ 製糖(제당) 製藥(제약)
阜 11 ⑭	際	사이 제 际 jì border 사이. 가. 때. 교제하다. 사귀다. 닿다. 阝 阝 阝ᄶ 陾 陘 際	☞ 언덕 부(阝·阜)와 제사 제(祭). 際可〔제가〕 예의를 갖추어 대접함. 際限〔제한〕 가장자리로 끝이 되는 부분. 끝닿는 곳. 國際〔국제〕 나라와 나라와의 교제. 또 그 관계. 實際〔실제〕 실지의 경우. 형편. ▶ 際會(제회) 交際(교제)
水 14 ⑰	濟	건널 제 济 jǐ cross 건너다. 구제하다. 이루다. 그치다. 더하다. 氵 氵 氵 氵 氵 濟	☞ 물 수(氵·水)와 가지런할 제(齊). 濟度〔제도〕 중생을 인도하여 피안(彼岸)에 이르게 함. 濟民〔제민〕 백성을 도탄에서 건져 냄. 濟世〔제세〕 세상을 잘 다스려 백성을 구제함. 決濟〔결제〕 처결하여 끝을 냄. ▶ 濟貧(제빈) 濟濟(제제) 救濟(구제)
日 2 ⑥	早	일찍 조 zǎo early 일찍. 새벽. 미리. 급히. 이르다. 丨 冂 日 日 旦 早	☞ 날 일(日)과 동쪽 갑(十 : 甲의 획 줄임). 早期〔조기〕 이른 시기. 일찍. 早晩〔조만〕 이름과 늦음. 아침저녁. 요새. 작금. 早白〔조백〕 머리털이 일찍 셈. 早熟〔조숙〕 나이에 비해 심신의 발달이 빠름. ▶ 早朝(조조) 尙早(상조)

4級 配定漢字

力 5 ⑦ **助** 도울 조 zhù　help 돕다. 도움. 구실. 이롭다. 수세법. 一 「 「 日 且 町 助	☞ 또 차(且)와 힘 력(力). 助味〔조미〕 음식 맛을 좋게 함. 助言〔조언〕 말로써 거들어 줌. 남에게 도움되는 말을 함. 內助〔내조〕 아내가 남편을 도와 줌. 協助〔협조〕 힘을 보태서 서로 도움. ▶ 助詞(조사) 助長(조장) 天佑神助(천우신조)	

木 7 ⑪ **條** 가지 조　条 tiáo　branch 가지. 나뭇가지. 곁가지. 개오동나무. 亻 亻 亻 伦 俠 條	☞ 대롱거릴 유(攸)와 나무 목(木). 條件〔조건〕 정한 약속 사항. 규약의 조항. 條例〔조례〕 일일이 조리를 따져 예를 드는 일. 條目〔조목〕 하나하나 따져서 벌인 일의 가닥. 條約〔조약〕 조문으로서 약속하는 일. ▶ 條文(조문) 金科玉條(금과옥조) 信條(신조)

糸 5 ⑪ **組** 짤 조　组 zǔ　string 짜다. 끈. 베를 짜다. 꿰매다. 짝이 되다. ㄠ 幺 糸 紅 紅 組 組	☞ 실 사(糸)와 많을 저(且). 組閣〔조각〕 내각(內閣)을 조직함. 組成〔조성〕 짜 맞추거나 만듦. 조직하여 성립시킴. 組織〔조직〕 실을 자아 베를 짬. 하나 하나씩 차례로 완성시킴. 組合〔조합〕 여럿을 모아 한 덩어리가 되게 함.

辶 7 ⑪ **造** 지을 조 zào　create make 짓다. 만듦. 세우다. 건립함. 이루다. 이르다. 丶 生 告 告 浩 造	☞ 쉬엄쉬엄 갈 착(辶·辵)과 알릴 고(告). 造景〔조경〕 환경을 아름답게 꾸며 경관(景觀)을 조성함. 造林〔조림〕 나무를 심어 숲을 만듦. 造化〔조화〕 창조·육성하는 신. 造物主(조물주). 改造〔개조〕 고쳐 다시 만듦. ▶ 造物主(조물주) 造成(조성) 造作(조작) 創造(창조)

鳥 0 ⑪ **鳥** 새 조　鸟 niǎo　bird 새. 별 이름. 丿 冖 戶 皀 鳥 鳥	☞ 새의 모양을 본뜬 글자. 鳥瞰〔조감〕 높은 곳에서 아래를 내려다 봄. 鳥獸〔조수〕 날짐승과 길짐승의 총칭. 새 짐승. 鳥足之血〔조족지혈〕 새 발의 피. 곧, 극히 적은 분량의 비유. 候鳥〔후조〕 철을 따라 살 곳을 바꾸는 새. 철새. ▶ 鳥迹(조적) 留鳥(유조)

水 12 ⑮ **潮** 조수 조 cháo　tide 조수. 조수가 밀다. 밀물. 빛깔이 들다. 氵 氵 汸 淖 潮 潮	☞ 물 수(氵·水)와 아침 조(朝). 潮流〔조류〕 조수의 흐름. 시세나 세태의 경향. 潮水〔조수〕 주기적으로 간만의 현상을 이루는 바닷물. 滿潮〔만조〕 꽉 차게 들어왔을 때의 밀물. ↔ 干潮(간조). 風潮〔풍조〕 바람과 조수. 폭풍과 거센 파도. ▶ 赤潮(적조) 主潮(주조)

子 3 ⑥ **存** 있을 존 cún　exit 있다. 생존하다. 보존하다. 편안하다. 一 ナ 才 存 存 存	☞ 있을 재(扌·在)와 아들 자(子). 存立〔존립〕 유지하며 살게 함. 버티어 섬. 存亡〔존망〕 생존과 멸망. 삶과 죽음. 存在〔존재〕 있음. 현존(現存)함. 객관적인 실재(實在). 共存〔공존〕 함께 존재함. 서로 도우면서 함께 생존함. ▶ 存廢(존폐) 適者生存(적자생존)

寸 9 ⑫	 높을 존 술통 준 尊 zūn high 높다. 높이다. 우러러보다. 술통. 竹 尙 酋 酋 尊 尊	☞ 술 익을 추(酋)와 법도 촌(寸). 尊敬〔존경〕 받들어 공경함. 尊屬〔존속〕 부모와 같은 항렬 이상의 친족. 尊嚴〔존엄〕 지위 또는 인품이 높아서 범할 수 없음. 尊啣〔존함〕 남을 높이어 그의 이름을 일컫는 말. ▶ 尊卑貴賤(존비귀천) 獨尊(독존) 自尊(자존)
宀 5 ⑧	 마루 종 zōng floor root 마루. 일의 근원. 으뜸. 근본. 사당. 가묘. 宀 宀 宀 宗 宗 宗	☞ 움집 면(宀)과 보일 시(示). 宗家〔종가〕 일족. 같은 문중. 맏이의 집안. 큰집. 宗廟社稷〔종묘사직〕 왕실과 나라를 함께 일컫는 말. 宗派〔종파〕 일족의 갈래. 학예 등의 유파(流派). 불교의 유파. 朝宗〔조종〕 옛날, 중국에서 제후가 천자를 배알하던 일. ▶ 宗敎(종교) 宗門(종문) 宗氏(종씨)
彳 8 ⑪	 좇을 종 从 cóng obey 좇다. 쫓아가다. 본받음. 彳 彷 彷 徉 徉 從	☞ 조금 걸을 척(彳)과 뒤좇을 종(从). 從來〔종래〕 이제까지. 지금까지 내려온 그대로. 由來(유래). 從事〔종사〕 어떤 일에 마음과 힘을 다하는 것. 모시고 섬김. 從屬〔종속〕 주되는 것에 딸려 붙음. 服從〔복종〕 남의 명령이나 의사에 따름. ▶ 從容(종용) 從者(종자) 屈從(굴종) 主從(주종)
金 12 ⑳	鐘 종 종 钟 zhōng bell 종. 쇠북. 악기의 한 가지. 시계. 𠂉 牟 金 鋅 錇 鐘	☞ 쇠 금(金)과 아이 동(童). 鐘閣〔종각〕 큰 종을 매달아 놓은 누각. 鐘樓〔종루〕 종을 달아 놓은 다락집. 警鐘〔경종〕 비상을 경계하기 위하여 울리는 종. 晚鐘〔만종〕 저녁을 알리는 종소리. ▶ 鐘銘(종명) 鐘鼎(종정) 弔鐘(조종)
广 7 ⑩	座 자리 좌 zuò seat 자리. 깔개. 지위. 별자리. 대(臺). 亠 广 广 庐 座 座	☞ 집 엄(广)에 앉을 좌(坐). 座談〔좌담〕 한 자리에 마주앉아 나누는 얘기. 座上〔좌상〕 여러 사람이 모인 자리. 座中(좌중). 座標〔좌표〕 놓여진 특수한 위치를 일컫는 말. 자리표 計座〔계좌〕 부기에서, 금액의 증감을 나눠 기록·계산하는 곳. ▶ 座席(좌석) 座中(좌중)
木 2 ⑥	朱 붉을 주 zhū red 붉다. 붉은 빛. 붉은 빛깔을 띤 물건. 적토. 丿 ㄥ 二 牛 牛 朱	☞ 삐칠 별(丿)과 나무 목(木), 한 일(一). 朱記〔주기〕 특별한 곳을 붉은 글씨로 표시하는 일. 朱門〔주문〕 붉은 문. 지위 높은 관리의 집. 朱書〔주서〕 주묵(朱墨)으로 글씨를 씀. 또, 그 글씨. 印朱〔인주〕 도장을 찍는데 쓰는 붉은 빛의 재료. ▶ 朱欄畵閣(주란화각) 朱墨(주묵) 朱砂(주사)
走 0 ⑦	 달릴 주 zǒu run 달리다. 뛰어감. 떠나다. 나가다. 좇음. 十 土 キ キ 走 走	☞ 일찍 죽을 요(夭)와 그칠 지(止). 走力〔주력〕 달리는 힘. 또, 그 능력. 走馬燈〔주마등〕 이중으로 된 등롱. 사물이 빨리 변함의 비유. 東奔西走〔동분서주〕 사방으로 바쁘게 돌아다님. 脫走〔탈주〕 몸을 빼쳐 달아남. ▶ 走狗(주구) 走馬看山(주마간산)

口 5 ⑧	**周** 두루 주 zhōu　all around 두루. 널리. 골고루 미침. 둘레. 돌다. 丿 冂 凢 月 用 周	☞ 쓸 용(用)에 입 구(口). 周忌〔주기〕 죽은 뒤 해마다 돌아오는 기일. 일주기. 周到〔주도〕 주의(注意)가 두루 미쳐 실수가 없음. 周易〔주역〕 주대의 역법. 오경의 하나. 易經(역경). 周知〔주지〕 여러 사람들이 두루 앎. ▶ 周覽(주람) 周密(주밀) 周行(주행)
酉 3 ⑩	**酒** 술 주 jiǔ　wine 술. 물. 주연(酒宴). 氵 氿 沔 洒 洒 酒	☞ 물 수(氵·水)와 닭 유(酉 : 술병). 酒客〔주객〕 술을 좋아하는 사람. 술꾼. 酒家(주가). 酒量〔주량〕 마시고 견디어 낼 만한 술의 양. 酒癖〔주벽〕 술을 마신 뒤 드러나는 버릇. 酒池肉林〔주지육림〕 질탕하게 마시고 놂을 일컫는 말. ▶ 酒果脯醯(주과포혜) 斗酒不辭(두주불사)
竹 0 ⑥	**竹** 대 죽 zhú　bamboo 대. 대나무. 피리. 죽간(竹簡). 丿 ノ 𠂉 𠂉 竹 竹	☞ 대나무 가지의 가운데 잎이 아래로 드리워진 모양. 竹簡〔죽간〕 옛날 종이가 없었을 때 글을 쓰던 대쪽. 竹豆〔죽두〕 대로 만든 제기의 하나. 竹馬故友〔죽마고우〕 죽마를 타고 놀던 어릴 때부터의 벗. 竹杖芒鞋〔죽장망혜〕 대지팡이와 짚신. ▶ 竹夫人(죽부인) 竹筍(죽순)
水 10 ⑬	**準** 법 준 콧마루 준　准 zhǔn　level 법. 법도. 표준. 평형하다. 콧마루. 氵 氵 汼 淮 凖 準	☞ 물 수(氵·水)와 새매 준(隼). 準據〔준거〕 본받음. 표준으로 삼음. 準備〔준비〕 필요한 것을 미리 마련하여 갖춤. 차비. 準則〔준칙〕 표준을 삼아서 따라야 할 규칙. 基準〔기준〕 기본이 되는 표준. ▶ 準頭(준두) 準用(준용) 準行(준행)
血 6 ⑫	**衆** 무리 중　众 zhòng　multitude 무리. 많다. 많은 사람. 민심. 땅. 차조. 冖 血 血 衆 衆 衆	☞ 눈 목(血·目)과 세 개의 사람 인(乑). 衆寡不敵〔중과부적〕 적은 수로는 많은 수에 대적할 수 없음. 衆論〔중론〕 대부분 사람들의 견해. 公衆〔공중〕 사회의 여러 사람. 일반 사람들. 民衆(민중). 群衆〔군중〕 많이 모인 여러 사람. ▶ 衆口難防(중구난방) 衆生(중생)
土 12 ⑮	**增** 더할 증　増 zēng　increase 더하다. 늚. 불어나다. 겹치다. 많다. 土 圵 圵 圹 增 增 增	☞ 흙 토(土)와 거듭 증(曾). 增加〔증가〕 많아짐. ↔ 減少(감소). 增減〔증감〕 증가와 감소 늘리거나 줄임. 加減(가감). 增補〔증보〕 보충하여 더함. 增殖〔증식〕 더하여 늘거나 늘림. 생물이 번식함. ▶ 增進(증진) 急增(급증)
言 12 ⑲	 증거 증　证 zhèng　evidence 증거. 증명하다. 법칙. 규칙. 간하다. 言 訁 訁 訮 證 證	☞ 말씀 언(言)과 오를 등(登). 證據〔증거〕 사실에 의하여 증명하는 일. 證券〔증권〕 증거로 되는 문권. 證明〔증명〕 증거를 들어 밝힘. 證憑〔증빙〕 증거로 둘만 함. 또, 그 것. ▶ 證人(증인) 證左(증좌) 考證(고증)

支 0 ④	**支** 가지 지 zhī　support 가지. 혈통. 가르다. 지탱하다. 一 十 ナ 支	☞ 열 십(十)과 손 수(又 : 手의 변형). 支局〔지국〕 본사나 본국에서 갈라져 나간 곳. 支給〔지급〕 물건이나 돈을 치러 줌. 支援〔지원〕 원조함. 지지해 도움. 支持〔지지〕 받쳐 듦. 찬동하여 뒷받침함. ▶ 干支(간지) 依支(의지)
至 0 ⑥	**至** 이를 지 zhì　reach 이르다. 오다. 도태함. 미치다. 이름. 一 Τ エ ェ 互 至	☞ 화살이 땅에 꽂혀 있는 모양을 본뜬 글자. 至公無私〔지공무사〕 지극히 공평하여 사사로움이 없음. 至極〔지극〕 극진한 데까지 이름. 극한 최상. 至上〔지상〕 더할 수 없이 가장 높음. 최상. 至尊〔지존〕 가장 존귀(尊貴)함. 至貴(지귀). ▶ 至當(지당) 至大至剛(지대지강) 至誠感天(지성감천)
心 3 ⑦	**志** 뜻 지 zhì　intention 뜻. 의향. 본심. 희망. 감정. 사심(私心). 一 十 士 志 志 志	☞ 갈 지(士 : 之의 변형)와 마음 심(心). 志氣〔지기〕 뜻. 의지와 기개. 어떤 일을 이루려는 의기(意氣). 志望〔지망〕 뜻하여 희망함. 소원. 志士〔지사〕 고매한 뜻을 품은 사람. 의(義)를 지키는 사람. 志向〔지향〕 뜻하여 향하는 곳. 작정하거나 지정한 방향. ▶ 同志(동지) 雄志(웅지) 初志一貫(초지일관)
手 6 ⑨	 손가락 지 zhǐ　finger 손가락. 발가락. 가리키다. 지시하다. 扌 扩 扩 指 指 指	☞ 손 수(扌·手)와 뜻 지(旨). 指導〔지도〕 가르쳐 인도함. 指名〔지명〕 여러 사람 가운데서 누구라고 가리켜 말함. 指示〔지시〕 가리켜 보임. 일일이 가르침. 명령함. 指向〔지향〕 뜻하여 향함. 또는 어떠한 방향으로 쏠리는 마음. ▶ 指鹿爲馬(지록위마) 指定(지정)
手 6 ⑨	**持** 가질 지 chí　hold 가지다. 지니다. 보존하다. 보존함. 지키다. 扌 扩 扩 挂 持 持	☞ 손 수(扌·手)와 관청 시(寺). 持論〔지론〕 늘 주장하는 의견. 持病〔지병〕 오랫동안 낫지 않고 앓고 있는 만성병. 持續〔지속〕 계속하여 지녀 나감. 같은 상태가 오래 계속됨. 維持〔유지〕 지탱하여 감. 부지해 감. ▶ 持久戰(지구전) 堅持(견지) 矜持(긍지)
日 8 ⑫	**智** 슬기 지 zhì　wisdom 슬기. 지혜. 슬기롭다. 지혜로운 사람. ㅗ 矢 知 智 智 智	☞ 알 지(知)와 날 일(日). 智見〔지견〕 지혜와 식견(識見). 智能〔지능〕 지혜와 기능. 두뇌의 능력. 智略〔지략〕 슬기로운 계략. 智慧〔지혜〕 슬기. 사리를 분별하는 마음 작용. ▶ 智德體(지덕체) 智力(지력) 奸智(간지)
言 7 ⑭	 기록할 지 誌 zhì　record 기록하다. 적어 두다. 기억하다. 言 言 計 計 誌 誌	☞ 말씀 언(言)과 기록할 지(志). 誌面〔지면〕 잡지의 글이나 그림 등을 게재하는 곳. 日誌〔일지〕 날마다 생긴 일이나 느낌을 적은 기록. 雜誌〔잡지〕 잡다한 일을 실은 책. 地誌〔지지〕 고장의 지세·풍속 등을 기록한 책. ▶ 誌上(지상) 校誌(교지)

糸 12 ⑱	**織** zhī　weave 짤 직　织 무늬 치 짜다. 베를 짬. 베틀. 비단. 실. 무늬 糸 糸 紡 織 織 織	☞ 실 사(糸)와 소리 음(音), 창 과(戈). 織機〔직기〕 베틀. 날을 걸어 피륙을 짜는 기계. 織女〔직녀〕 베 짜는 여자. 織婦(직부). 별 이름. 직녀성. 織造〔직조〕 기계로 피륙을 짜는 일. 길쌈. 紡織〔방직〕 실을 짓고 날아서 피륙을 짬. ▶ 織文(직문) 組織(조직)
耳 12 ⑱	**職** zhí　position 벼슬 직　职 벼슬. 구실. 관직. 직분. 일. 직업. 耳 耳 聆 職 職 職	☞ 귀 이(耳)와 소리 음(音), 창 과(戈). 職工〔직공〕 공장에서 일하는 노동자. 職權〔직권〕 직무상의 권한. 職務〔직무〕 관직 또는 직업상의 임무. 담당하는 사무. 職業〔직업〕 생계를 위하여 하는 일. 生業(생업). 관직상의 일. ▶ 職分(직분) 職場(직장) 公職(공직) 就職(취직)
玉 5 ⑨	**珍** zhēn　precious 보배 진 보배. 진귀하다. 맛 좋은 음식. 一 二 T 王 珍 珍	☞ 구슬 옥(王·玉)과 사람 인(人), 터럭 삼(彡). 珍貴〔진귀〕 보배롭고 귀중함. 珍味〔진미〕 썩 좋은 맛. 진기한 요리. 珍羞盛饌〔진수성찬〕 썩 맛이 좋고 잘 차린 음식. 珍異〔진이〕 진기하고 이상한 물건. 귀중한 물건. ▶ 珍籍(진적) 珍珠(진주) 珍肴(진효)
阜 7 ⑩	**陣** zhèn　batle 진칠 진　阵 진치다. 줄. 열(列). 대오. 방비. 포병. ㄱ ㄲ 阝 阿 阿 陣 陣	☞ 언덕 부(阝·阜)와 수레 거(車). 陣頭〔진두〕 진의 선두. 선봉. 투쟁의 선두. 일의 선두. 陣營〔진영〕 진을 친 곳. 군사가 둔치는 임시 막사. 陣容〔진용〕 단체나 집단의 사람들의 짜임새. 軍陣〔군진〕 군대의 진영. ▶ 陣痛(진통)
目 5 ⑩	**眞** zhēn　true 참 진　真 참. 진짜. 순수하다. 바르다. 변함이 없다. 一 匕 匕 盲 眞 眞	☞ 숟가락 비(匕)와 솥 정(貝·鼎). 眞談〔진담〕 진정으로 하는 말. 참말. 眞理〔진리〕 참된 도리. 올바른 이치(理致). 眞實〔진실〕 참됨. 성정(性情)이 바르고 참됨. 純眞〔순진〕 마음이 순박하고 진실함. ▶ 眞面目(진면목) 眞髓(진수)
辵 8 ⑫	**進** jìn　advance 나아갈 진　进 나아가다. 벼슬하다. 오르다. 힘쓰다. 亻 亻 亻 隹 隹 進	☞ 새 추(隹)와 쉬엄쉬엄 갈 착(辶·辵). 進擊〔진격〕 나아가 적을 침. 進路〔진로〕 나아가는 길. 나아갈 길. 進步〔진보〕 점차 향상되고 발전함. ↔ 退步(퇴보). 進取〔진취〕 나아가 공명(功名)을 취득함. ▶ 進退兩難(진퇴양난) 邁進(매진) 新進(신진)
皿 9 ⑭	**盡** jìn　exhaust 다할 진　尽 다하다. 정성. 정성을 다함. 죄다. 다. ⺕ ⺕ 聿 盡 盡 盡	☞ 붓 율(聿)과 불 화(灬), 그릇 명(皿). 盡善盡美〔진선진미〕 더할 나위없이 잘 됨. 盡言〔진언〕 생각한 바를 말함. 거리낌없이 충분히 충고함. 盡終日〔진종일〕 온종일. 하루 종일. 賣盡〔매진〕 남김 없이 다 팔림. ▶ 盡人事待天命(진인사대천명) 蕩盡(탕진)

欠 2 ⑥	**次** 버금 차 cì　　next 버금. 잇다. 이어짐. 다음에. 이어서. 차례. 丶 冫 冫 次 次 次	☞ 두 이(二)와 하품 흠(欠). 次期〔차기〕 다음 시기. 다음 기회. 次等〔차등〕 버금 되는 등급. 둘째 등급. 次子〔차자〕 둘째 아들. 次男(차남). 行次〔행차〕 웃어른이 길가는 것을 높여 일컫는 말. ▶ 次例(차례) 次席(차석) 次次(차차) 目次(목차)
工 7 ⑩	**差** 다를 차 층질 치 chā cī　different 다르다. 수상함. 잘못. 어그러짐. 층지다. 丷 丷 䒑 羊 羊 差	☞ 늘어질 수(垂 : 垂의 획 줄인)와 왼 좌(左). 差減〔차감〕 비교해서 덜어 냄. 비교해 보아 줄어든 차이. 差別〔차별〕 차를 둠. 구별함. 差備〔차비〕 특별한 사무를 맡기려고 임시로 임명하던 일. 誤差〔오차〕 참값과 근사 값의 차이. ▶ 差使(차사) 差緩(차완)
言 19 ㉖	**讚** 기릴 찬　赞 zàn　　praise 기리다. 칭찬함. 밝히다. 명백히 함. 言 訁 訐 讃 讃 讚	☞ 말씀 언(言)과 도울 찬(贊). 讚歌〔찬가〕 예찬하는 노래. 찬송가. 讚美〔찬미〕 아름다운 것을 기림. 찬송. 讚辭〔찬사〕 칭찬하는 말이나 글. 讚頌〔찬송〕 덕을 기림. 감사하여 칭찬함. ▶ 讚揚(찬양) 禮讚(예찬) 自畵自讚(자화자찬)
宀 11 ⑭	**察** 살필 찰 chá　　watch 살피다. 알다. 드러나다. 자제하다. 宀 宀 宂 宐 窣 察	☞ 움집 면(宀)과 제사 제(祭). 察見〔찰견〕 살펴 잘 알고 있음. 훤히 앎. 察色〔찰색〕 안색으로 상대의 기분을 알아차림. 察知〔찰지〕 살펴서 앎. 미루어 앎. 觀察〔관찰〕 사물이 되어 가는 형편 등을 자세히 살핌. ▶ 査察(사찰) 視察(시찰) 洞察(통찰)
刀 10 ⑫	**創** 비롯할 창　创 chuàng　begin 비롯하다. 시작하다. 만들다. 이룩함. 丿 今 今 倉 倉 創	☞ 곳집 창(倉)과 칼 도(刂·刀). 創刊〔창간〕 신문·잡지 등을 처음으로 간행함. 創立〔창립〕 처음으로 세움. 創設(창설). 創傷〔창상〕 칼날 따위에 다친 상처. 創業〔창업〕 사업을 시작함. 나라의 기틀을 세움. ▶ 創作(창작) 創造(창조)
手 8 ⑪	**採** 캘 채　采 cǎi　　pick 캐다. 파냄. 가리다. 채택함. 나무꾼. 扌 扌 扩 抨 採 採	☞ 손 수(扌·手)와 캘 채(采). 採決〔채결〕 의장이 의안의 채택 여부를 의원에게 물어 결정함. 採鑛〔채광〕 광물을 캐어 냄. 採掘〔채굴〕 땅 속에 묻힌 물건을 캐어 내는 일. 採納〔채납〕 의견·요구 등을 받아들임. ▶ 採用(채용) 採集(채집) 伐採(벌채)
冂 3 ⑤	**冊** 책 책 cè　　book 책. 칙서(봉록·작위 등을 내리는 칙서). 丿 冂 冂 冊 冊	☞ 종이가 없던 옛날에는 대쪽을 엮어 맨 책의 모양을 본뜸. 冊匣〔책갑〕 책을 넣어 두거나 겉으로 싸는 갑. 冊卷〔책권〕 서책의 권질(卷帙). 얼마간의 책. 冊曆〔책력〕 책으로 된 역서(曆書). 冊封〔책봉〕 왕세자·왕세손 등을 봉작함. ▶ 冊曆(책력) 冊立(책립)

4級 配定漢字 205

虍 5 ⑪	**處** 곳 처 处 chù place	☞ 범호 엄(虍)과 천천히 걸을 쇠(夂), 책상 궤(几).
	곳. 장소. 위치. 지위. 머무르다.	處決〔처결〕 결정하여 처분함. 판결하여 처단함. 處理〔처리〕 일을 다스림. 일을 마무리지음. 處方〔처방〕 병의 증세에 맞추어 약재를 배합하는 방법. 處世〔처세〕 세상에서 살아감. 또, 그 일. ▶ 處女(처녀) 處斷(처단) 處分(처분)
	广 卢 虍 虙 處 處	

水 5 ⑨	**泉** 샘 천 quán spring	☞ 흰 백(白)과 물 수(水).
	샘. 물이 솟아 나오는 근원. 저승.	泉金〔천금〕 돈. 금전. 泉布(천포). 泉幣(천폐). 泉脈〔천맥〕 땅 속에 있는 샘 줄기. 泉石〔천석〕 샘과 돌. 산과 물. 산수의 경치. 水石(수석). 溫泉〔온천〕 더운 물이 솟구쳐 나오는 샘. ▶ 泉水(천수) 泉涯(천애) 源泉(원천)
	宀 白 甪 身 泉 泉	

言 8 ⑮	**請** 청할 청 请 qǐng request	☞ 말씀 언(言)과 푸를 청(靑).
	청하다. 구하다. 고(告)하다. 여쭈다. 빌다.	請求〔청구〕 청하여 구함. 要求(요구). 請援〔청원〕 구원을 청함. 請牒〔청첩〕 초청하는 편지. 알리는 글. 申請〔신청〕 신고하여 청구함. ▶ 請負(청부) 請願(청원) 請託(청탁) 招請(초청)
	言 計 請 請 請 請	

耳 16 ㉒	**聽** 들을 청 听 tīng hear	☞ 귀 이(耳)와 간사할 임(任), 큰 덕(悳).
	듣다. 단정하다. 재판함. 들어 주다.	聽力〔청력〕 소리를 듣는 힘. 聽令〔청령〕 명령을 들음. '차렷'의 구령. 聽聞〔청문〕 퍼져 돌아다니는 소문. 들음. 聽衆〔청중〕 설교나 연설 등을 듣는 사람들. ▶ 聽覺(청각) 聽訟(청송) 聽取(청취)
	耳 耵 聍 聽 聽 聽	

广 22 ㉕	**廳** 관청 청 厅 tīng public office	☞ 돌집 엄(广)과 들을 청(聽).
	관청. 관아. 대청. 집.	廳舍〔청사〕 관청에서 사무실로 쓰는 건물. 公廳〔공청〕 공무를 집행하는 곳. 官廳(관청). 公廳(공청). 大廳〔대청〕 방과 방 사이의 큰 마루. 登廳〔등청〕 관청에 출근함. ↔ 退廳(퇴청). ▶ 官廳(관청) 郡廳(군청)
	广 厅 庿 廰 廳 廳	

手 5 ⑧	**招** 부를 초 zhāo call	☞ 손 수(扌·手)와 부를 소(召).
	부르다. 초래하다. 오게 함. 구하다. 묶다.	招待〔초대〕 불러서 대접함. 招來〔초래〕 불러서 옴. 어떤 결과를 가져오게 함. 招聘〔초빙〕 예를 갖추어 부름. 招魂〔초혼〕 죽은 사람의 혼을 부름. ▶ 招宴(초연) 招諭(초유) 招請(초청)
	扌 打 扌刀 招 招 招	

金 6 ⑭	**銃** 총 총 铳 chòng gun	☞ 쇠 금(金)과 가득할 충(充).
	총. 화총. 도끼. 구멍.	銃劍〔총검〕 총과 칼. 곧. 무력을 뜻함. 銃器〔총기〕 소총·권총 등의 병기. 銃砲〔총포〕 총. 총과 대포. 拳銃〔권총〕 짧고 작은 호신용 총. ▶ 銃殺(총살) 銃傷(총상) 銃彈(총탄)
	金 釒 鈁 鈁 銃 銃	

糸 11 ⑰	總 总	거느릴 총 zǒng　control 거느리다. 합하다. 모두 다. 단속하다. 糹 糹 紡 紳 總 總	☞ 실 사(糸)와 바쁠 총(悤). 總計[총계] 전체를 통틀어 합산함. 通計(통계). 總括[총괄] 통틀어 한데 묶음. 總督[총독] 전체를 거느려 다스림. 벼슬 이름. 總論[총론] 전체를 총괄하는 이론. 또, 그 문장. ▶ 總角(총각) 總理(총리) 總長(총장)
手 8 ⑪	推 	옮을 추 밀 퇴 tuī　transfer 옮다. 변천함. 밀다. 천거하다. 받들다. 𠃍 扌 扌 扩 扩 推	☞ 손 수(扌·手)와 새 추(隹). 推戴[추대] 떠받듦. 推理[추리] 사리를 미루어 생각함. 推問[추문] 어떤 사실을 자세히 캐며 엄하게 물음. 推仰[추앙] 높이 받들어 우러러봄. ▶ 推移(추이) 推進(추진) 推薦(추천) 推敲(퇴고)
艸 10 ⑭	蓄	쌓을 축 xù　store 쌓다. 쌓아두다. 두다. 데리고 있다. 艹 艹 荟 荟 蓄 蓄	☞ 풀 초(艹·艸)와 쌓을 축(畜). 蓄財[축재] 재물을 모아 쌓음. 蓄積[축적] 많이 모아서 쌓음. 備蓄[비축] 미리 장만하여 저축해둠. 貯蓄[저축] 소득을 모두 소비하지 않고 그 일부를 적립함. ▶ 含蓄(함축)
竹 10 ⑯	築 筑	쌓을 축 zhù　plied up build 쌓다. 건축함. 달구. 판축(板築). 𥫗 筑 筑 筑 築 築	☞ 주울 축(筑)과 나무 목(木). 築臺[축대] 높이 쌓아 올린 터. 누대를 건축함. 築堤[축제] 둑을 쌓아 만듦. 築土[축토] 집터·둑 같은 것을 만들기 위해 흙을 쌓아 올림. 建築[건축] 집·성·다리 따위를 세우거나 짓거나 놓는 일. ▶ 築城(축성) 築造(축조) 構築(구축) 新築(신축)
糸 11 ⑰	縮 缩	줄어들 축 suō　shrink 줄어들다. 오그라들다. 적게 하다. 다스리다. 糹 糹 絠 絠 縮 縮	☞ 실 사(糸)와 머무를 숙(宿). 縮圖[축도] 실물이나 원화(原畫)로 축소한 그림. 縮小[축소] 줄여 작게 함. 또는 작아짐. ↔ 擴大(확대). 縮刷[축쇄] 책이나 그림의 크기를 줄여 인쇄함. 減縮[감축] 덜고 줄여서 적게 함. ▶ 縮地(축지) 濃縮(농축) 伸縮(신축)
心 4 ⑧	忠 	충성 충 zhōng　loyalty 충성. 진심. 정성. 도. 정성을 다함. 丶 口 口 中 忠 忠	☞ 가운데 중(中)과 마음 심(心). 忠告[충고] 남의 잘못이나 결함에 대하여 진심으로 타일러 줌. 忠僕[충복] 진심으로 주인을 섬기는 충성스러운 종. 忠臣[충신] 나라와 임금을 위해 충절을 다하는 신하. 忠言逆耳[충언역이] 바른 말은 귀에 거슬림. ▶ 忠烈(충렬) 忠言(충언) 忠孝(충효)
虫 12 ⑱	蟲  虫	벌레 충 chóng　insect 벌레. 벌레 피해. 좀먹다. 口 中 虫 虫 蟲 蟲	☞ 벌레 훼(虫) 셋을 합하여 모든 '벌레'를 총칭함. 蟲類[충류] 벌레의 종류. 蟲垂炎[충수염] 충양돌기에 생기는 염증. 맹장염. 蟲齒[충치] 벌레가 먹은 이. 삭은니. 昆蟲[곤충] 벌레의 속칭. 곤충류의 동물. ▶ 害蟲(해충) 寄生蟲(기생충)

4級 配定漢字

부수/획	漢字	훈음 / 병음 / 영문	설명
又 6 ⑧	取	취할 취 / gǔ / take 취하다. 가지다. 장가들다. 당하다. 빼앗다. 一 厂 耳 耳 取 取	☞ 귀 이(耳)와 또(손) 우(又). 取扱〔취급〕 사물을 다룸. 응대하거나 대접함. 取得〔취득〕 자기 소유로 만듦. 어떤 자격을 취하여 얻음. 取消〔취소〕 기재하거나 진술한 사실을 말살함. 取材〔취재〕 작품이나 기사의 재료 또는 제재(題材)를 얻음. ▶ 取捨(취사) 進取(진취) 採取(채취)
尢 9 ⑫	就	이룰 취 / jiù / enter 이루다. 나아가다. 좇다. 亠 亠 亠 京 就 就	☞ 서울 경(京)과 더욱 우(尤). 就勞〔취로〕 일에 착수함. 또는 일에 종사함. 노동을 함. 就業〔취업〕 일을 함. 직업을 얻음. 就職(취직). 就任〔취임〕 임무에 나아감. 또, 그 일. 就學〔취학〕 학교에 들어가서 공부를 함. ▶ 去就(거취) 成就(성취) 夙就(숙취)
走 8 ⑮	趣	달리 취 재촉할 촉 / qù cù 달리다. 빨리 가다. 뜻. 취미. 취향. 취하다. 走 走 走 起 趄 趣	☞ 달릴 주(走)와 찾을 취(取). 趣味〔취미〕 미적 대상을 감상하고 비판하는 능력. 趣旨〔취지〕 기본적인 목적이나 의도. 趣意(취의). 趣向〔취향〕 하고 싶은 마음이 쏠리는 방향. 情趣〔정취〕 정조(情調)와 흥취. 멋·운치. ▶ 風趣(풍취) 興趣(흥취)
水 9 ⑫	測	잴 측 测 / cè / measure 재다. 측량하다. 알다. 헤아리다. 氵 汩 汩 沪 測 測	☞ 물 수(氵·水)와 법칙 칙(則). 測度〔측도〕 어떤 단위로 어떤 양을 재었을 때 얻어지는 수치. 測量〔측량〕 깊이·높이·길이·넓이 등을 재어서 계산함. 測定〔측정〕 어떤 양의 크기를 어떤 단위를 기준으로 하여 잼. 測候〔측후〕 기상을 관측하는 일. ▶ 測雨器(측우기) 豫測(예측) 推測(추측)
尸 12 ⑮	層	층 층 层 / céng / storey 층. 겹. 계단. 계급. 수준. 尸 尸 尸 屋 屋 層	☞ 주검 시(尸·屋)와 더할 증(曾). 層階〔층계〕 층 사이를 오르내리는 계단. 층층대. 階層〔계층〕 계단. 사회를 이루는 여러 층. 斷層〔단층〕 지진으로 인하여 생긴 지층의 어그러진 현상. 地層〔지층〕 지표에 퇴적하여 이룬 층. ▶ 層巖絶壁(층암절벽) 層層侍下(층층시하)
水 5 ⑧	治	다스릴 치 / zhì / govern 다스리다. 다스려지다. 병 고치다. 氵 氵 汁 治 治 治	☞ 물 수(氵·水)와 기를 이(台:가래). 治國安民〔치국안민〕 나라를 다스리고 백성을 편안하게 함. 治療〔치료〕 병이나 상처를 다스려서 낫게 함. 治病(치병). 治世〔치세〕 잘 다스려진 세상. 세상을 잘 다스림. 政治〔정치〕 국가의 주권자가 영토와 국민을 다스리는 일. ▶ 治山治水(치산치수) 治安(치안)
网 8 ⑬	置	둘 치 / zhì / place 두다. 놓다. 베풀다. 세우다. 버리다. 罒 罒 罝 罝 置 置	☞ 그물 망(罒·网)과 곧을 직(直). 置簿〔치부〕 금전·물품의 출납을 기록함. 置重〔치중〕 어떤 곳에 중점을 둠. 置之〔치지〕 그냥 내버려 둠. 配置〔배치〕 각각 자리잡게 둠. ▶ 置之度外(치지도외) 措置(조치)

齒 0 ⑮	齒 이 치 齿 chǐ tooth 이. 나이. 연령. 늘어서다. 주사위. 수. ⺊ ⺍ 𣥂 𣥲 齒 齒	☞ 이가 나란히 나 있는 모양을 본뜬 글자. 齒德〔치덕〕 나이가 많고 덕이 있음. 齒序〔치서〕 나이의 차례. 齒次(치차). 齒石〔치석〕 이의 표면에 석회분이 굳어진 물질. 齒牙〔치아〕 이와 어금니. '이'를 점잖게 일컫는 말. ▶ 齒聲(치성) 齒列(치열) 丹脣皓齒(단순호치)
人 7 ⑨	侵 침노할 침 侵 qīn invade 침노하다. 침략. 범하다. 개먹어 들다. 亻 亻 侵 侵 侵 侵	☞ 사람 인(人)과 비 추(彐·帚), 또 우(又:손). 侵攻〔침공〕 침범하여 공격함. 侵擄〔침노〕 조금씩 개개서 빼앗음. 侵略〔침략〕 남의 나라를 침노하여 땅을 빼앗음. 侵犯〔침범〕 남의 영토 등을 쳐들어가 해를 끼침. ▶ 侵掠(침략) 侵蝕(침식) 侵害(침해)
金 2 ⑩	針 바늘 침 针 zhēn needle 바늘. 침. 바느질하다. ⺈ 𠂉 金 金 金 針	☞ 쇠 금(金)과 열 십(十:바늘). 針孔〔침공〕 바늘귀. 바늘이 드나드는 구멍. 針灸〔침구〕 침질과 뜸질. 鍼灸(침구). 針線〔침선〕 바늘과 실. 곧, 바느질. 指針〔지침〕 지시. 생활이나 행동의 방향 준칙 따위. ▶ 針母(침모) 針小棒大(침소봉대)
宀 11 ⑭	 잠잘 침 寢 qǐn sleep 잠자다. 쉬다. 그치다. 앓아 눕다. 재우다. 宀 宀 宀 宀 寢 寢	☞ 움집 면(宀)과 조각 널 장(爿). 寢具〔침구〕 이부자리나 베개 등 잠자는 데 쓰는 물건. 寢牀〔침상〕 누워 잘 수 있게 만든 평상. 寢食〔침식〕 잠자는 일과 먹는 일. 寢室〔침실〕 잠을 자도록 마련된 방. ▶ 寢臺(침대) 寢息(침식) 就寢(취침)
禾 9 ⑭	稱 일컬을 칭 称 chēng call 일컫다. 이르다. 부르다. 설명하다. 기리다. 禾 禾 禾 稻 稱 稱	☞ 벼 화(禾)와 물건을 담아 올린다는 '爯'을 합한 글자. 稱德〔칭덕〕 덕을 일컬어 기림. 稱量〔칭량〕 저울로 닮. 사정이나 형편을 헤아림. 稱頌〔칭송〕 공덕을 찬양하여 기림. 칭찬하여 일컬음. 稱讚〔칭찬〕 잘한다고 추어올림. 좋은 점을 들어 기림. ▶ 稱號(칭호) 名稱(명칭) 通稱(통칭)
心 4 ⑦	快 쾌할 쾌 快 kuài delightful 쾌하다. 마음이 상쾌하고 기분이 좋다. 忄 忄 忄 忄 快 快	☞ 마음 심(忄·心)과 결단할 결(夬). 快感〔쾌감〕 상쾌하고 즐거운 느낌. 快樂〔쾌락〕 유쾌하고 즐거움. 快勝〔쾌승〕 통쾌한 승리. 시원스럽게 이김. 快哉〔쾌재〕 뜻대로 잘 되어 만족스러움을 나타내는 말. ▶ 快刀亂麻(쾌도난마) 快報(쾌보) 快勝(쾌승)
弓 12 ⑮	 탄환 탄 弹 dàn bullet 탄환. 탄알. 활에 메워 쏘는 돌. 활. 弓 弓 弓 弜 彈 彈	☞ 활 궁(弓)과 홑 단(單). 彈琴〔탄금〕 거문고나 가야금을 탐. 彈壓〔탄압〕 힘으로써 억누르고 짓밟음. 彈劾〔탄핵〕 관리의 잘못을 밝혀 줄 것을 임금에게 아룀. 彈丸〔탄환〕 총·포 따위의 탄알. ▶ 彈力(탄력) 糾彈(규탄) 指彈(지탄)

欠 11 ⑮	**歎**	탄식할 탄 叹 tàn sigh	☞ 어려울 난(葉·難)과 하품할 흠(欠). 歎服〔탄복〕 깊이 감탄하여 복종함. 感服(감복). 歎伏(탄복). 歎辭〔탄사〕 감탄하는 말. 탄식해 하는 말. 歎聲〔탄성〕 탄식하는 소리. 감탄하는 소리. 歎息〔탄식〕 한숨을 쉬며 한탄함. 嘆息(탄식). ▶ 歎願(탄원) 感歎(감탄)
		탄식하다. 노래하다. 읊음. 기리다. 廿 芑 堇 勤 歎 歎	
肉 7 ⑪	**脫**	벗을 탈 기뻐할 태 脱 tuō tuì take off	☞ 몸 육(月·肉)과 바꿀 태(兌). 脫稿〔탈고〕 원고를 다 씀. 초고가 완성됨. 脫穀〔탈곡〕 곡식의 이삭에서 낟알을 떨어 냄. 脫落〔탈락〕 내버림. 동행자들을 따라가지 못하게 됨. 脫然〔태연〕 천천히 가는 모양. 기뻐하는 모양. ▶ 脫毛(탈모) 脫線(탈선) 脫獄(탈옥) 脫退(탈퇴)
		벗다. 벗기다. 벗어나다. 기뻐하다. 月 爿 肸 肸 脫 脫	
手 8 ⑪	**探**	찾을 탐 tān search	☞ 손 수(扌·手)와 깊을 심(罙). 探究〔탐구〕 진리·법칙 등을 파고들어 깊이 연구함. 探聞〔탐문〕 소식을 알아내기 위하여 더듬어 찾아 들음. 探索〔탐색〕 드러나지 않은 것을 이리저리 살펴 찾음. 探偵〔탐정〕 사정을 몰래 더듬어 살핌. 또는 그 사람. ▶ 探訪(탐방) 探査(탐사) 探險(탐험)
		찾다. 뒤져내어 가지다. 더듬다. 잡다. 扌 扩 护 护 探 探	
心 10 ⑭	**態**	모양 태 态 tài attitude	☞ 능할 능(能 : 움직임)과 마음 심(心). 態度〔태도〕 몸가짐. 모양. 맵시. 態勢〔태세〕 태도와 자세. 준비 상태. 形勢(형세). 世態〔세태〕 세상 돌아가는 상태나 형편. 形態〔형태〕 사물의 모양. ▶ 狀態(상태) 樣態(양태) 千態萬象(천태만상)
		모양. 생김새. 형상. 태도. 맵시. 차림새. 肻 能 能 能 態 態	
手 13 ⑯	**擇**	가릴 택 择 zé select	☞ 손 수(扌·手)와 엿볼 택(睪). 擇交〔택교〕 사귈 나라를 고름. 사귈 친구를 고름. 擇良〔택량〕 보다 좋은 것을 선택함. 擇拔〔택발〕 많은 것에서 뽑아냄. 擇日〔택일〕 좋은 날을 가림. 擇吉(택길). ▶ 擇一(택일) 擇婚(택혼) 選擇(선택)
		가리다. 좋은 것을 가려 뽑다. 차별을 둠. 扌 扩 押 押 擇 擇	
言 3 ⑩	**討**	칠 토 讨 tǎo attack	☞ 말씀 언(言)과 마디 촌(寸). 討論〔토론〕 어떤 논제를 놓고 여러 사람이 각자 의견을 논의함. 討伐〔토벌〕 군대를 보내어 침. 檢討〔검토〕 내용을 검사하여 따짐. 聲討〔성토〕 여럿이 모여 어떤 잘못을 비판하고 규탄함. ▶ 討究(토구) 討滅(토멸) 討議(토의)
		치다. 토벌하다. 정벌하다. 꾸짖다. 亠 言 言 言 討 討	
疒 7 ⑫	**痛**	아플 통 tòng painful	☞ 병들 녁(疒)과 물 솟아오를 용(甬). 痛感〔통감〕 몹시 마음에 사무치게 느낌. 아픈 느낌. 痛哭〔통곡〕 큰 소리로 슬피 욺. 또 그 울음. 痛烈〔통렬〕 몹시 맵고 사나움. 猛烈(맹렬). 苦痛〔고통〕 몸이나 마음의 괴로움과 아픔. ▶ 痛念(통념) 痛憤(통분) 痛症(통증)
		아프다. 마음 아파함. 아파하다. 앓다. 广 疒 疒 疸 痛 痛	

糸 6 ⑫	統	거느릴 **통** 统 tǒng　command 거느리다. 통괄하다. 통솔함. 한데 묶다. 糸 紂 紂 紂 紵 統	☞ 실 사(糸)와 채울 충(充). 統監〔통감〕 통괄하여 감독함. 여럿을 하나로 합침. 統計〔통계〕 한데 몰아쳐서 계산함. 統括〔통괄〕 낱낱의 일을 한데 몰아 잡음. 統一〔통일〕 하나로 통괄함. 하나의 것으로 되게 함. ▶ 統率(통솔) 統制(통제) 統治(통치)
辶 6 ⑩	退	물러날 **퇴** 退 tuì　withdraw 물러나다. 후퇴함. 물리치다. 그만두다. フ ヨ 艮 艮 艮 退	☞ 해 일(日)과 뒤쳐져올 치(夂), 쉬엄쉬엄 갈 착(辶·辵). 退却〔퇴각〕 뒤로 물러남. 退去(퇴거). 물리쳐서 받지 않음. 退勤〔퇴근〕 직장에서 근무를 마치고 나옴. ↔ 出勤(출근). 退步〔퇴보〕 본디의 상태보다 나빠짐. ↔ 進步(진보). 退社〔퇴사〕 근무하는 회사를 그만둠. ↔ 入社(입사). ▶ 退物(퇴물) 退廳(퇴청) 勇退(용퇴)
手 4 ⑦	投	던질 **투** tóu　throw 던지다. 내던지다. 내버리다. 추방함. 一 十 扌 扩 投 投	☞ 손 수(扌·手)와 창 수(殳). 投稿〔투고〕 신문·잡지 등에 원고를 보냄. 投機〔투기〕 요행을 바라고 하는 모험적인 상행위. 投獄〔투옥〕 옥에 가둠. 교도소에 수감함. 投資〔투자〕 자금이나 자본을 댐. 出資(출자). ▶ 投賣(투매) 投書(투서) 投擲(투척)
鬥 10 ⑳	鬪	싸움 **투** 斗 dòu　fight 싸움. 싸우게 하다. 전쟁. 만나다. 모이다. ｜ 厂 厂 鬥 鬥 鬪	☞ 싸울 투(鬥)와 쪼갤 착(鬪·对). 鬪鷄〔투계〕 닭싸움. 싸움닭. 鬪技〔투기〕 재주를 다툼. 맞붙어 싸우는 경기. 鬪爭〔투쟁〕 싸우고 다툼. 싸움. 다툼질. 爭鬪(쟁투). 鬪魂〔투혼〕 끝까지 투쟁하려는 기백. ▶ 鬪士(투사) 鬪牛(투우) 暗鬪(암투)
手 5 ⑧	波	물결 **파** 방죽 **피** bō bì　ware 물결. 흐름. 수류(水流). 분규. 갈등. 방죽. 氵 氵 氵 氵 波 波	☞ 물 수(氵·水)와 가죽 피(皮). 波高〔파고〕 물결의 높이. 긴장의 정도에 비유. 波濤〔파도〕 큰 물결. 센 물결. 波瀾〔파란〕 일이 평온하지 못함. 분규. 소동. 갈등. 波紋〔파문〕 수면에 이는 잔물결. 어떤 일의 영향. ▶ 波及(파급) 波動(파동) 波長(파장) 秋波(추파)
水 6 ⑨	派	물갈래 **파** pài　branch 물 갈래. 가닥. 갈라져 나온 계통. 氵 氵 氵 氵 派 派 派	☞ 물 수(氵·水)와 흐를 비(辰). 派遣〔파견〕 일할 사람에게 사명을 띄워 보냄. 派黨〔파당〕 당파. 여러 갈래로 된 단체. 派生〔파생〕 원줄기에서 갈라져 나와 생김. 또 그것. 派收〔파수〕 장날에서 다음 장날까지의 동안. ▶ 派閥(파벌) 派兵(파병) 分派(분파)
石 5 ⑩	破	깨뜨릴 **파** pò　break 깨뜨리다. 부수다. 망그러뜨림. 가르다. 石 石 矿 矿 砂 破 破	☞ 돌 석(石)과 가죽 피(皮). 破鏡〔파경〕 부부의 생이별. 이지러진 달의 비유. 破壞〔파괴〕 깨뜨림. 무너뜨림. 깨뜨려 기능을 잃게 함. 破裂〔파열〕 깨어져서 갈라짐. 깨뜨리어 가름. 打破〔타파〕 바람직하지 못한 제도·습관 등을 깨어 부숨. ▶ 破棄(파기) 破滅(파멸) 說破(설파)

刀 5 ⑦	判	쪼갤 판 pàn judge	☞ 반 반(半)과 칼 도(刂·刀). 判決〔판결〕 시비나 선악을 판단하여 결정함. 判斷〔판단〕 사물의 진위·선악·미추 등을 가리어 정함. 判別〔판별〕 시비나 선악을 구별함. 분명히 가름. 判定〔판정〕 판별하여 결정함. ▶ 判讀(판독) 判明(판명) 判異(판이)
	뼈개다. 가름. 판가름하다. 나누다. 구별함. ㆍ ㆍ ㆍ 半 判 判		
竹 9 ⑮	篇	책 편 piān book	☞ 대 죽(竹)과 현판 편(扁 : 실로 꿰어 엮은 책). 篇首〔편수〕 책 편의 첫머리. 篇次〔편차〕 책의 부류(部類)의 차례. 玉篇〔옥편〕 한자를 모아 그 뜻을 풀어놓은 책. 千篇一律〔천편일률〕 색다른 바 없이 대동소이 함. ▶ 篇卷(편권) 篇篇(편편) 長篇小說(장편소설)
	책. 완결된 책. 완결된 시문. 사장(詞章). ᄯ ᄯ ᄯ 篇 篇 篇		
言 5 ⑫	評	끊을 평 píng comment	☞ 말씀 언(言)과 공평할 평(平). 評價〔평가〕 물건의 값을 정함. 정한 가격. 評論〔평론〕 사물의 가치·선악·시비 등을 비평하여 논함. 評判〔평판〕 비평하여 판정함. 세상 사람의 비평. 批評〔비평〕 사물을 평가하여 논하는 일. ▶ 評說(평설) 評傳(평전) 寸評(촌평)
	끊다. 잘잘못을 살피어 정하다. 평하다. 言 言 言 訂 評 評		
門 3 ⑪	閉	닫을 폐 bì shut	☞ 문 문(門)과 재주 재(才 : 문을 닫는 빗장). 閉幕〔폐막〕 어떤 일이 다 끝남의 비유. 閉塞〔폐색〕 닫아 막음. 닫혀서 막힘. 운수가 막힘. 閉場〔폐장〕 극장이나 회장을 닫음. ↔ 開場(개장). 密閉〔밀폐〕 꼭 막음. 꼭 닫음. ▶ 閉門(폐문) 閉鎖(폐쇄) 開閉(개폐)
	닫다. 닫힘. 끊다. 단절함. 자름. 덮다. ㅣ ㄱ 門 門 閉 閉		
勹 3 ⑤	包	쌀 포 bāo wrap	☞ 어머니 태(勹) 속에 아기(巳)가 웅크리고 있는 모양. 包莖〔포경〕 우멍거지. 의학에서, 귀두가 껍질에 쌓인 자지. 包括〔포괄〕 여러 사물을 한데 묶음. 包括(포괄). 包攝〔포섭〕 포용하여 끌어넣음. 포괄하여 지님. 內包(내포). 包含〔포함〕 일정한 사물 속에 함께 넣음. ▶ 包圍(포위) 包裝(포장) 小包(소포) 煙包(연포)
	싸다. 감쌈. 겸하다. 포함함. ノ ㄱ 勹 勹 包		
巾 2 ⑤	布	베 포 bù hemp	☞ 아비 부(ナ·父) 밑에 수건 건(巾). 布告〔포고〕 일반에게 널리 알림. 布教〔포교〕 가르침을 널리 알림. 종교를 널리 폄. 宣敎(선교). 布木〔포목〕 베와 무명. 또, 직물. 木布(목포). 葛布〔갈포〕 칡의 섬유로 짠 베. ▶ 布袋(포대) 布德(포덕) 布陣(포진) 流布(유포)
	베. 피륙의 총칭. 돈. 화폐. 펴다. 넓게 깔다. ノ ナ 才 右 布		
肉 5 ⑨	胞	태보 포 bāo womb	☞ 몸 육(月·肉)과 쌀 포(包). 胞衣〔포의〕 태아를 싸고 있는 막(膜)과 태반. 胞胎〔포태〕 태(胎). 胞衣(포의). 자궁. 아기집. 임신함. 同胞〔동포〕 같은 어머니에서 태어난 형제 자매. 한 민족. 細胞〔세포〕 생물체를 구성하는 구조적·기능적 기본 단위. ▶ 胞宮(포궁) 胞子(포자)
	태보. 삼. 종기(腫氣). 친형제. 숙수(熟手). 月 月 肋 肋 胞 胞		

石 5 ⑩ 砲	대포 포 pào cannon 대포(폭탄을 쏘는 화기). 돌쇠뇌 一 丁 石 矿 砘 砲	☞ 돌 석(石)과 쌀 포(包). 砲門〔포문〕 대포의 탄알이 나가는 아가리. 砲聲〔포성〕 대포를 쏠 때 나는 소리. 폿소리. 砲音(포음). 砲手〔포수〕 총으로 짐승을 잡는 사냥꾼. 대포를 쏘는 군인. 大砲〔대포〕 화약으로 포탄을 멀리 내쏘는 큰 화기. ▶ 砲擊(포격) 砲彈(포탄) 發砲(발포)
日 11 ⑮ 暴	사나울 폭 bào 사납다. 세차다. 해치다. 갑자기. 旦 昮 異 㬥 㬥 暴	☞ 날 일(日)과 나갈 출(㞢·出). 暴擧〔폭거〕 난폭한 행동. 暴徒〔폭도〕 폭동을 일으키는 무리. 暴騰〔폭등〕 물가나 주가 등이 갑자기 오름. ↔ 暴落(폭락). 暴惡〔포악〕 성질이 사납고 악함. ▶ 暴君(폭군) 暴力(폭력) 暴利(폭리) 亂暴(난폭)
火 15 ⑲ 爆	 터질 폭 bào explode 터지다. 화력으로 갈라지다. 불사르다. 炉 㷀 煤 爆 爆 爆	☞ 불 화(火)와 사나울 폭(暴). 爆擊〔폭격〕 비행기에서 폭탄을 떨어뜨려 적을 공격함. 爆發〔폭발〕 불이 일어나면서 갑자기 터짐. 爆笑〔폭소〕 갑자기 터져 나오는 웃음. 起爆〔기폭〕 어떤 작용으로 폭발을 일으키는 현상. ▶ 爆彈(폭탄) 爆破(폭파) 猛爆(맹폭)
示 6 ⑪ 票	쪽지 표 piāo ticket 쪽지. 표. 표하다. 빠르다. 불똥이 튀다. 一 覀 西 覂 票 票	☞ 허리 요(覀·要)와 보일 시(示). 票決〔표결〕 투표로써 결정함. 票然〔표연〕 가볍게 날리는 모양. 票子〔표자〕 지폐(紙幣). 어음. 수표. 開票〔개표〕 투표함을 열어 투표의 결과를 조사함. ▶ 得票(득표) 車票(차표) 投票(투표)
木 11 ⑮ 標	표시 표 标 biāo mark 표시. 표. 표적. 표하다. 우듬지. 나무 끝. 栌 桓 桓 樯 標 標	☞ 나무 목(木)과 끝 표(票). 標記〔표기〕 무슨 표로 기록함. 또, 그런 부호. 標木〔표목〕 표시하기 위하여 박은 말뚝. 標本〔표본〕 본보기가 되는 물건. 目標〔목표〕 어떤 일의 완성이나 이루기 위한 대상. ▶ 標榜(표방) 標示(표시) 標語(표어) 里程標(이정표)
豆 11 ⑱ 豐	풍성할 풍 丰 fēng abundant 풍성하다. 풍년. 넉넉하다. 많다. 잔대. 丨 刲 耕 豊 豊 豐	☞ 제사를 지낼 때 제기(祭器)에 음식이 담겨 있는 모양. 豐年〔풍년〕 농사가 잘 된 해. 豐滿〔풍만〕 풍족하고 그득함. 물자가 풍족함. 몸이 비대함. 豐味〔풍미〕 푸짐한 맛. 풍요한 느낌. 豐富〔풍부〕 양이 넉넉하고 많음. ▶ 豐盛(풍성) 豐饒(풍요) 豐足(풍족)
疒 5 ⑩ 疲	 피곤할 피 pí tired 피곤하다. 고달프게 함. 힘이 적다. 지치다. 疒 疒 疒 疒 疲 疲	☞ 병 녁(疒)과 가죽 피(皮). 疲困〔피곤〕 지치고 괴로움. 고달픔. 疲勞〔피로〕 피곤함. 느른함. 지치고 고단함. 疲癃〔피륭〕 기운이 쇠약하여 생긴 노인의 병. 疲弊〔피폐〕 지치고 쇠약해짐. ▶ 疲兵(피병) 昏疲(혼피)

辵 13 ⑰	避	피할 피 bì　　avoid	☞ 편벽될 벽(辟)과 쉬엄쉬엄 갈 착(辶·辵). 避難〔피난〕 재난을 피하여 딴 곳으로 옮겨감. 避雷〔피뢰〕 낙뢰(落雷)를 피함. 避暑〔피서〕 더위를 피함. 待避〔대피〕 난을 임시로 피함. ▶ 避亂(피란) 不可避(불가피) 回避(회피)
	피하다. 떠나다. 벗어나다. 숨다. 꺼리다. 尸　尸　辟　辟　避　避		
心 6 ⑨	恨	한할 한 hèn　　deplore	☞ 마음 심(忄·心)과 머무를 간(艮). 恨死〔한사〕 원한을 품고 죽음. 뉘우치며 죽음. 恨惋〔한완〕 원한을 품고 탄식함. 恨人〔한인〕 다정다한(多情多恨)한 사람. 감상적인 사람. 怨恨〔원한〕 원통한 생각. ▶ 恨歎(한탄) 餘恨(여한) 悔恨(회한)
	한하다. 원한을 품다. 원망하여 슬퍼하다. 忄　忄　忄　恨　恨　恨		
阜 6 ⑨	限	한정 한 xiàn　　limit	☞ 언덕 부(阝·阜)와 한정할 간(艮). 限界〔한계〕 땅의 경계. 사물의 정해 놓은 범위. 限度〔한도〕 한정함. 제한된 기준. 限死〔한사〕 죽기로 함함. 목숨을 내 걺. 局限〔국한〕 어떤 부분에 한정함. ▶ 期限(기한) 制限(제한)
	한정. 한계. 지경. 목. 요소(要所). 구획. 阝　阝　阝　阠　限　限		
門 4 ⑫	閑	한가할 한　閑 xián　　leisure	☞ 문 문(門) 속에 나무 목(木). 閑暇〔한가〕 조용하고 시간 여유가 있음. 閑居〔한거〕 한가히 있음. 한적한 곳에 삶. 閑談〔한담〕 조용히 이야기함. 또 그 이야기. 쓸데없는 말. 閑良〔한량〕 돈 잘 쓰고 풍류스런 멋이 있는 사람. ▶ 閑散(한산) 閑雅(한아) 閑寂(한적)
	한가하다. 느긋하다. 틈이 있음. 막다. 丨　丨　丨　門　閒　閑		
手 4 ⑦	抗	막을 항 kàng　　resist	☞ 손 수(扌·手)와 겨룰 항(亢: 높다). 抗拒〔항거〕 대항함. 버팀. 抗命〔항명〕 명령·제지(制止)에 따르지 아니하고 반항함. 抗議〔항의〕 반대의 뜻을 주장함. 對抗〔대항〕 서로 상대하여 겨룸. ▶ 抗告(항고) 抗爭(항쟁) 抗戰(항전) 抵抗(저항)
	막다. 대항하다. 거부함. 돕다. 구함. 들다. 一　十　扌　扩　扩　抗		
舟 4 ⑩	航	건널 항 háng　　across	☞ 배 주(舟)와 높을 항(亢). 航空〔항공〕 비행기나 비행선으로 공중을 비행함. 航進〔항진〕 배나 비행기를 타고 나아감. 航海〔항해〕 배로 바다를 건넘. 渡海(도해). 缺航〔결항〕 정기적으로 운행하는 배나 비행기가 운항을 거름. ▶ 航路(항로) 直航(직항) 出航(출항)
	건너다. 배로 물을 건넘. 배. 방주(方舟). 丿　月　舟　舟　舩　航		
水 9 ⑫	港	항구 항 gǎng　　port	☞ 물 수(氵·水)와 마을 항(巷). 港口〔항구〕 배가 드나들고 머무는 곳. 港灣〔항만〕 방파제·부두·잔교·창고 등의 시설을 한 수역. 空港〔공항〕 민간 항공기가 뜨고 내리는 비행장. 外港〔외항〕 선박이 입항 전에 임시 머무는 항구. ▶ 港圖(항도) 軍港(군항)
	항구. 배가 머무는 곳. 하구(河口). 氵　氵　洪　洪　洪　港		

角 6 ⑬ **解** 풀 해 xiè solve 풀다. 풀어지다. 가르다. 해부. 흩어지다. ㄱ 角 角 角ㄱ 解 解		☞ 뿔 각(角)과 칼 도(刀), 소 우(牛). 解渴〔해갈〕 갈증을 풀어 버림. 목마름을 풂. 解決〔해결〕 얽힌 일을 풀어서 처리함. 解答〔해답〕 문제에 대하여 답하거나 어려운 일을 풀어서 밝힘. 解說〔해설〕 문제를 알기 쉽게 풀어서 설명함. ▶ 解明(해명) 解析(해석) 解消(해소) 解任(해임)
木 6 ⑩ **核** 씨 핵 hé nucleus 씨. 알맹이. 중심. 과일의 씨. 핵. 굳다. 木 木 朽 核 核 核		☞ 나무 목(木)과 돼지 해(亥). 核果〔핵과〕 씨가 단단한 핵으로 싸여 있는 열매. 核武器〔핵무기〕 핵에너지를 이용한 각종 무기. 結核〔결핵〕 결핵균이 맺혀 있는 망울. 결핵병. 劾核〔극핵〕 엄격함. ▶ 核家族(핵가족) 核心(핵심) 核子(핵자)
香 0 ⑨ **香** 향기 향 xiāng fragrant 향기. 향기롭다. 아름다움. 향. 二 千 禾 禾 香 香		☞ 벼 화(禾)와 달 감(日·甘). 香爐〔향로〕 향을 피우는 자그마한 화로. 香料〔향료〕 향(香)을 만드는 원료. 방향을 내는 물건. 香燭〔향촉〕 제사에 쓰는 향과 초. 芳香〔방향〕 꽃다운 향기. ▶ 香火(향화) 焚香(분향)
邑 10 ⑬ **鄕** 시골 향 乡 xiāng country 시골. 마을. 고향. 곳. 대접. 음향. 乡 纟 纟 纟 乡 乡		☞ 거리 향(邻:촌락)과 밥 고소할 흡(皀). 鄕里〔향리〕 나서 자라난 고향의 마을. 鄕愁〔향수〕 고향이 그리워 느끼는 슬픔. 故鄕〔고향〕 자기가 태어나서 자란 고장. ↔ 他鄕(타향). 錦衣還鄕〔금의환향〕 객지에 나가서 출세하고 고향에 돌아옴. ▶ 鄕歌(향가) 鄕村(향촌) 鄕土(향토) 歸鄕(귀향)
虍 6 ⑫ **虛** 빌 허 xū empty 비다. 헛되다. 약하다. 비우다. 틈. 구멍. ㄱ 广 虍 虍 虛 虛		☞ 범 무늬 호(虍)와 언덕 구(业:丘). 虛怯〔허겁〕 마음이 실하지 못하여 겁이 많음. 虛飢〔허기〕 굶어서 몹시 배고픈 증세. 虛妄〔허망〕 거짓이 많아서 미덥지 않음. 虛無〔허무〕 마음이 비어 아무 생각이 없음. 덧없음. ▶ 虛空(허공) 虛禮虛飾(허례허식) 虛勢(허세)
心 12 ⑯ **憲** 법 헌 宪 xiàn law 법. 법규. 본보기. 고시. 모범. 본뜨다. 宀 宀 宀 宀 宀 害 宪 宪 憲		☞ 해칠 해(宀·害)와 눈 목(罒·目), 마음 심(心). 憲法〔헌법〕 근본이 되는 법규. 나라의 법률. 憲政〔헌정〕 헌법에 의해 하는 정치. 입헌 정치. 國憲〔국헌〕 나라의 헌법. 合憲〔합헌〕 헌법과 일치함. 헌법에 위배되지 아니함. ▶ 憲兵(헌병) 憲制(헌제) 立憲(입헌)
阜 13 ⑯  험할 험 险 xiǎn steep 험하다. 위태롭다. 고생. 음흉하다. 높다. ㄱ 阝 阝 阝 阝 险 险		☞ 언덕 부(阝·阜)와 모두 첨(僉). 險口〔험구〕 남의 흠을 들추어 헐뜯거나 욕을 잘하는 입. 險難〔험난〕 위험하고 어려움. 고생이 됨. 險峻〔험준〕 지세가 썩 높고 가파름. 험함. 危險〔위험〕 안전하지 못함. ▶ 險路(험로) 險惡(험악) 冒險(모험)

馬 13 ㉓	**驗** 验	시험할 험 yàn　examine	☞ 말 마(馬)와 다 첨(僉). 驗證〔험증〕 증거를 조사함. 經驗〔경험〕 몸소 겪고 치러봄. 試驗〔시험〕 학력을 필기나 구술로써 알아보는 일. 實驗〔실험〕 실제로 시험함. ▶ 證驗(증험) 效驗(효험)
시험하다. 살피다. 증험. 표징. 증좌. 馬 馬 馬 駒 驗 驗 驗			
革 0 ⑨	**革**	가죽 혁 gé　leather	☞ 짐승의 머리에서 꼬리까지 벗긴 가죽의 모양. 革帶〔혁대〕 가죽으로 만든 띠. 革命〔혁명〕 왕조(王朝)가 바뀜. 급격한 변혁. 革新〔혁신〕 묵은 풍속이나 제도를 바꿔 새롭게 함. 革罷〔혁파〕 낡아서 못 쓰게 된 것을 폐지(廢止)함. ▶ 革進(혁진) 改革(개혁) 沿革(연혁)
가죽. 북. 고치다. 바꾸다. 경계하다. 一 艹 艹 芦 苦 革			
貝 8 ⑮	**賢** 贤	어질 현 xián　wise	☞ 굳을 견(臤·堅)과 조개 패(貝). 賢君〔현군〕 어진 임금. 賢達〔현달〕 현명하고 사물의 이치에 통하여 있는 일. 賢明〔현명〕 어질고 사리에 밝음. 賢淑〔현숙〕 여자의 마음이 어질고 정숙함. ▶ 賢良(현량) 賢愚(현우) 聖賢(성현)
어질다. 어진 사람. 낫다. 많다. 지치다. 厂 F 臣 臤 腎 賢			
頁 14 ㉓	**顯** 显	나타날 현 xiǎn　appear	☞ 미묘할 현(㬎)과 머리 혈(頁). 顯考〔현고〕 돌아가신 아버지의 신주(神主). 顯達〔현달〕 벼슬과 명망이 높아져 세상에 드날림. 顯明〔현명〕 밝음. 환함. 명백히 나타냄. 해돋이. 顯否〔현부〕 나타남과 나타나지 않음. 입신과 영락(零落). ▶ 顯示(현시) 顯忠(현충) 英顯(영현)
나타나다. 드러나다. 광영. 높다. 日 昆 㬎 㬎 顯 顯			
血 0 ⑥	**血**	피 혈 xuè　blood	☞ 삐칠 별(丿)과 그릇 명(皿). 血管〔혈관〕 혈액이 통하여 흐르는 관. 핏줄. 血氣〔혈기〕 목숨을 유지하는 피와 원기. 격동하기 쉬운 의기. 血糖〔혈당〕 혈액에 포함되어 있는 당류. 특히, 포도당. 血書〔혈서〕 제 몸의 피로 쓴 글발. ▶ 血路(혈로) 血稅(혈세) 血眼(혈안) 咯血(각혈)
피. 골육. 상처. 물들이다. 눈물. 근심하다. 丿 丿 白 由 血 血			
十 6 ⑧	**協** 协	화할 협 xié　harmony	☞ 열 십(十)에 힘을 같이 할 협(劦). 協同〔협동〕 여럿이 마음과 힘을 합하여 어떤 일을 함. 協力〔협력〕 어떤 일을 이루기 위해 힘을 합함. 協議〔협의〕 여러 사람이 모여 의논함. 協調〔협조〕 힘을 합해 서로 조화함. ▶ 協心(협심) 協商(협상) 協約(협약) 妥協(타협)
화하다. 맞다. 합하다. 돕다. 일치하다. 十 忄 恊 협 協 協			
刀 4 ⑥	**刑**	형벌 형 xíng　punishment	☞ 형틀 모양인 평평할 견(开)과 칼 도(刂·刀). 刑具〔형구〕 형을 집행하는데 쓰이는 도구. 刑期〔형기〕 형에 처하는 기간. 자유형의 집행 기간. 刑法〔형법〕 범죄와 형벌에 관한 법률. 刑典(형전). 刑場〔형장〕 사형 집행 장소 ▶ 刑罰(형벌) 減刑(감형) 笞刑(태형)
형벌. 형벌을 주다. 벌함. 죽이다. 살해함. 一 二 千 开 刑 刑			

心 8 ⑫	惠	은혜 혜 huì　favor 은혜. 혜택. 착하다. 인자하다. 주다. 一 㠯 亩 車 重 惠 惠	☞ 삼갈 전(叀)과 마음 심(心). 惠諒〔혜량〕 편지 등에서, '살피어 이해함'이란 뜻으로 쓰는 말. 惠書〔혜서〕 남의 편지에 대한 존칭. 惠札(혜찰). 惠存〔혜존〕 자기 작품을 증정할 때, '받아 간직해 주십시오'의 뜻. 惠澤〔혜택〕 은혜와 덕택. 恩澤(은택). ▶ 惠念(혜념) 惠示(혜시) 惠展(혜전)
戶 0 ④	戶	지게 호 hù　door 지게. 지게문. 출입구. 집. 방. 구멍. 막다. 一 厂 尸 戶	☞ 두 짝으로 된 문의 한 짝인 '지게문'을 본뜬 글자. 戶口〔호구〕 호수와 인구. 집과 사람의 수효. 戶當〔호당〕 한집 몫. 집마다 배당된 몫. 戶別〔호별〕 집마다. 집집마다. 每戶(매호). 戶籍〔호적〕 호수·식구 등의 내용을 기록한 문서. ▶ 戶數(호수) 戶主(호주) 破落戶(파락호)
女 3 ⑥	好	좋을 호 hǎo　good 좋다. 좋아하다. 사이가 좋다. 아름답다. く 𡿨 女 女 好 好	☞ 계집 녀(女)와 아들 자(子). 好感〔호감〕 좋게 느끼는 감정. 좋은 인상. 好機〔호기〕 좋은 기회. 好色〔호색〕 여색(女色)을 좋아함. 아름다운 색깔. 미인. 好轉〔호전〕 무슨 일이 잘 되어 가기 시작함. ▶ 好意(호의) 好快(호쾌) 嗜好(기호)
口 5 ⑧	呼	부를 호 hū　call 부르다. 이름짓다. 명명(命名)함. 부르짖다. 口 口' 叮 吁 吁 呼	☞ 입 구(口)와 온 호(乎). 呼客〔호객〕 시장·음식점 등에서 말이나 짓으로 손님을 끎. 呼氣〔호기〕 기운을 내뿜음. 내쉬는 숨. 숨을 내붊. 날숨. 呼訴〔호소〕 억울한 사정을 남에게 하소연함. 呼吸〔호흡〕 숨을 들이마심. 또 그 숨. 한 번 숨쉬는 사이. ▶ 呼名(호명) 呼號(호호) 呼兄呼弟(호형호제)
言 14 ㉑	護	보호할 호　护 hù　protect 보호하다. 감쌈. 통솔하다. 거느림. 지키다. 訐 訐 訐 謢 謢 護	☞ 말씀 언(言)과 잴 확(蒦). 護國〔호국〕 나라를 외적으로부터 지킴. 護法〔호법〕 법을 지킴. 불법을 지키는 일. 護送〔호송〕 위해(危害)에 대비하여 호위하여 보냄. 護身〔호신〕 자기 몸을 지킴. 몸을 보호함. ▶ 護喪(호상) 護衛(호위) 救護(구호)
戈 4 ⑧	或	혹 혹 나라 역 huò 혹. 혹은. 누구. 어떤 사람. 늘. 나라. 一 戶 戶 或 或 或	☞ 창 과(戈)와 입 구(口). 땅을 의미하는 한 일(一). 或說〔혹설〕 어떤 사람의 말이나 학설. 或是〔혹시〕 만일에. 행여나. 혹은. 어떠한 경우. 或者〔혹자〕 어떤 사람. 혹시. 間或〔간혹〕 가끔. 이따금. 어쩌다가. ▶ 或時(혹시) 或是或非(혹시혹비)
女 8 ⑪	婚	혼인할 혼 hūn　marry 혼인하다. 혼인. 처가. 장인. 사돈. 女 女' 妒 妒 婚 婚	☞ 계집 녀(女)와 어두울 혼(昏). 婚期〔혼기〕 혼인하기에 적당한 나이. 婚談〔혼담〕 혼인을 정하기 위하여 오고가는 말. 연담. 婚姻〔혼인〕 장가들고 시집가는 일. 結婚(결혼). 重婚〔중혼〕 겹사돈. ▶ 婚禮(혼례) 婚事(혼사) 婚行(혼행)

水 8 ⑪	混 섞을 혼 hùn　put together 섞다. 섞임. 흐리다. 합치다. 같다. 氵 沪 沪 涅 混 混	☞ 물 수(氵·水)와 같을 곤(昆). 混沌[혼돈] 하늘과 땅이 아직 나뉘지 않은 상태. 混同[혼동] 뒤섞임. 뒤섞어 보거나 잘못 판단함. 混戰[혼전] 서로 뒤섞여 싸움. 混濁[혼탁] 세상이 어지러움을 일컬음. 渾濁(혼탁). ▶ 混亂(혼란) 混用(혼용)
糸 3 ⑨	紅 붉을 홍　红 hóng　red 붉다. 붉은 빛. 개여뀌. 연지. ㄥ 幺 糸 糸 紅 紅	☞ 실 사(糸)와 만들 공(工). 紅樓[홍루] 부잣집 여자나 미인이 거처하는 집. 기생집. 紅裳[홍상] 붉은 치마. 다홍치마. 紅潮[홍조] 부끄럽거나 취하여 붉어진 얼굴. 紅塵[홍진] 세상의 번거로운 일. 또, 속세. ▶ 紅燈街(홍등가) 紅顔(홍안)
貝 4 ⑪	貨 재화 화　货 huò　goods 재화. 화폐. 물품. 화물. 팔다. 돈. 亻 化 竹 貨 貨 貨	☞ 될 화(化)와 조개 패(貝). 貨物[화물] 비행기·차·배 따위로 실어 나르는 짐. 貨幣[화폐] 상품 교환의 매개물로서, 가치의 척도·지급 　　　　의 방편·축적의 목적물 등으로 유통되는 재물. 載貨[재화] 화물을 차나 배에 실음. 또, 그 화물. ▶ 通貨(통화) 貝貨(패화)
艸 8 ⑫	華 빛날 화　华 huá　brilliant 빛나다. 꽃. 꽃빛. 아름답다. 번성하다. 艹 苩 苩 莖 萆 華	☞ 풀 초(艹·艸)와 드리울 수(垂). 華甲[화갑] 환갑. 곧, 61세(華는 '十'자 여섯과 '一'이 되므로). 華僑[화교] 외국에 나가 사는 중국 사람. 華燭[화촉] 호화로운 등화(燈火). 혼례의식에서의 등화. 華婚[화혼] 남의 혼인을 아름답게 일컫는 말. ▶ 華麗(화려) 華奢(화사) 華嚴(화엄)
石 10 ⑮	確 확실할 확　确 què　true 확실하다. 굳다. 분명. 단단하다. 石 矿 矿 碎 碎 確	☞ 돌 석(石)과 새 높이 날 확(隺). 確固[확고] 확실하고 견고함. 確率[확률] 어떤 일이 일어날 확실성의 정도를 나타내는 수치. 確立[확립] 굳게 섬. 확실하게 정해 움직이지 않음. 確信[확신] 확실히 믿음. 굳게 믿어 의심치 않음. ▶ 確保(확보) 確實(확실) 確約(확약) 確認(확인)
玉 13 ⑰	環 고리 환　环 huán　ring 고리. 두르다. 돌다. 둥근 구슬. 王 珇 珇 環 環 環	☞ 구슬 옥(王·玉)과 눈 휘둥그럴 경(瞏). 環象[환상] 주위를 둘러싸고 있는 일체의 현상. 環海[환해] 사방을 둘러싸고 있는 바다. 循環[순환] 쉬지 않고 잇달아 돎. 指環[지환] 가락지. 반지. ▶ 環境(환경) 環狀(환상)
欠 18 ㉒	歡 기뻐할 환　欢 huān　delight 기뻐하다. 기쁘게 하다. 기쁨. 즐거움. 임. 艹 苩 葟 蘿 歡 歡	☞ 황새 관(雚)과 하품할 흠(欠). 歡談[환담] 정답게 이야기함. 또, 그 이야기. 歡語(환어). 歡樂[환락] 기쁘고 즐거워함. 또는 즐거운 마음으로 놂. 歡迎[환영] 기쁜 마음으로 맞음. 歡呼[환호] 기뻐서 고함을 지름. ▶ 歡待(환대) 歡喜(환희) 交歡(교환)

水 5 ⑧	況	하물며 황 kuàng　much	☞ 물 수(氵·水)와 클 형(兄). 況且〔황차〕 하물며. 더구나. 近況〔근황〕 최근의 상황. 狀況〔상황〕 일이 되어 가는 형편이나 모양. 상태. 盛況〔성황〕 성대한 상황. ▶ 況味(황미) 情況(정황)
	하물며. 더구나. 이에. 형편. 모양. 氵 氵 氵 氾 氾 況		
口 3 ⑥	回	돌아올 회 huí　return	☞ 물건이 회전하는 모양. 回顧〔회고〕 뒤를 돌아 봄. 지난 일을 돌이켜 봄. 回歸〔회귀〕 한 바퀴 돌아 제자리로 돌아옴. 回答〔회답〕 물음에 대답함. 回復〔회복〕 이전 상태와 같이 돌이킴. ▶ 回路(회로) 回收(회수) 回春(회춘) 迂回(우회)
	돌아오다. 돌다. 돌이키다. 간사하다. 丨 冂 冂 冋 回 回		
火 2 ⑥	灰	재 회 huī　ashes	☞ 손 수(𠂇·手)와 불 화(火). 灰壁〔회벽〕 석회를 바른 벽. 灰色〔회색〕 소속이나 주의가 분명하지 않음의 비유. 灰心〔회심〕 사악한 마음을 돌려서 착하고 바른 길로 돌아감. 灰汁〔회즙〕 재에서 우려 낸 물. 잿물. ▶ 灰滅(회멸) 石灰(석회) 洋灰(양회)
	재. 재가 되다. 석회(石灰). 태워 없애다. 一 ナ ナ 为 灰 灰		
厂 7 ⑨	厚	두터울 후 hòu　thick	☞ 언덕 엄(厂)과 높을 고(㫗·高). 厚待〔후대〕 두터운 대우. 후하게 대접함. 또는 그러한 대접. 厚德〔후덕〕 두터운 덕행. 또는 두터운 은덕. 厚朴〔후박〕 인정이 두텁고 거짓이 없음. 厚意〔후의〕 두텁고 인정 있는 마음. 厚情(후정). ▶ 厚斂(후렴) 厚問(후문) 厚薄(후박) 重厚(중후)
	두텁다. 도탑다. 두껍다. 두께. 크다. 一 厂 厂 厚 厚 厚		
人 8 ⑩	候	철 후 hòu　season	☞ 사람 인(亻·人)에 과녁 후(侯). 候補〔후보〕 어떤 지위나 신분에 나가기를 바람. 또 그 사람. 候雁〔후안〕 철을 따라 깃들이는 곳을 바꾸는 기러기. 氣候〔기후〕 날씨의 현상. 測候〔측후〕 기상의 상태·변화를 관측함. ▶ 候鳥(후조) 問候(문후) 徵候(징후)
	철. 절기. 시기. 망루. 염탐. 조짐. 상태. 亻 亻 亻 伊 伊 候		
手 9 ⑫	揮	휘두를 휘 huī　brandish	☞ 손 수(扌·手)와 군사 군(軍). 揮喝〔휘갈〕 큰 소리로 외쳐 지휘함. 揮發〔휘발〕 보통 온도에서 액체가 기체로 변하는 작용. 揮帳〔휘장〕 둘러치는 장막. 指揮〔지휘〕 가르쳐 보여서 일을 하도록 지시함. ▶ 揮毫(휘호) 發揮(발휘)
	휘두르다. 흩뿌리다. 지시하다. 지휘하다. 扌 扌 扩 拒 揎 揮		
口 4 ⑦	吸	숨들이쉴 흡 xī　breath in	☞ 입 구(口)와 미칠 급(及). 吸氣〔흡기〕 들숨. 기운을 빨아들임. 또 그 기운. 吸收〔흡수〕 빨아들임. 흩뿌려 진 물건을 한데 모아들임. 吸煙〔흡연〕 담배를 피움. 吸着〔흡착〕 표면에 달라붙는 현상 ▶ 吸入(흡입) 吸血鬼(흡혈귀) 噓吸(허흡)
	숨 들이쉬다. 마시다. 빨아들이다. 口 口 叮 叨 吸 吸		

| 臼 9 ⑯ | 興 일어날 흥 兴
xīng　flourish
일어나다. 일. 일으키다. 흥하다. 시작.
𠂇 𠂉 𠂎 𦥑 𦥺 興 | ☞ 마주들 여(𦥑)와 같을 동(同).
興起〔흥기〕 떨쳐 일어남. 흥미가 솟아남.
興亡盛衰〔흥망성쇠〕 흥하고 망하고 성하고 쇠함.
興味〔흥미〕 흥을 느끼는 재미.
興趣〔흥취〕 마음이 끌릴 만큼 좋은 멋이나 취미.
▶ 興奮(흥분) 興盛(흥성) 興行(흥행) 復興(부흥) |

| 巾 4 ⑦ |  바랄 희
xī　hope
바라다. 드물다(稀와 通用). 성기다.
丿 ㄨ 𠂇 产 产 希 希 | ☞ 사귈 효(爻:선이 교차한 모양)와 수건 건(巾).
希求〔희구〕 원하고 바람.
希臘〔희랍〕 그리스의 한자말.
希望〔희망〕 어떤 일을 이루고자, 또는 그걸 얻고자 바람.
希少〔희소〕 드물고 적음. 성김. 鮮希(선희).
▶ 希微(희미) 幾希(기희) 知希(지희) |

| 口 9 ⑫ | 喜 기쁠 희
xǐ　delightful
기쁘다. 기쁨. 즐겁다. 좋아하다.
一 十 吉 吉 壴 喜 | ☞ 북 고(壴·鼓)와 입 구(口).
喜懼〔희구〕 즐거움과 두려움.
喜劇〔희극〕 익살과 풍자(諷刺)가 섞인 희극. ↔ 悲劇(비극).
喜悲〔희비〕 기쁨과 슬픔.
喜壽〔희수〕 혼례와 탄생의 경사. 77살.
▶ 喜怒哀樂(희로애락) 喜消息(희소식) 宴喜(연희) |

漢字能力檢定 3級 配定漢字

佳	아름다울 가	亻(人, 사람인변)부 6획 ⑧	絹	명주 견	糸(실사)부 7획 ⑬
架	시렁 가	木(나무목)부 5획 ⑨	遣	보낼 견	辶(辵, 책받침)부 10획 ⑭
却	물리칠 각	卩(㔾, 병부절)부 5획 ⑦	兼	겸할 겸	八(여덟팔)부 8획 ⑩
脚	다리 각	月(肉, 육달월)부 7획 ⑪	謙	겸손할 겸	言(말씀언)부 10획 ⑱
閣	누각 각	門(문문)부 6획 ⑭	庚	일곱째천간 경	广(엄호엄)부 5획 ⑧
刊	책펴낼 간	刂(刀, 선칼도방)부 3획 ⑤	徑	지름길 경	彳(두인변)부 7 ⑩
肝	간 간	月(肉, 육달월)부 3획 ⑦	耕	갈 경	耒(가래뢰)부 4획 ⑩
姦	간사할 간	女(계집녀)부 6획 ⑨	竟	마칠 경	立(설립)부 6획 ⑪
幹	줄기 간	干(방패간)부 10획 ⑬	頃	잠깐 경	頁(머리혈)부 2획 ⑪
懇	간절할 간	心(마음심)부 13획 ⑰	卿	벼슬 경	卩(㔾, 병부절)부 10획 ⑫
渴	목마를 간	氵(水, 삼수변)부 9획 ⑫	硬	굳을 경	石(돌석)부 7획 ⑫
鑑	거울 감	金(쇠금변)부 14획 ㉒	契	맺을 계, 나라이름 글	大(클대)부 6획 ⑨
剛	굳셀 강	刂(刀, 선칼도방)부 8획 ⑩	癸	열째천간 계	癶(필발머리)부 4획 ⑨
綱	벼리 강	糸(실사)부 8획 ⑭	桂	계수나무 계	木(나무목)부 6획 ⑩
鋼	강철 강	金(쇠금)부 8획 ⑯	啓	열 계	言(말씀언)부 2획 ⑨
介	끼일 개	亻(人, 사람인변)부 2획 ④	械	기계 계	木(나무목)부 7획 ⑪
皆	다 개	白(흰백)부 4획 ⑨	溪	시내 계	氵(水, 삼수변)부 10획 ⑬
慨	분개할 개	忄(心, 심방변)부 11획 ⑭	姑	시어미 고	女(계집녀)부 5획 ⑧
蓋	덮을 개	艹(艸, 초두)부 10획 ⑭	枯	마를 고	木(나무목)부 5획 ⑨
概	대개 개	木(나무목)부 11획 ⑮	鼓	북 고	鼓(북고)부 0획 ⑬
距	떨어질 거	足(발족)부 5획 ⑫	稿	볏짚 고	禾(벼화)부 10획 ⑮
乾	하늘, 마를 건	乙(새을)부 10획 ⑪	顧	돌아볼 고	頁(머리혈)부 12획 ㉑
劍	칼 검	刂(刀, 선칼도방)부 13획 ⑮	谷	골 곡	谷(골곡)부 0획 ⑦
憩	쉴 게	心(마음심)부 12 ⑯	哭	울 곡	口(입구)부 7획 ⑩
肩	어깨 견	月(肉, 육달월)부 4획 ⑧	坤	땅 곤	土(흙토)부 5획 ⑧

供	이바지할 공	亻(人, 사람인변)부 6획 ⑧
恭	공손할 공	忄(心, 마음심)부 6획 ⑩
恐	두려울 공	心(마음심)부 6획 ⑩
貢	바칠 공	貝(조개패)부 3획 ⑩
戈	창 과	戈(창과)부 0획 ④
瓜	오이 과	瓜(오이과)부 0획 ⑤
誇	자랑할 과	言(말씀언)부 6획 ⑬
寡	적을 과	宀(갓머리)부 11획 ⑭
郭	둘레 곽	阝(邑, 우부방)부 8획 ⑪
冠	갓 관	冖(민갓머리)부 7획 ⑨
貫	꿸 관	貝(조개패)부 4획 ⑪
慣	버릇 관	忄(心, 심방변)부 11획 ⑭
寬	너그러울 관	宀(갓머리)부 12획 ⑮
館	집 관	食(飠, 밥식)부 8획 ⑰
掛	걸 괘	扌(手, 재방변)부 8획 ⑪
怪	괴이할 괴	忄(心, 심방변)부 5획 ⑧
塊	흙덩이 괴	土(흙토)부 10획 ⑬
愧	부끄러워할 괴	忄(心, 심방변)부 10획 ⑬
壞	무너질 괴	土(흙토)부 16획 ⑲
巧	공교할 교	工(장인공)부 2획 ⑤
郊	들 교	阝(邑, 우부방)부 6획 ⑨
較	비교할 교	車(수레거)부 6획 ⑬
矯	바로잡을 교	矢(화살시)부 12획 ⑰
久	오랠 구	丿(삐침별)부 2획 ③
丘	언덕 구	一(한일)부 4획 ⑤
拘	잡을 구	扌(手, 재방변)부 5획 ⑧
狗	개 구	犭(犬, 개사슴록변)부 5획 ⑧
苟	구차할 구	⺾(艸, 초두)부 5획 ⑨
俱	함께 구	亻(人, 사람인변)부 8획 ⑩
懼	두려워할 구	忄(心, 심방변)부 18획 ㉑
驅	몰 구	馬(말마)부 11획 ㉑
鷗	갈매기 구	鳥(새조)부 11획 ㉒
菊	국화 국	⺾(艸, 초두)부 8획 ⑫
弓	활 궁	弓(활궁)부 0획 ③
拳	주먹 권	扌(手, 재방변)부 6획 ⑩
厥	그 궐	厂(민엄호밑)부 10획 ⑫
鬼	귀신 귀	鬼(귀신귀)부 0획 ⑩
龜	거북 귀, 이름 구, 틀 균	龜(거북귀)부 0획 ⑯
叫	부르짖을 규	口(입구)부 2획 ⑤
閨	안방 규	門(문문)부 6획 ⑭
菌	버섯 균	⺾(艸, 초두)부 8획 ⑫
克	이길 극	儿(어진사람인발)부 5획 ⑦
斤	근 근	斤(날근)부 0획 ④
僅	겨우 근	亻(人, 사람인변)부 11획 ⑬
謹	삼갈 근	言(말씀언)부 11획 ⑱
琴	거문고 금	王(玉, 구슬옥)부 8획 ⑫
禽	날짐승 금	禸(짐승발자국유)부 8획 ⑬
錦	비단 금	金(쇠금)부 8획 ⑯
及	미칠 급	又(또우)부 2획 ④
肯	즐길 긍	月(肉, 육달월)부 4획 ⑧

3급

企	도모할 기	亻(人, 사람인변)부 4획 ⑥		茶	차 다, 차 차	⺾(艸, 초두)부 6획 ⑩
忌	꺼릴 기	心(마음심)부 3획 ⑦		丹	붉을 단	丶(점주)부 3획 ④
其	그 기	八(여덟팔)부 6획 ⑧		旦	아침 단	日(날일)부 1획 ⑤
祈	빌 기	示(보일시)부 4획 ⑨		但	다만 단	亻(人, 사람인변)부 5획 ⑦
豈	어찌 기, 즐길 개	豆(콩두)부 3획 ⑩		淡	맑을 담	氵(水, 삼수변)부 8획 ⑪
既	이미 기	旡(없을무)부 7획 ⑪		潭	못 담	氵(水, 삼수변)부 12획 ⑮
飢	주릴 기	食(飠, 밥식)부 2획 ⑪		畓	논 답	田(밭전)부 4획 ⑨
幾	몇 기	幺(작을요)부 9획 ⑫		踏	밟을 답	足(발족)부 8획 ⑮
棄	버릴 기	木(나무목)부 8획 ⑫		唐	당나라 당	口(입구)부 7획 ⑩
欺	속일 기	欠(하품흠)부 8획 ⑫		糖	엿 당	米(쌀미)부 10획 ⑯
畿	경기 기	田(밭전)부 10획 ⑮		貸	빌릴 대	貝(조개패)부 5획 ⑫
騎	말탈 기	馬(말마)부 8획 ⑱		臺	돈대 대	至(이를지)부 8획 ⑭
緊	긴요할 긴	糸(실사)부 8획 ⑭		刀	칼 도	刀(칼도)부 0획 ②
那	어찌 나, 어조사 내	阝(邑, 우부방)부 4획 ⑦		挑	돋을 도, 멜 조	扌(手, 재방변)부 6획 ⑨
諾	대답할 낙	言(말씀언)부 9획 ⑯		倒	넘어질 도	亻(人, 사람인변)부 8획 ⑩
娘	각시 낭	女(계집녀)부 7획 ⑩		桃	복숭아 도	木(나무목)부 6획 ⑩
乃	이에 내	丿(삐침별)부 1획 ②		途	길 도	辶(辵, 책받침)부 7획 ⑪
奈	어찌 내, 나락 나	大(큰대)부 5획 ⑧		陶	질그릇 도	阝(阜, 좌부변)부 8획 ⑪
耐	견딜 내	而(말이을이)부 3획 ⑨		渡	건널 도	氵(水, 삼수변)부 9획 ⑫
寧	편안할 녕	宀(갓머리)부 11획 ⑭		跳	뛸 도	足(발족)부 6획 ⑬
奴	종 노	女(계집녀)부 2획 ⑤		稻	벼 도	禾(벼화)부 10획 ⑮
濃	짙을 농	氵(水, 삼수변)부 13획 ⑯		篤	도타울 독	竹(대죽)부 10획 ⑯
惱	괴로워할 뇌	忄(心, 심방변)부 9획 ⑫		豚	돼지 돈	豕(돼지시)부 4획 ⑪
腦	뇌 뇌	月(肉, 육달월)부 9획 ⑬		敦	도타울 돈	攵(攴, 등글월문방)부 8획 ⑫
泥	진흙 니	氵(水, 삼수변)부 5획 ⑧		突	부딪칠 돌	穴(구멍혈)부 4획 ⑨

3급

3級 配定漢字 223

凍	얼 동	冫(이수변)부 8획 ⑩
桐	오동나무 동	木(나무목)부 6획 ⑩
鈍	둔할 둔	金(쇠금)부 4획 ⑫
洛	물이름 락	氵(水, 삼수변)부 6획 ⑨
絡	이을 락	糸(실사)부 6획 ⑫
欄	난간 란	木(나무목)부 17획 ㉑
爛	빛날 란	火(불화변)부 17획 ㉑
蘭	난초 란	⺾(艸, 초두)부 17획 ㉑
濫	넘칠 람	氵(水, 삼수변)부 14획 ⑰
藍	쪽 람	⺾(艸, 초두)부 14획 ⑱
浪	물결 랑	氵(水, 삼수변)부 7획 ⑩
郞	사내 랑	阝(邑, 우부방)부 7획 ⑩
廊	복도 랑	广(엄호엄)부 10획 ⑬
掠	노략질할 략	扌(手, 재방변)부 8획 ⑪
涼	서늘할 량	氵(水, 삼수변)부 8획 ⑪
梁	들보 량	木(나무목)부 7획 ⑪
諒	살필 량	言(말씀언)부 8획 ⑮
勵	힘쓸 려	力(힘력)부 15획 ⑰
曆	책력 력	日(날일)부 12획 ⑯
憐	불쌍히여길 련	忄(心, 심방변)부 12획 ⑮
蓮	연꽃 련	⺾(艸, 초두)부 11획 ⑮
聯	잇닿을 련	耳(귀이)부 11획 ⑰
鍊	단련할 련	金(쇠금)부 9획 ⑰
戀	사모할 련	心(마음심)부 19획 ㉓
劣	용렬할 렬	力(힘력)부 4획 ⑥
裂	찢을 렬	衣(옷의)부 6획 ⑫
廉	청렴할 렴	广(엄호엄)부 10획 ⑬
零	떨어질 령	雨(비우)부 5획 ⑬
嶺	재 령	山(뫼산)부 14획 ⑰
靈	신령 령	雨(비우)부 16획 ㉔
爐	화로 로	火(불화변)부 16획 ⑳
露	이슬 로	雨(비우)부 12획 ⑳
鹿	사슴 록	氵(水, 삼수변)부 8획 ⑪
祿	녹 록	示(보일시)부 8획 ⑬
弄	희롱할 롱	廾(스물입발)부 4획 ⑦
雷	천둥 뢰	雨(비우)부 5획 ⑬
賴	의지할 뢰	貝(조개패)부 9획 ⑯
了	마칠 료	亅(뚫을곤)부 1획 ②
淚	눈물 루	氵(水, 삼수변)부 8획 ⑪
累	묶을, 괴롭힐 루	糸(실사)부 5획 ⑪
屢	자주 루	尸(주검시엄)부 11획 ⑭
漏	샐 루	氵(水, 삼수변)부 11획 ⑭
樓	다락 루	木(나무목)부 11획 ⑮
倫	인륜 륜	亻(人, 사람인변)부 8획 ⑩
栗	밤 률	木(나무목)부 6획 ⑩
隆	높을 륭	阝(阜, 좌부변)부 9획 ⑫
陵	언덕 릉	阝(阜, 좌부변)부 8획 ⑪
吏	관리 리	口(입구)부 3획 ⑥
梨	배 리	木(나무목)부 7획 ⑪
裏	속 리	衣(옷의)부 7획 ⑬

3급

履	신 리	尸(주검시엄)부 12획 ⑮
隣	이웃 린	阝(阜, 좌부변)부 12획 ⑮
臨	임할 림	臣(신하신)부 11획 ⑰
麻	삼 마	麻(삼마)부 0획 ⑪
磨	갈 마	石(돌석)부 11획 ⑯
莫	없을 막, 저물 모	艹(艸, 초두)부 7획 ⑪
幕	장막 막	巾(수건건)부 11획 ⑭
漠	사막 막	氵(水, 삼수변)부 11획 ⑭
晩	저물 만	日(날일)부 7획 ⑪
慢	게으를 만	忄(心, 심방변)부 11획 ⑭
漫	질펀할 만	氵(水, 삼수변)부 11획 ⑭
蠻	오랑캐 만	虫(벌레충·훼)부 19획 ㉕
妄	망령될 망	女(계집녀)부 3획 ⑥
忙	바쁠 망	忄(心, 심방변)부 3획 ⑥
忘	잊을 망	心(마음심)부 3획 ⑦
罔	그물 망	罒(网, 그물망머리)부 3획 ⑧
茫	아득할 망	艹(艸, 초두)부 6획 ⑩
埋	묻을 매	土(흙토)부 7획 ⑩
梅	매화 매	木(나무목)부 7획 ⑪
媒	중매할 매	女(계집녀)부 9획 ⑫
麥	보리 맥	麥(보리맥)부 0획 ⑪
盲	소경 맹	目(눈목)부 3획 ⑧
孟	맏 맹	子(아들자)부 5획 ⑧
猛	사나울 맹	犭(犬, 개사슴록변)부 8획 ⑪
盟	맹세할 맹	皿(그릇명)부 8획 ⑬
免	면할 면	儿(어진사람인발)부 5획 ⑦
眠	잠잘 면	目(눈목)부 5획 ⑩
綿	솜 면	糸(실사)부 8획 ⑭
滅	멸할 멸	氵(水, 삼수변)부 10획 ⑬
冥	어두울 명	冖(민갓머리)부 8획 ⑩
銘	새길 명	金(쇠금)부 6획 ⑭
矛	창 모	矛(창모)부 0획 ⑤
某	아무 모	木(나무목)부 5획 ⑨
募	모을 모	力(힘력)부 11획 ⑬
貌	얼굴 모, 본뜰 막	豸(갖은돼지시변)부 7획 ⑭
暮	저물 모	日(날일)부 11획 ⑮
慕	사모할 모	忄(心, 심방변)부 11획 ⑮
謀	꾀할 모	言(말씀언)부 9획 ⑯
沐	머리감을 목	氵(水, 삼수변)부 4획 ⑦
睦	화목할 목	目(눈목)부 8획 ⑬
沒	빠질 몰	氵(水, 삼수변)부 4획 ⑦
夢	꿈 몽	夕(저녁석)부 11획 ⑭
蒙	어릴 몽	艹(艸, 초두)부 10획 ⑭
卯	토끼 묘	卩(卪, 병부절)부 3획 ⑤
苗	모 묘	艹(艸, 초두)부 5획 ⑨
廟	사당 묘	广(엄호엄)부 12획 ⑮
戊	다섯째천간 무	戈(창과)부 1획 ⑤
茂	우거질 무	艹(艸, 초두)부 5획 ⑨
貿	무역할 무	貝(조개패)부 5획 ⑫
霧	안개 무	雨(비우)부 11획 ⑲

3급

墨	먹 묵	土(흙토)부 12획 ⑮
默	말없을 묵	黑(검을흑)부 4획 ⑯
勿	말 물	勹(쌀포)부 2획 ④
尾	꼬리 미	尸(주검시엄)부 4획 ⑦
眉	눈썹 미	目(눈목)부 4획 ⑨
迷	미혹할 미	辶(辵, 책받침)부 6획 ⑩
微	적을 미	彳(두인변)부 10획 ⑬
敏	민첩할 민	攵(攴, 등글월문방)부 7획 ⑪
憫	근심할 민	忄(心, 마음심)부 12획 ⑮
蜜	꿀 밀	虫(벌레충, 훼)부 8획 ⑭
泊	배댈 박	氵(水, 삼수변)부 5획 ⑧
迫	닥칠 박	辶(辵, 책받침)부 5획 ⑨
薄	엷을 박	⺾(艸, 초두)부 13획 ⑰
返	돌아올 반	辶(辵, 책받침)부 4획 ⑧
叛	배반할 반	又(또우)부 7획 ⑨
般	옮길 반	舟(배주)부 4획 ⑩
飯	밥 반	食(飠, 밥식)부 4획 ⑬
盤	소반 반	皿(그릇명)부 10획 ⑮
拔	뺄 발	扌(手, 재방변)부 5획 ⑧
邦	나라 방	阝(邑, 우부방)부 4획 ⑦
芳	꽃다울 방	⺾(艸, 초두)부 4획 ⑧
倣	본받을 방	亻(人, 사람인변)부 8획 ⑩
傍	곁 방	亻(人, 사람인변)부 10획 ⑫
杯	잔 배	木(나무목)부 4획 ⑧
培	북돋을 배, 언덕 부	土(흙토)부 8획 ⑪
排	물리칠 배	扌(手, 재방변)부 8획 ⑪
輩	무리 배	車(수레거)부 8획 ⑮
伯	맏 백	亻(人, 사람인변)부 5획 ⑦
柏	측백나무 백	木(나무목)부 5획 ⑨
煩	번거로울 번	火(불화변)부 9획 ⑬
繁	번성할 번	糸(실사)부 11획 ⑰
飜	날 번	飛(날비)부 12획 ㉑
凡	무릇 범	几(안석궤)부 1획 ③
碧	푸를 벽	石(돌석)부 9획 ⑭
辨	분별할 변, 두루 편	辛(매울신)부 9획 ⑯
丙	남녘 병	一(한일)부 4획 ⑤
竝	아우를 병	立(설립)부 5획 ⑩
屛	병풍 병	尸(주검시엄)부 8획 ⑪
補	기울 보	衣(옷의변)부 7획 ⑫
譜	계보 보	言(말씀언)부 13획 ⑳
卜	점 복	卜(점복)부 0획 ②
腹	배 복	月(肉, 육달월)부 9획 ⑬
封	봉할 봉	寸(마디촌)부 6획 ⑨
峯	산봉우리 봉	山(뫼산)부 7획 ⑩
逢	만날 봉	辶(辵, 책받침)부 7획 ⑪
蜂	벌 봉	虫(벌레충, 훼)부 7획 ⑬
鳳	봉새 봉	鳥(새조)부 3획 ⑭
付	줄 부	亻(人, 사람인변)부 3획 ⑤
扶	도울 부	扌(手, 재방변)부 4획 ⑦
附	붙을 부	阝(阜, 좌부변)부 5획 ⑧

赴	다다를 부	走(달리주)부 2획 ⑨		沙	모래 사	氵(水, 삼수변)부 4획 ⑦
浮	뜰 부	氵(水, 삼수변)부 7획 ⑩		邪	간사할 사 어조사 야	阝(邑, 우부방)부 4획 ⑦
符	부신 부	竹(대죽)부 5획 ⑪		祀	제사 사	示(보일시)부 3획 ⑧
腐	썩을 부	月(肉, 육달월)부 8획 ⑭		捨	버릴 사	扌(手, 재방변)부 8획 ⑪
膚	살갗 부	月(肉, 육달월)부 11획 ⑮		斜	비낄 사	斗(말두)부 7획 ⑪
賦	구실 부	貝(조개패)부 8획 ⑮		蛇	뱀 사	虫(벌레훼·충)부 5획 ⑪
簿	장부 부	竹(대죽)부 13획 ⑲		斯	이 사	斤(날근)부 8획 ⑫
奔	달아날 분	大(큰대)부 6획 ⑨		詐	속일 사	言(말씀언)부 5획 ⑫
紛	어지러울 분	糸(실사)부 4획 ⑩		詞	말 사	言(말씀언)부 5획 ⑫
墳	봉분 분	土(흙토)부 13획 ⑯		賜	줄 사	貝(조개패)부 8획 ⑮
奮	떨칠, 힘쓸 분	大(큰대)부 13획 ⑯		索	동아줄 삭 찾을 색	糸(실사)부 4획 ⑩
弗	아닐 불	弓(활궁)부 2획 ⑤		削	깎을 삭	刂(刀, 선칼도방)부 7획 ⑨
拂	떨칠 불	扌(手, 재방변)부 5획 ⑧		朔	초하루 삭	月(달월)부 6획 ⑩
朋	벗 붕	月(달월)부 4획 ⑧		酸	초 산	酉(닭유)부 7획 ⑭
崩	무너질 붕	山(뫼산)부 8획 ⑪		森	나무빽빽할 삼	木(나무목)부 8획 ⑫
妃	왕비 비	女(계집녀)부 3획 ⑥		尙	오히려 상	小(작을소)부 5획 ⑧
卑	낮을 비	十(열십)부 6획 ⑧		桑	뽕나무 상	木(나무목)부 6획 ⑩
肥	살찔 비	月(肉, 육달월)부 4획 ⑧		祥	상서로울 상	示(보일시)부 6획 ⑪
婢	계집종 비	女(계집녀)부 8획 ⑪		喪	복입을 상	口(입구)부 9획 ⑫
賓	손 빈	貝(조개패)부 7획 ⑭		詳	자세할 상	言(말씀언)부 6획 ⑬
頻	자주 빈	頁(머리혈)부 7획 ⑯		像	형상 상	亻(人, 사람인변)부 12획 ⑭
聘	부를 빙	耳(귀이)부 7획 ⑬		嘗	맛볼 상	口(입구)부 11획 ⑭
巳	뱀 사	巳(己, 몸기)부 0획 ③		裳	치마 상	衣(옷의)부 8획 ⑭
司	맡을 사	口(입구)부 2획 ⑤		償	갚을 상	亻(人, 사람인변)부 15획 ⑰
似	같을 사	亻(人, 사람인변)부 5획 ⑦		霜	서리 상	雨(비우)부 9획 ⑰

3급

塞	변방 새, 막을 색	土(흙토)부 10획 ⑬		訟	송사할 송	言(말씀언)부 4획 ⑪
徐	천천할 서	彳(두인변)부 7획 ⑩		誦	읽을 송	言(말씀언)부 7획 ⑭
恕	용서할 서	心(마음심)부 6획 ⑩		刷	인쇄할 쇄	刂(刀, 선칼도방)부 6획 ⑧
庶	뭇 서	广(엄호엄)부 8획 ⑩		鎖	쇠사슬 쇄	金(쇠금)부 10획 ⑱
敍	차례 서	攵(攴, 등글월문방)부 7획 ⑪		衰	쇠할 쇠	衣(옷의)부 4획 ⑩
暑	더울 서	日(날일)부 9획 ⑬		囚	가둘 수	囗(큰입구몸)부 2획 ⑤
署	관청 서	罒(网, 그물망머리)부 9획 ⑭		帥	장수 수, 거느릴 솔	巾(수건건)부 6획 ⑨
緖	실마리 서	糸(실사)부 9획 ⑮		殊	다를 수	歹(죽을사변)부 6획 ⑩
昔	예 석	日(날일)부 4획 ⑧		須	모름지기 수	頁(머리혈)부 3획 ⑫
析	가를 석	木(나무목)부 4획 ⑧		遂	이룰 수	辶(辵, 책받침)부 9획 ⑬
惜	아낄 석	忄(心, 심방변)부 8획 ⑪		愁	근심 수	心(마음심)부 9획 ⑬
釋	풀 석	釆(분별할변)부 13획 ⑳		睡	졸 수	目(눈목)부 8획 ⑬
旋	돌 선	方(모방)부 7획 ⑪		壽	목숨 수	士(선비사)부 11획 ⑭
禪	고요할 선	示(보일시)부 12획 ⑰		需	구할 수	雨(비우)부 6획 ⑭
涉	건널 섭	氵(水, 삼수변)부 7획 ⑩		誰	누구 수	言(말씀언)부 8획 ⑮
召	부를 소	口(입구)부 2획 ⑤		輸	보낼 수	車(수레거)부 9획 ⑯
昭	밝을 소	日(날일)부 5획 ⑨		隨	따를 수	阝(阜, 좌부변)부 13획 ⑯
疏	트일 소	疋(필필)부 7획 ⑫		雖	비록 수	隹(새추)부 9획 ⑰
訴	소송할 소	言(말씀언)부 5획 ⑫		獸	짐승 수	犭(犬, 개사슴록변)부 15획 ⑲
蔬	나물 소	艹(艸, 초두)부 11획 ⑮		孰	누구 숙	子(아들자)부 8획 ⑪
燒	불사를 소	火(불화변)부 12획 ⑯		淑	맑을 숙	氵(水, 삼수변)부 8획 ⑪
蘇	깨어날 소	艹(艸, 초두)부 16획 ⑳		熟	익을 숙	灬(火, 불화발)부 11획 ⑮
騷	떠들 소	馬(말마)부 10획 ⑳		旬	열흘 순	日(날일)부 2획 ⑥
粟	조 속	米(쌀미)부 6획 ⑫		巡	돌 순	巛(川, 개미허리)부 4획 ⑦
率	거느릴 솔, 비율 률	玄(검을현)부 6획 ⑪		盾	방패 순	目(눈목)부 4획 ⑨

3급

殉	따라죽을 순	歹(죽을사변)부 6획 ⑩		我	나 아	戈(창과)부 3획 ⑦
脣	입술 순	月(肉, 육달월)부 7획 ⑪		亞	버금 아	二(두이)부 6획 ⑧
循	돌 순	彳(두인변)부 9획 ⑫		芽	싹 아	⺾(艸, 초두)부 4획 ⑧
瞬	눈깜짝할 순	目(눈목)부 12획 ⑰		阿	언덕 아	阝(阜, 좌부변)부 5획 ⑧
戌	개 술	戈(창과)부 2획 ⑥		雅	우아할 아	隹(새추)부 4획 ⑫
述	지을 술	辶(辵, 책받침)부 5획 ⑨		餓	주릴 아	食(飠, 밥식)부 7획 ⑯
拾	주울 습, 열 십	扌(手, 재방변)부 6획 ⑨		岳	큰산 악	山(뫼산)부 5획 ⑧
濕	젖을 습	氵(水, 삼수변)부 14획 ⑰		岸	언덕 안	山(뫼산)부 5획 ⑧
襲	엄습할 습	衣(옷의)부 16획 ㉒		雁	기러기 안	隹(새추)부 4획 ⑫
升	되 승	十(열십)부 2획 ④		顔	얼굴 안	頁(머리혈)부 9획 ⑱
昇	오를 승	日(날일)부 4획 ⑧		謁	아뢸 알	言(말씀언)부 9획 ⑯
乘	탈 승	丿(삐침별)부 9획 ⑩		巖	바위 암	山(뫼산)부 20획 ㉓
僧	중 승	亻(人, 사람인변)부 12획 ⑭		央	가운데 앙	大(큰대)부 2획 ⑤
矢	화살 시	矢(화살시)부 0획 ⑤		仰	우러를 앙	亻(人, 사람인변)부 4획 ⑥
侍	모실 시	亻(人, 사람인변)부 6획 ⑧		殃	재앙 앙	歹(죽을사변)부 5획 ⑨
飾	꾸밀 식	食(飠, 밥식)부 5획 ⑭		哀	슬플 애	口(입구)부 6획 ⑨
伸	펼 신	亻(人, 사람인변)부 5획 ⑦		涯	물가 애	氵(水, 삼수변)부 8획 ⑪
辛	매울 신	辛(매울신)부 0획 ⑦		厄	재앙 액	厂(민엄호밑)부 2획 ④
晨	새벽 신	日(날일)부 7획 ⑪		也	잇기, 또 야	乙(새을)부 2획 ③
愼	삼갈 신	忄(心, 심방변)부 10획 ⑬		耶	어조사 야, 간사할 사	耳(귀이)부 3획 ⑨
甚	심할 심	甘(달감)부 4획 ⑨		若	같을 약, 반야 야	⺾(艸, 초두)부 5획 ⑨
尋	찾을 심	寸(마디촌)부 9획 ⑫		揚	오를 양	扌(手, 재방변)부 9획 ⑫
審	살필 심	宀(갓머리)부 12획 ⑮		楊	버들 양	木(나무목)부 9획 ⑬
雙	쌍 쌍	隹(새추)부 10획 ⑱		壤	흙 양	土(흙토)부 17획 ⑳
牙	어금니 아	牙(어금니아)부 0획 ④		讓	사양할 양	言(말씀언)부 17획 ㉔

3급

於	어조사 어	方(모방)부 4획 ⑧
御	어거할 어	彳(두인변)부 8획 ⑪
抑	누를 억	扌(手, 재방변)부 4획 ⑦
憶	생각할 억	忄(心, 심방변)부 13획 ⑯
焉	어찌 언	灬(火, 불화발)부 7획 ⑪
予	나, 줄 여	亅(갈고리궐)부 3획 ④
汝	너 여	氵(水, 삼수변)부 3획 ⑥
余	나 여	亻(人, 사람인변)부 5획 ⑦
輿	가마, 수레 여	車(수레거)부 10획 ⑰
亦	또 역	亠(돼지해머리)부 4획 ⑥
役	부릴 역	彳(두인변)부 4획 ⑦
疫	염병 역	疒(병질엄)부 4획 ⑨
譯	통변할 역	言(말씀언)부 13획 ⑳
驛	역참 역	馬(말마)부 13획 ㉓
沿	따를 연	氵(水, 삼수변)부 5획 ⑧
宴	잔치 연	宀(갓머리)부 7획 ⑩
軟	연할 연	車(수레거)부 4획 ⑪
硯	벼루 연	石(돌석)부 7획 ⑫
燕	제비 연	灬(火, 불화발)부 12획 ⑯
悅	기쁠 열	忄(心, 심방변)부 7획 ⑩
炎	불꽃 염	火(불화변)부 4획 ⑧
染	물들일 염	木(나무목)부 5획 ⑨
鹽	소금 염	鹵(소금밭로)부 13획 ㉔
泳	헤엄칠 영	氵(水, 삼수변)부 5획 ⑧
詠	읊을 영	言(말씀언)부 5획 ⑫
影	그림자 영	彡(터럭삼, 삐친석삼)부 12획 ⑮
銳	날카로울 예	金(쇠금)부 7획 ⑮
譽	명예 예	言(말씀언)부 14획 ㉑
汚	더러울 오	氵(水, 삼수변)부 3획 ⑥
吾	나 오	口(입구)부 4획 ⑦
娛	즐거워할 오	女(계집녀)부 7획 ⑩
悟	깨달을 오	忄(心, 심방변)부 7획 ⑩
烏	까마귀 오	灬(火, 불화발)부 6획 ⑩
梧	벽오동나무 오	木(나무목)부 7획 ⑪
嗚	탄식할 오	口(입구)부 10획 ⑬
傲	거만할 오	亻(人, 사람인변)부 11획 ⑬
獄	감옥 옥	犭(犬, 개사슴록변)부 10획 ⑭
翁	늙은이 옹	羽(깃우)부 4획 ⑩
瓦	기와 와	瓦(기와와)부 0획 ⑤
臥	누울 와	臣(신하신)부 2획 ⑧
緩	느릴 완	糸(실사)부 9획 ⑮
曰	가로되 왈	曰(가로왈)부 0획 ④
畏	두려워할 외	田(밭전)부 4획 ⑨
搖	흔들 요	扌(手, 재방변)부 10획 ⑬
腰	허리 요	月(肉, 육달월)부 9획 ⑬
遙	멀 요	辶(辵, 책받침)부 10획 ⑭
辱	욕될 욕	辰(별진)부 3획 ⑩
欲	하고자할 욕	欠(하품흠)부 7획 ⑪
慾	욕심 욕	心(마음심)부 11획 ⑮
庸	떳떳할 용	广(엄호엄)부 8획 ⑪

3급

又 또 우	又(또우)부 0획 ②
于 어조사 우	二(두이)부 1획 ③
尤 더욱 우	尢(절름발이왕)부 1획 ④
宇 집 우	宀(갓머리)부 3획 ⑥
羽 깃 우	羽(깃우)부 0획 ⑥
偶 짝 우	亻(人, 사람인변)부 9획 ⑪
愚 어리석을 우	心(마음심)부 9획 ⑬
憂 근심 우	心(마음심)부 11획 ⑮
云 이를 운	二(두이)부 2획 ④
韻 운 운	音(소리음)부 10획 ⑲
越 넘을 월	走(달릴주)부 5획 ⑫
胃 밥통 위	月(肉, 육달월)부 5획 ⑨
違 어길 위	辶(辵, 책받침)부 9획 ⑬
僞 거짓 위	亻(人, 사람인변)부 12획 ⑭
緯 씨 위	糸(실사)부 9획 ⑮
謂 이를 위	言(말씀언)부 9획 ⑯
幼 어릴 유	幺(작을요)부 2획 ⑤
酉 닭 유	酉(닭유)부 0획 ⑦
幽 그윽할 유	幺(작을요)부 6획 ⑨
柔 부드러울 유	木(나무목)부 5획 ⑨
唯 오직 유	口(입구)부 8획 ⑪
悠 멀 유	心(마음심)부 7획 ⑪
惟 생각할 유	忄(心, 심방변)부 8획 ⑪
猶 오히려 유	犭(犬, 개사슴록변)부 9획 ⑫
裕 넉넉할 유	衣(옷의)부 7획 ⑫
愈 나을 유	心(마음심)부 9획 ⑬
維 맬 유	糸(실사)부 8획 ⑭
誘 꾈 유	言(말씀언)부 7획 ⑭
閏 윤달 윤	門(문문)부 4획 ⑫
潤 윤택할 윤	氵(水, 삼수변)부 12획 ⑮
乙 새 을	乙(새을)부 0획 ①
吟 읊을 음	口(입구)부 4획 ⑦
淫 음란할 음	氵(水, 삼수변)부 8획 ⑪
泣 울 읍	氵(水, 삼수변)부 5획 ⑧
矣 어조사 의	矢(화살시)부 2획 ⑦
宜 마땅할 의	宀(갓머리)부 5획 ⑧
巳 이미 이	己(몸기)부 0획 ③
夷 오랑캐 이	大(큰대)부 3획 ⑥
而 말이을 이	而(말이을이)부 0획 ⑥
貳 두 이	貝(조개패)부 5획 ⑫
翼 날개 익	羽(깃우)부 11획 ⑰
刃 칼날 인	刀(칼도)부 1획 ③
忍 참을 인	心(마음심)부 3획 ⑦
姻 혼인할 인	女(계집녀)부 6획 ⑨
寅 셋째지지(범) 인	宀(갓머리)부 8획 ⑪
壹 한 일	士(선비사)부 9획 ⑫
逸 잃을 일	辶(辵, 책받침)부 8획 ⑫
壬 아홉째천간 임	士(선비사)부 1획 ④
賃 품팔 임	貝(조개패)부 6획 ⑬
刺 찌를 자	刂(刀, 선칼도방)부 6획 ⑧

茲	이 자	⺾(艸, 초두)부 6획 ⑩	笛	피리 적	竹(대죽)부 5획 ⑪
恣	방자할 자	心(마음심)부 6획 ⑩	跡	자취 적	足(발족)부 6획 ⑬
紫	자줏빛 자	糸(실사)부 5획 ⑪	摘	딸 적	扌(手, 재방변)부 11획 ⑭
雌	암컷 자	隹(새추)부 5획 ⑬	滴	물방울 적	氵(水, 삼수변)부 11획 ⑭
慈	사랑할 자	心(마음심)부 10획 ⑭	蹟	자취 적	足(발족)부 11획 ⑱
酌	따를 작	酉(닭유)부 3획 ⑩	漸	점점 점	氵(水, 삼수변)부 11획 ⑭
爵	벼슬 작	爪(손톱머리)부 14획 ⑱	蝶	나비 접	虫(벌레충, 훼)부 9획 ⑮
暫	잠깐 잠	日(날일)부 11획 ⑮	井	우물 정	二(두이)부 2획 ④
潛	잠길 잠	氵(水, 삼수변)부 12획 ⑮	廷	조정 정	廴(민책받침)부 4획 ⑦
蠶	누에 잠	虫(벌레충·훼)부 18획 ㉔	征	갈, 칠 정	彳(두인변)부 5획 ⑧
丈	어른 장	一(한일)부 2획 ③	亭	정자 정	亠(돼지해머리)부 7획 ⑨
莊	장중할 장	⺾(艸, 초두)부 7획 ⑪	訂	바로잡을 정	言(말씀언)부 2획 ⑨
掌	손바닥 장	扌(手, 재방변)부 8획 ⑫	貞	곧을 정	貝(조개패)부 2획 ⑨
粧	단장할 장	米(쌀미)부 6획 ⑫	淨	깨끗할 정	氵(水, 삼수변)부 8획 ⑪
葬	장사지낼 장	⺾(艸, 초두)부 9획 ⑬	頂	정수리 정	頁(머리혈)부 2획 ⑪
牆	담 장	爿(장수장변)부 13획 ⑰	堤	방죽 제	土(흙토)부 9획 ⑫
藏	감출 장	⺾(艸, 초두)부 14획 ⑱	齊	가지런할 제, 재계 재	齊(가지런할제)부 0획 ⑭
臟	오장 장	月(肉, 육달월)부 18획 ㉒	諸	모든 제, 김치 저	言(말씀언)부 9획 ⑯
哉	어조사 재	口(입구)부 6획 ⑨	弔	조상할 조	弓(활궁)부 1획 ④
栽	심을 재	木(나무목)부 6획 ⑩	兆	조짐 조	儿(어진사람인발)부 4획 ⑥
裁	마를 재	衣(옷의)부 6획 ⑫	租	구실 조, 쌀 저	禾(벼화)부 5획 ⑩
載	실을 재	車(수레거)부 6획 ⑬	照	비칠 조	灬(火, 불화발)부 9획 ⑬
抵	거스를 저	扌(手, 재방변)부 5획 ⑧	燥	마를 조	火(불화변)부 13획 ⑰
著	지을 저, 붙을 착	⺾(艸, 초두)부 9획 ⑬	拙	졸할 졸	扌(手, 재방변)부 5획 ⑧
寂	고요할 적	宀(갓머리)부 8획 ⑪	縱	세로 종	糸(실사)부 11획 ⑰

坐	앉을 좌	土(흙토)부 4획 ⑦	疾	병 질	疒(병질엄)부 5획 ⑩
佐	도울 좌	亻(人, 사람인변)부 5획 ⑦	秩	차례 질	禾(벼화)부 5획 ⑩
舟	배 주	舟(배주)부 0획 ⑥	執	잡을 집	土(흙토)부 8획 ⑪
宙	집 주	宀(갓머리)부 5획 ⑧	徵	부를 징	彳(두인변)부 12획 ⑮
柱	기둥 주	木(나무목)부 5획 ⑨	懲	혼날, 징계 징	心(마음심)부 15획 ⑲
洲	섬 주	氵(水, 삼수변)부 6획 ⑨	且	또 차, 많을 저	一(한일)부 4획 ⑤
株	그루 주	木(나무목)부 6획 ⑩	此	이 차	止(그칠지)부 2획 ⑥
俊	준걸 준	亻(人, 사람인변)부 7획 ⑨	借	빌릴 차	亻(人, 사람인변)부 8획 ⑩
遵	좇을 준	辶(辵, 책받침)부 12획 ⑯	捉	잡을 착	扌(手, 재방변)부 7획 ⑩
仲	버금 중	亻(人, 사람인변)부 4획 ⑥	錯	섞일 착, 둘 조	金(쇠금)부 8획 ⑯
卽	곧 즉	卩(㔾, 병부절)부 7획 ⑨	贊	도울 찬	貝(조개패)부 12획 ⑲
症	병 증	疒(병질엄)부 5획 ⑩	慘	참혹할 참	忄(心, 심방변)부 11획 ⑭
曾	일찍 증	曰(가로왈)부 8획 ⑫	慙	부끄러울 참	心(마음심)부 11획 ⑮
蒸	찔 증	艹(艸, 초두)부 10획 ⑭	昌	창성할 창	日(날일)부 4획 ⑧
憎	미워할 증	忄(心, 심방변)부 12획 ⑮	倉	창고 창	亻(人, 사람인변)부 8획 ⑩
贈	줄 증	貝(조개패)부 12획 ⑲	暢	펼 창	日(날일)부 10획 ⑭
之	갈 지	丿(삐침별)부 3획 ④	滄	찰 창	氵(水, 삼수변)부 9획 ⑫
只	다만 지	口(입구)부 2획 ⑤	蒼	푸를 창	艹(艸, 초두)부 10획 ⑭
池	못 지	氵(水, 삼수변)부 3획 ⑥	彩	채색 채	彡(터럭삼, 삐친석삼)부 8획 ⑪
枝	가지 지	木(나무목)부 4획 ⑧	菜	나물 채	艹(艸, 초두)부 8획 ⑫
遲	늦을 지	辶(辵, 책받침)부 12획 ⑯	債	빚 채	亻(人, 사람인변)부 11획 ⑬
辰	별 진, 날 신	辰(별진)부 0획 ⑦	策	꾀 책	竹(대죽)부 6획 ⑫
振	떨칠 진	扌(手, 재방변)부 7획 ⑩	妻	아내 처	女(계집녀)부 5획 ⑧
陳	늘어놓을 진	阝(阜, 좌부변)부 8획 ⑪	悽	슬퍼할 처	忄(心, 심방변)부 8획 ⑪
鎭	진압할 진	金(쇠금)부 10획 ⑱	尺	자 척	尸(주검시엄)부 1획 ④
姪	조카 질	女(계집녀)부 6획 ⑨	斥	물리칠 척	斤(날근)부 1획 ⑤

3급

3級 配定漢字 233

拓 넓힐 척, 박을 탁 扌(手, 재방변)부 5획 ⑧
戚 겨레 척 戈(창과)부 7획 ⑪
淺 얕을 천 氵(水, 삼수변)부 8획 ⑪
賤 천할 천 貝(조개패)부 8획 ⑮
踐 밟을 천 足(발족)부 8획 ⑮
遷 옮길 천 辶(辵, 책받침)부 12획 ⑯
薦 천거할 천 艹(艸, 초두)부 13획 ⑰
哲 밝을 철 口(입구)부 7획 ⑩
徹 통할 철 彳(두인변)부 12획 ⑮
尖 뾰족할 첨 小(작을소)부 3획 ⑥
添 더할 첨 扌(手, 재방변)부 8획 ⑪
妾 첩 첩 女(계집녀)부 5획 ⑧
晴 갤 청 日(날일)부 8획 ⑫
替 바꿀 체 曰(가로왈)부 8획 ⑫
抄 가릴 초 扌(手, 재방변)부 4획 ⑦
肖 닮을 초, 꺼질 소 月(肉, 육달월)부 3획 ⑦
秒 초 초, 까끄라기 묘 禾(벼화)부 4획 ⑨
超 넘을 초 走(달릴주)부 5획 ⑫
礎 주춧돌 초 石(돌석)부 13획 ⑱
促 재촉할 촉 亻(人, 사람인변)부 7획 ⑨
燭 촛불 촉 火(불화변)부 13획 ⑰
觸 닿을 촉 角(뿔각)부 13획 ⑳
聰 귀밝을 총 耳(귀이)부 11획 ⑰
催 재촉할 최 亻(人, 사람인변)부 11획 ⑬
抽 뺄 추 扌(手, 재방변)부 5획 ⑧
追 따를 추, 갈 퇴 辶(辵, 책받침)부 6획 ⑩

醜 더러울 추 酉(닭유)부 10획 ⑰
丑 소 축 一(한일)부 3획 ④
畜 가축 축 田(밭전)부 5획 ⑩
逐 쫓을 축 辶(辵, 책받침)부 7획 ⑪
衝 찌를 충 行(갈행)부 9획 ⑮
吹 불 취 口(입구)부 4획 ⑦
臭 냄새 취 自(스스로자)부 4획 ⑩
醉 취할 취 酉(닭유)부 8획 ⑮
側 곁 측 亻(人, 사람인변)부 9획 ⑪
値 값 치 亻(人, 사람인변)부 8획 ⑩
恥 부끄러울 치 心(마음심)부 6획 ⑩
稚 어릴 치 禾(벼화)부 8획 ⑬
漆 옻 칠 氵(水, 삼수변)부 11획 ⑭
沈 잠길 침 氵(水, 삼수변)부 4획 ⑦
枕 베개 침 木(나무목)부 4획 ⑧
浸 담글 침 氵(水, 삼수변)부 7획 ⑩
妥 평온할 타 女(계집녀)부 4획 ⑦
墮 떨어질 타 土(흙토)부 12획 ⑮
托 밀 탁 扌(手, 재방변)부 3획 ⑥
琢 쫄 탁 王(玉, 구슬옥)부 8획 ⑫
濁 흐릴 탁 氵(水, 삼수변)부 13획 ⑯
濯 씻을 탁 氵(水, 삼수변)부 14획 ⑰
奪 빼앗을 탈 大(큰대)부 11획 ⑭
貪 탐낼 탐 貝(조개패)부 4획 ⑪
塔 탑 탑 土(흙토)부 10획 ⑬
湯 끓일 탕 氵(水, 삼수변)부 9획 ⑫

3급

怠	게으를 태	心(심방변)부 5획 ⑨	漂	떠돌 표	氵(水, 삼수변)부 11획 ⑭
殆	위태로울 태	歹(죽을사변)부 5획 ⑨	楓	단풍나무 풍	木(나무목)부 9획 ⑬
泰	클 태	水(水, 물수)부 5획 ⑩	皮	가죽 피	皮(가죽피)부 0획 ⑤
澤	못 택	氵(水, 삼수변)부 13획 ⑯	彼	저 피	彳(두인변)부 5획 ⑧
吐	토할 토	口(입구)부 3획 ⑥	被	이불 피	衤(옷의)부 5획 ⑩
兎	토끼 토	儿(어진사람인발)부 6획 ⑧	匹	짝 필	匸(감출혜몸)부 2획 ④
透	통할 투	辶(辵, 책받침)부 7획 ⑪	畢	마칠 필	田(밭전)부 6획 ⑪
頗	자못, 치우칠 파	頁(머리혈)부 5획 ⑭	何	어찌 하	亻(人, 사람인변)부 5획 ⑦
播	씨뿌릴 파	扌(手, 재방변)부 12획 ⑮	荷	멜 하	艹(艸, 초두)부 7획 ⑪
罷	파할 파	罒(网, 그물망머리)부 10획 ⑮	賀	하례할 하	貝(조개패)부 5획 ⑫
版	판목 판	片(조각편)부 4획 ⑧	鶴	두루미 학	鳥(새조)부 10획 ㉑
販	팔 판	貝(조개패)부 4획 ⑪	汗	땀 한	氵(水, 삼수변)부 3획 ⑥
貝	조개 패	貝(조개패)부 0획 ⑦	旱	가물 한	日(날일)부 3획 ⑦
片	조각 편	片(조각편)부 0획 ④	割	나눌 할	刂(刀, 선칼도방)부 10획 ⑫
遍	두루 편, 두루 변	辶(辵, 책받침)부 9획 ⑬	含	머금을 함	口(입구)부 4획 ⑦
編	엮을 편, 땋을 변	糸(실사)부 9획 ⑮	咸	다 함, 덜 감	口(입구)부 6획 ⑨
肺	허파 폐	月(肉, 육달월)부 4획 ⑧	陷	빠질 함	阝(阜, 좌부변)부 8획 ⑪
幣	비단 폐	巾(수건건)부 12획 ⑮	巷	거리 항	己(몸기)부 6획 ⑨
廢	폐할 폐	广(엄호엄)부 12획 ⑮	恒	항상 항	忄(心, 심방변)부 6획 ⑨
弊	해질 폐	廾(스물입발)부 12획 ⑮	項	목 항	頁(머리혈)부 3획 ⑫
蔽	가릴 폐	艹(艸, 초두)부 12획 ⑯	亥	돼지 해	亠(돼지해머리)부 4획 ⑥
抱	안을 포	扌(手, 재방변)부 5획 ⑧	奚	어찌 해	大(큰대)부 7획 ⑩
捕	잡을 포	扌(手, 재방변)부 7획 ⑩	該	갖출 해	言(말씀언)부 6획 ⑬
浦	갯가 포	氵(水, 삼수변)부 7획 ⑩	享	누릴 향	亠(돼지해머리)부 6획 ⑧
飽	배부를 포	食(倉, 밥식)부 5획 ⑭	響	울릴 향	音(소리음)부 13획 ㉒
幅	폭 폭, 행전 핍	巾(수건건)부 9획 ⑫	軒	처마 헌	車(수레거)부 3획 ⑩

獻	바칠 헌	犬(개견)부 16획 ⑳		禾	벼 화	禾(벼화)부 0획 ⑤
玄	검을 현	玄(검을현)부 0획 ⑤		禍	재앙 화	示(보일시)부 9획 ⑭
弦	활시위 현	弓(활궁)부 5획 ⑧		擴	넓힐 확	扌(手, 재방변)부 15획 ⑱
絃	악기줄 현	糸(실사)부 5획 ⑪		穫	거둘 확	禾(벼화)부 14획 ⑲
縣	고을 현	糸(실사)부 10획 ⑯		丸	알 환	丶(점주)부 2획 ③
懸	매달 현	心(마음심)부 16획 ⑳		換	바꿀 환	扌(手, 재방변)부 9획 ⑫
穴	구멍 혈	穴(구멍혈)부 0획 ⑤		還	돌아올 환, 돌 선	辶(辵, 책받침)부 13획 ⑰
脅	겨드랑이, 의를 협	月(肉, 육달월)부 6획 ⑩		皇	임금 황	白(흰백)부 4획 ⑨
亨	형통할 형, 삶을 팽	亠(돼지해머리)부 5획 ⑦		荒	거칠 황	⺿(艸, 초두)부 6획 ⑥
螢	개똥벌레 형	虫(벌레충·훼)부 10획 ⑯		悔	뉘우칠 회	忄(心, 심방변)부 7획 ⑩
兮	어조사 혜	八(여덟팔)부 2획 ④		懷	품을 회	忄(心, 심방변)부 16획 ⑲
慧	지혜 혜	心(마음심)부 11획 ⑮		劃	그을 획	刂(刀, 선칼도방)부 12획 ⑭
互	서로 호	二(두이)부 2획 ④		獲	얻을 획	犭(犬, 개사슴록변)부 14획 ⑰
乎	온, 그런가 호	丿(삐침별)부 4획 ⑤		橫	가로 횡	木(나무목)부 12획 ⑯
虎	범 호	虍(범호엄)부 2획 ⑧		曉	새벽 효	日(날일)부 12획 ⑯
胡	오랑캐 호	月(肉, 육달월)부 5획 ⑨		侯	제후 후	亻(人, 사람인변)부 7획 ⑨
浩	넓을 호	氵(水, 삼수변)부 7획 ⑩		喉	목구멍 후	口(입구)부 9획 ⑫
毫	가는털 호	毛(털모)부 7획 ⑪		毁	헐 훼	殳(갖은등글월문방)부 9획 ⑬
豪	호걸 호	豕(돼지시)부 7획 ⑭		輝	빛날 휘	車(수레거)부 8획 ⑮
惑	혹 혹	戈(창과)부 4획 ⑧		携	가질 휴	扌(手, 재방변)부 10획 ⑬
昏	어두울 혼	日(날일)부 4획 ⑧		胸	가슴 흉	月(肉, 육달월)부 6획 ⑩
魂	넋 혼	鬼(귀신귀)부 4획 ⑭		稀	드물 희	禾(벼화)부 7획 ⑫
忽	문득 홀	心(마음심)부 4획 ⑧		熙	빛날 희	灬(火, 불화발)부 9획 ⑬
弘	넓을 홍	弓(활궁)부 2획 ⑤		噫	탄식할 희	口(입구)부 13획 ⑯
洪	클, 넓을 홍	氵(水, 삼수변)부 6획 ⑨		戱	놀, 희롱할 희	戈(창과)부 13획 ⑰
鴻	기러기 홍	鳥(새조)부 6획 ⑰				

3급

人 6 ⑧	**佳** 아름다울 가 jiā　beautiful 아름답다. 좋다. 좋아하다. 亻 亻 仁 仕 佳 佳	☞ 사람 인(亻·人)과 서옥 규(圭 : 균형 잡힘). 佳境〔가경〕 재미있는 판. 묘미를 느끼는 고비. 佳約〔가약〕 가인과 만날 언약. 또는 부부가 되는 약속. 佳作〔가작〕 당선작으로 인정하기는 어려우나 잘 된 작품. 絕佳〔절가〕 더없이 훌륭하고 좋음. 뛰어나게 아름다움. ▶ 佳宴(가연) 佳人(가인) 佳肴(가효)
木 5 ⑨	**架** 시렁 가 jiā　shelf 시렁. 도리〔桁〕. 말뚝. 잠자리. 침대. 加 加 加 架 架 架	☞ 나무 목(木)과 더할 가(加). 架空〔가공〕 근거가 없음. 사실이 아님. 架橋〔가교〕 다리를 놓음. 또는 놓은 다리. 書架〔서가〕 책을 얹어 두는 시렁. 十字架〔십자가〕 예수가 사형 받던 형틀. ▶ 架設(가설) 架子(가자)
卩 5 ⑦	**却** 물리칠 각 què　reject 물리치다. 물러남. 어조사. 되돌아가다. 十 土 去 去 去' 却	☞ 갈 거(去)와 몸기 절(卩). 却說〔각설〕 말머리를 돌릴 때, 허두로 쓰는 말. 却走〔각주〕 뒤로 물러나 달아남. 후퇴하여 달아남. 棄却〔기각〕 버려 두고 문제삼지 않음. 退却〔퇴각〕 뒤로 물러남. 退去(퇴거). 패하여 후퇴함. ▶ 却望(각망) 却下(각하) 忘却(망각)
肉 7 ⑪	**脚** 다리 각 jiǎo　leg 다리. 물건 떠받치는 것. 걸음걸이. 月 月 肚 胠 胠 脚	☞ 육달 월(月·肉)과 뒤로 물러날 각(却). 脚本〔각본〕 연극의 무대 장치 및 대사 등을 적은 책. 脚注〔각주〕 본문 아래 난(欄) 밖에 다는 주석(注釋). 健脚〔건각〕 튼튼한 다리. 튼튼해 잘 걸음. 또는 그런 사람. 馬脚〔마각〕 가식(假飾)하여 숨긴 본성이나 진상(眞相). ▶ 脚光(각광) 脚線美(각선미) 橋脚(교각)
門 6 ⑭	**閣** 누각 각 阁 gé　doorjamb 누각. 다락집. 세우다. 멈춤. 문갑(文匣). 丨 冂 門 門 閂 閣	☞ 문 문(門)과 각각 각(各). 閣僚〔각료〕 내각을 조직하는 각부의 장관. 閣下〔각하〕 전각(殿閣)의 아래. 귀인에 대한 높임말. 樓閣〔누각〕 사방을 바라볼 수 있게 높이 지은 집. 다락집. 殿閣〔전각〕 殿이나 閣의 이름이 붙은 큰집. 궁전과 누각. ▶ 閣議(각의) 內閣(내각)
刀 3 ⑤	**刊** 책펴낼 간 kān　publish 책 펴내다. 깎다. 새김. 자르다. 벰. 덜다. 一 二 干 刊 刊	☞ 방패 간(干)과 칼 도(刂·刀). 刊刻〔간각〕 글자를 새김. 책을 펴냄. 刊行(간행). 刊行〔간행〕 책을 인쇄하여 세상에 널리 펴냄. 新刊〔신간〕 새로 책을 간행함. 또는 그 책. 創刊〔창간〕 정기 간행물을 처음으로 간행함. ▶ 刊本(간본) 刊印(간인)
肉 3 ⑦	**肝** 간 간 gān　liver 간. 간장. 정성. 충정. 月 月 月 月' 肝 肝	☞ 고기 육(月·肉)과 방패 간(干 : 줄기〔幹〕를 가리킴). 肝膽〔간담〕 간장과 담낭. 간과 쓸개. 참마음. 진심. 肝要〔간요〕 중요함. 썩 요긴함. 肝臟〔간장〕 오장의 하나. 간. 忠肝〔충간〕 충성스러운 마음. 진정으로 임금을 섬기는 마음. ▶ 肝膽相照(간담상조) 心肝(심간)

女 6 ⑨	姦 간사할 간 奸 jiān　adultery 간사하다. 속임. 간음하다. 어지럽히다. ㄑ ㄨ 女 奻 姦 姦	☞ 여자가 북적대는 것으로 '음란'의 뜻을 나타냄. 姦邪〔간사〕간교하고 행실이 바르지 못함. 奸邪(간사). 姦臣〔간신〕간사한 신하. 奸臣(간신). 姦淫〔간음〕남녀간의 부정한 교접(交接). 불륜한 정사(情事). 姦通〔간통〕배우자 이외의 이성(異性)과 성교하는 일. ▶ 姦計(간계) 強姦(강간) 和姦(화간)
干 10 ⑬	幹 줄기 간 干 gàn　trunk 줄기. 기둥. 근본. 본질. 몸. 뼈대. 옆구리. 十 古 卓 幹 幹 幹	☞ 해돋을 간(倝 : 깃대 모양)과 방패 간(干). 幹略〔간략〕재간과 지략. 재간과 모략. 幹部〔간부〕조직에서 중심을 이루는 수뇌부. 또는 그 임원. 幹線〔간선〕철도·도로 등의 주요한 선로. ↔ 支線(지선). 根幹〔근간〕뿌리와 줄기. 근본. ▶ 幹流(간류) 幹事(간사) 基幹(기간)
心 13 ⑰	 간절할 간 恳 kěn　sincerity 간절하다. 간절히. 정성. 豸 豸' 豸艮 懇 懇	☞ 정성스러울 간(貇)과 마음 심(心). 懇曲〔간곡〕간절하고 곡진함. 懇求〔간구〕간절히 요구함. 懇切〔간절〕간곡하고 지성스러움. 절실함. 懇請〔간청〕간절히 청함. ▶ 懇談(간담) 精懇(정간) 忠懇(충간)
水 9 ⑫	 목마를 갈 kě 목마르다. 갈증. 서두르다. 물 잦다. 氵 氵 氵日 渇 渇 渇	☞ 물 수(氵·水)와 그칠 갈(曷). 渴求〔갈구〕몹시 애써서 구함. 渴望〔갈망〕목말라 물을 찾듯이 몹시 바람. 渴症〔갈증〕목이 자꾸 마르는 증세. 枯渴〔고갈〕물이 바싹 마름. ▶ 渴水(갈수) 解渴(해갈)
金 14 ㉒	 거울 감 鉴 jiàn　mirror 거울. 본보기. 모범. 훈계. 교훈. 보다. 金 鈩 鑑 鑑 鑑 鑑	☞ 쇠 금(金)과 살필 감(監). 鑑別〔감별〕감정하여 양부(良否)·진위(眞僞)를 가림. 鑑賞〔감상〕감정함. 예술 작품의 가치를 음미하고 이해함. 鑑識〔감식〕사물의 가치나 진위를 감정하여 식별함. 鑑定〔감정〕어떤 자료에 대해서 가치를 분별하여 판정함. ▶ 年鑑(연감) 印鑑(인감)
刀 8 ⑩	剛 굳셀 강 刚 gāng　firm 굳세다. 굳다. 성하다. 지금. 양(陽). 冂 門 門 門 岡 剛	☞ 산등성이 강(岡)과 칼 도(刂·刀). 剛健〔강건〕뜻이 굳세며 굴하지 아니함. 剛斷〔강단〕마음이 굳세고 결단력이 있음. 剛忍〔강인〕억세어 인정이 없음. 剛直〔강직〕마음이 굳세고 곧음. ▶ 剛氣(강기) 剛性(강성) 外柔內剛(외유내강)
糸 8 ⑭	 벼리 강 纲 gāng　head rope 벼리. 줄을 치다. 사물의 근본. 줄. 糸 紅 紀 網 網 綱	☞ 실 사(糸)와 산등성이 강(岡 : 튼튼하다). 綱領〔강령〕일의 으뜸 되는 큰 줄거리. 綱目〔강목〕강과 목. 사물을 분류 정리하는 대단위와 소단위. 綱常〔강상〕삼강(三綱)과 오상(五常). 紀綱〔기강〕국가의 제도와 기율. 다스림. ▶ 大綱(대강) 要綱(요강)

金 8 ⑯	鋼	강철 강 gāng steel	钢	☞ 쇠 금(金)과 굳셀 강(岡·剛). 鋼管〔강관〕 강철로 만든 관. 鋼橋〔강교〕 강철을 주로 하여 만든 교량. 鋼鐵〔강철〕 단련을 거쳐서 강도나 인성을 높게 한 쇠. 製鋼〔제강〕 시우쇠를 불리어서 강철을 만듦. ▶ 鋼板(강판) 鍊鋼(연강)
	강철. 강하다. 金 釒 釓 釖 鋼 鋼 鋼			
人 2 ④	介	끼일 개 jiè between		☞ 사람 인(人)과 여덟 팔(儿: 八의 변형). 介潔〔개결〕 스스로 굳게 지킴이 깨끗함. 介意〔개의〕 마음에 두고 걱정함. 介入〔개입〕 사이에 끼어 듦. 제삼자가 사건에 관계함. 介在〔개재〕 사이에 끼어 있음. 또는 끼임. ▶ 紹介(소개) 仲介(중개)
	끼이다. 굳다. 나눔. 돕다. 중개하다. 갑옷. 丿 人 介 介			
白 4 ⑨	皆	다 개 jiē all		☞ 견줄 비(比)와 흰 백(白: 말하다). 皆骨山〔개골산〕 금강산의 겨울 동안의 별칭. 皆納〔개납〕 조세 등을 모두 바침. 皆無〔개무〕 전혀 없음. 조금도 없음. 全無(전무). 皆兵〔개병〕 전국민이 병역 의무를 갖는 일. ▶ 擧皆(거개)
	다. 모두. 나란하다. 두루 미치다. 함께. 一 匕 比 比 皆 皆			
心 11 ⑭	慨	분개할 개 kǎi lament	慨	☞ 마음 심(忄·心)과 이미 기(既: 가득하다). 慨世〔개세〕 세상을 근심하고 탄식함. 慨然〔개연〕 분개하는 모양. 慨歎〔개탄〕 한탄함. 의분이 북받쳐 탄식함. 感慨無量〔감개무량〕 그지없이 깊이 느끼어 탄식함. ▶ 悲憤慷慨(비분강개)
	분개하다. 슬퍼하다. 탄식함. 피로한 모양. 忄 忄 忄 悙 慨 慨			
艸 10 ⑭	蓋	덮을 개 gài cover	盖	☞ 풀 초(艹·艸)와 덮을 합(盍). 蓋世〔개세〕 세상에 거칠 것이 없음. 蓋世之才〔개세지재〕 일세(一世)를 뒤덮을 만한 재주. 蓋然性〔개연성〕 그러리라고 생각되는 성질. ↔ 필연성. 覆蓋〔복개〕 뚜껑. 덮개. 뚜껑이나 덮개를 덮음. ▶ 蓋棺事定(개관사정) 蓋印(개인)
	덮다. 덮어놓다. 가리다. 어찌 아니하랴. 艹 芏 芏 莕 蓋 蓋			
木 11 ⑮	槪	대개 개 gài generally	概	☞ 나무 목(木)과 이미 기(既). 槪觀〔개관〕 대충 살펴봄. 槪括〔개괄〕 개요(槪要)를 잡아 중요한 점을 한데 뭉뚱그림. 槪略〔개략〕 대강만을 추림. 또, 그것. 개요. 대요. 節槪〔절개〕 지조와 기개. 기개 있는 지조. ▶ 槪述(개술) 槪要(개요) 氣槪(기개)
	대개. 대강. 평미레. 저울. 누르다. 木 术 柙 榾 槪 槪			
足 5 ⑫	距	떨어질 거 jù distant		☞ 발 족(𧾷·足)과 클 거(巨). 距今〔거금〕 지금으로부터 거슬러 올라가서. 距離〔거리〕 두 물체 사이의 길이. 距躍〔거약〕 뛰어 넘음. 뛰어서 넘거나 오름. 相距〔상거〕 서로 떨어져 있음. 또는 두 지점 사이의 거리. ▶ 距擊(거격) 鉤距(구거)
	떨어지다. 며느리발톱. 닭의 뒷발톱. 이르다. 𧾷 𧾷 𧾷 距 距 距			

乙 10 ⑪	**乾** 一 十 古 卓 乾 乾 乾	하늘 건 마를 건 干 qián　dry 하늘. 마르다. 괘(卦) 이름. 결핍하다.	☞ 해돋을 간(草)에 새 을(乙 : 초목의 새싹). 乾坤〔건곤〕 하늘과 땅. 天地(천지). 음(陰)과 양(陽). 乾坤一擲〔건곤일척〕 천하를 걸고 운명에 맡기어 일을 결행함. 乾畓〔건답〕 물이 마르기 쉬운 논. 乾燥〔건조〕 습기·물기가 없어짐. 마름. 말림. 재미없음. ▶ 乾濕(건습) 乾柿(건시) 乾材(건재)
刀 13 ⑮	**劍** ㅅ ㅅ ㅅ ㅅ ㅅ 劍	칼 검 剑 jiàn　sword 칼. 검. 비수(匕首). 검법. 칼 쓰는 법.	☞ 여러 첨(僉)과 칼 도(刂·刀). 劍客〔검객〕 검술을 잘하는 사람. 劍戟〔검극〕 창과 칼. 무기. 병기. 劍法〔검법〕 검술에서 칼을 쓰는 법식. 銃劍〔총검〕 총과 칼. 소총 끝에 꽂는 칼. ▶ 劍舞(검무) 劍術(검술) 刻舟求劍(각주구검)
心 12 ⑯	**憩** 千 舌 舌 舌 舌 舌 憩	쉴 게 qì　rest 쉬다. 숨을 돌림. 휴식함.	☞ 혀 설(舌 : 구멍 속을 마음대로 움직임)과 쉴 식(息). 憩泊〔게박〕 쉬며 머무름. 머물러 휴식함. 憩潮〔게조〕 만조와 간조가 바뀔 때 조류의 정지 상태. 流憩〔유게〕 이리저리 거닐며 쉼. 休憩〔휴게〕 일을 하거나 걷는 도중에 잠깐 쉬는 일. ▶ 憩息(게식) 遊憩(유게)
肉 4 ⑧	**肩** 厂 戶 斤 肩 肩 肩	어깨 견 jiān　shoulder 어깨. 견디다. 이겨내다. 맡기다. 곧다.	☞ 머무를 호(戶)와 몸 육(月·肉). 肩胛〔견갑〕 어깨뼈가 있는 자리. 肩章〔견장〕 제복 어깨에 붙여서 계급을 나타내는 표지(標識). 强肩〔강견〕 어깨의 힘이 셈. 竝肩〔병견〕 낮고 못함이 없이 비슷하게 함. 比肩(비견). ▶ 肩臂(견비) 雙肩(쌍견)
糸 7 ⑬	**絹** 幺 幺 糸 糸 絹 絹	명주 견 绢 juàn　silk 명주. 비단. 생견(生絹). 과녁을 매놓은 줄.	☞ 실 사(糸)에 작은 벌레 연(肙). 絹毛〔견모〕 견사와 모사. 견직물과 모직물. 絹本〔견본〕 명주에 쓰거나 그린 서화(書畵). 絹絲〔견사〕 깁이나 비단을 짜는 명주실의 총칭. 비단실. 生絹〔생견〕 생사(生絲)로 짠 깁. ▶ 絹素(견소) 絹織物(견직물) 純絹(순견)
辶 10 ⑭	**遣** 虫 虫 虫 虫 虫 遣	보낼 견 qiǎn　send 보내다. 파견하다. 놓아주다. 석방함.	☞ 쉬엄쉬엄 갈 착(辶·辵)과 나눈다는 뜻의 견(𠳋). 遣歸〔견귀〕 돌려보냄. 遣使〔견사〕 사자(使者)를 보냄. 외국으로 파견하는 사자. 遣懷〔견회〕 시름을 쫓음. 회포를 풂. 派遣〔파견〕 일할 사람에게 사명을 띠어 보냄. ▶ 分遣(분견) 謝遣(사견)
八 8 ⑩	**兼** 八 今 今 今 今 兼 兼	겸할 겸 兼 jiān　combine 겸하다. 다하다. 쌓다. 포갬. 아울러.	☞ 벼 화(禾) 두 자와 또 우(又). 兼務〔겸무〕 본래의 직무 외에 겸해서 하는 일. 兼備〔겸비〕 아울러 갖춤. 兼存(겸존). 兼用〔겸용〕 하나로 여러 가지를 겸하여 씀. 倂兼〔병겸〕 어떤 일을 한데 아울러서 겸함. ▶ 兼人之勇(겸인지용) 兼職(겸직)

言 10 ⑱	**謙** 겸손할 **겸** 谦 qiān humble 겸손하다. 공손하다. 양보하다. 덜다. 言 訁 訁 諄 謙 謙	☞ 말씀 언(言)과 아우를 겸(兼). 謙恭[겸공] 자기를 낮추고 남을 높임. 겸손함. 謙辭[겸사] 겸손한 말. 謙遜[겸손] 남 앞에서 자기를 낮춤. 謙虛[겸허] 잡념이 없이 겸손함. 겸손하고 허심탄회함. ▶ 謙讓(겸양) 勞謙(노겸) 自謙(자겸)
广 5 ⑧	**庚** 일곱째천간 **경** gēng correct 일곱째 천간. 별. 나이. 길. 정의. 바뀌다. 广 庐 庐 庐 庚 庚	☞ 절굿공이를 들어 올려 곡식을 찧는 것을 나타냄. 庚申[경신] 60갑자의 쉰일곱째. 庚熱[경열] 삼복의 더위. 庚炎(경염). 庚帖[경첩] 약혼했을 때 양측이 성명·나이·적관(籍貫) 과 삼대의 경력을 써서 서로 교환하던 문서. ▶ 庚炎(경염) 長庚(장경) 同庚(동경)
彳 7 ⑩	**徑** 지름길 **경** 径 jìng short cut 지름길. 논두렁길. 길. 곧다. 쉽다. 작은 길. 彳 彳 徑 徑 徑 徑	☞ 지축거릴 척(彳)과 물줄기 경(巠). 徑到[경도] 곧 이름. 곧 도착함. 徑路[경로] 소로(小路). 지름길. 徑輪[경륜] 토지의 직경과 주위. 또는 토지의 면적. 徑行[경행] 아무 꾸밈없이 생각한 그대로를 행함. 곧장 감. ▶ 徑畔(경반) 半徑(반경) 捷徑(첩경)
耒 4 ⑩	**耕** 갈 **경** gēng plough 갈다. 논밭을 갊. 농사에 힘쓰다. 농사짓다. 二 三 丰 耒 耒 耕 耕	☞ 쟁기 뢰(耒)와 우물 정(井 : 농토). 耕讀[경독] 농사를 지으며 틈틈이 글을 읽음. 耕鋤[경서] 논밭을 갈고 김을 맴. 耕作[경작] 땅을 갈아 농사를 지음. 農耕(농경). 耕田[경전] 논밭을 갊. 또는 그 논밭. 耕地(경지). ▶ 耕地(경지) 歸耕(귀경) 反耕(번경)
立 6 ⑪	**竟** 마칠 **경** jìng finish 마치다. 끝남. 마침내. 다하다. 두루 마치다. 亠 立 产 音 音 竟	☞ 소리 음(音)과 사람 인(儿·人). 竟夜[경야] 밤새도록. 하룻밤 내내. 達夜(달야). 竟日[경일] 하루를 끝냄. 종일. 究竟[구경] 마침내. 필경. 궁극(窮極)함. 畢竟[필경] 마침내. 결국. ▶ 竟夕(경석)
頁 2 ⑪	**頃** 잠깐 **경** 顷 qǐng moment 잠깐. 잠시. 밭 넓이. 백 이랑. 요즈음. 一 七 匕 圵 頃 頃	☞ 비수 비(匕 : 몸을 기울임)와 머리 혈(頁). 頃刻[경각] 잠시. 잠깐 동안. 頃間[경간] 요즈음. 요사이. 頃者[경자] 지난번. 食頃[식경] 한 끼의 밥을 먹는 데에 걸릴 정도의 시간. ▶ 俄頃(아경)
卩 10 ⑫	**卿** 벼슬 **경** 卿 qīng sir 벼슬. 경. 귀족. 호칭. 선생. 아주머니. 	☞ 두 사람이 음식을 사이에 두고 마주 보고 있는 모양. 卿等[경등] 임금이 신하들을 부르는 말. 卿相[경상] 재상. 대신. 卿雲[경운] 상서로운 구름. 公卿[공경] 삼공(三公)과 구경(九卿). 고관의 총칭. ▶ 卿大夫(경대부)

部首획수	漢字	訓音 / 병음 / 영어	풀이
石 7 ⑫	硬	굳을 경 jìng　hard 굳다. 단단하다. 강하다. 억지로. 가로막다. 一 丆 石 硉 硬 硬	☞ 돌 석(石)과 지날 경(更). 硬骨〔경골〕 단단한 뼈. 척추동물의 골격을 이루는 굳은 뼈. 硬度〔경도〕 물체의 단단한 정도. 硬直〔경직〕 굳어서 꼿꼿하게 됨. 硬化〔경화〕 단단하게 굳어짐. 의견이나 태도가 강경하여짐. ▶ 硬軟(경연) 強硬(강경) 生硬(생경)
大 6 ⑨	契	맺을　계 나라이름　글 qì　contrat 맺다. 계약을 맺음. 계약서. 문서. 나라 이름. 三 丰 韧 韧 契 契	☞ 새길 갈(刧)과 클 대(大). 契機〔계기〕 어떠한 일이 일어나거나 결정되는 근거나 기회. 契約〔계약〕 쌍방이 지켜야 할 의무에 관해 하는 약속. 契丹〔글안〕 거란. 4세기 이래 내몽고의 시라무렌 강 유역에 유목하고 있었던 부족. ▶ 金蘭之契(금란지계)
癶 4 ⑨	癸	열째천간　계 guǐ　north 열째 천간(天干). 월경. 경도. 북방. ﾉ ﾀ ﾀ 癶 癶 癸 癸	☞ 계절로는 겨울, 방위로는 북쪽, 오행은 물(水). 癸方〔계방〕 24방위의 하나. 동으로 15°되는 쪽을 중심으로 한 15°방위. 북쪽. 天癸〔천계〕 '月經(월경)'의 한의학 이름. 성질은 찬데, 해독·해열에 약재로 씀. ▶ 癸水(계수) 庚癸(경계)
木 6 ⑩	桂	계수나무　계 guì 계수나무. 월계수. 달(月). 一 十 才 木 朴 桂	☞ 나무 목(木)과 서옥 규(圭). 桂樹〔계수〕 계수나무. 녹나무과의 교목. 桂秋〔계추〕 음력 8월. 가을. 月桂冠〔월계관〕 고대 그리스에서 경기의 우승자에게 씌우던 월계잎의 관. ▶ 桂玉之艱(계옥지간)
言 2 ⑨	啓	열　계 qǐ　open 열다. 인도하다. 일깨우다. 시작하다. 	☞ 집대문 호(戶)와 칠 복(攵 : 손), 입 구(口). 啓蒙〔계몽〕 어린 아이나 몽매한 사람을 가르쳐 깨우침. 啓發〔계발〕 슬기와 재능을 널리 열어 줌. 또는 식견이 열림. 啓示〔계시〕 슬기와 재능을 널리 열어 줌. 또는 식견이 열림. 啓蟄〔계칩〕 봄철을 당하여 동면하던 벌레가 움직이게 됨. ▶ 啓程(계정) 上啓(상계) 陳啓(진계)
木 7 ⑪	械	기계　계 xiè　machine 기계. 기구. 도구. 형틀. 수갑·차꼬·칼 등. 才 木 栃 械 械 械	☞ 나무 목(木)과 징계할 계(戒). 械繫〔계계〕 죄수에게 형구를 채워 신체의 자유를 구속함. 械棒〔계추〕 형틀. 機械〔기계〕 동력 장치를 부착하고 작업을 하는 도구. 器械〔기계〕 도구와 기물. ▶ 兵械(병계) 手械(수례)
水 10 ⑬	溪	시내　계 xī　stream 시내. 산골짜기. 氵 冫 氵 冫 溪 溪	☞ 물 수(氵·水)와 어찌 해(奚 : 가는 끈). 溪谷〔계곡〕 물이 흐르는 골짜기. 溪流〔계류〕 산골짜기에 흐르는 시냇물. 溪友〔계우〕 속세를 떠나 산골짜기에 은거하는 벗. 清溪〔청계〕 맑고 깨끗한 시내. ▶ 溪雨(계우) 溪泉(계천) 綠溪(녹계)

女 5 ⑧	故 시어미 고 gū mother in law 시어미. 고모. 여자의 통칭. 부녀. 잠시. 女 女 女 女 姑 姑	☞ 계집 녀(女)와 선조 고(古). 姑婦〔고부〕 시어머니와 며느리. 姑息之計〔고식지계〕 임시 모면을 위한 계책. 姑姊〔고자〕 아버지의 누이. 큰 고모. 先姑〔선고〕 돌아간 시어머니. 皇姑(황고). ▶ 姑母(고모) 慈姑(자고)
木 5 ⑨	枯 마를 고 kū wither 마르다. 야위다. 수척함. 죽다. 마른 나무. 一 十 木 木 杜 枯	☞ 나무 목(木)과 예 고(古). 枯渴〔고갈〕 물이 바싹 마름. 돈이나 물건 같은 것이 귀해짐. 枯淡〔고담〕 욕심이 없고 담담함. 枯死〔고사〕 말라죽음. 枯蟬〔고선〕 매미의 벗은 허물. 한약재로 쓰임. ▶ 枯木生花(고목생화) 枯葉(고엽) 傷枯(상고)
鼓 0 ⑬	鼓 북 고 gǔ drum 북. 북을 치다. 악기. 악기를 타다. 士 吉 壴 鼓 鼓 鼓	☞ 북 고(壴)와 가지 지(支). 鼓歌〔고가〕 사람을 종용하여 분기케 함을 일컫는 말. 鼓動〔고동〕 북을 울리는 소리. 진동함. 심장 뛰는 소리. 鼓舞〔고무〕 격려해서 분발하게 함을 일컬음. 鼓吹〔고취〕 북을 치고 피리를 붊. 또는 군악(軍樂). 격려함. ▶ 勝鼓(승고)
禾 10 ⑮	稿 볏짚 고 gǎo rice straw 볏짚. 화살대. 초고. 초안. 원고. 二 禾 禾 秄 稿 稿	☞ 벼 화(禾)와 높을 고(高). 稿料〔고료〕 저작물·번역물 등 원고에 대한 보수. 稿葬〔고장〕 시체를 짚이나 거적에 싸서 묻는 장사. 原稿〔원고〕 출판·인쇄하기 위해 쓴 초벌의 글이나 그림. 脫稿〔탈고〕 원고 쓰기를 마침. ▶ 稿本(고본) 草稿(초고)
頁 12 ㉑	顧 돌아볼 고 顾 gù look after 돌아보다. 둘러봄. 도리어. 생각컨대. 尸 屛 雇 雇 顧 顧	☞ 품팔이 고(雇)와 머리 혈(頁). 顧客〔고객〕 영업의 상대로 찾아오는 손. 단골 손님. 顧念〔고념〕 돌보아 줌. 뒷일을 염려함. 顧慮〔고려〕 앞일을 걱정함. 다시 돌이켜 생각함. 顧問〔고문〕 의견을 물음. 자문에 응해 의견을 말함. ▶ 相顧(상고) 再顧(재고)
谷 0 ⑦	谷 골 곡 gǔ valley 골. 골짜기. 계곡. 길. 기르다. 좋다. 다하다. ` ハ 父 父 谷 谷	☞ 물 수(氺 : 水의 변형)와 입 구(口). 谷澗〔곡간〕 산골짜기에 흐르는 시내. 谷水〔곡수〕 골짜기의 물. 谷泉〔곡천〕 골짜기에서 나는 샘물. 峽谷〔협곡〕 하천 하부의 침식으로 생기는 좁고 깊은 골짜기. ▶ 谷風(곡풍) 溪谷(계곡)
口 7 ⑩	哭 울 곡 kū weep 울다. 곡하다. 곡. 口 吅 吅 哭 哭 哭	☞ 부르짖을 현(吅)과 개 견(犬). 哭婢〔곡비〕 장례 때에 행렬의 앞에 애곡하며 가는 계집종. 哭聲〔곡성〕 애곡하는 소리. 哭泣〔곡읍〕 소리를 내어 섧게 욺. 痛哭〔통곡〕 소리를 높여 슬피 욺. ▶ 哀哭(애곡) 慟哭(통곡) 號哭(호곡)

土 5 ⑧	坤	땅 곤 kūn　earth	☞ 흙 토(土)와 펼 신(申). 坤卦〔곤괘〕 8괘의 하나로 땅을 가리킴. 坤道〔곤도〕 대지(大地)의 도. 여자가 지켜야 할 도리. 坤時〔곤시〕 오후 3시부터 4시까지의 동안. 乾坤〔건곤〕 하늘과 땅. 해와 달. 음과 양. 또는 남과 여. ▶ 坤位(곤위) 乾坤一擲(건곤일척)
땅. 대지(大地). 괘(卦) 이름. 황후. 土 圤 坩 坤 坤 坤			

人 6 ⑧	供	이바지할 공 gōng　offer	☞ 사람 인(亻·人)과 함께 공(共 : 공손히 바치는 모양). 供給〔공급〕 요구하는 물품을 대어 줌. 供物〔공물〕 신불(神佛) 앞에 바치는 물건. 供養〔공양〕 부모를 섬김. 부처에게 음식·향 등을 올림. 提供〔제공〕 받치어 이바지함. ▶ 供述(공술) 祭供(제공)
이바지하다. 받들다. 바치다. 기르다. 亻 仁 什 仕 供 供			

心 6 ⑩	恭	공손할 공 gōng　respectful	☞ 맞잡을 공(共)과 마음 심(忄·心). 恭敬〔공경〕 삼가서 예를 차려 높임. 공손히 섬김. 恭待〔공대〕 공손히 대접함. 不恭〔불공〕 공손하지 아니함. 溫恭〔온공〕 온화하고 공손함. ▶ 恭遜(공손) 恭祝(공축)
공손하다. 공경하다. 삼가다. 근신하다. 卄 艹 共 恭 恭 恭			

心 6 ⑩	恐	두려울 공 kǒng　afraid	☞ 품을 공(巩 : 두 손을 가슴에 댄 모양)과 마음 심(心). 恐喝〔공갈〕 무섭게 으르고 위협함. 恐縮〔공축〕 두려워 몸을 움츠림. 恐怖〔공포〕 두렵고 무서움. 恐慌〔공황〕 급변한 사태에 놀랍고 두려워 어찌할 바를 모름. ▶ 不恐(불공) 震恐(진공) 惶恐(황공)
두렵다. 무서워하다. 공포. 으르다. 工 幻 巩 巩 恐 恐			

貝 3 ⑩	貢	바칠 공　 gòng　tribute	☞ 만들 공(工)과 조개 패(貝). 貢物〔공물〕 나라에 바치던 물건. 貢獻〔공헌〕 공물을 바침. 국가나 사회를 위하여 이바지함. 租貢〔조공〕 조세(租稅) 등을 바침. 朝貢〔조공〕 옛날 종주국에 속국이 예물로 물건을 바치는 일. ▶ 貢納(공납)
바치다. 천거하다. 공물. 고하다. 一 工 貢 青 貢 貢			

戈 0 ④	戈	창 과 gē　spear	☞ 끝이 기닥 나고 뾰족한 나무막대기 끝에 칼을 달아 맨 '창' 모양. 戈劍〔과검〕 창과 칼. 戈矛〔과모〕 창. 戈盾〔과순〕 창과 방패. 干戈〔간과〕 방패와 창. 곧, 전쟁에 쓰이는 병기. ▶ 兵戈(병과) 止戈(지과)
창. 싸움. 전쟁. 一 弋 戈 戈			

瓜 0 ⑤	瓜	오이 과 guā　cucumber	☞ 오이가 덩굴에 달려 있는 모양을 본뜬 글자. 瓜果〔과과〕 오이와 과일. 瓜年〔과년〕 벼슬의 임기가 끝나는 해. 여자가 혼기에 이른 나이. 瓜滿〔과만〕 임기가 다됨. 瓜菜〔과채〕 오이 나물. ▶ 瓜田不納履(과전불납리) 甘瓜(감과)
오이. 참외. 모과(木瓜). 丿 厂 爪 瓜 瓜			

言 6 ⑬ **誇** 자랑할 과 夸 kuā　pride 자랑하다. 자만함. 자랑. 자만. 친절한 모양. 言 言 訏 訏 誇 誇	☞ 말씀 언(言)과 큰체할 과(夸). 誇大〔과대〕 작은 것을 크게 떠벌림. 풍을 떪. 턱없이 자만함. 誇示〔과시〕 뽐내어 보임. 誇張〔과장〕 실제보다 지나치게 크게 나타냄. 誇讚〔과찬〕 자만하여 실제보다 크게 나타내어 보임. ▶ 驕誇(교과) 自誇(자과)	
宀 11 ⑭ **寡** 적을 과 guǎ　few 적다. 과부. 홀어미. 임금 자신의 겸칭. 宀 宀 宀 宣 寅 寡	☞ 움집 면(宀)과 머리 혈(頁), 나눌 분(分). 寡聞淺識〔과문천식〕 견문이 좁고 지식이 얕음. 寡默〔과묵〕 말이 적음. 寡慾〔과욕〕 욕심이 적음. 寡人〔과인〕 임금이 자기를 낮추어 일컫는 말. ▶ 寡頭(과두) 孤寡(고과) 衆寡(중과)	
邑 8 ⑪ **郭** 둘레 곽 guō　outer wall 둘레. 외성(外城). 성곽. 가죽. 살갗. 亠 亨 享 享 𩇁 郭	☞ 누릴 향(享)과 고을 읍(⻏·邑). 郭內〔곽내〕 어떤 구역의 안. 郭田〔곽전〕 성곽 밖의 땅. 城郭〔성곽〕 내성과 외성. 城廓(성곽). 성의 둘레. 外郭〔외곽〕 성밖으로 다시 둘러쌓은 성. 바깥 테두리. ▶ 郭索(곽삭) 山郭(산곽)	
冖 7 ⑨ **冠** 갓 관 guān　crown 갓. 관. 볏. 관례. 성년. 으뜸 되다. 뛰어남. 冖 冖 冖 元 冠 冠	☞ 덮을 멱(冖) 아래에 으뜸 원(元)과 마디 촌(寸). 冠帶〔관대〕 관을 쓰고 띠를 두르는 신분. 冠禮〔관례〕 20세가 되어 처음으로 관을 쓰는 예식. 冠水〔관수〕 홍수 따위로 논밭 작물이 물에 잠김. 弱冠〔약관〕 남자 나이 20세의 일컬음. ▶ 冠形詞(관형사) 冠婚喪祭(관혼상제)	
貝 4 ⑪ **貫** 꿸 관 貫 guàn　pierce 꿰다. 꿰뚫다. 입다. 통하다. 본관. 돈꿰미. 乚 口 皿 毌 貫 貫	☞ 꿸 관(毌)과 조개 패(貝). 貫祿〔관록〕 행동에 따른 무게. 인격에 구비된 위엄. 貫徹〔관철〕 끝까지 뚫어 통하게 함. 貫通〔관통〕 꿰뚫음. 조리가 분명히 섬. 本貫〔본관〕 시조가 난 땅. 본(本). 本貫(본관). 관향(貫鄕). ▶ 貫流(관류) 洞貫(통관)	
心 11 ⑭ **慣** 버릇 관 惯 guǎn　custom familiar 버릇. 익숙하다. 익숙하여 진 것. 습관. 忄 忄 忄 忄 慣 慣	☞ 마음 심(忄·心)과 꿸 관(貫). 慣例〔관례〕 관습이 된 전례. 常例(상례). 慣習〔관습〕 전통적으로 세워진 사회 생활의 규칙. 慣用〔관용〕 늘 많이 씀. 관습적으로 씀. 慣行〔관행〕 늘 행함. 습관이 되어 늘 행하여지는 일. ▶ 慣熟(관숙) 舊慣(구관)	
宀 12 ⑮ **寬** 너그러울 관 宽 kuān　generous 너그럽다. 넓다. 느슨하다. 온화하다. 宀 宀 宀 ⿱宀䓕 寬 寬	☞ 움집 면(宀)과 패 모(莧 : 약초). 寬大〔관대〕 너그럽고 도량이 큼. 寬弘(관홍). 寬容〔관용〕 너그럽게 받아들임. 용서함. 寬厚〔관후〕 너그럽고 인정이 후함. 관대하고 돈후함. 裕寬〔유관〕 너그러움. ▶ 寬待(관대) 寬厚長者(관후장자) 政寬(정관)	

3級 配定漢字 245

食 8 ⑰	**館** 집 관 館 guǎn lodge 집. 객사 큰 건물. 마을. 학교. 여관. 今 　 飠 飦 飦 飭 館	☞ 밥 식(飠·食)과 벼슬 관(官). 館舍〔관사〕 저택. 객사. 외국 사신을 머물러 묵게 하던 집. 館儒〔관유〕 성균관에서 기숙하던 유생. 開館〔개관〕 객사(客舍)를 엶. 기관이나 업소의 문을 엶. 公館〔공관〕 공용 건물. 정부 고관의 공적인 저택. ▶ 館人(관인) 本館(본관)
手 8 ⑪	**掛** 걸 괘 guà hang 걸다. 걸쳐놓다. 달아매다. 扌 扌 扩 挂 挂 掛	☞ 손 수(扌·手)와 점 괘(卦). 掛念〔괘념〕 마음에 두고 잊지 아니함. 掛圖〔괘도〕 벽에 걸게 되어 있는 그림. 掛錫〔괘석〕 석장(錫杖)을 걺. 중이 한 곳에 체류함을 일컬음. 掛鐘〔괘종〕 벽걸이용 시계. ▶ 掛曆(괘력)
心 5 ⑧	**怪** 괴이할 괴 guài strange 괴이하다. 기이하다. 기이하게 여기다. 忄 忄 怀 怀 怪 怪	☞ 마음 심(忄·心)과 힘쓸 골(圣). 怪奇〔괴기〕 괴상하고 기이함. 이상야릇함. 怪異(괴이). 怪談〔괴담〕 괴상한 이야기. 怪物〔괴물〕 괴이한 사람·동물을 멸시하여 일컬음. 怪疾〔괴질〕 원인을 알 수 없는 이상스러운 병. ▶ 怪力(괴력) 怪癖(괴벽) 怪漢(괴한) 妖怪(요괴)
土 10 ⑬	**塊** 흙덩이 괴 块 kuài lump 흙덩이. 덩어리. 나. 자기. 홀로 있는 모양. 圵 圵 坤 坤 塊 塊	☞ 흙 토(土)와 귀신 귀(鬼 : 징그러운 머리를 한 사람). 塊莖〔괴경〕 덩이줄기. 감자·고구마 등. 塊鑛〔괴광〕 큰 덩이로 된 광석. 金塊〔금괴〕 순금 덩어리. 금덩이. 大塊〔대괴〕 큰 흙덩이. 大地(대지). 天地(천지). ▶ 塊根(괴근) 血塊(혈괴)
心 10 ⑬	**愧** 부끄러워할 괴 kuì bashful 부끄러워하다. 창피를 주다. 탓하다. 忄 忄 怀 怀 愧 愧	☞ 마음 심(忄·心)과 도깨비 귀(鬼). 愧赧〔괴란〕 부끄러워서 낯이 붉어짐. 愧服〔괴복〕 부끄럽게 생각해서 굴복함. 愧死〔괴사〕 부끄러운 죽음. 매우 부끄러워함. 愧色〔괴색〕 부끄러워하는 얼굴빛. ▶ 愧心(괴심) 羞愧(수괴) 仰感俯愧(앙감부괴)
土 16 ⑲	**壞** 무너질 괴 坏 huài collapse 무너지다. 무너뜨리다. 패함. 땅 이름. 앓다. 圵 圵 坤 坤 壊 壞	☞ 흙 토(土)와 품을 회(裏). 壞滅〔괴멸〕 무너뜨려 멸함. 또는 무너져 멸망함. 壞裂〔괴열〕 허물어지고 갈라짐. 壞死〔회사〕 몸의 조직이 국부적으로 죽는 일. 破壞〔파괴〕 깨뜨리어 헐어버림. ▶ 壞木(회목)
工 2 ⑤	**巧** 공교할 교 qiǎo skilful 공교하다. 교묘하다. 예쁘다. 약다. 재주. 一 丁 工 丂 巧	☞ 장인 공(工)에 교묘할 교(丂). 巧技〔교기〕 교묘한 재주. 巧妙〔교묘〕 매우 잘 되고 묘함. ↔ 拙劣(졸렬). 巧智〔교지〕 재주가 뛰어나 교묘하고 민첩함. 精巧〔정교〕 세밀하고 교묘함. ▶ 巧拙(교졸) 巧言令色(교언영색)

부수	한자	훈음	간체 / 병음 / 뜻
邑 6 ⑨	郊	들 교	jiāo suburb

들. 전야(田野). 성 밖. 교외. 가장자리. 시골.
丶 亠 六 交 交 交' 交3 郊

☞ 사귈 교(交)와 고을 읍(邑).
郊祠〔교사〕 천자가 도성 밖에서 하늘·땅에 올리는 제사.
郊送〔교송〕 교외까지 배웅함.
郊野〔교야〕 교외의 들.
郊外〔교외〕 도회지에 인접한 지역.
▶ 近郊(근교) 遠郊(원교)

부수	한자	훈음	간체 / 병음 / 뜻
車 6 ⑬	較	비교할 교	较 jiào compare

비교하다. 견주다. 대강. 대략. 환하다.
日 亘 車 車' 軒 較

☞ 수레 거(車)와 효 효(爻 : 음양이 얽혀 사물이 변함).
較量〔교량〕 견주어 헤아려 봄.
較然〔교연〕 뚜렷이 드러난 모양.
計較〔계교〕 비교해 서로 대어 봄.
比較〔비교〕 서로 견주어 봄. 또는 그 일.
▶ 較略(교략) 較準(교준)

부수	한자	훈음	간체 / 병음 / 뜻
矢 12 ⑰	矯	바로잡을 교	矫 jiǎo reform

바로잡다. 곧추다. 바루다. 거짓. 도지개.
矢 矢' 矫 矯 矯 矯

☞ 곧을 시(矢)와 높을 교(喬).
矯情〔교정〕 마음 속에서 자연히 우러나오는 감정을 억눌러 겉으로는 그렇지 않은 체함.
矯正〔교정〕 바로잡음.
奇矯〔기교〕 언행이 괴이하고 익살스러움.
▶ 矯角殺牛(교각살우)

부수	한자	훈음	간체 / 병음 / 뜻
丿 2 ③	久	오랠 구	jiǔ long time

오래다. 오래 기다리다. 오래 머무르다.
丿 ク 久

☞ 등이 굽은 노인(ク)과 파임 불(乀).
久故〔구고〕 오랜 벗.
久遠〔구원〕 아득히 멀고 오램.
天長地久〔천장지구〕 하늘과 땅은 영원히 변함이 없음.
恒久〔항구〕 변함 없이 오램.
▶ 口習(구습) 永久(영구)

부수	한자	훈음	간체 / 병음 / 뜻
一 4 ⑤	丘	언덕 구	qōu hill

언덕. 동산. 무덤. 마을. 크다. 손위.
丿 厂 斤 斤 丘

☞ 주위가 높고 중앙이 움푹 들어간 '언덕'을 나타낸 글자.
丘陵〔구릉〕 언덕. 언덕과 같은 작은 산.
丘木〔구목〕 무덤 주위에 둘러서 있는 나무.
丘墓〔구묘〕 무덤.
砂丘〔사구〕 모래언덕.
▶ 丘里之言(구리지언) 丘嫂(구수)

부수	한자	훈음	간체 / 병음 / 뜻
手 5 ⑧	拘	잡을 구	jū catch

잡다. 잡힘. 한정하다. 바로잡다. 단속함.
扌 扌' 扚 扚 拘 拘

☞ 손 수(扌·手)와 굽을 구(句 : 잡아서 가둠).
拘禁〔구금〕 잡아서 감금함.
拘留〔구류〕 하루 이상 30일 미만 동안 죄인을 유치장에 가두 일.
拘引〔구인〕 체포하여 끌고 감.
拘置〔구치〕 형사 피고인을 구속하여 일정한 곳에 머물러 있게 함.
▶ 拘束(구속) 執拘(집구)

부수	한자	훈음	간체 / 병음 / 뜻
犬 5 ⑧	狗	개 구	gǒu dog

개. 작은 개. 강아지. 범새끼. 또는 곰새끼.
犭 犭' 犳 犳 狗 狗

☞ 개 견(犭·犬)과 굽을 구(句).
狗盜〔구도〕 좀도둑.
狗吠〔구폐〕 개가 짖음.
老狗〔노구〕 늙은 개.
走狗〔주구〕 남의 앞잡이 노릇을 하는 사람을 욕으로 일컫는 말.
▶ 狗頭生角(구두생각)

艸 5 ⑨ 苟 gǒu 　 poor 구차할 구 구차하다. 진실로. 정작. 겨우. 단지. 十 艹 艹 艻 芍 苟 苟	☞ 풀 초(艹·艸)와 굽을 구(句).	
	苟生〔구생〕 구차하게 삶. 苟安〔구안〕 한때의 편안을 꾀함. 苟容〔구용〕 비굴하게 남의 비위를 맞춤. 苟且〔구차〕 가난하고 궁색함. 군색스럽고 구구함. ▶ 苟且偸安(구차투안) 苟活(구활)	
人 8 ⑩ 俱 jù 　 together 함께 구 함께. 다. 모두. 함께하다. 갖추다. 亻 亻 亻 俱 俱 俱	☞ 사람 인(亻·人)과 갖출 구(具).	
	俱發〔구발〕 함께 발생함. 俱備〔구비〕 골고루 갖춤. 俱存〔구존〕 부모가 모두 살아 계심. ↔ 俱沒(구몰). 俱現〔구현〕 내용이 다 드러남. 또는 드러나게 함. ▶ 俱慶(구경) 俱唱(구창)	
心 18 ㉑ 懼 jù 　 fear 두려워할 구　惧 두려워하다. 겁이 나다. 위태로워지다. 忄 忄 忄 㥆 㦗 懼	☞ 마음 심(忄·心)과 놀라울 구(瞿).	
	懼然〔구연〕 두려워하는 모양. 敬懼〔경구〕 공경하고 두려워함. 悚懼〔송구〕 마음이 두렵고 거북함. 危懼心〔위구심〕 염려되고 두려워하는 마음. ▶ 懼喘(구천) 恐懼(공구) 畏懼(외구)	
馬 11 ㉑  qū 　 drive 몰 구　驱 몰다. 빨리 달리다. 쫓다. 몰아냄. 핍박함. 馬 馬 馬 馬 馬 驅 驅	☞ 말 마(馬)와 지경 구(區).	
	驅迫〔구박〕 못 견디게 굶. 驅步〔구보〕 뛰어감. 또는 그 걸음. 驅逐〔구축〕 몰아냄. 쫓아냄. 驅蟲〔구충〕 기생충을 없앰. ▶ 驅使(구사) 競驅(경구) 先驅者(선구자)	
鳥 11 ㉒  ōu 　 sea gull 갈매기 구　鸥 갈매기. 品 區 區 鷗 鷗 鷗	☞ 지경 구(區)와 새 조(鳥).	
	鷗鷺〔구로〕 갈매기와 해오라기. 鷗盟〔구맹〕 속세를 떠난 풍류적인 사귐. 白鷗〔백구〕 갈매기. 海鷗〔해구〕 바다 갈매기. ▶ 鷗汀(구정) 鷗波(구파)	
艸 8 ⑫  jú 　 chrysanthemum 국화 국 국화. 대국(大菊). 꽃송이가 큰 국화. 艹 艹 艿 芍 苟 菊 菊	☞ 풀 초(艹·艸)와 쥘 국(匊 : 쌀을 손에 쥐고 있는 모양).	
	菊月〔국월〕 음력 9월의 이칭. 菊花〔국화〕 국화과에 속하는 관상용 여러해살이풀. 芳菊〔방국〕 향기가 좋은 국화. 霜菊〔상국〕 서리올 때 핀 국화. ▶ 菊版(국판) 盆菊(분국)	
弓 0 ③ 弓 gōng 　 bow 활 궁 활. 활꼴. 궁술. 길이의 단위. フ コ 弓	☞ 활의 모양을 본뜬 글자.	
	弓師〔궁사〕 활을 만드는 사람. 궁술의 스승. 弓術〔궁술〕 활 쏘는 기술. 弓矢〔궁시〕 활과 화살. 國弓〔국궁〕 양궁에 대하여 우리 나라의 활. 또는 그 궁술. ▶ 弓折刀盡(궁절도진) 洋弓(양궁)	

手 6 ⑩ 주먹. 주먹을 쥐다. 힘. 권법. ⺍ 半 半 奉 拳	**拳** 주먹 권 quán　fist	☞ 구부릴 권(𠬢)과 손 수(手). 拳曲〔권곡〕 꼬불꼬불 구부러짐. 拳法〔권법〕 주먹으로 서로 치는 기술. 주먹을 놀려서 하는 운동. 拳銃〔권총〕 짧고 작은 호신용의 총. 피스톨. 拳鬪〔권투〕 양손에 글러브를 끼고 주먹으로 하는 경기. ▶ 空拳(공권) 鐵拳(철권)
厂 10 ⑫ 그. 그 사람. 그것. 병. 숙이다. 厂 严 斥 屏 厥 厥	**厥** 그 궐 jué　that	☞ 언덕 엄(厂)과 숨찰 궐(欮). 厥角〔궐각〕 이마를 땅에 대고 절을 함. 그 뿔. 厥明〔궐명〕 날이 밝을 무렵. 이튿날. 翌日(익일). 厥者〔궐자〕 그 자(者). 그 사람을 홀하게 일컫는 말. 厥後〔궐후〕 그 후. ▶ 厥冷(궐랭) 突厥(돌궐)
鬼 0 ⑩ 귀신. 도깨비. 지혜롭다. 교활하다. ⺍ 白 白 甶 鬼 鬼	**鬼** 귀신 귀 guǐ　ghost	☞ 귀신머리 불(甶) 鬼神〔귀신〕 죽은 사람의 혼령. 조상의 신령. 신령. 혼백. 鬼才〔귀재〕 세상에 드물게 시문에 뛰어난 재능. 鬼火〔귀화〕 도깨비불. 魔鬼〔마귀〕 못된 잡귀의 총칭. 惡鬼(악귀). ▶ 寃鬼(원귀)
龜 0 ⑯ 거북. 거북 등껍데기. 거북점. 이름. 트다. ⺈ 色 色 龜 龜 龜	**龜** 거북 귀 　　이름 구 　　틀 균　 龟 guī　tortoise	☞ 거북의 모양을 본뜬 글자. 龜鑑〔귀감〕 거울로 삼아 본보기가 될만한 것. 龜甲〔귀갑〕 거북의 등껍데기. 龜貝〔귀패〕 거북 껍데기와 조가비. 龜裂〔균열〕 갈라짐. 손발이 트거나 땅 같은 것이 갈라짐. ▶ 
口 2 ⑤ 부르짖다. 부르다. ~라고 부름. 울다. 丨 冂 口 叫 叫	**叫** 부르짖을 규 jiào　cry	☞ 입 구(口)와 얽힐 구(丩). 叫聲〔규성〕 외치는 소리. 叫號〔규호〕 높고 날카로운 소리로 부름. 큰 소리로 욺. 叫喚地獄〔규환지옥〕 8대 지옥의 하나. 죄인들이 괴로워 　　　　　　　　부르짖는다는 사후(死後)의 세계. ▶ 叫喚(규환) 絕叫(절규)
門 6 ⑭ 안방(부녀자의 거실). 규방(閨房). 도장방. ⺈ 丨 門 門 閨 閨	**閨** 안방 규 guī　boudoir	☞ 문 문(門)과 서옥 규(圭). 閨房〔규방〕 안방. 침실. 閨範〔규범〕 여자의 가르침. 또는 여자가 지켜야 할 본보기. 閨秀〔규수〕 才媛(재원). 남의 집 처녀를 점잖게 일컫는 말. 閨中〔규중〕 부녀가 거처하는 방 안. ▶ 空閨(공규) 令閨(영규)
艸 8 ⑫ 버섯. 곰팡이. 균. 세균. 무궁화. 죽순. 艹 芍 莿 荫 菌 菌	**菌** 버섯 균 jùn　mushroom	☞ 풀 초(艹·艸)와 구부러질 균(囷). 菌根〔균근〕 균류가 붙어서 생육하고 있는 고등 식물의 뿌리. 菌類〔균류〕 버섯·곰팡이류의 총칭. 菌傘〔균산〕 버섯 윗머리의 우산을 편 것 같은 부분. 細菌〔세균〕 가장 미세한 하등 단세포 미생물. ▶ 菌腫(균종) 殺菌(살균)

儿 5 ⑦	克	이길 극 kè　overcome	☞ 무거운 물건을 떠받들고 있는 사람의 모습을 그린 글자. 克己〔극기〕 감정이나 충동·욕망을 자기 이지(理智)로써 이겨 냄. 克明〔극명〕 충분히 밝힘. 속속들이 잘 밝힘. 克服〔극복〕 어려움을 이겨 냄. 적을 쳐부수어 굴복시킴. 超克〔초극〕 어려움을 이겨 냄. 난관을 극복함. ▶ 克己復禮(극기복례) 克從(극종)
	이기다. 능히. 능하게. 메다. 승벽. 一 十 十 古 古 克		
斤 0 ④	斤	근 근 jīn　pound	☞ 날이 선 도끼로 물건을 자르려는 형상을 본떠 만든 글자. 斤斗〔근두〕 재주넘기. 공중제비. 筋斗(근두). 斤量〔근량〕 무게의 단위. 근과 양. 斤斧〔근부〕 도끼. 斤數〔근수〕 근 단위로 된 저울. 무게의 셈. ▶ 斤重(근중) 斤秤(근칭)
	근. 무게의 단위. 1근은 16냥. 도끼. 자귀. ´ 厂 厂 斤		
人 11 ⑬	僅	겨우 근 	☞ 사람 인(亻·人)과 적을 근(堇). 僅僅〔근근〕 겨우. 근근히. 간신히. 僅僅得生〔근근득생〕 간신히 살아감. 겨우 삶을 이어감. 僅僅扶持〔근근부지〕 간신히 견디어 나감. 억지로 버티어 감. 僅少〔근소〕 조금. 아주 적음. ▶
	겨우. 간신히. 조금. 거의. 거의 됨. 亻 伊 伊 伊 伊 僅		
言 11 ⑱	謹	삼갈 근 謹 jǐn　respectful	☞ 말씀 언(言)과 진흙 근(堇 : 입자가 작은 점토). 謹啓〔근계〕 삼가 아뢴다는 뜻으로, 편지의 서두에 쓰는 말. 謹拜〔근배〕 편지 끝의 자기 이름 밑에 쓰는 말. 謹白〔근백〕 삼가 아룀. 편지 끝에 쓰는 말. 謹言(근언). 謹嚴〔근엄〕 삼가고 엄숙함. ▶ 謹封(근봉) 謹愼(근신)
	삼가다. 조심하다. 엄하게 하다. 경계하다. 言 討 許 詳 謹 謹		
玉 8 ⑫	琴	거문고 금 qín　harp	☞ 거문고 머리 부분을 본뜬 글자. 琴曲〔금곡〕 거문고의 곡. 琴瑟之樂〔금실지락〕 부부의 화목한 즐거움. 금실. 彈琴〔탄금〕 거문고를 탐. 風琴〔풍금〕 건반 악기의 한 가지. 오르간. ▶ 琴線(금선) 弦琴(현금)
	거문고(한국의 아악 및 속악의 현악기). T 王 玨 珡 珡 琴		
内 8 ⑬	禽	날짐승 금 	☞ 발자국 유(内)와 '今'은 짐승의 머리를 본뜬 글자. 禽獸〔금수〕 날짐승과 길짐승의 총칭. 鳥獸(조수). 禽鳥〔금조〕 날짐승. 새. 禽獲〔금획〕 사로잡음. 擒獲(금획). 家禽〔가금〕 집에서 기르는 날짐승. 거위·닭·오리 따위. ▶ 鳴禽類(명금류) 野禽(야금)
	날짐승. 짐승. 금수의 총칭. 사로잡다. 人 今 会 禽 禽 禽		
金 8 ⑯	錦	비단 금 	☞ 쇠 금(金)과 비단 백(帛). 錦帶〔금대〕 비단 띠. 순채(蓴菜)의 이칭. 錦上添花〔금상첨화〕 비단에 꽃을 더한다는 뜻으로, 아름다운 일에 아름다운 것을 보탬. 錦衣還鄕〔금의환향〕 출세하여 고향에 돌아감을 일컬음. ▶ 錦繡江山(금수강산)
	비단. 아름답다. 아름다운 것의 비유. 수 金 金' 鈅 鍆 錦		

又 2 ④ 及 미칠 급 jí reach 미치다. 미치게 하다. 이르다. 및. 함께. ノ 丿 乃 及	☞ 사람 인(人)과 또 우(又). 及其也〔급기야〕 필경에는. 결말에 가서는. 마침내는. 及落〔급락〕 급제와 낙제. 합격과 불합격. 及第〔급제〕 과거에 합격함. 登第(등제). 시험에 합격됨. 普及〔보급〕 널리 퍼뜨려 실행되게 함. ▶ 及遞(급체) 言及(언급)	
肉 4 ⑧ 肯 즐길 긍 kěn enjoy 즐기다. 기꺼이. 뼈 사이의 살. 수긍함.	☞ 멈출 지(止)와 몸 육(月·肉). 肯諾〔긍낙〕 수긍해 허락함. 肯定〔긍정〕 그러하다고 인정함. 동의함. ↔ 否定(부정). 肯志〔긍지〕 찬성하는 뜻. 首肯〔수긍〕 그러하다고 고개를 끄덕임. 옳다고 인정함. ▶ 肯構(긍구)	
人 4 ⑥ 企 도모할 기 qǐ scheme 도모하다. 꾀함. 발돋움하다. 두다. ノ 人 𠆢 介 企 企	☞ 사람 인(人)과 발 지(止·趾). 企待〔기대〕 발돋움하여 기다림. 곧, 몹시 기다림. 企業〔기업〕 영리를 목적으로 하여 사업을 경영하는 일. 企劃〔기획〕 일을 꾀함. 鶴企〔학기〕 고개를 늘이고 발돋움하여 바라봄. 간절히 바람. ▶ 企圖(기도) 企望(기망)	
心 3 ⑦ 忌 꺼릴 기 jì shun avoid 꺼리다. 미워하다. 시새움. 질투하다.	☞ 몸 기(己)와 마음 심(心). 忌日〔기일〕 어버이가 죽은 날. 사람이 죽은 일. 제삿날. 忌祭〔기제〕 기일(忌日)에 지내는 제사. 기제사(忌祭祀). 忌憚〔기탄〕 꺼림. 어려워함 禁忌〔금기〕 불길하다고 하여 꺼리고 금하는 일. ▶ 忌避(기피) 猜忌(시기) 妬忌(투기)	
八 6 ⑧ 其 그 기 qí it 그. 그것. 발어사. 어조사. 一 十 廿 甘 其 其	☞ 곡식을 까부는 키(甘·甘)와 그 키를 얹는 대(六·臺). 其間〔기간〕 그 사이. 그 동안. 其實〔기실〕 그 실상. 그 사실. 사실은. 실제는. 其亦〔기역〕 그것도. 또는 그것 역시. 其他〔기타〕 그 밖의 또 다른 것. ▶ 其然未然(기연미연) 其後(기후)	
示 4 ⑨ 祈 빌 기 祈 qí pray 빌다. 기도함. 구하다. 고하다. 알리다. 亓 示 示 祈 祈 祈	☞ 보일 시(示)와 살필 근(斤). 祈求〔기구〕 빌어 구함. 기도하여 바람. 祈禱〔기도〕 바라는 바가 이루어지도록 신에게 비는 일. 祈雨〔기우〕 가뭄 때 비 내리기를 비는 일. 祈願〔기원〕 소원을 빎. ▶ 祈祝(기축) 懇祈(간기) 齋祈(재기)	
豆 3 ⑩ 豈 어찌 기 즐길 개 岂 qǐ how 어찌. 결코. 왜. 바라다. 일찍이. 즐기다. 丨 山 屵 豈 豈 豈	☞ 위에 장식이 달린 북 모양을 본뜬 글자. 豈敢〔기감〕 어찌 감히. 豈有此理〔기유차리〕 그럴 리가 있으랴. 그럴 리는 없음. 豈樂〔개악〕 전쟁에 이겼을 때 연주하는 음악. 豈弟〔개제〕 외모와 심정이 온화하고 단정함. ▶ 豈樂飮酒(개악음주)	

3級 配定漢字 251

无 7 ⑪	 이미 기 旣 jì already 이미. 본디. 원래. 이윽고. 다하다. 다 됨. 白 皀 皀 皀ㄧ 旣ㄧ 旣	☞ 고소할 흡(皀)과 목멜 기(旡). 旣決〔기결〕 재판의 판결이 확정됨. ↔ 未決(미결). 旣成〔기성〕 이미 이루어짐. 이미 만들어짐. 旣往〔기왕〕 이미 지나간 일. 旣定〔기정〕 이미 정해짐. ▶ 皆旣蝕(개기식)	
食 2 ⑪	 주릴 기 饥 jī hunger 주리다. 굶주림. 기아(飢餓). 흉년. 기근. ⺈ ⺈ 今 𠆢 飠 飠 飢	☞ 밥 식(𠊊·食)과 상 궤(几). 飢渴〔기갈〕 배고프고 목마름. 갈망함. 飢饉〔기근〕 흉년으로 양식이 매우 부족함. 飢餓〔기아〕 굶주림. 飢疫〔기역〕 기근과 전염병. ▶ 飢服(기복) 飢寒(기한)	
幺 9 ⑫	 몇 기 几 jī some 몇. 자주. 어찌. 기미. 낌새. 위태하다. 幺 幺幺 絲 絲 幾 幾	☞ 작을 요(幺) 두 개와 지킬 수(戍). 幾年〔기년〕 몇 해. 幾多〔기다〕 여럿. 수효가 많음. 幾度〔기도〕 여러 번. 몇 번. 幾微〔기미〕 조짐. 낌새. 일의 야릇한 기틀. 幾微(기미). ▶ 幾日(기일) 萬幾(만기) 未幾(미기)	
木 8 ⑫	 버릴 기 弃 qì abandon 버리다. 내버림. 그만두다. 쇠퇴하다. 亠 亡 产 夼 查 章 棄	☞ 버릴 거(厺:去)와 쓰레받기와 양손(廾)을 나타낸 某. 棄却〔기각〕 버려 두고 문제삼지 않음. 棄權〔기권〕 권리를 포기함. 棄世〔기세〕 세상을 떠남. 別世(별세). 속세를 초월함. 棄兒〔기아〕 어린애를 내버림. 버림받은 아이. ▶ 自暴自棄(자포자기) 破棄(파기)	
欠 8 ⑫	 속일 기 qī cheat 속이다. 거짓. 업신여기다. 보기 흉하다. 卄 甘 其 其 斯 欺	☞ 그 기(其:네모진 얼굴)와 모자랄 흠(欠). 欺瞞〔기만〕 남을 속임. 欺罔〔기망〕 속임. 속이고 모함함. 欺心〔기심〕 남을 속이려는 마음. 자기의 양심을 속임. 欺情〔기정〕 속마음을 드러내지 않음. ▶ 詐欺(사기)	
田 10 ⑮	 경기 기 jī royal domains 경기. 도성(都城) 둘레 500리 안의 땅. 幺幺 幺幺 畣 畿 畿	☞ 작을 요(幺) 두 개와 창 과(戈), 밭 전(田). 畿內〔기내〕 왕성(王城)을 중심으로 사방 500리 이내의 땅. 畿營〔기영〕 경기도 감영(監營). 京畿〔경기〕 수도(首都) 및 그 곳을 중심으로 한 가까운 지역. 近畿〔근기〕 서울이 가까운 지방. ▶ 畿湖(기호)	
馬 8 ⑱	騎 말탈 기 骑 qí ride a horse 말 타다. 걸터앉다. 기병. 기마. 馬 馬 馬' 馬产 騎 騎	☞ 말 마(馬)와 이상할 기(奇:몸을 구부린 모양). 騎馬〔기마〕 말을 탐. 乘馬(승마). 타는 말. 騎兵〔기병〕 말 탄 군사. 말을 타는 병사. 騎馬兵(기마병). 騎士〔기사〕 말 탄 무사. 馬兵(마병). 騎手〔기수〕 말 타는 사람. ▶ 騎率(기솔) 騎虎之勢(기호지세)	

糸 8 ⑭	**緊** 긴요할 긴 緊 jǐn urgent 긴요하다. 급하다. 굳게 얽다. 줄다. 감다. ㄏ 臣 臤 繄 緊 緊	☞ 굳을 간(臤)과 실 사(糸). 緊急〔긴급〕 일이 아주 긴하고 급함. 절박한 상태. 緊談〔긴담〕 긴요한 이야기. 절실히 요긴한 이야기. 緊密〔긴밀〕 관계가 아주 긴하고 가까움. 緊迫〔긴박〕 아주 긴장되게 절박함. ▶ 緊要(긴요) 緊張(긴장) 要緊(요긴)
邑 4 ⑦	**那** 어찌 나 어조사 내 nà how 어찌. 어느. 많다. 편안하다. 어조사. 丁 刁 圭 君 那 那	☞ 원래는 고을 이름을 나타냈음. 那間〔나간〕 언제쯤. 그 동안. 那落〔나락〕 범어 Naraka의 음역. 지옥. 지옥으로 떨어짐. 那邊〔나변〕 어디. 어느 곳. 저기. 저 부근. 刹那〔찰나〕 범어 Ksana의 음역(音譯). 지극히 짧은 시간. ▶ 那事(나사) 那時(나시) 那何(나하)
言 9 ⑯	**諾** 대답할 낙 诺 nuò respond 대답하다. 허락. 승낙하다. 허용하다. 言 言 訞 訐 諾 諾	☞ 말씀 언(言)과 이에 약(若 : 그것이다). 諾否〔낙부〕 승낙함과 승낙하지 않음. 諾約〔낙약〕 계약 신청을 승낙함. 承諾〔승낙〕 청하는 바를 들어 줌. 許諾(허락). 許諾〔허락〕 청하고 바라는 바를 들어 줌. 承諾(승낙). ▶ 諾意(낙의) 應諾(응낙) 快諾(쾌락)
女 7 ⑩	**娘** 각시 낭 niáng girl 각시. 아가씨. 어머니. 젊은 여자. 女 女 奵 娘 娘 娘	☞ 계집 녀(女)와 어질 량(良). 娘家〔낭가〕 어머니의 친정. 娘細胞〔낭세포〕 세포 분열에 의하여 생긴 두 개의 세포. 娘子〔낭자〕 처녀. 소녀. 아가씨. 娘子軍〔낭자군〕 여자로 편성된 군대나 단체를 일컬음. ▶ 夫娘(부랑) 新嫁娘(신가랑)
ノ 1 ②	**乃** 이에 내 nǎi namely 이에. 너. 그. 곧. 접때. 어조사. 아무. ノ 乃	☞ 모태(母胎)에서 몸을 구부린 태아를 본뜬 모양. 乃父〔내부〕 아버지가 아들에 대하여 쓰는 자칭. 乃子〔내자〕 그이의 아들. 乃至〔내지〕 얼마에서 얼마까지. 또는 혹은. 人乃天〔인내천〕 천도교에서, 사람이 곧, 한울이라는 말. ▶ 乃武乃文(내무내문) 乃往(내왕)

大
5
⑧
	奈 어찌 내
	  나락 나
	nài how
	어찌. 왜. 나락(奈落).
	大 大 太 夳 卒 奈 奈
		☞ 나무 목(木)과 보일 시(示).
		奈何〔내하〕 어떻게. 어찌하여. 如何(여하). 若何(약하).
		奈落〔나락〕 naraka의 음역. 지옥. 구원할 수 없는 마음의
		        구렁텅이.
		奈邊〔나변〕 어디쯤. 어디. '奈'는 의문의 뜻.
		▶ 奈端(나단) 何奈(하나)

而 3 ⑨	**耐** 견딜 내 nà endure 견디다. 참음. 수염을 깎는 형벌. 능히 함. ㄏ 乃 而 而 耐 耐	☞ 턱수염 이(而)와 마디 촌(寸). 耐久〔내구〕 오래 견딤. 耐煩〔내번〕 번거로움을 참고 견딤. 耐熱〔내열〕 열을 견디어 냄. 耐乏〔내핍〕 부족함을 참고 견딤. ▶ 堪耐(감내) 忍耐(인내)

3級 配定漢字 253

宀 11 ⑭  편안할 녕 宁 nìng peaceful 편안하다. 문안하다. 친정가다. 차라리. 宀 宁 宁 宵 寍 寍 寧	☞ 움집 면(宀)과 마음 심(心), 그릇 명(皿)과 못 정(丁). 寧息〔영식〕 편안히 쉼. 寧日〔영일〕 무사하고 평화로운 날. 寧親〔영친〕 객지에서 부모를 뵈려고 고향으로 돌아감. 康寧〔강녕〕 몸이 건강하며, 마음이 편안함. ▶ 寧察(영찰) 安寧(안녕)	
女 2 ⑤  종 노 nú servant 종. 사내종. 노예. 자기의 낮춤말. 乛 夕 女 奴 奴	☞ 계집 녀(女)와 손 수(又:手의 변형). 奴僕〔노복〕 남자종. 奴子(노자). 奴婢〔노비〕 사내종과 계집종. 종의 총칭. 奴隸〔노예〕 종. 종신토록 주인에게 예속된 하인. 賣國奴〔매국노〕 나라를 팔아먹을 짓을 감행하는 놈. ▶ 奴顔婢膝(노안비슬) 官奴(관노) 守錢奴(수전노)	
水 13 ⑯  짙을 농 浓 nóng thick 짙다. 진하다. 두텁다. 때가 한창이다. 氵 沪 沪 泮 浡 濃 濃	☞ 물 수(氵·水)에 농사 농(農). 濃淡〔농담〕 짙고 연함. 진한 빛깔과 엷은 빛깔. 濃度〔농도〕 용액 속에 들어 있는 각 성분의 양의 비율. 濃霧〔농무〕 짙은 안개. 濃艶〔농염〕 화사하고 아름다움. ▶ 濃密(농밀) 濃液(농액) 方濃(방농)	
心 9 ⑫  괴로워할 뇌 恼 nǎo troubled 괴로워하다. 고민함. 괴롭히다. 괴로움. 忄 忄 忄 忄 惱 惱 惱	☞ 마음 심(忄·心)과 한해 입은 밭 치(甾). 惱亂〔뇌란〕 고민하여 어지러움. 惱殺〔뇌살·뇌쇄〕 여자가 아름다움으로 남자를 매혹하는 일. 苦惱〔고뇌〕 괴로워하고 번뇌함. 煩惱〔번뇌〕 심신이 시달려 몹시 괴로움. ▶ 百八煩惱(백팔번뇌) 痛惱(통뇌)	
肉 9 ⑬  뇌 뇌 脑 nǎo brain 뇌. 머릿골. 머리. 마음. 중심. 月 肝 肝 腦 腦 腦 腦	☞ 몸 육(月·肉)과 내 천(巛·川), 정수리 신(囟). 腦裏〔뇌리〕 머리 속. 마음 속. 腦炎〔뇌염〕 뇌수의 염증으로 일어나는 병. 腦溢血〔뇌일혈〕 뇌 속에서 혈관이 터져 그 출혈로 일어나는 병. 頭腦〔두뇌〕 뇌. 사물을 판단하는 슬기. ▶ 腦髓(뇌수) 肝腦(간뇌) 首腦(수뇌)	
水 5 ⑧  진흙 니 ní mud 진흙. 진창. 수렁. 시궁창. 흙탕. 약하다. 氵 氵 汀 沪 沪 泥	☞ 물 수(氵·水)와 화할 니(尼). 泥工〔이공〕 미장이. 泥溝〔이구〕 흙탕물이 흐르는 도랑. 더럽고 흐림. 泥塗〔이도〕 진창 길. 천한 지위나 모양. 천하고 쓸모 없는 것. 泥水〔이수〕 흙탕물. ▶ 泥丘(이구) 泥中(이중) 雲泥(운니)	
艸 6 ⑩ 茶 차 다 차 차 chá tea plant 차. 차나무. 찻잎. 소녀. 十 艹 艾 芩 苓 茶	☞ 풀 초(艹·艸)와 나머지 여(木·余:여유). 茶菓〔다과〕 차와 과자. 또, 과일. 茶道〔다도〕 차 만드는 법. 차에 관한 예의. 茶房〔다방〕 차를 끓이는 방. 또는 그것을 파는 곳. 찻집. 茶禮〔차례〕 조상에게 지내는 제사. ▶ 茶菓(차과)	

丶 3 ④	丹	붉을 단 dān　red	☞ 단사(丹砂)를 채굴하는 우물(井)을 본뜬 글자. 丹書〔단서〕 바위나 돌에 쓴 글씨. 또, 붉게 새겨 쓴 글씨. 丹脣〔단순〕 여자의 아름다운 붉은 입술. 연지바른 입술. 丹心〔단심〕 속에서 우러나는 정성스런 마음. 丹楓〔단풍〕 늦가을에 붉게 물든 나뭇잎. ▶ 丹脣皓齒(단순호치) 牡丹(모란)
붉다. 정성스럽다. 단청하다. 신약. 丿 刀 月 丹			
日 1 ⑤	旦	아침 단 dàn　morning	☞ 날 일(日)과 한 일(一 : 지평선). 旦暮〔단모〕 아침저녁. 朝夕(조석). 시기가 절박한 모양. 旦夕〔단석〕 아침과 저녁. 위급한 시기나 상태가 절박한 모양. 旦月〔단월〕 음력 6월의 별칭. 元旦〔원단〕 설날. 설날 아침. 正旦(정단). ▶ 早旦(조단) 平旦(평단)
아침. 일찍. 날 밝다. 철야하다. 형벌 이름. 丨 冂 日 日 旦			
人 5 ⑦	但	다만 단 dàn　only	☞ 사람 인(人·亻)과 아침 단(旦 : 해가 떠오르는 모양). 但書〔단서〕 본문 앞에 '단(但)'자를 붙여 어떤 조건이나 　　　　　예외의 뜻을 나타내는 글. 但只〔단지〕 다만. 오직. 겨우. 한갓. 非但〔비단〕 '다만'이란 뜻으로, 부정하는 말 앞에 쓰는 말. ▶ 但服湯(단복탕)
다만. 오직. 홀로. 단지. 대체. 무릇. 거짓. 丿 亻 亻 仴 但 但			
水 8 ⑪	淡	묽을 담 dàn　light	☞ 물 수(氵·水)와 불꽃 염(炎). 淡淡〔담담〕 물이 맑음. 달빛이 선명하게 밝음. 淡泊〔담박〕 욕심이 없고 마음이 깨끗함. 맛이나 빛이 산뜻함. 淡水〔담수〕 짠맛이 없는 맑은 물. 濃淡〔농담〕 짙음과 옅음. 표현의 강함과 약함. ▶ 淡粧(담장) 淡紅(담홍)
묽다. 연하다. 물 맑다. 맛이 심심함. 丶 丶 氵 氵 汃 浏 淡 淡			
水 12 ⑮	潭	못 담 물가 심 tán　pool	☞ 물 수(氵·水)와 넓을 담(覃). 潭思〔담사〕 깊이 생각함. 潭水〔담수〕 깊은 못이나 늪의 물. 潭渦〔담와〕 깊은 소용돌이. 碧潭〔벽담〕 푸른빛이 감도는 깊은 못. ▶ 潭心(담심)
못. 소(沼). 깊다. 강 이름. 물가. 잠기다. 氵 汧 汧 渭 渭 渭 潭			
田 4 ⑨	畓	논 답 dá　rice field	☞ 물 수(水)와 밭 전(田). 畓穀〔답곡〕 논에서 나는 곡식. 畓券〔답권〕 논의 면적과 소유권자 따위를 적은 서류. 沃畓〔옥답〕 기름진 논. 田畓〔전답〕 논밭.
논. 丿 刀 水 水 沓 畓			▶ 畓土(답토) 天水畓(천수답)
足 8 ⑮	踏	밟을 답 tà　tread	☞ 발 족(足)과 겹칠 답(沓). 踏步〔답보〕 제자리걸음. 踏査〔답사〕 실지로 그 곳에 가서 보고 조사함. 踏襲〔답습〕 선인의 행적을 그대로 따라 행함. 高踏〔고답〕 지위나 명리(名利)를 떠나 속세에 초연함. ▶ 未踏(미답) 不踏覆轍(부답복철)
밟다. 발판. 신발. 확인하다. 口 口 口 口 跣 跣 踏			

口 7 ⑩	**唐** 당나라 당 táng 당나라. 황당하다. 황당무계함. 크다. 亠 广 戶 庐 庐 唐 唐	☞ 굳셀 경(庚·庚)과 입 구(口). 唐突〔당돌〕 꺼리거나 어려워함이 없이 올차고 다부짐. 唐津〔당진〕 당나라의 상선(商船)이 오가던 나루터. 唐慌〔당황〕 놀라서 정신이 어리둥절해짐. 唐惶(당황). 荒唐〔황당〕 언행이 거칠고 거짓이 많음. ▶ 唐麵(당면)
米 10 ⑯	**糖** 엿 당 táng sugar 엿. 사탕. 설탕. 亠 米 糒 糖 糖 糖	☞ 쌀 미(米)와 당나라 당(唐). 糖菓〔당과〕 캔디. 사탕과자. 糖尿病〔당뇨병〕 오줌 속에 포도당이 섞여 나오는 병. 糖類〔당류〕 가용성이며 단맛이 있는 탄수화물. 果糖〔과당〕 포도당과 함께 과실 속에 있는 당분. ▶ 糖分(당분) 糖精(당정) 製糖(제당)
貝 5 ⑫	**貸** 빌릴 대 dài lend 빌리다. 차용하다. 빌려 주다. 꾸어 주다. 亻 伫 代 伐 侸 貸 貸	☞ 대신할 대(代)와 조개 패(貝). 貸金〔대금〕 빌려 준 돈. 貸付〔대부〕 이자와 기한을 정하고 돈이나 물건을 빌려 줌. 貸與〔대여〕 빌려 주거나 꾸어 줌. 賃貸〔임대〕 삯을 받고 물건을 빌려 주는 일. ▶ 貸借(대차) 轉貸(전대)
至 8 ⑭	**臺** 돈대 대 tái height 돈대. 누각. 정자. 관아. 조정. 토대. 土 吉 亮 亮 臺 臺 臺	☞ 높을 고(高·高)와 이를 지(至). 선비 사(士). 臺閣〔대각〕 누각(樓閣). 정치하는 관청. 臺本〔대본〕 연극·영화의 각본. 어떤 토대가 되는 책. 臺帳〔대장〕 어떤 사항을 기록하는 토대가 되는 장부. 土臺〔토대〕 밑바탕. 일의 밑바탕이 되는 기초나 밑천. ▶ 臺紙(대지) 墩臺(돈대)
刀 0 ②	**刀** 칼 도 dāo knife 칼. 거룻배. 돈 이름. 임금(賃金). 丁 刀	☞ 날이 구부정하게 굽은 칼의 모양을 본뜬 글자. 刀劍〔도검〕 칼과 검. 칼이나 검의 총칭. 刀銘〔도명〕 칼에 새긴 이름. 刀匠〔도장〕 칼을 만드는 장인(匠人). 銀粧刀〔은장도〕 은으로 만든 장도 노리개의 하나. ▶ 刀尖(도첨) 單刀直入(단도직입) 執刀(집도)
手 6 ⑨	**挑** 돋을 도 멜 조 tiāo incite 돋우다. 집적거리다. 꾀다. 뛰다. 메다. 扌 扌 扫 扫 挑 挑	☞ 손(手)으로 거북의 등딱지로 점괘를 알아낸다는 뜻. 挑燈〔도등〕 등불을 돋우어 불을 더 밝게 함. 挑戰〔도전〕 어려운 사업이나 기록 경신에 맞섬. 挑禍〔도화〕 화를 일으킴. 挑選〔조선〕 인물을 선택함. ▶ 挑發(도발) 挑出(도출)
人 8 ⑩	**倒** 넘어질 도 dǎo fall 넘어지다. 넘어뜨림. 거꾸로. 거꾸로 함. 亻 伫 伫 伊 侄 倒	☞ 사람 인(亻·人)과 이를 도(到 : 쓰러지다). 倒壞〔도괴〕 무너뜨림. 무너짐. 倒産〔도산〕 기업 등이 재산을 모두 써 버림. 파산함. 壓倒〔압도〕 눌러서 넘어뜨림. 뛰어나서 남을 능가함. 打倒〔타도〕 쳐서 거꾸러뜨림. ▶ 倒立(도립) 顚倒(전도)

木 6 ⑩	**桃** 복숭아 도 táo　peach 복숭아. 복숭아나무. 앵두. 침대. 침상. 十 才 札 札 桃 桃	☞ 나무 목(木)과 조짐 조(兆). 桃李〔도리〕 복숭아와 자두나무. 또 그 꽃이나 열매. 桃園〔도원〕 복숭아가 많은 정원. 복숭아 밭. 桃花〔도화〕 복숭아꽃. 黃桃〔황도〕 누른빛이 많은 복숭아. ▶ 桃園結義(도원결의) 武陵桃源(무릉도원)
辶 7 ⑪	**途** 길 도 tú　road 길. 도로. 人 스 수 余 涂 途	☞ 쉬엄쉬엄 갈 착(辶·辵)과 남을 여(余: 길의 뜻). 途上〔도상〕 길 위. 노상(路上). 途程〔도정〕 길의 이수(里數). 여행의 경로. 用途〔용도〕 쓰이는 데. 쓰이는 길. 壯途〔장도〕 중대한 사명을 띠고 떠나는 길. ▶ 途中(도중) 前途(전도)
阜 8 ⑪	**陶** 질그릇 도 táo 질그릇. 오지그릇. 가르치다. 화락하다. 阝 阝 阣 阣 陶 陶	☞ 언덕 부(阝·阜)와 가마 요(匋). 陶工〔도공〕 옹기장이. 陶器〔도기〕 질그릇. 오지그릇. 陶冶〔도야〕 도기를 굽고 금속을 불림. 닦아 기름. 陶醉〔도취〕 기분 좋게 취함. 무엇에 열중함. ▶ 陶汰(도태) 薰陶(훈도)
水 9 ⑫	**渡** 건널 도 dù　cross over 건너다. 지나가다. 건너게 하다. 주다. 氵 氿 沪 沪 渡 渡	☞ 물 수(氵·水)와 건널 도(度). 渡江〔도강〕 강을 건넘. 渡來〔도래〕 물을 건너서 옴. 過渡〔과도〕 묵은 것에서 벗어나 새 것을 이루려는 도중. 不渡〔부도〕 수표에 쓰인 금액을 받을 수 없는 일. ▶ 渡海(도해) 讓渡(양도)
足 6 ⑬	**跳** 뛸 도 tiào　jump 뛰다. 뛰어오르다. 솟구치다. 넘어지다. 口 早 굘 趴 跳 跳	☞ 발을 굴러 땅에서 높이 뛰어오른다는 뜻. 跳梁〔도량〕 거리낌없이 함부로 날뛰어 다님. 跳躍〔도약〕 뛰어오름. 뜀. 뛰어 덤비며 짖음. 跳哮〔도효〕 펄쩍 뛰며 짖음. 高跳〔고도〕 높이 뜀. ▶ 跳奔(도분)
禾 10 ⑮	**稻** 벼 도 dào　rice plant 벼(화본과에 속하는 일년초). 二 禾 秆 秆 稻 稻	☞ 벼 화(禾)와 절구 요(臽: 절구에서 꺼내다). 稻作〔도작〕 벼농사. 粳稻〔갱도〕 메벼. 메진 벼. 秔稻(갱도). 水稻〔수도〕 논에 물을 대어 심는 벼. 早稻〔조도〕 올벼. 철 이르게 익는 벼. ▶ 稻米(도미) 稻熱病(도열병)
竹 10 ⑯	**篤** 도타울 독 笃 dǔ　generous true 도탑다. 미쁘다. 신실함. 오로지. ㅅ 竺 竺 笙 篤 篤	☞ 대나무 죽(竹)과 말 마(馬). 篤敬〔독경〕 말과 행동거지가 도탑고 공손함. 篤愼〔독신〕 매우 신중함. 篤實〔독실〕 인정이 두텁고 일에 충실함. 친절하고 정직함. 敦篤〔돈독〕 인정이 두터움. ▶ 篤農家(독농가) 篤志(독지)

3級 配定漢字 257

豕
4
⑪
豚 돼지 돈
tún　pig

돼지. 새끼돼지. 복. 복어. 지척거리다.
月 月 刖 肌 豚 豚

☞ 고기 육(月∶肉)과 돼지 시(豕∶살찐 돼지).
豚犬〔돈견〕돼지와 개. 어리석은 자식. 곧, 자기 자식을 일컬음.
豚肉〔돈육〕돼지고기.
家豚〔가돈〕남에게 자기 아들을 낮추어 일컫는 말.
養豚〔양돈〕돼지를 기름.
▶ 豚舍(돈사)

攵
8
⑫
敦 도타울 돈
dūn　cordial

도탑다. 정성. 힘쓰다. 다스리다. 모이다.
亠 㐁 亨 亨 享 敦

☞ 드릴 향(享)과 칠 복(攵·支).
敦篤〔돈독〕인정이 두터움. 심덕이 도타움. 敦厚(돈후).
敦睦〔돈목〕정이 도탑고 화목함.
敦親〔돈친〕친족끼리나 친척끼리 정이 두터움.
敦厚〔돈후〕인정이 도타움.
▶ 可敦(가돈) 安敦(안돈)

穴
4
⑨
突 부딪칠 돌
tū　collide

부딪치다. 뚫다. 자기. 우뚝하다. 굴뚝.
宀 宂 宊 空 突 突

☞ 구멍 혈(穴)과 개 견(犬).
突擊〔돌격〕돌진하여 쳐들어감.
突起〔돌기〕우뚝 솟음. 어떤 형체에서 뾰족하게 나온 부분.
突發〔돌발〕일이 갑자기 일어남. 별안간 발생함.
突然〔돌연〕갑자기. 느닷없이.
▶ 突進(돌진) 突出(돌출)

冫
8
⑩
凍 얼 동　冻
dòng　freeze

얼다. 춥다. 차다.
冫 冫 冫 沍 冲 凍

☞ 얼 빙(冫∶얼음의 결 모양)과 봄 동(東).
凍結〔동결〕자산·자금 등의 사용 및 이동을 금하는 일.
凍氷〔동빙〕물이 얼어 얼음이 됨. 結氷(결빙).
凍死〔동사〕얼어죽음.
凍傷〔동상〕심한 추위로 피부가 얼어서 상하는 일.
▶ 凍土(동토) 冷凍(냉동)

木
6
⑩
桐 오동나무 동
tóng　paulownia

오동나무. 거문고. 통하다. 갑자기.
十 木 杧 杘 桐 桐

☞ 나무 목(木)과 한가지 동(同).
梧桐〔오동〕오동나무. 재목은 가볍고 부드러워 거문고·장롱 따위를 만듦.
碧梧桐〔벽오동〕낙엽 활엽 교목. 잎은 큰 부채만 함. 재목은 악기 등을 만들고 껍질로는 새끼를 꼼.
▶ 桐棺(동관) 桐子(동자)

金
4
⑫
鈍 둔할 둔　钝
dùn　dull

둔하다. 무디다. 우둔하다. 느리다. 굼뜨다.
人 ハ 金 釒 鈍 鈍

☞ 쇠 금(金)에 모일 둔(屯).
鈍感〔둔감〕감각이 둔함.
鈍器〔둔기〕무딘 날붙이. 날이 붙어 있지 않은 도구.
鈍步〔둔보〕느리고 굼뜬 걸음.
鈍才〔둔재〕둔한 재주. 또, 그러한 사람.
▶ 鈍濁(둔탁) 魯鈍(노둔) 愚鈍(우둔)

水
6
⑨
洛 물이름 락
luò

물(강) 이름. 물. 도읍 이름. 잇닿다. 다하다.
氵 氵 氵 洨 洛 洛

☞ 물 수(氵·水)와 각각 각(各).
洛書〔낙서〕팔괘(八卦)의 법이 이에 의해 만들어졌다 함.
洛陽紙價貴〔낙양지가귀〕낙양(洛陽)의 종이 값이 올라갔다는 뜻으로, 책이 널리 퍼져 매우 잘 팔림을 일컬음.
京洛〔경락〕서울.
▶ 上洛(상락)

糸 6 ⑫	**絡**	이을 락 luò　connect	络	☞ 실 사(糸)와 각각 각(各). 絡車〔낙거〕 실을 감는 얼레. 絡絡〔낙락〕 죽 이은 모양. 絡繹〔낙역〕 왕래가 끊이지 않음. 脈絡〔맥락〕 혈맥이 서로 연결되어 있는 계통. ▶ 連絡(연락)

잇다. 연락하다. 두르다. 감다. 싸다. 매다.
幺 幵 糸 紗 紋 絡

| 木
17
㉑ | **欄** | 난간 란
lán　rail | 栏 | ☞ 나무 목(木)과 난간 란(闌).
欄干〔난간〕 층계·다리 따위의 가장자리를 막은 물건.
欄邊〔난변〕 난간의 근처.
空欄〔공란〕 일정한 지면에서 글자 없이 비워 둔 칸.
石欄〔석란〕 돌난간.
▶ 欄角(난각) 朱欄(주란) |

난간. 난. 테두리. 울(짐승의 집). 칸막이.
木 杆 枦 椚 欄 欄

| 火
17
㉑ | **爛** | 빛날 란
làn　bright | 烂 | ☞ 불 화(火)와 다할 란(闌 : 불이 꺼지기 직전을 뜻함).
爛漫〔난만〕 꽃이 만발하여 화려함.
爛發〔난발〕 꽃이 한창 흐드러지게 핌. 爛開(난개).
爛商公論〔난상공론〕 여러 사람이 모여 잘 의논함.
能爛〔능란〕 익숙하고 매우 솜씨가 있음.
▶ 爛熟(난숙) 爛醉(난취) 絢爛(현란) |

빛나다. 밝다. 문드러지다. 곱다. 무르녹다.
炉 烱 烱 燗 爛 爛

| 艸
17
㉑ | **蘭** | 난초 란
lán　orchid | 兰 | ☞ 풀 초(艹·艸)와 막을 란(闌).
蘭交〔난교〕 뜻이 맞아 서로 친밀한 사람들의 사귐.
蘭草〔난초〕 난초과의 여러해살이풀. 열대지방이 원산.
金蘭〔금란〕 친구 사이에 정의가 매우 두터운 상태.
紫蘭〔자란〕 난초과의 여러해살풀. 대왐풀.
▶ 蘭秋(난추) 玉蘭(옥란) 芝蘭(지란) |

난초. 얼룩. 떠돌다. 가로 뻗은 혈관.
艹 广 門 門 闌 蘭

| 水
14
⑰ | **濫** | 넘칠 람
làn　overflow | 滥 | ☞ 물 수(氵·水)와 볼 감(監 : 물거울을 들여다보다의 뜻).
濫發〔남발〕 함부로 발행함. 총을 함부로 쏨. 말을 함부로 함.
濫伐〔남벌〕 나무를 마구 벌채함.
濫雜〔남잡〕 뒤섞여 질서가 없음. 문란하고 혼잡함.
氾濫〔범람〕 물이 넘쳐흐름.
▶ 濫觴(남상) 濫用(남용) |

넘치다. 범람하다. 지나치다. 퍼지다.
氵 汇 泙 濟 濫 濫

| 艸
14
⑱ | **藍** | 쪽 람
lán　indigo | 蓝 | ☞ 풀 초(艹·艸)와 볼 감(監).
藍碧〔남벽〕 짙은 푸른 빛.
藍色〔남색〕 남빛.
藍實〔남실〕 쪽의 씨. 약재임.
藍青〔남청〕 짙고 검푸른 빛.
▶ 伽藍(가람) 青出於藍(청출어람) |

쪽(물감의 원료). 남빛. 누더기. 채소.
广 广 萨 萨 藍 藍

| 水
7
⑩ | **浪** | 물결 랑
làng　wave | | ☞ 물 수(氵·水)와 어질 량(良 : 노을 치는 물결).
浪漫〔낭만〕 실현성이 적고 매우 정서적이며 이상적인 상태.
浪費〔낭비〕 재물이나 시간 따위를 헛되이 씀.
浪說〔낭설〕 터무니없는 헛소문.
浪人〔낭인〕 지위나 벼슬이 없이 노는 사람.
▶ 浪遊(낭유) 孟浪(맹랑) 風浪(풍랑) |

물결. 파도. 유랑하다. 방랑하다. 함부로.
丶 氵 氵 沪 浪 浪

邑 7 ⑩ 사내. 낭군. 남편. 벼슬 이름. 주인. ⼘ ⼙ 𠂉 𩙿 良 郎 郎	郎 사내 랑 làng　man	☞ 어질 량(良)과 고을 읍(阝·邑). 郎官〔낭관〕각 관아의 당하관(堂下官)의 총칭. 郎君〔낭군〕젊은 아내가 남편을 사랑스럽게 일컫는 말. 郎子〔낭자〕옛날에 젊은 관아를 친절하게 일컫던 말. 女郎〔여랑〕남자와 같은 재주나 기질을 가지고 있는 여자. ▶ 新郎(신랑) 花郎(화랑)
广 10 ⑬ 복도. 행랑. 곁채. 广 庁 庁 庁 廊 廊	廊 복도 랑 láng　corridor	☞ 집 엄(广)과 사내 랑(郎). 廊底〔낭저〕대문간에 붙어 있는 방. 행랑방. 廊下〔낭하〕복도. 대문 양쪽에 벌여 있는 하인들의 방. 舍廊〔사랑〕바깥주인이 거처하며 손님을 대접하는 곳. 行廊〔행랑〕본채의 좌우 또는 대문 양쪽에 붙어 있는 방. ▶ 廻廊(회랑)
手 8 ⑪ 노략질하다. 볼기치다. 매질하다. 스치다. 扌 扌 扩 扩 护 掠 掠	掠 노략질할 략 lüè　plunder	☞ 손 수(扌·手)와 클 경(京). 掠盜〔약도〕노략질함. 강탈함. 掠奪〔약탈〕폭력을 써서 억지로 빼앗음. 劫掠(겁략). 擄掠〔노략〕떼를 지어 다니면서 재물 따위를 빼앗음. 侵掠〔침략〕침노하여 약탈함. 영토를 침범하여 빼앗음. ▶ 掠治(약치)
水 8 ⑪ 서늘하다. 서늘한 바람. 맑다. 얇다. 氵 氵 汻 浐 淳 涼	涼 서늘할 량 liáng　cool	☞ 물 수(氵·水)와 높을 경(京). 涼德〔양덕〕덕이 적음. 두텁지 못한 심덕(心德). 薄德(박덕). 涼天〔양천〕서늘한 날씨. 涼秋〔양추〕서늘한 가을. 음력 9월경. 納涼〔납량〕여름 더위를 피하여 시원한 바람을 쐼. ▶ 涼風(양풍) 淸涼(청량) 荒涼(황량)
木 7 ⑪ 들보. 대들보. 다리. 징검다리. 기장(수수). 氵 氵 汈 汈 汈 梁 梁	梁 들보 량 liáng　beam	☞ 물 수(氵·水)와 상처 창(刅), 나무 목(木). 梁木〔양목〕들보. 현인의 비유. 梁上君子〔양상군자〕도둑이나 쥐를 일컬음. 梁材〔양재〕들보가 될 수 있는 큰 재목. 梁柱〔양주〕대들보와 기둥. 다리를 받치는 기둥. ▶ 橋梁(교량) 棟梁(동량)
言 8 ⑮ 살피다. 헤아리다. 참. 진실. 미쁘다. 亠 亠 言 訁 詝 諒	諒 살필 량　谅 liàng　consider	☞ 말씀 언(言)과 밝을 량(京·亮). 諒恕〔양서〕양해하며 용서해 줌. 諒知〔양지〕살펴서 앎. 諒察〔양찰〕사정을 잘 살펴 알아 줌. 생각하여 미루어 살핌. 諒解〔양해〕사정을 잘 헤아려 이해함. ▶ 直諒(직량) 忠諒(충량)
力 15 ⑰ 힘쓰다. 권장하다. 힘써 하도록 권면하다. 厂 严 厝 厲 厲 勵	勵 힘쓸 려　励 lì　encourage	☞ 타이를 려(厲: 갈다의 뜻)와 힘 력(力). 勵相〔여상〕격려하여 도움. 勵精〔여정〕정신을 가다듬어 힘씀. 힘써 행함. 激勵〔격려〕마음이나 기운을 북돋우어 힘쓰도록 함. 분기시킴. 督勵〔독려〕감독하여 장려함. ▶ 獎勵(장려)

日 12 ⑯	**曆**	책력 력 lì	历 calender	☞ 날 일(日)과 셀 력(厤). 曆年〔역년〕 책력에서 정한 일년. 曆學〔역학〕 책력에 관한 연구를 하는 학문. 太陽曆〔태양력〕 지구가 태양을 일회전하는 동안을 1년으로 하는 달력(1년을 365일로 하되 4년마다 366일로 함).
	책력. 운수. 세월. 세다. 셈하다. 수. 수효. 厂 厃 屏 厤 曆 曆			▶ 曆法(역법) 冊曆(책력) 太陰曆(태음력)

心 12 ⑮	**憐**	불쌍히여길 련 lián	怜 pity	☞ 마음 심(忄·心)과 도깨비불 린(㷠 : 이웃끼리의 마음). 憐憫〔연민〕 불쌍하고 가련함. 憐情〔연정〕 어여삐 여기는 마음. 可憐〔가련〕 신세가 딱하고 가엾음. 哀憐〔애련〕 가엾고 애처롭게 여김.
	불쌍히(어여삐) 여기다. 가엾이 여기다. 忄 忄 忄 忳 憐 憐			▶ 愛憐(애련)

艸 11 ⑮	**蓮**	연꽃 련 lián	莲 lotus	☞ 풀 초(艹·艸)와 연할 연(連). 蓮根〔연근〕 연뿌리. 연의 땅 속 줄기. 蓮堂〔연당〕 연꽃을 구경하려고 연못가에 지은 당. 蓮塘〔연당〕 연못. 蓮池(연지). 木蓮〔목련〕 목련과의 낙엽 활엽 교목.
	연꽃. 연밥. 연실(蓮實). 고을 이름. 艹 莩 茴 萱 蓮 蓮			▶ 蓮步(연보) 蓮花(연화)

耳 11 ⑰	**聯**	잇닿을 련 lián	联 connect	☞ 귀 이(耳)와 실북에 꿸 관(䀠). 聯句〔연구〕 한시(漢詩)에서 짝을 맞춘 글귀. 聯絡〔연락〕 서로 관련을 맺음. 이어 계속함. 통보함. 聯立〔연립〕 잇대어 섬. 어울려서 섬. 聯合〔연합〕 두 가지 이상의 사물이 서로 합함.
	잇닿다. 잇다. 연하다. 나란히 하다. 耳 耳 聯 聯 聯 聯			▶ 對聯(대련)

金 9 ⑰	**鍊**	단련할 련 liàn	炼 temper	☞ 쇠 금(金)과 가릴 간(柬). 鍊金〔연금〕 쇠를 불림. 쇠붙이를 달구어 단련함. 鍊磨〔연마〕 갈고 닦음. 깊이 그 도를 닦음. 鍛鍊〔단련〕 쇠붙이를 달구어 두드림. 몸과 마음을 닦음. 修鍊〔수련〕 인격·기술·학문 등을 닦아서 단련함.
	단련하다. 쇠 불리다. 쇠사슬. 亼 金 釒 鉅 鍾 鍊			▶ 製鍊(제련)

心 19 ㉓	**戀**	사모할 련 liàn	恋 love	☞ 맬 련(䜌)과 마음 심(心). 戀歌〔연가〕 사랑하는 사람을 그리워하여 부르는 노래. 戀慕〔연모〕 사랑하여 그리워함. 戀愛〔연애〕 남녀간의 그리워 사모하는 애정. 戀情〔연정〕 연모하여 그리워하는 마음.
	사모하다. 생각하다. 그리워하다. 亠 言 䜌 䜌 䜌 戀			▶ 悲戀(비련) 失戀(실연)

力 4 ⑥	**劣**	용렬할 렬 liè	 inferior	☞ 적을 소(少)와 힘 력(力). 劣等〔열등〕 수준이 보통보다 낮음. 또, 낮은 등급. 劣惡〔열악〕 품질이나 능력 따위가 몹시 떨어지고 나쁨. 劣位〔열위〕 남보다 못한 지위. 卑劣〔비열〕 성품과 행실이 천하고 용렬함. 鄙劣(비열).
	용렬하다. 못나다. 질이 떨어지다. 丿 小 小 少 劣 劣			▶ 優劣(우열) 拙劣(졸렬)

부수	한자	훈음	간체 / 병음 / 영문	설명
衣 6 ⑫	裂	찢을 렬	liè tear	☞ 벌릴 열(列)과 옷 의(衣). 裂開〔열개〕 찢어져 벌어짐. 또, 찢어 벌림. 裂傷〔열상〕 피부가 찢어진 상처. 龜裂〔균열〕 거북 등의 껍데기처럼 갈라져서 터짐. 破裂〔파열〕 깨뜨리어 가름. 또, 깨어져 갈라짐. ▶ 車裂(거열) 凍裂(동렬)
		찢다. 찢어지다. 자투리. 터지다. 마르다. ㄅ ㄌ 列 列 裂 裂		
广 10 ⑬	廉	청렴할 렴	lián upright	☞ 집 엄(广)과 겸할 겸(兼). 廉價〔염가〕 값이 쌈. 싼 값. 廉夫〔염부〕 마음이 청렴한 사람. 廉恥〔염치〕 청렴하고 깨끗하여 부끄러움을 아는 마음. 廉探〔염탐〕 비밀히 사정을 살펴 조사함. 廉察(염찰). ▶ 廉隅(염우) 清廉(청렴)
		청렴하다. 맑다. 검소하다. 염치. 값싸다. 广 宀 庐 庐 庐 廉 廉		
雨 5 ⑬	零	떨어질 령 零	líng drop	☞ 비 우(雨)와 소리 령(令). 零落〔영락〕 초목의 잎이 시들어 떨어짐. 죽음. 零細〔영세〕 수입이 적고 생활이 궁색함. 零點〔영점〕 득점·점수가 없음. 어는 점. 零縮〔영축〕 수효가 줄어 모자람. ▶ 零露(영로) 奇零(기령)
		떨어지다. 시들다. 작다. 제로(zero). ⻗ 雨 雨 雲 零 零		
山 14 ⑰	嶺	재 령 岭	lǐng ridge	☞ 뫼 산(山)과 거느릴 령(領). 嶺南〔영남〕 조령의 남쪽. 경상도. 嶺東〔영동〕 강원도 대관령 동쪽의 땅. 關東(관동). 嶺雲〔영운〕 산마루 위에 뜬 구름. 산정(山頂)의 구름. 分水嶺〔분수령〕 분수계가 되어 있는 산 또는 산맥. ▶ 雪嶺(설령) 峻嶺(준령)
		재. 고개. 산봉우리. 잇닿아 뻗은 산줄기. 山 宀 岺 岺 嶺 嶺		
雨 16 ㉔	靈	신령 령 灵	líng spirit	☞ 비올 령(霝)과 무당 무(巫). 靈感〔영감〕 신의 영묘한 감응. 신의 계시를 받은 것 같은 느낌. 靈界〔영계〕 영혼의 세계. 정신 또는 그 작용이 미치는 범위. 靈柩〔영구〕 시체를 넣은 관. 靈魂〔영혼〕 죽은 사람의 넋. ▶ 靈藥(영약) 亡靈(망령) 妄靈(망령)
		신령. 영혼. 혼백. 신통하다. 정성. 마음. 宀 靁 靁 霝 靈 靈		
火 16 ⑳	爐	화로 로 炉	lú fireplace	☞ 불 화(火)와 큰그릇 로(盧). 爐邊〔노변〕 화롯가. 난롯가. 爐冶〔노야〕 쇠를 녹이는 가마. 煖爐〔난로〕 연료나 전기를 이용해 방안을 덥게 하는 기구. 火爐〔화로〕 숯불을 담아 두는 그릇. ▶ 爐香(노향)
		화로. 난로. 火 炉 炉 炉 爐 爐		
雨 12 ⑳	露	이슬 로	lù dew	☞ 비 우(雨)와 길 로(路). 露骨〔노골〕 숨기지 않고 있는 그대로 드러냄. 露宿〔노숙〕 한데서 잠. 집 밖에서 잠. 露玉〔노옥〕 구슬같이 맺힌 이슬. 露柱(노주). 露出〔노출〕 밖으로 드러나거나 드러냄. ▶ 露積(노적) 甘露(감로) 發露(발로)
		이슬. 은혜. 덕분. 드러나다. 나타나다. ⻗ 雨 雺 雰 霞 露		

水 8 ⑪	**鹿** 사슴 록 lù　deer 사슴. 곳집. 산기슭. 작은 수레. 술그릇. 亠广广广庐鹿鹿	☞ 수사슴의 뿔·머리·네 발의 모양을 본뜬 글자 鹿角〔녹각〕 수사슴 뿔. 물건을 거는 갈고리. 鹿茸〔녹용〕 사슴의 새로 돋은 연한 뿔. 보혈 강장제로 쓰임. 鹿血〔녹혈〕 사슴의 피. 麝鹿〔사록〕 사향노루. ▶ 鹿苑(녹원) 馬鹿(마록)
示 8 ⑬	**祿** 녹 록 lù　salary 녹(급료). 복(행복). 기록하다. 상품. 千 示 祀 科 祎 祿	☞ 보일 시(示)와 근본 록(彔). 祿命〔녹명〕 사람이 타고난 관록과 운명. 祿米〔녹미〕 녹봉으로 받는 쌀. 祿俸〔녹봉〕 벼슬아치에게 주던 봉급. 곡식이나 돈 따위. 祿位〔녹위〕 녹봉과 작위. 祿爵(녹작). ▶ 官祿(관록) 百祿(백록)
廾 4 ⑦	**弄** 희롱할 롱 lòng　mock 희롱하다. 놀다. 즐기다. 업신여기다. 一 二 干 王 丟 弄	☞ 구슬 옥(王·玉)과 손맞잡을 공(廾). 弄奸〔농간〕 남을 속여 일을 변동시키려는 간사한 짓. 弄巧〔농교〕 잔꾀를 씀. 弄談〔농담〕 실없이 하는 장난의 말. 弄法〔농법〕 제멋대로 법을 악용함. ▶ 愚弄(우롱) 嘲弄(조롱) 戱弄(희롱)
雨 5 ⑬	 천둥 뢰 léi　thunder 천둥. 우레. 큰 소리의 형용. 빠른 모양. 亠 乕 乕 雳 雳 雷	☞ 비 우(雨)와 밭사이 뢰(畾). 雷管〔뇌관〕 폭약의 기폭(起爆)에 쓰이는 발화구. 雷同〔뇌동〕 주견없이 남의 의견을 좇음. 附和雷同(부화뇌동). 雷聲霹靂〔뇌성벽력〕 천둥치는 소리와 벼락. 雷雨〔뇌우〕 우렛소리와 함께 오는 비. ▶ 落雷(낙뢰) 地雷(지뢰)
貝 9 ⑯	**賴** 의지할 뢰 lài　trust to 의지하다. 의뢰. 힘입다. 얻다. 착하다. 口 束 剌 剌 賴 賴	☞ 이지러질 랄(剌·刺)과 조개 패(貝). 賴德〔뇌덕〕 남의 덕을 입음. 無賴漢〔무뢰한〕 일정한 직업 없이 돌아다니는 불량한 사람. 信賴〔신뢰〕 남을 믿고 의지함. 依賴〔의뢰〕 남에게 의지함. 남에게 부탁함. ▶ 賴庇(뇌비) 親賴(친뢰)
亅 1 ②	**了** 마칠 료 liǎo　finish 마치다. 깨닫다. 알다. 똑똑하다. 이해하다. 了 了	☞ 손발이 모두 감싸인 젖먹이 모양을 본뜬 글자. 了結〔요결〕 일을 끝마침. 了解〔요해〕 깨달아 알아 냄. 인식의 하나. 修了〔수료〕 일정한 학과를 다 배워 마침. 完了〔완료〕 완전히 끝을 냄. ▶ 了知(요지) 終了(종료)
水 8 ⑪	**淚** 눈물 루　泪 lèi　tears 눈물. 눈물짓다. 울다. 氵 氵 沪 沪 淚 淚	☞ 물 수(氵·水)와 죄 려(戾). 淚汗〔누한〕 눈물과 땀. 淚痕〔누흔〕 눈물 자국. 눈물이 흐른 흔적. 感淚〔감루〕 감격하여 흘리는 눈물. 血淚〔혈루〕 피눈물. ▶ 漏水(누수) 淚眼(누안)

糸 5 ⑪	累	묶을 루 괴롭힐 루 lèi　tie　tie	☞ 밭 사이 뢰(畾)와 실 사(糸). 累計〔누계〕 부분부분의 합계를 계속하여 덧붙여 계산함. 累代〔누대〕 여러 대에 걸쳐. 대대(代代). 여러 대. 累積〔누적〕 포개어 쌓음. 또, 포개져 쌓임. 累蓄(누축). 累進〔누진〕 계급·등급 등이 여러 차례 거듭하여 올라감. ▶ 累卵之危(누란지위) 累增(누증) 累次(누차)
		묶다. 새끼를 찾는 어미 소. 괴롭히다. 口 田 田 畾 累 累	
尸 11 ⑭	屢	자주 루 lǚ　frequently	☞ 신발 리(尸·履)와 자주 루(婁). 屢年〔누년〕 여러 해. 屢代〔누대〕 여러 대. 屢日〔누일〕 여러 날. 屢次〔누차〕 여러 차례. 여러 번. ▶ 屢代奉祀(누대봉사)
		자주. 여러. 번잡하다. 번거롭다. 빠르다. 尸 尸 屛 屛 屢 屢	
水 11 ⑭	漏	샐 루 lòu　leak	☞ 물 수(氵·水)와 집샐 루(屚). 漏落〔누락〕 마땅히 기록되어야 할 것이 기록에서 빠짐. 漏網〔누망〕 잡히게 된 죄인이 수사망을 빠져 달아남. 漏泄〔누설〕 물이 샘. 물이 새게 함. 비밀이 밖으로 샘. 漏水〔누수〕 새는 물. 또는 물을 새게 함. ▶ 漏電(누전) 漏出(누출) 屋漏(옥루)
		새다. 빠뜨리다. 틈나다. 물시계. 구멍. 氵 沪 沔 漏 漏 漏	
木 11 ⑮	樓	다락 루 lóu　enemy	☞ 나무 목(木)과 여러 루(婁). 樓閣〔누각〕 사방을 바라볼 수 있게 높이 지은 집. 樓臺〔누대〕 누각과 정자. 門樓〔문루〕 궁문이나 성문 위에 지은 다락집. 鐘樓〔종루〕 종을 달아 두는 누각. ▶ 樓上(누상) 望樓(망루)
		다락. 다락집. 망루. 겹치다. 봉우리. 木 杧 杪 桿 樓 樓	
人 8 ⑩	倫	인륜 륜 lún　morals	☞ 사람 인(亻·人)과 질서 륜(侖). 倫理〔윤리〕 인간 사회에서 지켜야 할 도리. 倫常〔윤상〕 인륜의 떳떳한 도리. 倫次〔윤차〕 신분(身分)의 차례. 人倫〔인륜〕 사람으로서 지켜야 할 떳떳한 도리. ▶ 倫序(윤서) 天倫(천륜)
		인륜. 윤리. 무리. 또래. 순서. 차례. 亻 伶 伶 伶 倫 倫	
木 6 ⑩	栗	밤 률 lì　chestnut	☞ 덮을 아(襾·覀)와 나무 목(木). 栗栗〔율률〕 많은 모양. 두려워하는 모양. 栗房〔율방〕 밤송이. 栗園〔율원〕 밤나무가 많은 동산. 生栗〔생률〕 날밤. ▶ 棗栗(조율)
		밤. 밤나무. 떨다. 두려워하다. 여물다. 一 亠 襾 襾 覀 栗 栗	
阜 9 ⑫	隆	높을 륭 lóng　eminent	☞ 날 생(生)과 내릴 강(降). 隆起〔융기〕 불룩하게 두드러져 일어남. 隆盛〔융성〕 매우 기운차고 높이 일어남. 기세가 성함. 隆崇〔융숭〕 대하는 태도가 매우 정중하고 극진함. 隆興〔융흥〕 기운차게 일어남. ▶ 隆恩(융은) 隆顯(융현)
		높다. 성하다. 불룩하다. 두텁다. 크다. 阝 阝 阩 隆 隆 隆	

阜 8 ⑪	**陵** 언덕 릉 líng　　exceed 언덕. 무덤. 능. 높다. 짓밟다. 오르다. 阝 阝 阡 阡 陵 陵	☞ 언덕 부(阝·阜)와 넘을 릉(夌). 陵谷〔능곡〕 언덕과 골짜기. 陵蔑〔능멸〕 깔보고 업신여김. 陵踏(능답). 陵辱〔능욕〕 업신여기어 욕보임. 陵幸〔능행〕 임금이 능에 거동함. ▶ 陵園(능원)
口 3 ⑥	**吏** 관리 리 lì　　official 관리. 관원. 벼슬아치. 구실아치. 一 十 冂 㕚 吏 吏	☞ 관리의 상징인 깃대를 손에 든 모양을 본뜬 글자. 吏道〔이도〕 관리로서 지켜야 할 도리. 吏務〔이무〕 관리의 직무. 吏民〔이민〕 관리와 서민. 官民(관민). 지방의 아전과 백성. 官吏〔관리〕 관직에 있는 사람. 공무원. ▶ 吏讀(이두) 吏房(이방) 汚吏(오리)
木 7 ⑪	**梨** 배 리 lí　　pear 배. 배나무. 쪼개다. 쫓다. 二 千 禾 利 梨 梨	☞ 이로울 리(利)와 나무 목(木). 梨雪〔이설〕 배꽃을 흰 눈에 견주어 일컫는 말. 梨園〔이원〕 배나무를 심은 동산. 연극 또는 배우의 사회. 梨花〔이화〕 배꽃. 배나무의 꽃. 山梨〔산리〕 돌배. ▶ 梨棗(이조) 棠梨(당리)
衣 7 ⑬	**裏** 속 리　里 lǐ　　inside 속. 내부. 안. 안쪽. 가슴속. 다스려지다. 亠 亠 宀 宀 宀 裏	☞ 옷 의(衣)와 마을 리(里). 裏面〔이면〕 사물의 표면에 나타나지 아니한 내부의 사실. 裏書〔이서〕 증서·어음 등의 뒷면에 주소·성명 등을 쓰는 일 腦裏〔뇌리〕 머리 속. 表裏〔표리〕 겉과 속. 안팎. 표면과 내심. ▶ 裏甲(이갑) 裏言(이언) 表裏不同(표리부동)
尸 12 ⑮	**履** 신 리 lǔ　　shoes 신발. 신다. 밟다. 걷다. 순서대로 행하다. 尸 尸 尸 屛 屛 履	☞ 주검 시(尸)와 조금 걸을 척(彳), 칠 복(攵)과 배 주(舟). 履歷〔이력〕 지금까지의 학업·직업 따위의 내력 또는 경력. 履跡〔이적〕 신발 자국. 발자국. 履踐〔이천〕 실천함. 몸소 이행함. 履行〔이행〕 실제로 행함. 말과 같이 함. ▶ 木履(목리)
阜 12 ⑮	**隣** 이웃 린　邻 lín　　neighbor 이웃. 이웃하다. 보필하다. 친근하다. 阝 阝 阡 阡 阡 隣	☞ 언덕 부(阝·阜: 벽)와 도깨비불 린(粦). 隣家〔인가〕 이웃집. 隣近〔인근〕 이웃. 이웃함. 근처. 隣接〔인접〕 이웃하여 있음. 善隣〔선린〕 이웃과 사이좋게 지냄. 또는 그러한 이웃. ▶ 隣村(인촌)
臣 11 ⑰	**臨** 임할 림　临 lín　　confront 임하다. 미치다. 다다르다. 다스리다. 一 丆 丮 臣 臤 臨 臨	☞ 굽힐 와(臥)와 물건 품(品). 臨時〔임시〕 시기에 임함. 정하지 않은 임시적인 기간. 臨御〔임어〕 천자가 즉위하여 천하를 다스림. 臨戰〔임전〕 전장(戰場)에 나아감. 臨終〔임종〕 부모가 돌아가실 때 곁에서 모시고 있음. ▶ 臨機應變(임기응변) 君臨(군림) 枉臨(왕림)

麻 0 ⑪	麻	삼 마　麻 má　hemp

삼. 조칙. 삼옷의 총칭. 참깨. 마비되다
亠 广 庁 庁 庁 麻 麻

☞ 돌집 엄(广)과 枾(枾은 줄기가 긴 풀).
麻莖〔마경〕 삼대. 삼줄기.
麻姑〔마고〕 거친 삼실로 짠 큰 자루.
麻藥〔마약〕 마취약. 몰핀·아편·코카인 등. 痲藥(마약).
麻布〔마포〕 삼실의 피륙. 삼베.
▶ 麻醉(마취) 麻中之蓬(마중지봉)

石 11 ⑯	磨	갈 마　磨 mó　whet

갈다. 숫돌에 갈다. 닳다. 연자매.
广 庁 庁 麻 麻 磨

☞ 삼 마(麻)와 돌 석(石).
磨光〔마광〕 옥이나 돌 등을 갈아서 윤기를 냄.
磨耗〔마모〕 기계의 부품이나 도구 등이 닳음.
磨礪〔마려〕 쇠나 돌 따위를 갈음.
磨石〔마석〕 맷돌. 반드럽게 하기 위해 돌을 갊.
▶ 磨滅(마멸) 磨碎(마쇄) 磨擦(마찰) 硏磨(연마)

艸 7 ⑪	莫	없을 막 저물 모 mò mū

없다. 멀다. 아득하다. 쓸쓸하다. 저물다.

☞ 풀 초(艹·艸)와 햇빛 대(旲).
莫强〔막강〕 매우 강함.
莫大〔막대〕 수량이 예상 이상으로 많음.
莫論〔막론〕 의론(議論)할 것이 없음.
莫逆〔막역〕 서로 허물없이 썩 친함.
▶ 莫上莫下(막상막하) 莫重(막중)

巾 11 ⑭	幕	장막 막 mù　curtain

장막. 막. 군막(軍幕). 가리다. 덮다.

☞ 없을 막(莫: 햇빛을 가림)과 수건 건(巾).
幕僚〔막료〕 장군을 보좌하는 참모. 비장.
幕府〔막부〕 대장군의 본영(本營).
幕舍〔막사〕 임시로 간단하게 꾸민 집.
天幕〔천막〕 비바람이나 햇빛을 가릴 장막.
▶ 幕天席地(막천석지) 除幕式(제막식)

水 11 ⑭	漠	사막 막 mò　desert

사막. 아득하다. 넓다. 조용하다. 쓸쓸하다.

☞ 물 수(氵·水)와 없을 막(莫).
漠漠〔막막〕 넓고 멀어서 아득함. 널리 늘어놓은 모양.
漠然〔막연〕 고요한 모양. 넓어서 어렴풋한 모양.
茫漠〔망막〕 넓고 멂. 뚜렷한 구별이 없음.
沙漠〔사막〕 모래만이 덮여 있는 불모(不毛)의 벌판.
▶ 廣漠(광막) 寂漠(적막)

日 7 ⑪	晩	저물 만 wǎn　late

저물다. 저녁. 해질녘. 늦다. 뒤지다. 끝.
刂 日 旷 晧 晧 晩

☞ 날 일(日)과 면할 면(免).
晩覺〔만각〕 늦게 깨달음.
晩年〔만년〕 나이가 들어서 늙은 때. 老年(노년).
晩成〔만성〕 늦게 성취함. 나이가 든 후에 성공함.
晩秋〔만추〕 늦가을. 음력 9월.
▶ 晩時之歎(만시지탄) 晩學(만학) 歲晩(세만)

心 11 ⑭	慢	게으를 만 màn　idle

게으르다. 느슨하다. 오만함. 교만함.

☞ 마음 심(忄·心)과 먼길 만(曼).
慢性〔만성〕 버릇이 되어 고치기 힘든 일. ↔ 急性(급성).
慢心〔만심〕 지나친 자부.
慢言〔만언〕 깊이 생각하지 않고 함부로 하는 일.
漫然〔만연〕 맺힌데가 없이 헤벌어진 모양.
▶ 慢遊(만유) 傲慢(오만) 怠慢(태만)

水 11 ⑭	漫	질펀할 만 màn　　flood 질펀하다. 넘쳐흐르다. 빠지다. 게으르다. 氵 氵 浐 浸 浸 漫 漫	☞ 물 수(氵·水)와 터질 만(曼). 漫談〔만담〕 세상과 인정을 풍자하는 이야기. 漫然〔만연〕 이렇다 할 특별한 이유없이. 막연히. 漫評〔만평〕 체계없이 생각나는 대로하는 비평. 放漫〔방만〕 제멋대로 하여 야무지지 못하고 엉성함. ▶ 散漫(산만) 天眞爛漫(천진난만)
虫 19 ㉕	蠻	오랑캐 만　蛮 mán　　barbarion 오랑캐. 이민족. 야만스럽다. 업신여기다. 言 結 絲 䜌 䜌 蠻 蠻	☞ 어지러울 련(䜌)과 벌레 충(虫). 蠻歌〔만가〕 오랑캐의 노래. 蠻語〔만어〕 오랑캐 말. 야만인의 말. 蠻勇〔만용〕 야만적인 용기. 蠻風〔만풍〕 야만인의 풍속. 오랑캐의 풍속. 천한 풍속. ▶ 蠻行(만행) 野蠻(야만)
女 3 ⑥	妄	망령될 망 wàng　　dotage 망령되다. 허망하다. 헛됨. 속이다. 대개. ㆍ 亠 亡 亡 妄 妄	☞ 잃을 망(亡)과 계집 녀(女). 妄動〔망동〕 함부로 움직임. 분별 없이 망령되이 행동함. 妄想〔망상〕 망령되거나 허황한 생각. 妄信〔망신〕 믿지 않을 것을 함부로 그릇 믿음. 妄言〔망언〕 사리에 맞지 않는 말을 함. 함부로 말함. ▶ 妄自尊大(망자존대) 妖妄(요망) 虛妄(허망)
心 3 ⑥	忙	바쁠 망 máng　　busy 바쁘다. 조급하다. 분주하다. ㆍ ㆍ 忄 忄 忙 忙	☞ 마음 심(忄·心)과 잃을 망(亡). 忙迫〔망박〕 일에 몰리어 몹시 바쁨. 忙月〔망월〕 농사일에 가장 바쁜 달. 忙中閑〔망중한〕 바쁜 가운데도 한가한 짬이 있음. 奔忙〔분망〕 매우 부산하여 바쁨. ▶ 公私多忙(공사다망) 慌忙(황망)
心 3 ⑦	忘	잊을 망 wàng　　forget 잊다. 버리다. 소홀히하다. 건망증. ㆍ 亠 亡 亡 忘 忘	☞ 잃을 망(亡)과 마음 심(心). 忘却〔망각〕 잊어버림. 忘失〔망실〕 잊음. 남의 잘못을 잊음. 忘我〔망아〕 나를 잊음. 忘恩〔망은〕 은혜를 잊음. 은혜를 모름. ▶ 忘年之友(망년지우) 忘年會(망년회)
网 3 ⑧	罔	그물 망 wǎng　　net 그물. 없다. 맺다. 속이다. 흐리다. 冂 冂 冂 罔 罔 罔	☞ 그물 망(网)과 잃을 망(亡). 罔罟〔망고〕 그물. 罔極〔망극〕 끝이 없음. 끝없이 악을 행하는 사람. 罔然〔망연〕 멍한 모양. 상심(喪心)한 모양. 罔測〔망측〕 이치에 맞지 않아 뭐라고 헤아릴 수 없음. ▶ 罔極之恩(망극지은) 罔惑(망혹) 欺罔(기망)
艹 6 ⑩	茫	아득할 망 máng　　remote 아득하다. 망망하다. 멀다. 황홀하다. 艹 艹 艹 艹 艹 茫 茫	☞ 풀 초(艹·艸)와 멍할 망(汒). 茫漠〔망막〕 넓고 멀어 아득한 모양. 그지없이 아득한 모양. 茫茫〔망망〕 광대한 모양. 끝없이 먼 모양. 장성한 모양. 茫昧〔망매〕 식견이 좁아서 세상일에 어두움. 茫然〔망연〕 멀어 끝없는 모양. 아무 생각 없이 멍한 모양. ▶ 茫茫大海(망망대해) 茫然自失(망연자실)

土 7 ⑩	埋 묻을 매 mái man bury 묻다. 묻히다. 감추다. 土 圢 坦 坦 埋 埋	☞ 흙 토(土)와 안 리(里). 埋沒[매몰] 파묻음. 파묻혀 보이지 않음. 埋伏[매복] 숨어서 기다림. 복병(伏兵)을 둠. 埋葬[매장] 시체를 땅에 묻음. 暗埋葬[암매장] 남몰래 장사 지냄. ▶ 痤埋(좌매) 推埋(추매)
木 7 ⑪	梅 매화 매 méi plum 매화. 매화나무. 절후 이름. 신맛. 어둡다. 才 朾 朾 栴 梅 梅	☞ 나무 목(木)과 탐낼 매(每:어머니가 자녀를 낳다). 梅實[매실] 매화나무 열매. 식용·약용함. 梅雨[매우] 매실이 익을 무렵 내리는 긴 장마. 음력 4, 5월경. 梅花[매화] 매화나무의 꽃. 松竹梅[송죽매] 소나무·대나무·매화나무를 일컬음. ▶ 梅毒(매독) 黃梅(황매)
女 9 ⑫	媒 중매할 매 méi match making 중매. 매개. 중개. 미끼. 누룩. 술 빚다. 女 奼 奼 妣 媒 媒	☞ 계집 녀(女)와 아무 모(某). 媒介[매개] 둘 사이에 서서 관계를 맺어 줌. 매개체. 媒鳥[매조] 미끼로 쓰는 새. 후림새. 媒婆[매파] 혼인을 중매하는 할멈. 仲媒[중매] 혼인을 어울리게 하는 일. 또는 그 사람. ▶ 風媒花(풍매화)
麥 0 ⑪	麥 보리 맥 麦 mài barley 보리. 메밀. 귀리. 	☞ 올 래(來:까끄라기가 있는 곡식)와 뒤쳐져올 치(夂:늦다). 麥藁[맥고] 밀짚 또는 보릿짚. 麥穀[맥곡] 보리·밀 등의 곡식. 麥飯[맥반] 보리밥. 麥酒[맥주] 보리를 원료로 하여 담근 술. 비어(beer). ▶ 麥粉(맥분) 麥芽(맥아)
目 3 ⑧	盲 소경 맹 màng blind 소경. 장님. 색맹. 어둡다. 몽매하다. 	☞ 잃을 망(亡)과 눈 목(目). 盲目的[맹목적] 어떤 사물의 시비를 가리지 못하는 상태. 盲信[맹신] 옳고 그름을 가리지 않고 믿음. 덮어놓고 믿음. 盲啞[맹아] 소경과 벙어리. 文盲[문맹] 무식하여 글에 어두움. 글을 모르는 무식한 사람. ▶ 盲腸炎(맹장염) 盲從(맹종)
子 5 ⑧	孟 맏 맹 mèng first born 맏. 처음. 용맹. 힘쓰다. 맹자의 약칭. 子 孑 孟 孟 孟 孟	☞ 아들 자(子)와 그릇 명(皿). 孟冬[맹동] 초겨울. 겨울의 첫째 달. 음력 시월(十月)의 별칭. 孟浪[맹랑] 실없음. 엉터리. 방황함. 孟母三遷[맹모삼천] 맹자 어머니가 아들의 교육을 위해 　　　　　　 세 번 이사한 고사. ▶ 孟母斷機(맹모단기) 孟子(맹자)
犬 8 ⑪	猛 사나울 맹 měng fierce 사납다. 용감함. 엄하다. 잔혹하다. 	☞ 개 견(犭·犬)과 힘쓸 맹(孟). 猛犬[맹견] 사나운 개. 猛禽[맹금] 사나운 새. 猛烈[맹렬] 기세가 사납고 세참. 猛獸[맹수] 사나운 짐승. 사자·범 따위. ▶ 猛將(맹장) 猛虎(맹호) 勇猛(용맹)

皿 8 ⑬ **盟**	맹세할 맹 méng　oath 맹세. 약속. 모임. 구역. 땅 이름. 明 明 明 明 盟 盟	☞ 밝을 명(明)과 그릇 명(皿). 盟邦〔맹방〕 동맹을 맺은 나라. 盟誓〔맹세〕 장래를 두고 다짐하여 약속함. 盟約〔맹약〕 맹세함. 또, 그 맹세. 동맹국 사이의 조약. 盟主〔맹주〕 동맹의 주재자(主宰者). 동맹 주체. 盟首(맹수). ▶ 盟友(맹우) 盟主(맹주) 會盟(회맹)
儿 5 ⑦ **免**	면할 면 miǎn　avoid 면하다. 벗어나다. 허락하다. 내치다. ⺈ ⺈ 요 免 免 免	☞ 아기를 낳는 사람의 사타구니의 모습. 免官〔면관〕 관직을 그만두게 함. 免問〔면문〕 처벌·문책을 면함. 免除〔면제〕 책임이나 의무를 지우지 아니함. 免罪〔면죄〕 죄를 용서함. 또 겨우 죄를 면함. ▶ 免侮(면모) 免許(면허) 減免(감면)
目 5 ⑩ **眠**	잠잘 면 mián　sleep 잠자다. 졸다. 모르다. 지각이 없음. 目 目 目 眠 眠 眠	☞ 눈 목(目)과 백성 민(民：어둡다). 眠期〔면기〕 누에가 잠자는 기간. 眠食〔면식〕 잠자는 일과 먹는 일. 酣眠〔감면〕 달게 잠. 깊이 잠듦. 冬眠〔동면〕 동물이 땅 속 또는 구멍 속에서 겨울을 나는 일. ▶ 眠狀(면상) 睡眠(수면) 休眠(휴면)
糸 8 ⑭ **綿** 绵	솜 면 miǎn　cotton 솜. 풀솜. 명주. 이어지다. 잇다. 두르다. 糸 糸' 糽 綿 綿 綿	☞ 비단 백(帛：하얀 천)과 이을 계(系). 綿力〔면력〕 세력이 없음. 힘이 약함. 綿綿〔면면〕 길이 이어지는 모양. 세밀한 모양. 綿密〔면밀〕 자세하고 빈틈없음. 綿花〔면화〕 목화(木花). ▶ 綿襪(면말) 綿絲(면사) 純綿(순면)
水 10 ⑬ **滅** 灭	멸할 멸 miè　ruin 멸하다. 멸망하다. 다하다. 끊어지다. 氵 氵 沪 滅 滅 滅	☞ 물 수(氵·水)와 불꺼질 멸(烕). 滅亡〔멸망〕 망하여 없어짐. 滅門〔멸문〕 한 집안이 멸망하여 없어짐. 滅族〔멸족〕 일족(一族)을 멸종시킴. 일족이 멸망함. 滅種〔멸종〕 종자가 망하여 없어짐. 씨가 마름. ▶ 明滅(명멸) 全滅(전멸) 幻滅(환멸)
冖 8 ⑩ **冥**	어두울 명 míng　dark 어둡다. 어둠. 밤. 깊숙하다. 아득함. 하늘. 冖 冖 冝 冝 冥 冥	☞ 덮을 멱(冖)과 해 일(日)과 들 입(六·入·廾：양손). 冥界〔명계〕 사람이 죽어서 간다는 영혼의 세계. 冥冥〔명명〕 어두운 모양. 아득하고 희미함. 冥福〔명복〕 죽은 뒤에 저승에서 받은 행복. 冥想〔명상〕 고요히 눈을 감고 깊이 생각함. ▶ 冥王(명왕) 冥王星(명왕성) 幽冥(유명)
金 6 ⑭ **銘** 铭	새길 명 míng　engrave 새기다. 기록하다. 금석에 새긴 글자. ⺈ 𠂉 金 鈩 鈩 銘	☞ 쇠 금(金)과 이름 명(名). 銘刻〔명각〕 쇠나 돌, 그릇 따위에 글자를 새기는 것. 銘記〔명기〕 깊이 마음에 새겨 잊지 않음. 銘心(명심). 感銘〔감명〕 감격하여 명심함. 碑銘〔비명〕 비면(碑面)에 새긴 글. ▶ 銘心不忘(명심불망) 銘旌(명정)

矛 0 ⑤ 창. 자루가 긴 창. ｀ ｀ ７ ７ 予 矛	**矛** 창 모 máo　spear	☞ 병거(兵車)에 세우는 자루가 긴 장식이 달린 '창' 모양. 矛戈〔모과〕 창. '戈'는 가지가 달린 창. 矛戟〔모극〕 창. '戟'은 쌍지창. 矛櫓〔모로〕 창과 방패. 矛盾〔모순〕 창과 방패. 말의 앞뒤가 맞지 않음의 비유. ▶ 矛叉(모차) 三矛槍(삼모창)
木 5 ⑨ 아무. 아무개. 어느. 어느 것. 자기의 겸칭. 一 十 ㅐ 甘 芇 草 某	**某** 아무 모 mǒu　someone	☞ 달 감(甘)과 나무 목(木). 某國〔모국〕 어느 나라. 아무 나라. 某年〔모년〕 어느 해. 아무 해. 某某〔모모〕 아무아무. 누구누구. 某氏〔모씨〕 아무 양반. 아무개. ▶ 某樣(모양) 某種(모종) 某處(모처)
力 11 ⑬ 모으다. 모집. 부름. 艹 艹 苩 茁 莫 募 募	**募** 모을 모 mù　collect	☞ 없을 막(莫)과 힘 력(力). 募軍〔모군〕 군인을 모집하는 것(징병과는 다름). 募兵(모병). 募金〔모금〕 기부금을 모음. 募選〔모선〕 여러 사람을 모으고 그 중에서 가려 뽑음. 募集〔모집〕 널리 구하여 모음. ▶ 公募(공모) 應募(응모) 增募(증모)
豸 7 ⑭ 얼굴. 형상. 모양. 겉보기. 다스리다. 본뜨다. ｀ ｀ ｀ ７ 豸 豸 貌 貌	**貌** 얼굴 모 본뜰 막 mào mò　face	☞ 해태 태(豸:짐승이 덤비려는 모양)와 모양 모(皃). 貌樣〔모양〕 사람이나 물건의 겉에 나타난 꼴. 생김새. 貌言〔모언〕 겉치레뿐 실속이 없는 말. 貌執〔모집〕 예로써 사람을 대함. 정중히 대우함. 容貌〔용모〕 얼굴 모습. ▶ 面貌(면모) 變貌(변모) 外貌(외모)
日 11 ⑮ 저물다. 해지다. 해질 무렵. 밤. 끝. 艹 艹 苩 莫 莫 暮	**暮** 저물 모 mù　get dark	☞ 없을 막(莫)과 해 일(日). 暮改〔모개〕 아침에 정한 것을 저녁에 고침. 暮景〔모경〕 저녁 무렵의 경치. 暮年〔모년〕 늙바탕. 나이가 들어서 늙은 때. 老年(노년). 歲暮〔세모〕 한 해의 마지막 무렵. 年末(연말). ▶ 朝令暮改(조령모개) 朝三暮四(조삼모사)
心 11 ⑮ 사모하다. 그리워하다. 생각하다. 바라다. 艹 莒 莫 莫 慕 慕	**慕** 사모할 모 mù　yearn after	☞ 저물 모(莫)와 마음 심(忄·心). 慕念〔모념〕 사모하는 생각. 慕戀〔모련〕 그리워하여 늘 생각함. 그리워서 사모함. 慕心〔모심〕 그리워하는 마음. 思慕〔사모〕 생각하고 그리워함. ▶ 慕悅(모열) 慕華(모화) 追慕(추모) 欽慕(흠모)
言 9 ⑯ 꾀하다. 의논하다. 도모하다. 꾀. 묘책. 言 言 計 計 謀 謀	**謀** 꾀할 모 móu　contrive	☞ 말씀 언(言)과 아무 모(某:잘 모른다). 謀略〔모략〕 계교를 꾸밈. 또는 계략. 謀計(모계). 謀利〔모리〕 부정한 이익을 꾀함. 謀免〔모면〕 꾀를 써서 면함. 謀叛〔모반〕 자기 나라를 배반하고 반역을 꾀함. 謀反(모반). ▶ 謀士(모사) 謀殺(모살) 謀陷(모함)

水 4 ⑦	沐 머리감을 목 mù 머리를 감다. 씻다. 은택 입다. 쌀뜨물. 丶 氵 氵 氵 氵 沐		☞ 물 수(氵·水)와 나무 목(木:잎과 가지를 쓴 나무). 沐間〔목간〕 목욕간에서 목욕함. 沐髮〔목발〕 머리를 감음. 沐浴〔목욕〕 머리를 감고 몸을 씻음. 沐恩〔목은〕 은혜를 입음. ▶ 沐浴齋戒(목욕재계) 湯沐(탕목)
目 8 ⑬	睦 화목할 목 mù frieddly 화목하다. 눈매가 온순하다. 공손하다. 目 目' 目± 睦 睦 睦		☞ 눈 목(目)과 흙덩이 육(坴:함께 모인다). 睦友〔목우〕 형제간 사이가 좋음. 睦族〔목족〕 동족끼리 화목하게 지냄. 화목한 집안. 親睦〔친목〕 서로 친하여 뜻이 맞고 정다움. 和睦〔화목〕 서로 뜻이 맞고 정다움. ▶ 睦崇(목숭) 敦睦(돈목)
水 4 ⑦	沒 빠질 몰 mò sink 빠지다. 파묻히다. 잠기다. 마치다. 丶 氵 氵 氵 氵 沒		☞ 물 수(氵·水)와 빠질 몰(殳). 沒却〔몰각〕 없애 버림. 무시해 버림. 沒年〔몰년〕 죽은 나이. 行年(행년). 卒年(졸년). 죽은 연대. 沒頭〔몰두〕 목을 벰. 일에 열중함. 沒落〔몰락〕 멸망함. 영락(零落)함. 적의 수중에 들어감. ▶ 沒殺(몰살) 沒常識(몰상식) 沈沒(침몰)
夕 11 ⑭	 꿈 몽 梦 mèng dream 꿈. 꿈꾸다. 어둡다. 흐림. 어지럽다. 艹 艹 莔 莔 夢 夢		☞ 어두울 몽(萈·瞢)과 저녁 석(夕). 夢寐〔몽매〕 꿈을 꿈. 꿈꾸는 동안. 꿈결. 夢想〔몽상〕 꿈속에서 생각함. 또 그 생각. 꿈과 생각. 夢遊〔몽유〕 꿈속에 헤맴. 꿈을 꿈. 夢幻〔몽환〕 꿈과 환상(幻想). 헛된 꿈. ▶ 夢遊病(몽유병) 南柯一夢(남가일몽)
艸 10 ⑭	 어릴 몽 méng young 어리다. 어리석다. 입다. 덮다. 받다. 싸다. 艹 艹 艻 夢 蒙 蒙		☞ 풀 초(艹·艸)와 덮을 몽(冡). 蒙籠〔몽롱〕 흐릿하고 밝지 않은 모양. 초목이 우거진 모양. 蒙昧〔몽매〕 사리에 어둡고 어리석음. 愚昧(우매). 蒙恩〔몽은〕 은혜를 입음. 啓蒙〔계몽〕 어린아이나 무식한 사람을 깨우쳐 줌. ▶ 蒙利(몽리) 訓蒙(훈몽)
卩 3 ⑤	卯 토끼 묘 mǎo rabbit 토끼. 십이 지지의 넷째. 동쪽. 丿 丨 匚 卬 卯		☞ 양쪽 문짝을 열어젖뜨린 모양을 본뜬 글자. 卯飯〔묘반〕 아침밥. 朝飯(조반). 卯酒〔묘주〕 묘시. 이른 아침이나 조반전. 아침 6시경에 마시는 술. 해장술. 破卯〔파묘〕 새벽. 날샐녘. ▶ 卯睡(묘수) 卯飮(묘음)
艸 5 ⑨	 모 묘 miáo sprout 모. 곡식. 싹. 여름철. 사냥. 찾다. 후손. 艹 艹 苗 苗 苗 苗		☞ 풀 초(艹·艸)와 밭 전(田). 苗木〔묘목〕 나무 모종. 옮겨심기 위해 가꾸는 어린 나무. 苗板〔묘판〕 못자리. 苗床(묘상). 苗圃〔묘포〕 묘목(苗木)을 기르는 밭. 모밭. 種苗〔종묘〕 묘목이 될 씨를 심음. ▶ 苗脈(묘맥) 稻苗(도묘) 育苗(육묘)

3級 配定漢字 **271**

广 12 ⑮ **廟** 사당 **묘** 庙 miào ancestral shrine 사당. 위패. 빈소. 종묘. 정전. 조정. 절. 亠 广 广 庐 庙 廟 廟	☞ 집 엄(广)과 아침 조(朝). 廟堂〔묘당〕 종묘. 朝廷(조정). 廟謨〔묘모〕 나라를 다스리는 방법과 계략. 廟社〔묘사〕 종묘와 사직. 宗廟〔종묘〕 역대의 제왕의 위패를 모시는 사당. ▶ 家廟(가묘) 靈廟(영묘)	
戈 1 ⑤ **戊** 다섯째천간 **무** wù 다섯째 천간. 오행(五行)으로는 토(土). 丿 ノ 厂 戊 戊 戊	☞ 도끼와 비슷한 창의 모양을 본뜬 글자. 戊夜〔무야〕 오경(五更). 새벽 3시부터 5시 사이. 戊己校尉〔무기교위〕 한 대(漢代)의 관직명. 서역(西域) 　　에 주둔하는 무관. 무기(戊己)는 중앙이므로 중앙에 　　서 사방을 진압한다는 뜻을 취(取)하였음. ▶ 靑戊(청무)	
艸 5 ⑨ **茂** 우거질 **무** máo grow thick 우거지다. 무성하다. 가멸다. 왕성하다. 	☞ 풀 초(艹·艸)와 무성할 무(戊). 茂林〔무림〕 나무가 무성한 수풀. 茂士〔무사〕 재주가 뛰어난 선비. 茂盛〔무성〕 초목이 잘 자라 우거짐. 또는 사물이 풍부함. 茂才〔무재〕 재주가 뛰어남. ▶ 俊茂(준무) 榮茂(영무) 暢茂(창무)	
貝 5 ⑫ **貿** 무역할 **무** 贸 mào trade 무역하다. 바꾸다. 장사하다. 바뀌다. 	☞ 무성할 묘(卯·卯)와 조개 패(貝). 貿市〔무시〕 서로 물품을 교환하여 장사함. 貿易〔무역〕 재화를 교환하여 유무 상통(有無相通)함. 貿易風〔무역풍〕 남·북회귀선 가까이에서 적도 쪽으로 일 　　년 내내 일정한 방향으로 부는 바람. ▶ 貿首之讎(무수지수) 交貿(교무)	
雨 11 ⑲ **霧** 안개 **무** 雾 wù fog 안개. 어둡다. 검은 빛의 비유. 	☞ 비 우(雨)와 힘쓸 무(務). 霧露〔무로〕 병(病)을 일컬음. 안개와 이슬. 霧散〔무산〕 안개가 흩어짐. 안개가 갬. 濃霧〔농무〕 짙은 안개. 密霧(밀무). 雨霧〔우무〕 비와 안개. ▶ 五里霧中(오리무중)	
土 12 ⑮ **墨** 먹 **묵** mò ink 먹. 형벌 이름. 검다. 더러워지다. 먹줄. 囗 四 甲 里 黑 墨	☞ 검을 흑(黑)과 흙 토(土). 墨客〔묵객〕 서예가. 화가. 문인(文人)의 총칭. 墨畫〔묵화〕 먹으로 그린 그림. 白墨〔백묵〕 분필(粉筆). 水墨〔수묵〕 물과 먹. 묵화를 칠 때 쓰는 묽은 먹물. 수묵화. ▶ 墨色(묵색) 墨竹(묵죽) 水墨畫(수묵화)	
黑 4 ⑯ **默** 말없을 **묵** mò be silent 말 없다. 잠잠하다. 조용하다. 없다. 	☞ 검을 흑(黑)과 개 견(犬). 默契〔묵계〕 은연중에 서로 뜻이 맞음. 默念〔묵념〕 묵묵히 생각함. 마음 속으로 빎. 默讀〔묵독〕 소리 없이 읽음. 默祕〔묵비〕 잠자코 비밀로 함. ▶ 默默不答(묵묵부답)	

勹 2 ④	**勿** 말 물 wù crub off 말다(금지하다). 기(旗). 장황한 모양. 丿 勹 勺 勿	☞ 활시위를 퉁겨서 상서롭지 못한 것을 떨쳐 버리는 모양. 勿驚〔물경〕 놀라지 말라. 놀랍게도 엄청남을 일컫는 말. 勿論〔물론〕 더 말할 나위 없음. 四勿〔사물〕 예가 아니면 보지말고, 듣지 말고, 말하지 말고, 행동하지 말라. ▶ 勿失好機(물실호기) 密勿(밀물)
尸 4 ⑦	**尾** 꼬리 미 wěi tail 꼬리. 교미하다. 별 이름. 28수의 하나. フ コ ヱ 尸 尸 尾 尾	☞ 주검 시(尸 : 몸뚱이)와 털 모(毛). 尾骨〔미골〕 등뼈의 맨 아랫부분에 있는 꼬리뼈. 尾行〔미행〕 남의 행동을 감시하기 위해 몰래 뒤를 따라다님. 末尾〔말미〕 맨 끝. 末端(말단). 首尾相應〔수미상응〕 서로 응하여 도움. ▶ 尾生之信(미생지신) 龍頭蛇尾(용두사미)
目 4 ⑨	**眉** 눈썹 미 méi eyebrow 눈썹. 가. 가장자리. 적다. 아양떨다. フ ュ 尸 尸 屍 眉 眉	☞ 눈 목(目) 위에 있는 털(尸). 眉間〔미간〕 두 눈썹 사이. 兩眉間(양미간). 眉目〔미목〕 눈썹과 눈. 용모. 매우 가까움의 비유. 얼굴. 眉壽〔미수〕 노인. 장수하는 사람. 蛾眉〔아미〕 아름다운 눈썹. 미인의 눈썹. 미인. 초승달. ▶ 眉雪(미설) 眉月(미월) 白眉(백미)
辶 6 ⑩	**迷** 미혹할 미 迷 mí confused 미혹하다. 헷갈리다. 길을 헤매다. 丶 丷 半 米 米 诶 迷	☞ 낟알 미(米 : 많음)와 쉬엄쉬엄 갈 착(辶·辵). 迷宮〔미궁〕 사건 따위가 쉽게 해결될 수 없게 되는 일. 迷路〔미로〕 헷갈리기 쉬운 길. 만귀. 內耳(내이). 迷夢〔미몽〕 무엇에 미혹하여 흐릿해진 정신. 迷信〔미신〕 허망한 것을 믿음. 바르지 못한 신앙. ▶ 迷兒(미아) 迷惑(미혹) 昏迷(혼미)
彳 10 ⑬	**微** 적을 미 wēi minute 적다. 작다. 숨기다. 몰래. 은밀히. 숨다. 彳 彳 徉 徘 微 微	☞ 조금 걸을 척(彳)과 자잘할 미(散). 微官末職〔미관말직〕 지위가 낮은 벼슬. 微力〔미력〕 힘이 약함. 남을 위한 자기 노력의 겸칭. 微妙〔미묘〕 이치가 매우 깊고 그윽하여 알기 어려움. 微物〔미물〕 작은 물건. 변변치 못한 물건. 자질구레한 벌레. ▶ 微生物(미생물) 微細(미세) 微風(미풍)
攵 7 ⑪	**敏** 민첩할 민 mǐn quick 민첩하다. 재빠르다. 총명하다. 자세하다. 亠 仁 与 毎 毎 敏 敏	☞ 매양 매(每)와 칠 복(攵·攴). 敏感〔민감〕 사물에 대한 느낌이 예민함. 敏腕〔민완〕 민첩한 수완. 敏智〔민지〕 민첩한 지혜. 재빠른 슬기. 敏活〔민활〕 재능이 날카롭고 잘 돌아감. ▶ 敏捷(민첩) 機敏(기민) 叡敏(예민)
心 12 ⑮	**憫** 근심할 민 悯 mǐn pity 근심하다. 가엾게 생각함. 불쌍히 여기다. 忄 忄 忄 忄 憫 憫	☞ 마음 심(忄·心)과 애처롭게 여길 민(閔). 憫憫〔민망〕 답답하고 딱하여 안타까움. 憫然〔민연〕 가엾은 모양. 憫恤〔민휼〕 불쌍하게 여겨 사람을 도와 줌. 救恤(구휼)함. 憐憫〔연민〕 가련하고 불쌍히 여김. 憐憫(연민). ▶ 憫察(민찰)

虫 8 ⑭	**蜜** 꿀 밀 mì honey 꿀. 벌꿀. 명충의 알. 宀 宀 宓 宓 密 蜜 蜜	☞ 조용할 밀(宓)과 벌레 충(虫). 蜜柑〔밀감〕 귤. 귤나무. 蜜蠟〔밀랍〕 꿀벌의 집을 이루는 물질. 밀. 蜂蠟(봉랍). 蜜水〔밀수〕 꿀물. 蜜月〔밀월〕 결혼 초의 즐겁고 달콤한 동안. ▶ 蜜月(밀월)
水 5 ⑧	 배댈 박 bó anchor 배 대다. 묵다. 머무르다. 머물게 하다. 氵 氵 氵 泊 泊 泊	☞ 물 수(氵·水)와 아무 것도 없을 백(白). 泊船〔박선〕 배를 댐. 돛을 내림. 淡泊〔담박〕 시원스러움. 욕심이 적고 깨끗함. 집착이 없음. 宿泊〔숙박〕 여관이나 어떤 곳에 머물러 묵음. 碇泊〔정박〕 배가 닻을 내리고 머무름. 淳泊(정박). ▶ 夜泊(야박) 外泊(외박)
辵 5 ⑨	 닥칠 박 pò urgency 닥치다. 다그치다. 가까이하다. 핍박하다. 丿 白 白 迫 迫 迫	☞ 흰 백(白)과 쉬엄쉬엄 갈 착(辶·辵). 迫劫〔박겁〕 협박하여 을러댐. 迫力〔박력〕 일을 밀고 나가는 힘. 迫切〔박절〕 인정이 없고 야박함. 迫害〔박해〕 몹시 굶. 핍박하여 해롭게 굶. ▶ 強迫(강박) 切迫(절박) 逼迫(핍박) 脅迫(협박)
艸 13 ⑰	**薄** 얇을 박 báo thin 얇다. 숲. 적다. 메마르다. 야박하다. 艹 薄 薄 薄 薄 薄	☞ 풀 초(艹·艸)와 두루 부(溥). 薄待〔박대〕 푸대접. 불친절한 대우. 냉담한 대접. 薄德〔박덕〕 심덕(心德)이 두텁지 못하거나 덕행이 적음. 薄明〔박명〕 희미하게 밝음. 해뜨기 전이나 해가 진 후, 주위가 얼마 동안 희미하게 밝은 상태. 또, 그 때. ▶ 薄明(박명)
辵 4 ⑧	**返** 돌아올 반 fǎn return 돌아오다. 되돌아옴. 돌려주다. 되돌림. 厂 厂 反 反 返 返	☞ 쉬엄쉬엄 갈 착(辶·辵)과 돌아올 반(反). 返納〔반납〕 도로 돌려 바침. 返戾〔반려〕 되돌림. 返還(반환). 返送〔반송〕 도로 돌려보냄. 返還〔반환〕 돌려보냄. 도로 돌려줌. 되돌아오거나 감. ▶ 返信(반신) 返品(반품)
又 7 ⑨	**叛** 배반할 반 pàn rebel 배반하다. 배반하는 일. 모반하다. 亠 半 半 半 叛 叛	☞ 절반 반(半)과 반대할 반(反). 叛軍〔반군〕 배반한 군사. 반란군사. 叛旗〔반기〕 반란을 일으킨 표시로 드는 기치(旗幟). 叛奴〔반노〕 상전(上典)을 배반한 종. 叛徒〔반도〕 반란을 꾀하였거나 반란을 일으킨 무리. ▶ 叛逆(반역) 謀叛(모반) 背叛(배반)
舟 4 ⑩	 옮길 반 bān remove 옮기다. 나르다. 돌다. 돌리다. 즐기다. 丿 月 舟 舟 舟 般 般	☞ 배 주(舟)와 칠 복(殳 : 攴의 변형). 般樂〔반락〕 잘 놀면서 즐김. 유쾌하게 즐기며 놂. 般旋〔반선〕 빙 돎. 또, 빙 돌림. 般若〔반야〕 미망(迷妄)에서 깨어나 불법을 깨닫는 지혜. 一般〔일반〕 다른 것이 없는 마찬가지의 상태. ▶ 全般(전반) 諸般(제반)

食 4 ⑬	飯	밥 반 fàn　boiled rice	☞ 먹을 식(食·食)과 돌이킬 반(反). 飯器〔반기〕 밥그릇. 飯囊〔반낭〕 밥주머니. 일 없이 빈둥거리며 밥만 축내는 사람. 飯店〔반점〕 음식점. 요리점. 飯酒〔반주〕 밥을 먹을 때에 곁들여 마시는 술. ▶ 飯饌(반찬) 茶飯事(다반사)
皿 10 ⑮	盤	소반 반 pán　tray	☞ 많을 반(般)과 그릇 명(皿). 盤據〔반거〕 땅을 굳게 차지하고 의거함. 근거지를 단단하게 함. 盤古〔반고〕 아득한 옛날. 太古(태고). 盤曲〔반곡〕 얽히어 구부러짐. 산길 등이 꼬불꼬불함. 盤石〔반석〕 너럭바위. 사물이 안전하고 견고한 것의 비유. ▶ 盤旋(반선) 盤松(반송) 鍵盤(건반)

밥. 먹다. 먹이다. 기르다.
ㄅ 𠂇 𠂉 𩙿 飠 飯 飯

소반. 쟁반. 받침. 바탕. 서리다. 굽다.
丿 丿 𠂇 舟 舟 般 盤

| 手 5 ⑧ | 拔 | 뺄 발
bá　pull out | ☞ 손 수(扌·手)와 개달아날 발(犮).
拔劍〔발검〕 칼을 뽑음.
拔群〔발군〕 여럿 가운데서 특별히 뛰어남.
拔本〔발본〕 뿌리를 뽑고 근원을 막음.
拔抄〔발초〕 가려 뽑아 베낌. 또, 그 초록(抄錄).
▶ 拔本塞源(발본색원) |

빼다. 빼어나다. 성하다. 뽑아내다.
扌 扌 扩 扝 拔 拔

| 邑 4 ⑦ | 邦 | 나라 방
bāng　nation | ☞ 풀무성한 봉(丰)과 고을 읍(阝·邑).
邦國〔방국〕 나라. 국가.
邦語〔방어〕 자기 나라의 말. 그 나라의 말. 國語(국어).
盟邦〔맹방〕 동맹을 맺은 나라.
友邦〔우방〕 서로 친교가 있는 나라. 가까이 사귀는 나라.
▶ 邦畫(방화) 聯邦(연방) 異邦人(이방인) |

나라. 봉(封)하다. 도읍. 국가.
一 二 三 丰 邦 邦

| 艸 4 ⑧ | 芳 | 꽃다울 방
fāng　flowery | ☞ 풀 초(艹·艸)와 네모 방(方: 좌우로 퍼지다).
芳年〔방년〕 이십 전후의 꽃다운 여자의 나이. 좋은 세월.
芳情〔방정〕 꽃답고 애틋한 마음. 芳心(방심). 芳志(방지).
芳香〔방향〕 좋은 향기. 꽃다운 향기.
遺芳〔유방〕 후세에 남는 빛나는 명성. ↔ 遺臭(유취).
▶ 芳名(방명) 芳草(방초) |

꽃답다. 향기롭다. 향내. 꽃. 이름이 빛나다.
艹 艹 艿 苎 芳 芳

| 人 8 ⑩ | 倣 | 본받을 방
fǎng　imitate | ☞ 사람 인(亻·人)과 모방할 방(放).
倣古〔방고〕 옛것을 모방함.
倣似〔방사〕 아주 비슷함.
模倣〔모방〕 다른 것을 본뜨거나 본받음.
依倣〔의방〕 흉내냄. 모방함.
▶ 倣刻(방각) |

본받다. 본뜨다. 모방하다.
亻 亻 仿 仿 倣 倣

| 人 10 ⑫ | 傍 | 곁 방
bàng　beside | ☞ 사람 인(亻·人)과 의지할 방(旁).
傍系〔방계〕 직계에서 갈라져 나온 계통.
傍觀〔방관〕 어떤 일에 관계하지 않고 추이를 보고만 있음.
傍聽〔방청〕 회의 등을 옆에서 들음.
近傍〔근방〕 가까운 곁. 썩 가까운 곳. 곁.
▶ 傍若無人(방약무인) |

곁. 옆. 방(한자의 오른쪽 부수).
丿 亻 亻 俨 俨 傍

木 4 ⑧ 잔. 대접. 국그릇. 十 木 オ 村 材 杯	杯 잔 배 bēi cup	☞ 나무 목(木)과 아니 불(不 : 술잔의 모양). 杯盤〔배반〕 흥취있게 노는 잔치. 杯酒〔배주〕 술잔에 따른 술. 乾杯〔건배〕 술잔을 높이 들어 축배를 듦. 祝杯〔축배〕 축하의 뜻으로 마시는 술. 또는 그 술잔. ▶ 杯中蛇影(배중사영) 執杯(집배)
土 8 ⑪ 북돋우다. 가꾸다. 언덕. 밭둑. 十 土 圵 圹 垆 培	培 북돋을 배 언덕 부 péi nourish	☞ 흙 토(土)와 가를 부(音·部). 培植〔배식〕 식물을 재배함. 초목을 북돋우어 심음. 培養〔배양〕 초목을 북돋우어 기름. 인재(人材)를 길러 냄. 培土〔배토〕 그루에 북을 돋우어 줌. 또, 그 흙. 栽培〔재배〕 식물을 심어 가꿈. ▶ 培塿(부루)
手 8 ⑪ 물리치다. 늘어서다. 줄. 밀다. 밀어내다. 扌 打 扨 打 挏 排	排 물리칠 배 pái reject	☞ 손 수(扌·手)와 아닐 비(非 : 날개를 펼친 모양). 排却〔배각〕 물리쳐 버림. 排擊〔배격〕 남의 의견·사상·물건 따위를 물리침. 排泄〔배설〕 노폐물을 몸밖으로 내보냄. 排斥〔배척〕 물리치어 내침. 반대하여 물리침. ▶ 排球(배구) 排水(배수) 排列(배열)
車 8 ⑮ 무리. 동류. 짝(상대자). 동아리. 떼짓다. ノ ヨ キ 非 誹 輩	輩 무리 배 輩 bèi fellow	☞ 아닐 비(非)와 수레 거(車). 輩出〔배출〕 인재가 쏟아져 나옴. 인재를 많이 냄. 同輩〔동배〕 나이나 신분이 서로 같은 사람. 先輩〔선배〕 학교나 일터에 먼저 이르러 거친 사람. 年輩〔연배〕 서로 비슷한 나이. ▶ 輩行(배항) 後輩(후배)
人 5 ⑦ 맏이(첫째). 우두머리. 큰아버지. 작위. ノ 亻 亻 亻 伯 伯	伯 맏 백 bó elder	☞ 사람 인(亻·人)과 흰 백(白 : 밝다, 밝히다). 伯父〔백부〕 큰아버지. 伯仲〔백중〕 맏형과 둘째형. 서로 어금버금 맞섬. 伯兄〔백형〕 맏형. 畵伯〔화백〕 화가(畵家)를 높여 일컫는 말. ▶ 伯叔(백숙) 方伯(방백)
木 5 ⑨ 측백나무. 잣나무. 닥치다. 크다. 木 オ 朾 朾 朾 柏	柏 측백나무 백 bǎi thuja	☞ 나무 목(木)과 흰 백(白). 柏車〔백거〕 산에서 사용하는 큰 수레. 柏葉酒〔백엽주〕 측백나무나 편백나무 잎으로 담근 술. 柏子〔백자〕 잣. 松柏〔송백〕 소나무와 잣나무. 절개가 굳은 사람의 비유. ▶ 栢舟之操(백주지조)
火 9 ⑬ 번거롭다. 성가시다. 괴로워하다. 귀찮다. 	煩 번거로울 번 煩 fán trouble some	☞ 불 화(火)와 머리 혈(頁). 煩渴〔번갈〕 가슴이 답답하고 목이 마름. 煩急〔번급〕 몹시 번거롭고도 급함. 煩惱〔번뇌〕 欲情(욕정)에서 오는 괴로움. ↔ 菩提(보리). 煩悶〔번민〕 번거롭고 답답하여 괴로워함. ▶ 煩熱(번열) 煩雜(번잡) 頻煩(빈번)

糸 11 ⑰	繁	번성할 번 fán　prosper 번성하다. 많다. 자주. 뱃대끈. 번잡하다. 每 每 敏 敏 繁 繁 繁	☞ 무성할 매(敏)와 이을 계(系). 繁盛〔번성〕 형세가 붇고 늘어나 잘 됨. 繁殖〔번식〕 붇고 늘어서 퍼짐. 생물이 새끼를 쳐서 늘어남. 繁榮〔번영〕 일이 성하게 잘 되어 영화로움. 繁昌〔번창〕 일이 썩 잘 되어 발전함. 초목이 무성함. ▶ 繁雜(번잡) 繁華(번화) 頻繁(빈번)
飛 12 ㉑	飜	날 번 fán　turn, fly 날다. 뒤치다. 엎어짐. 넘치다. 펄럭이다. 番 番 番 飜 飜 飜	☞ 차례 번(番:짐승의 발자국)과 날 비(飛:새가 나는 모양). 飜倒〔번도〕 거꾸로 됨. 거꾸로 함. 飜弄〔번롱〕 멋대로 놀림. 飜覆〔번복〕 안팎이 뒤집어짐. 변하기 쉬움을 일컬음. 飜譯〔번역〕 한 나라의 말이나 글을 딴 나라의 말이나 글로 옮김. ▶ 飜案(번안) 飜意(번의)
几 1 ③	凡	무릇 범 fán　common 무릇. 대체로 보아. 대강. 개요. 모두. 다. 丿 几 凡	☞ 땅에서 하늘에까지 미침. 凡例〔범례〕 일러두기. 凡民〔범민〕 평범한 백성. 또는 모든 백성. 庶民(서민). 凡夫〔범부〕 평범한 사람. 衆生(중생). 凡常〔범상〕 대수롭지 않고 예사로움. 普通(보통). ▶ 凡事(범사) 凡俗(범속) 凡節(범절) 平凡(평범)
石 9 ⑭	碧	푸를 벽 bì　blue 푸르다. 푸른 옥돌. 丁 王 玎 珀 碧 碧	☞ 구슬 옥(王·玉)과 흰 백(白), 돌 석(石). 碧溪〔벽계〕 물빛이 푸른 시내. 碧空〔벽공〕 푸른 하늘. 청천. 碧眼〔벽안〕 눈동자가 푸른 눈. 서양 사람을 일컬음. 碧玉〔벽옥〕 빛이 푸른 옥. 푸른 하늘 또는 물이 맑고 푸름. ▶ 碧水(벽수) 桑田碧海(상전벽해)
辛 9 ⑯	辨	분별할 변 두루 편 biàn piàn 분별하다. 구별하다. 나누다. 가리다. 두루. 고 후 훠 훠 ⺮ 辨 辨	☞ 죄인이 서로 송사할 변(辡)과 칼 도(刂·刀). 辨理〔변리〕 일을 맡아서 처리함. 辨明〔변명〕 사리를 분별하여 똑똑히 밝힘. 辨白(변백). 辨別〔변별〕 사물의 시비(是非)나 선악을 분별(分別)함. 辨償〔변상〕 빚을 갚음. 辨濟(변제). 손실을 물어줌. ▶ 辨識(변식) 辨證(변증) 強辨(강변)
一 4 ⑤	丙	남녘 병 bǐng　south 남녘. 셋째 천간. 불(火). 강하다. 빛나다. 一 丆 ㄖ 丙 丙	☞ 다리가 내뻗친 상의 모양을 본뜬 글자. 丙科〔병과〕 시험 성적의 셋째 등급. 丙夜〔병야〕 오후 12시경. 삼경(三更). 丙丁〔병정〕 병(丙)과 정(丁)은 모두 오행(五行)의 불에 　　　　　해당하므로 '불'의 뜻으로 쓰임. ▶ 丙吉牛喘(병길우천)
立 5 ⑩	竝	아우를 병　并 bìng　parallel 아우르다. 나란히. 나란히 서다. 연하다. 亠 卉 立 竝 竝 竝	☞ 두 사람이 나란히 서 있는 모양. 竝居〔병거〕 한 곳에 같이 삶. 竝起〔병기〕 양쪽이 함께 일어남. 일제히 일어섬. 竝列〔병렬〕 나란히 늘어섬. 竝立〔병립〕 나란히 섬. 함께 성취함. ▶ 竝發(병발) 竝設(병설) 竝用(병용) 竝行(병행)

尸 8 ⑪	屛 병풍 병 bǐng screen 병풍. 울(담). 막음. 숨죽이다. 두려워하다. 尸 尸 屖 屛 屛 屛	☞ 주검 시(尸 : 몸통)와 합할 병(幷). 屛去〔병거〕 물리쳐서 버림. 屛居〔병거〕 하던 일에서 물러나 집에만 있음. 屛息〔병식〕 겁이 나서 숨을 죽임. 두려워하여 조심함. 屛迹〔병적〕 자취를 감추고 드러내지 않음. ▶ 屛風(병풍) 畫屛(화병)
衣 7 ⑫	補 기울 보 补 bǔ repair 옷을 깁다. 고치다. 돕다. 보태다. 맡기다. 衤 衤 衤 衤 補 補	☞ 옷 의(衤·衣)와 클 보(甫 : 달라붙다). 補强〔보강〕 빈약한 일이나 물건을 기워 튼튼하게 함. 補缺〔보결〕 비어 모자라는 곳을 채움. 결점을 보충함. 補給〔보급〕 물품을 뒷바라지로 대어 줌. 補身〔보신〕 보약을 먹어 몸을 잘 보호함. ▶ 補藥(보약) 補完(보완) 補充(보충)
言 13 ⑳	譜 계보 보 谱 pǔ genealogy 계보(족보). 적다. 악보. 문서. 言 言 計 計 許 譜 譜	☞ 말씀 언(言)과 두루 보(普 : 펼치다). 譜曲〔보곡〕 악보에 적힌 곡조. 樂譜(악보). 譜記〔보기〕 가계(家系)의 기록. 譜錄〔보록〕 악보를 모아 실은 기록. 譜牒〔보첩〕 족보로 만든 책. ▶ 譜學(보학) 系譜(계보) 樂譜(악보)
卜 0 ②	 점 복 bǔ divine 점. 점치다. 짐바리. 짐. ㅣ 卜	☞ 거북의 등에 나타난 금을 본뜬 글자. 卜居〔복거〕 살 만한 곳을 가려서 정함. 卜地(복지). 卜吉〔복길〕 길한 날을 가려서 받음. 卜師〔복사〕 점치는 사람. 卜債〔복채〕 점을 쳐 준 값으로 주는 돈. ▶ 卜年(복년) 卜術(복술)
肉 9 ⑬	腹 배 복 fù belly 배. 두텁다. 껴안다. 마음. 月 肗 朏 朏 腹 腹	☞ 육달 월·몸 육(月·肉)과 거듭 복(复·復). 腹膜〔복막〕 복벽(腹壁)의 속 전체를 덮은 얇은 막. 腹部〔복부〕 배의 부분. 가슴 아래의 위장을 싼 부분. 腹案〔복안〕 마음 속으로 품고 있는 생각. 心腹〔심복〕 가슴과 배. 진심. 요긴하여 없어서는 안될 사물. ▶ 腹痛(복통) 異腹(이복) 抱腹絶倒(포복절도)
寸 6 ⑨	封 봉할 봉 fēng seal up 봉하다. 흙을 쌓아 올리다. 무덤을 만들다. 土 圭 圭 圭 封 封	☞ 흙 토(土)와 법도 촌(寸). 封墳〔봉분〕 흙을 쌓아올려서 무덤을 만듦. 封鎖〔봉쇄〕 굳게 잠가서 출입 못하게 함. 封域〔봉역〕 흙을 쌓아서 만든 경계. 봉토의 경계. 封印〔봉인〕 봉한 자리에 인장을 찍음. 또는 그 도장. ▶ 封建(봉건) 封爵(봉작) 封土(봉토)
山 7 ⑩	 산봉우리 봉 fēng peak 산봉우리. 메(산). 山 屮 屮 峯 峯 峯	☞ 뫼 산(山)과 만날 봉(夆). 峯頭〔봉두〕 산꼭대기. 峰頂(봉정). 峯巒〔봉만〕 산꼭대기의 뾰족뾰족한 봉우리. 峯頂〔봉정〕 산봉우리의 맨 꼭대기. 山頂(산정). 高峯〔고봉〕 높게 솟은 산봉우리. ▶ 峯雲(봉운)

부수	한자	훈음	설명
辵 7 ⑪	逢	만날 봉 féng meet 만나다. 상봉하다. 크다. 꿰매다. 夂 夆 夆 峯 逢 逢	☞ 만날 봉(夆)과 쉬엄쉬엄 갈 착(辶·辵). 逢變〔봉변〕 남에게 욕을 봄. 뜻밖에 변을 당함. 逢迎〔봉영〕 남의 뜻을 맞추어 줌. 사람을 마중하여 접대함. 逢辱〔봉욕〕 욕되는 일을 당함. 逢着〔봉착〕 서로 닥뜨려 만남. ▶ 逢禍(봉화) 相逢(상봉)
虫 7 ⑬	蜂	벌 봉 fēng bee 벌. 거스르다. 칼끝. 虫 虫 蚁 虵 蜂 蜂	☞ 벌레 충(虫)과 서로 버둥거릴 봉(夆). 蜂起〔봉기〕 벌떼처럼 떼를 지어 일어남. 蜂蜜〔봉밀〕 벌의 꿀. 꿀. 蜂出〔봉출〕 벌처럼 떼거리로 우 나옴. 女王蜂〔여왕봉〕 여왕벌. ▶ 蜂巢(봉소)
鳥 3 ⑭	鳳	봉새 봉 凤 fèng phoenix 봉새(봉황의 수컷). 봉황새. 几 凡 凨 凬 鳳 鳳	☞ 무릇 범(凡:돛)과 새 조(鳥). 鳳駕〔봉가〕 임금이 타는 가마(수레). 鳳輦(봉련). 鳳雛〔봉추〕 봉황의 새끼. 뛰어난 소년. 鳳枕〔봉침〕 봉황의 형상을 수놓은 베개. 鳳凰〔봉황〕 상상의 상서로운 새. 성인이 세상에 나타난다고 함. ▶ 鳳仙花(봉선화) 龍鳳(용봉)
人 3 ⑤	付	줄 부 fù give 주다. 청하다. 부탁하다. 붙다. 붙이다. 丿 亻 仁 付 付	☞ 사람 인(亻·人)과 마디 촌(寸:사람의 손). 付魔〔부마〕 귀신들리는 일. 付壁〔부벽〕 벽에 붙이는 글씨와 그림. 付送〔부송〕 물건을 부쳐서 보냄. 付託〔부탁〕 의뢰함. 당부함. 일을 당부하여 맡김. ▶ 付書(부서) 付與(부여)
手 4 ⑦	扶	도울 부 fú assist 돕다. 부축하다. 붙들다. 곁(옆)길. 扌 扌 扌 扶 扶 扶	☞ 손 수(扌·手)와 지아비 부(夫). 扶植〔부식〕 뿌리를 박아 심음. 도와서 서게 함. 扶養〔부양〕 혼자 살아갈 능력이 없는 사람의 생활을 돌봄. 扶助〔부조〕 잔칫집·상가(喪家) 등에 돈이나 물건을 보냄. 扶支〔부지〕 고생을 참고 어려운 일을 버티어 나감. ▶ 扶腋(부액) 扶育(부육)
阜 5 ⑧	附	붙을 부 fù attach 붙다. 붙이다. 가깝다. 阝 阝 阝 阝 附 附	☞ 언덕 부(阝·阜)와 줄 부(付). 附加〔부가〕 덧붙임. 添加(첨가). 附近〔부근〕 가까운 언저리. 附錄〔부록〕 본문의 끝에 덧붙이는 기록. 附屬〔부속〕 주되는 일이나 물건에 딸려서 붙음. ▶ 附箋(부전) 附着(부착) 寄附(기부)
走 2 ⑨	赴	다다를 부 fù get to 다다르다. 가다. 향하다. 통부하다. 丰 丰 走 走 赴 赴	☞ 달릴 주(走)와 기대할 복(卜). 赴擧〔부거〕 과거를 보러 감. 赴告〔부고〕 사람이 죽은 것을 알리는 통지. 赴役〔부역〕 부역(賦役)을 치르러 나감. 赴任〔부임〕 임명받아 새로 맡겨진 자리에 감. ▶ 赴討(부토)

水 7 ⑩	 뜰 **부** fú float 뜨다. 띄우다. 떠다니다. 근거 없다. 氵 氵 氵 浮 浮 浮	☞ 물 수(氵·水)와 종자씨 부(孚 : 암탉이 알을 품다). 浮輕〔부경〕 하는 짓이나 태도가 들뜨고 경솔함. 浮動〔부동〕 떠서 움직임. 고정되어 있지 않고 움직임. 浮浪〔부랑〕 일정한 주소나 직업이 없이 떠돌아다님. 浮薄〔부박〕 천박하고 경솔함. ▶ 浮游(부유) 浮腫(부종) 浮萍(부평) 浮標(부표)
竹 5 ⑪	 부신 **부** fú tally 부신(부적). 증거. 들어맞다. 미래기. 𥫗 𥫗 𥫗 符 符 符	☞ 대 죽(竹)과 줄 부(付). 符籍〔부적〕 악귀나 잡신을 쫓는 액막이로서 그려 붙이는 종이. 符合〔부합〕 둘이 서로 틀림없이 꼭 들어맞음. 契合(계합) 符號〔부호〕 어떤 뜻을 나타내는 기호 '+, -' 등. 相符〔상부〕 서로 들어맞음. 서로 부합함. ▶ 符信(부신) 符讖(부참) 同符(동부)
肉 8 ⑭	 썩을 **부** fǔ rotten 썩다. 썩히다. 마음 괴롭히다. 묵다. 广 府 府 府 腐 腐	☞ 곳집 부(府)와 고기 육(肉). 腐植〔부식〕 흙 속에서 유기물이 썩는 일. 腐蝕〔부식〕 썩고 벌레가 먹음. 썩어서 개먹어 들어감. 腐敗〔부패〕 정신이 타락하거나 기강이 문란해짐. 腐刑〔부형〕 옛 중국에서, 남자의 생식기를 거세하던 형벌. ▶ 腐心(부심) 防腐(방부) 陳腐(진부)
肉 11 ⑮	 살갗 **부** 肤 fū skin 살갗. 겉껍질. 길이. 얕다. 广 广 庐 庐 膚 膚	☞ 범의 무늬 로(虍)와 몸 육(月·肉). 膚受〔부수〕 속뜻을 모르고 겉만 이어받아 전함. 膚淺〔부천〕 지식이나 말이 천박함. 생각이 얕음. 膚學〔부학〕 천박한 학문. 皮膚〔피부〕 동물의 온몸을 싸고 있는 겉껍질. 살갗. ▶ 身體髮膚(신체발부) 雪膚花容(설부화용)
貝 8 ⑮	 구실 **부** 赋 fù taxes 구실. 세금 거두다. 타고나다. 시 짓다. 貝 貝 貯 貯 賦 賦	☞ 조개 패(貝)와 호반 무(武 : 무력). 賦課〔부과〕 세금 따위를 매기는 일. 또는 그 쌀이나 금전. 賦稅〔부세〕 세금을 부과함. 또는 그 세금. 賦與〔부여〕 나누어 줌. 벌려 줌. 詩賦〔시부〕 시(詩)와 부. ▶ 賦役(부역) 貢賦(공부) 天賦(천부)
竹 13 ⑲	 장부 **부** bù 장부. 문서. 홀(忽). 맡다. 다스리다. 𥫗 筲 簿 簿 簿 簿	☞ 대 죽(竹)과 넓을 부(溥). 簿記〔부기〕 장부에 적음. 簿錄〔부록〕 문서에 기록함. 名簿〔명부〕 관계자의 성명을 기록한 장부. 帳簿〔장부〕 금품의 수입과 지출을 기록하는 책. ▶ 主簿(주부)
大 6 ⑨	奔 달아날 **분** bēn run away 달아나다. 달리다. 분주하다. 패하다. 大 卒 夲 夲 奔 奔	☞ 큰 대(大)와 다리 지(止) 세 개(卉·止). 奔競〔분경〕 지지 않으려고 몹시 다툼. 또는 그 다툼질. 奔告〔분고〕 달려가서 알려 줌. 奔騰〔분등〕 물건값이 갑자기 뛰어 오름. 奔散〔분산〕 달아나 흩어짐. ▶ 奔流(분류) 奔忙(분망) 奔走(분주) 狂奔(광분)

糸 4 ⑩	**紛**	어지러울 **분** 纷 fēn　dizzy	☞ 실 사(糸)와 나눌 분(分). 紛糾[분규] 일이 뒤얽혀서 말썽이 많고 시끄러움. 紛劇[분극] 번거롭고 바쁨. 紛亂[분란] 엉클어져 어지러움. 紛紛[분분] 여러 사물이 한데 뒤섞여 어수선함. ▶ 紛失(분실) 紛雜(분잡) 紛爭(분쟁)
어지럽다. 소란하다. 번잡하다. 幺 彡 糸 糺 紛 紛		

土 13 ⑯	**墳**	봉분 **분** 坟 fén　mound	☞ 흙 토(土)와 꾸밀 비(賁). 墳墓[분묘] 무덤. 墳山[분산] 묘를 쓴 산. 墳上[분상] 무덤의 봉긋한 부분. 古墳[고분] 옛 무덤. ▶ 荒墳(황분)
봉분. 무덤. 크다. 둑. 언덕. 책. 圤 圤 圹 垆 墳 墳		

大 13 ⑯	**奮**	떨칠 **분** 힘쓸 **분** fèn　rouse	☞ 큰 대(大)와 새 추(隹), 밭 전(田). 奮激[분격] 급격히 마음을 떨쳐 일으킴. 奮擊[분격] 분발해 공격함. 奮起[분기] 분발해 일어남. 興奮[흥분] 어떤 일에 감동되어 분기함. ▶ 奮力(분력) 奮發(분발) 奮然(분연)
떨치다. 힘쓰다. 분발하다. 성내다. 大 木 杏 奎 奮 奮		

弓 2 ⑤	**弗**	아닐 **불** fú　not	☞ 서로 반대 방향으로 굽은 두 개의 선을 실로 묶은 모양. 弗鬱[불울] 불만이나 불평이 있어 마음이 끓어오르고 답답함. 弗乎[불호] 아님. 부인하는 말. 弗貨[불화] 달러를 본위로 하는 화폐. 弗素[불소] 화학 원소의 하나. 기호 F. 충치 예방에 쓰임. ▶ 弗詢之謀(불순지모)
아니다. 떨어버리다. 빠르다. 달러(dollar). 一 ニ 弓 弗 弗		

手 5 ⑧	**拂**	떨칠 **불** fú　remove	☞ 손 수(手·扌)와 버릴 불(弗). 拂拭[불식] 털어 내고 훔친 것처럼 아주 치워 없앰. 拂入[불입] 세금이나 공과금을 냄. 납입(納入)의 옛 용어. 拂下[불하] 국가나 공공단체의 재산을 민간에게 팔아 넘김. 支拂[지불] 값을 치러 줌. 지급(支給)의 구용어. ▶ 受拂(수불)
떨치다. 떨어뜨리다. 털다. 거스르다. 扌 扌 扩 拂 拂 拂		

月 4 ⑧	**朋**	벗 **붕** péng　friend	☞ 여러 개의 조개를 꿰어 두 줄로 늘어놓은 모양. 朋黨[붕당] 이해나 주의를 같이 하는 사람들이 맺은 단체. 朋徒[붕도] 한패. 한동아리. 동료. 同輩(동배). 朋輩[붕배] 지위나 나이가 비슷한 벗. 佳朋[가붕] 좋은 벗. ▶ 朋友有信(붕우유신)
벗. 친구. 동문 수학하는 사람. 떼. 무리. 刀 月 刖 朋 朋 朋		

山 8 ⑪	**崩**	무너질 **붕** bēng　collapse	☞ 뫼 산(山)과 벗 붕(朋). 崩壞[붕괴] 허물어져서 무너짐. 崩潰(붕궤). 崩落[붕락] 무너져서 떨어짐. 물건값이 갑자기 뚝 떨어짐. 崩御[붕어] 천자가 세상을 떠남. 仙馭(선어). 山崩[산붕] 산사태. ▶ 崩塌(붕탑) 土崩(토붕)
무너지다. 흩어지다. 떨어지다. 잃다. 屵 屵 屵 峀 崩 崩		

女 3 ⑥ 왕비. 짝(배필). 짝짓다. ㄑ ㄠ 女 女 妃 妃	 왕비 비 fēi　queen	☞ 계집 녀(女)와 몸 기(己). 妃嬪〔비빈〕 임금의 정실. 비(妃)와 빈(嬪). 妃子〔비자〕 황비를 일컬음. 妃匹〔비필〕 부부. 부부의 짝. 王妃〔왕비〕 임금의 아내. ▶ 后妃(후비)
十 6 ⑧ 낮다. 천하다. 치뜰다. 비루하다. ㄧ ㄱ 白 白 甶 鱼 卑	 낮을 비 bēi　mean	☞ 손잡이가 있는 술통에 손을 댄 모양. 卑怯〔비겁〕 용기가 없음. 심사가 야비함. 卑屈〔비굴〕 줏대가 없고 하는 것이 치뜸. 卑近〔비근〕 고상하지 아니함. 가까운 곳. 생활 주변. 卑賤〔비천〕 지위나 신분이 낮고 천함. ▶ 卑劣(비열) 卑人(비인) 野卑(야비)
肉 4 ⑧ 살찌다. 기름지다. 거름. 땅을 걸게 하다. ㄐ 月 月 肝 肌 肥	 살찔 비 féi　fat	☞ 고기 육(月·肉)과 뱀 사(巳·巴). 肥大〔비대〕 살찌고 몸집이 큼. 肥鈍〔비둔〕 몸이 뚱뚱하거나 옷을 많이 입어 동작이 둔함. 肥滿〔비만〕 몸에 기름기가 많아 뚱뚱함. 堆肥〔퇴비〕 풀·짚·낙엽 등을 썩혀서 만든 거름. 두엄. ▶ 肥料(비료) 肥瘠(비척) 肥土(비토)
女 8 ⑪ 계집종. 하녀. 소첩. 여자가 자기를 낮춤. 女 妒 姁 妯 婢 婢	 계집종 비 bì　maid	☞ 계집 녀(女)와 천할 비(卑). 婢女〔비녀〕 계집종. 婢僕〔비복〕 계집종과 사내종. 婢夫〔비부〕 계집종의 지아비. 婢子〔비자〕 여종. 여자 자신의 겸칭. ▶ 婢妾(비첩) 官婢(관비) 奴婢(노비)
貝 7 ⑭ 손. 손님. 묵다. 대접하다. 공경하다. 宀 宀 宀 賓 賓 賓	 손 빈　宾 bīn　guest	☞ 손 맞을 빈(宀)과 조개 패(貝). 賓客〔빈객〕 손. 손님. 문하(門下)의 식객. 賓主〔빈주〕 손님과 주인(主人). 國賓〔국빈〕 나라의 손님으로 우대 받는 외국인. 貴賓〔귀빈〕 귀한 손님. ▶ 來賓(내빈) 迎賓(영빈)
頁 7 ⑯ 자주. 여러 번. 잇달아. 물가. 급하다. 止 步 步 步 頻 頻	 자주 빈　频 pín　frequently	☞ 물건널 섭(步)과 머리 혈(頁). 頻度〔빈도〕 잦은 도수. 똑같은 것이 반복되는 도수. 頻發〔빈발〕 자주 생김. 頻煩〔빈번〕 자주. 여러 번. 頻繁(빈번). 頻蹙〔빈축〕 얼굴을 찡그림. ▶ 頻頻(빈빈) 頻出(빈출)
耳 7 ⑬ 부르다. 초빙하다. 찾다. 방문하다. 耳 耵 聘 聘 聘 聘	聘 부를 빙 pìn　invite	☞ 귀 이(耳)와 끌 병(甹). 聘母〔빙모〕 아내의 친정어머니. 聘物〔빙물〕 남을 방문할 때 가지고 가는 예물. 聘丈〔빙장〕 장인(丈人)의 존칭. 招聘〔초빙〕 예를 갖추어 불러 맞아들임. ▶ 聘父(빙부) 聘用(빙용) 聘幣(빙폐)

巳 0 ③ 뱀. 여섯째 지지(地支). ㄱ ㄱ 巳	**巳** 뱀 사 sì　snake	☞ 뱀이 몸을 사리고 꼬리를 드리우고 있는 모양. 巳時[사시] 오전 9시부터 11시까지의 시각. 巳初[사초] 사시(巳時)의 첫 시각. 곧 오전 9시경. 己巳[기사] 육십갑자의 여섯째. 上巳[상사] 음력 3월의 첫 사일(巳日). ▶ 辰巳(진사)
口 2 ⑤ 맡다. 벼슬. 관리. 공무. 관아. 마을. ㄱ ㄱ 司 司 司	**司** 맡을 사 sī　mange	☞ 임금 후(后)를 뒤집은 글자. 司諫[사간] 조선조 때 사간원의 정삼품 벼슬. 司牧[사목] 사제가 신자를 구원의 길로 인도하는 일. 司法[사법] 삼권의 하나. 사법권의 약칭. 司祭[사제] 가톨릭에서 의식을 맡는 사목자. 神父(신부). ▶ 司直(사직) 大司憲(대사헌)
人 5 ⑦ 같다. 유사하다. ~인 듯하다. ~것 같다. 亻 亻 亻 似 似 似	**似** 같을 사 sì　same	☞ 사람 인(亻·人)과 할 이(以 : 일하다). 似慕[사모] 본떠 그 모양대로 쓰거나 그림. 似而非[사이비] 비슷해 보이지만 실제로는 같지 않음. 近似[근사] 아주 비슷함. 그럴싸하게 멋짐. 類似[유사] 서로 비슷함. 많음. ▶ 似虎(사호)
水 4 ⑦ 모래. 모래벌판. 사막. 물가. 논. 氵 氵 氵 沙 沙 沙	**沙** 모래 사 shā　sand	☞ 물 수(氵·水)와 적을 소(少). 沙工[사공] 배를 젓는 사람. 뱃사공. 沙丘[사구] 모래로 이룬 언덕. 沙金[사금] 모래에 섞여서 나는 황금. 沙漠[사막] 건조하여 식물이 생장할 수 없는 불모의 모래 땅. ▶ 沙鉢通文(사발통문) 沙上樓閣(사상누각)
邑 4 ⑦ 간사하다. 어긋나다. 속이다. 어조사. 一 ㄷ 牙 牙 邪 邪	**邪** 간사할 사 어조사 야 xié yé cunningness	☞ 어금니 아(牙 : 어긋나다)와 고을 읍(阝·邑). 邪敎[사교] 사람을 현혹하는 사회에 해악을 끼치는 종교 邪氣[사기] 사악한 기운. 요사한 기운. 邪道[사도] 부정한 길. 邪路(사로). ↔ 正道(정도). 奸邪[간사] 성품이 간교하고 행실이 바르지 못함. ▶ 邪念(사념) 邪惡(사악) 妖邪(요사)
示 3 ⑧ 제사. 제사지내다. 해(年). 一 亍 示 示 祀 祀	**祀** 제사 사 祀 sì　sacrifice	☞ 보일 시(示)와 지지 사(巳 : 동남쪽 방향). 祀孫[사손] 조상 제사를 받드는 자손. 奉祀孫(봉사손). 祀典[사전] 제사의 의식(儀式). 祀天[사천] 하늘에 제사를 지냄. 奉祀[봉사] 신에게 제사지냄. 조상의 제사를 받듦. ▶ 祭祀(제사)
手 8 ⑪ 버리다. 베풀다. 내버려두다. 扌 扌 扌 扲 捨 捨	**捨** 버릴 사 舍 shě　throw	☞ 손 수(扌·手)와 폐할 사(舍). 捨身[사신] 속계(俗界)를 버리고 불문에 들어감. 捨撤[사철] 남에게 물건을 거저 줌. 取捨選擇[취사선택] 쓸 것은 쓰고 버릴 것을 버려 골라잡음. 喜捨[희사] 어떤 사업에 물건이나 재물을 냄. ▶ 捨生取義(사생취의)

斗 7 ⑪	**斜** 비낄 사 xié　inclined 비끼다. 기울다. 경사짐. 엇갈리다. 굽다. 八 午 余 余 斜 斜	☞ 남을 여(余)와 말 두(斗). 斜徑〔사경〕 비탈길. 비스듬히 간 소로. 斜傾〔사경〕 비스듬히 기욺. 斜面〔사면〕 경사진 면. 비탈. 비스듬한 표면. 斜視〔사시〕 곁눈질함. 사팔눈. ▶ 斜線(사선) 斜陽(사양)
虫 5 ⑪	**蛇** 뱀 사 shé　snake 뱀. 자벌레. 별 이름. 북방의 별. 中 虫 虫 虯 蛇 蛇	☞ 벌레 충(虫)과 뱀 사(它 : 뱀 사의 고자(古字)). 蛇蠍〔사갈〕 뱀과 전갈. 사람이 몹시 싫어하고 두려워하는 것을 이름. 蛇龍〔사룡〕 이무기가 변하여 된 용. 蛇心〔사심〕 뱀같이 간악하고 질투가 심한 마음. 長蛇陣〔장사진〕 많은 사람이 줄을 지어 길게 늘어선 모양. ▶ 蛇足(사족) 龍頭蛇尾(용두사미)
斤 8 ⑫	**斯** 이 사 sī　this 이(이것). 어조사. 곧. 이에. 강조의 뜻. 甘 其 其 斯 斯 斯	☞ 그 기(其 : 대바구니)와 도끼 근(斤). 斯界〔사계〕 이 분야. 이 방면. 이 사회. 斯道〔사도〕 이 길. 성현의 길. 공맹(孔孟)의 가르침. 斯文〔사문〕 이 글. 이 학문. 곧, 유교의 학문과 도의. 유학자. 斯學〔사학〕 이 학문. 숭상할 만한 학문. ▶ 斯文亂賊(사문난적) 如斯(여사)
言 5 ⑫	**詐** 속일 사　诈 zhà　deveive 속이다. 거짓말하다. 기롱(欺弄)하다. 言 訂 訂 詐 詐 詐	☞ 말씀 언(言)과 잠깐 사(乍). 詐欺〔사기〕 속임. 남을 속여 이득을 꾀함. 詐謀〔사모〕 남을 속이려는 꾀. 사기의 모책. 詐術(사술). 詐術〔사술〕 남을 속이는 꾀. 또 그 방법. 詐數(사수). 詐稱〔사칭〕 이름·직업·나이·주소 등을 속여 일컬음. ▶ 詐取(사취) 奸詐(간사)
言 5 ⑫	**詞** 말 사　词 cí　word 말. 언어. 알리다. 고함. 청하다. 원함. 言 訂 訂 詞 詞 詞	☞ 말씀 언(言)과 말을 사(司). 詞林〔사림〕 시문(詩文)을 모은 책. 문인들의 사회. 詞章〔사장〕 시가(詩歌)와 문장. 詞兄〔사형〕 문인들끼리 상대를 높이어 부르는 호칭. 歌詞〔가사〕 노래의 내용이 되는 글. 노랫말. 歌辭(가사). ▶ 詞賦(사부) 品詞(품사)
貝 8 ⑮	**賜** 줄 사　赐 cì　bestow 주다. 하사하다. 은혜를 베풀다. 분부하다. 目 貝 貝 貝 賜 賜	☞ 조개 패(貝)와 옮길 역(易 : 팔을 내밀다). 賜暇〔사가〕 휴가(休暇)를 줌. 말미를 줌. 賜死〔사사〕 임금이 중죄인에게 자결을 명함. 賜藥〔사약〕 임금이 독약을 내려 죽게 함. 賜饌〔사찬〕 임금이 음식을 내림. ▶ 賜給(사급) 厚賜(후사)
糸 4 ⑩	 동아줄 삭 찾을 색 suǒ　rope seek 동아줄. 꼬다. 택하다. 공허하다. 찾다. 一 十 查 索 索 索	☞ 집 면(宀)과 실 사(糸), 두손 공(廾). 索具〔삭구〕 배에서 쓰는 밧줄·쇠사슬 따위의 총칭. 索莫〔삭막〕 황폐하여 쓸쓸한 모양. 신기(神氣)를 잃은 모양. 索出〔색출〕 뒤져서 찾아 냄. 暗中摸索〔암중모색〕 어둠 속에서 손을 더듬어 물건을 찾음. ▶ 索道(삭도) 索引(색인)

刀 7 ⑨	削 깎을 삭 xiāo cut 깎다. 범하다. 해침. 재다. 약하다. 칼집. ⺌ ⺌ 肖 肖 肖 削	☞ 작을 초(肖)와 칼 도(刂·刀). 削減〔삭감〕깎아서 줄임. 削刀〔삭도〕중의 머리를 깎는 칼. 削髮〔삭발〕머리를 깎음. 중. 削除〔삭제〕깎아 없앰. 지워 버림. ▶ 削奪官職(삭탈관직) 添削(첨삭)
月 6 ⑩	朔 초하루 삭 shuò the first 초하루. 정삭(正朔). 시작되다. 생겨남. ⺌ ⺌ 屰 屰 朔 朔	☞ 거스릴 역(逆 : 본시로 돌아가다)과 달 월(月). 朔茶禮〔삭다례〕매달 초하룻날 사당에서 지내는 차례. 朔望〔삭망〕음력 초하루와 15일. 삭망전(朔望奠)의 준말. 朔方〔삭방〕북쪽. 北方(북방). 朔風〔삭풍〕북풍. 북새. 朔吹(삭취). ▶ 朔月貰(삭월세) 朔晦(삭회)
酉 7 ⑭	酸 초 산 suān acid 초. 식초. 신 기운. 무더운 기운. 신물. 一 丆 丙 酉 酉 酸	☞ 닭 유(酉 : 술)와 갖을 준(夋 : 험하다). 酸味〔산미〕신맛. 고통. 고생. 酸性〔산성〕산(酸)이 지니는 성질. 酸素〔산소〕공기의 5분 1을 차지하는 원소. 酸化〔산화〕산소와 화합하는 일. ▶ 辛酸(신산) 黃酸(황산)
木 8 ⑫	森 나무빽빽할 삼 sēn forest 나무가 빽빽하다. 우뚝 솟다. 무성한 모양. 一 木 木 杰 森 森	☞ 나무 목(木) 세 개를 포개 놓아 나무가 많음을 뜻함. 森羅萬象〔삼라만상〕우주 사이에 있는 온갖 물건과 현상. 森林〔삼림〕나무가 많이 서 있는 수풀. 森列〔삼렬〕나무가 빽빽하게 늘어 섬. 장엄하게 늘어 섬. 森嚴〔삼엄〕엄숙한 모양. ▶ 森然(삼연) 林森(임삼)
小 5 ⑧	尙 오히려 상 shàng rather 오히려. 그 위에. 그밖에. 여전히. 역시. ⺌ ⺌ 冋 尙 尙 尙	☞ 향할 향(向)과 나눌 팔(八). 尙古〔상고〕옛적 문물 제도를 소중히 여김. 尙今〔상금〕이제까지. 尙存〔상존〕아직 존재함. 崇尙〔숭상〕높이어 존경함. ▶ 尙饗(상향) 志尙(지상)
木 6 ⑩	桑 뽕나무 상 sāng mulberry 뽕나무. 뽕잎 따다. 누에를 치다. ⺕ ⺕ 叒 叒 桑 桑	☞ 동쪽신목 약(叒 : 세 개의 나뭇가지)과 나무 목(木). 桑林〔상림〕뽕나무 숲. 桑葉〔상엽〕뽕잎. 뽕. 桑田碧海〔상전벽해〕뽕나무 밭이 푸른 바다로 바뀐다는 뜻으로, 몰라보게 변함. ▶ 桑柘(상자)
示 6 ⑪	祥 상서로울 상 xiāng luchky 상서롭다. 복. 좋다. 재앙. 조짐. 요괴. ⺭ ⺭ 祥 祥 祥 祥	☞ 보일 시(示)와 양 양(羊 : 크다). 祥夢〔상몽〕좋은 조짐이 있을 꿈. 祥瑞〔상서〕복되고 길한 일이 일어날 징조. 祥雲〔상운〕상서로운 구름. 吉祥〔길상〕상서로운 일이 있을 전조(前兆). ▶ 祥兆(상조) 祥風(상풍) 大祥(대상)

口 9 ⑫	**喪** 복입을 상 sāng mourning 복입다. 복(服). 복제(服制). 널. 관. 잃다. 一 ా 흐 흐 喪 喪	☞ 울 곡(哭)과 잃을 망(亾·亡). 喪家〔상가〕 초상 난 집. 또, 상제의 집. 집을 잃음. 喪禮〔상례〕 상중에 행하는 모든 예절. 凶禮(흉례). 喪笠〔상립〕 상제가 쓰는, 가는 대오리로 만든 삿갓. 방갓. 喪配〔상배〕 '상처(喪妻)'를 점잖게 일컫는 말. ▶ 喪服(상복) 喪心(상심) 弔喪(조상)
言 6 ⑬	**詳** 자세할 상 xiáng detail 자세하다. 자세함. 두루. 다하다. 속이다. 言 言 言 言 詳 詳	☞ 말씀 언(言)과 양 양(羊 : 자태). 詳考〔상고〕 자세히 참고함. 자세히 검토함. 詳記〔상기〕 자세히 기록함. 詳報〔상보〕 자세히 알림. 자세한 보고. 또, 자세히 알림. 詳述〔상술〕 자세하게 진술 또는 서술함. ▶ 詳細(상세) 詳注(상주) 詳解(상해) 未詳(미상)
人 12 ⑭	**像** 형상 상 xiáng figure 형상. 모습. 본뜬 형상. 본뜬 그림. 조각. 亻 亻 俨 停 像 像	☞ 사람 인(亻·人)과 코끼리 상(象 : 모양). 像擬〔상의〕 모방하여 만듦. 像形〔상형〕 어떤 물건의 모양을 본떠서 비슷하게 만듦. 肖像〔초상〕 그 사람을 닮게 만드는 화상(畫像). 現像〔현상〕 사진술에서, 촬영한 영상을 나타나게 하는 일. ▶ 像本(상본) 映像(영상)
口 11 ⑭	 맛볼 상 cháng taste 맛보다. 먹다. 시험하다. 일찍이. 늘. 언제나. 씨 尙 尙 嘗 嘗 嘗	☞ 맛 지(旨 : 맛있는 것)와 댈 상(尙). 嘗糞〔상분〕 똥을 맛본다는 뜻으로, 지나친 아첨을 일컬음. 嘗試之說〔상시지설〕 시험삼아 하는 말. 嘗禾〔상화〕 햇곡식으로 신에게 제사지냄. 또, 그 제사. 未嘗不〔미상불〕 아닌게 아니라. 과연. 未嘗非(미상비). ▶ 嘗膽(상담) 嘗糞之徒(상분지도)
衣 8 ⑭	**裳** 치마 상 cháng skirt 치마. 낮에 입는 옷. 사물의 형용. 尙 尙 堂 棠 裳 裳	☞ 꾸밀 상(尙 : 창문, 길다)과 옷 의(衣). 羅裳〔나상〕 얇은 비단으로 만든 치마. 繡裳〔수상〕 수놓은 치마. 衣裳〔의상〕 배우나 무용수들이 연기할 때 입는 옷. 纁裳〔훈상〕 분홍치마. ▶ 綠衣紅裳(녹의홍상)
人 15 ⑰	**償** 갚을 상 cháng repay 갚다. 상함. 보상. 속죄. 보답. 亻 亻 俨 償 償 償	☞ 사람 인(亻·人)과 상줄 상(賞 : 일한 대가). 償金〔상금〕 갚는 돈. 배상금. 償責〔상채〕 빚을 갚음. 償債(상채). 償還〔상환〕 빚진 돈을 갚아 줌. 물어 줌. 갚음. 無償〔무상〕 보상이 없음. 거저. ▶ 賠償(배상) 辨償(변상) 補償(보상)
雨 9 ⑰	**霜** 서리 상 shuāng frost 서리. 해. 년. 세(歲). 머리털이 셈의 비유. 亠 乖 雨 雪 霜 霜	☞ 비 우(雨)와 나무 목(木), 눈 목(目). 霜降〔상강〕 서리가 옴. 24절기의 하나. 양력 10월 22일경. 霜戈〔상과〕 번쩍번쩍하는 예리한 창. 霜露〔상로〕 서리와 이슬. 霜月〔상월〕 차갑게 느껴지는 달. 겨울에 뜨는 달. ▶ 風霜(풍상) 風霜雨露(풍상우로)

土 10 ⑬	**塞** sài sā	변방 새 막을 색
변방. 변경. 성채(城砦). 굿. 주사위. 막다. 宀 宀 宀 宔 宲 塞	☞ 틈 하(寒)와 흙 토(土). 塞源〔색원〕 근원을 막아 버림. 塞責〔색책〕 책임을 다함. 要塞〔요새〕 군사상 중요한 지점에 구축한 방어 시설. 閉塞〔폐색〕 닫아 막음. 막힘. ▶ 塞翁得失(새옹득실) 塞翁之馬(새옹지마)	

彳 7 ⑩	**徐** xú slow	천천할 서
천천하다. 천천히. 느릿하게. 평온하다. 彳 彳 彳 彳 徐 徐	☞ 조금 걸을 척(彳)과 남을 여(余 : 안온하다). 徐來〔서래〕 천천히 옴. 徐步〔서보〕 천천히 걸음. 徐徐〔서서〕 행동이 침착한 모양. 잠자고 있는 모양. 徐行〔서행〕 천천히 감. ▶ 安徐(안서) 緩徐(완서)	

心 6 ⑩	**恕** shù pardon	용서할 서
용서하다. 어질다. 남의 처지를 헤아려 줌. 女 如 如 恕 恕 恕	☞ 같을 여(如)와 마음 심(心). 恕思〔서사〕 남을 동정하는 마음. 또 동정함. 恕宥〔서유〕 정상을 살펴 용서함. 寬恕〔관서〕 마음이 너그럽고 따뜻함. 용서함. 容恕〔용서〕 잘못의 책임을 없애 주어, 꾸짖지 아니함. ▶ 恕直(서직) 忠恕(충서)	

广 8 ⑩	**庶** shù multitude	뭇 서
뭇. 여러. 많다. 풍부함. 벼슬 없는 사람. 亠 广 广 庄 庄 庶	☞ 집 엄(广)과 스물 입(廿 : 동물 머리), 불 화(灬·火). 庶母〔서모〕 아버지의 첩(妾). 庶務〔서무〕 여러 가지 사무. 특정 명목이 없는 일반적인 사무. 庶民〔서민〕 백성. 임금의 적전(籍田)을 경작하는 백성. 庶人〔서인〕 평민으로서 관직에 있는 사람. 일반 백성. ▶ 庶政(서정) 庶出(서출) 嫡庶(적서)	

攴 7 ⑪	**敍** xù describe	차례 서
차례. 순서. 행렬(行列). 등급. 품계. 乊 糸 彳 彳 敍 敍	☞ 남을 여(余 : 자유로이 뻗다)와 칠 복(攴). 敍論〔서론〕 순서를 따라 논함. 또 그 논설. 본론의 머리말. 敍事〔서사〕 사실을 있는 대로 서술함. 또 그 글. 敍述〔서술〕 일정한 내용을 차례를 좇아 말하거나 적음. 敍情〔서정〕 자기의 정서를 그려냄. 抒情(서정). ▶ 敍勳(서훈) 追敍(추서)	

日 9 ⑬	**暑** shǔ hot	더울 서
덥다. 무더움. 더위. 여름. 日 旦 早 㬎 㬎 暑	☞ 날 일(日)과 놈 자(者 : 타오르는 장작더미). 暑氣〔서기〕 여름의 더위. 더위로 인한 병. 暑伏〔서복〕 대단히 더운 여름. 삼복 더위. 避暑〔피서〕 더위를 피함. 處暑〔처서〕 24절기의 하나. 양력 8월 22일경. ▶ 暑濕(서습) 暑症(서증) 寒暑(한서)	

网 9 ⑭	**署** shǔ office	관청 서
관청. 부서. 관직. 벼슬. 마을. 임명하다. 罒 罒 罒 罨 署 署	☞ 그물 망(罒·网 : 안에 가두다)과 놈 자(者 : 모으다). 署理〔서리〕 공석 중에 있는 직무를 대리함. 또 그 사람. 署名〔서명〕 서류 따위에 책임을 밝히기 위해 이름을 적어 넣음. 官署〔관서〕 관청. 관아. 관청과 그 보조 기관의 총칭. 部署〔부서〕 여럿으로 나누어 분담시키는 사무의 부문. ▶ 署記(서기) 本署(본서)	

3級 配定漢字 287

糸 9 ⑮	緒	실마리 서 緒 xù clue
실마리. 시작. 발단. 첫머리. 실. 줄기.
糸 紆 紗 紗 緒 緒

☞ 실 사(糸)와 놈 자(者 : 모이다, 밀어 넣다).
緒論〔서론〕 본론에 들어가기 전의, 서두에 펴는 논설.
緒言〔서언〕 논설의 발단으로서 하는 말. 또, 나머지 말.
緒業〔서업〕 시작한 일. 事業(사업). 遺業(유업).
端緒〔단서〕 일의 처음. 일의 실마리. 發端(발단).
▶ 緒戰(서전) 別緒(별서)

日 4 ⑧	昔	예 석 xī past
예. 옛날. 옛적. 오래다. 오래 됨. 접대.
一 十 土 共 昔 昔

☞ 날 일(日)과 兺(많이 포개어 쌓은 고깃점).
昔年〔석년〕 옛날. 이전. 지난 해.
昔人〔석인〕 옛 사람. 古人(고인).
昔日〔석일〕 옛날. 이전 날. 先日(선일).
今昔〔금석〕 지금과 옛날. 今古(금고). 어젯밤.
▶ 今昔之感(금석지감) 夙昔(숙석)

木 4 ⑧	析	가를 석 xī dividet
가르다. 쪼개다. 해부하다. 분석하다.
一 十 木 木 析 析

☞ 나무 목(木)과 도끼 근(斤).
析薪〔석신〕 장작을 쪼갬. 땔나무를 팸.
析出〔석출〕 화합물을 분석하여 어떤 물질을 골라 냄.
分析〔분석〕 개념을 그 속성으로 분해함. ↔ 綜合(종합).
解析〔해석〕 의미를 밝혀 내거나, 그 내용을 설명하는 것.
▶ 析肝(석간) 判析(판석)

心 8 ⑪	惜	아낄 석 xī grudge
아끼다. 애석하게 여기다. 사랑하다.
忄 忄 忄 惜 惜 惜

☞ 마음 심(忄·心)과 옛 석(昔).
惜吝〔석린〕 아낌. 인색함.
惜愍〔석민〕 애석히 여겨 슬퍼함.
惜別〔석별〕 이별을 아쉬워함.
吝惜〔인석〕 재물을 몹시 아낌. 吝愛(인애).
▶ 惜敗(석패) 愛惜(애석)

釆 13 ⑳	釋	풀 석 释 shì release
풀다. 풀어내다. 다스리다. 처리함. 버리다.
釆 釆 釋 釋 釋 釋

☞ 분별한 변(釆)과 엿볼 역(睪).
釋明〔석명〕 한 말의 참뜻을 새삼 설명하는 일.
釋放〔석방〕 구속하였던 사람을 놓아 줌.
解釋〔해석〕 어려운 어구나 문장 등의 의미를 밝혀 내거나, 그 내용을 설명하는 것.
▶ 釋迦牟尼(석가모니) 釋義(석의) 釋然(석연)

方 7 ⑪	旋	돌 선 xuán round
돌다. 돌리다. 회전하다. 되돌다. 굽다.
方 方 方 旋 旋 旋

☞ 깃발 언(㫃)과 발 소(疋).
旋螺〔선과〕 나사.
旋流〔선류〕 빙빙 돌아 흐름. 소용돌이쳐 흐름.
旋律〔선율〕 음악의 가락.
旋回〔선회〕 둘레를 빙빙 돎. 또, 돌림.
▶ 旋盤(선반) 旋風(선풍) 凱旋(개선) 周旋(주선)

示 12 ⑰	禪	고요할 선 禅 shàn quiet
고요하다. 봉선(封禪). 사양하다. 전하다.
示 礻 礻 襌 禪 禪

☞ 보일 시(示)와 홀로 단(單).
禪道〔선도〕 참선하는 도. 선종(禪宗)의 도.
禪師〔선사〕 선종의 고승. 法師(법사).
禪位〔선위〕 임금이 그 자리를 물려 줌. 禪讓(선양).
參禪〔참선〕 선도(禪道)에 들어가 선법(禪法)을 추구함.
▶ 禪讓(선양) 禪宗(선종) 口頭禪(구두선)

水 7 ⑩	涉	건널 섭 shè cross	☞ 물 수(氵·水)와 걸음 보(步). 涉獵〔섭렵〕여러 가지 책을 널리 읽음. 涉外〔섭외〕외국 또는 외부와 연락하거나 교섭하는 일. 干涉〔간섭〕남의 일에 나서서 참견함. 交涉〔교섭〕어떤 일을 처리하기 위해 상대편과 절충함. ▶ 冒涉(모섭) 通涉(통섭)

건너다. 가다. 걸어서 돌아다니다. 겪다.
氵 氵 沙 沙 泮 涉 涉

口 2 ⑤	召	부를 소 zhào call	☞ 칼 도(刀)와 입 구(口). 召命〔소명〕신하를 부르는 임금의 명령. 召集〔소집〕불러 모음. 召喚〔소환〕법원 등 관청에서 일정한 곳으로 오라고 명령함. 聘召〔빙소〕예로써 부름. ▶ 召置(소치) 召還(소환)

부르다. 부름. 청하다. 대추.
フ 刀 刀 召 召

日 5 ⑨	昭	밝을 소 zhāo bright	☞ 날 일(日)과 부를 소(召). 昭光〔소광〕환한 빛. 광명. 昭代〔소대〕밝게 다스려진 세상. 태평한 세상. 昭詳〔소상〕분명하고 자세함. 昭耀〔소요〕환히 빛남. ▶ 昭明(소명) 昭昏(소혼) 布昭(포소)

밝다. 밝히다. 나타나다.
刀 刀 日 日刀 日刀 昭 昭

疋 7 ⑫	疏	트일 소 shū sparse	☞ 발 소(疋)와 흐를 류(㐬). 疏待〔소대〕소홀히 대접함. 푸대접. 疏遠〔소원〕정분이 성기어 사이가 탐탁하지 아니하고 멂. 疏脫〔소탈〕예절·형식에 얽매이지 않고 언행이 수수함. 疏忽〔소홀〕대수롭지 않고 예사로움. 엉성하여 빈틈이 있음. ▶ 疏外(소외)

트이다. 트다. 나누다. 멀다. 성기다. 드물다.
フ F 正 正 疏 疏

言 5 ⑫	訴	소송할 소 訴 sù appeal	☞ 말씀 언(言)과 물리칠 척(斥). 訴訟〔소송〕법률상의 판결을 법원에 요구하는 절차. 訴冤〔소원〕억울하고 원통한 죄를 호소함. 訴狀〔소장〕소송을 제기하는 서류. 訴牒(소첩). 訴追〔소추〕검사가 특정한 사건에 대하여 공소를 제기함. ▶ 訴毀(소훼) 公訴(공소) 起訴(기소)

소송하다. 하소연하다. 송사. 헐뜯다.
言 訁 訂 訢 訴 訴

艸 11 ⑮	蔬	나물 소 shū vegetable	☞ 풀 초(艹·艸)와 트일 소(疏). 蔬果〔소과〕채소와 과일. 蔬飯〔소반〕거친 음식. 변변치 못한 음식. 蔬食〔소식〕고기 반찬이 없는 검소한 음식. 菜食(채식). 菜蔬〔채소〕남새. 푸성귀. 蔬菜(소채). ▶ 蔬蔌(소속) 看蔬(효소)

나물(푸성귀). 채소. 성기다. 낱알.
艹 芏 莁 莁 蔬 蔬

火 12 ⑯	燒	불사를 소 焼 shāo burn	☞ 불 화(火)와 높을 요(堯). 燒却〔소각〕불에 태워 없애 버림. 燒滅〔소멸〕타서 없어짐. 燒酒〔소주〕증류(蒸溜)하여 만든 무색 투명한 독한 술. 全燒〔전소〕모두 타 버림. ▶ 燒死(소사) 燒失(소실) 燃燒(연소)

불사르다. 불태움. 익히다. 애태우다.
火 炸 炸 焙 燒 燒

艸 16 ⑳	蘇 깨어날 소 苏 sū　revive 깨어나다. 회생하다. 차조기. 술. 소련. 艹 茁 茲 蘇 蘇 蘇	☞ 풀 초(艹·艸)와 술 소(穌 : 잎 사이로 공기가 통함). 蘇聯〔소련〕 옛 '소비에트 사회주의 공화국 연방'의 준말. 蘇方〔소방〕 콩과에 속하는 작은 상록 교목. 蘇生〔소생〕 다시 살아남. 회생. 蘇活(소활). 蘇子〔소자〕 차조기의 씨. 담(痰)을 삭히는 약재로 씀. ▶ 蘇雀(소작) 耶蘇(야소) 流蘇(유소)
馬 10 ⑳	騷 떠들 소 骚 sāo　noisy 떠들다. 시끄럽다. 소동. 근심하다. 급하다. 馬 馬 馱 駅 騷 騷	☞ 말 마(馬)와 벼룩 조(蚤 : 뛰어오르다). 騷客〔소객〕 시를 짓는 사람. 詩人(시인). 풍류객. 騷動〔소동〕 소란하게 움직임. 야단법석. 사건이나 큰 변. 騷擾〔소요〕 여러 사람이 떠들썩하게 들고일어남. 騷音〔소음〕 시끄러운 소리. ▶ 騷亂(소란) 牢騷(뇌소)
米 6 ⑫	 조 속 sù　millet 조. 벼. 곡식. 녹미. 一 襾 襾 粟 粟 粟	☞ 쌀 미(米)와 열매 달릴 조(襾). 粟豆〔속두〕 조와 콩. 粟粒〔속립〕 좁쌀(곡식)의 낟알. 粟米〔속미〕 조와 쌀. 쓿지 않은 벼. 벼 또는 군량. 黍粟〔서속〕 기장과 조. ▶ 粟麥(속맥) 粟帛(속백)
玄 6 ⑪	率 거느릴 솔 　비율 률 shuài　lead 거느리다. 좇다. 앞장서다. 소탈하다. 亠 玄 浓 㳌 㴍 率	☞ 새 그물의 모양을 본뜬 글자. 率家〔솔가〕 객지에 살면서 온 집안 식구를 데려가 삶. 率去〔솔거〕 거느리고 감. 率直〔솔직〕 거짓이나 꾸밈이 없이 바르고 곧음. 比率〔비율〕 어떤 수나 양의 다른 수나 양에 대한 비. ▶ 輕率(경솔) 統率(통솔)
言 4 ⑪	 송사할 송 讼 sòng　sue 송사하다. 시비하다. 자책. 言 言 言 訟 訟 訟	☞ 말씀 언(言)과 바를 공(公). 訟事〔송사〕 소송(訴訟)하는 일. 訟案〔송안〕 송사(訟事)의 기록. 소송 사건. 訟牒〔송첩〕 고소장(告訴狀). 訴訟〔소송〕 법률상의 판결을 법원에 청구하는 일. ▶ 爭訟(쟁송) 聽訟(청송)
言 7 ⑭	誦 읽을 송 诵 sòng　recite 읽다. 읊다. 말하다. 외다. 言 訁 訒 訕 誦 誦	☞ 말씀 언(言)과 물 솟을 용(甬). 誦經〔송경〕 경서를 읽음. 誦讀〔송독〕 외어 읽음. 암송함. 소리를 내어 글을 읽음. 誦書〔송서〕 글을 소리내어 읽음. 暗誦〔암송〕 머릿속에 외어 두고 읽음. ▶ 誦文(송문) 誦詩(송시)
刀 6 ⑧	 인쇄할 쇄 shuā　print 인쇄하다. 닦다 쓸다. 씻다. ㄱ 尸 尸 吊 刷 刷	☞ 주검 시(尸)와 수건 건(巾), 칼 도(刂·刀). 刷新〔쇄신〕 묵은 나쁜 폐단을 없애고 새롭게 함. 刷行〔쇄행〕 판(版)에 박아 세상에 폄. 印刷〔인쇄〕 인쇄판에 잉크를 묻혀 글·그림 등을 박아냄. 縮刷〔축쇄〕 서적·동화 등의 원형을 축소시키어 인쇄함. ▶ 刷掃(쇄소) 刷還(쇄환)

金 10 ⑱	鎖	쇠사슬 쇄 suǒ　chain	锁	☞ 쇠 금(金)과 자개소리 쇄(貞 : 작다). 鎖國〔쇄국〕 나라의 문호를 굳게 닫고 외국과의 교제를 아니함. 鎖鑰〔쇄금〕 자물쇠. 枷鎖〔가쇄〕 죄인의 목에 씌우는 칼과 발에 채우는 쇠사슬. 封鎖〔봉쇄〕 굳게 잠가서 출입을 못하게 함.
	쇠사슬. 자물쇠. 잠그다. 매다. 쇠 金 釒 釒' 鋇 鎖 鎖			▶ 鎖甲(쇄갑) 鎖骨(쇄골) 閉鎖(폐쇄)
衣 4 ⑩	衰	쇠할 쇠 shuāi　decline	衰	☞ 비 올 때 걸치는 도롱이를 본뜬 글자. 衰老〔쇠로〕 늙어 쇠약함. 衰亡〔쇠망〕 쇠퇴(衰退)하여 멸망함. 衰弱〔쇠약〕 몸이 쇠하여 약해짐. 衰殘〔쇠잔〕 쇠하여 상함. 쇠약할 대로 쇠약해짐.
	쇠하다. 쇠잔하다. 약하다. 상복(喪服). 亠 宀 宁 亭 衷 衰			▶ 衰廢(쇠폐) 榮枯盛衰(영고성쇠) 興亡盛衰(흥망성쇠)
口 2 ⑤	囚	가둘 수 qiú　imprison		☞ 에울 위(口·圍) 안에 사람 인(人). 囚繫〔수계〕 죄수. 잡아 묶어 옥에 가둠. 囚役〔수역〕 죄수에게 시키는 일. 囚人〔수인〕 옥에 갇힌 사람. 罪囚〔죄수〕 죄를 지어 교도소에 갇힌 사람.
	가두다. 갇히다. 죄수. 옥(獄). 丨 冂 刀 囚 囚			▶ 囚虜(수로) 脫獄囚(탈옥수)
巾 6 ⑨	帥	장수　수 거느릴 솔 shuài　general	帅	☞ 쌓일 퇴(𠂤·堆 : 집단)과 수건 건(巾 : 깃발). 帥先〔솔선〕 앞장서서 인도함. 帥長〔수장〕 군대의 우두머리. 元帥〔원수〕 전군의 총대장. 군인의 가장 높은 계급. 統帥權〔통수권〕 한 나라의 병력을 지휘 통솔하는 권한.
	장수. 우두머리. 거느리다. 户 𠂤 𠂤 𠂤 帥 帥			▶ 帥示(솔시) 將帥(장수)
歹 6 ⑩	殊	다를 수 shū　different		☞ 뼈 앙상할 알(歹)과 붉을 주(朱 : 나무를 칼로 벰). 殊技〔수기〕 가는 길은 다르나 돌아가는 바는 같음. 殊常〔수상〕 보통과 다르게 뛰어나거나 이상함. 殊勳〔수훈〕 큰 공훈. 특별히 뛰어난 공훈. 特殊〔특수〕 특별히 다름.
	다르다. 죽이다. 뛰어나다. 베다. 歹 歹 歽 殊 殊 殊			▶ 殊恩(수은) 殊異(수이) 萬殊(만수)
頁 3 ⑫	須	모름지기 수 xū　should	须	☞ 터럭 삼(彡)과 머리 혈(頁). 須留〔수류〕 머물러 기다림. 須眉〔수미〕 수염과 눈썹. 須髮〔수발〕 수염과 머리털. 須臾〔수유〕 잠깐. 아주 짧은 시간. 잠시. 須搖(수요).
	모름지기. 수염. 기다리다. 彡 彳 纩 須 須 須			▶ 必須(필수)
辶 9 ⑬		이룰 수 suì　accomplish		☞ 다할 수(㒸)와 쉬엄쉬엄 갈 착(辶·辵). 遂事〔수사〕 이미 이룬 일. 遂成〔수성〕 드디어 이룸. 遂行〔수행〕 일을 계획한 대로 해냄. 完遂〔완수〕 완전히 수행함.
	이루다. 드디어. 나가다. 따르다. 八 丷 亇 㒸 㒸 遂			▶ 鄕遂(향수)

3級 配定漢字 291

心 9 ⑬ 근심하다. 시름. 슬퍼하다. 千 禾 秋 愁 愁	**愁** 근심 수 chóu grieve	☞ 가을 추(秋 : 가냘픈 울음소리)와 마음 심(心). 愁眉〔수미〕 근심에 잠긴 눈썹. 愁心〔수심〕 근심하는 마음. 愁懷〔수회〕 근심하는 회포. 哀愁〔애수〕 가슴에 스며드는 슬픔. 근심. ▶ 愁色(수색) 憂愁(우수) 鄕愁(향수)
目 8 ⑬ 졸다. 자다. 잠. 目 盯 旷 睡 睡 睡	**睡** 졸 수 shuì drowsiness	☞ 눈 목(目)과 드리울 수(垂). 睡魔〔수마〕 못 견디게 오는 졸음. 睡眠〔수면〕 잠. 또는 잠을 잠. 假睡〔가수〕 거짓 졸음. 잠자리가 아닌 곳에서 잠깐 잠. 酣睡〔감수〕 달게 잠. 깊이 잠듦. ▶ 午睡(오수) 昏睡(혼수)
士 11 ⑭ 목숨. 나이. 장수. 헌수. 寺 壺 壽 壽 壽	**壽** 寿 목숨 수 shòu longevity	☞ 늙을 노(士・老의 변형)와 장수 수(疇・壽). 壽命〔수명〕 타고난 목숨. 생명. 물품이 그 사용에 견디는 시간. 壽衣〔수의〕 염습할 때 시체에 입히는 옷. 長壽〔장수〕 목숨이 긺. 오래 삶. 天壽〔천수〕 타고난 수명. 天命(천명). ▶ 壽福康寧(수복강령) 萬壽無疆(만수무강)
雨 6 ⑭ 구하다. 쓰다. 기다리다. 머뭇거리다.  雨 雫 雫 雫 需 需	**需** 구할 수 xū demand	☞ 비 우(雨)와 말 이을 이(而 : 무당). 需給〔수급〕 수요와 공급. 需要〔수요〕 소용됨. 필요해서 얻고자 함. 需用〔수용〕 구하여 씀. 꼭 써야 될 일. 또, 그 물품. 必需〔필수〕 꼭 있어야 함. 꼭 필요로 함. ▶ 軍需(군수) 特需(특수) 婚需(혼수)
言 8 ⑮ 누구. 묻다. 무엇. 어찌.  言 訁 訁 訇 誰 誰	**誰** 谁 누구 수 shéi who	☞ 말씀 언(言)과 새 추(隹 : 누구냐고 물을 때의 목소리). 誰某〔수모〕 누구. 아무개. 誰昔〔수석〕 옛날. 그 옛날. 誰哉〔수재〕 누구냐고 힐문(詰問)하는 말. 誰何〔수하〕 누구, 누구냐? 무엇 하는 자냐고 묻는 말. ▶ 誰知烏之雌雄(수지오지자웅)
車 9 ⑯ 보내다. 알리다. 다하다. 亘 車 軒 軒 輸 輸	**輸** 输 보낼 수 shū transport	☞ 수레 거(車)와 대답할 유(兪 : 뽑아내다). 輸送〔수송〕 사람이나 물건을 실어 보냄. 輸入〔수입〕 외국의 물품을 사들여 옴. 輸血〔수혈〕 환자에게 다른 사람의 피를 넣음. 運輸〔운수〕 여객이나 화물을 날라 보내는 일. ▶ 輸出(수출) 密輸(밀수)
阜 13 ⑯ 따르다. 거느리다. 따라서. 阝 阼 隋 隋 隨 隨	**隨** 随 따를 수 suí follow	☞ 쉬엄쉬엄 갈 착(辶・辵)과 떨어질 타(隋 : 흙이 부서짐). 隨駕〔수가〕 어가(御駕)를 뒤따름. 호송함. 隨伴〔수반〕 반려로서 붙어 따름. 어떤 일과 함께 일어남. 隨想〔수상〕 그때그때 떠오르는 생각이나 느낌. 隨時〔수시〕 때를 따라 함. 때때로. 그때그때. 언제든지. ▶ 隨感(수감) 隨筆(수필) 夫唱婦隨(부창부수)

佳 9 ⑰	**雖** 비록 수 虽 suì　even if 비록. 만일. 하물며. 오직. 吕 虽 虽 虽 虽 雖	☞ 벌레 충(虫)과 오직 유(唯). 雖有智慧不如乘勢〔수유지혜불여승세〕 지혜 있는 자도 시세(時勢)를 따라 일하지 않으면 공(功)을 이룰 수 없을 일컬음. 雖千萬人吾往〔수천만인오왕〕 스스로 돌아보아 자기 행위가 올바르면 두려워 않고 나아감.
犬 15 ⑲	**獸** 짐승 수 兽 shòu　beast 짐승. 길짐승. 포. 말린 고기. 罒 畄 嘼 嘼 獸 獸	☞ 산짐승 휴(嘼)와 개 견(犬). 獸心〔수심〕 짐승같이 사납고 모진 마음. 獸慾〔수욕〕 짐승과 같은 음란한 욕심. 獸醫〔수의〕 가축의 병을 고치는 의사. 野獸〔야수〕 야생의 짐승. ▶ 獸脂(수지) 猛獸(맹수)
子 8 ⑪	**孰** 누구 숙 shú　who 누구. 어느. 무엇. 익다. 끓다. 亠 亨 享 享 孰 孰	☞ 드릴 향(享)과 알약 환(丸). 孰慮〔숙려〕 곰곰이 잘 생각함. 孰成〔숙성〕 익어서 충분하게 이루어짐. 곡식이 익음. 孰誰〔숙수〕 누구. 어떤 사람. 孰視〔숙시〕 눈 여겨 자세히 봄. ▶ 孰能禦之(숙능어지) 孰若(숙약)
水 8 ⑪	**淑** 맑을 숙 shū　pure 맑다. 착하다. 얌전하다. 사모하다. 氵 汁 汁 沫 淑 淑	☞ 물 수(氵·水)와 콩 숙(叔). 淑女〔숙녀〕 선량하고 부덕이 있는 여자. 淑德〔숙덕〕 착하고 올바른 덕. 淑美〔숙미〕 정숙하고 아름다움. 貞淑〔정숙〕 여자의 행실이 곧고 마음씨가 맑음. ▶ 淑弟(숙제) 淑訓(숙훈) 貞淑(정숙)
火 11 ⑮	**熟** 익을 숙 shú　ripe 익다. 익숙하다. 불에 익히다. 성숙하다. 亠 亨 享 孰 孰 熟	☞ 어느 숙(孰)과 불화 받침(灬·火). 熟考〔숙고〕 깊이 생각함. 熟果〔숙과〕 잘 익은 과일. 熟達〔숙달〕 익숙하여 통달함. 成熟〔성숙〕 무르녹게 익음. 생물이 충분히 잘 발육됨. ▶ 熟讀(숙독) 熟練(숙련) 熟成(숙성)
日 2 ⑥	**旬** 열흘 순 xún　ten days 열흘. 열 번. 십 년. 두루 미치다. 丿 勹 勹 旬 旬 旬	☞ 쌀 포(勹:물건을 싸다)와 날 일(日). 旬刊〔순간〕 열흘에 한 번 간행함. 또, 그 간행물. 旬年〔순년〕 10년. 旬望〔순망〕 음력 초열흘과 보름. 旬葬〔순장〕 죽은 지 10일만에 지내는 장사. ▶ 旬朔(순삭) 上旬(상순) 七旬(칠순)
巛 4 ⑦	 돌 순 xún　round 돌다. 순행하다. 두루 돌아다니다. 巛 巛 巛 巛 巡 巡	☞ 내 천(巛·川)과 쉬엄쉬엄 갈 착(辶·辵). 巡警〔순경〕 돌아다니며 경계함. 경찰 공무원 계급의 하나. 巡杯〔순배〕 주석(酒席)에서 술잔을 차례로 돌림. 巡視〔순시〕 두루 다니며 보살핌. 巡察〔순찰〕 여러 곳을 다니며 사정을 살핌. ▶ 巡禮(순례) 巡行(순행) 巡廻(순회)

3級 配定漢字 293

| 目 4 ⑨ | **盾** 방패 순
dùn　shield
방패. 피하다. 숨다. 별 이름.
厂 厂 厅 斤 盾 盾 | ☞ 방패 뒤에 몸을 숨겨 자신을 보호하는 모양을 본뜬 글자.
盾戈〔순과〕 방패와 쌍날 창.
矛盾〔모순〕 창과 방패. 말이나 행동의 앞뒤가 서로 맞지 않음.〔중국 초나라의 상인이 창은 어떤 방패도 뚫을 수 있다고 하고, 방패는 어떤 창으로도 뚫지 못한다는 말을 한데서 유래함.〕 |

| 歹 6 ⑩ | **殉** 따라죽을 순
xùn
따라 죽다. 순사하다. 목숨 바치다. 구하다.
歹 歹 歹 歹 殉 殉 | ☞ 죽을 사변(歹)과 고를 순(旬 : 따르다).
殉敎〔순교〕 자기의 믿는 종교를 위하여 목숨을 바침.
殉國〔순국〕 국난을 건지기 위하여 목숨을 바침.
殉名〔순명〕 명예를 위하여 목숨을 버림.
殉職〔순직〕 직무를 위하여 목숨을 버림.
▶ 殉死(순사) 殉節(순절) |

| 肉 7 ⑪ | **脣** 입술 순
chún　lips
입술. 가. 언저리. 맞다.
尸 尸 辰 辰 脣 脣 | ☞ 별 진(辰 : 조개가 발을 내민 형상)과 몸 육(月·肉).
脣舌〔순설〕 말을 잘함.
脣齒〔순치〕 입술과 이. 서로 이해 관계가 밀접한 것.
脣齒之勢〔순치지세〕 서로서로 의지하는 관계.
兎脣〔토순〕 언청이.
▶ 脣亡齒寒(순망치한) 丹脣皓齒(단순호치) |

| 彳 9 ⑫ | **循** 돌 순
xún　round
돌다. 돌아다니다. 좇다. 따르다.
彳 彳 彳 循 循 循 | ☞ 조금 걸을 척(彳)과 방패 순(盾).
循理〔순리〕 도리를 따름.
循次〔순차〕 차례대로 좇음.
循行〔순행〕 여러 곳을 돌아다님.
循環〔순환〕 끊임없이 주기적으로 반복하여 돎.
▶ 因循姑息(인순고식) |

| 目 12 ⑰ | **瞬** 눈깜짝할 순
shùn　wink moment
눈 깜짝하다. 잠깐 사이.
目 旷 旷 瞬 瞬 瞬 | ☞ 눈 목(目)과 나팔꽃 순(舜 : 흔들리는 불꽃).
瞬間〔순간〕 눈 깜짝할 동안. 잠깐 동안.
瞬時〔순시〕 잠깐. 눈 깜짝할 사이와 같이 극히 짧은 동안.
瞬息間〔순식간〕 극히 짧은 동안.
一瞬〔일순〕 매우 짧은 시간. 지극히 짧은 동안. 삽시.
▶ 瞬視(순시) 淸瞬(청순) |

| 戈 2 ⑥ | **戌** 개 술
xū　dog
개〔犬〕. 열한째 지지. 깎다.
丿 厂 厂 戌 戌 戌 | ☞ 무성할 무(戊)와 한 일(一).
戌年〔술년〕 태세의 지지가 술(戌)인 해.
戌方〔술방〕 이십사 방위의 하나. 서북쪽.
戌削〔술삭〕 깎고 밀어서 만듦.
戌時〔술시〕 오후 7시부터 9시까지의 사이.
▶ 屈戌(굴술) |

| 辵 5 ⑨ | **述** 지을 술
shù　write
짓다. 책 쓰다. 펴다. 말하다. 잇다. 저술.
十 才 才 术 述 述 | ☞ 삽주 뿌리 출(朮 : 이삭)과 쉬엄쉬엄 갈 착(辶·辵).
述語〔술어〕 체언에 대하여 그 형태나 동작 등을 설명하는 말.
述載〔술재〕 서술하여 실음.
述懷〔술회〕 마음 속에 품은 생각을 진술함. 또는 그 말.
記述〔기술〕 사물의 특징을 있는 그대로 표시함.
▶ 口述(구술) 敍述(서술) 著述(저술) |

手 6 ⑨	**拾** 주울 **습** 열 **십** shí　pick up 줍다. 습득하다. 팔찌. 열. 一 十 扌 扑 拎 拾	☞ 손 수(扌·手)와 합할 합(合). 拾得〔습득〕 주움. 주워 얻음. 拾收〔습수〕 주워 거두어들임. 收拾〔수습〕 흩어진 물건을 주워 모음. 採拾〔채습〕 주워 모음. 구차한 생활을 일컬음. ▶ 拾遺(습유)
水 14 ⑰	**濕** 젖을 **습** 湿 shí　wet 젖다. 축축하다. 습기. 氵 氵 氵 沪 浬 湿 濕 濕	☞ 물 수(氵·水)와 누에고치 연(㬎). 濕氣〔습기〕 축축한 기운. 濕度〔습도〕 공기 중의 습기의 정도 또 그것을 나타내는 양. 濕冷〔습랭〕 습기로 인하여 허리 아래가 차지는 병. 濕地〔습지〕 물기가 많은 땅. 축축한 땅. 濕土(습토). ▶ 濕疹(습진) 陰濕(음습)
衣 16 ㉒	**襲** 엄습할 **습** 袭 xí　attack suddenly 엄습하다. 덮치다. 계승하다. 잇다. 염습하다. 音 竜 龍 龍 襲 襲	☞ 둔덕 롱(龍)과 옷 의(衣). 襲擊〔습격〕 갑자기 적을 덮쳐 공격함. 襲衣〔습의〕 장례 때 시체에 입히는 옷. 옷을 껴입음. 덧입음. 襲爵〔습작〕 선대(先代)의 작위(爵位)를 이어받음. 奇襲〔기습〕 몰래 갑자기 습격함. ▶ 襲取(습취) 攻襲(공습) 殮襲(염습)
十 2 ④	**升** 되 **승** shēng　measure 되(홉의 열 배). 오르다. 태평하다. 나아가다. 丿 二 千 升	☞ 곡식을 일정한 분량으로 되는 그릇을 본뜬 글자. 升降〔승강〕 오르고 내림. 성(盛)함과 쇠(衰)함. 升斛〔승곡〕 분량. 분량을 되는 그릇. 되·말 등. 升平〔승평〕 나라가 태평함. 升遐〔승하〕 하늘로 올라감. 제왕이 세상을 떠남. ▶ 升鑑(승감) 斗升(두승) 上升(상승)
日 4 ⑧	**昇** 오를 **승** 升 shēng　rise 오르다. 해돋다. 올리다. 죽다. 풍년들다. 口 日 日 旦 昇 昇	☞ 날 일(日)과 오를 승(升). 昇降〔승강〕 오르고 내림. 昇階〔승계〕 품계가 오름. 昇進〔승진〕 벼슬의 지위가 오름. 昇遐〔승하〕 임금의 죽음을 일컬음. 崩御(붕어). ▶ 昇格(승격) 上昇(상승)
丿 9 ⑩	**乘** 탈 **승** chéng　ride 타다. 태우다. 오르다. 탈 것. 의지하다. 二 千 千 千 乖 乘 乘	☞ 사람 인(人)과 어그러질 천(舛), 나무 목(木). 乘客〔승객〕 배나 차 등을 타거나 탄 손님. 乘轎〔승교〕 가마. 乘馬〔승마〕 말을 탐. 타는 말. 便乘〔편승〕 남이 타고 가는 차 등의 한 자리를 얻어 탐. ▶ 乘船(승선) 乘勝長驅(승승장구)
人 12 ⑭	**僧** 중 **승** 僧 sēng　monk 중. 승려. 亻 仏 伶 僧 僧 僧	☞ 사람 인(亻·人)과 일찍이 증(曾). 僧尼〔승니〕 중과 여승. 佛子(불자). 僧侶〔승려〕 중들. 僧徒(승도). 僧服〔승복〕 승려의 옷. 托鉢僧〔탁발승〕 동냥을 다니는 중. ▶ 僧堂(승당) 僧舞(승무)

3級 配定漢字 295

矢 0 ⑤ **矢** 화살 시 shǐ arrow 화살. 벌여 놓다. 맹세하다. ノ ト ヒ 午 矢	☞ 화살촉과 깃의 모양을 본뜬 글자. 矢石〔시석〕 옛날, 전쟁에서 무기로 쓰던 화살과 돌. 矢心〔시심〕 마음 속으로 맹세함. 光陰如矢〔광음여시〕 세월의 가는 것이 화살과 같이 빠름 을 비유한 말. ▶ 矢鏃(시촉) 弓矢(궁시)	

人 6 ⑧ **侍** 모실 시 shì serve 모시다. 받들다. 심부름꾼. 기르다. 임하다. 亻 忄 忄 侍 侍 侍	☞ 사람 인(亻·人)과 절 사(寺:멈춰 서다). 侍女〔시녀〕 궁녀. 귀인의 곁에서 시중드는 여자. 侍立〔시립〕 웃어른을 모시고 섬. 侍臣〔시신〕 임금을 가까이 모시는 신하. 內侍〔내시〕 내시부의 관리. 내관. 환관. ▶ 侍衛(시위) 侍醫(시의)	

食 5 ⑭ **飾** 꾸밀 식 饰 shì decorate 꾸미다. 덮다. 장식. 나타냄. 夕 刍 刍 飣 飾 飾	☞ 밥 식(食:먹다)과 수건 건(巾), 사람 인(人). 飾詐〔식사〕 남을 속이기 위하여 거짓을 꾸밈. 飾言〔식언〕 말을 번드르르하게 꾸며서 함. 假飾〔가식〕 거짓으로 꾸밈. 裝飾〔장식〕 치장하는 일. 또, 그 꾸밈새. ▶ 飾辭(식사) 服飾(복식) 修飾(수식)	

人 5 ⑦ **伸** 펼 신 shēn extend 펴다. 늘이다. 기지개. 사뢰다. 亻 亻 亻 㐅 仴 伸	☞ 사람 인(亻·人)과 펼 신(申:번개가 뻗는 모양). 伸眉〔신미〕 눈썹을 폄. 곧 근심이 가셔짐을 일컬음. 伸寃〔신원〕 가슴에 맺힌 원한을 풀어 버림. 伸張〔신장〕 물체·세력 따위를 넓게 펴거나 뻗음. 伸縮〔신축〕 퍼짐과 오그라짐. 늘이고 줄임. ▶ 屈伸(굴신) 追伸(추신)	

辛 0 ⑦ **辛** 매울 신 xīn hot 맵다. 독하다. 괴롭다. 고생하다. 丶 亠 亠 立 立 辛	☞ 문신을 하기 위한 바늘을 본뜬 글자. 辛苦〔신고〕 어려운 일을 당하여 몹시 애씀. 또, 그 고생. 辛勤〔신근〕 고된 일을 맡아 부지런히 일함. 辛辣〔신랄〕 수단이나 비평이 몹시 날카롭고 매서움. 辛酸〔신산〕 맛이 맵고 심. 세상살이의 쓰라리고 고된 일. ▶ 辛未(신미) 艱辛(간신)	

日 7 ⑪ **晨** 새벽 신 chén daybreak 새벽. 이른 아침. 닭 울다. 별 이름. 旦 尸 屋 晨 晨 晨	☞ 날 일(日)과 별 진(辰:빨간 입술). 晨光〔신광〕 아침 햇빛. 晨鷄〔신계〕 새벽을 알리는 닭. 晨門〔신문〕 새벽에 문을 여는 것을 맡은 문지기. 晨省〔신성〕 아침에 부모의 침소에 가 밤새의 안부를 살피는 일 ▶ 晨旦(신단) 晨星落落(신성낙락)	

心 10 ⑬ **愼** 삼갈 신 慎 shèn careful 삼가다. 조심하다. 이루다. 참으로. 丶 忄 忄 愼 愼 愼	☞ 마음 심(忄·心)과 참 진(眞). 愼口〔신구〕 말을 조심함. 함부로 지껄임을 삼감. 愼默〔신묵〕 삼가 침묵을 지킴. 愼言〔신언〕 말을 삼감. 愼重〔신중〕 매우 조심스러움. 삼가고 조심함. ▶ 愼獨(신독) 謹愼(근신) 恭愼(공신)	

부수	한자	훈음 / 병음 / 뜻	설명
甘 4 ⑨	甚	심할 심 shén severe 심하다. 더욱. 매우. 무엇. 一 廿 甘 甘 其 其 甚	☞ 달 감(甘 : 음식이 맛있다)과 짝 필(匹 : 남녀의 즐거움). 甚急〔심급〕 썩 급함. 매우 급함. 甚難〔심난〕 매우 어려움. 甚至於〔심지어〕 심하다 못해 나중에는. 심하면. 심하게는. 極甚〔극심〕 아주 심함. ▶ 甚大(심대) 甚深(심심) 莫甚(막심)
寸 9 ⑫	尋	찾을 심 xún visit 찾다. 찾아보다. 발(팔을 벌린 길이). ヨ ヨ 尹 곸 尋 尋	☞ 또 우(彐·又)와 왼쪽 좌(工·左), 오른쪽 우(口·右), 법도 촌(寸). 尋問〔심문〕 물어 봄. 질문함. 尋訪〔심방〕 사람을 찾아봄. 방문함. 尋常〔심상〕 대수롭지 않고 예사로움. 보통. 평범. ▶ 尋求(심구) 尋人(심인) 千尋(천심)
宀 12 ⑮	審	살필 심 shěn deliberate 살피다. 조사하다. 자세히 밝히다. 깨닫다. 宀 宀 宅 宋 寍 審	☞ 움집 면(宀)과 차례 번(番 : 짐승 발자국). 審問〔심문〕 상세히 따져서 물음. 審査〔심사〕 자세히 조사함. 審判〔심판〕 사건을 심리하여 판단함. 또, 그 판결. 誤審〔오심〕 잘못 심판함. 또, 그 심판. ▶ 審美眼(심미안) 審議(심의) 審察(심찰)
隹 10 ⑱	雙	쌍 쌍 shuāng pair 쌍. 한 쌍. 둘. 짝. 견주다. 亻 隹 催 雔 雙 雙	☞ 새 한 쌍 수(雔)와 또 우(又 : 손). 雙劍〔쌍검〕 두 손으로 쓰는 큰 칼. 雙童〔쌍동〕 한 태에서 나온 두 아이. 쌍둥이. 雙方〔쌍방〕 두 편. 두 쪽. 이쪽과 저쪽. 이편과 저편. 雙璧〔쌍벽〕 여럿 가운데 우열이 없이 특히 뛰어난 둘. ▶ 雙曲線(쌍곡선) 雙手(쌍수) 無雙(무쌍)
牙 0 ④	牙	어금니 아 yá molar 어금니. 송곳니. 병기. 말뚝. 대장기. 一 二 于 牙	☞ 아래위의 '어금니'가 맞닿은 모양을 본뜬 글자. 牙旗〔아기〕 임금이나 대장군의 기. 牙城〔아성〕 대장의 기를 세운 주장(主將)이 있는 성. 象牙〔상아〕 코끼리의 앞니. 齒牙〔치아〕 '이'를 점잖게 일컫는 말. ▶ 牙角(아각) 牙兵(아병) 牙音(아음) 牙箏(아쟁)
戈 3 ⑦	我	나 아 wǒ I, we 나. 나의. 아집(我執). 굶주리다. 一 二 千 手 我 我 我	☞ 손 수(手)와 창 과(戈). 我國〔아국〕 우리 나라. 我輩〔아배〕 우리들. 나. 자기. 我執〔아집〕 자기 의견만을 고집함. 無我〔무아〕 자기의 존재를 깨닫지 못함. 몰아(沒我). ▶ 我田引水(아전인수) 自我(자아)
二 6 ⑧	亞	버금 아 yà next 버금. 보기 싫음. 아시아의 약칭. 무리. 一 一 可 巫 巫 亞	☞ 묘실(墓室)을 위에서 본 모양을 본뜬 글자. 亞流〔아류〕 둘째가는 사람이나 사물. 동아리. 무리. 亞鉛〔아연〕 청백색의 빛을 띤 무른 금속. 원소 기호 Zn. 亞熱帶〔아열대〕 열대와 온대와의 중간 지대. 東亞〔동아〕 아시아 주(洲)의 동부. 동아시아. ▶ 亞子(아자) 亞獻(아헌)

3級 配定漢字 297

艸 4 ⑧	**芽** 싹 아 yá sprout 싹. 싹이 트다. 조짐. 처음. 시초. 차의 새싹. 一 艹 芇 芏 艼 芽 芽	☞ 풀 초(艹・艸)와 어금니 아(牙). 芽椄〔아접〕 눈접. 눈을 따서 접붙이는 일. 麥芽〔맥아〕 엿기름. 發芽〔발아〕 초목의 눈이 틈. 씨앗에서 싹이 틈. 出芽〔출아〕 싹이 틈. 또는 그 싹. ▶ 萌芽(맹아) 胎芽(태아)	
阜 5 ⑧	**阿** 언덕 아 ē hill 언덕. 구릉. 구석. 모퉁이. 기슭. 산비탈. ⻖ ⻖ ⻖ 阿 阿 阿	☞ 언덕 부(阝・阜)와 옳을 가(可 : 굽다). 阿丘〔아구〕 한 쪽이 높은 언덕. 阿那〔아나〕 아름다운 모양. 부드럽고 연약한 모양. 阿附〔아부〕 남의 비위를 맞추려고 알랑거림. 阿諂〔아첨〕 남의 환심을 사기 위해 알랑거림. ▶ 阿膠(아교) 阿鼻叫喚(아비규환)	
隹 4 ⑫	**雅** 우아할 아 yǎ straight 우아하다. 고상함. 맑다. 떼까마귀. 좋다. 一 二 于 牙 邪 邪 雅	☞ 어금니 아(牙)와 새 추(隹). 雅淡〔아담〕 고상하고 담박함. 우아하고 산뜻함. 雅量〔아량〕 관대한 기상. 너그러운 도량(度量). 雅樂〔아악〕 바른 음악. 종묘・궁정에서 연주하는 음악. 優雅〔우아〕 품위가 있고 아름다움. 고상하고 기품이 있음. ▶ 雅談(아담) 雅言(아언) 端雅(단아)	
食 7 ⑯	**餓** 주릴 아 è hungry 주리다. 굶기다. 굶주림. 양식이 모자람. 倉 飠 飣 飥 餓 餓	☞ 먹을 식(飠・食)과 나 아(我 : 앙상하다). 餓鬼〔아귀〕 항상 굶주림에 시달리는 게걸든 사람. 餓狼〔아랑〕 굶주린 이리. 餓死〔아사〕 굶어 죽음. 饑死(기사). 饑餓〔기아〕 모자람. 굶주림. 飢餓(기아). ▶ 餓殺(아살)	
山 5 ⑧	**岳** 큰산 악 yuè great mountain 큰 산. 메뿌리. 제후의 맹주(盟主). 장인. 丆 厂 斤 丘 乓 岳	☞ 높을 구(丘 : 언덕)와 뫼 산(山). 岳頭〔악두〕 산꼭대기. 山頂(산정). 岳母〔악모〕 아내의 어머니. 장모. 岳父〔악부〕 아내의 아버지. 장인. 岳翁(악옹). 岳丈(악장). 山岳〔산악〕 산. 땅 표면이 솟은 부분. 높고 험준한 산들. ▶ 岳翁(악옹)	
山 5 ⑧	**岸** 언덕 안 àn shore 언덕. 물가의 낭떠러지. 뛰어나다. 층계. 山 屵 屵 岸 岸 岸	☞ 뫼 산(山)과 언덕 엄(厂), 막을 간(干 : 깎아 떼어 냄). 岸畔〔안반〕 언덕의 가. 언덕의 부조. 물가. 岸邊(안변). 岸壁〔안벽〕 바닷가나 강가에 배를 댈 수 있게 쌓은 벽. 沿岸〔연안〕 강・바다 또는 호수에 연한 물가. 彼岸〔피안〕 열반의 세계에 도달함. ↔ 此岸(차안). ▶ 海岸(해안)	
隹 4 ⑫	**雁** 기러기 안 yàn wild goose 기러기. 厂 厂 厈 雁 雁 雁	☞ 기슭 엄(厂)과 사람 인(亻・人), 새 추(隹). 雁書〔안서〕 먼 곳에 소식을 전하는 편지. 雁帛(안백). 雁行〔안항〕 남을 높이어, 그의 형제를 일컫는 말. 雁行〔안행〕 기러기처럼 차례로 조금씩 빗겨 뒤떨어져서 감. 鳧雁〔부안〕 물오리와 기러기. ▶ 鴻雁(홍안)	

부수/획수	한자	훈음	병음/뜻	설명
頁 9 ⑱	顔	얼굴 안 顔	yán face	☞ 선비 언(彦)과 머리 혈(頁). 顔料〔안료〕 연지나 분. 화장 재료. 그림 물감. 염료. 顔面〔안면〕 얼굴. 서로 알 만한 친분. 顔貌(안모). 顔色〔안색〕 낯빛. 얼굴에 나타난 기색. 빛깔. 색. 색채. 龍顔〔용안〕 임금의 얼굴. ▶ 童顔(동안) 厚顔無恥(후안무치)

얼굴. 낯빛. 얼굴 표정. 안색. 면목. 체면.
亠 产 彦 彦 顔 顔

| 言 9 ⑯ | 謁 | 아뢸 알 谒 | yè visit | ☞ 말씀 언(言)과 어찌 갈(曷).
謁廟〔알묘〕 사당에 참배함.
謁舍〔알사〕 손을 접대하는 곳. 면회소. 客舍(객사).
謁見〔알현〕 임금이나 귀인을 뵙는 일.
拜謁〔배알〕 윗사람을 삼가 만나 뵘. 面謁(면알).
▶ 謁候(알후) 典謁(전알) |

아뢰다. 뵈다. 만나 보다. 참배하다.
言 訂 訐 謁 謁 謁

| 山 20 ㉓ | 巖 | 바위 암 岩 | yán rock | ☞ 뫼 산(山)과 굳셀 엄(嚴).
巖塊〔암괴〕 바윗덩어리.
巖窟〔암굴〕 바위에 뚫린 굴. 石窟(석굴).
巖盤〔암반〕 바위로 이루어진 지층이나 지반(地盤).
巖壁〔암벽〕 바위가 깎아지른 듯이 높이 솟아 벽을 이룬 것.
▶ 巖穴之士(암혈지사) 嶄巖(참암) |

바위. 가파르다. 험함. 낭떠러지. 벼랑. 굴.
屵 屵 巌 巌 巖

| 大 2 ⑤ | 央 | 가운데 앙 | yāng center | ☞ 목에 칼을 씌운 형상.
央屬〔앙속〕 부탁함. 선명한 모양.
未央〔미앙〕 아직 반에도 이르지 못함. 아직 일이 끝나지 않음.
中央〔중앙〕 한가운데. 사물의 중심이 되는 곳. 서울을 일컬음. 단체나 조직의 본부.
▶ 央央(영영) |

가운데. 중앙. 중심. 다하다. 끝남. 넒.
丶 冂 口 央 央

| 人 4 ⑥ | 仰 | 우러를 앙 | yǎng respect | ☞ 사람 인(亻·人)과 높을 앙(卬).
仰見〔앙견〕 우러러봄. 仰望(앙망). 仰視(앙시).
仰告〔앙고〕 우러러보고 여쭘.
仰望〔앙망〕 우러러 바람. 편지 등에서 씀. 仰慕(앙모).
仰慕〔앙모〕 우러러 사모함. 仰望(앙망).
▶ 仰事俯畜(앙사부축) 仰祝(앙축) 信仰(신앙) |

우러르다. 우러러보다. 존경하다. 사모함.
丿 亻 亻 仰 仰 仰

| 歹 5 ⑨ | 殃 | 재앙 앙 | yāng disaster | ☞ 나쁠 대(歹)와 가운데 앙(央).
殃罰〔앙벌〕 하늘이 내리는 벌.
殃禍〔앙화〕 재난. 災殃(재앙).
苛殃〔가앙〕 심한 재앙.
災殃〔재앙〕 재앙으로 입은 해. 재해(災害). 재난(災難).
▶ 池魚之殃(지어지앙) |

재앙. 패하다. 해를 끼치다.
歹 歹 殀 殀 殃 殃

| 口 6 ⑨ | 哀 | 슬플 애 | āi sad | ☞ 옷 의(衣)와 입 구(口).
哀乞〔애걸〕 슬프게 하소연하여 빎.
哀悼〔애도〕 사람의 죽음을 슬퍼함.
哀憐〔애련〕 가엾고 애처롭게 여김.
悲哀〔비애〕 슬픔. 또는 슬퍼함.
▶ 哀乞伏乞(애걸복걸) 哀慕(애모) 哀愁(애수) |

슬프다. 슬픔. 불쌍히 여기다. 민망함.

亠 亠 亡 亨 亨 哀

水 8 ⑪	涯	물가 애 yá shore	☞ 물 수(氵·水)와 언덕 애(厓). 涯角〔애각〕 궁벽하고 먼 땅. 涯岸〔애안〕 물가. 한계. 끝. 경계. 涯限(애한). 無涯〔무애〕 끝이 없음. 한(限)이 없음. 無崖(무애). 生涯〔생애〕 한평생동안. 생활하기 위한 사업. 生業(생업). ▶ 涯垠(애은) 天涯(천애)
	물가. 수변(水邊). 끝. 한계. 잡도리하다. 氵 氵 汇 汇 汇 涯 涯 涯		
厂 2 ④	厄	재앙 액 è calamity	☞ 굴바위 엄(厂 : 벼랑)과 몸기 절(㔾 : 무릎을 꿇은 모양). 厄難〔액난〕 재앙과 어려움. 厄災(액재). 厄年〔액년〕 운수가 사나운 해. 厄運〔액운〕 액을 당할 운수. 불행한 운수. 厄禍〔액화〕 액(厄)으로 당하는 화(禍). ▶ 厄會(액회) 災厄(재액) 橫厄(횡액)
	재앙. 불행한 일. 변고. 사나운 운수. 一 厂 厄 厄		
乙 2 ③	也	잇기 야 또 야 yě also	☞ 땅 속에 숨어 있던 뱀이 땅을 뚫고 나오려는 모양. 也有〔야유〕 또한 있음. 무엇 무엇도 있음. 也矣〔야의〕 단정을 나타내는 어조사. 단지. 그것뿐. 也乎〔야호〕 강조하는 어조사. 也乎哉〔야호재〕 반어. 영탄(永歎)을 나타내는 어조사. ▶ 孝弟也者(효제야자)
	잇기. 어조사. 또. 또한. 발어사. 잇닿다. 		
耳 3 ⑨	耶	어조사 야 간사할 사 yè particle	☞ 귀 이(耳)와 답답할 읍(阝·邑). 耶王〔사왕〕 그 성질이 능갈치고 행실이 바르지 못함. 耶蘇〔야소〕 라틴어 Jesus의 음역. 예수 그리스도. 耶孃〔야양〕 어버이. 아버지와 어머니. 有耶無耶〔유야무야〕 어물어물함. 흐리멍덩함. ▶ 耶蘇教(야소교)
	어조사. 그런가. 아버지. 간사하다. 一 T F E 耳 耶 耶		
艸 5 ⑨	若	같을 약 반야 야 ruò like	☞ 풀 초(艹·艸)와 오른 우(右). 若干〔약간〕 몇. 얼마 되지 아니 함. 또 그 정도. 若輩〔약배〕 너희들. 자네들. 若曹(약조). 젊은이. 若是若是〔약시약시〕 이러이러함. 若此若此(약차약차). 般若〔반야〕 대승 불교에서, 모든 법의 진실성을 아는 지혜. ▶ 若此(약차) 若何(약하) 般若心經(반야심경)
	같다. 이와 같은. 너(이인칭). 또는. 반야. 一 艹 艹 艹 若 若		
手 9 ⑫	揚	오를 양 扬 yáng raise	☞ 손 수(扌·手)와 빛날 양(昜). 揚陸〔양륙〕 배에 실린 짐을 육지로 끌어올림. 揚名〔양명〕 이름을 들날림. 浮揚〔부양〕 놀며 돌아다님. 가라앉은 것이 떠오름. 讚揚〔찬양〕 칭찬하여 드러냄. 贊襄(찬양). ▶ 揚力(양력) 得意揚揚(득의양양) 宣揚(선양)
	오르다. 날다. 떨치다. 높이다. 올리다. 扌 扌 打 押 押 揚 揚		
木 9 ⑬	楊	버들 양 杨 yáng willow	☞ 나무 목(木)과 빛날 양(昜). 楊柳〔양류〕 버드나무. 楊은 갯버들, 柳는 수양버들을 가리킴. 楊枝〔양지〕 버들가지. 이쑤시개. 枯楊生華〔고양생화〕 마른 버드나무에 꽃이 핀다는 뜻으로, 늙은 여자가 자기보다 젊은 남편을 얻음을 일컬음. ▶ 白楊(백양) 水楊(수양)
	버들. 버드나무. 十 木 杆 杆 楊 楊		

土 17 ⑳	壤 흙 양 yǎng soil 흙. 땅. 구역. 티끌. 곡식이 익다. 圵 圵 坤 壌 壌 壤	☞ 흙 토(土)와 도울 양(襄 : 부드럽다). 壤歌〔양가〕 풍년이 들어 농부가 태평한 세월을 기리는 노래. 壤地〔양지〕 땅. 나라. 국토. 肥壤〔비양〕 비옥한 토지. 건 땅. 天壤之差〔천양지차〕 하늘과 땅 사이와 같이 엄청난 차이. ▶ 土壤(토양)
言 17 ㉔	讓 사양할 양 让 ràng concede 사양하다. 양보하다. 겸손하다. 넘겨줌. 言 訥 諄 譁 譁 讓	☞ 말씀 언(言)과 도울 양(襄). 讓渡〔양도〕 권리・재산 따위를 남에게 넘겨 줌. 讓步〔양보〕 제 주장을 굽혀 남의 의견을 좇음. 讓位〔양위〕 임금의 자리를 물려줌. 辭讓〔사양〕 겸손하여 응하지 않거나 받지 아니함. ▶ 謙讓(겸양) 互讓(호양)
方 4 ⑧	於 어조사 어 yú 어조사. ~에. ~에게. ~보다. 있다. 丶 亠 方 方 於 於	☞ 까마귀가 날아가는 모양. 於是〔어시〕 이제야. 이에 있어서. 於焉間〔어언간〕 어느덧. 於此彼〔어차피〕 이러나 저러나. 甚至於〔심지어〕 심하면. 심하게는. ▶ 於中間(어중간)
彳 8 ⑪	御 어거할 어 yù 어거하다. 모시다. 거느리다. 다스리다. 彳 彳 徉 徉 御 御	☞ 조금 걸을 척(彳)과 짐 부릴 사(卸). 御駕〔어가〕 임금의 수레. 御用〔어용〕 임금이 쓰는 물건. 御札〔어찰〕 임금의 편지. 崩御〔붕어〕 임금의 죽음. 崩殂(붕조). ▶ 御史(어사) 御宇(어우) 制御(제어)
手 4 ⑦	 누를 억 yì restrain 누르다. 윽박질러 누르다. 굽히다. 물러나다. 丁 扌 扌 扌 抑 抑	☞ 손 수(扌・手)와 나 앙(卬). 抑強扶弱〔억강부약〕 강한 자를 누르고 약한 자를 도와 줌. 抑留〔억류〕 억지로 머무르게 함. 抑壓〔억압〕 힘으로 억누름. 억지로 누름. 抑制〔억제〕 억눌러서 제어함. ▶ 抑揚(억양) 抑何心情(억하심정)
心 13 ⑯	 생각할 억 yì recall 생각하다. 생각. 추억. 기억. 우울해지다. 丶 忄 忄 憶 憶 憶	☞ 마음 심(忄・心)과 뜻 의(意). 憶起〔억기〕 과거의 경험을 다시 마음에 불러일으키는 작용. 憶昔〔억석〕 옛날을 돌이켜 생각함. 記憶〔기억〕 이전의 인상이나 경험을 다시 생각해 냄. 追憶〔추억〕 지나간 일을 생각함. 追念(추념). 追想(추상). ▶ 憶念(억념)
火 7 ⑪	 어찌 언 yān why 어찌. 이에. 이. 그래서. 곧. 즉. 여기. 	☞ 새의 모양을 본뜬 글자. 焉敢生心〔언감생심〕 어찌 감히 그런 생각을 할 수 있으랴. 焉哉乎也〔언재호야〕 천자문(千字文)의 맨 끝 구. 넉 자 모두 조자(助字)임. 終焉〔종언〕 정착할 곳으로 삼는 일. 다함. 곤궁함. ▶ 勃焉(발언) 忽焉(홀언)

亅 3 ④	予	나 여 줄 여 yǔ I	☞ 둥근 고리를 풀어 상대방에게 밀어 주는 모양. 予寧〔여녕〕 휴가를 얻어 부모의 상을 치르는 일. 予奪〔여탈〕 주고 빼앗음. 與奪(여탈). 附予〔부여〕 지니거나 가지도록 하여 줌. 附與(부여). 施予〔시여〕 남에게 거저 물건을 베풀어 줌. 施與(시여). ▶ 予一人(여일인)
나(1인칭). 주다. 함께 하다. 용서하다. 一 マ 亍 予			
水 3 ⑥	汝	너 여 rǔ you	☞ 물 수(氵·水)와 계집 녀(女). 汝南月旦〔여남월단〕 인물의 비평. 汝等〔여등〕 너희. 汝輩(여배). 汝曹(여조). 汝曹〔여조〕 너희들. 당신들. 汝輩(여배). 爾汝〔이여〕 너. 썩 친한 사이의 2인칭. 남을 낮추어 일컫는 말.
너(2인칭 대명사). 강 이름. 丶 冫 氵 汀 汝 汝			▶ 汝輩(여배)
人 5 ⑦	余	나 여 yú I	☞ 지붕을 기둥으로 받치고 있는 건물의 모양. 余等〔여등〕 우리들. 吾等(오등). 余輩〔여배〕 우리네. 余我也〔여아야〕 나. 자기. 余月〔여월〕 음력 4월의 별칭.
나(1인칭 대명사). 음력 4월의 별칭. 丿 人 ㅅ 今 숙 余			▶ 比余(비여)
車 10 ⑰	輿	가마 여 수레 여 輿 yú palankeen	☞ 마주 들 여(舁)와 수레 거(車). 輿圖〔여도〕 천하. 세계. 輿地圖(여지도). 疆土(강토). 輿論〔여론〕 여러 사람의 공통된 의견. 輿望〔여망〕 세상의 인망(人望). 세상 사람들의 기대. 輿地〔여지〕 땅. 수레처럼 만물을 싣고 있는 땅. 온 세계.
가마. 수레. 수레의 총칭. 거상(車箱). 싣다. 𠂉 𦥑 舁 輿 輿 輿			▶ 輿人(여인) 鸞輿(난여) 籃輿(남여)
亠 4 ⑥	亦	또 역 yì also	☞ 똑같은 사물이 양쪽에 있는 것을 뜻함. 亦是〔역시〕 또한. 마찬가지로. 亦如是〔역여시〕 이것도 또한. 亦然〔역연〕 역시 그러함. 또한 그러함. 亦參其中〔역참기중〕 남의 일에 참여함.
또. 또한. 어찌. 그래도. 크다. 丶 亠 亣 亣 亦 亦			▶ 亦各(역각)
彳 4 ⑦	役	부릴 역 yì work	☞ 조금 걸을 척(彳)과 팔모창 수(殳). 役軍〔역군〕 일정한 부문에서 중요한 구실을 하는 일꾼. 役事〔역사〕 토목이나 건축 등의 공사. 賦役(부역). 役人〔역인〕 공사의 일꾼. 임무를 띤 사람. 苦役〔고역〕 힘든 노동. 몹시 힘들고 괴로운 일. 고된 일.
부리다. 싸움. 수자리. 부역. 일. 소임. 丿 彳 彳 彳 役 役 役			▶ 役員(역원) 役割(역할) 主役(주역)
疒 4 ⑨	疫	염병 역 yì pestilence	☞ 병 녁(疒)과 칠 수(殳). 疫鬼〔역귀〕 전염병을 퍼뜨리는 귀신. 疫病〔역병〕 전염병. 악성의 유행병. 熱病(열병). 檢疫〔검역〕 전염병의 유무를 조사함. 검사하고 소독하는 일. 防疫〔방역〕 전염병이 퍼지지 않게 미리 예방함.
염병. 돌림병. 역귀(疫鬼). 广 疒 疒 疒 疒 疫 疫			▶ 疫癘(역려) 檢疫(검역)

言 13 ⑳	譯	통변할 역 译 yì interpret 통변(通辯)하다. 통역함. 뜻. 뜻을 풀이함. 言 訁 評 評 譯 譯	☞ 말씀 언(言)과 엿볼 역(睪). 譯官〔역관〕 통역이나 번역을 맡아보던 관리. 通譯官(통역관). 譯讀〔역독〕 번역하여 읽음. 譯書〔역서〕 번역한 책. 譯本(역본). ↔ 原書(원서). 通譯〔통역〕 서로 다른 양쪽의 말을 번역하여 뜻이 통하게 함. ▶ 譯者(역자) 意譯(의역)
馬 13 ㉓	驛	역참 역 驿 yì posting horse 역참. 역말. 역(정거장). 인도하다. 馬 馬 馬 驛 驛 驛	☞ 말 마(馬)와 엿볼 역(睪). 驛館〔역관〕 역참의 객사. 驛夫〔역부〕 역에서 일하는 인부. 역의 하급 직원. 驛站〔역참〕 역마를 바꿔 타던 곳. 옛 통신 기관. 終着驛〔종착역〕 마지막으로 닿는 역. ↔ 始發驛(시발역). ▶ 驛馬(역마)
水 5 ⑧	沿	따를 연 yán fellow 따르다. 물을 따라 내려가다. 길을 따르다. 氵 氵 沁 沿 沿 沿	☞ 물 수(氵·水)와 산속늪 연(㕣). 沿道〔연도〕 길의 양쪽. 큰길가의 근처. 沿路(연로). 沿邊〔연변〕 국경. 강·철도·큰 길 등이 있는 일대의 지방. 沿海〔연해〕 바닷가의 육지. 육지에 가까운 얕은 바다. 沿革〔연혁〕 변천해 온 내력. 沿改(연개). ▶ 沿岸(연안) 泝沿(소연) 洄沿(회연)
宀 7 ⑩	宴	잔치 연 yàn banquet 잔치. 즐기다. 편안하다. 宀 宀 宦 宴 宴 宴	☞ 움집 면(宀)과 늦을 안(晏·旻). 宴樂〔연락〕 편안히 지내며 즐김. 주연(酒宴)으로 즐김. 宴席〔연석〕 연회를 베푼 자리. 宴會〔연회〕 여러 사람이 모여 베푸는 잔치. 壽宴〔수연〕 장수를 축하하는 잔치. 壽筵(수연). ▶ 宴息(연식) 披露宴(피로연)
車 4 ⑪	軟	연할 연 软 ruǎn soft 연하다. 보들보들하다. 하늘거리다. 一 亘 車 車 軟 軟	☞ 수레 차(車)와 부드러울 연(欠). 軟骨〔연골〕 물렁뼈. 여린 뼈. 어린 나이. 軟性〔연성〕 부드럽고 연한 성질. 軟弱〔연약〕 연하고 약함. 몸이 약하고 마음이 굳지 못함. 軟化〔연화〕 강경한 태도나 주장을 굽힘. ↔ 硬化(경화). ▶ 軟膏(연고) 柔軟(유연) 脆軟(취연)
石 7 ⑫	硯	벼루 연 砚 yàn ink slab 벼루. 돌. 石 矴 砌 砠 硯 硯	☞ 돌 석(石)과 볼 견(見). 硯石〔연석〕 벼룻돌. 硯席〔연석〕 공부하는 자리. 배우는 곳. 硯滴〔연적〕 벼룻물을 담는 그릇. 벼루. 筆硯〔필연〕 붓과 벼루. ▶ 朱硯(주연)
火 12 ⑯	燕	제비 연 yàn swallow 제비. 잔치. 편안하다. 어여쁜 모양. 艹 艹 艹 莊 燕 燕	☞ 제비의 모양을 본뜬 글자. 燕居〔연거〕 한가히 집에 있음. 燕樂〔연락〕 잔치를 베풀고 즐김. 주연에서 연주하는 음악. 燕安〔연안〕 심신이 한가하고 편안함. 燕雀〔연작〕 제비와 참새. 도량이 좁고 작은 소인배의 비유. ▶ 燕息(연식) 幕上燕(막상연) 鶯燕(앵연)

心 7 ⑩ 기쁘다. 기뻐하다. 즐겁다. 기쁨. 丶 忄 忄 忄 忄 悅 悅	 기쁠 **열** yuè joyful	☞ 마음 심(心)과 기쁠 태(兌 : 맺혀 있던 것이 빠지다). 悅樂〔열락〕 기뻐하고 즐거워함. 悅服〔열복〕 기쁜 마음으로 복종함. 悅愛〔열애〕 기뻐하고 사랑함. 喜悅〔희열〕 기쁨과 즐거움. ▶ 悅好(열호) 感悅(감열) 悟悅(오열)
火 4 ⑧ 불꽃. 불타다. 덥다. 아름답다. 丶 丷 ソ 火 火 炎	 불꽃 **염** yán flame	☞ 불 화(火) 두 개를 겹쳐서, 불이 타오르는 불꽃을 뜻함. 炎上〔염상〕 불꽃을 뿜으며 타오름. 炎署〔염서〕 매우 심한 더위. 炎熱(염열). 炎天〔염천〕 몹시 더운 여름철. 남쪽 하늘. 腦炎〔뇌염〕 뇌수의 염증으로 일어나는 병. ▶ 炎症(염증) 氣炎(기염) 火炎(화염)
木 5 ⑨ 물들이다. 물들다. 적시다. 옮다. 氵 氿 氿 尕 染 染	 물들일 **염** rǎn dye	☞ 물 수(氵·水)와 방기 궤(朵 : 물감을 풀어 물 담는 그릇). 染料〔염료〕 염색 물감. 染色〔염색〕 피륙 따위에 물을 들임. 染俗〔염속〕 세속에 물듦. 汚染〔오염〕 더럽게 물듦. ▶ 染草(염초) 感染(감염) 傳染(전염)
鹵 13 ㉔ 소금. 절이다. 매료. 노래 이름. 臣 臨 臨 臨 鹽 鹽	 소금 **염** 盐 yán salt	☞ 살필 감(監 : 엄하다)과 염밭 로(鹵). 鹽分〔염분〕 소금기. 짠맛. 鹽藏〔염장〕 소금에 절이어 저장함. 鹽田〔염전〕 바닷물에서 식염을 채취하기 위한 곳. 염밭. 苦鹽〔고염〕 간수. 소금이 저절로 녹아 흐르는 물. ▶ 鹽酸(염산) 製鹽(제염) 天日鹽(천일염)
水 5 ⑧ 헤엄치다. 헤엄. 무자맥질하다. 氵 氵 氵 冫 沙 泳 泳	 헤엄칠 **영** yǒng swim	☞ 물 수(氵·水)와 길 영(永 : 사람이 물 위에 떠 있음). 泳法〔영법〕 헤엄치는 법. 競泳〔경영〕 수영의 실력을 겨룸. 背泳〔배영〕 위를 향해 반듯하게 누워서 치는 헤엄. 水泳〔수영〕 헤엄치기. 遊泳(유영). ▶ 遊泳(유영) 平泳(평영)
言 5 ⑫ 읊다. 노래하다. 시가. 새가 재잘거리다. 言 訁 訂 訶 詠 詠	詠 읊을 **영** 咏 yǒng recite	☞ 말씀 언(言)과 길 영(永 : 길게 끌어 늘이다). 詠歌〔영가〕 시가(詩歌)를 읊음. 또는 그 시가. 詠志〔영지〕 자기의 뜻을 시가로 읊음. 詠歎〔영탄〕 소리를 길게 뽑아 읊음. 감동하여 찬탄함. 誦詠〔송영〕 시가를 외어 읊조림. ▶ 吟詠(음영)
彡 12 ⑮ 그림자. 모양. 화상. 초상. 모습. 日 昺 景 景 影 影	 그림자 **영** yǐng shadow	☞ 빛 경(景 : 둘이 마주 보다)과 터럭 삼(彡). 影堂〔영당〕 조상의 사당을 모신 곳. 사당. 影像〔영상〕 초상(肖像). 그림자. 影幀〔영정〕 얼굴을 그린 족자. 影響〔영향〕 한 가지 사물로 인하여 다른 사물에 미치는 결과. ▶ 雁影(안영) 撮影(촬영)

부수/획	한자	훈음	병음/뜻	설명
金 7 ⑮	銳	날카로울 예 锐	ruì sharp	☞ 쇠 금(金)과 통할 태(兌 : 분리하다). 銳騎〔예기〕 굳세고 날쌘 기병. 銳利〔예리〕 칼날 등이 날카롭고 잘 듦. 銳敏〔예민〕 감각이나 행동 등이 날쌔고 민첩함. 銛銳〔섬예〕 예리함. ▶ 銳鋒(예봉) 精銳(정예) 尖銳(첨예)
		날카롭다. 창 끝. 민첩하다. 빠르다. 날쌔다. 亽 亼 金 釒 釾 銳		
言 14 ㉑	譽	명예 예 誉	yù fame	☞ 말씀 언(言)과 줄 여(與 : 손을 모아 물건을 올리다). 譽望〔예망〕 명예와 인망. 譽言〔예언〕 칭찬하여 기리는 말. 名譽〔명예〕 세상에서 훌륭하다고 일컬어지는 이름. 榮譽〔영예〕 영광스러운 명예. ▶ 譽髦(예모) 譽歎(예탄) 聲譽(성예)
		명예. 영예. 기리다. 칭찬하다. F 臼 臼 與 與 譽		
水 3 ⑤	汚	더러울 오	wū dirty	☞ 물 수(氵·水)와 있을 우(亐·于 : 움푹 팸). 汚吏〔오리〕 청렴하지 못한 벼슬아치. 汚名〔오명〕 더럽혀진 이름. 나쁜 평판. 汚辱〔오욕〕 더럽히고 욕되게 함. 부끄러움. 수치. 악덕. 汚點〔오점〕 더러운 점. 얼룩. 불명예스러운 점. 흠. 결점. ▶ 汚池(오지) 塵汚(진오)
		더럽다. 더럽히다. 괸 물. 낮다. 굽히다. 丶 氵 氵 汀 汚		
口 4 ⑦	吾	나 오	wú I, we	☞ 다섯 오(五 : 교차시킨 모양)와 입 구(口 : 신의 계시). 吾等〔오등〕 우리들. 吾不關焉〔오불관언〕 나는 그 일에 상관치 아니함. 吾輩〔오배〕 나. 우리들. 吾兄〔오형〕 내 형이란 뜻으로, 벗에 대한 경칭. ▶ 伊吾(이오) 左支右吾(좌지우오)
		나. 우리. 글 읽는 소리. 친하지 않다. 一 丆 五 五 吾 吾		
女 7 ⑩	娛	즐거워할 오 娱	yú amuse	☞ 계집 녀(女)와 크게 말할 오(吳 : 즐기다). 娛樂〔오락〕 즐겁게 노는 놀이. 또는 즐겁게 놂. 娛笑〔오소〕 즐거워하며 웃음. 娛遊〔오유〕 오락과 유희. 즐거이 놂. 娛嬉〔오희〕 즐거워하고 기뻐함. ▶ 晏娛(안오) 媮娛(유오)
		즐거워하다. 즐거웁다. 즐기다. 女 妇 妇 妇 娭 娛		
心 7 ⑩	悟	깨달을 오	wù awake	☞ 마음 심(忄·心)과 나 오(吾 : 밝아지다). 悟道〔오도〕 도리. 또는 불도를 깨달음. 悟性〔오성〕 개념의 형성과 판단에 소요되는 마음의 능력. 悟悅〔오열〕 깨닫고 기뻐함. 覺悟〔각오〕 앞으로 닥쳐올 일을 미리 마음을 다잡음. ▶ 悟悔(오회) 大悟(대오) 夙悟(숙오)
		깨닫다. 슬기롭다. 깨우치다. 忄 忄 忄 怄 悟 悟		
火 6 ⑩	烏	까마귀 오 乌	wū crow	☞ 까마귀 모양을 본뜬 글자. 烏鷺〔오로〕 까마귀와 해오라기. 흑과 백. 烏有〔오유〕 사물이 아무것도 없이 됨. 烏合之卒〔오합지졸〕 질서 없이 모였다가 흩어지는, 까마귀 떼처럼 단결이 되지 않는 무리. ▶ 烏飛梨落(오비이락) 烏呼(오호)
		까마귀. 검다. 어찌. 탄식하다. 아아. 		

3級 配定漢字 305

| 木 7 ⑪ | 梧 | 벽오동나무 오
wú paulow- inia | ☞ 나무 목(木)과 우리 오(吾).
梧鼠〔오서〕 날다람쥐.
梧月〔오월〕 음력 7월의 별칭.
檎梧〔고오〕 거문고.
枝梧〔지오〕 버팀. 또는 저항함.
▶ 梧桐(오동) |
| 벽오동나무. 오동나무. 책상. 거문고.
木 栌 栌 栌 梧 梧 |

| 口 10 ⑬ | 嗚 | 탄식할 오
wū alas | ☞ 입 구(口)와 까마귀 오(烏 : 한숨소리).
嗚咽〔오열〕 흐느껴 욺. 목메어 욺.
嗚嗚〔오오〕 노래를 부르는 소리.
嗚呼〔오호〕 슬플 때나 탄식할 때 내는 소리. 아·오 등.
噫嗚〔희오〕 탄식하는 모양.
▶ 嗚呼噫噫(오호희희) |
| 탄식하다. 흐느끼다. 노랫소리.
吖 吖 吖 吖 嗚 嗚 |

| 人 11 ⑬ | 傲 | 거만할 오
ào haughty | ☞ 사람 인(亻·人)과 놀 오(敖 : 자유로이 놀고 즐기다).
傲氣〔오기〕 남에게 지기 싫어하는 마음. 오만스러운 기운.
傲慢〔오만〕 잘난 체하여 방자함. 거만한 태도.
傲色〔오색〕 거만한 기색.
驕傲〔교오〕 잘난 체하고 뽐내며 건방짐.
▶ 傲頑(오완) 傲睨(오예) |
| 거만하다. 깔보다. 업신여기다.
伂 仹 伃 傲 傲 傲 |

| 犬 10 ⑭ | 獄 狱 | 감옥 옥
yù prison | ☞ 개 견(犭·犬)과 말씀 언(言).
獄苦〔옥고〕 옥살이를 하는 고생.
獄吏〔옥리〕 옥을 다스리는 관리.
獄死〔옥사〕 감옥 안에서 죽음. 牢死(뇌사).
監獄〔감옥〕 형벌 집행의 관아. 교도소 옥.
▶ 投獄(투옥) 下獄(하옥) |
| 감옥. 판결. 송사. 법. 죄.
犭 犭 犷 狺 獄 獄 |

| 羽 4 ⑩ | 翁 | 늙은이 옹
wēng old man | ☞ 아비 공(公)과 깃 우(羽).
翁姑〔옹고〕 시아버지와 시어머니.
翁嫗〔옹구〕 늙은 남자와 늙은 여자.
翁壻〔옹서〕 장인과 사위.
翁主〔옹주〕 왕 또는 제후의 딸.
▶ 老翁(노옹) 不倒翁(부도옹) 山翁(산옹) |
| 늙은이. 노인의 존칭. 아버지. 장인.
八 公 夳 爹 翁 翁 |

| 瓦 0 ⑤ | 瓦 | 기와 와
wǎ tile | ☞ 진흙을 구부려서 구운 질그릇의 상형.
瓦家〔와가〕 기와집. 瓦屋(와옥).
瓦當〔와당〕 기와의 마구리(막새와 내림새의 무늬가 있는 부분).
瓦全〔와전〕 아무 보람도 없이 헛되이 삶을 이어감.
瓦解〔와해〕 기와 깨지듯이 사물이 깨져 산산이 흩어짐.
▶ 瓦器(와기) 瓦葺(와즙) 碧瓦(벽와) |
| 기와. 질그릇. 실패. 방패.
一 厂 瓦 瓦 瓦 |

| 臣 2 ⑧ | 臥 | 누울 와
wò down | ☞ 사람 인(人)과 신하 신(臣 : 눈을 아래로 향한 모습).
臥具〔와구〕 침구.
臥龍〔와룡〕 누워 있는 용. 때를 만나지 못한 영웅의 비유.
臥病〔와병〕 병으로 누움. 질병에 걸림.
高臥〔고와〕 베개를 높이고 누움. 곧, 은거하여 마음 편히 삶.
▶ 臥薪嘗膽(와신상담) |
| 눕다. 누워 자다. 쉬다. 침실. 엎드리다.
 |

糸 9 ⑮	緩	느릴 완 緩 huǎn slow 느리다. 느슨하다. 늘어지다. 늦추다. 糸 紆 紆 紓 絹 緩	☞ 실 사(糸)와 당길 원(爰: 느슨하다). 緩急〔완급〕 느림과 빠름. 위급한 일. 절박함. 緩慢〔완만〕 느리고 태만함. 움직임이 느릿느릿함. 緩衝〔완충〕 충돌을 완화함. 緩和〔완화〕 급박한 것을 느슨하게 함. ▶ 緩行(완행) 弛緩(이완)
曰 0 ④	曰	가로되 왈 yuē speak 가로되. 이르다. ~라 하다. 말 내다. 丨 冂 冃 曰	☞ 입을 열어 말하는 모양. 曰可曰否〔왈가왈부〕 어떤 일에 대하여 옳으니 그르니 함. 曰是曰非〔왈시왈비〕 어떤 일에 대하여 잘 하였느니 못 하였느니 하고 말함. 孔子曰〔공자왈〕 공자께서 말씀하시길. ▶ 帝曰(제왈)
田 4 ⑨	畏	두려워할 외 wèi fear 두려워하다. 꺼리다. 으르다. 죽다. 丨 冂 日 田 甼 畏	☞ 귀신 귀(鬼: 보통과 다른 형상)와 점 복(卜: 채찍). 畏敬〔외경〕 어려워하며 공경함. 畏懼〔외구〕 무서워하고 두려워함. 畏惡〔외오〕 두려워하고 미워함. 敬畏〔경외〕 공경하고 두려워함. ▶ 畏怖(외포) 淸畏(청외)
手 10 ⑬	搖	흔들 요 搖 yáo shake 흔들다. 흔들리다. 움직이다. 扌 扩 扩 抒 搖 搖	☞ 손 수(扌·手)와 술병 요(䍃: 손으로 흔들다). 搖動〔요동〕 흔들리어 움직임. 또, 흔듦. 搖落〔요락〕 흔들어 떨어뜨림. 나뭇잎이 떨어짐. 動搖〔동요〕 흔들려 움직임. 또는, 움직여 흔들림. 어수선하고 떠들썩하여 갈팡질팡함. ▶ 搖瀁(요양) 消搖(소요)
肉 9 ⑬	腰	허리 요 yāo waist 허리. 밑둥치. 허리에 띠다. 月 肵 脺 腰 腰 腰	☞ 몸 육(月·肉)과 요긴할 요(要: 허리). 腰劍〔요검〕 칼을 허리에 참. 腰帶〔요대〕 가죽으로 만든 큰 허리띠. 腰折〔요절〕 하도 우스워 허리가 부러질 듯함. 腰痛〔요통〕 허리 아픈 병. 허리앓이. ▶ 山腰(산요) 折腰(절요)
辵 10 ⑭	遙	멀 요 遙 yáo distant 멀다. 아득하다. 소요하다. 노닐다. 夕 夕 冬 爭 䍃 遙	☞ 질그릇 요(䍃: 가늘고 길다)와 쉬엄쉬엄 갈 착(辶·辵). 遙望〔요망〕 멀리 바라봄. 遙拜〔요배〕 멀리서 연고가 있는 쪽을 바라보고 하는 절. 遙昔〔요석〕 태고(太古). 먼 옛날. 逍遙〔소요〕 아득히 멂. 썩 멂. ▶ 遙遠(요원) 遙度(요탁)
辰 3 ⑩	辱	욕될 욕 rǔ disgrace 욕되다. 욕보이다. 욕. 	☞ 별 진(辰)과 법도 촌(寸). 辱說〔욕설〕 남을 욕하는 말. 모욕적인 말. 困辱〔곤욕〕 심한 모욕. 몹시 욕함. 屈辱〔굴욕〕 남에게 눌려 업신여김을 받음. 侮辱〔모욕〕 깔보아 욕되게 함. ▶ 辱在(욕재) 屈辱(굴욕) 恥辱(치욕)

3級 配定漢字

부수/획수	한자	훈음 / 병음 / 영문	뜻 / 필순	설명 및 용례

欠 / 7 / ⑪ **欲** 하고자할 **욕** yù desire
하고자 하다. 바라다. 탐내다. 욕심.
父 谷 谷 谷 欲 欲
☞ 골 곡(谷 : 넣다, 담다)과 하품 흠(欠 : 입 벌린 모양).
- 欲求〔욕구〕 바라고 구함. 욕심이 생겨 구함. 希求(희구).
- 欲望〔욕망〕 누리고자 탐함. 또는, 그 마음.
- 欲心〔욕심〕 자기에게 이롭게 하려는 마음. 탐내는 마음.
- 欲情〔욕정〕 충동적으로 일어나는 욕심. 色慾(색욕).
▶ 欲界(욕계) 寡欲(과욕)

心 / 11 / ⑮ **慾** 욕심 **욕** yù greed
욕심. 욕심내다. 욕정(欲情).
谷 欲 欲 欲 慾 慾
☞ 하고자할 욕(欲)과 마음 심(心).
- 慾求〔욕구〕 욕심껏 구함. 욕망과 요구. 욕구(欲求).
- 慾望〔욕망〕 무엇을 하고자 하거나 가지고자 간절히 바람.
- 慾心〔욕심〕 하고자 하거나 가지고 싶어하는 마음.
- 過慾〔과욕〕 욕심이 지나침.
▶ 慾火(욕화) 物慾(물욕)

广 / 8 / ⑪ **庸** 떳떳할 **용** yōng use
떳떳하다. 쓰다. 범상하다. 어리석다.

☞ 고칠 경(庚)과 쓸 용(用).
- 庸劣〔용렬〕 어리석고 변변치 못함. 또는 그 사람.
- 庸輩〔용배〕 평범한 사람들.
- 庸俗〔용속〕 범상(凡常)하고 속됨.
- 庸人〔용인〕 평범한 사람. 凡人(범인).
▶ 庸才(용재) 庸拙(용졸) 登庸(등용)

又 / 0 / ② **又** 또 **우** yòu again
또. 거듭. 재차. 오른쪽. 용서하다.
丆 又
☞ 오른손을 본뜬 글자.
- 又驚又喜〔우경우희〕 놀라기도 하고 그 위에 또 기뻐함.
- 又生一秦〔우생일진〕 이 하나 있는데 또 적이 나타남을 이름.
- 又重之〔우중지〕 더욱이.
- 又況〔우황〕 하물며.
▶ 多又(다우) 三又(삼우)

二 / 1 / ③ **于** 어조사 **우** yú particle
어조사. 가다. 크다. 탄식하다. 굽히다.
一 二 于
☞ 숨이 막히어 '아아' 소리가 새어 나오는 모양.
- 于歸〔우귀〕 신부가 처음으로 시집에 들어가는 일.
- 于今〔우금〕 지금까지.
- 于役〔우역〕 부역을 나감.
- 于嗟〔우차〕 '아아'하고 탄식함.
▶ 于思(우사) 諸于(제우)

尢 / 1 / ④ **尤** 더욱 **우** yóu more over
더욱. 특히. 뛰어남. 허물. 탓. 재앙.
一 ナ 九 尤
☞ 절름발이 왕(尢)과 점(丶).
- 尤極〔우극〕 더욱.
- 尤妙〔우묘〕 더욱 묘함. 더욱 신통함.
- 尤物〔우물〕 가장 좋은 물건. 얼굴이 잘 생긴 여자.
- 殊尤〔수우〕 특별하게 뛰어남.
▶ 尤甚(우심) 尤而效之(우이효지)

宀 / 3 / ⑥ **宇** 집 **우** yǔ house
집. 지붕. 처마. 하늘. 세계. 천지 사방.
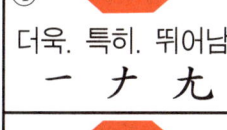
☞ 움집 면(宀)과 넓은 모양 우(于 : 걸치다).
- 宇內〔우내〕 천지 사방. 세상 안. 천하. 세계.
- 宇宙〔우주〕 온갖 물질이 존재하는 공간.
- 御宇〔어우〕 천하를 다스림. 임금이 나라를 다스리는 동안.
- 屋宇〔옥우〕 집. 여러 집채들.
▶ 宇下(우하) 天宇(천우)

羽 0 ⑥	**羽** 깃 우 羽 yǔ wing 깃. 날개. 새. 돕다. 느슨함. 丁 丑 丑 丑 羽 羽	☞ 새의 깃 또는 양 날개를 본뜬 글자. 羽鱗〔우린〕새와 물고기. 조류와 어류. 羽毛〔우모〕깃털. 깃에 붙어 있는 새털. 새의 깃과 짐승의 털. 羽扇〔우선〕새의 깃으로 만든 부채. 羽翼〔우익〕새의 날개. 도와 받듦. 또, 그 사람. 보좌함. ▶ 羽衣(우의) 宮商角徵羽(궁상각치우)
人 9 ⑪	**偶** 짝 우 ǒu couple 짝. 배필. 짝수. 무리. 인형. 伊 伊 侣 偶 偶 偶	☞ 사람 인(亻·人)과 원숭이 우(禺). 偶發〔우발〕어떠한 일이 우연히 발생하거나 일어남. 偶像〔우상〕종교적 숭배의 대상이 되는 것. 미신의 대상물. 偶然〔우연〕뜻하지 않은 것이 저절로 그러함. 偶日〔우일〕짝수로 된 날. 우수(偶數)의 날. ▶ 偶吟(우음) 奇偶(기우) 對偶(대우)
心 9 ⑬	**愚** 어리석을 우 yú foolish 어리석다. 우직하다. 나. 日 吊 禺 禺 愚 愚	☞ 원숭이 우(禺)와 마음 심(心). 愚見〔우견〕어리석은 생각. 자기의 의견을 겸손 되이 일컫는 말. 愚弄〔우롱〕사람을 어리석게 만들어 놀려 댐. 愚昧〔우매〕어리석고 사리에 어두움. 愚劣〔우열〕어리석고 못남. ▶ 愚者一得(우자일득) 愚直(우직) 頑愚(완우)
心 11 ⑮	**憂** 근심 우 忧 yōu anxiety 근심. 근심하다. 걱정하다. 고통. 병. 丆 百 頁 憂 憂 憂	☞ 머리 혈(耳·頁)과 마음 심(心). 憂國〔우국〕나라 일을 근심하고 염려함. 憂慮〔우려〕근심과 걱정. 염려함. 憂愁〔우수〕걱정과 근심. 우울과 수심. 憂鬱〔우울〕마음이 개운하지 않음. ▶ 憂歎(우탄) 杞憂(기우) 內憂外患(내우외환)
二 2 ④	**云** 이를 운 yún say tell 이르다. 말하다. 가로되. 어조사. 구름. 一 二 云 云	☞ 구름이 뭉게뭉게 피어오르는 모양. 云云〔운운〕이러이러함. 인용이나 생략할 때 씀. 云爲〔운위〕일러 말함. 또, 평함. 말과 행동. 云爾〔운이〕위에 말한 바와 같이. 云何〔운하〕어찌하여. 어떠한가. 如何(여하). ▶ 紛云(분운)
音 10 ⑲	**韻** 운 운 韵 yùn rhyme 운. 운치. 음운. 울림. 시부(詩賦). 가곡. 音 音 韻 韻 韻 韻	☞ 소리 음(音)과 둥글 원(員). 韻脚〔운각〕글귀의 끝에 쓰는 운자(韻字). 韻文〔운문〕일정한 운자(韻字)를 달아서 지은 글. 韻律〔운율〕시문의 음성적 형식. 리듬. 音韻〔음운〕한자의 음과 운. ▶ 韻書(운서) 韻字(운자) 韻致(운치)
走 5 ⑫	**越** 넘을 월 yuè overpass 넘다. 넘기다. 멀다. 앞지르다. 떨어지다. 土 丰 走 越 越 越	☞ 달아날 주(走)와 멀 원(戉). 越境〔월경〕국경 등의 경계선을 넘음. 越權〔월권〕권한 밖의 일을 함. 남의 직권을 침범함. 越冬〔월동〕겨울을 넘김. 겨울을 남. 越等〔월등〕훨씬 나음. 정도의 차이가 현격함. ▶ 越南(월남) 超越(초월) 卓越(탁월)

肉 5 ⑨	**胃**	밥통 위 wèi　stomach	☞ 밭 전(田 : 위에 들어 있는 음식물)과 몸 육(月·肉). 胃壁〔위벽〕 위를 형성하는 벽. 胃液〔위액〕 위선에서 분비되는 소화액. 胃腸〔위장〕 위와 장. 脾胃〔비위〕 사물에 대하여 좋고 언짢음을 느끼는 기분. ▶ 胃酸(위산) 脾胃難定(비위난정)
	밥통. 위. 마음. 별 이름. 口 罒 田 胃 胃 胃		
辵 9 ⑬	**違**	어길 위　违 wéi　violate	☞ 어그러질 위(韋 : 어기다)와 쉬엄쉬엄 갈 착(辶·辵). 違反〔위반〕 법령·규칙·약속 등을 어김. 거스름. 違法〔위법〕 법을 어김. 犯法(범법). 違約〔위약〕 계약으로 정한 의무를 이행하지 않음. 乖違〔괴위〕 어그러져 틀림. ▶ 違和(위화) 相違(상위) 心與口違(심여구위)
	어기다. 잘못. 과실. 다르다. 틀리다. 卉 吾 韋 韋 違 違		
人 12 ⑭	**僞**	거짓 위　伪 wěi　false	☞ 사람 인(亻·人)과 할 위(爲 : 인위적으로 만들다). 僞計〔위계〕 속임수의 계략. 僞善〔위선〕 본심의 선행이 아닌 겉만 착한 체함. 僞造〔위조〕 진짜처럼 속여 만듦. 僞證〔위증〕 법원에서 증인으로서 허위의 진술을 함. ▶ 僞飾(위식) 眞僞(진위)
	거짓. 허위. 속이다. 사투리. 亻 伫 伫 伪 僞 僞		
糸 9 ⑮	**緯**	씨 위　纬 wěi　woof	☞ 실 사(糸)와 다룸 가죽 위(韋 : 두르다). 緯經〔위경〕 씨와 날. 가로줄과 세로줄. 經緯〔경위〕 직물의 날과 씨. 경선과 위선. 讖緯〔참위〕 미래의 길흉 화복의 조짐이나 그에 대한 예언. 天經地緯〔천경지위〕 영원히 변하지 않는 진리나 이치. ▶ 緯度(위도)
	씨(씨실). 씨줄. 가로. 묶다. 길(줄기). 糸 紆 紆 緯 緯 緯		
言 9 ⑯	**謂**	이를 위　谓 wèi　speak of	☞ 말씀 언(言)과 밥통 위(胃 : 에워싸다). 謂何〔위하〕 여하(如何)와 내하(奈何). 뭐라고 할까. 可謂〔가위〕 가히 이르자면. 과연. 참. 所謂〔소위〕 이른바. 稱謂〔칭위〕 호칭. 명칭. ▶ 謂人莫己若者亡(위인막기약자망)
	이르다. 고하다. 까닭. 일컫다. 言 訂 謂 謂 謂 謂		
幺 2 ⑤	**幼**	어릴 유 yòu　infont	☞ 작을 요(幺)와 힘 력(力). 幼年〔유년〕 나이가 어림. 또, 어린이. 幼兒〔유아〕 어린아이. 幼弱〔유약〕 어리고 아주 약함. 幼稚〔유치〕 나이가 어림. 언행이나 수준의 정도가 낮음. ▶ 幼稚園(유치원) 長幼有序(장유유서)
	어리다. 어린아이. 깊다. 丨 幺 幺 幻 幼		
酉 0 ⑦	**酉**	닭 유 yǒu　cock	☞ 술을 담그는 단지의 모양을 본뜬 글자. 酉年〔유년〕 태세의 지지가 유(酉)로 된 해. 酉方〔유방〕 서쪽. 酉聖〔유성〕 '술〔酒〕'의 별칭. 酉時〔유시〕 하오 5시부터 7시까지의 시각. ▶ 上酉(상유) 日沒酉(일몰유)
	닭. 열째 지지. 익다(성숙함). 술. 一 厂 厂 西 西 酉		

	한자	훈음 / 병음 / 뜻	설명 및 용례
幺 6 ⑨	幽	그윽할 유 / yōu / secluded 그윽하다. 깊다. 숨다. 어둑하다. 멀다. 丨 丷 丱 丱 幽 幽	☞ 뫼 산(山)과 작을 요(幺) 두 개를 아우른 글자. 幽界〔유계〕 저승. 幽靈〔유령〕 죽은 사람의 혼령. 이름뿐이고 실제는 없는 것. 幽明〔유명〕 어둠과 밝음. 저승과 이승. 幽人〔유인〕 세상을 피하여 숨어사는 사람. ▶ 幽宅(유택) 幽閉(유폐) 九幽(구유)
木 5 ⑨	柔	부드러울 유 / róu / soft 부드럽다. 순하다. 약하다. 편안히 하다. フ マ 予 矛 柔 柔	☞ 창 모(矛)와 나무 목(木). 柔道〔유도〕 신체의 단련과 수양을 목적으로 하는 무술. 柔順〔유순〕 성질이 부드럽고 온순함. 柔弱〔유약〕 부드럽고 약함. 柔軟〔유연〕 부드럽고 연함. ▶ 柔媚(유미) 柔和(유화) 外柔內剛(외유내강)
口 8 ⑪	唯	오직 유 / wéi / only 오직. 이. 대답하다. 口 叮 叮 叮 唯 唯	☞ 입 구(口)와 새 추(隹). 唯諾〔유락〕 응답. 대답. 唯物〔유물〕 오직 물질만이 존재한다고 하는 일. 唯我〔유아〕 오직 내가 제일임. 唯一〔유일〕 오직 그것 하나뿐임. ▶ 唯唯諾諾(유유낙낙) 諾唯(낙유)
心 7 ⑪	悠	멀 유 / yōu / distant 멀다. 아득하다. 한가하다. 근심하다. 亻 亻 攸 攸 悠 悠	☞ 아득할 유(攸 : 긴 줄)와 마음 심(心). 悠久〔유구〕 아득하게 길고 오램. 悠然〔유연〕 유유하여 태연함. 침착하고 여유가 있음. 悠悠〔유유〕 한가하고 여유가 있음. 멀고 아득함. 悠悠蒼天〔유유창천〕 한없이 멀고 푸른 하늘. ▶ 悠揚(유양) 悠悠自適(유유자적)
心 8 ⑪	惟	생각할 유 / wéi / think 생각하다. 오직. 한갓. 이유. 丶 忄 忄 忄 忄 惟	☞ 마음 심(忄·心)과 높을 추(隹 : 잇다). 惟獨〔유독〕 오직 홀로. 惟惟〔유유〕 응낙하는 모양. 惟一〔유일〕 단지 하나. 오직 하나. 伏惟〔복유〕 엎드려 삼가 생각하옵건대. ▶ 思惟(사유)
犬 9 ⑫	猶 犹	오히려 유 / yóu 오히려. 원숭이. 망설이다. 말미암다. 犭 犭 狞 狞 猶 猶	☞ 개 견(犭·犬)과 오래 될 추(酋 : 묵은 술). 猶不足〔유부족〕 아직도 모자람. 오히려 부족함. 猶然〔유연〕 웃는 모양. 猶豫〔유예〕 일이나 날짜를 미룸. 우물쭈물하여 망설임. 猶子〔유자〕 형제의 아들. 조카. ▶ 猶父猶子(유부유자) 猶爲不足(유위부족)
衣 7 ⑫	裕	넉넉할 유 / yù / enough 넉넉하다. 너그럽다. 늘어지다. 衤 衤 衤 衤 裕 裕	☞ 옷 의(衣)와 골짜기 곡(谷). 裕寬〔유관〕 너그러움. 裕福〔유복〕 살림이 넉넉함. 裕裕〔유유〕 마음이 너그러운 모양. 裕足〔유족〕 살림살이가 넉넉함. ▶ 富裕(부유) 雅裕(아유) 餘裕(여유)

부수/획	한자	훈음	병음/영문	뜻풀이
心 9 ⑬	愈	나을 유	yú recover	☞ 나을 유(兪)와 마음 심(心). 愈色〔유색〕 기뻐하는 안색. 愈愚〔유우〕 어리석은 마음을 고침. 愈出愈怪〔유출유괴〕 갈수록 더욱 고상하여짐. 快愈〔쾌유〕 병이 완전히 나음. 快差(쾌차). ▶ 病加小愈(병가소유)
	낫다. 더욱. 더하다. 보다 낫다. 入 入 兪 兪 愈 愈			
糸 8 ⑭	維	맬 유	wéi tie	☞ 실 사(糸)와 새 추(隹 : 일정한 곳에 매어 둠). 維歲次〔유세차〕 '이 해의 차례는'의 뜻으로, 제문(祭文)의 첫머리에 쓰이는 문구. 維新〔유신〕 구폐(舊弊)를 일소하여 혁신함. 維持〔유지〕 지탱하여 감. 버티어 감. ▶ 維日不足(유일부족) 纖維(섬유)
	매다. 묶다. 밧줄. 유지하다. 지탱하다. 糸 糸 紆 絆 維 維			
言 7 ⑭	誘	꾈 유	yòu tempt	☞ 말씀 언(言)과 아름다울 수(秀 : 빼어나다). 誘拐〔유괴〕 사람을 속여서 꾀어내는 일. 속여서 데려감. 誘導〔유도〕 꾀어서 이끎. 이끌어 가르침. 誘致〔유치〕 시설·행사 등을 끌어들임. 권하여 오게 함. 誘惑〔유혹〕 남을 꾀어서 정신을 어지럽게 함. ▶ 誘引(유인) 勸誘(권유) 誨誘(회유)
	꾀다. 꾐. 유인하다. 달래다. 권유하다. 言 言 訁 誘 誘 誘			
門 4 ⑫	閏	윤달 윤	rùn leap month	☞ 문 문(門)과 임금 왕(王 : 재화). 閏年〔윤년〕 음력에서, 윤달이나 윤일이 든 해. 閏朔〔윤삭〕 윤달. 閏月(윤월). 閏日〔윤일〕 양력 2월 29일. 閏位〔윤위〕 정통(正統)이 아닌 임금의 자리. ▶ 閏集(윤집) 正閏(정윤)
	윤달. 윤년. 윤위. 丨 冂 冃 門 閏 閏			
水 12 ⑮	潤	윤택할 윤	rùn enrich	☞ 물 수(氵·水)와 윤달 윤(閏 : 적시다). 潤氣〔윤기〕 윤택한 기운. 윤택이 나는 기운. 潤色〔윤색〕 글·채료(彩料)를 가하여 꾸밈. 매만져 곱게 함. 潤澤〔윤택〕 윤기 있는 광택. 물건이 풍부함. 넉넉함. 潤滑〔윤활〕 윤이 나고 반질반질함. 뻑뻑하지 않고 반드러움. ▶ 潤文(윤문) 濕潤(습윤) 利潤(이윤) 侵潤(침윤)
	윤택하다. 젖다. 윤. 적시다. 이윤. 氵 氵 汨 潤 潤 潤			
乙 0 ①		새 을	yǐ bird	☞ 새의 모양을 본뜬 글자. 乙覽〔을람〕 임금이 글을 봄. 을야(乙夜)에 독서함에서 온 말. 乙夜〔을야〕 하룻밤을 다섯으로 나눈 둘째 밤. 밤 9~11시 사이. 甲論乙駁〔갑론을박〕 서로 논박함. 甲乙〔갑을〕 십간의 甲과 乙. 첫째와 둘째. 이것저것. ▶ 乙覽(을람) 乙丑甲子(을축갑자)
	새. 제비. 둘째 천간. 둘째. 아무개. 표하다. 乙			
口 4 ⑦		읊을 음	yín recite	☞ 입 구(口)와 이제 금(今 : 머금다). 吟味〔음미〕 시나 노래를 읊어 그 맛을 봄. 吟誦〔음송〕 시가를 소리 높이 외어 읽음. 吟詠〔음영〕 시나 노래를 읊음. 蟬吟〔선음〕 매미 울음소리. ▶ 吟風弄月(음풍농월) 呻吟(신음)
	읊다. 끙끙앓다. 울다. 말더듬다.  丨 口 미 叭 吟 吟			

水 8 ⑪	淫	음란할 음 yín　obscene	☞ 물 수(氵·水)와 가까이할 임(圣). 淫女〔음녀〕 음탕한 계집. 淫婦(음부). 淫溺〔음닉〕 색(色)을 과도하게 즐겨서 거기에 빠짐. 淫亂〔음란〕 음탕하고 난잡함. 淫慾〔음욕〕 음탕한 욕심. 호색(好色)하는 마음. 색욕.
	음란하다. 음탕하다. 방탕하다. 어지럽다. 氵 氵 氵 氵 淫 淫 淫		▶ 淫談悖說(음담패설) 淫蕩(음탕)
水 5 ⑧	泣	울 읍 qì　weep	☞ 물 수(氵·水)와 알갱이 립(立·粒). 泣諫〔읍간〕 울면서 간함. 泣哭〔읍곡〕 소리를 내어 몹시 욺. 泣訴〔읍소〕 눈물로써 간절히 하소연함. 泣血〔읍혈〕 피눈물나게 슬피 욺.
	울다. 울음. 눈물. 근심함. 원활치 못하다. 氵 氵 氵 氵 泣 泣		▶ 泣斬馬謖(읍참마속) 感泣(감읍)
矢 2 ⑦	矣	어조사 의 yǐ　particle	☞ 나 사(厶)와 곧을 시(矢). 矣乎〔의호〕 감탄의 조사. 矣哉(의재). 萬事休矣〔만사휴의〕 온갖 일이 더 이상 어찌할 도리가 없이 모든 것이 허무하게 끝장남. 곧 '희망이 끊어짐'을 일컫는 말.
	어조사(단정·한정·의문). ㄥ ㄥ ㄥ ㄥ 矣 矣		▶ 王道備矣(왕도비의)
宀 5 ⑧	宜	마땅할 의 yí　suitable	☞ 움집 면(宀)과 많을 다(且·多). 宜可〔의가〕 좋음. 마땅함. 宜當〔의당〕 마땅히 그러함. 時宜〔시의〕 그때의 사정에 맞음. 適宜〔적의〕 걸맞고 적당함.
	마땅하다. 옳다. 형편이 좋다. 편리하다. 宀 宀 宀 宀 宜 宜		▶ 宜乎(의호) 便宜(편의)
已 0 ③		이미 이 yǐ　already	☞ 고대인이 농기구로 사용하던 쟁기의 모양을 본뜬 글자. 已久〔이구〕 이미 오래 됨. 已甚〔이심〕 지나치게 매우 심함. 已往〔이왕〕 이전(以前). 그전. 이미. 기왕(旣往). 而已〔이이〕 ~할 뿐. ~일 따름. ~그것뿐. 그뿐임.
	이미. 벌써. 그치다. 버리다. ㄱ ㄱ 已		▶ 不得已(부득이) 死而後已(사이후이)
大 3 ⑥	夷	오랑캐 이 yí　savage	☞ 본래는 줄이 휘감긴 화살을 본뜬 모양. 夷國〔이국〕 오랑캐의 나라. 야만인의 나라. 夷滅〔이멸〕 멸망시킴. 夷延〔이연〕 지세가 평평하고 넓음. 夷狄〔이적〕 오랑캐. 夷는 동방 오랑캐. 狄은 북방 오랑캐.
	오랑캐. 동방종족. 상하다. 죽이다. 멸하다. 一 ㄈ ㅋ ㅋ 夷 夷		▶ 夷齊(이제) 東夷(동이) 裔夷(예이)
而 0 ⑥	而	말이을 이 ér　and	☞ 코 밑 또는 턱수염의 모양을 본뜬 글자. 而今〔이금〕 지금에 이르러. 이제 와서. 而立〔이립〕 공자가 30세에 뜻을 세웠다는 데서 온 말. 而後〔이후〕 지금부터. 然而〔연이〕 그러나.
	말 잇다(그리고. 그러나). 어조사. 너(자네). 一 ㄱ ㄷ 而 而 而		▶ 已而(이이)

3級 配定漢字 313

貝 5 ⑫ 두. 둘. 버금. 곁들이다. 거듭하다. 二 亐 亖 貢 貳 貳	**貳** 두 이 貳 èr　two	☞ 창 과(弋·戈)에 두 이(二), 조개 패(貝). 貳車〔이거〕 바꿔 타기 위하여 여벌로 따르는 수레. 貳臣〔이신〕 두 마음을 품은 신하. 貳心〔이심〕 신의를 지키지 않고 배반하는 마음. 두 마음. 副貳〔부이〕 보좌관. 보좌함. ▶ 參貳(참이)
羽 11 ⑰ 날개. 지느러미. 처마. 돕다. 삼가다. ㄱㄱ 꾑 啐 翼 翼 翼	**翼** 날개 익 yì　wing	☞ 깃 우(羽 : 날개)와 다를 이(異 : 두 손을 듦). 翼戴〔익대〕 받들어 정성스럽게 추대함. 翊戴(익대). 翼卵〔익란〕 새가 알을 품음. 翼輔〔익보〕 도와서 잘 인도함. 도움. 보좌함. 翼善〔익선〕 착한 일을 도와 실행시킴. ▶ 翼贊(익찬) 蟬翼(선익) 羽翼(우익)
刀 1 ③ 칼날. 칼 베다. 병기의 총칭. ㄱ 刀 刃	**刃** 칼날 인 rèn　blade	☞ 칼 도(刀)에 '丶'을 찍어 칼날임을 가리키는 글자. 刃傷〔인상〕 칼날 등에 다쳐서 상함. 또, 그 상처. 刃創〔인창〕 칼날에 다침. 흉. 堅刃〔견인〕 단단한 칼. 꺾기 어려운 군세(軍勢). 自刃〔자인〕 칼로 자기의 생명을 끊음. ▶ 刃迎縷解(인영누해) 霜刃(상인)
心 3 ⑦ 참다. 참음. 견디다. 잔인하다. 모질다. 刀 刃 刃 忍 忍 忍	**忍** 참을 인 rěn　bear	☞ 칼 도(刀)와 마음 심(心). 忍苦〔인고〕 괴로움을 참음. 忍耐〔인내〕 참고 견딤. 忍從〔인종〕 묵묵히 참고 좇는 일. 堅忍〔견인〕 굳게 참고 견딤. ▶ 忍辱(인욕) 忍之爲德(인지위덕) 殘忍(잔인)
女 6 ⑨ 결혼하다. 혼인. 인척. 인연. 시집. 女 如 如 如 姻 姻	**姻** 혼인할 인 yīn　marriage	☞ 계집 녀(女)와 의지할 인(因 : 의지해 가까이 함). 姻家〔인가〕 인척의 집. 사돈집. 姻故〔인고〕 친척과 오랜 친구. 姻戚〔인척〕 혈연관계가 없으나 혼인으로 맺어진 친족. 婚姻〔혼인〕 장가들고 시집가는 일. 남녀가 부부가 되는 일. ▶ 姻婭(인아) 姻兄(인형)
宀 8 ⑪ 셋째 지지. 공경하다. 동료. 동방. 범. 宀 宀 审 审 寅	**寅** 셋째지지 인 yín	☞ 움집 면(宀)과 큰 대(大), 양손 국(臼). 寅供〔인공〕 삼가 공경함. 寅念〔인념〕 삼가 생각함. 寅方〔인방〕 24방위의 하나. 동북 간의 방위. 寅時〔인시〕 오전 3시부터 5시까지의 시각. ▶ 寅畏(인외) 同寅(동인)
士 9 ⑫ 한. 하나. 통합하다. 오직. 오로지. 	**壹** 한 일 yī　one	☞ 병 호(壺)와 길할 길(口 : 吉의 획 줄임). 壹大〔일대〕 심히. 매우. 크게. 壹是〔일시〕 한결같이. 오로지. 壹意〔일의〕 한 가지 일에 오로지 마음을 기울임. 均壹〔균일〕 한결같이 고름. ▶ 混壹(혼일)

辶 8 ⑫	逸 yì　lose	잃을 일	☞ 토끼 토(兎·冤)와 쉬엄쉬엄 갈 착(辶·辵). 逸德〔일덕〕잘못한 행동. 덕을 잃음. 失德(실덕). 逸樂〔일락〕놀며 즐김. 놀며 지냄. 逸出〔일출〕피해 빠져 나옴. 보통보다 한결 뛰어남. 逸品〔일품〕썩 빼어난 물품이나 작품. ▶ 逸民(일민) 逸脫(일탈) 奔逸(분일) 安逸(안일)

잃다. 숨다. 달리다. 달아나다. 즐기다.
' 𠂉 乌 兔 兔 逸

| 士 1 ④ | 壬 rén　north | 아홉째천간 임 | ☞ 베 짜는 실을 감은 모양을 본뜬 글자.
壬年〔임년〕태세의 천간이 임으로 된 해.
壬佞〔임녕〕간사함.
壬方〔임방〕서쪽에서 조금 북방에 가까운 방위.
壬人〔임인〕간사한 사람. 아첨 잘하는 사람.
▶ 壬坐丙向(임좌병향) |

아홉째 천간. 북방. 간사하다. 크다.
一 二 千 壬

| 貝 6 ⑬ | 賃 lìn　wages | 품팔 임 | ☞ 맡길 임(任)과 조개 패(貝).
賃金〔임금〕임대차에서 차용물 사용의 대가(代價).
賃貸〔임대〕삯을 받고 물건을 남에게 빌려 줌.
賃借〔임차〕돈을 주고 빌리는 일.
勞賃〔노임〕노동에 대한 보수. 품삯.
▶ 賃作(임작) 船賃(선임) 運賃(운임) |

품팔다. 품삯. 품팔이. 빌리다.
亻 仁 任 侾 賃 賃

| 刀 6 ⑧ | 刺 cì | 찌를 자 | ☞ 가시나무 자(束)와 칼 도(刂·刀).
刺客〔자객〕사람을 몰래 찔러 죽이는 사람.
刺戟〔자극〕감각을 격동시켜 작용을 일으킴.
刺傷〔자상〕칼 따위로 찔러서 상처를 입힘. 또, 그 상처.
刺字〔자자〕죄인의 팔뚝이나 얼굴에 문신을 하던 일.
▶ 刺殺(척살) 刺候(척후) 擊刺(격자) |

찌르다. 가시. 나무라다. 책망하다.
一 口 市 束 刺 刺

| 艸 6 ⑩ | 兹 zī　this | 이 자 | ☞ 풀 초(艹·艸)와 가는실 사(絲).
兹基〔자기〕농기구 '호미'를 일컬음.
兹兹〔자자〕증식(增殖)하는 모양.
今兹〔금자〕올해. 今年(금년).
來兹〔내자〕올해의 바로 다음해.
▶ 出兹在兹(출자재자) |

이. 여기. 이에. 늘어나다. 무성하다.
丶 十 亠 玄 玆 兹

| 心 6 ⑩ | 恣 zì　impudent | 방자할 자 | ☞ 버금 차(次)와 마음 심(心).
恣樂〔자락〕아무 꺼림 없이 멋대로 즐김.
恣心〔자심〕제멋대로 하는 마음.
恣意〔자의〕제 뜻대로 함. 방자한 마음.
恣行〔자행〕제멋대로 행함. 또, 그 행동.
▶ 恣暴(자포) 恣睢(자휴) 放恣(방자) |

방자하다. 방종하다.
丶 冫 冫 次 恣 恣

| 糸 5 ⑪ | 紫 zǐ　purple | 자줏빛 자 | ☞ 실 사(糸)와 이 차(此 : 색깔).
紫錦〔자금〕자줏빛의 비단.
紫桃〔자도〕오얏나무. 자두나무.
紫微〔자미〕북두성(北斗星)의 북쪽에 있는 별의 이름.
紫衣〔자의〕자줏빛의 옷. 임금의 의복.
▶ 紫蝦(자하) 紫霞(자하) 紅紫(홍자) |

자줏빛(보랏빛). 자줏빛의 관. 색깔.
此 紫 紫 紫 紫 紫

3級 配定漢字 315

佳 5 ⑬	**雌** 암컷 자 cí female 암컷. 여성. 지다. 패배. 약하다. 止 此 屿 屿 屿 雌	☞ 이 차(此)와 새 추(隹). 雌伏〔자복〕 날짐승의 암컷이 수컷에 복종한다는 뜻으로, '남에게 스스로 굴복함'을 일컬음. 雌雄〔자웅〕 암컷과 수컷. 약자와 강자. 강약. 우열. 승패. 雌蜂〔자봉〕 벌의 암컷. 여왕벌. ▶ 雌節(자절)
心 10 ⑭	**慈** 사랑할 자 cí mercy 사랑하다. 어머니. 인자. 자비롭다. 亠 玄 兹 兹 慈 慈	☞ 초목 우거질 자(兹 : 불리다)와 마음 심(心). 慈堂〔자당〕 남의 어머니의 존칭. 慈母〔자모〕 사랑이 많은 어머니. 인자한 어머니. 慈悲〔자비〕 중생에게 낙을 주고 괴로움을 덜어 주는 일. 慈善〔자선〕 불쌍한 사람을 돈 또는 물품으로 도와 줌. ▶ 慈愛(자애) 大慈大悲(대자대비)
酉 3 ⑩	**酌** 따를 작 zhuó 따르다. 술 따르다. 술. 잔질하다. 丆 西 西 酉 酌 酌	☞ 닭 유(酉 : 술)와 구기 작(勺 : 국자). 酌交〔작교〕 술잔을 주고받음. 酌飮〔작음〕 한 국자의 물. 곧, 얼마 안 되는 음료. 酌定〔작정〕 알맞게 정함. 사정을 참작하여 정함. 對酌〔대작〕 마주 대하여 술을 마심. ▶ 參酌(참작) 淸酌(청작)
爪 14 ⑱	**爵** 벼슬 작 爵 jué wine cup 벼슬. 술잔. 작위. 참새. 다하다. 爫 罒 甼 甼 爵 爵	☞ 참새 모양의 의식용 '술잔'을 본뜬 글자. 爵祿〔작록〕 작위와 봉록. 爵位〔작위〕 벼슬과 지위. 작(爵)의 계급. 公爵〔공작〕 오등작(五等爵)의 첫째 작위. 封爵〔봉작〕 제후로 봉하고 관직을 줌. ▶ 爵服(작복) 爵號(작호)
日 11 ⑮	**暫** 잠깐 잠 暫 zàn moment 잠깐. 잠시. 별안간. 갑자기. 임시. 亘 車 斬 斬 暫 暫	☞ 벨 참(斬)과 날 일(日). 暫留〔잠류〕 잠시 머무름. 暫逢〔잠봉〕 잠깐 만남. 暫不離側〔잠불리측〕 잠시도 옆을 떠나지 아니함. 暫時〔잠시〕 오래지 않은 동안. 짧은 시간. 잠깐. ▶ 暫定(잠정)
水 12 ⑮	**潛** 잠길 잠 gián dive 잠기다. 자맥질하다. 감추다. 숨기다. 氵 汀 沪 泙 潛 潛	☞ 물 수(水)와 일찍 참(朁 : 숨다). 潛伏〔잠복〕 드러나지 않게 깊이 숨어 있음. 潛水〔잠수〕 물 속으로 들어감. 潛心〔잠심〕 마음을 가라앉혀 깊이 생각함. 潛在〔잠재〕 밖에 드러나지 않고 숨어 있음. ▶ 潛入(잠입) 潛跡(잠적) 沈潛(침잠)
虫 18 ㉔	**蠶** 누에 잠 蚕 cán silkworm 누에. 누에 치다. 二 步 死 蚕 蠶 蠶	☞ 일찍 참(朁 : 숨다)과 벌레 충(虫). 蠶農〔잠농〕 누에를 치는 일. 누에농사. 蠶卵〔잠란〕 누에의 알. 蠶絲〔잠사〕 누에고치에서 켜낸 실. 명주실. 養蠶〔양잠〕 누에를 침. ▶ 蠶食(잠식) 春蠶(춘잠)

一 2 ③	丈 어른 장 zhàng elder length 어른. 장(길이). 남자의 존칭. 지팡이. 一 ナ 丈	☞ 긴 막대기를 손에 든 모양. 丈家〔장가〕 사내가 아내를 맞는 일. 丈母〔장모〕 아내의 어머니. 聘母(빙모). 丈夫〔장부〕 성인 남자. 기개 높은 남자. 남편. 丈席〔장석〕 학문과 덕망이 높은 사람. ▶ 丈夫女(장부녀) 丈室(장실) 丈尺(장척)	
艸 7 ⑪	莊 장중할 장 庄 zhuāng solemn 장중하다. 엄숙하다. 삼가다. 꾸미다. 艹 扩 扩 扩 扩 莊	☞ 풀 초(艹・艸)와 클 장(壯: 성장이 왕성하다). 莊士〔장사〕 엄숙한 선비. 단정한 선비. 莊嚴〔장엄〕 고상하고 엄숙함. 규모가 크고 엄숙함. 莊園〔장원〕 별장과 별장에 딸린 동산. 또는 귀인의 영지. 莊重〔장중〕 장엄하고 정중함. ▶ 莊周之夢(장주지몽) 別莊(별장)	
手 8 ⑫	掌 손바닥 장 zhǎng palm 손바닥. 발바닥. 맡다. 받들다. 바투다. 丨 ⺌ 尚 常 堂 掌	☞ 높일 상(常: 넓게 퍼지다, 부딪다)과 손 수(手). 掌內〔장내〕 맡아보는 일의 범위 안. 掌紋〔장문〕 손바닥의 무늬. 손금. 掌狀〔장상〕 손바닥을 펼친 것과 같은 형상. 掌握〔장악〕 권세 따위를 자기 것으로 만듦. ▶ 掌甲(장갑) 掌中寶玉(장중보옥) 合掌(합장)	
米 6 ⑫	粧 단장할 장 zhuāng adorn 단장하다. 단장. 꾸미다. ~체하다. 丶 ⺧ 米 料 粧 粧	☞ 가루 분(米・粉)과 단정할 장(匠). 粧飾〔장식〕 화장하여 꾸밈. 또 그 꾸밈새. 丹粧〔단장〕 얼굴을 곱게 꾸밈. 사물을 곱게 꾸밈. 美粧〔미장〕 얼굴 등을 아름답게 다듬어 화장함. 盛粧〔성장〕 짙은 화장. ▶ 粧鏡(장경) 化粧(화장)	
艸 9 ⑬	葬 장사지낼 장 zāng bury 장사지내다. 장사. 땅에 묻다. 艹 芋 芎 苑 葬 葬	☞ 풀 초(艹・艸)와 죽을 사(死), 맞잡을 공(廾). 葬具〔장구〕 장사에 쓰는 기구. 葬禮〔장례〕 장사의 예식. 葬事〔장사〕 시체를 매장 혹은 화장(火葬)하는 일. 埋葬〔매장〕 죽은 사람을 땅에 묻음. ▶ 葬地(장지) 合葬(합장)	
爿 13 ⑰	牆 담 장 墙 qiáng wall 담. 토담. 경계. 덮보. 관의 옆널. 丬 爿 爿 牄 牆 牆	☞ 조각 장(爿)과 곳간 장(嗇). 牆角〔장각〕 담 모퉁이. 牆壁〔장벽〕 담과 벽. 칸막이. 牆屋〔장옥〕 담과 집. 牆衣〔장의〕 담의 옷이란 뜻으로, 담에 낀 이끼를 일컬음. ▶ 牆面(장면) 牆有耳(장유이) 短牆(단장)	
艸 14 ⑱	藏 감출 장 zàng conceal 감추다. 간직함. 품다. 곳집. 艹 艹 莁 藏 藏 藏	☞ 풀 초(艹・艸)와 감출 장(臧). 藏經〔장경〕 불교 경전의 총칭. 大藏經(대장경). 藏匿〔장닉〕 숨김. 또는 숨음. 藏鋒〔장봉〕 재능을 감추고 드러내지 않음. 藏書〔장서〕 책을 간직하여 둠. 또 그 책. ▶ 藏頭隱尾(장두은미) 所藏(소장) 包藏(포장)	

肉 18 ㉒	臟	오장 장 脏 zàng viscera	☞ 몸 육(月·肉)과 감출 장(藏 : 숨기어 간수하다). 臟器〔장기〕 내장의 여러 기관. 臟腑〔장부〕 오장(心·肺·肝·腎·脾)과 육부(六腑). 內臟〔내장〕 고등 척추동물의 흉강과 복강 속에 있는 여러 가지 기관의 총칭. ▶ 臟汚(장오) 心臟(심장)
오장(五臟). 내장. 장기. 月 腪 臓 臟 臟 臟			
口 6 ⑨	哉	어조사 재 zāi oh!	☞ 상할 재(𢦏 : 의문·반문·감탄 등의 조사)와 입 구(口). 哉生明〔재생명〕 哉는 처음. 곧, 음력 초사흗날을 일컬음. 哉生魄〔재생백〕 달이 처음으로 백(魄)이 생긴다는 뜻. 곧, 음력 16일. '魄'은 달 둘레의 어두운 부분. 嗚呼痛哉〔오호통재〕 '아아, 슬프고 원통하다'의 뜻. ▶ 嗚呼哀哉(오호애재)
어조사(반어·감탄의 종결사). 비로소. 十 吉 吉 哉 哉 哉			
木 6 ⑩	栽	심을 재 zāi plant	☞ 흙 토(土)와 창 과(戈), 나무 목(木). 栽培〔재배〕 초목을 심고 북돋아 기름. 인재를 양성함. 栽插〔재삽〕 꽂아 심음. 栽植〔재식〕 초목이나 농작물을 심음. 盆栽〔분재〕 화초나 나무를 화분에 심어 가꿈. ▶ 分栽(분재) 移栽(이재)
심다. 묘목. 어린 싹. 토담틀. 十 丰 耒 栽 栽 栽			
衣 6 ⑫	裁	마를 재 cái cut, off	☞ 해할 재(𢦏 : 자르다)와 옷 의(衤·衣). 裁可〔재가〕 안건을 재량하여 결정함. 裁斷〔재단〕 끊음. 절단함. 옷감 따위를 마름질함. 裁量〔재량〕 짐작하여 헤아림. 裁判〔재판〕 옳고 그름을 가려 심판함. ▶ 裁縫(재봉) 決裁(결재) 制裁(제재)
마름질하다. 헝겊. 자르다. 결단하다. 十 圭 表 裁 裁 裁			
車 6 ⑬	載	실을 재 载 zài load	☞ 해할 재(𢦏 : 덧방나무)와 수레 거(車). 載送〔재송〕 물건을 실어 보냄. 載筆〔재필〕 기록함. 문장을 지음. 記載〔기재〕 적어서 올림. 적어서 실음. 連載〔연재〕 신문·잡지 등에 글이나 그림을 실음. ▶ 載書(재서) 積載(적재)
싣다. 타다. 탈것. 적재하다. 해(年). 일. 十 圭 車 載 載 載			
手 5 ⑧	抵	거스를 저 dǐ disobey	☞ 손 수(扌·手)와 낮을 저(氐 : 손을 대다). 抵當〔저당〕 채무의 담보로서 부동산이나 동산을 전당잡힘. 抵排〔저배〕 저항해서 배척함. 抵觸〔저촉〕 맞닥뜨려 어긋남. 충돌함. 서로 모순됨. 抵抗〔저항〕 맞서서 겨룸. 대듦. ▶ 抵死(저사) 抵掌(지장)
거스르다. 막다. 당하다. 던지다. 이르다. 扌 扌 扌 扐 抵 抵			
艸 9 ⑬	著	지을 저 붙을 착 zhuó write	☞ 풀 초(艹·艸)와 것 자(者 : 합치다, 붙이다). 著名〔저명〕 이름을 나타냄. 유명함. 著書〔저서〕 책을 저술함. 또, 그 책. 著服〔착복〕 남의 물건을 부당하게 자기 것으로 함. 著手〔착수〕 일에 손을 댐. 일을 시작함. ▶ 著述(저술) 著作(저작) 共著(공저) 論著(논저)
짓다. 드러나다. 나타내다. 붙다. 十 艹 芏 芝 茅 著			

宀 8 ⑪	**寂** jǐ quiet	고요할 적 고요하다. 쓸쓸함. 편안하다. 열반. 宀 宀 宇 宋 宋 寂	☞ 움집 면(宀)과 어릴 숙(叔 : 마음 아파하다). 寂寞〔적막〕 고요하고 쓸쓸한 모양. 형태도 소리도 없는 모양. 寂寂〔적적〕 외롭고 쓸쓸한 모양. 入寂〔입적〕 불교에서, 중이 죽음. 열반. 靜寂〔정적〕 고요하여 괴괴함. ▶ 寂滅(적멸) 寂若無人(방약무인)
竹 5 ⑪	**笛** dí flute	피리 적 피리. 취악기. ⺮ 笁 笃 笛 笛 笛	☞ 대 죽(竹)과 행할 유(由 : 속이 깊은 구멍). 笛聲〔적성〕 피리를 부는 소리. 笛吹〔적취〕 피리를 붊. 警笛〔경적〕 주의의 촉구·경계를 위하여 울리는 고동. 汽笛〔기적〕 기차·기선 같은 것의 신호 장치. ▶ 笛工(적공) 鼓笛隊(고적대)
足 6 ⑬	**跡** jì traces	자취 적 자취. 발자취. 흔적. 뒤를 밟다. 𠀃 𠀃 𠀃 𠀃 跡 跡	☞ 발 족(足)과 또 역(亦). 跡捕〔적포〕 뒤를 밟아 잡음. 미행하여 체포함. 人跡〔인적〕 사람의 발자취. 足跡〔족적〕 발자취. 발자국. 追跡〔추적〕 뒤를 밟아 쫓아감. ▶ 筆跡(필적) 痕跡(흔적)
手 11 ⑭	**摘** zhe pick	딸 적 따다. 요점 따다. 악기를 타다. 들추어내다. 扌 扩 扩 挤 摘 摘	☞ 손 수(扌·手)와 과실 꼭지 적(商 : 중심으로 모으다). 摘錄〔적록〕 요점을 추려 적은 기록. 摘發〔적발〕 부정한 일이나 물건을 들추어 냄. 摘要〔적요〕 요점을 따서 적음. 또 그 요점. 摘出〔적출〕 꼬집어 냄. 폭로함. ▶ 摘草(적초) 指摘(지적)
水 11 ⑭	**滴** dī drop	물방울 적 물방울. 방울져 떨어짐. 작은 것의 비유. 氵 氵 汁 涓 滴 滴	☞ 물 수(氵·水)와 실과 꼭지 적(商). 滴露〔적로〕 방울지어 떨어지는 이슬. 滴水〔적수〕 떨어지는 물방울. 硯滴〔연적〕 벼룻물을 담는 그릇. 殘滴〔잔적〕 남은 물방울. 남은 술. ▶ 滴滴(적적) 餘滴(여적)
足 11 ⑱	**蹟** jì trace	자취 적 자취. 자국. 쫓다. 따름. 𠀃 𠀃 跱 跱 蹟 蹟	☞ 발 족(足)과 맡을 책(責). 古蹟〔고적〕 남아 있는 옛 물건이나 건물. 奇蹟〔기적〕 상식으로는 생각할 수 없는 신비로운 현상. 史蹟〔사적〕 역사상으로 남아 있는 사건의 자취. 遺蹟〔유적〕 건축물이나 사건이 일어났던 옛터. ▶ 書蹟(서적) 畫蹟(화적)
水 11 ⑭	**漸** jiàn gradually	점점 점 점점. 차츰. 차례. 나아감. 천천히 움직이다. 氵 氵 浐 漸 漸 漸	☞ 물 수(氵·水)와 벨 참(斬). 漸加〔점가〕 점점 늘어남. 漸高〔점고〕 점점 높아짐. 漸染〔점염〕 점점 물듦. 점차로 감화(感化)를 받음. 漸次〔점차〕 차례를 따라 점점. ▶ 漸入佳境(점입가경) 漸漸(점점)

虫 9 ⑮	**蝶** 나비 접 dié butterfly 나비(나비 외의 곤충의 총칭). 虫 虬 蛘 蝉 蝶 蝶	☞ 벌레 충(虫)과 엷을 엽(葉 : 얇고 평평하다). 蝶翎〔접령〕 나비의 날개. 蝶夢〔접몽〕 장자(莊子)가 꿈에, 자신이 나비가 된 것인지 나비가 자신인지 모를 만큼 즐거이 놀았다는 고사. 蝴蝶之夢(호접지몽). ▶ 蝶舞(접무)
二 2 ④	**井** 우물 정 jǐng well 우물. 저자. 괘 이름. 별 이름. 가지런하다. 一 二 圩 井	☞ 井 꼴로 짠 우물 난간 속에 두레박이 달려 있는 모양. 井幹〔정간〕 '井'자 모양의 우물 난간. 우물 난간의 형상. 井里〔정리〕 시골. 마을. 읍리. 井底蛙〔정저와〕 우물 안 개구리. 市井〔시정〕 인가가 모인 곳. ▶ 井間(정간) 井水(정수)
廴 4 ⑦	**廷** 조정 정 tíng 조정. 뜰. 관아. 관청. 공정하다. 二 千 壬 任 廷 廷	☞ 줄기 정(壬)과 길게 걸을 인(廴). 廷論〔정론〕 조정의 논의. 조정에서 의논함. 정부의 의견. 廷吏〔정리〕 조정의 관리 법정에서 잡무를 담당하는 직원. 朝廷〔조정〕 임금이 나라의 정치를 의논하고 집행하는 곳. 出廷〔출정〕 법정(法廷)에 나감. ▶ 廷臣(정신) 廷爭(정쟁) 法廷(법정)
彳 5 ⑧	**征** 갈 정 칠 정 zhēng go, conque 가다. 치다. 취하다. 구실. 세금. 彳 彳 彳 彳 征 征	☞ 조금 걸을 척(彳)과 바를 정(正). 征途〔정도〕 전쟁에 나가는 길. 征伐〔정벌〕 죄가 있는 무리를 군대로 쳐서 바로잡음. 征服〔정복〕 정벌하여 복종시킴. 어려움을 이겨냄. 長征〔장정〕 먼 노정(路程)에 걸쳐서 정벌함. ▶ 征東(정동) 遠征(원정)
亠 7 ⑨	**亭** 정자 정 tíng arbo(u)r 정자. 역말. 주막집. 평정하다. 고르다. 亠 亠 亠 亠 亠 亭	☞ 높을 고(髙 : 高의 획 줄임)와 고무래 정(丁). 亭然〔정연〕 우뚝 솟은 모양. 亭育〔정육〕 양육(養育)함. 亭子〔정자〕 산수 좋은 곳에 쉬기 위해 지은 아담한 건물. 山亭〔산정〕 산 속에 지은 정자. ▶ 亭亭(정정) 驛亭(역정)
言 2 ⑨	**訂** 바로잡을 정 订 dìng 바로잡다. 고치다. 맺다. 의논하다. 亠 亠 亠 言 言 訂	☞ 말씀 언(言)과 고무래 정(丁 : 못을 박아 고정시킴). 訂交〔정교〕 교분을 정함. 약속함. 訂正〔정정〕 바로잡음. 글귀나 글자 등의 틀린 곳을 바로잡음. 訂定〔정정〕 잘 잘못을 의논(議論)하여 정함. 改訂〔개정〕 고쳐서 정정함. ▶ 訂盟(정맹) 訂證(정증) 校訂(교정)
貝 2 ⑨	 **貞** 곧을 정 贞 zhēn virtuous 곧다. 정하다. 정조. 절개. 정성. 점치다. 丶 卜 占 占 貞 貞	☞ 점 복(卜)과 조개 패(貝). 貞潔〔정결〕 정조가 곧고 결백함. 貞烈〔정렬〕 굳게 정조나 절개를 지킴. 貞淑〔정숙〕 여자의 정조가 곧고 마음이 깨끗함. 童貞〔동정〕 이성과 성적 접촉이 없음. ▶ 貞女(정녀) 貞操(정조) 忠貞(충정)

水 8 ⑪	**淨** 净	깨끗할 **정** jìng clean	☞ 물 수(氵·水)와 다툴 쟁(爭).

깨끗하다. 청정하다. 맑다. 깨끗이 하다.
氵 氵 氵 浐 浐 淨 淨

淨戒〔정계〕 불교에서, 청정한 부처의 계법. 5계·10계 따위.
淨寫〔정사〕 깨끗하게 베낌. 淨書(정서).
淨水〔정수〕 깨끗한 물. 손을 씻는 물.
淨化〔정화〕 불순한 것과 더러운 것을 없애고 깨끗이 함.
▶ 淨潔(정결) 淨土(정토) 洗淨(세정) 淸淨(청정)

| 頁 2 ⑪ | **頂** 顶 | 정수리 **정** dǐng summit, top | ☞ 고무래 정(丁 : 못으로 고정시키다)과 머리 혈(頁). |

정수리. 머리. 이마. 꼭대기.
丁 丁 顶 頂 頂 頂

頂門〔정문〕 정수리. 숨구멍.
頂上〔정상〕 산꼭대기. 그 이상 더 없는 것. 최상.
頂點〔정점〕 꼭대기. 각을 이룬 두 직선의 모인 점. 꼭지점.
登頂〔등정〕 산 따위의 정상에 오름.
▶ 頂門一鍼(정문일침) 絶頂(절정)

| 土 9 ⑫ | **堤** | 방죽 **제** dī dike | ☞ 흙 토(土)와 곧을 시(是). |

방죽. 둑. 제방.
土 圢 圢 圼 垾 堤

堤防〔제방〕 홍수를 막기 위해 흙으로 쌓은 둑.
堤堰〔제언〕 강이나 바다의 일부를 가로질러 둑을 쌓아 물을 가두어 두는 구조물.
防波堤〔방파제〕 파도를 막기 위하여 항만에 쌓은 둑.
▶ 堤外地(제외지)

| 齊 0 ⑭ | **齊** 齐 | 가지런할 **제** 재계 **재** gí | ☞ 보리나 벼 따위가 패서 이삭의 끝이 가지런한 모양. |

가지런하다. 바르다. 엄숙하다. 재계.
亠 产 产 脔 齊 齊

齊家〔제가〕 집안을 바로 다스림. 治家(치가).
齊明〔제명〕 바르고 밝음.
齊民〔제민〕 백성을 잘 다스림. 보통 사람. 일반 백성. 서민.
齊戒〔재계〕 마음과 몸을 깨끗하게 하고 부정한 일을 멀리 함.
▶ 齊唱(제창) 均齊(균제) 整齊(정제)

| 言 9 ⑯ | **諸** 诸 | 모든 **제** 김치 **저** zhū all | ☞ 말씀 언(言)과 놈 자(者 : 모여서 많다). |

모든. 여러. 모으다. 어조사. 무릇. 김치.
言 計 詳 詳 諸 諸

諸家〔제가〕 많은 집. 많은 사람. 또는 여러 파(派).
諸公〔제공〕 점잖은 여러분.
諸君〔제군〕 여러분. 그대들.
諸位〔제위〕 여러분. 여러 벼슬자리.
▶ 諸子百家(제자백가) 諸賢(제현) 諸侯(제후)

| 弓 1 ④ | **弔** | 조상할 **조** diào condole | ☞ 막대에 덩굴이 휘감고 늘어져 있는 모양. |

조상하다. 위문하다. 이르다.
⼁ ⼐ 弓 弔

弔旗〔조기〕 조의를 표해 다는 기.
弔問〔조문〕 상가에 가서 위문함.
弔喪〔조상〕 남의 상사에 조의를 표함.
弔意〔조의〕 죽은 이를 애도하는 마음.
▶ 弔慰(조위) 慶弔(경조) 賻弔(부조)

| 儿 4 ⑥ | **兆** | 조짐 **조** zhào omen | ☞ 거북의 갈라진 등껍질을 본뜬 글자. |

조짐. 점. 조(수의 단위. 억의 만 배).

兆民〔조민〕 국민. 많은 백성.
兆域〔조역〕 무덤이 있는 지역.
兆朕〔조짐〕 길흉이 생길 기세가 미리 드러나 보이는 현상.
前兆〔전조〕 사건 발생의 조짐.
▶ 兆占(조점) 億兆蒼生(억조창생) 徵兆(징조)

禾 5 ⑩  구실 조 쌀 저 zū　tax 구실. 세금. 쌀다. 빌리다. 세들다. 싸다. 二 千 禾 利 租 租	☞ 벼 화(禾)와 또 차(且). 租稅〔조세〕 국가나 지방자치 단체가 그 필요한 경비를 쓰기 위해 국민으로부터 강제로 징수하는 돈. 구실. 租庸調〔조용조〕 당나라의 세 가지 징세법. 租餞〔조전〕 멀리 가는 사람을 전별함. ▶ 租借(조차) 田租(전조)
火 9 ⑬  비칠 조 zhào　shine illumine 비치다. 비추다. 볕. 햇빛. 의거하다. 冂 日 旫 昭 昭 照	☞ 밝을 소(昭: 빛으로 비추다)와 불 화(灬·火). 照明〔조명〕 밝게 비춤. 또는 비추어 밝게 함. 照査〔조사〕 대조하여 조사하는 일. 落照〔낙조〕 저녁 햇빛. 지는 해. 夕陽(석양). 對照〔대조〕 둘을 마주 대서 비추어 비교함. ▶ 照會(조회)
火 13 ⑰  마를 조 zào　dry 마르다. 건조함. 말리다. 건조시킴. 火 炉 炉 焊 燥 燥	☞ 불 화(火)와 떼지어 울 소(喿: 소란스럽다). 燥渴症〔조갈증〕 물을 자꾸 마셔도 계속 목이 마르는 병. 燥急〔조급〕 참을성이 없고 성급함. 乾燥〔건조〕 습기·물기가 없어짐. 재미나 취미가 없고 메마름. 焦燥〔초조〕 애를 태워서 마음을 졸임. ▶ 燥濕(조습) 燥葉(조엽) 燥灼(조작)
手 5 ⑧  졸할 졸 zhuō　stupid 졸하다(옹졸). 못나다. 재주가 없다. 才 扌 扚 扐 拙 拙	☞ 손 수(扌·手)와 나갈 출(出: 표준 미달). 拙稿〔졸고〕 졸렬하게 쓴 원고. 자기가 쓴 원고의 겸칭. 拙劣〔졸렬〕 서투르고 옹졸함. 拙作〔졸작〕 졸렬한 작품. 자기 작품의 겸칭. 拙丈夫〔졸장부〕 도량이 좁고 용렬한 사내. ↔ 大丈夫(대장부) ▶ 拙速(졸속) 巧拙(교졸)
糸 11 ⑰  세로 종　纵 zòng　vertical 세로. 남북. 밟다. 늘어지다. 자유로이. 幺 糸 絎 絎 縦 縱	☞ 실 사(糸)와 좇을 종(從: 사람이 뒤따르다). 縱斷〔종단〕 세로로 자름. 남북 방향으로 자름. ↔ 橫斷(횡단) 縱隊〔종대〕 세로로 늘어선 대열. 縱列(종렬). ↔ 橫隊(횡대) 縱的〔종적〕 사물의 상하. 곧, 종으로 관계되는 (것). 放縱〔방종〕 아무 꺼림 없이 제 마음대로 행동함. ▶ 縱橫無盡(종횡무진)
土 4 ⑦ 坐 앉을 좌 zuò　sit 앉다. 무릎 꿇다. 지키다. 죄에 빠지다. 丿 亻 从 坐 坐 坐	☞ 흙 토(土)와 두 사람을 뜻하는(从). 坐不安席〔좌불안석〕 마음이 몹시 불안·초조한 모양. 坐像〔좌상〕 앉아 있는 형상. 앉은 모양의 그림이나 조각. 坐席〔좌석〕 앉은자리. 깔고 앉는 물건의 총칭. 坐視〔좌시〕 앉아서 봄. 돕지 않고 내버려 둠. ▶ 坐繫(좌계) 對坐(대좌) 連坐(연좌)
人 5 ⑦  도울 좌 zuǒ　assist 돕다. 도움. 보필하는 일. 또는 그 사람. 亻 仁 仕 佐 佐 佐	☞ 사람 인(亻·人)과 왼쪽 좌(左: 돕다). 佐理〔좌리〕 군주를 도와 나라를 다스림. 도와서 처리함. 佐命〔좌명〕 임금을 도움. 또, 건국 대업(大業)을 도움. 佐酒〔좌주〕 술을 권하여 마시게 함. 곧, 술대접하는 일. 保佐〔보좌〕 보호하여 도움. ▶ 補佐(보좌)

舟 0 ⑥ 배. 술두루미 따위를 받치는 그릇. 잔 받침. ′ ⺁ 力 月 舟 舟	 배 주 zhōu ship	☞ 통나무배의 모양. 또는 쪽배의 모양. 舟橋〔주교〕 배. 여러 척의 배를 이어 만든 임시 다리. 舟遊〔주유〕 뱃놀이. 船遊(선유). 吳越同舟〔오월동주〕 적대하는 사이끼리 같은 위험에 빠져 일시적으로 함께 협력하게 되는 처지를 일컬음. ▶ 舟艇(주정) 舟行(주행)
宀 5 ⑧ 집. 주거. 하늘. 동량. 마룻대와 들보. 丶 宀 宀 宙 宙 宙	 집 주 zhòu house	☞ 움집 면(宀)과 말미암을 유(由). 宙水〔주수〕 웅덩이에 괸 지하수. 宙然〔주연〕 넓은 모양을 일컬음. 宙表〔주표〕 하늘의 바깥. 天外(천외). 宇宙〔우주〕 천지 사방과 고금(古今). 온 세상. ▶ 宙宇(주우) 上宙(상주)
木 5 ⑨ 기둥. 한 집안. 한 단체. 기러기발. 버티다. 十 才 木 杧 杧 柱	 기둥 주 zhù pillar	☞ 나무 목(木)과 주인 주(主). 柱幹〔주간〕 기둥과 줄기. 가장 중요한 곳. 柱梁〔주량〕 기둥과 대들보. 柱石〔주석〕 기둥과 주춧돌. 국가의 중임을 맡은 사람. 電柱〔전주〕 전선을 가설하기 위하여 세운 기둥. 전봇대. ▶ 柱聯(주련) 支柱(지주)
水 6 ⑨ 섬. 모래가 쌓여서 된 작은 섬. 물가. 氵 氵 氵 沙 沙 洲 洲	 섬 주 zhōu island	☞ 물 수(水)와 섬 주(州 : 물 가운데의 모래톱). 洲島〔주도〕 섬. 洲嶼〔주서〕 강어귀에 삼각주처럼 토사가 쌓여 된 섬. 砂洲〔사주〕 강이나 해안에 모래가 쌓여 이루어진 퇴적지형. 三角洲〔삼각주〕 강어귀에 삼각형으로 쌓인 땅. ▶ 洲渚(주저) 六大洲(육대주)
木 6 ⑩ 그루. 나무 줄기의 밑동. 그루터기. 木 木 朴 村 株 株	 그루 주 zhū stump	☞ 나무 목(木)과 줄기 주(朱). 株價〔주가〕 주식의 가격. 株券〔주권〕 회사의 주식을 소유하고 있음을 증명하는 유가 증권. 株式〔주식〕 회사의 총자본을 주의 수에 따라 나눈, 자본의 단위. 株主〔주주〕 주식(株式)을 가진 사람. ▶ 株金(주금) 守株(수주)
人 7 ⑨ 준걸. 준수하다. 뛰어남. 크다. 높음. 亻 仁 仁 仲 俊 俊	俊 준걸 준 jùn superior	☞ 사람 인(亻·人)과 갈 준(夋). 俊傑〔준걸〕 재주나 역량이 뛰어난 사람. 俊德〔준덕〕 높은 덕. 俊馬〔준마〕 훌륭한 말. 俊秀〔주수〕 재주나 슬기·풍채 등이 빼어남. 준영(俊英). ▶ 俊逸(주일) 俊才(준재) 豪俊(호준)
辵 12 ⑯ 좇다. 순종함. 거느리다. 이끎. 따라 배우다. 酋 酋 酋 尊 尊 遵	 좇을 준 zūn follow	☞ 어른 존(尊)과 쉬엄쉬엄 갈 착(辶·辵). 遵據〔주거〕 의거하여 따름. 遵法〔주법〕 법을 지킴. 법률이나 규칙이 정한 바에 따름. 遵守〔주수〕 좇아 지킴. 遵行〔주행〕 좇아 행함. 따라 그대로 행함. ▶ 遵用(준용)

人 4 ⑥ 버금. 둘째. 가운데. 거간. ノ イ 仁 仁 仲 仲	仲	버금 중 zhòng next	☞ 사람 인(亻·人)과 가운데 중(中). 仲介〔중개〕 두 당사자 사이에서 일을 주선하는 일. 仲媒〔중매〕 혼인을 맺도록 양쪽을 주선하는 일. 중신. 仲裁〔중재〕 분쟁의 사이에서 화해를 시킴. 仲秋節〔중추절〕 추석을 명절로 일컫는 말. 음력 8월 15일. ▶ 仲尼之徒(중니지도) 伯仲之間(백중지간)
卩 7 ⑨ 곧. 즉시. 자리에. 나아가다. 불똥. 冂 白 白 皀 皀 卽	卽	곧 즉 即 jí namely	☞ 고소할 흡(皀)과 몸기 절(卩). 卽刻〔즉각〕 그때. 바로. 卽決〔즉결〕 곧 결정함. 즉시 처결함. 卽死〔즉사〕 그 자리에서 죽음. 죽음을 따름. 卽位〔즉위〕 제왕의 자리에 오름. 곧, 제왕이 됨. 자리에 앉음. ▶ 卽席(즉석) 卽興(즉흥) 卽效(즉효)
疒 5 ⑩ 병. 증세. 병의 증세. 广 疒 疔 疔 症 症		병 증 zhèng symptom	☞ 병 녁(疒)과 바를 정(正). 症狀〔증상〕 병이나 상처의 상태. 症勢〔증세〕 병으로 앓는 여러 가지 모양. 症候(증후). 病症〔병증〕 병의 증세. 重症〔중증〕 위중한 병세. ▶ 症候(증후) 炎症(염증) 痛症(통증)
日 8 ⑫ 일찍. 지난날. 이전에. 곧. 이에. 거듭하다. 八 分 分 伶 曾 曾	曾	일찍 증 曾 céng once	☞ 화덕(日) 위에 떡시루(皿)를 얹고 김이 오르는 모양(八). 曾思〔증사〕 깊이 거듭 생각함. 曾孫〔증손〕 아들의 손자. 曾孫壻〔증손서〕 증손녀의 남편. 曾祖〔증조〕 아버지의 할아버지. ▶ 曾往(증왕) 未曾有(미증유)
艹 10 ⑭ 찌다. 일하다. 덥다. 나아가다. 나아가게 함. 艹 芚 茐 荥 蒸 蒸	蒸	찔 증 zhēng steam	☞ 풀 초(艹)와 삶을 증(烝 : 찌다). 蒸氣〔증기〕 김. 수증기. 蒸發〔증발〕 액체 상태의 물질이 기체 상태로 변하는 일. 蒸庶〔증서〕 모든 백성. 蒸民(증민). 庶民(서민). 炎蒸〔염증〕 찌는 듯한 더위. ▶ 蒸溜(증류) 蒸炊(증취) 鬱蒸(울증)
心 12 ⑮ 미워하다. 증오함. 미움. 증오. 忄 忄 忄 忄 惛 憎		미워할 증 憎 zēng hate	☞ 마음 심(忄·心)과 거듭 증(曾 : 겹쳐 쌓이다). 憎忌〔증기〕 미워하고 꺼림. 憎惡〔증오〕 미워함. 싫어함. 憎怨〔증원〕 미워하고 원망함. 愛憎〔애증〕 사랑과 미움. 사랑함과 미워함. ▶ 憎嫌(증혐) 怨憎(원증)
貝 12 ⑲ 주다. 선물하다. 일러 보내다. 보내다. 月 目 貝 貝 贈 贈		줄 증 贈 zèng present	☞ 조개 패(貝)와 거듭 증(曾 : 보태다). 贈與〔증여〕 재산을 거저 남에게 주는 법률상의 행위. 贈呈〔증정〕 남에게 물품 등을 드림. 寄贈〔기증〕 물품을 보내어 증정함. 追贈〔추증〕 죽은 뒤에 관위(官位)를 내린 일. ↔ 追奪(추탈). ▶ 贈賜(증사)

부수/획	한자	훈음 / 병음 / 영문	설명
丿 3 ④	之	갈 지 / zhī / go 가다. 걸어가다. 의. 그것. 이르다. 丶 亠 之 之	☞ 발끝이 선(線)에서 나와 나아가는 모양. 之子〔지자〕 이 아이. 이 사람. 之無〔지무〕 몇 안 되는 글자라는 뜻. 무식한 사람을 업신여겨 일컫는 말. 人之常情〔인지상정〕 사람이 보통 가질 수 있는 마음. ▶ 之東之西(지동지서)
口 2 ⑤	只	다만 지 / zhī / simply only 다만. 단지. 어조사. 뿐. 그것만. 丨 口 口 尸 只	☞ 입 구(口)와 나눌 팔(八). 只管〔지관〕 단지. 다만. 그것만을. 외곬으로. 只今〔지금〕 이제. 시방. 現在(현재). 只尺〔지척〕 썩 가까운 거리. 但只〔단지〕 다만. 겨우. ▶ 樂只君子(락지군자)
水 3 ⑥	池	못 지 / chí / pond 못. 해자(垓字). 물길. 도랑. 홈통. 丶 冫 氵 沪 沂 池	☞ 물 수(氵·水)와 또 야(也 : 옆으로 뻗다). 池塘〔지당〕 못의 둑. 池沼〔지소〕 못과 늪. 貯水池 저수지〕 물을 모아 둘 목적으로 만들어 놓은 못. 天池〔천지〕 백두산 정상에 있는 큰 못. ▶ 池蓮(지련) 池魚籠鳥(지어농조) 池苑(지원)
木 4 ⑧	枝	가지 지 / zhī / branch 가지. 가지치다. 팔다리. 갈라지다. 十 ナ 木 朾 杧 枝	☞ 나무 목(木)과 갈라질 지(支). 枝幹〔지간〕 가지와 줄기. 십간(十干)과 십이지(十二支). 枝岐〔지기〕 원줄기에서 갈라져 나온 흐름. 枝葉〔지엽〕 사물의 중요하지 않은 부분. ↔ 根幹(근간). 枝梧〔지오〕 버팀. 저항함. 서로 어긋남. 支梧(지오). ▶ 枝葉相持(지엽상지)
辵 12 ⑯	遲	늦을 지 迟 / chí / late 늦다. 더딤. 굼뜨다. 둔하다. 늦어지다. 尸 尸 屛 屏 犀 遲	☞ 코뿔소 서(犀)와 쉬엄쉬엄 갈 착(辶·辵). 遲刻〔지각〕 정한 시각에 늦음. 遲鈍〔지둔〕 느리고 둔함. 굼뜸. 遲明〔지명〕 동틀 무렵. 날샐 녘. 遲延〔지연〕 늦어짐. 지체됨. 기일(期日)에 늦음. ▶ 遲速(지속) 遲遲不振(지지부진) 遲滯(지체)
辰 0 ⑦	辰	별 진 날 신 / chén / star 별. 십이 지지의 총칭. 별 이름. 날. 택일. 一 厂 厂 戶 辰 辰	☞ 조개가 껍데기에서 발을 내밀고 있는 모양. 辰方〔진방〕 동남동의 방위. 辰宿〔진수〕 온갖 별자리의 별들. 辰時〔진시〕 오전 7시에서 9시 사이. 辰角(진각). 佳辰〔가신〕 좋은 철. 좋은 날. 길일. 嘉辰(가신). ▶ 生辰(생신) 日月星辰(일월성신)
手 7 ⑩	振	떨칠 진 / zhèn / tremble 떨치다. 떨쳐 일어나다. 속력을 냄. 떨다. 扌 扩 扩 护 振 振	☞ 손 수(扌·手)와 별 진(辰 : 떨치는 입술). 振古〔진고〕 예. 옛날. 또는 예부터. 振起〔진기〕 떨치고 일어남. 분기함. 또는 분기시킴. 振動〔진동〕 흔들어 움직임. 不振〔부진〕 일이 잘 되어 나가지 않음. 세력이 떨치지 못함. ▶ 振撫(진무) 振作(진작) 振興(진흥)

阜 8 ⑪	陳 chén 늘어놓다. 늘어서다. 베풀다. 펴다. 방비. 了 阝 阝⁻ 阡 陣 陳	늘어놓을 진 陈	☞ 언덕 부(阝·阜)와 동녘 동(東). 陳腐〔진부〕 오래되어 썩음. 케케묵음. 낡아서 새롭지 못함. 陳述〔진술〕 구두로 말함. 口述(구술). 자세히 말함. 陳列〔진열〕 물건 따위를 죽 벌여 놓음. 陳設(진설). 開陳〔개진〕 자기의 의견을 말함. 陳述(진술). ▶ 鋪陳(포진)
金 10 ⑱	鎭 zhèn suppress 진압하다. 편안하게 하다. 누르다. 金 鈩 鉭 錮 鎭 鎭	진압할 진 镇	☞ 쇠 금(金)과 참 진(眞: 가득 채워 넣다). 鎭撫〔진무〕 난리를 평정하고 백성을 평안하게 함. 鎭壓〔진압〕 진정시켜 억누름. 억눌림. 포개어져 쌓임. 鎭痛〔진통〕 아픔을 가라앉힘. 鎭火〔진화〕 불을 끔. 불길을 잡음. ▶ 鎭靜(진정) 重鎭(중진)
女 6 ⑨	姪 zhí nephew nice 조카. 조카딸. 모종. 이질. 女 女⁻ 妒 妒 姪 姪	조카 질 侄	☞ 계집 녀(女)와 이를 지(至). 姪女〔질녀〕 형제의 딸. 조카딸. 姪婦〔질부〕 조카며느리. 堂姪〔당질〕 '종질'을 친근하게 일컫는 말. 叔姪〔숙질〕 아저씨와 조카. ▶ 姨姪(이질) 從姪(종질) 戚姪(척질)
疒 5 ⑩	疾 jí disease 병. 질병. 전염병. 불구. 폐질. 흠. 疒 疒⁻ 疒 疔 疚 疾	병 질	☞ 병 녁(疒)과 화살 시(矢). 疾苦〔질고〕 괴로워함. 또, 괴롭힘. 病故(병고). 疾病〔질병〕 병. 疾患(질환). 병이 위독해짐. 疾視〔질시〕 밉게 봄. 흘겨 봄. 疾風〔질풍〕 빠른 바람. 센바람. ▶ 疾走(질주) 疾風迅雷(질풍신뢰) 疾患(질환)
禾 5 ⑩	秩 zhì order 차례. 차례를 세우다. 쌓다. 녹. 녹봉. 千 禾 禾⁻ 秆 秩 秩	차례 질	☞ 벼 화(禾)와 잃을 실(失: 채워 넣다). 秩高〔질고〕 관직과 녹봉(祿俸). 秩米〔질미〕 녹봉으로 주는 쌀. 秩序〔질서〕 사물의 바른 순서. 차례. 秩次(질차). 秩然〔질연〕 질서가 정연한 모양. ▶ 秩俸(질봉) 秩宗(질종) 秩次(질차)
土 8 ⑪	執 zhí catch 잡다. 지킴. 처리하다. 다스림. 사귀다. 土 吉 幸 軏 執 執	잡을 집 执	☞ 수갑을 찬 채 무릎 꿇고 있는 모양. 執權〔집권〕 정권을 잡음. 執念〔집념〕 집착하여 떠나지 않는 생각. 執禮〔집례〕 예식을 집행함. 지켜 행할 예(禮). 執政〔집정〕 국정을 집행함. 정도(正道)를 지킴. ▶ 執刀(집도) 執務(집무) 執筆(집필)
彳 12 ⑮	徵 zhēng call 부르다. 구하다. 요구함. 거두다. 캐어묻다. 彳 彳⁻ 彳⁻ 徍 徵 徵	부를 징 征	☞ 작을 미(微)와 임금 왕(王). 徵收〔징수〕 조세·곡식·수수료·벌금 등을 거두어들임. 徵兆〔징조〕 어떤 일이 생길 기미가 보이는 일. 徵集〔징집〕 사람을 불러모음. 물건을 거두어 모음. 徵候〔징후〕 겉으로 나타나는 징조. ▶ 徵發(징발) 徵表(징표) 徵驗(징험)

心 15 ⑲	懲	혼날 징 징계 징 chéng punish	惩	☞ 부를 징(徵 : 몫다)과 마음 심(心). 懲戒〔징계〕 허물이나 잘못을 뉘우치도록 경계하고 나무람. 懲毖〔징비〕 전과(前過)를 뉘우쳐 삼감. 懲惡〔징악〕 못된 마음이나 옳지 못한 일을 징계함. 膺懲〔응징〕 잘못을 회개하도록 징계함. 적국을 정복함.
	혼나다. 잘못을 뉘우치거나 고침. 징계. 彳 彳' 徎 徴 徵 懲			▶ 懲罰(징벌) 懲役(징역) 勸善懲惡(권선징악)

一 4 ⑤	且	또 차 많을 저 qiě also		☞ 물건을 쌓아 놓은 모양. 且看〔차간〕 잠깐 봄. 且說〔차설〕 화제를 돌려 말할 때, 첫머리에 쓰는 말. 且月〔차월〕 음력 6월의 딴 이름. 且置〔차치〕 제쳐놓음. 논외(論外)로 함.
	또. 또한. 하면서. 이어. 우선. 잠시. 많다. 丨 冂 冃 月 且			▶ 且驚且喜(차경차희) 且戰且走(차전차주)

止 2 ⑥	此	이 차 cǐ this		☞ 발 지(止)와 나란히 할 비(匕 : 조금 벌리다). 此君〔차군〕 대나무의 별칭. 此期〔차기〕 이 시기. 이 계제. 此日彼日〔차일피일〕 오늘내일 하며 기한을 물림. 彼此〔피차〕 저것과 이것. 저편과 이편. 서로.
	이. 이와 같은. 이곳. 이에. 丨 ト ト 止 止 此			▶ 此等(차등) 此際(차제) 如此(여차)

人 8 ⑩	借	빌릴 차 jià borrow		☞ 사람 인(亻·人)과 오랠 석(昔). 借款〔차관〕 다른 나라에서 돈을 빌리는 일. 借金〔차금〕 돈을 뀜. 또, 그 돈. 꾼 돈. 借錢(차전). 借用〔차용〕 물건을 빌려 쓰거나 돈을 꾸어 씀. 貸用(대용). 借入〔차입〕 돈이나 물건을 꾸어 들임.
	빌다. 빌려 옴. 빌리다. 빌려 줌. 亻 亻' 仁' 俨 借 借			▶ 借給(차급) 借手(차수)

手 7 ⑩	捉	잡을 착 zhuō seize		☞ 손 수(扌·手)와 발 족(足 : 단단히 묶다). 捉去〔착거〕 잡아감. 捉囚〔착수〕 죄인을 잡아 가둠. 捉筆〔착필〕 붓을 잡고 글을 씀. 追捉〔추착〕 뒤쫓아가 붙잡음.
	잡다. 쥐다. 붙잡다. 체포함. 扌 扌' 扣 押 捉 捉			▶ 擒捉(금착) 捕捉(포착)

金 8 ⑯	錯	섞일 착 둘 조 cuò	错	☞ 쇠 금(金)과 옛 석(昔 : 겹치다). 錯覺〔착각〕 외계의 사물을 잘못 깨닫거나 생각함. 錯亂〔착란〕 뒤섞여 어수선함. 錯誤〔착오〕 착각으로 인한 잘못. 실재와 표상(表象)이 다름. 交錯〔교착〕 이리저리 엇걸려 뒤섞임.
	섞이다. 어지럽다. 등지다. 어긋남. 두다. 金 釒 鉗 鉗 錯 錯			▶ 錯視(착시) 錯雜(착잡) 錯辭(조사)

貝 12 ⑲	贊	도울 찬 zàn assist	赞	☞ 나아갈 선(兟 : 올리다)과 조개 패(貝). 贊同〔찬동〕 찬성하여 동의함. 贊反〔찬반〕 찬성과 반대. 贊否(찬부). 贊成〔찬성〕 도와서 성취시킴. 동의함. 協贊〔협찬〕 협력하여 도움.
	돕다. 기리다. 찬성하다. 칭찬하다. ⺍ 夫 夫 兟 替 贊			▶ 贊頌(찬송) 贊意(찬의)

3級 配定漢字 327

| 心 11 ⑭ | 慘 | 참혹할 참 慘 cǎn misery | ☞ 마음 심(忄·心)과 참여할 참(參:침범하다). 慘憺〔참담〕 괴롭고 슬픈 모양. 慘死〔참사〕 참혹하게 죽음. 慘慽〔참척〕 아들딸이나 손자 손녀가 앞서 죽음. 慘敗〔참패〕 여지없이 패배함. 참혹한 실패나 패배. ▶ 慘狀(참상) 慘酷(참혹) 無慘(무참) |

참혹하다. 무자비함. 애처롭다. 비참함.
忄 忄 忄 忄 忄 慘

| 心 11 ⑮ | 慙 | 부끄러울 참 慙 cán shame | ☞ 벨 참(斬:베다)과 마음 심(忄·心). 慙愧〔참괴〕 부끄러워함. 부끄러움. 慙羞(참수). 慙色〔참색〕 얼굴에 드러나는 부끄러운 빛. 부끄러운 안색. 慙悔〔참회〕 부끄러워하며 뉘우침. 無慙〔무참〕 말할 수 없이 부끄러움. ▶ 慙汗(참한) |

부끄럽다. 부끄러워함. 부끄러움. 수치.
亘 車 斬 斬 慙 慙

| 日 4 ⑧ | 昌 | 창성할 창 昌 chāng prosper | ☞ 날 일(日)과 가로 왈(曰). 昌盛〔창성〕 성하여 잘 되어 감. 번창함. 융성함. 昌言〔창언〕 이치에 맞는 말. 嘉言(가언). 昌平〔창평〕 일이 썩 잘되어 발전함. 번화하고 창성함. 壽昌〔수창〕 오래 살고 자손이 번창함. ▶ 昌平(창평) 隆昌(융창) |

창성하다. 훌륭하다. 아름답다. 기쁨.
丨 口 曰 曰 昌 昌

| 人 8 ⑩ | 倉 | 창고 창 倉 cāng | ☞ 먹을 식(亠·食)과 입 구(口). 倉庫〔창고〕 물자를 저장·보관하기 위해 세운 건물. 곳집. 倉忙〔창망〕 황급함. 부산함. 倉茫〔창망〕 넓고 멀어서 아득함. 滄茫·蒼茫(창망). 倉卒〔창졸〕 미처 어찌할 사이 없이 급작스러움. ▶ 倉海(창해) 倉黃(창황) 穀倉(곡창) |

곳집. 창고. 갑자기. 당황하다. 슬퍼하다.
人 今 今 今 倉 倉

| 日 10 ⑭ | 暢 | 펼 창 暢 chàng bright | ☞ 펼 신(申)과 빛날 양(昜). 暢達〔창달〕 구김살 없이 자라남. 통달함. 거침없이 발달함. 暢茂〔창무〕 풀과 나무가 잘 자라서 무성함. 暢月〔창월〕 음력 동짓달. 음력 11월의 이칭. 流暢〔유창〕 말이 매끄러워서 거침이 없음. ▶ 暢敍(창서) 暢快(창쾌) 和暢(화창) |

펴다. 진술하다. 널리 공포하여 실시하다.
申 申 申 申 暢 暢

| 水 9 ⑫ | 滄 | 찰 창 滄 cāng blue | ☞ 물 수(氵·水)와 곳집 창(倉). 滄江〔창강〕 푸릇푸릇한 강물. 滄浪〔창랑〕 새파란 물빛. 滄茫〔창망〕 물이 푸르고 넓은 모양. 넓고 멀어서 아득함. 滄海〔창해〕 넓고 큰 푸른 바다. 대해(大海). ▶ 滄桑(창상) 滄海一粟(창해일속) |

차다. 싸늘함. 물빛 푸름. 바다. 큰바다.
广 卢 卢 虍 戱 戱

| 艸 10 ⑭ | 蒼 | 푸를 창 蒼 cāng blue | ☞ 풀 초(艹·艸)와 곳집 창(倉). 蒼空〔창공〕 푸른 하늘. 蒼天(창천). 蒼茫〔창망〕 푸르고 넓은 모양. 넓고 멀어서 아득한 모양. 蒼白〔창백〕 푸르스름함. 푸른 기를 띤 흰빛. 해쓱함. 蒼生〔창생〕 蒼氓(창맹). 초목이 우거져 있음의 비유. ▶ 蒼松(창송) 蒼然(창연) 蒼蒼(창창) 鬱蒼(울창) |

푸르다. 푸른빛. 짙푸른빛. 어슴푸레하다.
艹 艾 艾 苎 蒼 蒼

彡 8 ⑪ **彩** 채색 채 căi color 채색. 아름다운 빛깔. 색을 칠함. 또, 그 일. ⺈ ⺌ 平 采 采 彩	☞ 가리 채(采)와 터럭 삼(彡). 彩料〔채료〕 물감. 彩色〔채색〕 색을 칠함. 또 그 색. 彩畫〔채화〕 여러 색깔을 칠하여 그린 그림. 異彩〔이채〕 색다른 빛. 뛰어남. 이상한 빛. ▶ 彩文(채문) 彩雲(채운) 多彩(다채)	
艸 8 ⑫ **菜** 나물 채 cài vegetables 나물. 푸성귀. 반찬(飯饌). 남새밭. ⺿ 苎 苎 苹 苹 菜	☞ 풀 초(艹·艸)와 캘 채(采: 뜯다). 菜根〔채근〕 채소의 뿌리. 전하여, 변변치 못한 음식. 菜麻〔채마〕 심어 가꾸는 채소 무·배추·미나리 따위. 菜食〔채식〕 반찬을 푸성귀로만 먹음. ↔ 肉食(육식). 野菜〔야채〕 식용 초본(草本). 식물의 총칭. ▶ 菜農(채농) 菜麻田(채마전) 菜園(채원)	
人 11 ⑬  빚 채 zhài debt 빚. 청산되지 않는 대차 관계. 빚돈. 亻 亻 亻 倩 倩 債	☞ 사람 인(亻·人)과 꾸짖을 책(責: 나무라다). 債權〔채권〕 채권자가 채무자에게 청구할 수 있는 권리. 債務〔채무〕 남에게 빚을 갚아야 하는 의무. ↔ 債權(채권). 國債〔국채〕 국가의 신용으로 설정하는 금전상의 채무. 負債〔부채〕 남에게 빚을 짐. 또, 그 진 빚. ▶ 私債(사채) 外債(외채)	
竹 6 ⑫ **策** 꾀 책 cè plan 꾀. 꾀함. 채찍. 지팡이. 대쪽. 책. 문서. ⺮ 笁 笁 笁 筥 筥 策	☞ 대 죽(竹)과 까끄라기 치(朿: 가시 돋친 모양). 策動〔책동〕 남을 부추겨 어떤 일을 꾀하게 함. 策略〔책략〕 어떤 일을 처리하는 꾀와 방법. 策命〔책명〕 왕이 신하에게 주는 사령장(辭令狀). 策士〔책사〕 책략을 잘 쓰는 사람. 謀士(모사). ▶ 策勵(책려) 策問(책문) 計策(계책)	
女 5 ⑧ **妻** 아내 처 qī wife 아내. 시집 보내다. 一 ⼅ ⼅ 亖 圭 妻	☞ 풀잎 돋을 철(屮: 빗자루)과 손 수(又·手), 계집 녀(女). 妻家〔처가〕 아내의 집. 처갓집. 妻男〔처남〕 아내의 남자 형제. 妻子〔처자〕 아내와 자식. 아내. 糟糠之妻〔조강지처〕 가난할 때 고생을 함께 해온 아내. ▶ 妻侍下(처시하) 妻弟(처제) 山妻(산처)	
心 8 ⑪ **悽** 슬퍼할 처 qī sad 슬퍼하다. 애처롭다. 비통하다. 야위다. 忄 忄 忄 忄 悽 悽	☞ 마음 심(忄·心)과 아내 처(妻). 悽戀〔처련〕 슬퍼하여 연모(戀慕)함. 悽憫〔처민〕 딱하게 여김. 애처롭게 여김. 悽然〔처연〕 슬퍼하는 모양. 悽慘〔처참〕 슬프고 참혹함. ▶ 悽愴(처창) 悽悽(처처)	
尸 1 ④  자 척 chǐ measure 자. 길이의 단위. 길이를 재는 기구. フ コ 尸 尺	☞ 사람을 옆에서 본 모양. 尺度〔척도〕 물건을 재는 자. 재량의 표준. 尺童〔척동〕 열 살 안팎의 아이. 尺地〔척지〕 퍽 좁은 땅. 아주 가까운 땅. 咫尺〔지척〕 매우 짧은 거리나 길이. 바로 옆까지 접근함. ▶ 尺量(척량) 尺土(척토)	

3級 配定漢字 329

부수	한자	훈음	뜻풀이
斤 1 ⑤	斥	물리칠 척 chì refuse 물리치다. 쫓다. 가리키다. 드러나다. 　 厂 厈 斥 斥	☞ 도끼 근(斤)과 불똥 주(丶). 斥鹵〔척로〕 염분이 많은 땅. 개펄. 斥邪〔척사〕 요사스러움을 물리침. 斥和〔척화〕 화의(和議)를 물리침. 화해를 배척함. 斥候〔척후〕 적군의 형편을 몰래 살핌. 또, 그 군사. 척후병. ▶ 斥賣(척매) 斥邪衛正(척사위정) 排斥(배척)
手 5 ⑧	拓	넓힐 척 박을 탁 tuò develop 넓히다. 열다. 개척함. 불우하다. 박다. 扌 扌 扌 扩 拓 拓	☞ 손 수(扌·手)와 돌 석(石). 拓殖〔척식〕 땅을 개척하여 백성을 이주시킴. 拓地〔척지〕 땅을 개척함. 영토를 넓힘. 拓土(척토). 拓本〔탁본〕 금석에 새긴 글씨나 그림을 종이에 박아 냄. 干拓〔간척〕 바닷가의 물을 빼고 육지나 경작지를 만듦. ▶ 拓落(척락) 魚拓(어탁)
戈 7 ⑪	戚 	겨레 척 qī relatives 겨레. 친족. 친하다. 가깝다. 분개하다. 厂 厂 厈 戚 戚 戚	☞ 무성할 무(戊)와 콩 숙(尗). 戚黨〔척당〕 외척과 처족(妻族). ↔ 親黨(친당). 戚里〔척리〕 임금의 외척. 戚臣〔척신〕 임금과 외척이 되는 신하. 外戚〔외척〕 같은 본을 가진 사람 이외의 친척. 외가의 친척. ▶ 姻戚(인척) 親戚(친척)
水 8 ⑪	淺  浅	얕을 천 qiǎn shallow 얕다. 수량(水量)이 적다. 약하다. 氵 氵 浅 浅 浅 淺	☞ 물 수(氵·水)와 적을 전(戔 : 얇고 잘게 베다). 淺見〔천견〕 얕은 생각. 淺慮(천려). 자기 생각의 겸칭. 淺薄〔천박〕 생각하는 바나 지식. 태도 따위가 얕음. 淺學菲才〔천학비재〕 학식이 천박하고 재지(才智)가 적음. 淺狹〔천협〕 얕고 좁음. 도량이 작고 옹졸함. ▶ 淺聞(천문) 淺識(천식) 淺人(천인)
貝 8 ⑮	賤 贱	천할 천 jiàn humble 천하다. 값이 싸다. 신분이 낮다. 버리다. 貝 貝 貶 貶 賤 賤	☞ 조개 패(貝 : 재화)와 적을 전(戔). 賤價〔천가〕 싼값. 염가. 헐값. 賤格〔천격〕 천한 품격. 천하게 생긴 골격. 賤骨(천골). 賤骨〔천골〕 비천하게 생긴 골격. ↔ 貴骨(귀골). 微賤〔미천〕 신분·지위가 낮음. 微細(미세). ▶ 賤待(천대) 賤視(천시) 貴賤(귀천)
足 8 ⑮	踐 践	밟을 천 jiàn tread 밟다. 발로 누름. 따르다. 오르다. 지키다. ⻊ ⻊ 跙 跙 踐 踐	☞ 발 족(足)과 해칠 잔(戔 : 발로 밟아 해치다). 踐極〔천극〕 천자의 지위에 오름. 踐祚(천조). 踐踏〔천답〕 짓밟음. 蹈踐(도천). 蹂踐(유천). 踐言〔천언〕 말한 바를 이행함. 實踐〔실천〕 실제로 이행함. ▶ 踐年(천년) 踐歷(천력) 踐祚(천조)
辵 12 ⑯	遷  迁	옮길 천 qiān move 옮기다. 천도. 바꾸다. 바뀜. 교환하다. 西 覀 覀 票 䙴 遷	☞ 높은 곳에 오를 선(䙴)과 쉬엄쉬엄 갈 착(辶·辵). 遷都〔천도〕 도읍을 옮김. 遷延〔천연〕 물러남. 움츠림. 꾸물거림. 지연됨. 遷移〔천이〕 옮김. 遷徙(천사). 左遷〔좌천〕 벼슬자리가 못한 데로 떨어짐. ▶ 遷善(천선) 遷職(천직) 播遷(파천)

艸 13 ⑰	薦 천거할 천 荐 jiàn 천거하다. 추천함. 올리다. 드림. 공불. 产 芦 芦 芦 薦 薦	☞ 풀 초(艹·艸)와 외뿔양 치(廌). 薦擧〔천거〕 사람을 추천함. 薦度〔천도〕 불교에서, 죽은 혼령을 극락 세계로 가게 함. 薦新〔천신〕 햇곡식이나 과일을 신에게 먼저 올리는 일. 推薦〔추천〕 사람을 천거함. ▶ 薦靈(천령) 自薦(자천) 他薦(타천)
口 7 ⑩	哲 밝을 철 zhé wisdom 밝다. 언동이 지혜롭고 총명함. 扌 扌 扩 折 折 哲	☞ 절단할 절(折)과 입 구(口). 哲理〔철리〕 현묘한 이치. 철학상의 이론. 哲夫〔철부〕 어질고 사물에 밝은 남자. 哲士(철사). 哲人〔철인〕 사물의 이치에 밝고 식견이 뛰어난 사람. 철학가. 哲學〔철학〕 세계·인생에 관한 근본 원리를 연구하는 학문. ▶ 明哲(명철) 十哲(십철) 賢哲(현철)
彳 12 ⑮	徹 통할 철 彻 chè through 통하다. 달하다. 전달됨. 이어짐. 치우다. 彳 彳 彳 彳 徹 徹	☞ 조금 걸을 척(彳)과 기를 육(育), 칠 복(攵). 徹夜〔철야〕 밤을 샘. 밤샘. 徹悟〔철오〕 사물의 깊은 이치를 꿰뚫어 깨달음. 徹底〔철저〕 속속들이 꿰뚫어 부족함이나 빈틈이 없음. 貫徹〔관철〕 끝까지 뚫어 통하게 함. 기어이 어려움을 이겨냄. ▶ 徹頭徹尾(철두철미) 冷徹(냉철) 透徹(투철)
小 3 ⑥	 뾰족할 첨 jiān sharp 뾰족하다. 끝이 날카로움. 정상. 산꼭대기. 丨 亅 小 少 少 尖	☞ 작을 소(小)와 큰 대(大). 尖端〔첨단〕 사조·유행·학술 따위의 맨 앞. 先端(선단). 尖尾〔첨미〕 아래로 뾰족한 물건의 맨 끝. 尖銳〔첨예〕 뾰족하고 날카로움. 尖利(첨리). 指尖〔지첨〕 손가락의 끝. ▶ 尖兵(첨병) 尖塔(첨탑) 眉尖(미첨)
手 8 ⑪	添 더할 첨 tiān add 더하다. 보탬. 맛을 더하다. 안주. 반찬. 氵 氵 沃 添 添 添	☞ 물 수(氵·水)와 하늘 천(天), 마음 심(忄·心). 添加〔첨가〕 덧붙임. 보탬. 添記〔첨기〕 덧붙여 적음. 追伸(추신). 添削〔첨삭〕 글이나 글자를 보태거나 빼서 고침. 別添〔별첨〕 서류 등을 따로 붙임. ▶ 添附(첨부) 添書(첨서)
女 5 ⑧	妾 첩 첩 qiè concubine 첩. 측실(側室). 몸종. 여자의 겸칭. 亠 亠 立 立 妾 妾	☞ 고생 신(立·辛: 문신)과 계집 녀(女). 妾室〔첩실〕 남의 첩을 모나지 않게 일컫는 말. 작은 집. 妾子〔첩자〕 첩의 자식. 庶子(서자). 小妾〔소첩〕 여자가 자신을 낮추어 일컫는 말. 愛妾〔애첩〕 사랑하는 첩. ▶ 妾出(첩출) 蓄妾(축첩) 妻妾(처첩)
日 8 ⑫	 갤 청 qíng clear 개다. 비가 그치다. 마음이 개운해지다. 日 旷 旷 晴 晴 晴	☞ 날 일(日: 해)과 맑을 청(靑: 맑게 개임). 晴曇〔청담〕 날씨의 갬과 흐림. 晴雨〔청우〕 하늘의 맑음과 비가 옴. 晴天〔청천〕 맑게 갠 하늘. 晴空(청공). 晴虛(청허). 快晴〔쾌청〕 하늘이 상쾌하게 갬. ▶ 晴耕雨讀(청경우독) 晴雲秋月(청운추월)

日 8 ⑫	**替** 바꿀 **체** tì change 바꾸다. 값. 교체함. 번갈다. 쇠퇴하다. 二 夫 扶 扶 替 替 替	☞ 지아비 부(夫) 둘과 가로 왈(曰). 替代〔체대〕 서로 바꿔 가며 대신함. 交代(교대). 替番〔체번〕 순번의 차례로 갈마듦. 交番(교번). 替送〔체송〕 대신 보냄. 代送(대송). 交替〔교체〕 갈마듦. 서로 번갈아 들어 대신함. ▶ 替換(체환) 代替(대체) 相替(상체)
手 4 ⑦	**抄** 가릴 **초** chāo select 가리다. 뽑아 적음. 노략질하다. 베끼다. 扌 才 打 扒 抄 抄	☞ 손 수(扌·手)와 적을 소(少: 조금). 抄掠〔초략〕 노략질로 빼앗음. 抄略〔초략〕 글의 내용을 간추리고 생략함. 抄本〔초본〕 필요한 것을 뽑아서 적음. 또, 그 기록. 抄譯〔초역〕 필요한 곳만 뽑아서 번역함. 또, 그 책. ▶ 抄錄(초록) 手抄(수초) 詩抄(시초)
肉 3 ⑦	 닮을 **초** 꺼질 **소** xiào 닮다. 같다. 법. 좋다. 작다. 꺼지다. 丨 ㅣ 小 小 肖 肖 肖	☞ 작을 소(小)와 몸 육(月·肉). 肖似〔초사〕 닮음. 肖像〔초상〕 그 사람을 닮게 만드는 화상(畫像). 肖形〔초형〕 모양을 닮게 함. 不肖〔불초〕 부조(父祖)의 덕망이나 유업을 이어받지 못함. ▶ 肖象(초상)
禾 4 ⑨	**秒** 초 **초** 까끄라기 **묘** chāo miǎo 초(시간·각도의 단위). 까끄라기. 작다. 二 千 禾 利 秒 秒	☞ 벼 화(禾)와 작을 소(少). 秒速〔초속〕 1초 동안의 속도. 秒針〔초침〕 시계의 초를 가리키는 바늘. 分秒〔분초〕 시간(시계)의 분과 초. 아주 짧은 시간을 일컬음. 秒忽〔묘홀〕 썩 작은 것. 秒는 '까끄라기', 忽은 '거미줄'을 뜻함. ▶ 襄秒(쇠초)
走 5 ⑫	**超** 넘을 **초** chāo leap over 넘다. 뛰어넘다. 밟고 넘다. 지나가다. 土 ㅏ 走 起 超 超	☞ 달릴 주(走)와 부를 소(召). 超過〔초과〕 한도를 넘음. 예정했던 수를 넘어섬. 超克〔초극〕 어려움을 이겨냄. 超然〔초연〕 세속 따위에 얽매이지 않는 모양. 超越〔초월〕 보통보다 뛰어남. 세속에서 벗어남. ▶ 超人(초인) 超脫(초탈) 騰超(등초)
石 13 ⑱	 주춧돌 **초** 础 chǔ foundation 주춧돌. 초석. 石 砳 砳林 礎 礎 礎	☞ 돌 석(石)과 가시나무 초(楚: 나무 밑의 발). 礎石〔초석〕 주춧돌. 머릿돌. 어떤 사물의 기초. 礎業〔초업〕 기초가 되는 사업. 礎材〔초재〕 기초가 되는 재료. 基礎〔기초〕 사물의 밑바탕. 토대. ▶ 礎潤而雨(초윤이우) 方礎(방초) 柱礎(주초)
人 7 ⑨	**促** 재촉할 **촉** cù urge 재촉하다. 독촉함. 절박하다. 빠르다. 亻 伊 伊 促 促 促	☞ 사람 인(亻·人)과 발 족(足: 빠르다). 促求〔촉구〕 재촉하여 요구함. 促迫〔촉박〕 기한 따위가 바짝 닥쳐 여유가 없음. 促步〔촉보〕 빠르게 걸음. 促進〔촉진〕 재촉하여 빨리 나아가게 함. ▶ 促急(촉급) 促壽(촉수) 督促(독촉)

火 13 ⑰	**燭**	촛불 촉 烛 zhú　candle 촛불. 초. 비침. 빛나는 모양. 촉. 火 灯 灯 灯 煋 燭	☞ 불 화(火)와 벌레 촉(蜀 : 이어지다). 燭光[촉광] 등불의 빛. 전등 따위의 광도(光度) 단위. 燭膿[촉농] 초가 탈 때 녹아서 엉기는 것. 촛농. 燭數[촉수] 촉광의 정도를 나타내는 수. 華燭[화촉] 호화로운 등화(燈火). 혼례 의식에서의 등화. ▶ 燭臺(촉대) 燭心(촉심) 風前燈燭(풍전등촉)
角 13 ⑳	**觸**	닿을 촉 触 chù　touch 닿다. 부딪히다. 범하다. 받다. 느끼다. 角 觕 觕 觸 觸 觸	☞ 뿔 각(角)과 벌레 촉(蜀 : 쿡쿡 찌르다). 觸角[촉각] 절지동물의 머리 부분에 있는 감각기. 더듬이. 觸感[촉감] 무엇에 닿았을 때의 느낌. 감촉. 觸網[촉망] 그물에 걸림. 법망(法網)에 걸림. 觸發[촉발] 일을 당하여 충동·감정 따위를 유발함. ▶ 觸覺(촉각) 感觸(감촉) 接觸(접촉)
耳 11 ⑰	**聰**	귀밝을 총 聡 cōng　clever 귀가 밝다. 총명하다. 명민함. 듣다. 耳 耳 聨 聨 聰 聰	☞ 귀 이(耳)와 밝을 총(悤). 聰氣[총기] 총명한 기질. 기억하는 능력. 기억력. 聰明[총명] 재주가 있고 영리함. 귀가 밝고 눈이 잘 보임. 聰敏[총민] 총명하고 민첩함. 聖聰[성총] 임금님의 총명. ▶ 聰達(총달) 聰悟(총오)
人 11 ⑬	**催**	재촉할 최 cuī　pressing 재촉하다. 닥쳐오다. 열다. 베풀다. 亻 伲 伩 伩 俾 催	☞ 사람 인(亻·人)과 우뚝한 산 최(崔 : 추진하다). 催告[최고] 상대방에게 일정한 행위를 청구하는 일. 催淚[최루] 눈물이 나게 함. 催眠[최면] 잠이 오게 함. 開催[개최] 회합이나 행사를 차려주어 엶. ▶ 催督(최독) 催促(최촉) 主催(주최)
手 5 ⑧	**抽**	뺄 추 chōu　draw out 빼다. 뽑다. 뽑아 냄. 제거하다. 없앰. 扌 扌 扣 抽 抽 抽	☞ 손 수(扌·手)와 말미암을 유(由 : 깊은 구멍). 抽利[추리] 남은 이익을 뽑아서 계산함. 抽象[추상] 현실과 동떨어져 막연한(것). 抽賞[추상] 여럿 가운데서 뽑아 기림. 抽獎(추장). 抽籤[추첨] 제비를 뽑음. 제비뽑기. ▶ 抽獎(추장)
辵 6 ⑩	**追**	따를 추 갈 퇴 zhuī duī　follow 따르다. 좇다. 쫓다. 내쫓다. 갈다. 가다. 亻 冫 冖 臼 臼 追	☞ 쌓일 퇴(𠂤 : 고기)와 쉬엄쉬엄 갈 착(辶·辵). 追加[추가] 나중에 더하여 보탬. 追擊[추격] 뒤쫓아가며 냅다 침. 追究[추구] 근본을 캐어 들어가며 연구함. 追憶[추억] 지난 일을 돌이켜 생각함. 追想(추상). ▶ 追求(추구) 追念(추념) 追慕(추모) 訴追(소추)
酉 10 ⑰	**醜**	더러울 추 丑 chǒu　ugly 더럽다. 추하다. 보기 흉하다. 못생기다. 丆 酉 酉 酌 醜 醜	☞ 닭 유(酉)와 도깨비 귀(鬼). 醜怪[추괴] 용모가 못나고 괴상함. 醜女[추녀] 얼굴이 못생긴 여자. 醜聞[추문] 추악하거나 추잡한 소문. 스캔들. 醜態[추태] 추한 태도나 수치스러운 몰골. ▶ 醜虜(추로) 醜雜(추잡) 醜行(추행) 美醜(미추)

3級 配定漢字 333

一 3 ④	**丑** 소 축 chǒu　cattle 소. 둘째 지지. 축시. 수갑(고랑). 동북방. フ コ 丑 丑	☞ '又'와 물건 'ㅣ'. 손가락에 힘을 주어 비트는 모양. 丑年〔축년〕 태세의 지지(地支)가 축(丑)으로 되는 해. 丑末〔축말〕 축시의 마지막인 오전 3시경. 丑時〔축시〕 하루를 12시로 나눈 둘째 시(오전1~3시). 丑日〔축일〕 일진(日辰)의 지지(地支)가 축(丑)으로 되는 날. ▶ 丑方(축방) 辛丑(신축)
田 5 ⑩	**畜** 가축 축 chù　cattle 가축. 모으다. 쌓다. 붙들다. 기르다. 亠 玄 畜 畜 畜 畜	☞ 검을 자(玄·茲: 붇다, 무성하다)와 밭 전(田). 畜舍〔축사〕 가축을 기르는 건물. 畜産〔축산〕 가축을 사육하거나 증식을 하는 산업. 畜財〔축재〕 재물을 모아 쌓음. 蓄財(축재). 貯畜〔저축〕 절약하여 모아 둠. ▶ 畜生(축생) 家畜(가축) 牧畜(목축)
辵 7 ⑪	**逐** 쫓을 축 zhú　expel 쫓다. 물리치다. 다투다. 쫓기다. 달리다. 一 厂 豕 豕 豕 逐	☞ 돼지 시(豕)와 쉬엄쉬엄 갈 착(辶·辵). 逐鬼〔축귀〕 잡귀(잡신)를 쫓음. 逐年〔축년〕 해마다. 逐條〔축조〕 한 조목 한 조목씩 쫓아감. 조목마다 깡그리. 角逐〔각축〕 서로 이기려고 경쟁함. ▶ 逐鹿(축록) 逐臣(축신) 驅逐(구축) 追逐(추축)
行 9 ⑮	**衝** 찌를 충 chōng　pierce 찌르다. 뚫다. 치다. 부딪치다. 공격하다. 彳 衎 衝 衝 衝 衝	☞ 다닐 행(行)과 무거울 중(重: 꿰뚫다). 衝激〔충격〕 서로 세차게 부딪침. 衝擊〔충격〕 마음에 격동을 받는 강한 자극. 쇼크 衝突〔충돌〕 쌍방의 의견이 맞지 아니하여 서로 맞섬. 衝天〔충천〕 분하거나 또는 외로운 느낌이 북받쳐 오름. ▶ 衝動(충동) 衝路(충로) 要衝(요충) 折衝(절충)
口 4 ⑦	**吹** 불 취 chuī　blow 불다. 충동하다. 부추기다. 숨쉬다. 丨 口 口 吖 吹 吹	☞ 입 구(口)와 하품할 흠(欠: 입을 크게 벌린 모양). 吹管〔취관〕 피리 따위의 관악기를 붊. 吹奏〔취주〕 저·피리·나팔 등 관악기를 불어 연주함. 吹打〔취타〕 나팔·소라 따위를 불고 징·북 등을 치던 군악. 蛙吹〔와취〕 개구리 우는 소리. ▶ 吹口(취구) 吹鳴(취명) 吹竹(취죽) 鼓吹(고취)
自 4 ⑩	**臭** 냄새 취 chòu　smell 냄새. 냄새나다. 썩다. 냄새 맡다. 白 自 自 臭 臭 臭	☞ 스스로 자(自)와 개 견(犬). 臭腥〔취성〕 냄새가 비림. 또 그러한 것. 臭敗〔취패〕 썩음. 부패하여 무용지물이 됨. 臭腐(취부). 惡臭〔악취〕 나쁜 냄새. 불쾌한 냄새. 體臭〔체취〕 몸의 냄새. ▶ 臭氣(취기) 口尙乳臭(구상유취) 香臭(향취)
酉 8 ⑮	**醉** 취할 취 zuì　get drunk 취하다. 취기. 취하게 하다. 빠지다. 丁 丙 酉 酉 酔 醉 醉	☞ 닭 유(酉: 술을 의미)와 다할 졸(卒). 醉客〔취객〕 술에 취한 사람. 주정꾼. 醉生夢死〔취생몽사〕 한평생을 흐리멍덩하게 살아감. 醉中〔취중〕 술 취한 동안. 醉興〔취흥〕 술에 취하여 일어나는 흥취. ▶ 醉夢(취몽) 醉仙(취선) 陶醉(도취) 心醉(심취)

人 9 ⑪ 결. 옆. 기울이다. 엎드리다. 뒤척거리다. 亻 仂 但 俱 側 側	側 곁 측 側 cè　　side	☞ 사람 인(亻·人)과 격식 칙(則). 側近〔측근〕 윗사람을 가까이서 섬기는 사람. 側面〔측면〕 물체의 좌우에 향하는 표면. 側傍〔측방〕 가까운 곁. 멀지 않은 바로 옆. 兩側〔양측〕 두 편. 양쪽의 측면. ▶ 側目(측목) 側言(측언) 輾轉反側(전전반측)
人 8 ⑩ 값. 가치. 값하다. 가지다. 만나다. 당하다. 亻 仁 佔 佔 值 值	 값 치 値 zhì　　value	☞ 사람 인(亻·人)과 곧을 직(直). 值遇〔치우〕 우연히 만남. 뜻밖에 서로 만남. 價値〔가치〕 값. 값어치. 數値〔수치〕 계산하여 얻은 값. 絕對值〔절대치〕 어떤 수의 양 또는 음의 부호를 떼어버린 수. ▶ 評價值(평가치)
心 6 ⑩ 부끄럽다. 부끄럼. 도에 부끄러운 마음. 一 厂 F 王 耳 恥	 부끄러울 치 恥 chǐ　　shame	☞ 귀 이(耳)와 마음 심(心). 恥部〔치부〕 남에게 알리고 싶지 않은 부끄러운 부분. 恥事〔치사〕 남부끄러운 일. 恥辱〔치욕〕 수치와 모욕. 廉恥〔염치〕 청렴하고 깨끗하여 부끄러움을 아는 마음. ▶ 恥骨(치골) 雪恥(설치) 羞恥(수치)
禾 8 ⑬ 어리다. 만생종. 어린벼. 어린이. 千 禾 利 秆 秆 稚	 어릴 치 zhì　　young	☞ 벼 화(禾)와 새 추(隹). 稚氣〔치기〕 철없는 상태. 어린애 같은 기분. 또, 그 감정. 稚木〔치목〕 어린 나무. 穉木(치목). 穉樹(치수). 稚心〔치심〕 어릴 때의 마음. 어린이와 같은 마음. 稚魚〔치어〕 알에서 깬 지 얼마 안 되는 어린 물고기. ▶ 稚戲(치희) 嬌稚(교치) 幼稚(유치)
水 11 ⑭ 옻. 옻칠하다. 검다. 삼가다. 氵 沐 沐 漆 漆 漆	 옻 칠 qī　　lacquer	☞ 물 수(氵·水)와 옻나무 칠(桼). 漆木器〔칠목기〕 옻칠하여 만든 나무 그릇. 漆器(칠기). 漆汁〔칠즙〕 옻나무의 진액. 액체대로 있는 옻칠. 漆板〔칠판〕 분필로 글씨를 쓰는 검은 칠을 한 판대기. 漆黑〔칠흑〕 옻처럼 검고 광택이 있음. 또, 그 빛깔. ▶ 漆色(칠색) 膠漆(교칠)
水 4 ⑦ 잠기다. 가라앉다. 익사하다. 막히다. 冫 氵 冫 氵 沙 沈	沈 잠길 침 chén　　sink	☞ 물 수(氵·水)와 머뭇거릴 유(冘). 沈溺〔침닉〕 침몰. 어떤 사물에 지나치게 열중함. 沈沒〔침몰〕 물에 빠져 가라앉음. 숨어 없어짐. 沈默〔침묵〕 말을 하지 않음. 소리를 내지 않고 잠잠히 있음. 擊沈〔격침〕 적의 배를 쳐서 침몰시킴. ▶ 沈淪(침륜) 沈鬱(침울) 沈吟(침음) 沈澱(침전)
木 4 ⑧ 베개. 베개를 베다. 다다르다. 침목. 一 十 木 朾 朾 枕	 베개 침 zhěn　　pillow	☞ 나무 목(木)과 머뭇거릴 유(冘 : 어깨로 누른다). 枕肱〔침굉〕 팔베개. 청빈(淸貧)을 즐기는 모양. 枕頭〔침두〕 베갯머리. 머리말. 枕上〔침상〕 베개의 위. 잠을 자거나 누워 있음. 枕席〔침석〕 베개와 자리. 잠자리. ▶ 枕木(침목) 起枕(기침)

3級 配定漢字 335

水 7 ⑩	浸 담글 침 jìn soak	☞ 물 수(氵·水)와 침범할 침(㑴).	
	담그다. 적심. 담기다. 잠김. 번지다. 氵 氵 氵 浔 浔 浸	浸水[침수] 홍수로 논·밭·가옥 등이 물에 잠김. 浸濕[침습] 물이 스며들어 젖음. 浸蝕[침식] 지반이나 암석 등을 깎거나 개먹어 들어감. 浸透[침투] 주의나 사상이 점점 사람의 마음에 스며듦. ▶ 浸潤(침윤) 漑浸(개침) 泛浸(범침)	
女 4 ⑦	妥 평온할 타 tuǒ serene	☞ 손톱 조(爫·爪)와 계집 녀(女).	
	평온하다. 편안하게 앉다. 온당하다. ` ´ ´ ´ 妥 妥	妥結[타결] 서로가 좋도록 결말을 지음. 妥當[타당] 사리에 비추어 마땅함. 적절함. 妥協[타협] 서로 좋도록 의견을 절충함. 협의하여 해결함. 帖妥[첩타] 조용함. 편안함. 平妥(평타). ▶ 妥安(타안) 妥定(타정)	
土 12 ⑮	 떨어질 타 堕 duò fall	☞ 떨어질 타(隋)와 흙 토(土).	
	떨어지다. 무너지다. 무너뜨림. 들어가다. 阝 阵 阵 陸 隋 墮	墮落[타락] 떨어짐. 심신이나 생활을 망침. 실패함. 패함. 墮弱[타약] 기력이 없어져 약함. 墮獄[타옥] 악업(惡業)으로 죽어서 지옥에 감. 謫墮[적타] 나뭇잎이 말라 떨어짐. ▶ 墮淚(타루) 解墮(해타)	
手 3 ⑥	托 밀 탁 tuō push	☞ 손 수(扌·手)와 부탁할 탁(乇).	
	밀다. 열다. 받침. 대(臺). 맡기다. 一 十 扌 扌 扞 托	托故[탁고] 사고를 핑계함. 托鉢[탁발] 절에서 끼니때 바리를 가지고 승당으로 나가는 일. 托子[탁자] 찻잔 받침. 작은 쟁반. 依托[의탁] 남에게 의존함. 남에게 의뢰하여 부탁함. ▶ 托生(탁생) 受托(수탁) 茶托(차탁)	
玉 8 ⑫	 쫄 탁 zhuó chisel	☞ 구슬 옥(王·玉)과 쫄 탁(豖:啄의 획 줄임).	
	쪼다. 옥을 다듬다. 연마함. 꾸미다. 가리다. 王 珏 玡 琢 琢 琢	琢器[탁기] 틀에 박아내서, 쪼아서 고르게 만든 그릇. 琢磨[탁마] 옥석(玉石)을 세공(細工)하는 일. 琢玉[탁옥] 옥을 쪼아 모양을 만듦. 刓琢[완탁] 깎고 갊. 연마함. ▶ 切磋琢磨(절차탁마) 彫琢(조탁)	
水 13 ⑯	濁 흐릴 탁 浊 zhuó cloudy	☞ 물 수(氵·水)와 나비 애벌레 촉(蜀).	
	흐리다. 흐리게 하다. 흐림. 때. 추하다. 氵 氵 沔 渭 濁 濁	濁流[탁류] 탁한 흐름. 불량한 패거리. 濁世[탁세] 도덕·풍속 따위가 퇴폐한 세상. 濁意[탁의] 깨끗하지 못한 뜻. 濁音[탁음] 흐린 소리. 有聲音(유성음). ▶ 濁浪(탁랑) 濁汚(탁오) 濁酒(탁주) 淸濁(청탁)	
水 14 ⑰	 씻을 탁 zhuó wash	☞ 물 수(氵·水)와 꿩 적(翟:뛰어 일어나다).	
	씻다. 헹구다. 빨래하다. 크다. 아름답다. 氵 氵 澪 澪 潾 濯	濯禊[탁계] 더러운 것을 씻음. 濯足[탁족] 발을 씻음. 洗足(세족). 세속(世俗)을 초탈함. 濯枝雨[탁지우] 음력 6월경에 내리는 큰 비. 洗濯[세탁] 빨래. 빨래를 함. ▶ 濯足萬里流(탁족만리류)	

大 11 ⑭	**奪** 빼앗을 **탈** 奪 duó rob 빼앗다. 훔침. 잃다. 빼앗김. 떠나다. 없어짐. 六 木 本 奪 奪 奪	☞ 큰 대(大)와 새 추(隹), 마디 촌(寸). 奪氣〔탈기〕 담기(膽氣)를 잃음. 기가 죽음. 奪情〔탈정〕 탈상(脫喪)하기 전에 출사(出仕)를 명하는 일. 奪取〔탈취〕 빼앗아 가짐. 奪還〔탈환〕 도로 빼앗음. 빼앗겼던 것을 도로 찾음. ▶ 奪色(탈색) 奪胎換骨(탈태환골) 強奪(강탈)
貝 4 ⑪	**貪** 탐낼 **탐** 贪 tān covet 탐내다. 탐하다. 지나치게 욕심을 냄. 人 今 含 貪 貪 貪	☞ 이제 금(今 : 품다의 뜻)과 조개 패(貝). 貪官汚吏〔탐관오리〕 욕심이 많고 재물을 탐하는 관리. 貪讀〔탐독〕 욕심내어 읽음. 마구 읽음. 특별히 즐겨 읽음. 貪欲〔탐욕〕 욕심이 많음. 탐함. 貪慾(탐욕). 食貪〔식탐〕 음식을 욕심껏 탐내는 일. ▶ 貪心(탐심) 貪愛(탐애) 貪虐(탐학) 貪好(탐호)
土 10 ⑬	**塔** 탑 **탑** tǎ tower 탑. 탑파(塔婆). 절. 불당. 언덕. 土 圤 圹 㙊 塔 塔	☞ 흙 토(土)와 대답할 답(荅 : 두껍게 포갬). 塔影〔탑영〕 탑의 그림자. 塔尖〔탑첨〕 탑 끝의 뾰족한 곳. 塔婆〔탑파〕 범어 stúpa의 음역. 불탑을 일컬음. 浮屠(부도). 舍利塔〔사리탑〕 부처의 사리를 봉안한 탑. ▶ 塔碑(탑비) 金字塔(금자탑) 佛塔(불탑)
水 9 ⑫	**湯** 끓일 **탕** 汤 tāng 끓이다. 끓인 물. 목욕탕. 온천. 욕실. 氵 汒 沺 湯 湯 湯	☞ 물 수(氵·水)와 빛날 양(昜). 湯罐〔탕관〕 국을 끓이거나 약을 달이는 그릇. 湯沐〔탕목〕 더운물로 몸을 씻음. 湯藥〔탕약〕 달여 먹는 한약. 湯治〔탕치〕 온천에서 목욕하여 병을 고치는 일. ▶ 湯水(탕수) 湯火(탕화) 浴湯(욕탕) 藥湯(약탕)
心 5 ⑨	**怠** 게으를 **태** dài idle 게으르다. 게을리 함. 해이(解弛)하다. ㄥ ㄙ 台 台 怠 怠	☞ 늙을 태(台)와 마음 심(心). 怠慢〔태만〕 게으름. 소홀히 함. 怠忽(태홀). 怠業〔태업〕 일을 게을리 함. 노동 쟁의 수단의 하나. 사보타주. 怠傲〔태오〕 거드름스러워 예법이 없음. 倦怠〔권태〕 싫증이 나서 게을러짐. 심신이 피로하고 나른함. ▶ 勤怠(근태) 懶怠(나태)
歹 5 ⑨	**殆** 위태로울 **태** dài danger 위태하다. 의심하다. 두려워하다. 지치다. 歹 歹 歹 殆 殆 殆	☞ 뼈 앙상할 알(歹)과 늙을 태(台). 殆無〔태무〕 거의 없음. 殆半〔태반〕 거의 절반. 危殆〔위태〕 위험함. 형세가 매우 어려움. 疲殆〔피태〕 피로하여 나태해짐. ▶ 百戰不殆(백전불태)
水 5 ⑩	**泰** 클 **태** tài great 크다. 매우 큼. 넉넉하다. 편안하다. 三 声 夫 泰 泰 泰	☞ 두 이(二)와 큰 대(大), 물 수(氺·水). 泰東〔태동〕 동쪽 끝. 極東(극동). 東洋(동양). ↔ 泰西(태서). 泰山〔태산〕 높고 큰 산. 크고 많음을 가리키는 말. 泰西〔태서〕 서양(西洋)을 일컫는 말. ↔ 泰東(태동). 泰然〔태연〕 흔들리지 않고 굳건한 모양. 침착한 모양. ▶ 泰山北斗(태산북두) 泰平(태평) 安泰(안태)

3級 配定漢字

水 13 ⑯	澤	못 택 沢 zé pond
못. 늪. 진펄. 윤. 윤택하게 하다. 혜택.
氵 沢 沢 澤 澤 澤

☞ 물 수(氵·水)와 엿볼 역(睪).
澤畔[택반] 못의 가.
澤雨[택우] 만물을 적셔 주는 비.
光澤[광택] 빛의 반사에 의하여 물체 표면이 번쩍이는 현상.
沼澤[소택] 늪과 못.
▶ 潤澤(윤택) 恩澤(은택)

口 3 ⑥	吐	토할 토 tù vomit
토하다. 뱉어내다. 소리를 내다. 말함.
丨 口 口 口 吐 吐

☞ 입 구(口)와 흙 토(土).
吐露[토로] 마음에 있는 것을 다 말함.
吐絲[토사] 누에가 고치를 만들어서 실을 토해 냄.
吐說[토설] 일의 내용을 사실대로 말함. 實吐(실토).
吐逆[토역] 게움. 또, 그 일. 嘔吐(구토).
▶ 吐瀉癨亂(토사곽란) 吐情(토정) 嘔吐(구토)

儿 6 ⑧		토끼 토 tù rabbit
토끼. 달[月]의 이칭.
⺈ 丒 刍 㕚 兎 兎

☞ 토끼의 모양을 본뜬 글자.
兎死狗烹[토사구팽] 토끼가 죽고 나면, 사냥개는 필요가 없게 되어 주인에게 삶아 먹힌다는 뜻으로, 필요할 때는 소중히 여기다가 용무가 끝나면 버림의 비유.
兎脣[토순] 언청이. 兎缺(토결).
▶ 兎角龜毛(토각귀모) 兎月(토월)

辶 7 ⑪	透	통할 투 透 tòu pass through
통하다. 환하다. 꿰뚫어 보다. 뛰다.
二 千 禾 秀 秀 透

☞ 팰 수(秀 : 길게 뻗다)와 쉬엄쉬엄 갈 착(辶·辵).
透過[투과] 지나감. 통과함. 광선이 물체를 뚫고 지나감.
透明[투명] 환히 속까지 비쳐 보임. 흐린 데가 없이 맑음.
透視[투시] 속에 있는 것을 꿰뚫어 비추어 봄.
滲透[삼투] 스며듦. 浸透(침투).
▶ 透寫(투사)

頁 5 ⑭	頗	자못 파 치우칠 파 颇 pō partial
자못. 조금. 약간. 매우. 꽤. 치우치다.
广 皮 皮 皮 頗 頗 頗

☞ 가죽 피(皮)와 머리 혈(頁).
頗多[파다] 매우 많음. 꽤 많음.
頗僻[파벽] 치우치고 그름.
兩頗[양파] 양쪽으로 치우침.
偏頗[편파] 한쪽으로 치우쳐 불공평함.
▶ 頗偏(파편) 險頗(험파)

手 12 ⑮	播	씨뿌릴 파 bō sow
씨뿌리다. 퍼뜨리다. 베풀다. 흩다.
扌 扩 扩 採 撝 播

☞ 손 수(扌·手)와 순서 번(番).
播多[파다] 소문 등이 널리 퍼짐.
播植[파식] 씨앗을 뿌리고 모종을 함.
播種[파종] 씨를 뿌림. 播植(파식).
播遷[파천] 유랑함. 임금이 난을 피하여 궁궐을 떠남.
▶ 傳播(전파)

网 10 ⑮		파할 파 罢 bà cease
파하다. 그만두다. 멈추다. 내치다.
罒 罒 罥 罥 罷 罷

☞ 그물 망(罒·网)과 능할 능(能 : 현자).
罷免[파면] 직무를 그만두게 함.
罷市[파시] 상인이 물건 파는 일을 중지하는 일.
罷業[파업] 집단적으로 일제히 작업을 중지함.
罷場[파장] 시장이 파함. 과장(科場)이 파함.
▶ 罷宴(파연) 罷職(파직) 斥罷(척파) 革罷(혁파)

片 4 ⑧	版	판목 판 bǎn block	☞ 조각 편(片)과 뒤집을 반(反). 版權〔판권〕 도서의 출판에 관한 이익을 전유(專有)하는 권리. 版圖〔판도〕 어떤 세력이 미치는 영역이나 범위. 版木〔판목〕 인쇄하기 위하여 글자나 그림을 새긴 나무. 版本〔판본〕 목판으로 인쇄한 책. 板刻本(판각본). ▶ 版尹(판윤) 版畫(판화) 刻版(각판) 出版(출판)
판목. 널. 인쇄. 책. 편지. 명부. 호적. 丿 片 片 片 版 版			
貝 4 ⑪	販	팔 판 贩 fàn buy sell	☞ 돈 패(貝 : 화폐)와 뒤집을 반(反). 販路〔판로〕 상품이 팔려 나가는 길. 販賣〔판매〕 팖. 매매함. 販促〔판촉〕 판매가 늘어나도록 유도하는 일. 街販〔가판〕 거리에 벌리어 놓고 판매함. ▶ 販禁(판금) 共販(공판) 市販(시판)
팔다. 사다. 매매함. 장사함. 상업. 目 貝 貝 貯 販 販			
貝 0 ⑦	貝	조개 패 贝 bèi shell	☞ 조개의 모양을 본뜬 글자. 貝殼〔패각〕 조개 껍데기. 조가비. 貝物〔패물〕 수정·산호·호박·대모 등으로 만든 장신구. 貝塚〔패총〕 조개더미. 貝貨〔패화〕 원시 시대의 조가비로 유통하던 화폐. ▶ 貝錦(패금) 貝類(패류) 螺貝(나패)
조개. 소라. 소라 껍데기로 만든 피리. 丨 冂 冂 冃 目 貝			
片 0 ④	片	조각 편 piàn piece	☞ 나무 목(木)자를 세로로 쪼개어 나눈 오른쪽 조각 형상. 片刻〔편각〕 삽시간. 짧은 시간. 잠시. 片時(편시). 片道〔편도〕 가고 오는 길 중 어느 한쪽. 일방적으로 함. 片鱗〔편린〕 한 조각의 비늘. 곧, 사물의 극히 적은 일부분. 片肉〔편육〕 얇게 저민 고기. 고기를 자름. 또, 고기조각. ▶ 片紙(편지) 一片丹心(일편단심)
조각. 토막. 조각. 얇은 조각. 꽃잎. 절반. 丿 丿 片 片			
辶 9 ⑬	遍	두루 편 두루 변 biàn all over	☞ 작을 편(扁)과 쉬엄쉬엄 갈 착(辶·辵). 遍歷〔편력〕 널리 돌아다님. 遍踏〔편답〕 여러 가지 경험을 함. 遍散〔편산〕 곳곳에 널리 흩어져 있음. 遍在〔편재〕 두루 존재함. ↔ 偏在(편재). ▶ 遍照(편조) 普遍(보편)
두루. 처음부터 끝까지 한 번 하는 일. 厂 尸 戶 扁 扁 遍			
糸 9 ⑮	編	엮을 편 땋을 변 编 biān biǎn	☞ 실 사(糸)와 작을 편(扁). 編刊〔편간〕 책을 편찬하여 발간함. 編隊〔편대〕 대오를 편성함. 편성된 대오. 編成〔편성〕 책이나 신문 따위를 엮어서 만듦. 編入〔편입〕 짜 넣음. 한 동아리에 끼어 들어감. ▶ 編年體(편년체) 編著(편저) 編輯(편집)
엮다. 책으로 엮다. 기록하다. 땋다. 糸 糽 紒 絹 絹 編			
肉 4 ⑧		허파 폐 fèi lungs	☞ 몸 육(月·肉)과 슬갑 불(巿·朱: 나누다). 肺肝〔폐간〕 폐와 간. 전하여, 진심. 心中(심중). 肺炎〔폐렴〕 세균의 침입으로 폐장에 염증이 나타나는 병. 肺病〔폐병〕 폐에 결핵균이 침투하여 일어나는 병. 心肺〔심폐〕 심장과 폐장. ▶ 肺腑(폐부) 肺腑之言(폐부지언) 肺活量(폐활량)
허파. 부아. 오장의 하나. 마음. 충심(衷心). 月 月 肝 肝 肺 肺			

巾 12 ⑮	**幣** bì	비단 폐　幣 silk	☞ 힘쓸 폐(敝)와 수건 건(巾). 幣物〔폐물〕 선사하는 물건. 膳物(선물). 幣聘〔폐빙〕 예물을 갖추어 손님을 초대함. 納幣〔납폐〕 혼인 때 신랑집에서 신부집으로 보내는 폐백. 造幣〔조폐〕 화폐를 만듦. ▶ 幣帛(폐백) 幣獻(폐헌) 紙幣(지폐)
비단. 예물. 폐백. 돈. 재물. 个 巾 帀 帘 敝 幣			
广 12 ⑮	**廢** fèi	폐할 폐　废 abandon	☞ 집 엄(广)과 떠날 발(發). 廢刊〔폐간〕 신문·잡지 등의 간행을 폐지함. 廢棄〔폐기〕 못쓰게 된 것을 버림. 또, 폐지해서 버림. 廢農〔폐농〕 농사를 그만둠. 廢業〔폐업〕 학문 닦기를 그만둠. 가업을 폐함. ▶ 廢物(폐물) 廢屋(폐옥) 廢位(폐위)
폐하다. 엎드리다. 떨어지다. 그만두다. 广 庀 庀 庱 廢 廢			
廾 12 ⑮	**弊** bì	해질 폐 wear out	☞ 옷 해질 폐(敝)와 손 맞잡을 공(廾). 弊家〔폐가〕 자기 집의 겸칭. 황폐한 집. 弊端〔폐단〕 피해를 가져오는 단서. 좋지 못하고 괴로운 일. 弊社〔폐사〕 자기 회사를 겸손 되이 일컫는 말. 弊習〔폐습〕 나쁜 버릇이나 풍습. 弊風(폐풍). ▶ 弊衣(폐의) 弊政(폐정) 弊害(폐해)
해지다. 부수다. 쓰러지다. 엎어짐. 个 巾 帀 帘 敝 弊			
艹 12 ⑯	**蔽** bì	가릴 폐 conceal	☞ 풀 초(艹·艸)와 해질 폐(敝: 깨뜨리다). 蔽塞〔폐색〕 가려 막음. 또는 가리어 막힘. 蔽一言〔폐일언〕 한마디로 다 말함. 한마디로 말하면. 蔽護〔폐호〕 감싸고 보호함. 隱蔽〔은폐〕 가리어 숨김. 덮어 감춤. 掩蔽(엄폐). ▶ 蔽膝(폐슬) 藩蔽(번폐) 闇蔽(암폐)
가리다. 속이다. 숨기다. 포괄하다. 시들다. 艹 芍 苪 蓝 蔽 蔽			
手 5 ⑧	**抱** bào	안을 포 embrace	☞ 손 수(扌·手)와 쌀 포(包: 싸다). 抱卵〔포란〕 조류가 알을 품어 따스하게 하는 일. 抱負〔포부〕 안고 업고 함. 품고 있는 계획이나 의지. 抱怨〔포원〕 원한을 품음. 抱主〔포주〕 기둥서방. 창기를 두고 영업하는 주인. ▶ 抱腹絶倒(포복절도) 抱擁(포옹) 抱合(포합)
안다. 껴안다. 알을 품다. 둘러싸다. 扌 扌 扞 扚 拘 抱			
手 7 ⑩	**捕** bǔ	잡을 포 catch	☞ 손 수(扌·手)와 클 보(甫). 捕鯨〔포경〕 고래를 잡음. 捕盜〔포도〕 도둑을 잡음. 捕虜〔포로〕 전투에서 적에게 사로잡힌 병사. 捕獲〔포획〕 적병을 사로잡음. 짐승이나 물고기를 잡음. ▶ 捕繩(포승) 分捕(분포) 生捕(생포) 逮捕(체포)
잡다. 사로잡음. 체포함. 구하다. 찾음. 扌 扌 扪 捐 捕 捕			
水 7 ⑩	 pǔ	갯가 포 seacast	☞ 물 수(氵·水)와 클 보(甫). 浦口〔포구〕 배가 드나드는 개펄. 개의 어귀. 작은 항구. 浦灣〔포만〕 물가에서, 휘어 굽어진 곳. 후미. 浦村〔포촌〕 해변이나 냇가에 있는 마을. 갯마을. 曲浦〔곡포〕 꼬불꼬불한 개펄. ▶ 極浦(극포)
갯가. 개펄. 물가. 氵 氵 汀 泀 浦 浦			

부수	한자	훈음 / 병음 / 뜻	설명
食 5 ⑭	飽	배부를 포 / bǎo / satiated 배부르다. 물림. 포식하다. 음식이 많다. 今 育 育 飲 飽 飽	☞ 먹을 식(倉·食)과 감쌀 포(包 : 싸안아 부풀다). 飽德〔포덕〕 은덕을 많이 받음. 飽滿〔포만〕 음식을 많이 먹어서 배가 가득함. 배가 부름. 飽食〔포식〕 배부르게 먹음. 飽和〔포화〕 최대 한도까지 가득 차서 부족함이 없음. ▶ 飽食暖衣(포식난의) 醉飽(취포)
巾 9 ⑫	幅	폭 폭 행전 핍 / fù 폭. 너비. 포백. 족자. 행전. 口 巾 恒 幅 幅 幅	☞ 수건 건(巾 : 천 조각)과 찰 복(畐). 幅巾〔폭건〕 두건(頭巾). 幅廣〔폭광〕 한 폭의 너비. 幅尺〔폭척〕 너비와 길이. 大幅〔대폭〕 큰 폭. 많이. 썩. ▶ 增幅(증폭) 振幅(진폭)
水 11 ⑭	漂	떠돌 표 / piāo / wander 떠돌다. 나부끼다. 빨래하다. 빠르다. 氵 沪 浉 浬 漂 漂	☞ 물 수(氵·水)와 가벼울 표(票). 漂浪〔표랑〕 물결에 떠돈다는 뜻에서 방랑을 일컬음. 漂流〔표류〕 물에 떠서 흘러감. 정처 없이 떠돌아다님. 漂泊〔표박〕 일정한 주거나 생업이 없이 떠돌아다니며 지냄. 浮漂〔부표〕 물에 떠서 이리저리 떠돌아다님. ▶ 漂白(표백) 漂着(표착) 流漂(유표)
木 9 ⑬	楓	단풍나무 풍 / fēng / maple 단풍나무. 단풍나무과의 낙엽 교목. 木 机 杋 枫 楓 楓	☞ 나무 목(木)과 바람 풍(風). 楓錦〔풍금〕 아름답게 물든 단풍잎을 비단에 비겨 일컫는 말. 楓林〔풍림〕 단풍나무 숲. 楓嶽〔풍악〕 가을의 금강산을 달리 일컫는 말. 楓葉〔풍엽〕 단풍나무의 잎. ▶ 丹楓(단풍) 霜楓(상풍)
皮 0 ⑤	皮	가죽 피 / pí / skin 가죽. 생가죽. 겉가죽. 껍질. 갖옷. 털옷. 丿 厂 广 皮 皮	☞ 손(又)으로 짐승의 가죽(冂)을 벗기고 있는 모양. 皮帶〔피대〕 가죽띠. 벨트. 皮毛〔피모〕 털이 붙어 있는 가죽. 皮膚〔피부〕 사람이나 동물의 몸의 겉을 둘러싸고 있는 조직. 皮革〔피혁〕 날가죽과 무두질한 가죽의 총칭. ▶ 皮骨相接(피골상접) 皮封(피봉) 鐵面皮(철면피)
彳 5 ⑧	彼	저 피 / bǐ / that 저. 저기. 아니다. 덮다. 그. 彳 彷 彷 彿 彼 彼	☞ 조금 걸을 척(彳)과 가죽 피(皮). 彼我〔피아〕 그와 나. 남과 나. 저편과 이편. 自他(자타). 彼我間〔피아간〕 그와 나의 사이. 상대방과 우리 편. 彼岸〔피안〕 이승의 번뇌를 해탈해 열반의 세계에 도달함. 彼此〔피차〕 그것과 이것. 그 일과 이 일. 서로. ▶ 彼處(피처) 彼隻(피척) 知彼知己(지피지기)
衣 5 ⑩	被	이불 피 / bèi / quilt 이불. 덮은 침구. 잠옷. 입다. 두르다. 衤 衤 衤 衻 被 被	☞ 옷 의(衤·衣)와 가죽 피(皮 : 짐승의 가죽). 被擊〔피격〕 습격을 받음. 공격을 당함. 被告〔피고〕 소송 사건에서 소송을 당한 사람. 被動〔피동〕 남에게서 작용을 받음. 受動(수동). ↔ 能動(능동). 被服〔피복〕 옷을 입음. 또는 의복. ▶ 被拉(피랍) 被選(피선) 被襲(피습) 被害(피해)

匚 2 ④	**匹** 짝 필 pǐ 짝. 필(옷감). 상대. 혼사. 미천한 사람. 一 ㄏ 兀 匹	☞ 말꼬리의 형상. 匹馬〔필마〕 한 필의 말. 匹敵〔필적〕 어깨를 겨룸. 맞상대. 配匹〔배필〕 부부의 짝. 配偶(배우). 倫匹〔윤필〕 동배(同輩). ▶ 匹夫之勇(필부지용)
田 6 ⑪	**畢** 마칠 필 毕 bì finish 마치다. 다하다. 끝내다. 모두. 그물. 日 目 昌 昌 畢 畢	☞ 밭 전(田 : 사냥)과 마칠 필(革·畢의 원자). 畢竟〔필경〕 마침내. 결국. 畢納〔필납〕 납세·납품을 끝냄. 전부 마침. 畢生〔필생〕 생명이 다할 때까지. 일생. 平生(평생). 未畢〔미필〕 아직 마치지 못함. ▶ 畢杯(필배) 畢役(필역) 佔畢(점필)
人 5 ⑦	**何** 어찌 하 hé how 어찌. 무엇. 어떤. 어느. 어느 누구. 메다. ノ イ 仁 佢 佢 何	☞ 사람 인(亻·人)과 옳을 가(可). 何暇〔하가〕 어느 때. 어느 겨를. 何故〔하고〕 무슨 까닭. 何等〔하등〕 아무런. 아무. 얼마만큼. 어느 정도. 何必〔하필〕 무슨 필요가 있어서. 어찌. 반드시. ▶ 何年(하년) 何事(하사) 何時(하시) 如何(여하)
艸 7 ⑪	 멜 하 hé load 메다. 어깨에 걸메다. 떠맡다. 연(蓮). 艹 艿 芢 苻 荷 荷	☞ 풀 초(艹·艸)와 멜 하(何 : 짊어지다). 荷渠〔하거〕 연(蓮). 부용(芙蓉). 荷擔〔하담〕 짐을 짐. 짐을 어깨에 걸어 등에 짐. 荷物〔하물〕 짐. 운송하는 물품. 荷役〔하역〕 짐을 싣고 내리는 일. ▶ 荷船(하선) 荷葉(하엽) 荷重(하중) 出荷(출하)
貝 5 ⑫	 하례할 하 贺 hè greetings 하례하다. 경축하다. 경축. 경사. 위로하다. 加 加 智 智 賀 賀	☞ 조개 패(貝)와 더할 가(加). 賀客〔하객〕 축하하는 손님. 賀禮〔하례〕 축하하는 예식(禮式). 賀儀(하의). 賀宴〔하연〕 축하하는 잔치. 慶賀〔경하〕 경사스러운 일을 치하함. 祝賀(축하). ▶ 賀正(하정) 謹賀(근하) 祝賀(축하)
鳥 10 ㉑	 두루미 학 鹤 hè crane 두루미. 학. 희다. 호미의 머리. 雀 雀 雀 鶴 鶴 鶴	☞ 높이 날 확(隺)과 새 조(鳥). 鶴駕〔학가〕 태자(太子)가 타는 수레. 신선이 타는 수레. 鶴唳〔학려〕 처절하고 쓸쓸한 문장이나 말의 비유. 鶴髮〔학발〕 두루미의 깃처럼 하얀 머리털. 곧, 노인의 백발. 鶴壽〔학수〕 학이 천 년 동안 산다 하여, '장수(長壽)'를 일컬음. ▶ 鶴舞(학무) 鶴首苦待(학수고대)
水 3 ⑥	 땀 한 hàn sweat 땀. 땀을 흘리다. 임금의 명령. 윤택하다. 丶 丶 氵 氵 汗 汗	☞ 물 수(氵·水)와 골짜기 간(干). 汗衫〔한삼〕 속옷. 땀받이. 汗衣(한의). 汗蒸〔한증〕 한증막 속에서 땀을 흘려 병을 고치는 일. 汗血〔한혈〕 피와 땀. 피와 같은 땀. 귀중한 땀. 冷汗〔냉한〕 식은 땀. ▶ 汗馬之勞(한마지로) 汗液(한액)

日 3 ⑦	旱	가물 한 hàn　drought	☞ 날 일(日)과 골짜기 간(干). 旱魃〔한발〕 가뭄. 魃(발)은 가뭄을 맡은 신. 旱熱〔한열〕 가물 때의 심한 더위. 旱災〔한재〕 가뭄으로 말미암은 재앙. ↔ 水災(수재). 旱害〔한해〕 가뭄으로 말미암은 재해. ▶ 旱炎(한염) 大旱(대한) 水旱(수한)
	가물다. 가뭄. 뭍. 육지. 丨 口 日 日 旦 旱		
刀 10 ⑫	割	나눌 할 gē　divide	☞ 칼 도(刂·刀)와 해칠 해(害). 割據〔할거〕 땅을 나누어 차지하고 막아 지킴. 割當〔할당〕 몫을 갈라 분배함. 割愛〔할애〕 아깝게 여기는 것을 기꺼이 내어 줌. 割引〔할인〕 일정한 가격에서 얼마간의 돈을 감함. ▶ 割腹(할복) 割增(할증) 分割(분할) 役割(역할)
	나누다. 쪼갬. 가르다. 찢음. 자르다. 宀 宀 宣 害 割		
口 4 ⑦	含	머금을 함 hán　contain	☞ 입 구(口)와 이제 금(今). 含量〔함량〕 들어 있는 분량. 含淚〔함루〕 눈물을 머금음. 含笑〔함소〕 웃음을 머금음. 꽃이 피기 시작함. 含有〔함유〕 물질이 어떤 성분을 포함하고 있음. ▶ 含憤蓄怨(함분축원) 含羞(함수) 包含(포함)
	머금다. 다물다. 넣다. 속에 넣음. 丿 人 ᄉ 今 含 含		
口 6 ⑨	咸	다 함 덜 감 xián jiǎn	☞ 큰 도예 월(戌: 큰 날이 있는 도끼)과 입 구(口). 咸告〔함고〕 다 일러바침. 咸卦〔함괘〕 64괘의 하나. 음양이 교감함을 상징함. 咸氏〔함씨〕 남을 높이어 그의 조카를 일컫는 말. 咸宜〔함의〕 모두 다 옳음. ▶ 咸池(함지)
	다. 모두. 두루 미치다. 덜다. 줄임. 丿 厂 后 咸 咸 咸		
阜 8 ⑪		빠질 함 xiàn　fall	☞ 언덕 부(阝·阜)와 구덩이 함(臽). 陷溺〔함닉〕 주색 등의 못된 구렁에 빠져 들어감. 陷落〔함락〕 성이나 요새 등이 적의 수중에 들어감. 陷沒〔함몰〕 재난을 당하여 멸망함. 陷落(함락). 陷穽〔함정〕 짐승 등을 잡기 위하여 파 놓은 구덩이. 허방다리. ▶ 坑陷(갱함) 缺陷(결함) 謀陷(모함)
	빠지다. 가라앉다. 빠뜨리다. 함락하다. 阝 阝勹 陷 陷 陷		
己 6 ⑨		거리 항 xiàng　street	☞ 고을 읍(邑: 마을의 뜻)과 함께 공(共). 巷間〔항간〕 보통 민중들 사이. 閭巷間(여항간). 巷佰〔항백〕 왕후의 병을 맡아보던 환관(宦官). 巷說〔항설〕 거리에 떠도는 소문. 세상의 풍설. 巷語(항어). 巷議〔항의〕 항간에 돌아다니는 평판이나 소문. ▶ 巷陌(항맥) 巷謠(항요) 村巷(촌항) 閭巷(여항)
	거리. 궁궐 안의 통로나 복도. 마을. 동네. 一 卄 共 共 巷 巷		
心 6 ⑨	恒	항상 항 héng　always	☞ 마음 심(忄·心)과 뻗칠 긍(亘: 변치 않는 마음). 恒久〔항구〕 변함 없이 오램. 변하지 않고 오래 감. 恒常〔항상〕 늘. 언제나. 恒性〔항성〕 변하지 않는 성질. 누구에게나 있는 성질. 恒用〔항용〕 희귀할 것 없이 보통임. 보통. 늘. ▶ 恒茶飯(항다반) 恒産(항산) 恒星(항성)
	항상. 늘. 변하지 아니하다. 64괘의 하나. 忄 忄 忄 恒 恒 恒		

頁 3 ⑫	**項** 목 항 项 xiàng nape 목. 목덜미. 크다. 조목. 항목. 工 𢀖 項 項 項 項	☞ 만들 공(工 : 머리 뒤쪽)과 머리 혈(頁). 項谷〔항곡〕 골이 깊은 계곡 마을. 項領〔항령〕 목. 목덜미. 요처. 두목. 장(長). 項目〔항목〕 세분한 여러 갈래. 낱낱이 들어 벌인 일의 가닥. 項鎖〔항쇄〕 죄인의 목에 채우던 칼. ▶ 項強症(항강증) 事項(사항) 要項(요항)
亠 4 ⑥	**亥** 돼지 해 hài pig 돼지. 열두째 지지. 끝. 亠 亠 亥 亥 亥 亥	☞ 돼지 시(豕)에서 글자의 모양. 亥年〔해년〕 태세(太歲)가 亥로 된 해. 亥末〔해말〕 밤 9~11시의 끝 시간. 亥月〔해월〕 달의 간지(干支)가 해(亥)인 달. 음력 10월. 亥時〔해시〕 오후 9시부터 11시 사이. 12지(支)의 맨 끝 시간. ▶ 亥方(해방)
大 7 ⑩	**奚** 어찌 해 xī slave 어찌. 어찌 ~하랴. 반어(反語). 종. 奚 奚 奚 奚 奚 奚	☞ 머리 땋은 사람의 모습을 본뜬 글자. 奚暇〔해가〕 어느 겨를. 何暇(하가). 奚琴〔해금〕 악기 이름. 호궁(胡弓)의 하나. 奚奴〔해노〕 종. 노비. 奚若〔해약〕 어떠한가. 어떠한 것인가. ▶ 奚囊(해낭) 奚以(해이) 小奚(소해)
言 6 ⑬	**該** 갖출 해 该 gāi equip 갖추다. 겸하다. 마땅히. 모두. 다. 맞다. 言 訁 訁 訌 該 該	☞ 말씀 언(言)과 돼지 해(亥 : 고치다). 該當〔해당〕 바로 들어맞음. 무엇에 관계되는 바로 그것. 該博〔해박〕 학식이 다방면에 풍부함. 사물에 널리 통함. 該人〔해인〕 그 사람. 當該〔당해〕 이 일. 그 일. 그것에 해당되는. ▶ 該地(해지) 備該(비해) 淹該(엄해)
亠 6 ⑧	**享** 누릴 향 xiǎng enjoy 누리다. 받다. 드리다. 바치다. 제사지내다. 亠 亠 宁 享 享 享	☞ 대상(臺上)에 세워진 조상을 모신 곳을 본뜬 모양. 享年〔향년〕 한평생을 살아 누린 나이. 곧, 죽은 사람의 나이. 享樂〔향락〕 즐거움을 누림. 享祀〔향사〕 제사를 지냄. 또, 그 제사. 享受〔향수〕 예술상의 미감(美感) 등을 음미하고 즐김. ▶ 享福(향복) 享壽(향수) 享宴(향연) 配享(배향)
音 13 ㉒	**響** 울릴 향 响 xiǎng echo 울리다. 명성. 소식. 소리. 메아리. 乡 绅 鄉 響 響 響	☞ 음향 향(鄕 : 마주 보다)과 소리 음(音). 響卜〔향복〕 물건이 울리는 소리로 길흉을 알아보는 점. 響應〔향응〕 메아리처럼 소리에 마주쳐 그 소리와 같이 울림. 反響〔반향〕 어떤 언동(言動)이 사회에 미치는 영향. 音響〔음향〕 소리와 그 울림. 소리. ▶ 響板(향판) 影響(영향)
車 3 ⑩	**軒** 처마 헌 轩 xuān eaves 처마. 추녀. 수레. 초헌. 집. 난간. 오르다. 冖 冃 目 車 車 軒	☞ 수레 거(車)와 방패 간(干). 軒架〔헌가〕 악기의 종과 경(磬)을 거는 시렁. 높이 걺. 軒擧〔헌거〕 풍채·의기가 당당하고 너그러워 인색치 않음. 軒燈〔헌등〕 처마에 다는 등. 東軒〔동헌〕 고을 원이나 감사·병사 등의 공무를 처리하는 곳. ▶ 軒冕(헌면) 山軒(산헌) 軺軒(초헌)

犬 16 ⑳ 獻	바칠 헌 献 xiàn 바치다. 제사지내다. 받들다. 드리다. 广 卢 虍 膚 獻 獻	☞ 솥 권(鬳: 호랑이 모양의 시루)과 개 견(犬). 獻金[헌금] 돈을 바침. 또 그 돈. 하느님 앞에 바치는 돈. 獻納[헌납] 금품을 바침. 헌금. 獻身[헌신] 몸을 바쳐 있는 힘을 다함. 獻呈[헌정] 바침. 드림. 獻上(헌상). ▶ 獻燈(헌등) 獻壽(헌수) 文獻(문헌) 奉獻(봉헌)
玄 0 ⑤ 玄	검을 현 xuán black 검다. 검은빛. 적흑색. 하늘빛. 아득히 멂. 丶 亠 亠 玄 玄	☞ 토 두(亠: 덮다)와 작을 요(幺). 玄琴[현금] 거문고. 玄理[현리] 현묘한 이치. 노자·장자의 도(道). 玄妙[현묘] 도리나 기예가 깊어서 썩 미묘함. 玄米[현미] 벼의 껍질만 벗기고 쓿지 않은 쌀. ▶ 玄麥(현맥) 玄孫(현손) 幽玄(유현) 靑玄(청현)
弓 5 ⑧ 弦	활시위 현 xián string 활시위. 초승달. 반달. 악기 줄. 丨 弓 弓 弦 弦 弦	☞ 활 궁(弓)과 아득할 현(玄). 弦琴[현금] 여섯 줄의 현악기. 거문고 거문고를 탐. 弦樂器[현악기] 현(弦)을 타거나 켜서 소리를 내는 악기. 弦月[현월] 초승달. 또는 그믐달. 半月(반월). 弦影[현영] 초승달의 그림자. ▶ 弦吹(현취) 鳴弦(명현) 上弦(상현)
糸 5 ⑪ 絃	악기줄 현 绞 xián string 악기줄. 현악기. 타다. 새끼줄. 幺 糸 糽 紅 絃 絃	☞ 실 사(糸)와 현묘할 현(玄). 絃索[현삭] 현악기의 줄. 또 그 소리. 絃誦[현송] 거문고를 타면서 시를 읊음. 絃樂[현악] 줄을 타거나 켜서 소리를 내는 음악. 絶絃[절현] 줄을 끊음. '지기(知己) 또는 친한 벗의 죽음'. ▶ 管絃(관현) 大絃(대현)
糸 10 ⑯ 縣	고을 현 县 xuàn town 고을. 매달다. 걸어 두다. 떨어지다. 目 县 県 県 縣 縣	☞ 나무 목(木)과 실 사(糸), 눈 목(目). 縣監[현감] 고려·조선조 때 고을의 원(員). 종육품(從六品). 縣隔[현격] 멀리 떨어져 있음. 郡縣[군현] 옛날 지방 제도인 주·부·군·현의 총칭. 宇縣[우현] 천하(天下). ▶ 縣鼓(현고) 縣尹(현윤)
心 16 ⑳ 懸	매달 현 悬 xuán hang 매달다. 걸다. 빚. 달리다. 멀다. 현격하다. 県 県 縣 縣 縣 懸	☞ 고을 현(縣)과 마음 심(心). 懸隔[현격] 썩 동떨어짐. 懸燈[현등] 등불을 높이 매닮. 懸賞[현상] 상금을 걸어 모으거나 찾는 일. 懸案[현안] 해결되지 아니한 문제. ▶ 懸垂(현수) 懸板(현판) 倒懸(도현)
穴 0 ⑤ 穴	구멍 혈 xué 구멍. 구덩이. 동굴. 굴. 움. 곁. 丶 宀 宀 宀 穴	☞ 움집 면(宀)과 여덟 팔(八). 穴居[혈거] 굴속에서 삶. 또 그 주거(住居). 穴室[혈실] 굴속에 만든 방. 穴臥[혈와] 굴속에서 잠. 窟穴[굴혈] 도둑의 소굴. 굴 속. ▶ 穴居野處(혈거야처) 穴深(혈심) 掘穴(굴혈)

3級 配定漢字 345

肉 6 ⑩	脅	겨드랑이 협 으를 협 肋 xié	☞ 힘쓸 협(劦)과 몸 육(月·肉). 脅勒〔협륵〕 협박하여 우겨댐. 脅迫〔협박〕 으르고 다잡음. 脅息〔협식〕 몹시 두려워서 숨을 죽임. 脅約〔협약〕 위협하여 이루어진 약속이나 조약. ▶ 威脅(위협) 抽脅(추협)

겨드랑이. 으르다. 위협하다. 뽐내다.
ㄱ ㄲ ㄲ 脅 脅 脅

亠 5 ⑦	亨	형통할 형 드릴 향 삶을 팽 hēng	☞ 조상신을 모신 장소를 본뜬 모양. 亨途〔형도〕 평탄한 길. 亨通〔형통〕 모든 일이 뜻과 같이 잘됨. 吉亨〔길형〕 길하여 사물이 잘 형통함. 亨淑〔팽숙〕 삶아서 익힘. 삶음. ▶ 亨醢(팽해) 享有(향유)

형통하다. 일이 잘 되다. 드리다. 삶다.
亠 亠 宁 宁 宁 亨 亨

虫 10 ⑯	螢	개똥벌레 형 萤 yíng firefly	☞ 빛날 형(熒 : 熒의 획 줄임)과 벌레 충(虫). 螢光〔형광〕 반딧불. 螢火(형화). 螢雪之功〔형설지공〕 반딧불과 눈으로, 애써 공부하는 일. 螢窓〔형창〕 공부하는 방의 창. 학문을 닦는 곳. 流螢〔유형〕 날아다니는 개똥벌레. 飛螢(비형). ▶ 螢惑星(형혹성) 螢火(형화)

개똥벌레. 반딧불이.
艹 艹 艹 冈 螢 螢 螢

八 2 ④	兮	어조사 혜 xī particle	☞ 여덟 팔(八 : 분산하다)과 꾸밀 교(丂 : 巧의 고자). 不素餐兮〔불소찬혜〕 공밥이야 먹지 않겠지. 歸去來兮〔귀거래혜〕 돌아가련다. 東風漸寒兮〔동풍점한혜〕 동풍이 점점 차가워짐이여! 忡忡兮〔평평혜〕 충직함이여! ▶ 簡兮(간혜) 與兮(여혜)

어조사(강조, 감탄을 나타냄). ~여.
ノ 八 ハ 兮

心 11 ⑮	慧	지혜 혜 huì wise	☞ 비 혜(彗)와 마음 심(心). 慧巧〔혜교〕 밝은 슬기와 묘한 기교. 慧敏〔혜민〕 슬기롭고 민첩함. 慧眼〔혜안〕 총기 있는 눈. 사물을 명찰(明察)하는 눈. 慧鳥〔혜조〕 앵무새. ▶ 慧力(혜력) 慧聰(혜총) 智慧(지혜)

지혜. 슬기. 슬기롭다. 총명함.
丯 丯丯 彗 彗 慧 慧

二 2 ④	互	서로 호 hù mutually	☞ 실패의 실을 이리저리 감아 놓은 모양. 互角〔호각〕 서로 역량이 비슷하여 우열을 가릴 수 없음. 互流〔호류〕 서로 교류(交流)함. 互選〔호선〕 특정한 사람들이 모여 서로 뽑는 선거. 互用〔호용〕 서로 넘나들며 씀. 또는 그렇게 씀. ▶ 互先(호선) 互讓(호양) 互換(호환) 相互(상호)

서로. 함께. 뒤섞이다. 교차함. 번갈아 들다.
一 丆 互 互

ノ 4 ⑤		온 호 그런가 호 hū particle	☞ 호각판의 모양과 혀의 모양. 斷乎〔단호〕 일단 결심한 것을 과단성 있게 처리하는 모양. 嗟乎〔차호〕 슬퍼서 탄식할 때 쓰는 말. '슬프다'의 뜻. 確乎〔확호〕 아주 확실한 모양. 確然(확연). 純乎〔순호〕 다른 것이 전혀 섞이지 아니하고 제대로 온전함. ▶ 禮後乎(예후호)

온. 그런가. 어조사(전치사, 부사).
一 丷 亚 平 乎

虍 2 ⑧	 범 호 hǔ　　tiger 범. 용맹스럽다. 포악스럽다. 丨 丨 上 广 虍 虎	☞ 큰 입과 날카로운 어금니, 발톱을 드러내놓은 '범'의 모양. 虎口〔호구〕 범의 입. 매우 위험한 지경이나 경우를 일컬음. 虎窟〔호굴〕 범의 굴. 곧, 가장 위험한 곳. 虎穴(호혈). 虎狼〔호랑〕 범과 이리. 욕심 많고 잔인한 사람의 비유. 虎髥〔호염〕 범의 수염. 무인(武人)들의 무섭게 생긴 수염. ▶ 虎兵(호병) 虎將(호장) 虎皮(호피) 魚虎(어호)
肉 5 ⑨	 오랑캐 호 hú　　savage 오랑캐. 늙은이. 멀다. 어찌. 목. 예기(禮器). 十 + 古 古 胡 胡	☞ 옛 고(古)와 몸 육(月·肉). 胡國〔호국〕 미개한 야만인의 나라. 북쪽 오랑캐의 나라. 胡桃〔호도〕 호두나무 열매. 호두. 胡亂〔호란〕 오랑캐들로 인해 일어난 병란. 胡虜〔호로〕 중국 북방의 이민족 '흉노'를 일컫는 말. ▶ 胡福(호복) 胡人(호인) 胡椒(호초)
水 7 ⑩	浩　넓을 호 hào　　wide 넓다. 크다. 넉넉하다. 거만하다. 氵 汀 汁 浩 浩 浩	☞ 물 수(氵·水)와 알릴 고(告). 浩歌〔호가〕 큰 소리로 노래 부름. 또, 그 노래. 浩氣〔호기〕 마음이 넓고 뜻이 큰 기운. 호연한 기운. 浩然〔호연〕 넓고 큼. 마음이 넓고 뜻이 아주 큼. 浩歎〔호탄〕 대단히 탄식함. ▶ 浩博(호박) 浩然之氣(호연지기) 浩浩蕩蕩(호호탕탕)
毛 7 ⑪	毫　가는털 호 háo　　fine hair 가는 털. 아주 가늘다. 조금. 붓. 붓끝. 亠 亠 宣 亮 毫 毫	☞ 높을 고(高·高)와 털 모(毛). 毫端〔호단〕 붓끝. 筆端(필단). 毫釐〔호리〕 자나 저울눈의 호(毫)와 이(釐). 몹시 적은 분량. 毫毛〔호모〕 가는 털. 전하여. 근소함. 미소함. 毫髮〔호발〕 가는 털과 모발. 극히 적은 것. ▶ 毫釐不差(호리불차) 毫髮(호발)
豕 7 ⑭	豪　호걸 호 háo　　hero 호걸. 귀인. 호협하다. 빼어나다. 성하다. 亠 宣 亮 豪 豪 豪	☞ 높을 고(高·高)와 돼지 시(豕). 豪傑〔호걸〕 지용(智勇)이 뛰어나고 기개와 풍모가 있는 사람. 豪放〔호방〕 의기가 장하고 작은 일에 거리낌이 없음. 豪商〔호상〕 규모가 매우 큰상인. 文豪〔문호〕 문학의 대가. ▶ 豪奢(호사) 豪言(호언) 豪言壯談(호언장담)
戈 4 ⑧	 혹 혹 huò 혹. 혹은. 누구. 어떤 사람. 늘. 나라. 一 丆 戸 或 或 或	☞ 창 과(戈)와 입 구(口). 或說〔혹설〕 어떤 사람의 말이나 학설. 或是〔혹시〕 만일에. 행여나. 혹은. 어떠한 경우. 或曰〔혹왈〕 어떤 사람이 말하기를. 或云(혹운). 或者〔혹자〕 어떤 사람. 혹시. ▶ 或時(혹시) 間或(간혹)
日 4 ⑧	 어두울 혼 hūn　　dark 어둡다. 혼미하다. 어리석음. 날 저물다. 一 厂 氏 氏 昏 昏	☞ 백성 민(氏:民 눈을 찔러 잘 보지 못함)과 날 일(日). 昏君〔혼군〕 어둡고 어리석은 임금. 暗君(암군). 昏亂〔혼란〕 분별이 없고 도리를 모름. 昏迷〔혼미〕 마음이 혼돈하여 갈피를 잡을 수 없음. 昏睡〔혼수〕 혼혼히 잠이 듦. 의식이 없어지고 인사불성이 됨. ▶ 昏明(혼명) 老昏(노혼) 黃昏(황혼)

鬼 4 ⑭ 넋. 혼. 정신. 마음. 생각. 云 宂 궰 䰟 魂 魂	魂 넋 혼 hún　soul	☞ 구름 운(云·雲)과 귀신 귀(鬼). 魂怯[혼겁] 혼이 빠지도록 겁을 냄. 魂靈[혼령] 죽은 사람의 넋. 魂飛魄散[혼비백산] 몹시 놀라거나 두려워서 넋을 잃음. 商魂[상혼] 상인이 장사를 잘하려는 욕심. ▶ 魂氣(혼기) 魂魄(혼백) 亡魂(망혼)
心 4 ⑧ 문득. 홀연. 갑자기. 소홀히 하다. 잊다. 丿 ⺈ 勹 勿 忽 忽	忽 문득 홀 hū　suddenly	☞ 없을 물(勿 : 없다)과 마음 심(心). 忽待[홀대] 탐탁하지 않은 대접. 소홀히 대접함. 忽微[홀미] 아주 가늘고 작음. 忽然[홀연] 뜻밖에 얼씬 나타나거나 사라지는 모양. 忽諸[홀저] 갑자기 사라짐. 소홀함. 갑작스럽게. ▶ 忽視(홀시) 忽顯忽沒(홀현홀몰) 疏忽(소홀)
弓 2 ⑤ 넓다. 넓히다. 널리. 큼. 크다. 활소리. フ 弓 弓 弘 弘	弘 넓을 홍 hóng　extensive	☞ 활 궁(弓)과 사사 사(厶). 弘簡[홍간] 도량이 크고 대범함. 弘大[홍대] 범위나 규모가 넓고 큼. 弘報[홍보] 일반에게 널리 알림. 또, 그 보도. 弘益[홍익] 큰 이익. 널리 이롭게 함. ▶ 弘基(홍기) 弘益人間(홍익인간) 宣弘(선홍)
水 6 ⑨ 크다. 넓다. 홍수. 큰물. 여울. 氵 汁 汁 洪 洪 洪	洪 클 홍 넓을 홍 hóng　broad	☞ 물 수(氵·水)와 다할 공(共 : 넓고 크다). 洪大[홍대] 썩 큼. 鴻大(홍대). 洪福[홍복] 큰 행복. 썩 큰 복력. 洪水[홍수] 큰 물. 장마가 져서 내나 강에 크게 불은 물. 洪業[홍업] 나라를 세우는 큰 사업. 鴻業(홍업). ▶ 洪原(홍원) 洪恩(홍은) 洪荒(홍황)
鳥 6 ⑰ 기러기. 크다. 굳세다. 강하다. 氵 江 江 洭 鴻 鴻	鴻 기러기 홍 鴻 hóng　goose	☞ 큰 내 강(江)과 새 조(鳥). 鴻鵠[홍곡] 큰기러기와 고니. 곧, 큰 인물의 비유. 鴻德[홍덕] 큰 덕. 大德(대덕). 鴻毛[홍모] 기러기 털. 아주 가벼이 여기는 사물의 비유. 鴻雁[홍안] 크고 작은 기러기. ▶ 鴻圖(홍도) 鴻恩(홍은) 鴻益(홍익) 孤鴻(고홍)
禾 0 ⑤ 벼. 곡물. 모. 이삭. 丿 一 千 禾 禾	禾 벼 화 hé　rice-plant	☞ 벼이삭이 드리워진 모양. 禾穀[화곡] 벼 종류인 곡식의 총칭. 禾苗[화묘] 벼의 묘. 禾粟[화속] 벼. 곡식. 禾穗[화수] 벼의 이삭. ▶ 禾竿(화간) 黍禾(서화)
示 9 ⑭ 재앙. 재난. 걱정. 죄. 재앙을 내리다. 禾 秄 秄 秄 禍 禍	禍 재앙 화 禍 huò　disaster	☞ 보일 시(示)와 입 비뚤어질 와(咼 : 깎다, 없애다). 禍根[화근] 재앙의 근원. 화원. 禍難[화난] 재앙과 환난. 禍患(화환). 禍福[화복] 재앙과 복록. 殃禍[앙화] 죄의 앙갚음으로 받는 온갖 재앙. ▶ 禍端(화단) 禍變(화변) 禍不單行(화불단행)

手 15 ⑱	**擴** 扩 넓힐 확 kuò extend 넓히다. 늘리다. 확대. 扌 扩 扩 扩 擴 擴 擴	☞ 손 수(扌·手)와 클 광(廣). 擴大〔확대〕 크게 넓힘. 늘려서 크게 함. 擴散〔확산〕 퍼져 흩어짐. 擴張〔확장〕 범위·규모·세력 등을 늘리어 넓힘. 擴充〔확충〕 넓혀 충실하게 함. ▶ 擴聲器(확성기)
禾 14 ⑲	**穫** 获 거둘 확 huò harvest 거두다. 벼 베다. 얻다. 禾 秆 秆 稚 穫 穫	☞ 벼 화(禾)와 잴 확(蒦). 穫稻〔확도〕 벼를 베어 거두어들임. 穫刈〔확예〕 곡식을 베는 일. 곡식을 수확함. 收穫〔수확〕 농작물을 거두어들임. 隕穫〔운확〕 곤궁하여 의지를 잃음. ▶ 秋穫(추확)
丶 2 ③	**丸** 알 환 wán ball 알. 자루. 둥글다. 꿋꿋하다. 탄알. 총알. 丿 九 丸	☞ 기울 측(仄)을 반대로 뒤집은 언덕 엄(厂)과 사람 인(人). 丸石〔환석〕 거친돌이 파도에 갈려 둥글고 매끄럽게 된 돌. 丸藥〔환약〕 반죽하여 작고 둥글게 비빈 약. 알약. 飛丸〔비환〕 날아오는 탄알. 飛彈(비탄). 빨리 지나감. 彈丸〔탄환〕 탄알. 총알. ▶ 丸彫(환조) 砲丸(포환)
手 9 ⑫	**換** 바꿀 환 huàn exchange 바꾸다. 고치다. 제멋대로. 갈다. 扌 扩 扩 护 换 換	☞ 손 수(扌·手)와 맞바꿀 환(奐). 換穀〔환곡〕 곡식을 서로 바꿈. 換氣〔환기〕 공기를 바꾸어 넣음. 換算〔환산〕 단위가 다른 수량으로 고쳐 계산함. 換節〔환절〕 철이 바뀜. 절조를 바꿈. ▶ 換骨奪胎(환골탈태) 交換(교환) 轉換(전환)
辵 13 ⑰	**還** 还 돌아올 환 돌 선 huán return 돌아오다. 물러나다. 돌다. 영위하다. 罒 罒 咢 睘 睘 還	☞ 쉬엄쉬엄 갈 착(辶·辵)과 놀랍게 볼 경(睘). 還甲〔환갑〕 사람의 나이가 61세를 일컬음. 還給〔환급〕 돈이나 물건을 소유자에게 돌려 줌. 還拂〔환불〕 요금 따위를 되돌려 줌. 還生〔환생〕 되살아남. 형상을 바꾸어 다시 생겨남. ▶ 歸還(귀환) 錦衣還鄕(금의환향) 返還(반환)
白 4 ⑨	**皇** 임금 황 huáng emperor 임금. 천체. 크다. 꽃. 여가. 춤. 훌륭하다. 丿 白 白 白 皇 皇	☞ 흰 백(白 : 해)과 임금 왕(王 : 큰 도끼). 皇考〔황고〕 돌아간 아버지를 높여 일컫는 말. 先考(선고). 皇國〔황국〕 황제가 다스리는 나라. 皇路〔황로〕 큰 길. 군주가 행한 길. 皇帝〔황제〕 제국의 군주를 높여 일컬음. 天子(천자). ▶ 皇上(황상) 皇天(황천) 天皇(천황)
艸 6 ⑥	**荒** 거칠 황 huāng rough 거칠다. 흉년들다. 허황하다. 거짓. 艹 艹 艹 荒 荒 荒	☞ 풀 초(艹·艸)와 없을 망(亡). 내 천(川). 荒年〔황년〕 농작물이 잘 되지 않은 해. 凶年(흉년). 荒畓〔황답〕 거친 논. 荒唐〔황당〕 언행이 거칠고 거짓이 많음. 荒蕪地〔황무지〕 황폐한 땅. 거칠어진 땅. ▶ 荒唐無稽(황당무계) 荒廢(황폐) 虛荒(허황)

3級 配定漢字 349

부수/획	한자	훈음	간체 / 병음 / 영어	해설
心 7 ⑩	悔	뉘우칠 회	怀 huǐ regret	☞ 마음 심(忄·心)과 탐할 매(每). 悔改〔회개〕 잘못을 뉘우쳐 고침. 悔淚〔회루〕 잘못을 뉘우치며 흘리는 눈물. 悔心〔회심〕 뉘우치는 마음. 悔悟〔회오〕 잘못을 뉘우쳐 깨달음. ▶ 悔禍(회화) 悟悔(오회) 懺悔(참회)

뉘우치다. 애석하게 여김. 한(恨)함.
忄 忙 忙 悔 悔 悔

| 心 16 ⑲ | 懷 | 품을 회 | 怀 huái hold | ☞ 마음 심(忄·心)과 따를 회(褱).
懷古〔회고〕 옛 자취를 돌이켜 생각함. 懷舊(회구).
懷爐〔회로〕 불을 담아 품속에 지니는 작은 화로.
懷柔〔회유〕 어루만져 잘 달램.
懷抱〔회포〕 가슴에 품음. 어버이의 품. 가슴에 품은 정.
▶ 懷裡(회리) 懷疑(회의) 所懷(소회) |

품다. 품안. 생각. 마음. 정. 보내다.
忄 忄 忄 忄 懷 懷

| 刀 12 ⑭ | 劃 | 그을 획 | 划 huà draw | ☞ 가를 획(畫)과 칼 도(刂·刀).
劃給〔획급〕 그어 줌. 갈라서 나눠 줌. 劃下(획하).
劃期的〔획기적〕 새 시대를 긋는 것.
劃然〔획연〕 분명히 구별된 모양.
劃一〔획일〕 한결 같아서 차별이 없음. 줄친 듯 가지런함.
▶ 劃伐(획벌) 劃定(획정) 劃策(획책) 計劃(계획) |

긋다. 나누다. 구획을 긋다. 꾀하다.
⼦ ⼦ 畫 畫 畫 劃

| 犬 14 ⑰ | 獲 | 얻을 획 | 获 huò gain | ☞ 개 견(犭·犬)과 놀라 두리번거릴 확(蒦 : 矍의 변형).
獲穀〔획곡〕 뻐꾸기.
獲得〔획득〕 손에 넣음. 잡아 가짐. 얻음.
獲旌〔획정〕 화살이 과녁을 맞추는 것을 알리는 기(旗).
濫獲〔남획〕 지나치게 마구 잡음.
▶ 獲利(획리) 漁獲(어획) 捕獲(포획) |

얻다. 손에 넣다. 맞히다. 종. 계집종.
犭 犭 犭 獲 獲 獲

| 木 12 ⑯ | 橫 | 가로 횡 | héng breadth | ☞ 나무 목(木)과 누를 황(黃).
橫擊〔횡격〕 옆으로 냅다 갈김. 적을 측면에서 공격함.
橫斷〔횡단〕 가로지름. 가로 건너감. 가로 끊음.
橫領〔횡령〕 남의 물건을 제멋대로 가로채거나 빼앗음.
橫死〔횡사〕 비명(非命)의 죽음.
▶ 橫說竪說(횡설수설) 橫財(횡재) 橫暴(횡포) |

가로. 옆. 가로지르다. 방자함. 어그러지다.
十 木 栟 栟 橫 橫

| 日 12 ⑯ | 曉 | 새벽 효 | 晓 xiǎo dawn | ☞ 해 일(日)과 멀 요(堯).
曉鷄〔효계〕 새벽을 알리는 닭.
曉告〔효고〕 타이름. 알아듣도록 타이름.
曉氣〔효기〕 새벽녘의 공기. 또, 그 기분.
曉星〔효성〕 새벽에 보이는 별 샛별. 金星(금성).
▶ 曉諭(효유) 曉鐘(효종) 拂曉(불효) |

새벽. 밝다. 깨닫다. 타이르다. 아뢰다.
日 旫 時 時 曉 曉

| 人 7 ⑨ | 侯 | 제후 후 | hóu marquis | ☞ 사람 인(亻: 人의 변형)과 과녁 뒤의 막(厂), 화살 시(矢).
侯爵〔후작〕 오등작(吾等爵)의 둘째 작위.
侯鯖〔후정〕 대단한 진미(珍味).
諸侯〔제후〕 봉건 시대에 영토를 가지고 그 영내의 백성을
　　　　　 다스리던 영주(領主).
▶ 侯鵠(후곡) |

제후. 후작. 임금. 후. 과녁. 어조사.
亻 亻 仁 侁 侯 侯

口 9 ⑫	喉 목구멍 후 hóu throat 목구멍. 목. 긴한 곳. 요소(要素). 口 吖 吠 吁 哼 喉 喉	☞ 입 구(口)와 과녁 후(侯). 喉頭〔후두〕 호흡기의 한 부분. 공기 통로이며 발성기관임. 喉門〔후문〕 목구멍. 咽喉(인후). 喉聲〔후성〕 목에서 나는 소리. 목소리. 喉音〔후음〕 내쉬는 숨으로 목청을 마찰하여 내는 소리. ▶ 喉衿(후금) 喉舌(후설)
殳 9 ⑬	毁 헐 훼 huǐ destroy 헐다. 무너지다. 비방하다. 야위다. 丨 臼 臼 皇 毁 毁	☞ 흙 토(土)와 쌀 찧을 훼(殳·毁). 毁棄〔훼기〕 헐거나 깨뜨려 버림. 毁短〔훼단〕 남의 단점이나 실패를 꼬집고 헐뜯어 말함. 毁謗〔훼방〕 남을 헐뜯어 비방함. 毁損〔훼손〕 헐어서 못쓰게 됨. 체면이나 명예가 손상됨. ▶ 毁言(훼언) 毁折(훼절) 猜毁(시훼) 破毁(파훼)
車 8 ⑮	輝 빛날 휘 辉 huī shine 빛나다. 빛. 아침 햇빛. 불빛. 광채. 光 炉 炉 焻 煇 輝	☞ 빛 광(光)과 군사 군(軍). 輝光〔휘광〕 빛남. 또는 찬란한 빛. 輝燭〔휘촉〕 환하게 비춤. 輝煌〔휘황〕 광채가 눈부시게 빛남. 輝煌燦爛(휘황찬란). 光輝〔광휘〕 아름답게 빛나는 빛. 榮譽(영예). ▶ 烈輝(열휘) 澄輝(징휘)
手 10 ⑬	携 가질 휴 xié carry 가지다. 들다. 끌다. 이끌다. 당기다. 扌 扞 扩 推 捁 携	☞ 손 수(扌·手)와 소쩍새 휴(雋). 携帶〔휴대〕 어떤 물건을 손에 들거나 몸에 지니고 다님. 携手〔휴수〕 손을 맞잡음. 곧, 함께 감. 携貳〔휴이〕 두 마음을 가짐. 이론(異論)을 가짐. 睽携〔규휴〕 반목함. 등짐. ▶ 提携(제휴)
肉 6 ⑩	胸 가슴 흉 xiōng breast 가슴. 마음. 앞. 요충지. 옷섶. 月 肋 肑 肑 胸 胸	☞ 몸 육(月·肉)과 가슴 흉(匈). 胸間〔흉간〕 가슴의 언저리. 懷抱(회포). 胸襟〔흉금〕 가슴속에 품은 생각. 마음 속. 胸中(흉중). 胸背〔흉배〕 관복의 가슴과 등에 붙이던 수놓은 헝겊 조각. 胸中〔흉중〕 가슴 속. 마음. 생각. ▶ 胸算(흉산) 心胸(심흉) 龜胸(귀흉)
禾 7 ⑫	稀 드물 희 xī rare 드물다. 벼가 드문드문하다. 성기다. 二 禾 稀 秳 稀 稀	☞ 벼 화(禾)와 드물 희(希). 稀貴〔희귀〕 드물어 진귀함. 稀年〔희년〕 70세. 나이 일흔 살의 일컬음. 稀代〔희대〕 세상에 드묾. 稀世(희세). 稀薄〔희박〕 기체나 액체 따위의 밀도나 농도가 낮음. ▶ 稀釋(희석) 稀少(희소) 稀罕(희한)
火 9 ⑬	熙 빛날 희 xī brilliant 빛나다. 넓다. 마르다. 기뻐하다. 즐기다. 丁 𦣻 臣 臣󠄀 熙 熙	☞ 즐거울 이(配)에 불 화(灬·火). 熙隆〔희륭〕 넓고 성(盛)함. 熙笑〔희소〕 기뻐하여 웃음. 熙朝〔희조〕 잘 다스려진 세상. 熙熙〔희희〕 화락(和樂)한 모양. 왕래가 잦은 모양. ▶ 恬熙(염희) 雍熙(옹희) 緝熙(즙희)

口 13 ⑯		탄식할 희 트림할 애 yī ài	☞ 입 구(口)와 뜻 의(意). 噫嗚〔희오〕 슬퍼 탄식하는 모양. 噫瘖〔희음〕 똑똑히 소리를 내지 못하는 모양. 噫乎〔희호〕 찬미하거나 탄식, 또는 애통하는 소리. 噫氣〔애기〕 내쉬는 숨. 하품. ▶ 噫瘖(애음) 憂噫(우희)
탄식하다. 한숨쉬다. 트림하다. 口 吣 咅 喑 噫 噫			
戈 13 ⑰		놀 희 희롱할 희 xì 戏	☞ 옛 질그릇 희(虛 : 공허하다)와 창 과(戈). 戲曲〔희곡〕 연극의 각본. 문학 형식의 하나. 드라마. 戲具〔희구〕 유희에 쓰는 제구. 장난감. 戲劇〔희극〕 진실하지 않은 행동. 익살을 부리는 연극. 戲弄〔희롱〕 말·행동으로 실없이 장난으로 놀림. 데리고 놂. ▶ 戲謔(희학) 遊戲(유희)
놀다. 희롱하다. 놀이. 연극. 서럽다. 广 卢 虍 虛 戲 戲			

부 록

동자 이음(同字異音)

두음 법칙(頭音法則)

동음 이체자(同音異體字)

동자 이음(同字異音)

| 降 | 내릴 | 강 | 降雨(강우) | 昇降(승강) |
| | 항복할 | 항 | 降伏(항복) | 投降(투항) |

| 更 | 다시 | 갱 | 更生(갱생) | 更紙(갱지) |
| | 고칠 | 경 | 更張(경장) | 三更(삼경) |

| 車 | 수레 | 거 | 車馬(거마) | 四輪車(사륜거) |
| | 수레 | 차 | 車票(차표) | 馬車(마차) |

| 乾 | 하늘/마를 | 건 | 乾燥(건조) | 乾坤(건곤) |
| | 마를 | 간 | 乾物(간물) | 乾淨(간정) |

| 串 | 볼 | 견 | 見聞(견문) | 一見(일견) |
| | 나타날/뵐 | 현 | 謁見(알현) | 露見(노현) |

串	버릇	관	串童(관동)	串戲(관희)
	꿸	천	串子(천자)	串票(천표)
	땅이름	곶	甲串(갑곶 : 地名)	

| 告 | 알릴 | 고 | 告示(고시) | 豫告(예고) |
| | 청할 | 곡 | 告寧(곡녕) | 出必告(출필곡) |

龜	거북	귀	龜鑑(귀감)	龜尾兔角(귀미토각)
	땅이름	구	龜浦(구포:地名)	龜玆(구자)
	터질	균	龜裂(균열)	龜柝(균탁)

| 金 | 쇠 | 금 | 金品(금품) | 賞金(상금) |
| | 성/땅이름 | 김 | 金氏(김씨) | 金浦(김포:地名) |

| 奈 | 나락 | 나 | 奈落(나락) | |
| | 어찌 | 내 | 奈何(내하) | |

| 帑 | 처자 | 노 | 妻帑(처노) | 鳥帑(조노) |
| | 나라곳집 | 탕 | 內帑金(내탕금) | 帑庫(탕고) |

| 茶 | 차 | 다 | 茶菓(다과) | 點茶(점다) |
| | 차 | 차 | 茶禮(차례) | 葉茶(엽차) |

| 宅 | 댁 | 댁 | 宅內(댁내) | 宅下人(댁하인) |
| | 집 | 택 | 宅地(택지) | 住宅(주택) |

| 度 | 법도 | 도 | 度數(도수) | 年度(연도) |
| | 헤아릴 | 탁 | 度支部(탁지부) | 忖度(촌탁) |

| 讀 | 읽을 | 독 | 讀書(독서) | 耽讀(탐독) |
| | 구절 | 두 | 吏讀(이두) | 句讀(구두) |

| 洞 | 마을 | 동 | 洞里(동리) | 合洞(합동) |
| | 통할 | 통 | 洞察(통찰) | 洞燭(통촉) |

| 屯 | 모일 | 둔 | 屯田(둔전) | 駐屯(주둔) |
| | 어려울 | 준 | 屯困(준곤) | 屯險(준험) |

| 反 | 돌이킬 | 반 | 反亂(반란) | 違反(위반) |
| | 뒤집을 | 번 | 反田(번전) | 反胃(번위) |

| 魄 | 넋 | 백 | 魂魄(혼백) | 精魄(정백) |
| | 넋잃을 | 탁(박) | 落魄(낙탁) | |

| 便 | 똥오줌 | 변 | 便所(변소) | 小便(소변) |
| | 편할 | 편 | 便利(편리) | 郵便(우편) |

| 復 | 회복할 | 복 | 復歸(복귀) | 恢復(회복) |
| | 다시 | 부 | 復活(부활) | 復興(부흥) |

| 父 | 아비 | 부 | 父母(부모) | 生父(생부) |
| | 남자미칭 | 보 | 尚父(상보) | 尼父(이보) |

| 否 | 아닐 | 부 | 否決(부결) | 可否(가부) |
| | 막힐 | 비 | 否塞(비색) | 否運(비운) |

| 北 | 북녘 | 북 | 北進(북진) | 南北(남북) |
| | 달아날 | 패 | 敗北(패배) | |

| 分 | 나눌 | 분 | 分裂(분열) | 部分(부분) |
| | 단위 | 푼 | 分錢(푼전) | 五分邊(오푼변) |

| 不 | 아니 | 불 | 不能(불능) | 不遇(불우) |
| | 아닐 | 부 | 不動産(부동산) | 不在(부재) |

| 沸 | 끓을 | 비 | 沸騰(비등) | 煮沸(자비) |
| | 용솟음칠 | 불 | 沸水(불수) | 沸然(불연) |

| 寺 | 절 | 사 | 寺刹(사찰) | 本寺(본사) |
| | 내시/관청 | 시 | 寺人(시인) | 太常寺(태상시) |

| 殺 | 죽일 | 살 | 殺生(살생) | 射殺(사살) |
| | 감할 | 쇄 | 殺到(쇄도) | 相殺(상쇄) |

| 狀 | 모양 | 상 | 狀況(상황) | 狀態(상태) |
| | 문서 | 장 | 狀啓(장계) | 賞狀(상장) |

| 塞 | 찾을 | 색 | 索引(색인) | 思索(사색) |
| | 쓸쓸할 | 삭 | 索莫(삭막) | 索道(삭도) |

| 塞 | 막을 | 색 | 塞源(색원) | 閉塞(폐색) |
| | 변방 | 새 | 塞翁之馬(새옹지마) | 要塞(요새) |

說	말씀	설	說得(설득)	學說(학설)
	달랠	세	說客(세객)	遊說(유세)
	기뻐할	열	說喜(열희)	不亦說乎(불역열호)

동자 이음(同字異音)

漢字	訓	音	例	例
省	살필	성	省墓(성묘)	反省(반성)
	덜	생	省略(생략)	省力(생력)
率	거느릴	솔	率先(솔선)	引率(인솔)
	비율	률(율)	率身(율신)	能率(능률)
衰	쇠할	쇠	衰退(쇠퇴)	盛衰(성쇠)
	상옷	최	衰服(최복)	衰姪(최질)
數	셀	수	數學(수학)	運數(운수)
	자주	삭	數窮(삭궁)	頻數(빈삭)
	촘촘할	촉	數罟(촉고)	
宿	잘	숙	宿泊(숙박)	露宿(노숙)
	별	수	宿曜(수요)	二十八宿(이십팔수)
拾	주울	습	拾得(습득)	收拾(수습)
	열	십	拾萬(십만)	五拾(오십)
瑟	악기이름	슬	瑟居(슬거)	簫瑟(소슬)
	악기이름	실	琴瑟之樂(금실지락)	
食	먹을	식	食堂(식당)	美食家(미식가)
	밥	사	食氣(사기)	蔬食(소사)
識	알	식	識見(식견)	鑑識(감식)
	기록할	지	標識(표지)	款職(관지)
什	열사람	십	什長(십장)	什六(십육)
	세간	집	什器(집기)	佳什(가집)
十	열	십	十干(십간)	十二支(십이지)
		시	十月(시월)	十方世界(시방세계)
惡	악할	악	惡漢(악한)	懲惡(징악)
	미워할	오	惡寒(오한)	憎惡(증오)
樂	풍류	악	樂聖(악성)	音樂(음악)
	즐길	낙(락)	樂園(낙원)	苦樂(고락)
	좋아할	요	樂山樂水(요산요수)	
若	같을/만약	약	若干(약간)	老若(노약)
	반야	야	般若(반야)	蘭若(난야)
於	어조사	어	於是乎(어시호)	於焉間(어언간)
	탄식할	오	於菟(오토)	於乎(오호)
厭	싫어할	염	厭世(염세)	厭症(염증)
	누를	엽	厭然(엽연)	厭揖(엽읍)
葉	잎	엽	葉書(엽서)	落葉(낙엽)
	성씨	섭	葉氏(섭씨)	迦葉(가섭:人名)
六	여섯	육/륙	六年(육년)	五六島(오륙도)
	여섯	유/뉴	六月(유월)	五六月(오뉴월)
易	쉬울	이	易慢(이만)	難易(난이)
	바꿀/주역	역	易學(역학)	貿易(무역)
咽	목구멍	인	咽喉(인후)	咽頭(인두)
	목멜	열	嗚咽(오열)	
刺	찌를	자	刺戟(자극)	諷刺(풍자)
	수라	라	水刺(수라)	
	찌를	척	刺殺(척살)	刺船(척선)
炙	구울	자	炙背(자배)	膾炙(회자)
	고기구이	적	炙鐵(적철)	散炙(산적)
著	지을	저	著述(저술)	顯著(현저)
	붙을	착	著近(착근)	附着(부착)
抵	막을	저	抵抗(저항)	根抵當(근저당)
	칠	지	抵掌(지장)	
切	끊을	절	切迫(절박)	親切(친절)
	모두	체	一切(일체)	
提	끌	제	提携(제휴)	前提(전제)
	보리수	리	菩提樹(보리수)	
	떼지어날	시	提提(시시)	
辰	지지	진	辰時(진시)	日辰(일진)
	일월성	신	生辰(생신)	星辰(성신)
斟	술따를	짐	斟酌(짐작)	斟問(짐문)
	짐작할	침	斟量(침량)	斟酒(침주)
徵	부를	징	徵兵(징병)	象徵(상징)
	음률이름	치	宮商角徵羽(궁상각치우:音名)	
差	어긋날	차	差別(차별)	格差(격차)
	층질	치	參差(참치)	差輕(치경)
帖	문서	첩	帖着(첩착)	手帖(수첩)
	체지	체	帖文(체문)	帖紙(체지)
諦	살필	체	諦念(체념)	妙諦(묘체)
	살필	제	眞諦(진제)	三諦(삼제)
丑	소	축	丑時(축시)	乙丑年(을축년)
	(本音)	추	公孫丑(공손추:人名)	
則	법	칙	則效(칙효)	規則(규칙)
	곧	즉	然則(연즉=卽)	
沈	가라앉을	침	沈沒(침몰)	擊沈(격침)
	성씨	심	沈氏(심씨)	
拓	박을	탁	拓本(탁본)	拓落(탁락)
	넓힐	척	拓殖(척식)	開拓(개척)

罷	그만둘 파 고달플 피	罷業(파업) 革罷(혁파) 罷勞(피로) 罷民(피민)		皮	가죽 피 가죽 비	皮革(피혁) 木皮(목피) 鹿皮(녹비)
編	엮을 편 땋을 변	編輯(편집) 共編(공편) 編髮(변발)		行	다닐 행 항렬 항	行樂(행락) 決行(결행) 行列(항렬) 叔行(숙항)
布	베 포 베풀 보	布木(포목) 宣布(선포) 布施(보시)		陝	좁을 협 땅이름 합	陝隘(협애) 山陝(산협) 陝川(합천:地名)
暴	사나울 폭 사나울 포	暴動(폭동) 亂暴(난폭) 暴惡(포악) 橫暴(횡포)		滑	미끄러울 활 어지러울 골	滑降(활강) 圓滑(원활) 滑稽(골계) 滑菌(골혼)
曝	볕쬘 폭 볕쬘 포	曝衣(폭의) 曝露(폭로) 曝白(포백) 曝境(폭쇄)				

두음 법칙(頭音法則)

※ 한자음에서 첫 글자의 초성이 ㄴ·ㄹ일 때 ㅇ·ㄴ으로 발음되는 것을 두음 법칙이라 한다.

ㄴ ⇒ ㅇ

尿(뇨)	뇨 - 糖尿病(당뇨병) 요 - 尿素肥料(요소비료)	尼(니)	니 - 比丘尼(비구니) 이 - 尼僧(이승)	泥(니)	니 - 雲泥(운니) 이 - 泥土(이토)
溺(닉)	닉 - 耽溺(탐닉) 익 - 溺死(익사)	女(녀)	여 - 女子(여자) 녀 - 小女(소녀)	匿(닉)	닉 - 隱匿(은닉) 익 - 匿名(익명)
紐(뉴)	뉴 - 結紐(결뉴) 유 - 紐帶(유대)	念(념)	념 - 理念(이념) 염 - 念佛(염불)	年(년)	년 - 數十年(수십년) 연 - 年代(연대)

ㄹ ⇒ ㄴ, ㅇ

洛(락)	락 - 京洛(경락) 낙 - 洛東江(낙동강)	蘭(란)	란 - 香蘭(향란) 난 - 蘭蕉(난초)	欄(란)	란 - 空欄(공란) 난 - 欄干(난간)
藍(람)	람 - 甘藍(감람) 남 - 藍色(남색)	濫(람)	람 - 氾濫(범람) 남 - 濫發(남발)	拉(랍)	랍 - 被拉(피랍) 납 - 拉致(납치)
浪(랑)	랑 - 放浪(방랑) 낭 - 浪說(낭설)	廊(랑)	랑 - 舍廊(사랑) 낭 - 廊下(낭하)	涼(량)	량 - 淸涼里(청량리) 양 - 涼秋(양추)
諒(량)	량 - 海諒(해량) 양 - 諒解(양해)	慮(려)	려 - 憂慮(우려) 여 - 廬外(여외)	勵(려)	려 - 奬勵(장려) 여 - 勵行(여행)
曆(력)	력 - 陽曆(양력) 역 - 曆書(역서)	蓮(련)	련 - 水蓮(수련) 연 - 蓮根(연근)	戀(련)	련 - 悲戀(비련) 연 - 戀情(연정)
劣(렬)	렬 - 拙劣(졸렬) 열 - 劣等(열등)	廉(렴)	렴 - 淸廉(청렴) 염 - 廉恥(염치)	嶺(령)	령 - 大關嶺(대관령) 영 - 嶺東(영동)
露(로)	로 - 白露(백로) 노 - 露出(노출)	爐(로)	로 - 火爐(화로) 노 - 爐邊(노변)	祿(록)	록 - 國祿(국록) 녹 - 祿俸(녹봉)
弄(롱)	롱 - 戲弄(희롱) 농 - 弄談(농담)	雷(뢰)	뢰 - 地雷(지뢰) 뇌 - 雷聲(뇌성)	陵(릉)	릉 - 丘陵(구릉) 능 - 陵墓(능묘)
療(료)	료 - 治療(치료) 요 - 療養(요양)	龍(룡)	룡 - 靑龍(청룡) 용 - 龍床(용상)	倫(륜)	륜 - 人倫(인륜) 윤 - 倫理(윤리)
隆(륭)	륭 - 興隆(흥륭) 융 - 隆盛(융성)	梨(리)	리 - 山梨(산리) 이 - 梨花(이화)	裏(리)	리 - 表裏(표리) 이 - 裏面(이면)
吏(리)	리 - 官吏(관리) 이 - 吏讀(이두)	里(리)	리 - 倫理(윤리) 이 - 理解(이해)	臨(림)	림 - 君臨(군림) 임 - 臨席(임석)

동음 이체자(同音異體字)

독음(讀音)	한자(漢字)	뜻풀이	독음(讀音)	한자(漢字)	뜻풀이
가납	假納	임시로 바침.		癇疾	지랄병.
	嘉納	① 권하는 말을 들음. ② 바치는 물건을 고맙게 받음.	감사	監事	재산이나 업무 집행을 감사하는 사람.
가도	家道	① 가정 도덕. 집안에서 행해야 할 도덕. ② 한 집안의 살림 형편. 가계(家計).		監查	감독하고 검사함.
				監司	관찰사.
	街道	① 큰 길거리. 가로(街路). ② 도시 사이를 통한 큰 길.		鑑查	잘 살펴서 우열을 분별함.
가동	可動	움직일 수 있음.	감상	感想	느낀 생각.
	稼動	사람이나 기계를 움직여 일함.		感傷	느끼어 가슴 아파함.
가사	歌詞	① 장편으로 된 정악(正樂)의 노래 이름. ② 노랫말. ↔ 곡조(曲調).		感賞	감동하여 칭찬함.
				鑑賞	예술 등을 음미하고 이해함.
	歌辭	① 시가의 말. ② 조선 시대 시가의 한 형식.	감정	感情	사물에 느끼어 일어나는 심정. 기분.
가상	假想	가정적 생각.		憾情	원망하거나 성내는 마음.
	假象	객관적으로 실재하지 않는 현상. ↔ 실재(實在).		鑑定	진위나 선악, 가치를 감별하고 결정함.
	假像	거짓 물상(物像).		勘定	헤아려 정함.
	假相	헛된 현실 세계. 이승. ↔ 진여(眞如).	강구	講究	좋은 도리를 연구해서 대책을 세움.
	嘉尙	착하고 귀엽게 여기어 칭찬함.		講求	조사해서 구함.
	嘉賞	칭찬하여 기림. 가상(佳賞).	강도	強度	강렬한 정도. 경도.
	嘉祥	경사스러운 일.		剛度	금속성 물질이 끊어지지 않으려고 저항하는 힘.
가설	架設	전선이나 선로 따위를 설치하는 일.	강복	降服	복 입는 등급이 내림.
	假設	① 임시로 세우거나 설치함. ② 기하의 정리·문제에서 가정된 사항. ③ 판단·명제에 가정된 조건.		降福	천주가 인간에게 복을 내림.
				康福	건강하고 행복함.
			강화	講和	평화를 의논함.
	假說	어떤 이론 체계를 연역하기 위해 가정적으로 설정한 가정(假定). hypothesis.		講話	강의하듯 쉽게 설명하는 일.
			개봉	開封	봉한 것을 떼어 냄. 처음 상영함.
가열	加熱	① 어떤 물질에 열을 가함. ② 열을 더 세게 함.		改封	① 봉한 것을 다시 고쳐 봉함. ② 제후의 영지를 바꾸어 봉함.
	苛烈	가혹하고 격렬함. 몹시 혹독함.	개정	改定	고쳐 다시 정함.
가장	假裝	거짓으로 꾸밈.		改正	고쳐 바르게 함.
	假葬	임시로 묻음.		改訂	고쳐 정정함.
가정	家庭	가족이 살고 있는 집 안.	거세	巨勢	매우 큰 세력.
	家政	집 안 살림살이를 다스리는 일.		去勢	생식 기능을 없게 함.
가중	加重	① 더 무거워짐. 더 무겁게 함. ② 죄가 더 무거워짐.		擧勢	온 세상.
			거처	去處	간 곳 또는 갈 곳.
	苛重	정도가 심하고 부담이 무거워짐.		居處	거주하는 곳. 기거하는 곳.
간부	姦婦	간통한 계집.	격투	格鬪	맞붙어 치고 받으며 싸움.
	姦夫	간통한 사내.		激鬪	전쟁, 경기에서 격렬하게 싸움.
	奸婦	간악한 계집.	결심	決心	마음을 굳게 정함.
간언	間言	이간하는 말.		結審	심리가 끝남.
	諫言	간하는 말.	결의	決意	뜻을 굳힘.
				結議	의안을 결정함.
간질	肝蛭	간충(肝蟲).	결체	結締	맺어서 졸라맴.

	決體	형체를 결정함. 또, 결합한 형체.			나루를 건너감.
경감	輕減	감하여 가볍게 함.	과료	科料	경범죄에 해당하는 재산형.
	輕勘	죄인을 가볍게 처분함.		過料	행정상 의무 위반에 물리는 금전.
경복	敬服	공경하여 복종함.		過小	너무 작음. ↔ 과대(過大).
	驚服	경탄하여 복종함.	과소	過少	너무 적음. ↔ 과다(過多).
계고	戒告	어떤 일을 이행하도록 서면으로 알리는 일.		寡少	아주 적음.
	啓告	아룀. 여쭘. 상신(上申).	과정	過程	일의 진행. 발전하는 경로. 경과한 길.
계수	係數	물질의 종류에 따라 달라지는 비례 상수.		課程	① 과업의 정도 ② 학년의 정도에 딸린 과목.
	計數	수효를 계산함. 또는 그 수값.	관대	寬大	마음이 너그럽고 큼.
계쟁	係爭	어떤 목적물의 권리를 얻기 위한 당사자간의 싸움. 이해 다툼의 경우에는 '係爭'.		寬待	너그럽게 대접함.
	繫爭	어떤 목적물의 권리를 얻기 위한 국가 간 국제간의 다툼. 국가 간, 국제 간의 경우에는 계쟁(繫爭).	관상	觀相	인상을 보고 성질, 운명을 판단함.
				觀象	① 기상을 관측함. ② 천문을 봄.
				觀想	순수한 이성 활동에 의해 예지적인 것을 인지하는 상태.
				觀賞	보고 즐기거나 칭찬함.
고사	古事	옛일.	관용	慣用	① 늘 씀. ② 습관이 되어 씀.
	古史	옛 역사.		寬容	너그럽게 받아들이거나 용서함.
고용	雇用	삯을 주고 사람을 부림.	광야	廣野	너른 들.
	雇傭	삯을 받고 남의 일을 해 줌.		曠野	① 아득하게 너른 들. ② 황야(荒野).
고유	告由	사당이나 신명께 고함.	굉장	宏壯	크고 훌륭함.
	告諭	일러서 깨우쳐 줌.		宏莊	너르고 으리으리함.
고인	古人	옛 사람.	교도	敎導	가르치어 지도함.
	故人	① 옛 친구. ② 죽은 사람.		矯導	사회에서 갱생할 수 있도록 지도함.
고조	高調	① 높은 곡조. ② 의기를 돋움. ③ 강조.	교우	校友	동창의 벗.
	高潮	① 고비에 이른 만조. ↔ 저조(低潮). ② 고비. 절정.		敎友	종교상의 벗.
공납	公納	국고로 수입되는 조세.	교정	校正	글자의 잘못된 것을 대조하여 바로잡음.
	貢納	공물을 바침.		校訂	글자나 글귀의 잘못된 것을 바로잡음. '校正' 보다 높은 수준인 경우에 '校訂'.
공론	空論	헛된 논의를 함.			
	公論	공평하게 의논함.		矯正	틀어지거나 굽은 것을 바로잡음.
공소	公訴	검사가 법원에 기소장을 제출하여 심판을 요구하는 일. ↔ 사소(私訴).	교주	敎主	종교의 우두머리.
				校主	사립 학교의 경영주.
	控訴	항소(抗訴)의 구칭.	교환	交換	서로 바꿈.
공연	公演	관중 앞에서 음악·연극 등을 하는 일.		交驩	서로 사이좋게 즐김.
	共演	영화·연극에 함께 출연함.	구명	究明	원리나 사리를 깊이 따져 밝힘.
공용	公用	① 공적인 용무·사무. ② 공비(公費)·공무, 관용.		糾明	일의 사실을 따져 밝힘. *事件糾明(사건 규명)
			구인	求人	쓸 사람을 구함.
	共用	공동 사용.		救人	어려운 일을 당할 때 도와 주는 사람.
	供用	준비해 두었다가 사용함.	구현	具現(顯)	구체적으로 나타냄. 구체적으로 나타남.
공정	公正	공평하고 올바름. *公正去來(공정거래). *公定換率(공정환율).		俱現	내용이 다 드러남.
			국정	國政	나라의 정치.
	公定	① 일반 사람의 공론에 의하여 정함. ② 관청에서 정함.		國情	나라의 사정.
			군기	軍紀	군대의 규율 및 풍기.
과대	過大	너무 큼. ↔ 과소(過小).		軍氣	군대의 사기.
	誇大	작은 것을 큰 것처럼 과장함.		軍機	군사상의 기밀.
과도	過度	정도에 지나침.		軍旗	군의 단위 부대의 표장(標章)이 되는 기.
	過渡	옮아가거나 바뀌어 가는 상태·나루. 또는	군비	軍費	전쟁 및 군사 일반의 비용.

동음 이체자(同音異體字)

	軍備	① 국방상의 군사 설비. ② 전쟁의 준비.	난민	難民	이재민. 피난민 또는 망명자.
굴복	屈伏	① 머리를 굽히어 꿇어 엎드림.		亂民	나라의 질서를 어지럽게 하는 백성.
	屈服	② 굴복(屈服). 힘에 굴하여 복종함.	내분	內分	임의의 한 점을 경계로 두 부분으로 나누는 일.
	規正	바로잡아 고침.		內紛	내부에서 일어나는 분쟁.
규정	規定	규칙(規則). *法律로 規定.	노력	努力	힘을 다함.
	規程	사무 준칙상의 규칙.		勞力	① 힘을 들여 일함. ② 생산을 위한 몸과 정신의 활동.
	規整	규율을 정해 사물을 바르게 정함.			
귀항	歸港	배가 항구로 돌아옴.	노복	奴僕	사내 종.
	歸航	배가 출발지로 돌아오는 항해.		老僕	늙은 사내 종.
극단	劇團	연극 단체.	농액	濃液	농도가 짙은 액.
	劇壇	연극계. 극계(劇界).		膿液	고름.
기계	器械	도구. 기구.	누기	陋氣	탁한 공기.
	機械	동력 장치를 부착하고 작업을 하는 도구.		漏氣	축축한 물기 또는 기운.
	汽管	증기를 보내는 관.	누차	累差	측정할 때에 누적한 오차.
	汽罐	보일러.		屢次	① 여러 차례. ② 가끔.
기관	氣管	숨쉴 때에 공기가 통하는 관.	단견	短見	짧은 소견.
	器官	생리 기관.		斷見	인과 응보를 인정하지 않은 견해.
	機關	조직. 활동 장치를 가지는 기계.		段落	일이 다 된 끝.
기구	機具	기계·기구.	단락	短絡	전기 회로의 두 점 사이를 작은 저항으로 접촉하는 일.
	器具	도구.			
	機能	목적에 따라 분화한 작용. 활동.	단발	短髮	짧은 머리. ↔ 장발(長髮).
기능	技能	기술상의 능력.		斷髮	머리를 짧게 자름.
	器能	기량(器量)과 재능.	단수	單數	홑셈. 홑수. ↔ 복수(複數).
	技師	전문 지식을 가진 직책의 사람.		端數	① 끝수의 구용어. ② 우수리.
기사	技士	① 기술 사무를 담당하는 공무원의 판명.		斷折	꺾음. 부러뜨림. 절단(折斷).
		② 기술 자격의 등급.	단절	斷截/斷切	끊어짐. 잘라 버림.
	氣相	① 얼굴에 나타나는 기색. ② 일기의 상태.		斷絶	관계를 끊음.
기상	氣象	① 타고난 성질. 기질. ② 일기의 상태.		短篇	짤막하게 끝을 낸 글이나 영화.
	氣像	사람이 타고난 마음씨와 겉으로 드러난 모습.	단편	斷片	여러 개로 끊어진 조각.
기운	氣運	시세가 돌아가는 형편.		斷篇/斷編	조각난 문장.
	機運	기회와 시운.	답신	答申	자문에 응하여 의견을 구신(具申)함.
기인	起因	일이 일어나는 이유.		答信	회답의 통신이나 서신.
	基因	근본 되는 원인.		代價	① 물건 값. 대금. ② 어떤 일을 하기 위해 생기는 희생이나 손해.
기적	奇蹟	신비스런 현상.	대가		
	奇績	신기로운 공적.		對價	자기의 재산이나 노력 등을 다른 사람에게 주어 이용하게 하고, 그 보수로서 얻는 재산상의 이익.
기점	起點	시작되는 곳. ↔ 종점(終點).			
	基點	기본이 되는 점.			
	氣泡	거품.		大家	① 학문·기술에 조예가 깊은 사람. ② 대대로 번창한 집안. ③ 큰 집.
기포	氣胞	허파 속에 있는 작은 주머니.	대가		
	起泡	거품을 일게 함.		貸家	셋집.
기품	氣品	① 기질과 품위. ② 고상한 성품.	대계	大系	① 대략적인 체계. ② 대략적인 체계만을 엮어서 만든 책.
	氣稟	타고난 기질과 성품.			
나선	螺旋	나사 모양으로 된 줄. 또, 그 형상.		大計	큰 계획.
	難局	어려운 국면.		大忌	매우 꺼림.
난국	亂國	어지러운 나라.	대기	大起	한사리.
	亂局	어지러운 판국.		大氣	지구를 싸고 있는 기체층.

	大器	① 큰 그릇. ② 됨됨이나 도량이 큰 사람.	묘연	杳然	① 눈에 아물아물함. ② 행방을 알 수 없음. *行方이 杳然하다.
대수	代數	대수학(代數學).		渺然	아득함.
	代數	세대의 수효.	무지	無知	아는 것이 없음.
	對數	로그(log)의 구용어.		無智	지혜가 없음.
대형	大形	주로 가공물의 큰 형체. ↔ 소형(小型).	미소	微小	아주 작음.
	大型	주로 가공물의 큰 형체. ↔ 소형(小型).		微少	아주 적음.
도중	道中	① 길 가운데. ② 여행길.	민원	民怨	국민의 원망.
	途中	하던 가운데.		民願	국민이 원함. 국민의 청원.
동기	同氣	형제 자매의 총칭.	박탈	剝脫	벗겨져 떨어짐. 벗겨 떨어지게 함.
	同期	동기생. 같은 시기.		剝奪	재물이나 권리를 빼앗음.
	同義	① 같은 의미. 같은 뜻. ② 동의(同意).	반곡	反曲	뒤로 구부러짐. 반대로 휨.
동의	同意	① 같은 의미. ② 어떤 의견에 찬성함.		盤曲	얽히어 구부러짐.
	同議	의견이나 주의가 같은 의론.		反共	공산주의에 반대하는 일.
	動議	의안 이외의 의제를 제의하는 일.	반공	反攻	수세에 있던 자가 반대로 공세를 취함.
동형	同形	같은 모양. 형상, 성질이 같음.		半工	반품.
	同型	같은 타입.		半空	반공중(半空中)의 준말.
만세	萬世	아주 오랜 세대.		反旗	① 반대의 뜻을 나타내는 행동이나 표시. ② 반기(叛旗).
	萬歲	① 만세(萬世). ② 영원히 삶. ③ 영원한 번영을 위해 외치는 소리.	반기	叛旗	① 반란을 일으킨 표시로 드는 기. ② 반기(反旗).
만연	漫然	헤벌어진 모양. 질펀한 모양.	반궁	半弓	짧은 활(앉아서 쏠 수 있음).
	蔓然	널리 뻗어서 퍼짐.		泮宮	성균관과 문묘(文廟)의 통칭.
망각	忘却	잊어버림.	반려	反(叛)戾	배반하여 어김. 어긋남.
	妄覺	착각과 환각.		返戾	반환.
망령	亡靈	죽은 사람의 영혼.	반면	半面	① 한쪽의 반. ② 양면의 한쪽.
	妄靈	노망하여 보통 상태를 넘어섬.		反面	반대의 면.
망실	亡失	물건을 잃어버림. 유실(遺失).	반복	反復	한 가지 일을 되풀이함.
	忘失	생각을 잊어버림. 망각(忘却).		反覆	말을 이랬다저랬다 함. 생각을 뒤집음.
매명	買名	금품이나 수단을 써서 명예를 얻음.	반송	伴送	다른 물건에 붙여서 함께 보냄.
	賣名	재물이나 권리를 얻으려고 이름이나 명예를 팖.		返送	환송.
매수	買受	물건을 사서 받음.	반영	反映	① 반사하여 비침. ② 영향을 드러냄.
	買收	① 물건을 사들임. ② 남의 마음을 사서 제편으로 삼음.		反影	반영(反映)되는 그림자.
명기	明記	똑똑히 밝히어 적음.		反切	① 한자의 두 자음을 반씩만 따서 한 음으로 읽는 방법. ② '반절 본문'의 준말.
	銘記	명심(銘心).	반절	半切(截)	절반으로 자름. 전지(全紙)를 반으로 자른 것.
모반	謀反	왕실이나 조정에 배반하여 군사를 일으킴.		半折	똑같이 반으로 꺾음.
	謀叛	자기 나라를 배반하는 일.		反哺	자식이 커서 부모를 봉양함. 안갚음.
모용	毛茸	식물의 거죽에 생기는 잔 털.	반포	斑布	반베.
	貌容	얼굴 모양. 용모.		頒布	세상에 널리 펴서 퍼뜨림.
	牡牛	소의 수컷. ↔ 빈우(牝牛).	발기	發起	새로운 일을 일으켜 꾸밈.
모우	牦牛	소과에 속하는 야생 짐승.		勃起	① 갑자기 성이 일어남. ② 성기가 일어남.
	冒雨	비를 무릅씀.		發布	세상에 공포함.
	暮雨	저녁 때 내리는 비.	발포	發泡	거품이 남.
모화	慕化	덕을 사모하여 감화함.		發砲	총·대포를 쏨.
	慕華	중국의 문물 등을 사모함.	방곡	防穀	곡식을 다른 곳으로 나가지 못하게 함.
몽매	蒙昧	어리석고 어두움.			
	夢寐	잠을 자며 꿈을 꿈.			

동음 이체자(同音異體字)

	放穀	곡식을 시장으로 냄.
방공	防共	공산주의 세력에 대한 방위.
	防空	적의 항공기와 미사일 공격에 대한 방위.
방언	方言	사투리.
	放言	함부로 내뱉는 말.
방조	幇助	일을 거들어 도와 줌. 주로 나쁜 일을 거둘 때에 씀. *방조죄(幇助罪).
	傍助	옆에서 도움.
방진	防振	건조물에서, 진동이 전해질을 막음.
	防塵	먼지가 들어옴을 막음.
방화	放火	불을 놓음.
	防火	불이 나지 않도록 단속함.
배석	拜席	배례하는 데 쓰이는 자리.
	陪席	① 어른을 모시고 자리를 같이함. ② 배석 판사(陪席判事).
배수	配水	물을 보내 줌.
	排水	물을 밖으로 뽑아 냄.
배외	拜外	외국의 사상, 문물을 숭상함.
	排外	외국의 사상, 문물을 배척함.
배출	排出	밀어 내보냄.
	輩出	인재가 계속 나옴.
배치	配置	할당하고 분배하여 저마다의 자리에 둠.
	排置	① 갈라 나누어 벌려 놓음. ② 배포(排布).
배포	配布	널리 배부하는 일.
	排布	① 머리를 써서 이리저리 조리 있게 계획함. ② 배짱. ③ 배치(排置).
보국	保國	국가를 보위함.
	報國	나라의 은혜를 갚음.
	輔國	보국 안민(輔國安民).
보급	普及	세상에 널리 퍼지게 함.
	補給	물품을 대어 줌.
보도	報道	나라 안팎에서 생긴 일을 전함.
	輔(補)導	바른 방향으로 도와서 인도함.
보상	報償	남에게 진 빚이나 물건을 갚음.
	補償	남의 손해를 메워 갚음.
보신	保身	몸을 보호함.
	補身	보약을 먹어 몸을 보호함.
보양	補陽	몸의 양기를 도움. ↔ 보음(補陰).
	保養	건강을 보전하고 활력을 기름.
보전	保全	보호해서 안전하게 함.
	保塡	부족을 메워 보충함.
	寶典	① 귀중한 법전. ② 귀중한 책.
보정	補正	보충하고 바로 고침.
	補整	보충하여 정돈함.
봉사	奉仕	① 남의 뜻을 받들어 섬김. ② 헌신적으로 일함. ③ 헐값으로 물건을 팖.
봉사	奉事	① 웃어른을 받들어 모심. ② 소경.
	封事	상소문.
	奉祀	조상의 제사를 모심.
	封祀	흙을 쌓고 하느님께 제사를 지냄.
봉침	縫針	바늘.
	蜂針	벌의 산란관.
봉합	封合	봉하여 붙임.
	縫合	수술한 자리 등을 꿰매어 붙임.
부군	夫君	남편의 높임말.
	父君	아버지의 높임말.
	府君	죽은 남편이나 남자 조상에 대한 높임말.
부서	付書	편지를 부침.
	附書	훈민 정음에서 글자를 만드는 방법에 대해서 쓰인 용어. 병서(並書). 연서(連書).
	副書	부본(副本).
	部署	근무상에 나누어진 부분.
	副署	국무 위원이 대통령의 행위에 대해 동의하는 표시로 하는 서명.
부여	賦與	나눠 줌. 별러 줌.
	附與	주는 일.
부역	負役	국민이 부담하는 공역(公役).
	赴役	① 부역(賦役)을 치르러 나감. ② 사사로이 서로 일을 도와 줌.
	賦役	국가·공공단체가 국민에게 의무로 지운 노역.
	附逆	국가에 반역하는 일에 가담함.
부유	浮遊(游)	공중이나 수중을 떠다님.
	附與	하루살이.
부인	夫人	남의 아내에 대한 높임말.
	婦人	결혼한 여자의 총칭.
부적	附籍	① 남의 호적에 얹혀 있는 호적. ② 호적부에 없는 호적이 새로 호적에 실림.
	符籍	집에서 악귀나 잡신을 쫓기 위해 붉은 글씨로 그려 붙이는 종이.
부정	不正	바르지 못함.
	不貞	정조를 지키지 않는 일.
	不淨	깨끗하지 못함.
	不精	거칠거나 지저분함.
부합	附合	서로 맞대어 붙음.
	符合	서로 꼭 들어맞음.
부호	富戶	부잣집.
	富豪	재산이 넉넉하고 세력 있는 사람.
분기	紛起	말썽이 어지럽게 생김.
	奮起	분발해 일어남.
	憤氣	원통해 일어나는 분한 마음.
	噴氣	증기·가스 등을 뿜어 냄.
분연	憤然	벌컥 성을 내는 모양.

	奮然	힘을 내어 일어나는 모양.		師弟	스승과 제자.
분쟁	分爭	패로 갈라져 싸움.	사죄	謝罪	지은 죄에 대해 용서를 빎.
	忿爭	성이 나서 다툼.		赦罪	죄를 용서함.
	紛爭	말썽을 일으켜 시끄럽게 다툼.		私債	사인(私人) 사이의 빚. ↔ 공채(公債).
불순	不純	순진·순수하지 못함.	사채	社債	회사의 자금을 조달하기 위해 공중(公衆)으로부터 진 채무.
	不順	온순하지 못함. 순조롭지 못함.			
비준	比準	대조(對照).		師親	선생과 학부형.
	批准	조약 체결에 대한 당사국의 최종적 확인·동의의 절차.	사친	事親	어버이를 섬김.
				思親	어버이를 생각함.
사관	士官	장교의 총칭.	사화	史禍	사필(史筆)로 말미암은 옥사(獄事).
	仕官	벼슬살이를 함.		士禍	사림(士林)의 참화.
	使令	① 관청에서 심부름하는 사람. ② 명령해서 사역함.	산고	產苦	아이를 낳는 괴로움.
사령	司令	군대, 함대 등을 지휘, 감독함.		產故	아이를 낳는 일. *產故가 들다.
	辭令	① 응대하는 말. ② 직책 임명의 공식적 발령.	산만	刪蔓	제번(除煩).
	赦令	사면, 특사, 대사의 명령.		散漫	흩어져 있어 야무지지 못함.
사면	辭免	맡아보던 직임을 내어놓고 물러남.		常餐	일상 먹는 식사.
	赦免	죄를 사하여 형벌을 면제하여 줌.	상찬	常饌	일상 먹는 밥반찬.
	事實	실제로 어느 때 어느 곳에서 있는 일.		賞讚	기리어 칭찬함. 찬상(讚賞).
사실	史實	역사에 실제로 있는 일.		上春	음력 정월의 별칭.
	寫實	실제의 상태를 그대로 그려 냄.	상춘	常春	항상 봄이 계속됨.
	死藥	먹으면 죽는 독약.		賞春	봄을 맞아 기림.
사약	賜藥	임금이 내리는 독약. 임금이 독약을 내려 줌.	성년	成年	성인. 만 20살 이상. ↔ 미성년(未成年).
	瀉藥	설사하는 약.		盛年	한창 젊은 나이. 장년(壯年).
	謝意	고마운 뜻.		成分	① 화합물과 혼합물을 구성하는 순물질. ② 사람의 사상적 성행(性行). ③ 문장을 이루는 부분.
사의	謝儀	감사의 뜻으로 보내는 물품.	성분		
	辭意	사임하려는 뜻.			
	私的	사사로움.		性分	성질(性質).
	史的	역사상에 나타날 만한 것.	성시	成市	① 저자가 됨. ② 시장을 이룸.
	史籍	역사에 관한 사적. 사기.		盛市	풍성한 시장.
사적	史蹟	역사에 남은 자취. 역사상의 유적.		成業	학업이나 사업을 이룸.
	事績	일의 실적. 일의 공적.	성업	盛業	사업이 번성함.
	事蹟/ 事跡/事迹	사건의 자취. 일의 형적.		聖業	① 신성한 사업. ② 임금의 업적.
			성장	盛粧	짙은 화장.
				盛裝	훌륭하게 옷을 차려 입음.
사전	事典	백과 사전(百科事典).	성찬	盛饌	풍성한 음식.
	辭典	국어 사전(國語辭典).		聖餐	성찬식의 식사.
사절	謝絶	사양하고 받지 않음. 거절함.	세상	世上	사람이 살고 있는 사회.
	辭絶	사양하여 받아들이지 아니함.		世相	사회의 형편.
	司正	그릇된 것을 다스려 바로잡음.	소수	小數	일(一)보다 작은 실수(實數).
사정	査正	조사하여 그릇된 것을 바로잡음.		少數	적은 수효.
	査定	조사하여 결정함.	소실	消失	사라져 없어짐.
	私第	① 관리의 사유의 집. ↔ 公館(공관). ② 개인의 집 私宅(사택). 집.		燒失	불에 타서 없어짐.
사제			소액	少額	적은 액수. ↔ 다액(多額).
	舍弟	① 남에게 자기의 아우를 이르는 말. ② 편지에서 아우가 형에게 자기를 이르는 말.		小額	소액환(小額換).
			소형	小形	주로 자연물의 작은 형체.
	査弟	편지 등에서, 친사돈 사이에 쓰는 자기의 겸칭.		小型	주로 가공물의 작은 형체.

동음 이체자(同音異體字) 363

소화	消火	불을 끔.	시식	試食	시험적으로 먹어 봄.
	消化	먹은 음식을 삭히어 내림.		施食	음식으로 보시함.
소환	召喚	관청이 특정 개인을 법에 따라 호출하는 것.	실기	失期	정해진 때를 어김.
	召還	① 공직자를 임기 전에 주민의 발의에 의해 파면하는 일. ② 외교관의 귀환.		失機	기회를 놓침.
수상	受賞	상을 받음.	실상	實相	① 실제의 모양. ② 진여(眞如).
	授賞	상을 줌.		實狀	① 실제의 형상. ② 실제로는.
수용	收容	일정한 장소에 모아 두거나 가두는 일.		實像	실제의 상. 실영상(實映像) ↔ 허상(虛像).
	受容	받아들임.	심문	訊問	캐어물음.
	收用	거둬들여 씀.		尋問	① 물어 봄. ② 심방.
	需用	용도에 따라 씀.		審問	자세히 따져 물음.
	受用	받아 씀.	심신	心身	마음과 몸.
수정	修正	잘못된 것을 바로잡아서 고침.		心神	마음과 정신.
	修訂	서적 등의 잘못을 고침. 정정.	아연	俄然	급작스러운 모양.
	修整	① 고쳐 정돈함. ② 사진을 수정하는 일.		啞然	① 맥없이 웃는 모양. ② 놀라 입을 벌리고 있는 모양.
수집	蒐集	여러 가지 자료를 찾아 모음.	안무	按撫	백성의 사정을 살펴 위무함.
	收集	곡물 따위를 거두어 모으는 일.		按舞	무용의 형(型)이나 진행을 창안함.
수행	修行	행실을 닦음.	안분	安分	편안한 마음으로 제 분수를 지킴.
	遂行	계획한대로 해냄.		按分	정해진 대로 고루 나눔.
	隨行	① 따라감. ② 따라 행함.	안전	眼前	① 눈 앞. ② 눈으로 보는 그 당장.
숙성	夙成	일찍 나이가 들거나 키가 큼.		案前	하급 관리가 상급 관리에게 하는 존칭 대명사.
	熟成	익어서 충분히 이루어짐.	안정	安定	안전하게 자리잡음. 편안히 좌정함.
	熟省	깊이 반성하는 것.		安靜	마음과 정신이 편안하고 고요함.
숙정	肅正	엄격히 바로잡음.	애련	哀憐	가엾고 애처롭게 여김.
	肅靜	정숙(靜肅).		哀戀	슬픈 사랑.
순정	純正	순수하고 올바름. 순수.		愛憐	약한 사람이나 어린 사람을 사랑함.
	順正	사리에 어긋나지 않고 올바름.		愛戀	사랑해서 그리워함.
	純情	순수한 감정. 꾸밈없는 애정.	애모	哀慕	돌아간 어버이를 슬피 사모함.
	醇正	순수하고 참됨.		愛慕	사랑하고 사모함.
순행	巡行	여러 곳으로 돌아다님.	애상	哀想	슬픈 생각.
	巡幸	임금이 나라 안을 돌아다니는 일. 순수(巡狩).		哀傷	① 죽은 사람을 생각하고 마음을 상함. ② 슬퍼하고 가슴 아파함.
순화	純化	순수하게 함.	애석	哀惜	슬프고 아까움.
	淳化	순박하고 온화함.		愛惜	사랑하고 아깝게 여김.
	馴化	환경에 적응하게 함.	애원	哀願	통사정을 하여 애절하게 바람.
	醇化	① 정성스런 가르침의 감화. ② 잡된 것을 버리고 순수한 것으로 만듦.		哀怨	애절히 원망함. 슬프게 원망함.
	順和	순탄하고 화평함.	애호	愛好	사랑하여 즐김. 좋아함.
습득	拾得	주워 얻음.		愛護	사랑하고 보호함.
	習得	배워 얻음.	양산	洋傘	서양식으로 만든 우산. 박쥐우산.
시각	視角	물체의 두 끝에서 눈에 이르는 두 직선이 이루는 각. visual angle.		陽傘	햇볕을 가리는 일산(日傘).
	視覺	눈으로 보는 감각 작용.	양성	養成	길러 냄.
시기	時期	정해진 때. 바라고 기다리던 때.		養性	자기의 천성을 길러 자아냄.
	時機	적당한 때.		釀成	① 술이나 간장을 빚어 만드는 일. ② 어떤 분위기나 감정의 경향을 천천히 길러 냄.
시세	時世	그 때의 세상.	어부	漁父	고기잡는 사람. 어옹(漁翁).
	時勢	① 시장 가격. ② 그 때의 형세.		漁夫	고기잡는 것을 업으로 하는 사람.

어사	御史	왕명을 받고 지방에 파견되는 관리.			온순하고 유화함.
	御使	① 임금의 심부름꾼. ② 당상관의 어사.	완고	完固	완전하고 견고함.
어전	御前	임금 앞.		頑固	완강하고 고루함.
	御殿	임금이 있는 곳.	완곡	婉曲	말씨가 노골적이 아님. *婉曲한 말씨.
엄호	掩護	① 남의 허물을 덮어 줌. ② 중요 구축물을 보호함.		緩曲	느릿느릿하고 곡진함.
			왕후	王后	임금의 아내.
	掩壕	엄호용으로 파 놓은 호.		王侯	임금과 제후.
역설	力說	힘써 말함.	요결	要訣	① 일의 중요한 비결. ② 긴요한 뜻.
	逆說	① 억지 말. ② 진리에 어긋나는 말 같으나 일종의 진리가 있는 말. 패러독스		要結	① 요긴한 결과. ② 맹세함. 서약함.
			요란	搖(擾)亂	시끄럽고 어지러움.
연무	硏武	무예를 연마함.		擾亂	불이 붙어 어지러움.
	演武	무예를 연수함.	용안	龍顔	임금의 얼굴.
	鍊武	무예를 단련함.		容顔	얼굴.
연보	年報	어떤 사실. 사업에 관한 해마다의 보고.	용인	用人	사람을 씀.
	年譜	개인의 일대의 이력을 연월순으로 적은 기록. 연대기.		庸人	범용한 사람. 속인(俗人).
				傭人	고용인(雇傭人).
연서	連書	순경음을 표시하는 방법.	우선	于先	시간적으로 무엇보다 먼저.
	連署	같은 문서에 여러 사람이 서명함.		優先	차례에서 다른 것보다 앞섬.
연습	練習	학문, 기예 등을 익힘.	운명	運命	운수와 명수.
	演習	① 연습(練習). ② 실전 숙달을 위한 군사 훈련. ③ 지도 교수의 지도하에 연구, 토의하는 일.		殞命	사람의 명이 끊어짐.
			운행	運行	차량 등이 노선에 따라 운전하여 나감.
				運航	배, 항공기 등이 항해함.
연패	連敗	잇따라 패배함.	원망	願望	원하고 바람.
	連霸	잇따라 패권을 잡음.		怨望	못마땅하게 생각하고 탓함.
영리	榮利	영화와 복리.	원형	原形	본디의 형상. 원시의 형태.
	營利	재산상의 이익을 도모함.		原型	근본이 되는 거푸집 또는 본보기.
영명	令名	① 좋은 명예. ② 상대방의 이름의 경칭.	위력	偉力	위대한 힘. 뛰어난 힘.
	英名	뛰어난 명예. 뛰어난 명성.		威力	복종시키는 강제력. 떨치는 힘.
	榮名	영예(榮譽).	위용	威容	위엄에 찬 모습.
	英明	뛰어나게 사리에 밝음.		偉容	훌륭하고 뛰어난 용모. 당당한 모양.
영사	映寫	영사기나 환등기를 이용하여 스크린에 비침.	위축	萎縮	우그러지고 쭈그러듦.
	影寫	글씨나 그림을 받쳐 놓고 덧그림.		蝟縮	고슴도치처럼 두려워서 움츠리는 모양.
영상	映像	① 이미지. ② 텔레비전으로 비추어진 것의 모양.	유감	有感	감상, 소감이 있음.
	影像	① 영정(影幀). ② 영상(映像).		遺憾	마음에 섭섭함.
영양	榮養	지위가 높아져서 부모를 영예롭게 모심.	유동	流動	흘러 움직임.
	營養	살아가는 데 필요한 양분.		遊動	자유로이 움직임.
예민	銳敏	재지(才智)나 감각·행동 등이 날카롭고 민첩함.	유명	幽明	① 어둠과 밝음. ② 이승과 저승.
				幽冥	① 그윽하고 어두움. ② 저승.
	叡敏	임금의 천성이 영명함.	유민	流民	난세를 견디지 못하여 떠도는 백성.
예의	禮義	① 예절과 의리. ② 예와 도.		遊民	놀고 먹는 백성.
	禮儀	경의를 표하는 몸가짐.		遺民	없어진 나라의 백성.
	禮誼	사람이 마땅히 지켜야 할 도리.	유별	有別	구별이 있음.
옥토	玉兎	① 옥토끼. ② 달의 딴이름.		類別	종별.
	沃土	기름진 땅.	유성	流星	별똥별.
온화	穩和	조용하고 부드러움.		遊星	행성(行星).
	溫和	① 기후가 따뜻하고 화창함. ② 성격 등이	유실	流失	떠내려가 없어짐.

동음 이체자(同音異體字)

	遺失	잃어버림. 떨어뜨림.
유인	誘引	꾀어 냄.
	誘因	유발하게 된 원인.
유학	留學	외국에 머무르면서 공부함.
	遊學	타향에 가서 공부함.
유화	柔和	성질이 부드럽고 온화함.
	宥和	상대방과 사이좋게 하는 일.
의분	義憤	의를 위하여 일어나는 분노.
	義奮	의를 위하여 분발함.
의표	意表	의사 밖. 예상 밖.
	儀表	본보기. 모범. 귀감(龜鑑). 의용(儀容).
응대	應待	응접(應接).
	應對	상대하여 응답함. 어떤 문제에 대하여 서로 이야기함.
이동	移動	물체가 옮기어 움직임.
	異動	직책이나 부서가 행정상 달리 바뀌는 것.
이상	異相	보통과는 다른 모습이나 상태.
	異狀	시각적으로 평소와 다른 상태. ↔ 정당(正狀).
	異常	정상적인 것과 다른 상태나 현상. ↔ 정당(正堂).
	異象	이상한 모양. 특수한 상태.
이의	異意	① 다른 의견. ② 모반하려는 의향.
	異義	① 다른 뜻. ② 다른 주의(主義).
	異議	① 달리하는 주장. 이론(異論). ② 불복 또는 항의하는 뜻을 표시하는 일.
이임	移任	전임(轉任).
	離任	임지나 임무에서 떠남. ↔ 취임(就任).
이행	移行	옮아감. 변해 감. 추이(推移).
	履行	실제로 행함.
인습	因習	예전부터 내려오는 습관.
	因襲	폐단이 있는 습관.
일체	一切	① 모든 것. 온갖. 사물. ② 모든. ③ 통틀어서 모두.
	一體	① 한결같음. ② 전부. ③ 한몸.
임기	任期	임무를 맡아보고 있는 기간.
	臨機	어떤 시기에 임함.
자의	自意	자기의 뜻. 스스로의 생각.
	恣意	방자한 마음.
자작	自作	① 스스로 만듦. ② 제 땅으로 농사지음.
	自酌	술을 손수 따라 마심. 自酌自飲(자작 자음).
작사	作事	일을 만듦.
	作查	사돈 관계를 맺음.
	作詞	가사를 지음.
작약	芍藥	미나리아재빗과의 작약과의 총칭.
	炸藥	폭탄·포탄 등 탄약의 외피를 파열시키기 위해 장전하는 화약.
	雀躍	좋아서 날뛰며 기뻐함.

	綽約	몸이 가냘프고 맵시가 있음.
작파	作破	하던 일이나 계획을 그만둠.
	斫破	찍어서 쪼갬. 쪼개서 깨뜨림.
장년	壯年	서른 안팎의 혈기 왕성한 시기.
	長年	① 긴 세월. ② 노년.
장사	壯士	① 기개와 체질이 썩 굳센이. ② 역사(力士).
	將士	장졸(將卒).
	狀辭	소장(訴狀)에 기록된 말.
	杖死	장형(杖刑)을 당해 죽음.
	長蛇	① 긴 뱀. ② 열차나 긴 행렬의 비유.
장성	壯盛	기운이 씩씩하고 왕성함.
	長成	자라서 어른이 됨.
장식	粧飾	겉모습을 꾸밈. 또, 그 꾸밈새.
	裝飾	① 치장하여 꾸밈. 또, 꾸밈새. ② 기명(器皿) 따위를 치장하는 제구.
장자	長者	① 부자. ② 덕망이 높은 어른.
	長子	맏아들.
재기	才氣	재주가 있는 기질.
	才器/材器	재주가 있어 쓸모가 있는 바탕.
저하	低下	① 낮아짐. ② 비하(卑下).
	底下	용렬하고 비열함.
	邸下	조선 때, 왕세자의 존칭.
전가	轉嫁	① 재가(再嫁). ② 죄과·책임 등을 남에게 넘겨 씌움.
	傳家	집안 살림을 물려줌.
전도	全島	섬의 전체. 온 섬.
	全道	한 도의 전부.
	全圖	전체를 그린 그림이나 지도.
전도	前途	① 앞으로 나아갈 길. ② 장래.
	前渡	돈을 기일 전에 치름.
	前導	앞길을 인도함.
전도	傳道	① 도리를 세상에 널리 알림. ② 신앙을 가지도록 함.
	傳導	열·전기가 물체의 한 부분에서 다른 곳으로 옮아감.
전도	轉倒	① 넘어짐. ② 거꾸로 됨.
	顚倒	① 엎어져서 넘어짐. ② 위와 아래를 바꾸어서 거꾸로 함.
전복	顚覆	뒤집혀 엎어짐.
	轉覆	굴러 뒤집힘.
전력	全力	가지고 있는 모든 힘.
	專力	오로지 그 일에만 힘을 씀.
	戰力	싸우는 힘. 전투의 능력.
	前歷	현재에 이르기까지의 행적. 경력.
	戰歷	전쟁에 참가한 이력.
전선	戰船	전투에 사용하는 배.

전세	戰線	전시에 작전에 배치한 전투 부대의 배치선.	정립	正論	정당한 언론.
	前世	① 전대(前代). ② 전생(前生).		定立	반론(反論)을 예상하고 세운 의견.
	傳世	대를 물려 전해감.		鼎立	솥발 모양으로 서로 대립함.
	專貰	약정한 기간 그 사람에게만 빌려 주어 타인의 사용을 허가하지 않음. 대절(貸切).	정밀	精密	세밀하고 치밀함.
				靜謐	고요하고 편안함.
	傳貰	부동산을 일정한 기간 빌려 쓰는 일.	정산	定算	예정한 계산.
전속	專屬	오직 한 곳에만 속함.		精算	정밀한 계산.
	轉屬	① 원적을 다른 데로 옮김. ② 소속을 바꿈.	정상	正狀	정상의 상태. ↔ 이상(異狀).
전송	傳送	전하여 보냄.		正常	바르고 떳떳함. ↔ 이상(異常).
	餞送	전별하여 보냄.		定常	일정하여 변하지 않음.
	轉送	간접적으로 남의 손을 거쳐 보냄.	정숙	貞淑	행실이 곧고 마음씨가 맑음.
전용	全用	온전히 씀.		靜淑	태도가 조용하고 마음이 맑음.
	全容	전체의 모습·내용 전모(全貌).		靜肅	고요하고 엄숙함.
	專用	① 오로지 그것만 씀. ② 어떤 사람만이 혼자 씀.		整肅	위용이 정제하고 엄숙함.
	轉用	다른 데로 돌려서 씀.	정식	正式	정당한 방식. 본식. ↔ 약식(略式).
전원	全員	전체의 인원.		定式	일정한 방식.
	全院	한 원의 전체.	정의	情意	정과 뜻. 감정과 의지.
전의	前誼	이전부터 사귄 정의.		情誼	사귀어 친숙해진 정.
	前議	앞서 한 의논.		情義	인정과 의리.
전적	戰跡	전쟁의 자취. 싸움한 자취.		精義	자세한 의의.
	戰績	대전하여 얻은 실적.		正意	바른 마음.
절대	絕對	상대가 될 만한 것이 없음. ↔ 상대(相對).		正義	올바른 도리.
	絕代	아주 뛰어나서 당대에 비길 것이 없음. 절세(絕世).	정지	停止	중도에서 그치거나 머무름.
				靜止	머물러 움직이지 아니함.
절망	切望	간절히 바람.	정체	正體	본체(本體). identity.
	絕望	모든 기대를 저버리고 체념함.		政體	국가의 조직 형태.
절식	節食	음식을 절약하여 먹음.		停滯	사물이 그쳐서 쌓임.
	絕食	음식을 먹지 않음. 단식(斷食).	정판	整版	교정의 지시대로 판을 고치는 일.
절충	折衷	이것과 저것을 가려서 어느 편에도 치우치지 않음.		精版	오프셋.
			정형	定形	일정한 모양.
	折衝	외교적으로 담판하거나 흥정하는 일.		定型	일정한 틀.
절품	切品	물건이 다 팔려서 없어짐. 품절.		整形	모양을 가지런히 함.
	絕品	대단히 잘 된 좋은 물건.	제작	製作	① 재료를 가지고 만듦. ② 연극, 영화 등을 협력하여 만듦.
정각	正刻	틀림없는 그 시각.			
	定刻	정한 시각.		制作	① 정하여 만듦. ② 예술 작품을 만듦.
정기	正氣	① 지공(至公), 지대(至大), 지정(至正)한 천지의 원기. ② 바른 기풍.	조급	躁急	성질이 참을성이 없이 썩 급함.
				早急	늦지 않고 이르고, 늦어지지 않고 급함.
	精氣	① 만물을 생성하는 원기. ② 정력(精力). ③ 사물의 순수한 기운.	조도	照度	조명도.
				稠度	조밀도.
				調度	사물을 정도에 맞게 처리하는 것.
정년	丁年	남자의 20세.	조정	調定	조사하여 확정함.
	停年	퇴직을 요하는 나이.		調停	분쟁을 중간에 서서 화해시킴.
정담	情談	다정한 이야기. 정화(情話).		調整	골라서 정돈함.
	鼎談	세 사람이 마주 앉아서 하는 이야기.	조판	彫版(板)	조각(彫刻). 각자(刻字).
정돈	停頓	한때 멈춤.		組版	식자(植字).
	整頓	가지런히 정리하여 바로잡음.	조화	造化	대자연의 이치.
정론	定論	일정한 언론. 정설.			

동음 이체자(同音異體字)

조화	調和	① 서로 잘 어울리게 함. ② 서로 모순되거나 어긋남이 없이 어울림.
좌객	坐客	앉은뱅이.
	座客	좌석에 앉은 손님.
주기	週期/周期	한 바퀴 도는 시기.
	週忌	사람이 사후 해마다 돌아오는 그 죽은 날.
주력	主力	구성체의 주된 힘.
	注力	힘을 들임.
주문	註文	주해한 글.
	注文	이렇게 해 달라고 맞추는 일.
지향	指向	① 뜻하여 향함. ② 지정해 그 쪽으로 향하는 곳.
	志向	① 뜻이 향하는 방향. ② 목적함.
진경	珍景	진귀한 경치나 구경거리.
	眞景	① 실제의 경치. 실경(實景). ② 실제의 경치 그대로 그린 그림.
	眞境	① 실제의 경지. ② 실지 그대로의 경계.
진공	進供	토산물을 진상하는 일.
	進貢	공물을 갖다 바침.
진노	震怒	존엄한 사람의 분노.
	瞋怒/嗔怒	성내어 노여워함.
진정	眞情	① 진실하여 애틋함. ② 진실한 사정.
	陳情	실정을 진술함. 심정을 펴서 말함.
	鎭定	진압하여 평정함.
	鎭靜	① 가라앉혀 조용해짐. ② 가라앉혀.
진천	振天	음향이 하늘에 울림. 무명(武名)을 천하에 떨침.
	震天	하늘을 뒤흔듦. 기세가 천하에 떨침.
진취	進取	일을 적극적으로 이룩함. ↔ 퇴영(退嬰).
	進就	차차 성취해 나감.
진통	陣痛	① 산통(産痛). ② 일이 성숙되어 갈 무렵의 경난(經難).
	鎭痛	아픔을 진정시킴.
진폭	振幅	진동의 좌우의 폭.
	震幅	지진계에 기록되는 나비.
참사	參祀	제사에 참여함.
	參事	① 어떤 일에 참여함. 또, 그 사람. ② 은행·기업체 등에서의 직위의 하나.
	慘事	비참한 일. 참혹한 사건.
	慘死	참혹하게 죽음.
	慙死	부끄러워 죽을 지경임.
참상	慘狀	참혹한 양상.
	慘喪	젊어서 죽은 상사(喪事).
참회	慙悔	부끄러워 뉘우침.
	懺悔	깊이 뉘우쳐 마음을 고침.
창부	倡夫	남자 광대.
	娼婦	창녀.
창연	愴然	몹시 슬프다.
	蒼然	① 빛깔이 몹시 푸르다. ② 날이 저물어 어둑어둑하다.
창의	倡義	국난을 당하여 의병을 일으킴. 창의(唱衣).
	窓義	① 앞장서서 정의를 부르짖음. ② 창의(倡義).
채권	債權	특정인에게 급부를 청구할 수 있는 권리.
	債券	채무를 증명하는 유가 증권.
처절	凄切	몹시 처량함.
	悽絶	참혹하리만큼 구슬픔.
천성	天成	하늘이 이룩한 일.
	天性	타고난 성품.
첩보	牒報	조선 시대 때에 지방 관청에서 중앙 관청에 하는 보고.
	諜報	상대방의 정보를 몰래 탐지하여 보고함.
체증	滯症	체하여 소화가 잘 안 되는 증세.
	遞增	수량(數量)이 차례로 점차 늚↔체감.
체포	採捕	채취하고 포획함.
	逮捕	죄인을 쫓아가서 잡음.
체형	體形	몸의 생긴 모양.
	體型	체격이 나타내는 특징으로 분류하는 기준.
총총	忽忽	① 급하고 바쁜 모양. ② 몹시 몰리어 급한 모양.
	葱葱	나무가 배게 들어서서 무성한 모양.
최선	最先	남보다 맨 먼저. ↔ 최후(最後)
	最善	① 가장 좋음. ↔ 최악(最惡). ② 전력(全力).
최소	最小	가장 작음. ↔ 최대(最大)
	最少	가장 적음. ↔ 최다(最多)
추구	追究	근본을 캐어 연구함.
	追求	어디까지나 뒤쫓아 구함.
	推究	이치로 미루어 규명함.
출가	出家	① 집을 나감. ② 중이 됨.
	出嫁	시집을 감. *출가 외인(出嫁外人).
	出稼	타향에 가서 일정 기간 돈벌이를 함.
충격	衝激	① 심하게 부딪힘. ② 충격(衝擊).
	衝擊	자극·충동·쇼크 따위를 주는 일.
충실	充實	속이 올차서 단단하고 여묾.
	忠實	충직하고 성실함.
충적	沖積	흐르는 물에 의해 쌓임.
	充積	가득 차게 쌓음.
충전	充電	축전지나 콘덴서 등에 전기를 축적하는 일.
	充塡	집어넣어서 막음. 채우는 일.
충정	衷情	마음에서 우러나는 참된 정.
	忠情	충성스럽고 참된 정.
	忠貞	충성스럽고 절개가 곧음.
	沖靜	마음이 편안하고 고요함.

충천	沖天	하늘 높이 솟아오름. 또, 하늘을 찌를 듯이 높음을 이름.	패물	跛行	절뚝거리며 걸어다님.
	衝天	① 공중에 높이 솟아올라 하늘을 찌름. ② 분하거나 또 외로운 느낌이 복받쳐 오름.		貝物 佩物	산호, 호박 등으로 만든 물건. 사람의 몸에 차는 장식물.
취재	取才	재주를 시험하여 뽑음.	패설	悖說	패담(悖談).
	取材	작품·기사의 재료 또는 제재(題材)를 얻음.		稗說	세상에 떠다니는 설화.
침공	針工	① 바느질의 기술. ② 바느질삯.	패퇴	敗退	싸움에 지고 물러남.
	針孔 鍼孔	① 바늘귀. ② 바늘 드나든 구멍. 침구멍.		敗頹	쇠패하여 폐퇴함. 퇴패(頹敗).
침식	浸蝕	지표가 자연 현상에 의해 깎이어 들어가는 일.	편재	偏在 遍在	어느 것에 한해 치우쳐 있음. 널리 퍼져 있음.
	侵蝕	차차 깎이어 들어가는 것.	평가	平價	① 싸지도 비싸지도 않은 물건 값. ② 두 나라 화폐 사이의 비가(比價).
침입	侵入 浸入	침범하여 들어감. 물이 점점 스며듦.		評價	① 가격을 평정함. ② 선악미추 등 가치를 논정함. 또, 그 가치.
타계	他系 他界	딴 계통. ① 다른 세계. ② 인간세계를 떠난다는 뜻으로, 사람의 죽음을 이름.	평정	平定 平靜 評定	난리를 평온하게 진정시킴. 평안하고 고요함. 평의하고 결정함.
타살	打殺 他殺	때려서 죽임. 남에게 목숨을 빼앗김.	포상	褒賞 報償	영전 제도. 포장하여 상을 줌. 남에게 진 빚이나 물건을 갚음.
타진	打診	① 가슴이나 등을 두드려서 진찰하는 일. ② 남의 의사를 알아봄.	포장	包裝 鋪裝	물건을 싸서 꾸밈. 도로에 콘크리트 같은 것을 깖.
	打盡	모조리 잡음.		包藏	물건을 겉으로 드러나지 않게 간직함.
탐구	探究 探求	찾아서 연구함. 찾아서 구함.	폭발	暴發 爆發	갑자기 터짐. 불이 일어나며 갑자기 터짐.
탐문	探問 探聞	찾아서 물음. 찾아서 들음.	표결	表決	의안에 대한 가부 의사를 표시하여 결정하는 일.
탐미	耽味 耽美	글의 깊은 맛을 즐김. 아름다움에 열중함. 유미(唯美).		票決	투표로써 결정함.
탐정	探情 探偵	남의 의향을 넌지시 알아봄. 비밀한 사정을 살핌. 정탐(偵探).	표기	表記 標記	① 거죽에 표시하여 나타냄. ② 문자 및 음성 언어로 언어를 표시하는 일. 무슨 표로 기록함. 또, 그러한 부호.
태반	太半 殆半	절반을 넘음. 거의 절반.	표시	標示 表示	표를 하여 겉으로 드러내 보임. 겉으로 드러내 보임.
통곡	痛哭 慟哭	소리를 높여 욺. 아주 슬피 욺. 큰 소리로 섧게 욺.	품성	品性 稟性	품격과 성질. 타고난 성품.
통달	洞達 通達	꿰뚫음. 달통함. ① 환히 통함. ② 도리나 이치에 깊이 통함. ③ 통지.	피로	披露 疲勞	① 문서 등을 펴 보임. ② 일반에게 널리 공포함. 지침. 고단함.
퇴사	退仕 退社	벼슬자리를 내놓고 물러남. ① 사원이 퇴근함. ② 회사를 그만둠.	하회	下回	① 다음 차례. ② 윗사람이 아랫사람에게 내리는 회답.
퇴패	退敗 頹敗	① 패퇴(敗退). ② 퇴하여 물러남. 풍속·도덕·문화 같은 것이 쇠퇴하여 문란함.		下廻	표준보다 낮거나 적음. *평년작보다 下廻. ↔ 상회(上廻).
파다	播多 頗多	소문이 널리 퍼짐. 아주 많음.	학과	學課 學科	학문의 과정. 학교의 과정. 과정. 학술의 과목(科目). 종류.
파선	破船	풍파로 인해 배가 파괴됨. 또, 그 배.	학력	學力 學歷	학문을 쌓은 실력. 수학한 이력.
	破線 波線	짧은 선을 간격을 두고 벌여 놓은 선. 물결 모양으로 구불구불한 선.	학부	學府	학문을 하는 곳이나 학자가 모이는 곳. 대학(大學).
파행	爬行	벌레, 짐승 등이 기어다님.			

동음 이체자(同音異體字)

학부	學部	① 옛날의 문교부. ② 대학에서 전공 학과에 따라 나눈 부.	화보	畫報 畫譜	그림·사진을 모아 엮은 책. 화첩(畫帖).
학식	學殖 學識	① 학문을 쌓음. ② 학문에 대한 소양. ① 학문으로 얻은 지식. ② 학문과 식견.	환기	喚起 換氣	불러일으킴. 공기를 바꾸어 넣음.
학원	學院 學園	① 학교. ② 학교 설치 기준에 미달한 사립 교육 기관. 교육 기관의 총칭.	환상	幻想 幻相 幻像 喚想	① 현실에 없는 것을 있는 것같이 느끼는 상념. ② 종잡을 수 없이 일어나는 생각. 무상한 형상. 실체가 없는 허망한 형상. 환영(幻影). 지나간 생각을 불러일으킴.
한적	閑寂 閑適	한가하고 고요함. 한가하여 자적함.			
합의	合議 合意	두 사람 이상이 모여 협의함. 뜻이 맞음. 또, 그 의견. 의견이 합치함.	환성	喚聲 歡聲	고함 소리. 기뻐 고함치는 소리. 즐거움에 겨워 부르짖는 소리.
행사	行使 行事	부려서 쓰는 행동. ① 계획에 따라 여럿이 함께 일을 진행함. 또, 그 일. ② 어떤 일을 행함.	회고	懷古 回顧	옛 자취를 돌이켜 생각함. 돌이다 봄. 옛 일을 생각함.
행세	行世 行勢	① 세상을 살아감. 또, 그 태도. ② 사람의 도리를 행함. 세도를 부림.	회복	回復 恢復	본디 상태로 돌이킴. 국권, 가세, 병세를 바로잡음.
			회신	回申 回信	웃어른께 대답을 말씀드림. 편지나 전신·전화 등의 회답.
현란	眩亂 絢爛	정신이 엇갈려 어수선함. 눈이 부시도록 찬란함.	회심	灰心 悔心 會心 回心	외부의 유혹을 받지 않고 고요히 재처럼 사그라진 마음. 잘못을 뉘우치는 마음. 마음에 맞음. 심기에 들어맞음. ① 마음을 돌려 먹음. ② 사악한 마음을 돌려서 옳고 착하고 바른 길로 돌아간 마음.
현상	現狀 現想 現象 現像	현재의 상태. 보고 듣는 데 관련하여 일어나는 생각. ① 사물의 형상. ↔ 본질(本質). ① 형상을 나타냄. ② 사진 현상.			
현신	現身 顯身	지체가 낮은 사람이 높은 사람에게 뵘. 나타남.	회유	回遊 回(洄)遊	두루 돌아다니며 유람함. 물고기가 정기적으로 떼지어 다니는 일.
현직	現職 顯職	현재의 직업 또는 직임. 고귀한 벼슬.	회춘	回春 懷春	도로 젊어짐. 춘정을 일으킴.
협조	協助 協調	힘을 보내어 서로 도움. 조화를 이루며 힘을 모아 서로 도움.	후사	後事 後嗣	① 뒷일. ② 죽은 뒤의 일. 대를 잇는 자식.
형상	形狀/形相 形象	① 물건이나 사람의 형체와 생긴 모양. ② 에이도스(eidos). 질요(質料). ① 형상(形相). ② 감각으로 포착한 것이나 심중의 관념을 구상화하는 일. 형상인 또는 표현되는 바탕이나 작품으로서 나타난 것.	후원	後園 後苑	집 뒤에 있는 작은 동산. 대궐에 있는 정원.
			후의	厚意 厚誼	두텁고 인정 있는 마음. 두터운 정의.
호기	好期 好機	좋은 때. 좋은 시기. 좋은 기회.	훈도	訓導 薰陶	① 조선 시대 때의 종구품 벼슬. ② 선생. 덕으로써 사람을 감화함.
호사	好事 豪奢	좋은 일. 호화롭고 사치함.	휴전	休電 休戰	전류를 일시 중단함. 하던 전쟁을 얼마동안 쉼.
혼동	混同 混沌	뒤섞음. 사물의 구별이 확실하지 않은 상태.	휴지	休止 休紙	① 쉬어서 그침. ② 당사자의 의사·태도에 의해 소송 절차의 진행을 중지함. ① 못 쓰게 된 종이. ② 허드레로 쓰는 종이. 화장지.
혼란	混亂 昏亂	① 뒤섞여서 어지러움. ② 뒤죽박죽이 되어 질서가 없음. 어둡고 어지러움. 분별이 없고 도리를 모름.			
혼화	混化 混和 渾和	뒤섞여 다른 물건이 됨. 한데 섞여 융화됨. 혼연하게 화합함.	흠신	欠伸 欠身	하품과 기지개. 경의를 표하느라고 몸을 굽힘.

찾아보기〔索引〕

ㄱ

가
可 109
加 109
佳 236
架 236
家 65
假 148
街 148
暇 148
歌 65
價 109

각
各 83
角 83
却 236
刻 148
脚 236
閣 236
覺 148

간
干 148
刊 236
肝 236
姦 237
看 148
間 65
幹 237
懇 237
簡 149

갈
渴 237

감
甘 149
敢 149
減 149
感 83
監 149
鑑 237

갑
甲 149

강
江 65
降 149
剛 237
康 150
強 83
綱 237
鋼 238
講 150

개
介 238
改 109
皆 238
個 150
開 83
慨 238
蓋 238
槪 238

객
客 109

갱
更 150

거
去 109
巨 150
車 65
居 150
拒 150
距 238
據 151
擧 109

건
件 110
建 110
健 110
乾 239

걸
傑 151

검
儉 151
劍 239
檢 151

게
憩 239

격
格 110
激 151
擊 151

견
犬 151
見 110
肩 239
堅 152
絹 239
遣 239

결
決 110
缺 152
結 110
潔 152

겸
兼 239
謙 240

경
京 83
庚 240
徑 240
耕 240
竟 240
頃 240
景 111
卿 240
硬 241
敬 111
傾 152
經 152
境 152
輕 111
慶 152
鏡 153
競 111
警 153
驚 153

계
戒 153
系 153
季 153
係 153
契 241
界 83
癸 241
計 84
桂 241
啓 241
械 241
階 154
溪 241
繼 154
鷄 154

고
古 84
考 111
告 111
固 111
姑 242
孤 154
苦 84
枯 242
故 154
庫 154
高 84
鼓 242
稿 242
顧 242

곡
曲 112
谷 242
哭 242
穀 154

곤
困 155
坤 243

골
骨 155

공
工 65
公 84

찾아보기[색인]

孔 155	寬 244	口 66	郡 85	均 158	**긍**	器 159
功 84	館 245	久 246	群 156	菌 248	肯 250	機 159
共 84	關 112	丘 246	**굴**	**극**	**기**	騎 251
攻 155	觀 112	句 156	屈 156	克 249	己 114	**긴**
供 243	**광**	求 156	**궁**	極 158	企 250	緊 252
空 65	光 85	究 156	弓 247	劇 158	忌 250	**길**
恭 243	廣 112	具 113	宮 157	**근**	技 114	吉 114
恐 243	鑛 155	拘 246	窮 157	斤 249	其 250	
貢 243	**괘**	狗 246	**권**	近 86	奇 158	**ㄴ**
과	掛 245	苟 247	券 157	根 86	汽 114	**나**
戈 243	**괴**	俱 247	卷 157	筋 158	祈 250	那 252
瓜 243	怪 245	區 85	拳 248	僅 249	紀 159	**낙**
果 85	塊 245	球 85	勸 157	勤 158	氣 66	諾 252
科 85	愧 245	救 113	權 157	謹 249	記 66	**난**
過 112	壞 245	構 156	**궐**	**금**	豈 250	暖 159
誇 244	**교**	舊 113	厥 248	今 86	起 159	難 159
寡 244	巧 245	懼 247	**귀**	金 55	基 114	**남**
課 112	交 85	驅 247	鬼 248	琴 249	飢 251	男 66
곽	郊 246	鷗 247	貴 113	禁 158	寄 159	南 55
郭 244	校 55	**국**	歸 157	禽 249	旣 251	**납**
관	敎 55	局 113	龜 248	錦 249	幾 251	納 160
官 155	較 246	國 55	**규**	**급**	棄 251	**낭**
冠 244	橋 112	菊 247	叫 248	及 250	欺 251	娘 252
貫 244	矯 246	**군**	規 113	急 86	期 114	**내**
慣 244	**구**	君 156	閨 248	級 86	旗 66	乃 252
管 155	九 55	軍 55	**균**	給 113	畿 251	內 66

372 바로가기 한자(漢字) 2000

奈 252	**ㄷ**	踏 254	逃 162	東 56	落 116	涼 259
耐 252	**다**	**당**	桃 256	洞 67	**란**	梁 259
녀	多 86	唐 255	途 256	凍 257	卵 163	量 117
女 56	茶 253	堂 87	陶 256	桐 257	亂 163	諒 259
년	**단**	當 115	盜 162	動 67	欄 258	糧 164
年 56	丹 254	糖 255	渡 256	童 88	爛 258	**려**
념	旦 254	黨 161	都 116	銅 162	蘭 258	旅 117
念 114	但 254	**대**	跳 256	**두**	**람**	慮 164
녕	段 160	大 56	道 67	斗 162	濫 258	勵 259
寧 253	單 160	代 87	圖 87	豆 163	覽 163	麗 164
노	短 86	待 87	稻 256	頭 88	藍 258	**력**
奴 253	團 115	帶 161	導 162	**둔**	**랑**	力 68
努 160	端 160	貸 255	**독**	鈍 257	浪 258	曆 260
怒 160	壇 115	隊 161	毒 162	**득**	郎 259	歷 117
농	檀 160	臺 255	督 162	得 163	朗 116	**련**
農 66	斷 161	對 87	篤 256	**등**	廊 259	連 164
濃 253	**달**	**덕**	獨 116	登 67	**래**	憐 260
뇌	達 161	德 115	讀 87	等 88	來 68	蓮 260
惱 253	**담**	**도**	**돈**	燈 163	**랭**	練 117
腦 253	淡 254	刀 255	豚 257		冷 116	聯 260
능	談 115	到 115	敦 257	**ㄹ**	**략**	鍊 260
能 115	潭 254	度 87	**돌**	**라**	掠 259	戀 260
니	擔 161	挑 255	突 257	羅 163	略 164	**렬**
泥 253	**답**	倒 255	**동**	**락**	**량**	列 164
	畓 254	島 116	冬 67	洛 257	良 116	劣 260
	答 67	徒 161	同 67	絡 258	兩 164	烈 165

찾아보기[색인] 373

裂 261	弄 262	**룰**	**ㅁ**	**매**	命 69	蒙 270
렴	**뢰**	律 166	**마**	每 68	明 89	**묘**
廉 261	雷 262	栗 263	馬 118	妹 166	冥 268	卯 270
령	賴 262	**륭**	麻 265	埋 267	銘 268	妙 167
令 117	**료**	隆 263	磨 265	梅 267	鳴 166	苗 270
零 261	了 262	**릉**	**막**	媒 267	**모**	墓 167
領 117	料 118	陵 264	莫 265	買 119	毛 167	廟 271
嶺 261	**룡**	**리**	慕 265	賣 119	母 56	**무**
靈 261	龍 165	吏 264	漠 265	**맥**	矛 269	戊 271
례	**루**	里 68	**만**	脈 166	某 269	武 167
例 88	淚 262	利 89	晚 265	麥 267	慕 269	茂 271
禮 88	累 263	李 89	萬 56	**맹**	貌 269	務 167
로	屢 263	梨 264	慢 265	盲 267	暮 269	無 119
老 68	漏 263	理 89	滿 166	孟 267	慕 269	貿 271
勞 117	樓 263	裏 264	漫 266	猛 267	模 167	舞 168
路 88	**류**	履 264	蠻 266	盟 268	謨 269	霧 271
爐 261	柳 165	離 166	**말**	**면**	**목**	**묵**
露 261	流 118	**린**	末 118	免 268	木 57	墨 271
록	留 165	隣 264	**망**	勉 166	目 89	默 271
鹿 262	類 118	**림**	亡 118	面 69	沐 270	**문**
祿 262	**륙**	林 68	妄 266	眠 268	牧 167	文 69
綠 88	六 56	臨 264	忙 266	綿 268	睦 270	門 57
錄 165	陸 118	**립**	忘 266	**멸**	**몰**	問 69
론	**륜**	立 68	罔 266	滅 268	沒 270	聞 89
論 165	倫 263		茫 266	**명**	**몽**	**물**
롱	輪 165		望 119	名 69	夢 270	勿 272

物	69			拜	169			伏	171	浮	279	崩	280

미
未 168
米 89
尾 272
味 168
眉 272
美 90
迷 272
微 272

민
民 57
敏 272
憫 272

밀
密 168
蜜 273

ㅂ

박
朴 90
泊 273
拍 168
迫 273
博 168
薄 273

반
反 90
半 90
返 273
叛 273
班 90
般 273
飯 274
盤 274

발
拔 274
發 90
髮 168

방
方 69
妨 169
防 169
邦 274
房 169
放 90
芳 274
傲 274
訪 169
傍 274

배
杯 275

拜 169
背 169
倍 119
配 169
培 275
排 275
輩 275

백
白 57
百 70
伯 275
柏 275

번
番 91
煩 275
繁 276
飜 276

벌
伐 170
罰 170

범
凡 276
犯 170
範 170

법
法 119

벽
碧 276
壁 170

변
辨 276
邊 170
辯 170
變 119

별
別 91

병
丙 276
兵 120
病 91
竝 276
屛 277

보
步 171
保 171
報 171
普 171
補 277
寶 171
譜 277
複 171
伏 171
服 91
復 171
腹 277
福 120
複 172

본
本 91

봉
奉 120
封 277
峯 277
逢 278
蜂 278
鳳 278

부
夫 70
父 57
付 278
否 172
扶 278
府 172
附 278
負 172
赴 278
副 172

복
卜 277

浮 279
婦 172
符 279
部 91
富 172
腐 279
膚 279
賦 279
簿 279

북
北 57

분
分 91
奔 279
粉 173
紛 280
墳 280
憤 173
奮 280

불
不 70
弗 280
佛 173
拂 280

붕
朋 280

崩 280

비
比 120
妃 281
批 173
卑 281
肥 281
非 173
飛 173
祕 173
婢 281
備 174
悲 174
費 120
碑 174
鼻 120

빈
貧 174
賓 281
頻 281

빙
氷 120
聘 281

찾아보기

ㅅ

사
士 121
巳 282
仕 121
司 282
史 121
四 57
寺 174
死 92
似 282
沙 282
邪 282
私 174
事 70
使 92
社 92
祀 282
舍 174
思 121
查 121
射 175
師 175
捨 282
斜 283
蛇 283
斯 283
絲 175
詐 283
詞 283
寫 121
賜 283
謝 175
辭 175

삭
索 283
削 284
朔 284

산
山 58
産 121
散 175
算 70
酸 284

살
殺 175

삼
三 58
森 284

상
上 70
尙 284
相 122
桑 284
狀 176
常 176
商 122
祥 284
喪 285
象 176
傷 176
想 176
詳 285
像 285
嘗 285
裳 285
賞 122
償 285
霜 285

새
塞 286

색
色 70

생
生 58

서
西 58
序 122
書 92
徐 286
恕 286
庶 286
敍 286
暑 286
署 286
緖 287

석
夕 71
石 92
昔 287
析 287
席 92
惜 287
釋 287

선
仙 122
先 58
宣 176
旋 287
船 122
善 122
線 92
選 123

禪 287
鮮 123

설
舌 177
雪 93
設 177
說 123

섭
涉 288

성
成 93
性 123
姓 71
星 177
省 93
城 177
盛 177
聖 177
誠 177
聲 178

세
世 71
洗 123
細 178
稅 178
勢 178
歲 123

소
小 58
少 71
召 288
所 71
昭 288
笑 178
消 93
素 178
掃 178
疎 288
訴 288
蔬 288
燒 288
蘇 289
騷 289

속
束 123
俗 179
速 93
粟 289
屬 179
續 179

손
孫 93
損 179

솔
率 289

송
松 179
送 179
訟 289
頌 179
誦 289

쇄
刷 289
鎖 290

쇠
衰 290

수
水 58
手 71
囚 290
守 180
收 180
秀 180
受 180
首 124
修 180
帥 290
殊 290

授 180	純 181	示 124	新 95	雅 297	涯 299	어
須 290	脣 293	侍 295	실	餓 297	愛 95	於 300
遂 290	循 293	始 94	失 95	악	액	御 300
愁 291	順 124	施 181	室 59	岳 297	厄 299	魚 125
睡 291	瞬 293	是 181	實 124	惡 125	液 183	漁 125
壽 291	술	時 72	심	樂 95	額 183	語 72
需 291	戌 293	視 181	心 72	안	야	억
數 71	述 293	詩 182	甚 296	安 72	也 299	抑 300
誰 291	術 94	試 182	深 182	岸 297	夜 95	億 126
樹 93	숭	식	尋 296	案 125	耶 299	憶 300
輸 291	崇 181	式 94	審 296	眼 182	野 95	언
隨 291	습	食 72	십	雁 297	약	言 96
雖 292	拾 294	息 182	十 59	顏 298	約 125	焉 300
獸 292	習 94	植 72	쌍	알	若 299	엄
숙	濕 294	飾 295	雙 296	謁 298	弱 96	嚴 183
叔 180	襲 294	識 124	씨	암	藥 96	업
宿 124	승	신	氏 182	暗 183	양	業 96
淑 292	升 294	申 182		巖 298	羊 183	여
孰 292	承 181	臣 124	ㅇ	압	洋 96	予 301
肅 181	昇 294	伸 295	아	壓 183	揚 299	汝 301
熟 292	乘 294	身 94	牙 296	앙	陽 96	如 184
순	勝 94	辛 295	我 296	央 298	楊 299	余 301
旬 292	僧 294	信 94	亞 296	仰 298	樣 183	與 184
巡 292	시	神 95	兒 125	殃 298	養 125	餘 184
盾 293	市 72	晨 295	芽 297	애	壤 300	輿 301
殉 293	矢 295	愼 295	阿 297	哀 298	讓 300	역

亦 301	炎 303	烏 304	外 59	宇 307	遠 97	油 98
役 301	染 303	娛 304	畏 306	羽 308	願 128	幽 310
易 184	鹽 303	梧 305	요	雨 127	월	柔 310
疫 301	엽	嗚 305	要 126	偶 308	月 59	唯 310
逆 184	葉 126	傲 305	搖 306	郵 187	越 308	悠 310
域 184	영	誤 186	腰 306	遇 187	위	惟 310
譯 302	永 96	옥	遙 306	愚 308	危 188	猶 310
驛 302	泳 303	玉 186	謠 187	憂 308	位 128	裕 310
연	迎 185	屋 126	曜 126	優 187	委 188	遊 189
延 184	英 97	獄 305	육	운	胃 309	愈 311
沿 302	映 186	온	辱 306	云 308	威 188	維 311
硏 185	詠 303	溫 97	浴 127	運 97	偉 128	誘 311
宴 302	榮 186	옹	欲 307	雲 127	圍 189	儒 189
軟 302	影 303	翁 305	慾 307	韻 308	爲 189	遺 190
硯 302	營 186	와	용	웅	違 309	육
然 73	예	瓦 305	用 97	雄 127	僞 309	肉 190
煙 185	銳 304	臥 305	勇 97	원	慰 189	育 73
鉛 185	豫 186	완	容 187	元 127	緯 309	윤
演 185	藝 186	完 126	庸 307	怨 187	謂 309	閏 311
緣 185	譽 304	緩 306	우	原 128	衛 189	潤 311
燃 185	오	왈	又 307	員 188	유	은
燕 302	五 59	曰 306	于 307	院 128	由 98	恩 190
열	午 73	왕	友 127	援 188	幼 309	銀 98
悅 303	汚 304	王 59	尤 307	圓 188	有 73	隱 190
熱 126	悟 304	往 187	牛 127	園 97	酉 309	을
염	吾 304	외	右 73	源 188	乳 189	乙 311

음				잔		재			점	
吟 311	夷 312	壬 314	殘 193	藏 316	笛 318	節 131				
音 98	而 312	任 129		臟 317	跡 318					
淫 312	耳 128	賃 314	잠		摘 318	占 196				
陰 190	異 191		暫 315	才 99	滴 318	店 131				
飮 98	移 191	입	潛 315	再 129	敵 194	漸 318				
	貳 313	入 73	蠶 315	在 99	適 195	點 196				
읍				材 129	積 195					
邑 73	익	자	잡	災 129	績 195	접				
泣 312	益 191		雜 193	哉 317	蹟 318	接 196				
	翼 313	子 74		栽 317	籍 195	蝶 319				
응		字 74	장	裁 137						
應 190	인	自 74	丈 316	財 129	전	정				
	人 60	刺 314	壯 193	載 317	田 195	丁 196				
의	刃 313	姉 192	長 60		全 74	井 319				
衣 98	仁 192	姿 192	將 193	쟁	典 130	正 75				
矣 312	引 192	者 99	帳 193	爭 129	前 74	廷 319				
宜 312	因 129	玆 314	張 193		展 130	定 100				
依 190	印 192	恣 314	莊 316	저	專 195	征 319				
意 98	忍 313	紫 314	章 99	低 194	傳 130	亭 319				
義 191	姻 313	雌 315	場 74	底 194	電 74	政 197				
疑 191	寅 313	資 192	掌 316	抵 317	錢 195	訂 319				
儀 191	認 192	慈 315	粧 316	貯 130	戰 100	貞 319				
醫 99			腸 193	著 317	轉 196	庭 100				
議 191	일	작	葬 316			停 131				
	一 60	作 99	裝 194	적	절	情 131				
이	日 60	昨 99	奬 194	赤 130	切 130	淨 320				
二 59	壹 313	酌 315	障 194	的 130	折 196	頂 320				
已 312	逸 314	爵 315	牆 316	寂 318	絶 196	程 197				
以 128	임			賊 194						

찾아보기〔색인〕

精 197	組 199	左 75	準 201	志 202	秩 325	參 133
整 197	造 199	坐 321	遵 322	枝 324	質 133	慘 327
靜 197	鳥 199	佐 321	**중**	知 133	**집**	憯 327
제	朝 100	座 200	中 60	指 202	執 325	**창**
弟 60	照 321	**죄**	仲 323	持 202	集 101	昌 327
制 197	潮 199	罪 132	重 75	紙 76	**징**	倉 327
帝 197	調 131	**주**	衆 201	智 202	徵 325	唱 133
除 198	操 131	主 75	**즉**	誌 202	懲 326	窓 101
祭 198	燥 321	州 132	則 132	遲 324		創 204
第 100	**족**	朱 200	卽 323	**직**	**ㅊ**	暢 327
堤 320	足 75	舟 322	**증**	直 76	**차**	滄 327
提 198	族 100	住 75	症 323	織 203	且 326	蒼 327
製 198	**존**	走 200	曾 323	職 203	次 204	**채**
際 198	存 199	周 201	蒸 323	**진**	此 326	彩 328
齊 320	尊 200	宙 322	增 201	辰 324	借 326	採 204
諸 320	**졸**	注 101	憎 323	珍 203	差 204	菜 328
濟 198	卒 131	柱 322	證 201	振 324	**착**	債 328
題 100	拙 321	洲 322	贈 323	陣 203	捉 326	**책**
조	**종**	株 322	**지**	眞 203	着 133	冊 204
弔 320	宗 200	酒 201	之 324	陳 325	錯 326	責 133
兆 320	從 200	晝 101	支 202	進 203	**찬**	策 328
早 198	終 132	週 132	止 132	盡 203	贊 326	**처**
助 199	種 132	**죽**	只 324	鎭 325	讚 204	妻 328
祖 75	縱 321	竹 201	地 76	**질**	**찰**	處 205
租 321	鐘 200	**준**	池 324	姪 325	察 204	悽 328
條 199		俊 322	至 202	疾 325		**척**

尺 328	晴 330	總 206	蟲 206	**침**	**탄**	吐 337
斥 329	請 205	**최**	**취**	沈 334	炭 135	兔 337
拓 329	聽 205	最 134	吹 333	枕 334	彈 208	討 209
戚 329	廳 205	催 332	取 207	侵 208	歎 209	**통**
천	**체**	**추**	臭 333	浸 335	**탈**	通 102
千 76	替 331	抽 332	就 207	針 208	脫 209	痛 209
川 76	體 101	秋 77	趣 207	寢 208	奪 336	統 210
天 76	**초**	追 332	醉 333	**칭**	**탐**	**퇴**
泉 205	抄 331	推 206	**측**	稱 208	探 209	退 210
淺 329	肖 331	醜 332	側 334		貪 336	**투**
賤 329	初 134	**축**	測 207	**ㅋ**	**탑**	投 210
踐 329	招 205	丑 333	**충**	**쾌**	塔 336	透 337
遷 329	秒 331	畜 333	層 207	快 208	**탕**	鬪 210
薦 330	草 76	祝 134	**치**		湯 336	**특**
철	超 331	逐 333	治 207	**ㅌ**	**태**	特 102
哲 330	礎 331	蓄 206	値 334	**타**	太 102	
徹 330	**촉**	築 206	恥 334	他 134	怠 336	**ㅍ**
鐵 133	促 331	縮 206	致 134	打 134	殆 336	**파**
첨	燭 332	**춘**	稚 334	妥 335	泰 336	波 210
尖 330	觸 332	春 77	置 207	墮 335	態 209	派 210
添 330	**촌**	**출**	齒 208	**탁**	**택**	破 210
첩	寸 61	出 77	**친**	托 335	宅 135	頗 337
妾 330	村 77	**충**	親 101	卓 135	擇 209	播 337
청	**총**	充 134	**칠**	琢 335	澤 337	罷 337
靑 60	銃 205	忠 206	七 61	濁 335	**토**	**판**
淸 101	聰 332	衝 333	漆 334	濯 335	土 61	判 211

板	135	布	211	被	340	漢	78	행		賢	215	虎	346
版	338	抱	339	避	213	韓	61	行	102	縣	344	胡	346
販	338	胞	211	필		할		幸	103	懸	344	浩	346
팔		捕	339	匹	341	割	342	향		顯	215	毫	346
八	61	浦	339	必	135	함		向	103	혈		湖	136
패		砲	212	畢	341	含	342	享	343	穴	344	號	103
貝	338	飽	340	筆	136	咸	342	香	214	血	215	豪	346
敗	135	폭				陷	342	鄕	214	협		護	216
편		幅	340	하		합		響	343	協	215	혹	
片	338	暴	212	下	77	合	102	허		脅	345	或	216
便	77	爆	212	何	341	항		許	136	형		惑	346
遍	338	표		河	136	抗	213	虛	214	兄	61	혼	
篇	211	表	102	夏	78	巷	342	헌		刑	215	昏	346
編	338	票	212	荷	341	恒	342	軒	343	亨	345	婚	216
평		漂	340	賀	341	航	213	憲	214	形	103	混	217
平	77	標	212	학		港	213	獻	344	螢	345	魂	347
評	211	품		學	61	項	343	험		혜		홀	
폐		品	135	鶴	341	해		險	214	兮	345	忽	347
肺	338	풍		한		亥	343	驗	215	惠	216	홍	
閉	211	風	102	汗	341	奚	343	혁		慧	345	弘	347
幣	339	楓	340	旱	342	害	136	革	215	호		洪	347
廢	339	豐	212	恨	213	海	78	현		互	345	紅	217
弊	339	피		限	213	解	214	玄	344	戶	216	鴻	347
蔽	339	皮	340	寒	136	該	343	弦	344	乎	345	화	
포		彼	340	閑	213	핵		現	103	好	216	火	62
包	211	疲	212			核	214	絃	344	呼	216	化	136

禾 347	穫 348	況 218	劃 349	後 79	休 79	희
花 78	환	皇 348	獲 349	候 218	携 350	希 219
和 103	丸 348	荒 348	횡	喉 350	희	喜 219
貨 217	患 137	黃 104	橫 349	훈	凶 137	稀 350
華 217	換 348	회	효	訓 104	胸 350	熙 350
畫 103	還 348	回 218	孝 78	훼	흑	噫 351
話 78	環 217	灰 218	效 137	毁 350	黑 137	戲 351
禍 347	歡 217	悔 349	曉 349	휘	흠	
확	활	會 104	후	揮 218	吸 218	
確 217	活 78	懷 349	侯 349	輝 350	흥	
擴 348	황	획	厚 218	휴	興 219	

바로가기
한자(漢字) 2000

중판 발행 / 2019년 1월 25일

엮은이 / 매일한자 연구회
펴낸이 / 천상현
펴낸곳 / 매일출판사

등록 / 2018. 2. 9 제 2018-000040호
주소 / 서울 마포구 대흥로4길 49, 1층
　　　　 (용강동, 월명빌딩)

전화 / 02) 2232-4008
팩스 / 02) 2232-4009

*잘못된 책은 구입처에서 교환해 드립니다.
*책값은 뒷표지에 있습니다.

ISBN 89-90134-02-1